장 폴 사르트르(1905~1980)

에드문트 후설(1859~1938) 독일의 관념론 철학자. 현상학 창설
사르트르는 후설의 현상학에 영향을 받았지만 후설과 구별되는 사르트르의 현상학의 특징은 '대상이 의식 밖에 있다는 것, 본질에 대한 거부, 본질적인 직관에 대한 반대' 등을 들 수 있다.

키르케고르(1813~1855) 덴마크 철학자·종교사상가. 실존주의 선구자 중 한 사람
"아이러니는 하나의 새로운 관점이며, 고대 그리스 정신에 대해 철두철미하게 논쟁적인 동시에 스스로 자기를 뛰어넘는 관점이다. 아이러니는 모든 것을 먹어치우는 무(無)이고, 사람이 결코 그곳에서 자기 위치를 차지할 수 없는 그 무엇이며, 있는 동시에 있지 않은 그 무엇이다."

J.-P. SARTRE

L'être
et le néant

*Essai
d'ontologie phénoménologique*

GALLIMARD

《존재와 무》(1943) 속표지

세계사상전집044
Jean Paul Sartre
L'ÊTRE ET LE NÉANT

존재와 무 II

사르트르/정소성 옮김

동서문화사

디자인 : 동서랑 미술팀

존재와 무 I II
차례

존재와 무 II

제3부
대타존재

제3장
타자와의 구체적인 관계

우리는 지금까지 타인과 우리의 기본적인 관계밖에 서술하지 않았다. 이 관계는 우리에게 우리 몸의 세 가지 존재 차원을 밝혀 주었다. 또 타자(他者)와의 근원적인 관계는 나의 몸과 타자의 몸의 관계보다 더욱 중요한 문제이기는 하지만, 몸의 본성에 대한 인식이, 나의 존재와 타자의 존재의 특수한 관계에 대한 모든 연구에 있어서 어떤 경우에도 불가결하다는 것은 분명한 사실로 생각되었다. 사실 이 특수한 관계는 자타(自他) 어느 쪽에 있어서도 사실성을 예상한다. 다시 말하면 그런 특수한 관계는 세계 한복판에 있는 몸으로서의 우리의 존재를 예상한다. 그렇다고 몸이 타자와 나의 관계의 도구이자 원인이라는 얘기는 아니다. 오히려 그 반대로, 몸은 그런 관계의 의미를 구성하고 그런 관계의 한계를 표시한다.

내가 타인의 '초월되는—초월'을 파악하는 것은 '상황—속—몸(corps-en-situation)'으로서이며, 내가 타인을 이롭게 하는 결과가 되는 나의 타유화(他有化) 속에서 나를 체험하는 것도 '상황—속—몸'으로서이다. 지금이야말로 우리는 그런 구체적인 관계를 검토할 수 있다. 왜냐하면 우리는 우리 몸이 무엇인지를 알고 있기 때문이다. 그 구체적인 관계는 기본적인 관계의 단순한 내역이 아니다. 그 구체적인 관계 하나하나가 자신 속에 그 본질적인 구조와 그 근거로서, 타자와의 근원적인 관계를 포함하고 있다 하더라도, 그 구체적인 관계는 대자의 완전히 새로운 존재양상이다. 사실 그런 관계는 타인이 존재하는 하나의 세계에 있어서 대자의 여러 가지 태도를 나타내고 있다. 그러므로 그런 관계 하나하나는 각각의 방법으로 '대타—대자', '즉자'라는 쌍방적인 관계를 드러낸다. 따라서 만일 우리가 우리와 '세계—속—타인'의 가장 원초적인 관계 구조를 밝히는 데 성공한다면, 우리는 우리 일을 성취한 셈이 될 것이다. 사실 우리는 이 책의 처음에, 대자와 즉자의 관계에 대해 문제를 제기했다. 그러나 우리는 이제 우리 작업이 더욱더 복잡하다는 것을 알게 되었다. 즉 대자와 즉자의 관계는 '타인의 현전에' 존재하는 것이다. 우리가 이 구체적인 사실에 대한 기술을 마치게 될 때, 우리는 이 세 가지 존재 양상의 기본적인 관계에 대해 결론을 내릴 수 있을 것이다. 그리고 아마도 우리는 존재 일반에 대한 하나의 형이상학적인 이론을 세울 수 있을 것이다.

즉자의 무화로서의 대자는 '……을 향한 도피(fuite vers)'로서 자기를 시간화한다. 사실 대자는 자신의 사실성—'주어진' 존재, 또는 과거, 또는 몸—을, 대자가 자기 자신의 근거로 있을 수 있으면 그것으로 있을 것인 즉자를 향해 뛰어넘는다. 그것을 어느 정도 이미 심리적인 울림을 가진 용어로—따라서 아마 훨씬 뚜렷하기는 하지만 그다지 적절하지 않은 용어로—우리는 다음과 같이 표현할 것이다. "대자는 자기의 사실적 존재로부터 탈출하려고 시도한다. 다시 말해 대자는 자기가 결코 그 근거로 있지 않은 즉자로서의, 자신의 현존재(거기에-있음)로부터 벗어나려고 한다. 이 도피는 항상 추구되지만 불가능한 하나의 장래를 향해 이루어진다. 그곳에서 대자는 '대자-즉자'로 있을 것이다. 다시 말해 스스로 자기 자신의 근거인 하나의 즉자로 있을 것이다." 그러므로 대자는 도피인 동시에 추구이다. 대자는 즉자에게서 벗어나는 동시에 즉자를 추구한다. 대자는 '추구되는 것-추구하는 것(poursuivant-poursuivi)'이다. 그러나 위와 같은 요점이 심리적으로 해석될 위험을 막기 위해 우리가 유의해야 할 것은, 대자는 '먼저' 존재하고 있고 '그다음에' '추구되는 것-추구하는 것'이 되고자 하는 것은 아니라는 사실이다.

요컨대 우리는 대자를 여러 가지 경향들이 갖추어진 하나의 존재자로서 생각해서는 안 된다. 이 컵이 어떤 특수한 성질을 갖추고 있는 것과는 사정이 다르다. 이 추구적인 도피는 대자의 존재에 덤으로 덧붙여지는 하나의 주어진 것이 아니다. 오히려 대자는 이 도피 그 자체'이다.' 이 추구적인 도피는 근원적인 무화와 다른 것이 아니다. '대자는 추구되는 것-추구하는 것'이라고 하는 것이나, '대자는 자기의 존재로 있어야 하는 방식으로 존재한다'고 하는 것, 또는 '대자는 그것이 있는 그대로의 것으로 있지 않고, 그것이 있지 않은 것으로 있다'고 하는 것은 모두 같은 말이다. 대자는 즉자가 아니고 또 즉자일 수도 없다. 오히려 대자는 즉자에 대한 관계이다. 뿐만 아니라 대자는 즉자에 대해 단 하나의 가능한 관계이다. 모든 면에서 즉자에 둘러싸여 있는 대자가 즉자로부터 벗어나는 것은, 대자가 '아무것도 아닌 것'이고, 또 '아무것도 아닌 것(rien)'에 의해 즉자로부터 분리되어 있기 때문이다. 대자는 모든 부정성의 근거이고, 또 모든 관계의 근거이다. '대자는 관계이다.'

그렇기 때문에 타자의 나타남은 대자를 그 핵심에 있어서 덮쳐 온다. 타자에 의해, 또 타자에게 있어서, 이 추구적인 도피는 즉자로 굳어진다. 이미 즉자는 이 추구적인 도피를 차례차례 되찾아 오고 있었다. 이미 이 추구적인 도피는 사실의 근원적인 부정, 가치의 절대적인 정립이었던 동시에, 사실성에 의해 내내 두려움에 떨고 있었다. 그러나 적어도 이 추구적인 도피는 시간화에 의해 자기로부터 탈출하고 있었다. 적어도 이 추구적인 도피가 지닌 전체분해적인 전체라는 성격은, 이 추구적인 도피에 끊임없는 '다른 곳'을 부여하고 있었다. 그런데 타자는 이 전체성 자체를 자기 앞에 나오게 한다. 타자는 그 자신의 '다른 곳'을 향해서 이 전체성 자체를 초월한다. 거기서는 이 전체성이 전체화된다. 다시 말해 타자에게 있어서 나는 돌이킬 수 없을 정도까지, 내가 있는 그대로의 것이고, 나의 자유마저 내 존재의 하나의 주어진 성격이다.

그리하여 즉자는 미래에서까지 나를 되찾고 나의 도피 자체 속에서 나를 있는 그대로 굳어지게 한다. 나의 도피는 미리 짐작되어 응시된 도피가 되고, 주어진 도피가 된다. 그러나 이 굳어진 도피는 내가 대아적으로 그것으로 있는 도피는 결코 아니다. 이 도피는 '바깥에서' 굳어진다. 내 도피의 이 대상성을, 나는 내가 뛰어넘을 수도 없고 인식할 수도 없는 하나의 타유화로서 체험한다. 그렇다 해도 내가 이 대상성을 체험한다는 다만 그 사실, 나의 도피가 즉자를 벗어남에도 이 대상성은 나의 도피에 그런 즉자를 부여한다는 다만 그 사실에서, 나는 이 대상성 쪽으로 돌아서서 이 대상성에 대해 '여러 가지 태도'를 취하지 않으면 안 된다. 나와 타자의 구체적인 관계의 근원은 그런 것이다. 타자와의 구체적인 관계는, '타자에게 있어서 내가 그것으로 있는 대상'에 대한 나의 온갖 태도에 전적으로 좌우된다. 타자의 현실존재는 내가 그것으로 있는 존재를 나에게 드러내 보이기는 하지만, 나는 이 존재를 내 것으로 할 수 없고 이 존재를 생각조차 할 수 없기 때문에, 타자의 이 현실존재는 두 가지 상반되는 나의 태도에 동기를 부여할 것이다.

타자는 나에게 '시선을 향하고 있다.' 그런 자로서 타자는 내 존재의 비밀을 쥐고 있다. 타자는 내가 '무엇인지'(내가 그것으로 있는 그대로의 것) 알고 있다.

그러므로 내 존재의 깊은 의미는 나의 밖에 있고, 하나의 부재 속에 갇혀 있다. 타자는 나에 대해 유리한 지점을 차지하고 있다. (1) 그래서 '내가 그것으로 있으면서 그것에 근거를 부여할 수 없는 즉자'로부터 내가 도피하는 한에서, 밖으로부터 나에게 부여되는 이 존재를 부정하려고 시도할 수 있다. 다시 말해 나는 이번에는 내 쪽에서 타자에게 대상 존재를 부여하기 위해 타자 쪽으로 다시 돌아설 수 있다. 왜냐하면 타자의 대상 존재는 타자에게 있어서 나의 대상성을 파괴하는 것이기 때문이다. (2) 그러나 그런 반면, 자유로서의 타자가 나의 즉자 존재의 근거인 한에서, 나는 타자에게서 자유라고 하는 그 성격을 없애지 않은 채, 그 자유를 회복하고, 그 자유를 빼앗으려고 시도할 수 있다. 사실, 만일 내가 나의 즉자존재의 근거인 이 자유를 내 것으로 할 수 있다면, 나는 나 자신에 대해 나 자신의 근거가 될 것이다. 한쪽은 타자의 초월을 초월하는 것이고, 다른 한쪽은 반대로 타자로부터 초월이라고 하는 그 성격을 없애지 않고 그 초월을 내 안에 삼켜 버리는 것이다. 이런 것이 내가 타자에 대해 취하는 두 가지의 원초적인 태도이다. 또한 그 경우에는 오해하지 않도록 주의해야 한다. 내가 먼저 존재하고 있고, 이어서 내가 타자를 대상화하거나 타자를 나의 것으로 만들려고 '시도한다'는 것은 진실이 아니다. 오히려 그와는 반대로, 내 존재의 나타남이 타자의 현전에 있어서의 나타남인 한에서, 또 내가 추구적인 도피이고, '추구되는 것–추구하는 것'인 한에서, 나는 내 존재의 근원 자체에 있어서 타자를 대상화하려고 하는 기투(企投), 또는 타자를 내 것으로 만들려고 하는 기투이다.

나는 타자체험이다. 이것이 근원적인 사실이다. 그러나 이 타자체험(épreuve d'autrui)(Andere-Erfahren)은 그 자신이 이미 타자에 대한 태도이다. 다시 말해 내가 '타자의 현전에 있어서 존재하는' 것은, 내가 그것으로 있어야 한다는 형태에서, 이 '현전에–있어서'만 가능한 일이다. 그러므로 세계 속 타자의 현전은 하나의 절대적이고 분명한 사실, 그러나 우연적인 사실, 즉 대자의 존재론적 구조에서 연역될 수 없는 사실이기는 하지만, 우리는 또다시 대자의 여러 가지 존재 구조를 설명하지 않으면 안 된다.

내가 그것으로 있는 이런 두 가지 시도는 서로 반대되는 것들이다. 한쪽은 다른 쪽의 죽음이다. 다시 말하면 한쪽의 좌절은 다른 한쪽의 채용에 동기를 준다. 그러므로 거기에 타자에 대한 내 관계의 변증법 따위는 존재하지 않는다.

오히려 거기에 있는 것은 순환이다—하기는 한쪽의 시도는 다른 쪽의 시도의 좌절에 의해, 훨씬 풍요로워지기는 할 것이다. 그러나 새겨 두어야 할 것은, 한쪽의 시도가 한창 진행 중일 때도 다른 쪽의 시도는 여전히 항상 현전하고 있다는 것이다. 왜냐하면 바로 이 두 가지 시도의 각각은 모순에 빠지지 않고는 이루어질 수 없기 때문이다. 다시 말하면, 이 두 가지 시도의 한쪽은 다른 쪽 속에 존재하며, 다른 쪽의 죽음을 불러일으킨다. 그리하여 우리는 이 순환에서 영원히 벗어날 수 없다. 타자의 그런 기본 태도에 대한 연구를 시작할 때는, 그 점을 놓치지 않도록 해야 한다. 그 두 가지 태도는 순환적으로 발생하고 또 저절로 망하는 것이므로, 우리의 연구는 어느 쪽부터 시작하든 상관없는 일이다. 그러나 어느 쪽이든 하나를 선택하지 않으면 안 되므로, 우리는 우선 대자가 타자의 자유를 자신의 것으로 만들려고 시도할 때의 태도를 살펴보기로 한다.

1. 타자에 대한 첫 번째 태도—사랑·언어·마조히즘

나에게 적용되는 것은 모두 타자에게도 적용된다. 내가 타자의 지배로부터 나를 해방시키려고 시도하는 동안, 타자는 나의 지배로부터 자기를 해방시키려고 시도한다. 내가 타자를 굴복시키려고 궁리하는 동안 타자는 나를 굴복시키려고 궁리한다. 여기서 문제가 되는 것은 하나의 즉자적 대상에 대한 일방적인 관계가 아니라 상호적이고 변동적인 관계이다. 그러므로 아래의 기술은 '상극(相剋, conflit)'의 전망에서 살펴보아야 한다. 상극은 대타—존재의 근원적인 의미이다.

만일 우리가 '시선'으로서 타자의 최초의 드러내 보임에서 출발한다면, 우리는 우리의 파악할 수 없는 대타—존재를 '소유(possession)' 형태로 우리가 체험한다는 것을 인정하지 않으면 안 된다. 나는 타자에 의해 소유된다. 타자의 시선은 내 몸을 그 알몸에서 파악하고, 그것을 태어나게 하며, 그것을 조각하고, 그것을 '있는' 그대로 제출하며, 나에게는 결코 보이지 않을 모습 그대로 그것을 본다. 타자는 하나의 비밀을 쥐고 있다. 그 비밀은 내가 무엇인가(내가 그것으로 있는 것)에 대한 비밀이다. 타자는 나를 존재시키고, 바로 그것에 의해 나를 소유한다. 이 소유는 나를 소유한다고 하는 의식 외에 아무것도 아니다. 또 나로서는 나의 대상성의 승인에 있어서 타자가 그런 의식을 가지고 있음을 체험한다. 의식이라고 하는 자격에 있어서, 타자는 나에 대해, 나에게서 나의 존재를 훔친 자인 동시에, 나의 존재라고 하는 하나의 존재를 '거기에 존재하게' 하는 자이다. 그러므로 나는 다음과 같은 존재론적 구조에 대한 이해를 가지고 있다. 즉 나는 내 대타−존재의 책임자이기는 하지만 내 대타−존재의 근거는 아니다. 그러므로 내 대타−존재는 우연히 주어진 것이면서, 내가 그 책임자인 하나의 주어진 것이라는 형태로 나에게 나타난다. 그리고 타자는 나의 존재가 '거기에 있다'고 하는 형태로 존재하는 한에서 나의 존재에 근거를 부여한다. 그러나 타자는 그 전적인 자유에 있어서, 즉 그 자유로운 초월에 있어서, 또 그 자유로운 초월에 의해서, 나의 존재에 근거를 부여하는 것이라 하더라도, 타자는 내 존재의 책임자는 아니다.

그러므로 내가 나를 나 자신에 대해 내 존재의 책임자로서 드러내 보이는 한에서, '나는' 내가 그것으로 있는 이 존재를 '요구한다.' 다시 말해 나는 내가 그것으로 있는 이 존재를 되찾으려고 한다. 더 엄밀히 말해서 나는 나의 존재를 되찾고자 하는 시도이다. '나의 존재'로서, 그러나 탄탈로스의 식사처럼 거리를 두고 내 앞에 나타나는 이 존재. 나는 그것을 빼앗고자 내 손을 뻗고, 나의 자유 그 자체에 의해 그것에 근거를 부여하려고 한다. 왜냐하면 어떤 의미에서, 나의 대상−존재는 견디기 힘든 우연성이고, 타자가 나를 완전히 '소유하는 일'이라 할지라도, 또 다른 어느 의미에서는 나의 이 대상−존재는, 내가 나 자신의 근거가 되기 위해 내가 되찾지 않으면 안 되는 것, 내가 근거를 부여하지 않으면 안 되는 것을, 지시하는 것으로서 존재하기 때문이다. 그러나 그런 것은 내가 타자의 자유를 내 것으로 만드는 경우 외에는 생각할 수 없는 일이다.

그러므로 나 자신을 되찾고자 하는 나의 시도는 근본적으로 타인을 다시 끌어들이려고 하는 시도이다. 하지만 이 시도는 타인의 본성에는 손가락 하나 댈 수 없게 되어 있다. 다시 말하면 (1) 나는 그것 때문에 타자를 긍정하는 것을 그만두지는 않는다. 즉, 나는 나에 대해, 내가 타인이라는 것을 부정하는 것을 그만두지는 않는다. 타인은 내 존재의 근거이기 때문에, 나의 대타−존재가 사라지지 않는 한, 타인은 내 안에 녹아들어 갈 수 없을 것이다. 그러므로 만일 내가 타자와의 일치를 이루려고 시도하는 것은, 내가 타성(他性)으로서의 한에서 타인의 타성을, 나 자신의 가능성으로서, 내 것으로 만들고자 시도하는 일이다. 사실 그 경우, 나에게 문제되는 것은, 나에 대해 타인의 관점을 취할 가능성을 얻음으로써 나를 존재하게 하는 일이다. 그러나 그렇다고 해서 단순한 추상적인 인식 능력을 얻는 것이 문제인 것은 아니다. 내가 내 것으로 만들고자 시도하는 것은 타인이라고 하는 단순한 '범주'가 아니다. 이런 범주는 생각할 수도 없고, 또 생각할 수 있는 것도 아니다. 오히려 반대로 타인을 구체적으로, 경험적으로, 또 실감적으로 체험할 때, 나는 절대적 실재로서 이 구체적인 타인을 그 타성 그대로 나에게서 하나로 만들고자 한다. (2) 내가 내 것으로 만들고자 하는 타인은 결코 '대상−타인'은 아니다. 또는, 말하자면 타인을 나에게서 하나로 만들고자 하는 나의 시도는, 조금도, 나의 대자를 나 자신으로서 되찾는 재파악에 대응하는 것도 아니고, 또 타인의 초월을, 나 자신의 모든 가능을 향해 극복하는 뛰어넘기에 대응하는 것도 아니다. 이 경우에 나에게 있어서 타인을 대상화함으로써 나의 대상성을 지워 버리는 것은 문제가 되지 않는다. 이것은 나의 대타−존재로부터 나를 '해방시키는' 것에 대응하는 시도일 것이다. 오히려 완전히 그 반대로, 내가 타인을 내 것으로 만들고자 하는 것은, '시선을 향하는 자−타인'으로서의 한에서이다.

　타인을 내 것으로 만들려고 하는 이 시도는, 그것과 함께 나의 '시선을 받고 있는 존재'의 승인을 더욱더 커지게 한다. 한마디로 말해, 나는 타인의 '시선을 향하는 자유'를 나의 면전에서 유지하기 위해, 나의 '시선을 받고 있는 존재'에 전면적으로 나를 동화시킨다. 나의 대상−존재는 나와 타인의 유일하고 가능한 관계이므로, 다만 나의 이 대상−존재만이 '타인의 자유'를 내 것으로 하려고 할 때, 나에게 있어서 용구로서 도움이 될 수 있다. 그러므로 제3의 탈자(脫自)의 좌절에 대한 반응으로서, 대자는 자신의 즉자존재에 근거를 부여하는 것으로서의 타자의 자유에 자기를 동화시키려고 한다. 자기 자신에 대해 타자로 있는 것—자기 자신에 대해 '이 타자'라는 형태로 항상 구체적으로 지향되는 이상(理想)—은 타자와의 관계 가운데 첫 번째 가치이다. 이것은 나의 대타존재를 하나의 절대−존재의 지시에 의해 따라다닌다는 뜻이다. 이 절대−존재는 타자로서의 한에서 자기이며, 자기로서의 한에서 타인인 존재이다. 이 절대−존재는 타자로서 그 자기−존재를, 자기로서, 그 타자−존재를 자유롭게 자기에게 줌으로써, 존재론적 증명의 존재 자체인 존재, 다시 말하면 '신'이 되는 존재이다. 이런 이상은 내가 나와 타자의 관계의 근원적인 우연성을 극복하지 않고서는 이루어질 수 없을 것이다. 다시 말하면, 타자가 나에 대해 자기를 다른 것이 되게 할 때의 부정과, 내가 타인에 대해 나를 다른 것이 되게 할 때의 부정

사이에는 어떤 내적 부정의 관계도 존재하지 않는데, 이 사실을 내가 극복하는 것이 아닌 한, 이런 이상은 실현될 수 없을 것이다.

우리가 이미 살펴본 것처럼, 이 우연성은 극복될 수 없는 것이다. 이 우연성은 나의 몸이 나의 세계—속—존재라고 하는 '사실'인 것과 마찬가지로, 타자와 나의 관계라는 '사실'이다. 그러므로 타자와의 합일은 사실상 이루어질 수 없는 것이고, '권리상'으로도 또한 이루어질 수 없는 것이다. 왜냐하면 똑같은 초월 속에 대자와 타자가 동화된다면, 그 결과, 필연적으로 타자가 지닌 타이성(他異性)의 성격은 소멸되어 버릴 것이기 때문이다. 그러므로 내가 타자를 나에게 동화시키려고 시도하기 위한 조건은, 내가 어디까지나, 나에 대해, 내가 타인인 것을 부정하는 것이다. 요컨대 이런 합일의 시도가 '상극'의 원천이다. 왜냐하면 나는 타자에게 있어서의 대상으로서 나를 체험하고, 그 체험 속에서, 또 그 체험에 의해서 나는 타자를 동화시키려고 하는 데 반해, 타자는 나를 세계 한복판에서의 대상으로서 파악하고, 나를 전혀 그 자신에게 동화시키려고 하지 않기 때문이다. 그래서 '타자가 나의 초월을 초월하고 나를 타인으로서 존재하게 할 때의 내적 부정'에 대해 작용하는 것, 즉 '타자의 자유'에 대해 '작용하는 것'이 필요해질 것이다—왜냐하면 대타—존재는 이중의 내적 부정을 지니고 있기 때문이다.

이 이룰 수 없는 이상은, 그것이 타자의 현전에 있어서의 나 자신의 시도를 따라다니는 한에서, 하나의 시도로서의 사랑, 즉 나 자신의 가능성을 향한 여러 시도의 어떤 유기적 총체로서의 사랑에 동화될 수 없는 것이다. 그러나 이 이룰 수 없는 이상은 사랑의 이상이고, 사랑의 동기이며, 사랑의 목적이고, 사랑의 가치 그 자체이다. 타자에 대한 원초적인 관계로서의 사랑은 내가 이 가치를 이루려고 지향할 때의 모든 시도의 총체이다.

그런 시도는 '타자의 자유'와의 직접적인 연관에 나를 둔다. 사랑이 상극인 것은 그런 뜻에서이다. 사실 우리가 지적한 것처럼, 타자의 자유는 나의 존재의 근거이다. 그러나 나는 바로 타자의 자유에 의해 존재하므로 어떤 안전도 가질 수 없다. 나는 타자의 그 자유 속에서 위험에 처해 있다. 타자의 자유는 나의 존재를 이리저리 주물러서 나를 '존재하게 한다.' 타자의 자유는 나에게 많은 가치를 부여하고, 또 그 가치들을 나에게서 제거하기도 한다. 나의 존재는 타자의 자유로부터, 끊임없는 수동적 '자기로부터의 탈출'을 받는다. 손이 닿지 않는 곳에 있어서 책임을 가지지 않는 이 변화무쌍한 타자의 자유 속에, 나는 자기를 구속했지만, 타자의 자유는, 이번에는 수없는 다른 존재방식 속에 나를 구속할 수 있다. 나의 존재를 되찾으려고 하는 나의 시도는 내가 이 타자의 자유를 빼앗지 않는 한, 다시 말해 내가 이 타자의 자유를 나의 자유에 종속하는 자유로 만들지 않는 한, 이루어질 수 없다. 동시에 그런 나의 시도는 내가 자유로운 내적 부정에 대해 작용할 수 있는 경우의 유일한 방식이다.

이 자유로운 내적 부정에 의해 '타인'은 나를 '타인'으로 구성한다. 다시 말하면, 이 자유로운 내적 부정에 의해 나는 그 '타인'과 나의 미래의 동화(同化)에 이르는 길을 준비할 수 있는 것이다. 그것은 만일, 우리가 '사랑하는 사람이 사랑을 받고 싶어 하는 것은 무엇 때문인가?' 하는 문제를 순수하게 심리적인 면에서 고찰한다면, 아마도 훨씬 더 분명해질 것이다. 사실 만일 '사랑'이 단순히 육체적인 소유욕이라고 한다면, 그 사랑은 대부분의 경우, 쉽사리 만족을 얻을 수 있을 것이다. 예를 들면 프루스트의 주인공은 정부(情婦)를 자신의 집에서 살게 하며, 하루 중 어느 때고 그녀를 만나고 그녀를 소유할 수 있었고, 물질적으로도 그녀를 전적으로 자신에게 의존하게 만들었으므로, 그는 당연히 불안에서 벗어나 있었어야 한다. 그런데도 오히려 그는 근심에 사로잡힌다. 마르셀이 알베르틴 옆에 있을 때도 알베르틴은 그녀 자신의 의식에 의해 마르셀로부터 탈출한다. 그래서 마르셀은 알베르틴이 잠들어 있는 것을 바라보고 있을 때 외에는 휴식을 얻지 못한다. 그러고 보면, 분명히 사랑은 '의식'을 사로잡으려고 하는 것이다. 그러나 사랑이 그런 것은 무엇 때문일까? 또 어떻게 해서일까?

사랑을 설명하는 데 자주 쓰이는 '소유(propriété)'라는 이 관념은, 사실 최초의 관념은 아닐 것이다. 내가 타자를 내 것으로 만들고자 하는 것은, 바로 '타자'가 나를 존재하게 하는 한에서가 아니면, 어떻게 가능할 것인가? 하지만 거기에는 바로 어떤 종류의 아유화(我有化, appropriation)가 들어 있다. 다시 말하면, 그 경우 우리는 자유로서의 한에서의 타인의 자유를 빼앗고자 하는 것이다. 그러나 그것은 권력의지에 의해 빼앗으려는 것이 아니다. 폭군은 사랑을 비웃는다. 폭군은 두려움을 주는 것으로 만족한다. 만일 폭군이 신하의 사랑을 얻으려 한다면, 그것은 정략에 의한 것이다. 신하를 복종시키는 데 그보다 더 쉬운 수단을 발견할 수 있다면, 폭군은 당장 그것을 채택할 것이다. 그에 비해, 사랑을 받고 싶어 하는 자는 상대의 복종을 원하지 않는다. 그는 넘쳐흐르는 기계적인 어떤 정념의 대상이 되는 것은 꿈에도 생각하지 않는다. 그는 하나의 자동현상을 소유하려고는 하지 않는다. 만일 우리가 그를 모욕하고자 한다면, 상대의 정념을 심리적인 결정론의 결과로서 그에게 보여 주는 것만으로 충분하다. 그때 그 사랑하는 자는 자기의 사랑에 있어서 그리고 자기의 존재에 있어서 자기의 가치가 떨어진 것을 느끼게 될 것이다. 만일 트리스탄과 이졸데*¹가 미약(媚藥 : 상대에게 연정을 일으키게 한다는 약)에 의해 서로에게 사로잡히게 된 것이라면, 그들은 우리에게 그다지 흥미를 불러일으키지 않을 것이다. 상대의 전면적인 복종은 사랑하는 사람의 사랑을 죽이게 된다. 목표는 초월된다. 만일 상대가 사람이 아닌 자동인형으로 변했다면, 사랑하는 사람은 외톨이가 된다. 그러므로 사랑하는 사람은 우리가 사물을 소유하는 것처럼 상대를 소유하려고는 하지 않는다. 그는 하나의 특수한 형식의 아유화(un type spécial d'appropriation)를 요구한다. 그는 자유로서의 한에서 하나의 자유를 소유하고자 한다.

그러나 그 반면, 그는 자유로운 임의의 자기 구속이라고 하는 이 고도의 형태의 '자유'에 만족할 수 없을 것이다. 맹세에 대한 단순한 신의로서 주어지는 사랑에 만족할 사람이 누가 있겠는가? 그러므로 '나는 당신을 사랑합니다. 왜냐하면 나는 당신을 사랑하겠다고 자유롭게 나를 구속했기 때문입니다. 또 나는 약속을 번복하고 싶지 않기 때문입니다. 나는 나 자신에 대한 신의에 의해 당신을 사랑하는 것입니다', 이런 말을 누가 기꺼이 받아들이려 할 것인가? 그리하여 사랑하는 사람은 맹세를 요구하면서도 맹세에 화를 낸다. 그는 하나의 자유에 의해 사랑을 받고 싶어 하면서, 자유로서의 이 자유가 이미 자유가 아니기를 요구한다. 그는 '타인'의 자유가 스스로 자기를 결정하여 사랑이 되기를 원하는—이것은 연애의 시작뿐만 아니라, 연애의 순간순간마다 그러하다—동시에 그는 이 자유가 '그 자신에 의해' 사로잡히기를 원하고, 이 자유가 광기의 경우처럼, 꿈속의 경우처럼, 스스로 사로잡히기 위해 그 자신에게 돌아오기를 바란다. 또 이 사로잡힘은 자유로운 사임(辭任)인 동시에 우리의 손안에 연관된

---

*1 트리스탄과 이졸데(Tristan und Isolde) : 유럽의 전설에서 유래한 이야기. 처음에는 켈트인의 민간전설로서 12~13세기에 많은 서사시로 불렸다. 내용은 트리스탄이 그의 백부 콘월의 왕 마르크의 구혼 사자(使者)로, 아일랜드의 왕녀 이졸데를 데리고 돌아오는 배 안에서 잘못하여 사랑의 미약을 마시게 됨으로써 벌어지는 사랑의 비극 이야기.

사임이 아니면 안 된다. 사랑의 경우에, 우리가 타자 속에 원하는 것은, 정념적인 결정론도 아니고 손이 닿지 않는 곳에 있는 하나의 자유도 아니다. 오히려 그것은 정념적인 결정론을 '연기(演技)하는' 하나의 자유이고, 자기 자신의 놀이에 사로잡히는 하나의 자유이다.

사랑하는 사람은 그 자신으로서는 자유의 이런 근본적인 변모의 '원인'이 되기를 요구하는 것은 아니며, 오히려 이런 변모의 유일한 특권적인 기회가 되기를 요구한다. 사실 그는 그 상대를 초월할 수 있는 하나의 도구로서 당장 세계 한복판에 가라앉지 않고는, 이런 변모의 원인이 되기를 원할 수 없을 것이다. 게다가 그런 것은 사랑의 본질이 아니다. '사랑'에 있어서는 오히려 반대로, 사랑하는 사람은 상대에게 있어서 '세계의 모두'가 되기를 원한다. 그것은 그가 세계 쪽에 몸을 둔다는 뜻이다. 그는 세계를 총괄하는 자이며, 세계를 상징하는 자이다. 그는 다른 모든 '이것'들을 포함하는 하나의 '이것'이다. 그는 '대상'이다. 그리고 '대상'이 되는 것에 동의한다. 그러나 그 반면, 그가 대상이기를 원하는 것은 이 대상 속에 타자의 자유가 자기를 잃는 것에 동의하는 한에서이며, 또 이 대상 속에, 타인이, 자기의 존재와 자기의 존재 이유를 자기의 제2의 사실성으로서 발견하는 것에 동의하는 한에서이다. 이 대상은 이른바 초월의 한계이다. 이 대상을 향해 '타자'의 초월은 다른 모든 대상을 초월하지만, 타자의 초월은 결코 이 대상 자체를 초월할 수 없다. 게다가 도처에서 그는 타자의 자유의 순환을 원한다. 다시 말하면 어떤 순간에도, 타자의 자유가 그 초월에 대한 이런 한계에 동의할 때는, 이 동의가 '이미' 그 동의의 동인(動因)으로서 현전하고 있기를 그는 원한다. 그가 목적으로서 선택되기를 원하는 것은 '이미 선택된 목적'이라는 자격으로서이다. 그것으로 인해 우리는 사랑하는 사람이 상대에게 요구하고 있는 것이 무엇인가를 속속들이 파악할 수 있다.

그는 '타인'의 자유에 대해 작용하기를 원하지 않는다. 오히려 그는 타인의 자유의 대상적인 한계로서 선험적으로 존재하기를 원한다. 다시 말하면, 그는 타인의 자유가 자유이기 위해서 동의하지 않으면 안 되는 한계로서, 타인의 자유와 동시에 타인의 자유의 나타남 자체 속에 주어지기를 원하고 있는 것이다. 바로 이 사실에서, 그가 요구하고 있는 것은, 끈끈이로 잡는 것처럼, 또는 반죽에 들러붙게 하듯이, 타자의 자유를 타자의 자유 그 자체에 의해 사로잡는 것이다. 사실 이 구조적 한계는 하나의 '주어진 것'이다. 게다가 자유의 한계로서의 주어진 것이 나타난다고 하는, 다만 그것만으로도 알 수 있듯이, 〔타자의〕 자유는 이 주어진 것을 뛰어넘는 것을 스스로 금지함으로써 그 주어진 것의 내부에 '자기를 존재시킨다.' 이 금지는 사랑하는 사람에 의해 체험된 것으로서, 즉 참고 견디어진 것으로서—요컨대 하나의 사실성으로서—받아들여지는 '동시에', 또 자유롭게 동의된 것으로서 받아들여진다. 이 금지는 자유롭게 동의될 수 있는 것이라야 한다. 왜냐하면 이 금지는 자기를 자유로서 선택하는 하나의 자유의 나타남과 하나를 이룰 뿐이기 때문이다. 그러나 이 금지는 그저 단순히 체험되는 것이 아니면 안 된다. 그것은, 이 금지가 항상 현재적인 하나의 불가능성일 것이기 때문이며, 타인의 자유의 핵심까지 역류하는 하나의 사실성일 것이기 때문이다. 이것은 심리적으로는 미리 상대가 나를 사랑하려고 결심한 그 자유로운 결의가, 그의 현재의 자유로운 자기 구속의 '내부에', 주술적인 동인(動因)으로서 잠입하기를 원하는 나의 요구에 의해 표현된다.

이제 우리는 이 요구의 뜻을 파악할 수 있다. 사랑받고 싶다는 나의 요구에 있어서, 타자에 대한 사실적 한계인 이 사실성, 결국 마지막에는 '그 자신의' 사실성이 될 이 사실성은 '나의' 사실성이다. 내가 타자의 초월 그 자체 안에 속하는 한계로 있어야 하는 것은, 내가 '타자'에 의해 존재에 도래하게 되는 대상인 한에서이다. 따라서 '타자'는 존재에까지 나타남으로써 나를 초월될 수 없는 것, 절대적인 것으로서 존재하게 하는데, 그러나 무화하는 대자로서의 한에서 나를 존재하게 하는 것이 아니라, '세계–한복판–에서의–대타–존재'로서 나를 하게 하는 것이다. 그러므로 사랑받고 싶어 하는 것은 타인을 그 자신의 사실성에 감염시키는 일이며, 복종하고 자기를 구속하는 하나의 자유〔타자의 자유〕의 조건으로서 끊임없이 우리를*² 재창조하도록 타인을 강제하려고 하는 일이다. 그것은 자유가 사실에 근거를 부여하고자 하는 동시에, 사실이 자유에 대해 우위에 서고자 하는 것이다. 만일 이 결과가 이룩될 수 있다면, 그 결과로서 가장 먼저 나는 '타인'의 의식 속에서 '안전하게' 존재하게 될 것이다. 왜냐하면 먼저 나의 불안정, 나의 부끄러움을 일으키는 동기는, 내가 나의 대타존재에 있어서 항상 다른 사물을 향해 초월될 수 있는 것으로서, 단순한 가치판단의 대상, 단순한 수단, 단순한 도구인 것으로서 나를 파악하고 나를 체험하는

---

*2 이 대목의 원문은 à vous recréer이지만 à nous recréer로 여기고 풀이한다.

것이기 때문이다.

　나의 불안정은, 어떤 타인이 하나의 절대적인 자유에 있어서 나를 그것으로 있게 하는 이 존재를, 내가 필연적으로, 또 자유롭게 떠맡는 데서 온다. '내가 그에게 있어서 무엇인지는 신이 알고 있다. 그가 나를 어떻게 생각하고 있는지는 신이 알고 있다.' 이 말은 '그가 나를 어떻게 존재하게 하고 있는지는 신이 알고 있다'는 뜻이다. 언젠가 길모퉁이에서 만나게 되지 않을까 하고 내가 두려워하고 있는 이 존재가 나를 따라다니고 있다. 이 존재는 나에게 완전히 낯선 존재이면서, 또한 '나의 존재'이다. 나는 또, 내가 아무리 노력해도 결코 이 존재를 만날 수 없으리라는 것을 알고 있다. 그러나 만일 '타인'이 나를 사랑한다면, 나는 '초월될 수 없는 것'이 된다. 그것은 내가 절대적인 목적이 되어야 한다는 뜻이다. 그런 뜻에서 나는 '도구성'에서 벗어나 있다. 세계 한복판에서의 나의 존재는, 바로 나의 '대아적–초월'의 엄밀한 상관자가 된다. 그것은 나의 독립성이 절대적으로 보호되기 때문이다. 타인이 나를 그것으로 있게 해야 하는 대상은 하나의 '초월–대상'이고, 하나의 절대적인 귀추중심이며, 그 주위에 세계의 모든 도구–사물이 단순한 '수단'으로서 배치된다. 그와 동시에 〔타인의〕 자유의 절대적인 한계로서, 즉 모든 가치의 절대적인 원천의 절대적인 한계로서, 나는 일어날 수 있는 모든 가치 하락으로부터 보호받고 있다.

　나는 절대적인 가치이다. 내가 나의 대타–존재를 떠맡는 한에서, 나는 가치로서의 나를 떠맡는다. 그러므로 사랑받고 싶어 하는 것은, 타자에 의해 제기된 모든 가치체계의 저편에, 모든 가치부여의 조건으로서, 모든 가치의 객관적인 근거로서, 스스로 자리를 차지하고자 하는 일이다. 이 요구는 연인들 사이의 대화에서 일상적인 주제를 이룬다. 그것은 《좁은 문》*³에서처럼 사랑받고자 하는 요구가 자기 뛰어넘기라고 하는 하나의 금욕적인 도덕과 합치하여, 이 뛰어넘기의 이상적인 한계를 이루려 할 때도 볼 수 있다. 또는 더욱 흔한 예로서, 사랑하는 사람은 자신을 위해 상대가 그 행위에 있어서 전통적인 도덕을 희생할 것을 상대에게 요구하며, 그리하여 자신을 위해 상대가 그 벗을 배신하고, '자신을 위해 훔치고' '자신을 위해 살인'까지 해 줄 것인지 궁금해하는데, 그때도 또한 마찬가지이다. 이런 관점에서 본다면 나의 존재는 상대의 '시선'에서 탈

---

*3 이 장면은 지드의 《좁은 문》에 나오는 알리사의 경우를 인용한 예이다.

출해 있지 않으면 안 된다. 또는 오히려, 나의 존재는 또 하나의 다른 구조를 가진 시선의 대상이어야 한다. 나는 더 이상 세계의 배경 위에 다른 '이것들' 가운데 하나의 '이것'으로서 보여지는 것이어서는 안 된다. 오히려 세계가 나로부터 출발하여 드러내 보여지지 않으면 안 된다. 사실 자유의 나타남이 하나의 세계를 존재하게 하는 한에서, 나는 이 나타남의 한계-조건으로서, 하나의 세계의 나타남 조건 자체이어야만 한다. 나는, 나무와 물과 도시와 전원과 다른 사람들을 존재하게 하고, 다음에 그것을 타인에게 주며, 그 타인이 그것을 세계로서 배치할 수 있게 해 주는 기능을 가진 자이다. 마치 모계사회에서 어머니가 권리와 가명(家名)을 받는 것은 그것을 소유하기 위해서가 아니라, 그것을 직접 자식들에게 전하기 위한 것과 마찬가지이다. 어떤 의미에서는, 만일 내가 사랑을 받아야 마땅하다면, 나는 나의 위임에 의해 세계가 상대에게 있어서 존재하게 될 대상이고, 또 다른 의미에서는, 나는 세계이다. 나는 세계의 배경 위에 떠오르는 하나의 '이것'이 아니라, 오히려 내가 '배경-대상'이며, 그 위에 세계가 떠오르는 것이다. 그리하여 나는 안전해진다.

상대의 시선은 더 이상 나를 유한성에 의해 전율시키지는 않는다. 상대의 시선은 더 이상 나의 존재를 단순히 '내가 그것으로 있는 것'으로 응고시키지는 않는다. 나는 이제 못생긴 남자, 작은 남자, 비겁한 남자로 '시선을 받는' 일은 결코 없을 것이다. 왜냐하면 그런 성격들은 필연적으로 나의 존재의 사실적인 제한과 나의 유한성을 유한성으로서 포착하는 파악을 나타내고 있기 때문이다. 물론 나의 가능은 여전히 초월되는 가능성으로 머물고, 죽은 가능성으로 머문다. 그러나 나는 모든 가능성을 지니고 있다. 나는 세계의 모든 죽은 가능성이다. 그리하여 나는 다른 존재들로부터 출발하여, 또는 나의 행위들로부터 출발하여 이해되는 존재로 있기를 그만둔다. 오히려 반대로, 내가 요구하는 사랑의 직관에 있어서는, 나는 하나의 절대적인 전체로서 주어지고, 이 전체에서 출발하여 모든 존재와 나의 모든 행위가 이해되어야 한다. 스토아학파의 유명한 문구를 조금 변용해서 말한다면, '사랑받고 있는 사람은 세 번 공중제비를 돌 수 있다'[*4]고 할 수도 있을 것이다. 현자(賢者)의 이상과 사랑받고 싶어 하

[*4] 여기에 인용한 글은 사랑을 받고 있는 사람은 아무리 예절에 어긋난 짓을 해도 그 가치가 조금도 손상되지 않는다는 의미이다. 즉 여기서는 사랑의 이상적인 대상으로서 사랑받는 자를 그린 것으로, 이상적인 인물로서의 현자(賢者)와 이상적인 대상으로서의 사랑받는 자가

는 자의 이상은, 사실 양자가 다 하나의 전체적인 직관으로 느껴지는 대상—전체일 거라는 점에서 합치한다. 이런 전체적인 직관은 사랑받고 있는 자의 세계 또는 현자의 세계에서의 행동들을, 전체에서 출발하여 해석되는 부분적인 구조로서 파악할 것이다. 게다가 현자가 어떤 절대적인 변모에 의해 이르러야 하는 하나의 상태로서 자기를 제시하는 것과 마찬가지로, 타자의 자유는 나를 사랑받고 있는 자의 상태에 이르게 하기 위해서는 절대적으로 자기를 변모시키지 않으면 안 된다.

우리의 기술은 여기까지는 주인과 노예의 관계에 대한 헤겔의 유명한 기술과 합치하고 있다. 사랑하는 사람이 상대에 대해 그렇게 있어 주기 바라는 것은, 헤겔의 경우에, 주인이 노예에 대해 그렇게 있어 주기 바라는 것과 마찬가지이다. 그러나 이 비유는 여기서 그치겠다. 왜냐하면 헤겔의 경우에는, 주인은 측면적으로밖에, 말하자면 암암리에밖에, 노예의 자유를 요구하지 않는 데 비해, 사랑하는 사람은 '무엇보다 먼저' 상대의 자유를 요구하기 때문이다. 그런 의미에서 만일 내가 타인에게 사랑받아야 한다면, 나는 '사랑받는 상대'로서 자유롭게 선택되어야만 한다. 알다시피 사랑의 통상적인 용어에서는, 사랑받는 상대는 '선택된 자(élu)'라는 용어로 지시된다. 그러나 이 선택은 상대적이고 우연적이어서는 안 된다. 그 사랑하는 사람은 '상대는 다른 많은 애인들 중에서 나를 선택한 것이다'라고 생각하면, 화가 나고 자신의 가치가 떨어진 것을 느낀다. "그렇다면 만일 내가 이곳에 오지 않았더라면, 만일 내가 '아무개'의 집에 드나들지 않았더라면, 당신은 나를 알지 못했을 것이고 나를 사랑하지 않았을 테지?" 그런 생각은 사랑하는 사람의 마음을 괴롭힌다. 그의 사랑은 다른 많은 사랑 가운데 하나가 되며, 사랑받는 사람의 사실성과 자기 자신의 사실성에 의해 제한되어 있는 동시에, 만남의 우연성에 의해 제한되고 있는 사랑이 된다. 그러므로 그의 사랑은 '세계 속의 사랑'이 되고, 세계를 전제로 한 대상이 되어, 이번에는 다른 사람들을 위해서도 존재할 수 있는 대상이 된다.

사랑하는 사람은 자신이 요구하고 있는 것을, '의물론(擬物論)'에 의해 더럽혀진 서툰 말로 표현한다. 그는 말한다. '우리는 서로를 위해 태어났다.' 또는 '영혼의 반려'라는 표현을 쓰기도 한다. 그러나 그것은 해석이 필요하다. 그렇게 말

비유적으로 얘기되고 있기 때문이다. 현자는 세상의 일반적인 관습이나 도덕, 예절에 얽매이지 않고도 그 행위로 높이 평가되기 때문이다.

하는 당사자가 잘 알고 있듯이, '서로를 위해서 태어났다'는 말은 하나의 근원적인 선택에 귀착한다. 이 선택은 절대적인 선택이 되는 존재라는 의미에서의, 신의 선택이 될 수 있다. 하지만 이 경우에 신은, 절대적인 요구에 있어서의 한계로 이행하는 것을 나타내고 있을 뿐이다. 사실 사랑하는 사람이 요구하는 것은, 그 상대가 자기를 두고 절대적인 선택을 했다는 것이다. 그것은 결국 다시 말하면, 상대의 '세계–속–존재'는 하나의 '사랑하는 사람–으로 있는 것(être-aimant)'이 아니면 안 된다. 상대의 이 나타남은 사랑하는 자의 자유로운 선택이 아니면 안 된다. 또한 타인은 나의 '대상–존재'의 근거이기 때문에, 내가 그 타인에게 요구하는 것은 '타인의 존재의 자유로운 나타남이 "이 나"를 스스로 선택하는 것을 유일하고 절대적인 목적으로 하고 있는 것'으로, 다시 말하면 '타인이 나의 대상존재와 나의 사실성에 근거를 부여하고자 스스로 존재하는 것을 선택했다'는 것이다. 그리하여 나의 사실성은 '구제된다.' 나의 사실성은 이미 생각할 수도 없고 극복할 수도 없는 이 주어진 것, 내가 거기서 도피하는 이 주어진 것이 아니다. 나의 사실성은 타인이 자기를 자유롭게 존재하게 할 때의 목적이다. 나의 사실성은 타인이 자기에게 주는 목적으로서 존재한다. 나는 나의 사실성에 타인을 감염시켰다. 그러나 타인이 나의 사실성에 감염된 것은 자유로서의 한에서이므로, 타인은 나의 사실성을, 다시 회복되고 동의된 사실성으로서 나에게 가리킨다. 타인이 나의 사실성의 근거가 되는 것은 나의 사실성이 타인의 목적이 되기 위한 것이다. 그러므로 이런 사랑에서 출발한다면, 나는 나의 타유화와 나 자신의 사실성을 달리 파악한다.

나의 사실성은—대타(對他)로서의 한에서—이제 하나의 사실이 아니라 하나의 권리이다. 나의 존재는 그것이 '간절히 요구되고' 있기 때문에 존재한다. 나의 이 존재는 내가 그것을 떠맡는 한에서 순수한 너그러움이 된다. 내가 존재하는 것은 내가 나를 아낌없이 주기 때문이다. 내 손 위에 이 사랑받는 정맥이 존재하는 것은 당연한 일이다. 내가 눈을 가지고, 머리카락을 가지고, 눈썹을 가지고 있는 것도, 또 타자가 자유롭게 자기를 지칠 줄 모르는 욕구로 만들 때, 내가 넘쳐흐르는 너그러움으로 그 욕구에 대해 나의 눈, 나의 머리카락, 나의 눈썹을 언제까지나 아낌없이 주는 것도, 나로서는 당연한 일이다. 사랑받기 이전에는 우리가 우리의 존재라고 하는, 합리화되지 않고 또 합리화될 수도 없는 이 결절(結節)에 대해 불안했던 것과는 반대로, 즉 우리가 우리를 '쓸데없는 것'으로 느끼고 있었던 것과는 반대로, 지금 우리는 우리의 이 존재가 그 구석구석까지 [타자의] 이 절대적인 자유에 의해 다시 회복되고 욕구되고 있음을 느낀다. 동시에 우리의 존재는 타자의 이 절대적인 자유에 조건을 부여하고 있고—또 우리는 자신에게서, 우리 자신의 자유를 가지고 타자의 이 절대적인 자유를 욕구하고 있는 것이다. 사랑의 기쁨, 즉 '우리가 정당화되어 존재하고 있음을 느낀다'고 하는 그 사랑의 기쁨이 있다고 한다면, 바로 거기에 그 근거가 있다.

그와 함께, 만일 상대가 우리를 사랑할 수 있다면, 그 사랑받는 자는 언제라도 우리의 자유에 의해서 동화될 상태에 놓여 있다. 왜냐하면 우리가 열망하고 있는 이 '사랑받는 일'은 이미 우리의 '대타-존재'에 적용된 존재론적 증명이기 때문이다. 우리의 객관적 본질존재는 타인의 현실존재를 포함하고 있으며, 또 거꾸로 우리의 본질존재에 근거를 부여하는 것은 타인의 자유 그것이다. 만일 우리가 이 모든 체계를 내면화할 수 있었다면, 우리는 우리 자신의 근거가 될 것이다.

그러므로 이런 것이 사랑하는 사람의 참된 목표이다. 그것은 그의 사랑이 하나의 시도인 한에서, 다시 말해 자기 자신의 하나의 기투(企投, projet)인 한에서이다. 이 시도는 하나의 상극을 유발해야 한다. 사실 상대는 사랑하는 사람을 여러 타인들 가운데 하나의 '대상-타인'으로서 파악한다. 바꿔 말하면 상대는 사랑하는 사람을 세계의 배경 위에서 파악하여, 그를 초월하고 그를 이용한다. 상대는 '시선(視線)'이다. 그러므로 상대는 자신의 뛰어넘기의 궁극적 한계를 정하는 데 자신의 초월을 이용할 수도 없고, 자기의 자유가 자기 자체를 사로잡는 데 자신의 자유를 이용할 수도 없을 것이다. 상대는 사랑하기를 원할 수 없을 것이다. 그러므로 사랑하는 사람은 상대를 유혹해야 한다. 그의 사랑은 유혹이라는 이 시도와 다르지 않다. 유혹할 때는, 나는 결코 타자에 대해 나의 주관성을 보여 주려 하지 않는다. 그렇지만 나는 타인에게 시선을 보냄으로써밖에, 그에게 나의 주관성을 보여 줄 수가 없을 것이다. 그러나 이 시선에 의해서 나는 타자의 주관성을 소실시키게 될 것이다. 게다가 내가 나에게 동화시키고 싶어 하는 것은 타자의 이 주관성이다.

유혹한다는 것은 타자에게 있어서의 나의 대상존재를 완전히, 그리고 극복해야 할 위험으로서 떠맡는 일이다. 유혹한다는 것은 타자의 시선 밑에 나를 두는 일이며, 타자로 하여금 나를 바라보게 만드는 일이다. 유혹한다는 것은 하나의 새로운 출발을 하기 위해서 '보이게 되는' 위험을 범하는 일이고, 나의 대상존재에 의해, 또 나의 대상존재 안에서, 타인을 내 것으로 만드는 일이다. 나는 내가 나의 대상존재를 체험할 때의 바탕에서 떠나기를 거부한다. 내가 나를 '매혹적인 대상'으로 만듦으로써 싸움을 시작하려고 하는 것은 바로 이 바탕 위에서이다. 우리는 먼저 이 책 제2부*⁵에서, 황홀〔매혹〕(fascination)을 '상태'로 정의했다. 그때 우리가 보여 준 것처럼, 황홀이란 존재의 현전에 있어서 '없는 것'으로 있는 비조정적인 의식이다. 유혹은 유혹적인 대상의 면전에서 자기가 무로 있는 것의 의식을 타자 속에 일으키는 것을 지향한다. 유혹함으로써 나는 나를 하나의 존재 충실로서 구성하고, 나를 '그런 존재 충실로서 인정'시키고자 한다. 그러기 위해서 나는 나를 의미 있는 대상으로 구성한다.

그러나 나의 행위는 두 방향에서 '지시할' 것이다. 한쪽은 잘못하여 주관성이라 불리고 있는 방향인데, 이것은 오히려 대상적인 숨겨진 존재의 깊이다. 행위는 다만 그 자신만을 위해 이루어지는 것이 아니다. 오히려 행위는 눈에 띠지 않는 나의 대상적인 존재를 구성하는 것으로서 내가 내놓는 그 밖의 현실적이고 가능적인 행위의 끝없이 무차별적인 하나의 계열을 가리킨다. 그리하여 나는 나를 초월하는 〔타자의〕 초월을 이끌어, 이 초월에, 나의 무한한 '죽은 가능성들'을 가리키려고 하는데, 그것은 바로 나 자신이 뛰어넘어질 수 없는 것이 되기 위한 것이며, 뛰어넘어질 수 없는 것만이 무한한 것인 한에서이다. 다른 한쪽으로, 나의 행위의 하나하나는 가능한—세계의 최대의 두께를 지시하려고 하며, 세계의 가장 넓은 지역과 연관된 것으로서 나를 제시할 것이다. 그러나 이 경우에 나는 상대에게 세계를 '제시하고', 내가 그 상대와 세계 사이에 필요한 중개자로서 나를 구성하려 하기도 하고, 또는 단순히 나는 나의 행위에 의해 세계에 대한 무한히 다양한 능력(금전·권력·연고 따위)을 나타내기도 한다. 나는 첫 번째 방향에 있어서는 나를 무한의 깊이로서 구성하려 하고, 두 번째 방향에 있어서는 나를 세계에 동화시키려 한다. 이런 여러 가지 방식에 의해 나는 나를 뛰어넘어질 수 없는 것으로서 '제출'한다. 그러나 이런 자기 제출은 그것만으로는 충분할 수 없을 것이다. 그런 자기 제출은 단순히 타인을 멀

---

*5 제2부 제3장 1. 대자와 즉자 사이 전형적인 관계로서 인식.

리서 에워쌀 뿐이다. 그런 자기 제출은 타인의 자유에 의한 동의를 얻지 못하는 한, 또 타인이 나의 절대적인 존재 충실에 직면하여 자기를 무(無)로 인정함으로써 사로잡히지 않는 한, 사실상의 가치를 가질 수 없을 것이다.

사람들은 이 여러 가지 표현상의 시도는 언어를 '전제로 한다'고 말할 것이다. 우리는 그것을 부정하지는 않을 것이다. 오히려 우리는 다음과 같이 말할 것이다. 그런 시도가 언어'이다.' 또는 말하자면 그런 시도가 언어의 근본적인 양상의 하나이다. 왜냐하면 '개개'의 언어의 존재와 습득 및 사용에 관해서는, 심리적이고 역사적인 문제가 있음에도, 이른바 언어의 발명이라는 사실에 대해서는 특수한 문제는 아무것도 없기 때문이다. 언어는 '대타—존재'에 나중에 덧붙여지는 하나의 현상이 아니다.

언어는 근원적으로 '대타—존재이다.' 다시 말하면 언어는, 하나의 주관성이 타인에 있어서 대상으로서 체험되는 사실이다. 단순한 대상의 세계에 있어서는 언어는 결코 '발명될' 수 없을 것이다. 왜냐하면 언어는 근원적으로 하나의 다른 주관과의 어떤 관계를 전제하기 때문이다. 그런데 온갖 '대타'들의 상호주관성에 있어서는 언어를 새로이 발명할 필요가 없다. 언어는 타인을 인지할 때, 이미 주어져 있기 때문이다. 내가 무엇을 하든, 자유롭게 고안되고 실행된 나의 행위들, 또 나의 가능성을 향한 나의 모든 기투는, 바깥에, 나에게서 탈출하는 하나의 의미를, 그것도 내가 경험하는 하나의 의미를 가지고 있는데, 오직 그 사실만으로 보아 나는 언어'이다'(나는 언어'를 존재한다'). 그런 의미에서—다만 그런 의미에 있어서만—하이데거가 '나는 내가 말하는 그대로의 것으로 있다(Je suis ce que je dis(Ich bin, was ich sage))*6고 밝힌 것은 정당하다.

*6 원주. 이 명제는 A. de Waehlens의 《마르틴 하이데거의 철학》(루뱅 1942년 펴냄) p.99에 의한 것이다. 또 그가 인용한 하이데거의 다음 문장을 참조하기 바란다. "이 증언은 여기서는 인간 존재의 부가적이고 부수적인 표현을 의미하는 것은 아니다. 오히려 이 증언은 인간의 현존재를 함께 구성하고 있는 것이다.(《횔덜린과 시의 본질》 p.6)
역주 : 하이데거에서 인용한 이 〈횔덜린(Hölderlin)과 시(詩)의 본질〉이라는 논문은 이 시인의 다섯 가지 주제적인 말을 골라 그것을 하나하나 해명한 것으로, 그 가운데 두 번째 말 "그러므로 갖가지 제보 중에서 가장 위험한 것인 언어(die Sprache)가 인간에게 주어졌다……그것에 의해서 인간이 무엇이란 것을 증명하기 위해서……"라는 말의 해명 중에서 하이데거는 다음과 같이 말하고 있다. "인간이란 누구인가? 자기가 무엇인지를 증명해야만 하는 자이다. 증명한다(Zeugen)는 것은 우선 말로 표현한다(Bezeugung)는 의미이다. 그러나 동시에 그것은 말로 표현하는 것에 있어서 말로 표현되는 것을 보증한다는 것이다. 인간은 바로 자기 자

사실 이런 언어는 인간이라고 하는 완성된 피조물의 하나의 본능도 아니고, 우리의 주관성의 하나의 발명도 아니다. 그렇다고 해서 이것을 '현존재(Dasein)' 의 순수한 '탈—자—존재(脫自存在, être-hors-de-soi(Ausser-sich-Sein))'로 돌릴 수도 없는 일이다. 언어는 '인간적 조건(condition humanine)'의 일부를 이루고 있다. 언어는 근원적으로는 하나의 대자가 자기의 '대타—존재'에 대해 할 수 있는 체험이다. 그런 다음에 비로소 언어는 이 체험의 뛰어넘기이며, 나의 가능성이 되는 가능성을 향한, 다시 말해 타자에게 있어서 '이것' 또는 '저것'이 되는 나의 가능성을 향한, 이 체험의 이용이다. 그러므로 언어는 타자의 존재의 승인과 다를 바가 없다. 내 면전에서의 시선으로서 타인이 나타나는 것은, 나의 존재 조건으로서 언어를 나타낸다. 이 원초적인 언어는 반드시 유혹은 아니다.

우리는 나중에 언어의 다른 형태를 살펴볼 것이다. 그뿐만 아니라, 우리가 지적한 것처럼, 타자의 면전에서의 원초적인 태도라는 것은 맨 처음에 존재하지 않는다. 거기서는 두 가지 태도가 순환적으로 번갈아 일어나며 한쪽이 다른 쪽을 포함한다. 그러나 그 반대로 유혹은 앞서는 어떤 언어형태도 예상하지 않는다. 유혹은 전적으로 언어의 나타남이다. 다시 말하면 언어는 유혹에 의해 완전히, 그리고 단번에, 표현의 원초적인 존재방식으로서 드러내 보여질 수 있다. 말할 것도 없는 일이지만, 우리가 여기서 언어라고 말하고 있는 것은 모든 표현적인 현상을 뜻하는 것으로, 그것이 반드시 목소리를 통해 나온 말을 뜻하는 것은 아니다. 목소리로 통해 나온 말은 파생적이고 부차적인 양상이며, 그것의 나타남은 역사적인 연구의 대상이 될 수 있다. 특히 유혹에 있어서는 언어는 '인식시키는(donner à connaître)' 것을 지향하는 것이 아니라, 체험시키는(faire éprouver) 것을 지향하는 것이다.

그러나 매혹적인 언어를 발견하려고 하는 이 최초의 시도에서 나는 암중모색을 하고 있다. 그 이유는, 나는 다만 타인에게 있어서의 나의 대상 존재라고 하는, 추상적이고도 공허한 형태에 의지할 뿐이기 때문이다. 나는 나의 여

신의 현존재를 증언하는 것(Bezeugung)에 있어서, 인간이 그것으로 '있는' '것'이다." 여기에 이어서 앞의 원주의 인용문이 오고, 다음에 "그러나 인간은 무엇을 증언해야 할 것인가? 자기가 지상에 속해 있다는 것을 증언해야 한다. 이 소속은 인간이 모든 것의 계승자이고 습득자라고 하는 점에 존재한다……"고 이어진다. 사르트르가 인용한 하이데거로부터의 인용문을 좀더 자세히 살핀 것이다.

러 가지 몸짓과 태도가 어떤 효과를 가질지 생각조차 할 수 없다. 그것은 나의 몸짓과 태도는, 그것들을 뛰어넘는 〔타자의〕 하나의 자유에 의해, 다시 회복되고 근거가 부여되기 때문이며, 또 나의 몸짓과 태도는, 〔타자의〕 이 자유가 그것들에 하나의 의미를 부여하지 않는 한, 아무런 의미를 가질 수 없기 때문이다. 그러므로 나의 여러 가지 표현의 '의미'는 항상 나에게서 탈출한다. 나는 내가 의미하고자 하는 것을 과연 내가 의미하고 있는 것인지, 정확하게 알 수 없고, 또 내가 유의미적'인가' 아닌가 하는 것도 정확하게 알 수 없다. 바로 이 순간에 나는 타인 속에서 무언가를 읽어내야 하지만, 그 무언가는 본디 상상도 할 수 없는 것이다. 내가 표현하고 있는 것이 현실적으로 타자에게 무엇인가는 알 길이 없으므로, 나는 나의 언어를 나 밖으로의 도피라고 하는 하나의 불완전한 현상으로서 구성한다. 내가 나 자신을 표현하자마자, 내가 표현하고 있는 것의 의미를 나는 추측하는 수밖에 없다. 다시 말해 요컨대 내가 그것으로 있는 것의 의미를 나는 추측하는 수밖에 없다. 그것은 이 관점에서는 '표현한다'는 것과 '존재한다'는 것은 같은 일일 뿐이기 때문이다. 타자는 언어에 그 의미를 주는 자로서, 항상 그곳에 현전해 있고, 또 항상 그곳에서 체험된다. 하나하나의 표현, 하나하나의 행동, 하나하나의 말은, 내 쪽에서는 타자라고 하는 타유화하는 실재에 대한 구체적인 체험이다. 예를 들면 빙의망상(憑依妄想)의 경우처럼*7—'누군가가 나의 사상을 훔치는' 것은 단순히 정신병자뿐만이 아니다. 오히려 표현의 사실 자체가 하나의 사상의 도둑이다. 왜냐하면 사상은 그것이 대상으로 구성되기 위해서는 하나의 타유화하는 자유의 협력을 필요로 하기 때문이다. 그러므로 이 언어의 최초의 양상은—타자에 대해 그것을 쓰는 것이 나(我)인 한에서—'성스러운 것(sacré)'이다. 사실 성스러운 대상은 세계 속의 하나의 대상이면서, 세계 저편의 하나의 초월을 지시한다. 언어는 아무 말 없이 나의 말을 듣고 있는 타자의 자유를, 다시 말해 그의 초월을 나에게 드러내 보인다.

그러나 그와 같은 순간에, 타자에게 있어서 나는 여전히 의미 있는 대상—내가 항상 있었던 그대로의 것—으로 머문다. 나의 대상존재에서 출발하여 타

---

*7 원주. 그렇지만 빙의망상은 일반적인 정신병과 마찬가지로 하나의 커다란 형이상학적 사실에 대한, 즉 여기서는 타유화라는 사실에 대한, 신화에 의해 표현되는 편협한 체험이다. 미치광이조차도 그 자신의 방식으로 이 인간적 조건을 이룰 수밖에 없다.

인에게 나의 초월을 가리킬 수 있는 길은, 맨 처음부터 존재하지 않는다. 나의 여러 가지 태도·표현, 또 말은, 타인에 대해 다른 태도, 다른 표현, 그리고 다른 말밖에 지시할 수 없다. 그러므로 언어는 여전히 타자에게 있어서는, 하나의 마술적인 대상의 단순한 특성이며—또 마술적인 대상 그 자체이다. 언어는 거리를 둔 하나의 행동이고, 그 효과에 대해서는 타자가 정확하게 알고 있다. 그러므로 말은 내가 그것을 사용할 때는 '성스러운 것'이고, 타인이 그것을 들을 때는 '마술적인 것'이다. 그래서 나는 타인에게 있어서 내 몸이 무엇인지 알지 못하는 것처럼, 타인에게 있어서의 나의 언어가 무엇인지 알지 못한다. 나는 내가 말하는 것을 들을 수 없으며, 또 내가 미소짓는 것을 볼 수도 없다. 언어의 문제는 정확하게 몸의 문제와 평행하며, 몸의 경우에 타당한 기술(記述)은 언어의 경우에도 적용된다.

매혹이 타자 안에 하나의 '매료된 상태'를 불러일으키는 것은 분명하지만, 그것만으로 사랑을 일으키는 데까지는 이르지 못할 것이다. 사람은 한 사람의 연설가에게도, 한 사람의 배우에게도, 또 한 사람의 곡예사에게도 매혹될 수 있다. 그렇다고 해서 사람들이 그를 사랑한다는 뜻은 아니다. 물론 사람들은 그로부터 눈을 뗄 수가 없을 것이다. 그러나 또한 그는 세계의 배경 위에 떠오르는 것이고, 또 매혹은 그 매혹적인 대상을 초월의 궁극적인 항(項)으로서 제기하지는 않는다. 오히려 반대로 매혹은 초월'이다.' 그렇다면 사랑받는 상대가, 이번에는 반대로 사랑하는 사람이 되는 것은 언제일까?

답은 간단하다. '그가 사랑을 받으려고 시도할 때'이다. '대상—타자'는 그 자신은 결코 사랑을 불러일으키기에 충분한 힘을 가지고 있지 않다. 만일 사랑이 타자인 한에서의 타자를 내 것으로 하는 것, 다시 말해 시선을 보내는 주관성으로서의 한에서 타자를 내 것으로 하는 것을, 이상으로 삼고 있다면, 이런 이상은 '대상—타자'와 나의 만남이 아니라, '주관—타자'와 나의 만남에서 출발해야만 기대될 수 있다. '대상—타자'의 매혹은 나를 유혹하려고 하는 '대상—타자'를 '소유되어야 하는' '귀중한' 대상이라는 성격으로 장식하는 수밖에 없다. '대상—타자'의 유혹은 아마도 이 '대상—타자'를 정복하기 위한 모험을 감행하게 할 것이다. 그러나 세계 한복판에서의 하나의 대상을 나의 소유물로 삼으려는 이 욕구가 사랑과 혼동되는 일은 없을 것이다. 그러므로 사랑은, 상대가 자신의 타유화와 타인을 향한 자신의 도피에 대해 행하는 체험에 의해서만, 상대의 내부에 생길 수 있을 것이다. 그러나 또한, 만일 사정이 이렇다면, 상대는 자신이 사랑받으려고 기도하지 않는 한, 스스로 변화하여 '사랑하는 사람'이 되는 일은 없을 것이다. 다시 말하면 그가 정복하고자 하는 것이 하나의 몸이 아니고, 주관성인 한에서의 타인의 주관성이 아니라면, 그는 스스로 변화하여 '사랑하는 사람'이 되는 일이 없을 것이다.

사실 이 아유화(我有化)를 이루기 위해 그가 생각할 수 있는 유일한 수단은, 자신이 사랑받는 것이다. 그러므로 생각건대 '사랑한다'는 것은 그 본질에 있어서 '사랑받고자 하는 기도(企圖)'이다. 거기서 다음과 같은 새로운 모순, 새로운 상극이 생긴다. 연인들은 어느 쪽이나 서로 완전히 상대의 포로이다. 더욱이 그것은, 그가, 상대로부터, 누구에게도 눈길을 돌리지 않는 사랑을 받고자 하는 한에서의 일이다. 하지만 그와 동시에, 연인들 각자는 상대에게, 절대로 '사랑받고자 하는 기도'로 환원되지 않는 하나의 사랑을 요구한다. 사실 그가 요구하는 것은, 상대가 맨 처음에 사랑받고자 하는 생각이 없이, 상대의 자유의 대상적인 한계로서의 '이쪽'에 대해, 다른 쪽의 초월의 피할 수 없는, 선택된 근거로서의 '이쪽'에 대해, 또 존재 전체 및 최고 가치로서의 '이쪽'에 대해, 관상적(觀想的)인 동시에 애정적인 하나의 직관을 가져주는 것이다. 다른 쪽에 대해 이렇게 요구된 사랑은 어떤 것도 '요구'하지 못할 것이다. 이런 사랑은 상호성을 가지지 않은 순수한 자기 구속이다. 그러나 바로 이런 사랑은 사랑하는 사람의 요구로서가 아니고는 존재할 수 없을 것이다. 그런데 사랑하는 사람이 사로잡혀 있는 상태는 완전히 다른 방식에 의해서이다. 사랑하는 사람은, 사실 사랑이, 사랑받고자 하는 요구인 한에서, 자신의 욕구 자체의 포로이다.

사랑하는 사람은 스스로 몸이고자 하는 하나의 자유이며, 어떤 외부를 요구하는 하나의 자유이다. 그러므로 사랑하는 사람은 타인을 향한 도피를 연기해 보여 주는 하나의 자유이며, 자유로서의 한에서 자기의 타유화를 요구하는 하나의 자유이다. 사랑하는 사람의 자유는, 타인에게서 대상으로서 사랑받고자 하는 그의 노력 자체 속에서, '대타―몸'으로 미끄러져 들어감으로써 타유화된다. 다시 말하면, 사랑하는 사람의 자유는 타인을 향한 도피라고 하는, 하나의 차원을 가진 존재가 된다. 그의 자유는 자기를 순수한 자기성(自己性)으로서 제기하는 일을 끊임없이 거부한다. 왜냐하면 그렇게 자기를 자기 자신으로서 긍정하면, 그 결과 '시선'으로서의 타자는 무너지고 '대상―타자'가 나타날 것이기 때문이다. 이것은 사물의 상태와 마찬가지로, 거기서는 사랑받을 가능성마저 사라져 버린다. 왜냐하면 거기서는 타인은 대상성의 차원으로 환원되기 때문이다. 그러므로 이 〔자기를 자기성으로서 제기하는 것의〕 거부는, 자유를 타인에게 의존하는 자유로서 구성한다. 주관성으로서의 타인은, 바로 대자의 자유의 넘을 수 없는 한계가 되며, 대자의 존재의 열쇠를 타인이 쥐고 있는 한에서, 주관성으로서의 타인은 대자의 목표가 되고 그 최고 목적이 된다.

우리는 여기서 '타유화된 자유'라고 하는, 사랑의 기도(企圖)의 이상을 다시 발견한다. 그러나 사랑받고 싶어 하는 한에서 자기의 자유를 타유화하는 것은, 사랑받고 싶어 하는 그 사람이다. 나의 자유는 나의 대상성에 근거를 부여하는 타인의 순수한 주관성의 현전에 있어서 타유화된다. 나의 자유는 '대상-타자'의 면전에서는 결코 타유화될 수 없을 것이다. 사실 이 형식 아래에서는, 사랑하는 사람은 상대의 타유화를 꿈꾸고 있는데도, 이 상대의 타유화는 모순에 빠질 것이다. 왜냐하면 상대는 원리적으로 세계 속의 다른 대상들을 향해 사랑하는 사람을 초월하지 않는 한, 사랑하는 사람의 존재에 근거를 부여할 수 없기 때문이다. 그러므로 이 초월은, 그것이 뛰어넘는 대상을 초월된 대상으로서, 동시에 모든 초월의 한계-대상으로서, 구성할 수 없다. 그리하여 연인들의 경우에, 한쪽은 자신이 대상이면서, 게다가 이 대상에게 있어서, 다른 쪽의 자유가 하나의 근원적인 직관 속에서 타유화되기를 원한다. 그러나 본디 그것이 사랑이라고 하는 것이겠지만, 이런 직관은 대자의 하나의 모순된 이상밖에 되지 않는다. 그러므로 한쪽은, 다름 아닌 자신이 타자의 타유화를 요구하는 한에서만 타유화된다. 한쪽은 다른 쪽으로부터 사랑받고 싶어 하는데도, '사랑한다는 것은 사랑받고 싶어 하는 것'임을 깨닫지 못하고, 따라서 또 '다른 쪽으로부터 사랑받고 싶어 함으로써, 이쪽이 원하는 것은, 실은 다른 쪽이 이쪽에게서 사랑받고 싶어 하게 되는 것'임을 깨닫지 못한다.

그러므로 연애관계는, '사랑'이라고 하는 '가치'의 이상적인 표시 아래에서의, 다시 말해 한쪽이 다른 쪽에 근거를 부여하기 위해 자기의 타성(他性)을 보유하면서 그 두 개의 의식개체가 서로 융합하고 있다고 하는 이상적인 표시 아래에서의, 말하자면 의식의 단순한 '반사-반사되는 것'과도 비슷한, 무한지향의 하나의 체계이다. 사실 의식개체는 서로 넘어갈 수 없는 하나의 무에 의해 분리되어 있다. 왜냐하면 이 무는 한쪽에 의한 다른 쪽의 내적 부정인 동시에 그 두 개의 내적 부정 사이에 있는 사실적인 무이기 때문이다. 사랑은, 내적 부정을 그대로 보유하면서 사실적인 부정을 극복하기 위한 하나의 모순된 노력이다. 나는 타인이 나를 사랑해 주기를 요구한다. 나는 나의 기도를 이루기 위해 모든 수단을 강구한다. 그러나 만일 타인이 나를 사랑한다면, 그는 그의 사랑 자체에 의해 근본적으로 나를 실망시킨다. 즉 내가 그에게 요구하는 것은 그가 나의 면전에서 순수한 주관성으로서 자기를 유지하면서, 나의 존재에 특권적인 대상으로서 근거를 부여하는 것이다. 그런데 그가 나를 사랑하자마자 그는 주관으로서의 나를 체험하고, 나의 주관성의 면전에서 그 자신의 대상성 속에 빨려들어간다.

그러므로 나의 '대타—존재'의 문제는 여전히 해결되지 않은 채 머문다. 연인들은 여전히 전면적인 주관성 속에 각각 자기로서 머물고 있다. 아무도, 그들이 각각 자기로서 자기를 존재하게 해야 하는 그들의 의무에서, 그들을 해방시키러 와 주지는 않는다. 아무도, 그들의 우연성을 제거하러 오지는 않으며, 그들을 사실성으로부터 구제해 주러 오지도 않는다. 그러나 적어도, 그들 각자는 이제 타인의 자유 속에서 위험에 처해 있지 않다는 점에서 이득을 본 셈이다 —하지만 그것은 그들이 그와 같이 생각하고 있는 것과는 다른 의미에서이다. 사실 그들 각자가 이제 위험에 처해 있지 않은 것은, 상대가 그의 초월의 한계 —대상으로서 '이쪽'을 존재하게 하기 때문이 아니라, 상대가 이쪽을 주관성으로서 체험하고, '이쪽'을 그와 같은 것으로서밖에 체험하려 하지 않기 때문이다. 또 그뿐만 아니라, 그 이득은 끊임없이 위험에 처해 있다. 가장 먼저, 의식개체의 각각은 어떤 순간에도 자신의 연쇄로부터 자기를 떼어 놓고 갑자기 타인을 '대상'으로서 바라볼 수 있다. 그렇게 되면 주문(呪文)은 풀리고, 상대는 모든 수단 가운데 하나가 된다. 그때 상대는, 그가 바라는 대로 '대타—대상'이 되지만, '도구—대상'이고, 끊임없이 초월되는 대상이다. 사랑의 구체적인 실체를 형성하고 있는 거울과 거울의 희롱이라고 할 수 있는 이 환영은 별안간 정지한다. 다음에, 사랑에 있어서는 각각의 의식개체는 자기의 '대타—존재'를, 상대의 자유 속에 피난시키려고 한다. 그러기 위해서는, 상대는 순수한 주관성으로서, 세계를 존재에까지 가져오는 절대자로서 세계 저편에 존재하고 있지 않으면 안된다. 그러나 각자가 자기 자신의 대상화뿐만 아니라, 타인의 대상화를 체험하기 때문에, 연인들이 한 사람의 제삼자에 의해 함께 '응시되는' 것만으로도 충분하다.

　즉 상대는, 더 이상 나에게 있어서, 나의 존재 속에서 나에게 근거를 부여하는 절대적인 초월이 아니다. 오히려 반대로, 상대는 나에 의해서가 아니라, 또한 사람의 타인에 의해 '초월되는-초월'이다. 나와 상대의 근원적인 관계, 즉 사랑받고 있는 나와 사랑하는 사람의 이 관계는 죽은 가능성이 되어 응고한다. 그것은 이미 모든 초월의 하나의 한계-대상과, 이 한계-대상에 근거를 부여하는 자유의 체험적인 관계가 아니라, 반대로 제삼자 쪽을 향해 그냥 그대로 타유화되는 하나의 '대상-연애'이다. 세상의 연인들이 사람들의 눈을 피하는 참된 이유가 바로 거기에 있다. 왜냐하면 제삼자의 나타남은 그것이 어떤 자이든, 두 사람의 사랑의 파괴이기 때문이다. 그러나 사실상의 '단둘이(우리는 단둘이서 내 방에 있다)'는 결코 '권리상의' '단둘이'가 아니다. 사실 아무도 우리를 보고 있지 않을 때도 우리는 '모든' 의식개체에 있어서 존재하고 있다. 또 우리는 모든 의식개체들에 있어서 존재하고 있음을 의식하고 있다. 따라서 대타존재의 근본적인 양상으로서의 사랑은, 그 대타존재 속에 그 자신의 파괴의 뿌리를 갖고 있다.

　우리는 방금 사랑의 삼중의 자괴성(自壞性)을 정의했다. 첫째로, 사랑은 본질적으로 하나의 기만이며, 하나의 무한지향이다. 왜냐하면 사랑한다는 것은 '상대로부터 사랑받고 싶어 하는 것'이고, 따라서 '상대가 나로부터 사랑받고 싶어하기를 원하는 것'이기 때문이다. 그리고 이 기만에 대한 존재론 이전의 하나의 요해가 사랑의 충동 그 자체 속에 주어져 있다. 사랑하는 사람이 끊임없이 느끼는 불만족은 바로 거기서 온다. 이 불만족은, 사람들이 흔히 잘못 생각해 온 것과는 달리, 상대에게 가치가 없다는 점에서 오는 것이 아니라, 오히려 사랑의 직관이 근본-직관으로서 이를 수 없는 하나의 이상이라는 것에 대한, 암묵의 요해에서 오는 것이다. 내가 사람들에게 사랑을 받으면 받을수록, 나는 나의 '존재'를 잃고, 나는 나 자신의 책임에, 나 자신의 존재 가능에 맡겨진다. 둘째로, 타인의 각성은 항상 가능하다. 타인은 어떤 순간에도 나를 대상으로서 나오게 할 수 있다. 사랑하는 사람의 끊임없는 불안정은 거기서 온다. 셋째로, 사랑은 제삼자들에 의해 끊임없이 '상대적인 것이 되는' 하나의 절대이다. 사랑이 절대적인 귀추축(歸趨軸)이라고 하는 그 성격을 유지할 수 있으려면 상대와 단둘이서 세계에 존재하지 않으면 안 될 것이다. 사랑하는 사람의 끊임없이 부끄러움(또는 자부—그것은 이 경우에 같은 일이 된다)은 거기서 온다.

그러므로 내가 대상적인 것 속에서 자기를 잃어버리려고 시도해 보아도 그것은 헛된 일이다. 나의 정념은 아무 소용도 되지 않았을 것이다. 타인은—그 자신에 의해서이든, 다른 사람들에 의해서이든—나에게 합리화될 수 없는 나의 주관성을 지시하는 것이었다. 이 확인은 하나의 전면적인 절망을 불러일으킬 수도 있고, 또 타자와 나 자신의 동화를 이루고자 하는 하나의 새로운 시도를 야기할 수도 있다. 이 시도의 이상(理想)은 우리가 지금까지 기술해 온 이상의 반대일 것이다. 타인의 타성을 그에게 보존하게 한 채로 이 타인을 흡수하려 하는 대신, 나는, 나를 타자가 흡수하도록 시도할 것이다. 그리고 나는 나의 주관성에서 탈출하고자, 타인의 주관성 속에 자기를 잃으려고 시도할 것이다. 이 시도는 구체적인 면에서는 '마조히스트'적인 태도로 나타날 것이다. 타자는 나의 '대타–존재'의 근거이므로, 만일 내가 나를 존재시키는 배려를 타자에게 맡긴다면, 나는 이미 〔타자의〕 존재 속에 하나의 자유에 의해 근거가 부여된 하나의 '즉자–존재'에 지나지 않게 될 것이다.

이 경우에 타자가 나의 존재 속의 나에게 근거를 부여할 때의 원초적인 행위에 장애가 된다고 생각되는 것은, 나 자신의 주관성이다. 무엇보다 먼저 '나 자신의 자유'에 의해 부정되어야 하는 것은, 이 나 자신의 주관성이다. 그래서 나는 나의 '대상–존재' 속에 완전히 나를 구속하려고 한다. 나는 자신이 대상 이상의 무엇이 되기를 거부한다. 나는 타인 속에서 쉰다. 또 나는, 이 '대상–존재'를 부끄러움 속에서 체험하므로, 나의 부끄러움을 나의 대상성의 깊은 표시로서 원하고 또 사랑한다. 또 타자는 '현실적인 욕망'에 의해 나를 대상으로 파악하므로,*8 나는 욕망되기를 원한다. 나는 부끄러움 속에서 나를 욕망의 대상이 되게 한다. 만일 내가 타인의 초월의 한계–대상으로서 타인을 위해 존재하려 하는 대신, 오히려 그 반대로 다른 대상들 가운데 하나의 대상으로서, 또 이용되어야 하는 하나의 용구로서, 타인으로부터 다루어지기를 원한다면, 위와 같은 태도는 사랑의 태도와 매우 비슷한 것이 될 것이다. 사실 여기서 부정해야 하는 것은 '나의' 초월이지, 타인의 초월이 아니다. 이번의 경우에는, 나는 타인의 자유를 사로잡고자 해서는 안 된다. 오히려 그와 반대로, 내가 원하는 것은,

---

*8 원주. 다음 절 참조.

타인의 이 자유가 근본적으로 자유로운 것이고, 또 이 자유가 스스로 근본적으로 자유롭고자 원하는 것이다. 그리하여 나는, 자신이 다른 목적을 향해 초월되는 것을 느끼면 느낄수록, 그만큼 더욱, 나의 초월의 포기를 누리게 될 것이다. 마지막에는 나는, 자신이 이미 하나의 '대상' 이외에, 즉 근본적으로는 하나의 '즉자' 이외에 아무것도 아니게 되기를 시도한다. 그러나 나의 자유를 흡수한 하나의 자유가, 이 즉자의 근거가 되는 한에서, 나의 존재는 또다시 자기 자신의 근거가 될 것이다.

마조히즘(masochism, 이성으로부터 학대를 받음으로써 성적 쾌감을 얻는 변태성욕)은 사디즘(sadism, 이성을 학대함으로써 자기 성욕을 만족시키는 변태성욕)과 마찬가지로*9 유죄성의 떠맡음이다. 사실 나는 내가 대상으로 있다는 다만 그 사실만으로도 유죄자이다. 나는 나 자신에 대해 유죄이다. 왜냐하면 나는 나의 절대적인 타유화에 동의하기 때문이다. 나는 타자에 대해 유죄이다. 왜냐하면 나는, 자신이 유죄가 되는 기회를, 즉 자유로서의 나의 자유를 아깝게도 놓치는 기회를 타자에게 제공하기 때문이다. 마조히즘은 나의 대상성에 의해서 타인을 매혹하고자 하는 시도가 아니라, 나의 '대타–대상성'에 의해 스스로 자신을 매혹시키고자 하는 하나의 시도, 즉 타자에 의해 나를 대상으로서 구성하려는 하나의 시도이다. 게다가 그 경우에, 나는 내가 타자의 눈에 제시하고 있는 이 즉자의 현전에 있어서, 나의 주관성을 하나의 '없는 것(rien)'으로서 비조정적으로 파악하는 시도이다. 마조히즘은 일종의 현기증으로서 특징지어진다. 그러므로 암벽과 지층의 낭떠러지 앞에서 느끼는 현기증이 아니라, 타자의 주관성의 심연 앞에서 느끼는 현기증이다.

그러나 마조히즘은 그 자신이 하나의 좌절이며, 또 좌절이어야만 한다. 사실 나의 '대상–나'에 의해 나를 매혹시키려면, 나는 그것이 '타인에게 있어서' 있는 그대로의 이 '대상–나'에 대해 직관적인 파악을 이룰 수 있지 않으면 안 될 것이다. 하지만 이것은 원리적으로 불가능하다. 그러므로 '타유화된 이 나'는, 그것에 입각하여 내가 나를 매혹할 수 있기는커녕, 여전히 원리적으로 파악될 수 없는 것이다. 마조히스트는 무릎으로 기어다니거나 우스꽝스러운 시늉을 하고, 생명이 없는 단순한 용구처럼 자기를 이용하게도 하지만, 그런 것은

---

*9 원주. 다음 절 참조.

다 소용없는 일이다. 마조히스트[의 자세]가 외설스럽거나 단순히 수동적인 것은 '타인에게 있어서'이다. 마조히스트가 그런 자세를 참고 견디는 것은 타인에게 있어서이다. 그 자신으로서는, 마조히스트는 '그런 자세를 자기에게 주도록' 영원히 운명 지어져 있다. 그가 초월되어야 하는 하나의 존재로서 자기를 배치하는 것은 그의 초월에 있어서이고, 그의 초월에 의해서이다. 그가 자신의 대상성을 맛보려고 하면 할수록, 더욱더 그는 자신의 주관성의 의식에 잠길 것이다. 그리고 마침내 불안해질 것이다. 특히 어떤 여자에게 돈을 주어 자기를 채찍질하게 하는 마조히스트는, 그 여자를 용구로 다루고 있는 것이며, 이 사실로부터 그는 그녀에 대해 자기를 초월 속에 두는 것이다. 그러므로 마조히스트는 마침내 타인을 대상으로 다루고, 타인을 타인 자신의 대상성을 향해 초월하게 된다.

여기서 생각나는 것은, 이를테면 자허마조흐(Sacher-Masoch)[10]의 번민이다. 그는 경멸을 받기 위해, 모욕을 받기 위해, 굴욕적인 상태에 빠지기 위해, 여자들이 그에게 가져오는 크나큰 사랑을 이용하지 않을 수 없었다. 다시 말해 그는 여자들이 그에게 있어서 하나의 대상으로서 자기를 체험하는 한에서 그 여자들에게 작용하지 않으면 안 되었다. 그러므로 어쨌든 마조히스트의 대상성은 그에게서 탈출한다. 자기의 대상성을 파악하려다가, 오히려 그는 타인의 객관성을 발견한다. 그리고 그로 인해, 본의 아니게 그의 주관성이 해방되는 경우도 있을 수 있다. 아니, 오히려 그렇게 되는 것이 보통이다. 그러고 보면 마조히즘은 원리적으로 하나의 좌절이다. 만일 우리가 '마조히즘은 하나의 "악덕"이며, 이 악덕은 원리적으로 좌절의 사랑'이라는 것에 생각이 미친다면, 위와 같은 결과는 조금도 놀라운 일이 아니다.

그러나 우리는 여기서 그 악덕의 구조 자체에 대해 기술할 필요는 없다. 여기서는 다만 다음과 같은 점을 지적해 두는 것으로 충분할 것이다. 마조히즘은 타인에게 자기의 주관성을 다시 동화(同化)하게 함으로써, 자기의 주관성을 절멸시키기 위한 하나의 끊임없는 노력이다. 이 노력은 안타깝고도 기분 좋은 좌절의 의식이 함께 따르고 있으며, 결국 마지막에, 자기가 그 주요한 목표로

---

*10 자허마조흐(Sacher-Masoch) : 오스트리아의 소설가. 변태성욕의 하나인, 이성에게서 여러 가지 방법으로 학대를 받음으로써 성적 쾌감을 느끼는 색정광을 처음으로 소설 속에 그려 냄으로써 마조히즘의 명칭이 나오게 되었다.

서 구하는 것은 좌절 그 자체이다.[*11]

2. 타자에 대한 두 번째 태도―무관심, 욕망, 증오, 사디즘

타인에 대한 첫 번째 태도의 좌절은, 나에게 있어서 두 번째 태도를 취할 기회가 될 수도 있다. 그러나 사실을 말하면, 두 가지 태도 가운데 어느 하나도 진실로 첫 번째가 되지 못한다. 두 가지 태도의 각각은 근원적인 상황으로서의 '대타―존재'에 대한, 하나의 근본적인 반응이다. 그러므로 다음과 같은 일도 있을 수 있다. 타인에게 있어서의 나의 대상 존재를 통해서 타인의 의식을 나에게 동화시키려고 해도, 그것이 나에게는 불가능한 일이라는 것을 알게 되면, 나는 결연히 타인을 향해 돌아서서, 타인에게 '시선을 향하게' 된다. 이 경우, 타자의 시선에 대해 시선을 돌리는 것은, 자기 자신의 자유 속에 스스로 자기를 두는 것이고, 이 자유를 토대로 하여 타인의 자유에 맞서고자 하는 것이다. 그러므로 여기서 문제가 되고 있는 상극의 의미는, 서로 자유로서의 한에서 마주 보고 있는 두 개의 자유의 투쟁을 밝혀 보는 일일 것이다. 하지만 이 의도는 그 자리에서 물거품으로 돌아가게 마련이다. 왜냐하면 내가 타자의 면전에서 나의 자유 속에 버티고자 한다는, 다만 그 사실만으로 나는 타인을 하나의 '초월되는―초월', 다시 말하면 하나의 대상으로 만들기 때문이다.

우리가 지금 여기에 서술하려고 하는 것은 바로 이 좌절의 역사이다. 사람들은 그 기본적인 도식을 다음과 같이 파악한다. 나를 바라보고 있는 타자 위에, 이번에는 내가 나의 시선을 보낸다. 그러나 하나의 시선은 시선에 대해 시선을 마주할 수가 없다. 내가 그 시선 쪽으로 시선을 돌리자마자 그 시선은 없어지고, 나는 이제 눈만을 보게 될 뿐이다. 그 순간, 타자는 내가 소유하는 하나의 존재가 되고, 나의 자유를 인정하는 하나의 존재가 된다. 나의 목표는 이루어진 것처럼 보인다. 왜냐하면 나는 나의 대상 존재의 열쇠를 쥐고 있는 존재를 소유하기 때문이며, 나는 다양한 방법으로 나의 자유를 그에게 체험시킬 수 있기 때문이다. 그러나 사실은 모든 것이 무너져 버린 것이다. 왜냐하면 나의 양손 사이에 남아 있는 이 존재는 하나의 '대상―타자'이기 때문이다. 그

[*11] 원주. 이 서술과 관련하여, 마조히스트적인 태도로 분류되어야 하는 음부노출증의 한 형태가 있다. 예를 들면 루소가 세탁부들에게 '외설스러운 것이 아니라 오히려 우스꽝스러운 것'을 노출시켜 보여 줄 때가 그것이다. 루소의 《고백록》 제3장 참조.

런 것으로서의 한에서, 그는 나의 '대상–존재'의 열쇠를 잃어버린 것이다. 그는 나에 대해 하나의 단순한 심상을 가지고 있는데, 이 심상은 그의 대상적인 상태의 하나에 지나지 않으며, 더 이상 나를 건드리지는 않는다. 그가 나의 자유의 효과를 체험하는 것도, 또 내가 다양한 방법으로 그의 존재에 작용하여, 나의 모든 가능성으로 그의 가능성을 초월할 수 있는 것도, 그가 세계 속의 대상인 한에서이고, 그런 것으로서 그가 나의 자유를 인정할 수 없는 상태에 있는 한에서이다. 나의 실망은 전면적이다. 왜냐하면 나는 타자의 자유를 내 것으로 삼으려 하고 있으면서도, 갑자기 나는 이 자유가 나의 시선 아래 무너져 버린 한에서만 나로부터 타인에게 작용할 수 있다는 것을 깨닫기 때문이다. 이 실망이 계기가 되어 그 뒤에 나의 여러 가지 시도가 뒤따른다. 그런 시도는 타자가 나에게 있어서 대상인 경우에 이 대상을 '통해' 타자의 자유를 찾고자 하는 시도이며, 또 타자의 몸의 전면적인 아유화(我有化)를 통해 이 자유를 내 것으로 삼을 수 있는 특권적인 행위를 찾아내려는 시도이다. 그런데 이미 눈치채고 있을 거라고 생각하지만, 그런 시도는 원리적으로 좌절할 운명에 있다.

그러나 '시선에 대해 시선을 향하는 일'이 나의 '대타–존재'에 대한 나의 근원적인 반응인 경우도 있을 수 있다. 다시 말해 내가 세계에 대한 나의 나타남 속에서 나를 타인의 시선을 바라보는 자로서 선택하여, 타인의 주관성의 붕괴 위에 나의 주관성을 세울 수 있다. 우리가 '타자에 대한 무관심(indifférence envers autrui)'이라고 일컫게 될 것은 바로 이 태도이다. 이 경우에 문제가 되는 것은, 타인들에 대한 일종의 '맹목(cécité)'이다. 그러나 이 '맹목'이라고 하는 말을 오해하지 말기 바란다. 나는 이 맹목을 하나의 상태로서 당하는 것이 아니다. 나는 타인들에 대해 나 자신의 맹목'으로 있다.' 이 맹목은 '대타–존재'에 대한, 즉 시선으로서의 타자의 초월에 대한, 어떤 암묵의 요해를 내포하고 있다. 이 요해는 단순히 내가 그것을 보지 않도록 가려 두려고 스스로 마음에 정한 것이다. 그 경우, 나는 일종의 사실적인 유아론(唯我論)을 실행한다. 타인들은 거리를 지나가는 이런 형태이고, 거리를 두고 작용할 수 있는 마술적인 대상이며, 내 쪽에서도 그들에 대해 일정한 행위에 의해 작용할 수 있다.

나는 그들에 대해 거의 주의를 기울이지 않으며, 마치 내가 세계에 오직 홀로 있는 것처럼 행동한다. 나는 내가 벽을 가볍게 스치듯이 '사람들'을 가볍게 스친다. 나는 내가 장애물을 피할 때처럼 사람들을 피한다. 그들의 '대상–자유'

는, 나에게 있어서 그들이 가진 '역행률(coefficient d'adversité)'일 뿐이다. 나는 그들이 나에게 시선을 향할 수 있을 거라고는 생각조차 하지 않는다. 물론 그들은 나에 대해 어떤 인식을 가지고 있다. 그러나 이 인식은 나를 건드리지 않는다. 여기서는 순전히 그들의 존재의 온갖 변양(變樣)이 문제인데, 이 변양들은 그들에게서 나에게 옮겨 오는 것이 아니고, 우리가 '겪어진-주관성' 또는 '대상-주관성'이라고 이름 붙인 것에 의해 더럽혀지고 있다. 다시 말하면 그런 변양은 그들이 그것으로 있는 것을 나타내고 있는 것이며, 내가 그것으로 있는 것을 나타내고 있는 것이 아니다. 즉 그런 변양은 그들에 대한 나의 행동의 결과이다. 이런 '사람들'은 온갖 기능이다.

개찰원은 검표하는 기능 외에 아무것도 아니다. 카페의 종업원은 손님들에게 봉사하는 기능 외에 아무것도 아니다. 거기서 출발하여, 만일 내가 그들의 메커니즘을 움직일 수 있는 '암호'나 그들의 열쇠를 알고 있다면, 나는 나를 위해 그들을 가장 잘 이용할 수 있을 것이다. 거기서, 프랑스의 17세기가 우리에게 넘겨 준 저 '도덕주의자'식의 심리학이 유래한다. 또 거기서 베로알드 드 베르빌의 《성공법》이나, 드 라클로의 《위험한 관계》, 에로 드 세셸의 《야심론》 같은, 18세기의 논술*12이 유래한다. 그것은 타인에 대한 하나의 '실제적인' 인식과 타인에게 작용하는 기술을 우리에게 내어 준다. 이 맹목 상태에 있어서, 나는 나의 즉자-존재와 나의 대타-존재의 근거로서, 특히 나의 대타-몸의 근거로서, 타인의 절대적인 주관성을 함께 무시한다. 어떤 의미에서 나는 안심한다. 나는 '뻔뻔스러워'지는 것이다. 다시 말하면 나는 타인의 시선이 나의 가능성들이나 나의 몸을 응고시킬 수 있다는 것을 전혀 의식하지 않는다. 나는 사람들이 '소심'이라고 부르는 상태하고는 반대의 상태 속에 있다. 나는 안락한 상태에 있다. 나는 나 자신에 대해 거북스럽게 여기지 않는다. 왜냐하면 나는 '외부'에 있지 않기 때문이다. 나는 내가 타유화되어 있다고는 느끼지 않는다. 이 맹목

---

*12 《성공법(Le Moyen de parvenir)》 Béroalde de Verville(1558~1612) 지음, 1610년 펴냄. 고대인과 현대인을 몇 사람 등장시켜 놓고 서로 얘기하게 하는 대화형식의 책으로 당시에 널리 읽혔다고 한다. 《위험한 관계(Les Liaisons dangereuses)》: Choderlos de Laclos(1741~1803) 지음, 1782년 펴냄. 유혹의 심리를 섬세하게 분석한 서간체 소설로, 여성을 유혹하는 책으로서 오랫동안 악서로 지목되어 왔다. 지드가 이 책을 애독서의 하나로 든 일은 유명한 이야기이다. 《야심론(Théorie de l'ambition)》: Hérault de Séchelles(1754~1794) 지음. 당통과 함께 처형된 정치가로, 이 책은 그의 유작(遺作)이다.

상태는 나의 근본적인 자기기만이 향하는 대로 언제까지나 오래 연장될 수 있다. 이 맹목 상태는 이따금 중단하면서도, 여러 해에 걸쳐서 또는 평생을 두고 계속될 수도 있다.

　세상에는 '타인'이 무엇인지 생각해 본 적도 없이—순간적인 무서운 번뜩임의 시간을 제외하고는—죽어 가는 인간이 있다. 그러나 완전히 그런 상태에 빠져 있을 때라도, 우리는 끊임없이 자기의 불충분을 체험하지 않을 수 없다. 그리고 모든 자기기만의 경우와 마찬가지로, 이 맹목 상태에서 벗어나는 동기를 우리에게 제공해 주는 것은, 바로 이 맹목 상태 자체이다. 왜냐하면 타인에 대한 맹목은 나의 '대상성'에 대한 모든 체험적인 파악을 모조리 없애 버리기 때문이다. 그러나 자유로서의 '타인'과 '타유화된—나'로서의 나의 대상성은 '거기에 존재한다.' 이 두 가지는 간파되지 않았고, 주제화되지 않았지만, 세계에 대한, 또 세계 속에서의 나의 존재에 대한, 나의 요해 그 자체 속에 주어져 있다. 개찰원은 물론 단순한 기능으로 여겨지고 있기는 해도, 그 기능 자체에 의해 나에게 하나의 외부—존재를 지시한다. 또한 이 외부—존재는 파악되지 않았고 또 파악될 수 있는 것도 아니다. 거기서부터 어떤 끊임없는 결여감과 거북함이 생긴다. 그 까닭은 '타자'를 향한 나의 근본적인 시도는—내가 어떤 태도를 취하든—이중이기 때문이다. 즉 이 경우에 문제가 되는 것은, 한편으로는 '타자의—자유—속에서의—나의—외부—존재'가 나에게 초래하는 위험에 대해 내 몸을 지키는 것이고, 다른 한편으로는 내가 그것으로 있는 전체분해적인 전체를 마침내 전체화하기 위해, 열려 있는 원(순환)을 닫고, 결국 내가 나 자신의 근거로 있기 위해 '타자'를 이용하는 것이다.

　그런데 한편, 시선으로서의 '타자'의 소멸은 정당화될 수 없는 나의 주관성 속에 나를 내던지고, 파악될 수 없는 하나의 '대자—즉자'를 향한, 이 끊임없는 '추구되는—추구'로, 나의 존재를 환원시켜 버린다. 타인이 없으면, 나는 나의 운명이라고도 해야 할, 자유롭게 있다고 하는 이 무서운 필연성을 완전히 알몸 그대로 파악하게 된다. 다시 말해 나는 존재하는 것을 스스로 선택한 것이 아니라, 나는 '태어났는데'도 나를 존재시키는 배려를 나 혼자에게밖에 맡겨둘 수 없다고 하는 이 사실을, 완전히 알몸 그대로 파악하게 된다. 그런 반면에, '타인'에 대한 '맹목'은 겉보기에는 '타인'의 자유 속에서 위험에 처해 있다는 두려움으로부터 나를 해방시켜 주는 것처럼 보일지도 모르지만, 그런데도 이 맹목성은 타인의 이 자유에 대한 은연중의 이해를 내포하고 있다. 그러므로 이 맹목성은 내가 나를 절대 유일의 주관성이라고 생각할 수 있는 바로 그 순간에 나를 객관성의 마지막 단계에 놓는다. 왜냐하면 나는 보이고 있으면서 자신이 보이고 있는 것을 체험할 수도 없고, 내가 '보이고 있는 것'에 대해 이 체험의 힘으로 몸을 보호할 수도 없기 때문이다. 나는 소유되고 있으면서, 나를 소유하고 있는 자 쪽으로 돌아설 수가 없다. 시선으로서의 타자의 직접적인 체험 속에서 나는 '타인'을 체험함으로써 몸을 보호하는 것이며, '타인'을 대상으로 바꿀 수 있는 가능성이 나에게 남아 있다. 그러나 만일 '타인이 나에게 시선을 보내고 있는 동안', '타인'이 나에게 있어서의 대상이라면, 그 경우에는 나는 자기도 모르는 사이에 위험에 처해 있다. 그리하여 나의 '맹목'은 불안이다. 왜냐하면 나의 맹목은, 내가 모르는 사이에 나를 타유화할 우려가 있는, 어떤 파악될 수 없는 '방황하는 시선'에 대한 의식이 늘 따르기 때문이다. 이 거북함은 타자의 자유를 이쪽으로 빼앗으려 하는 하나의 새로운 시도의 계기가 되어야 한다. 하지만 그것은 곧, 가볍게 나에게 접촉하고 있는 '대상-타자' 위로, 내가 다시 돌아서려고 하는 일이고, 그의 자유를 침범하기 위해 '대상-타자'를 용구로서 이용하려고 하는 일일 것이다. 다만 바로 내가 '타자'라고 하는 '대상'을 향하고 있으므로, 나는 그의 초월의 변명을 그에게 구할 수 없다. 또 나 자신이 타자의 대상화 차원에 있어서 존재하고 있기 때문에, 나는 내가 무엇을 내 것으로 하려 하는지를 생각해 볼 수조차 없다. 이리하여 나는 내가 응시하고 있는 이 대상에 대해 화가 나는 모순된 태도 속에 머물러 있다. 왜냐하면 나는 내가 원하는 것을 그로부터 얻을 수 없을뿐더러, 이 탐색은 내가 원하고 있는 것에 대한 지식 자체의 소멸을 일으키기 때문이다. 나는 타인의 자유에 대한 하나의 절망적인 탐구 속에 자기를 구속한다. 그리고 그 도중에 나는, 이미 의미를 잃어버린 하나의 탐구 속에 자기가 구속되어 있음을 발견한다. 이 탐구에 그 의미를 되돌려 주려고 하는 나의 모든 노력은, 오히려 더욱더 이 탐구에 의미를 잃게 하는 결과가 되어, 나의 망연자실과 거북함만 불러일으킬 뿐이다. 그것은 마치 내가 어떤 꿈에 대한 기억을 다시 생각해 내려고 시도할 때, 그 기억이 나의 손가락 사이에서 녹아, 대상이 없는 전체적인 인식의, 화가 나도록 종잡을 수 없는 인상을 나에게 남기는 것이다. 그리고 마치 내가 어떤 애매한 기억의 내용을 밝히려고 노력할 때, 그것을 밝히려고 하면 할수록, 그 기억이 녹아서 반투명한 것이 되어 버리는 것이다.

타인의 '대아—대상성'을 통해 '타인'의 자유로운 주관성을 빼앗으려 하는 나의 근원적인 시도는 '성적 욕망(désir sexuel)'이다. 우리가 '대타존재'를 이루는 경우의 근원적인 방법을 나타내는 기본적인 태도들의 수준에 있어서, 성적 욕망이라는, 보통 '심리—생리적 반응'으로 분류되는 하나의 현상을 다루는 것을 보고, 아마 의외로 생각하는 사람도 있을 것이다. 사실 대부분의 심리학자들에게 있어서는, 의식이라는 사실로서의 정욕은 우리의 성적 기관의 본성과 밀접한 상호관계에 있으며, 성적 기관에 대한 더욱더 깊은 연구를 통해, 비로소 이 욕망이 이해될 수 있는 것으로 되어 있다. 그러나 몸의 분화된 구조(포유류·태생류 등등)와, 따라서 또 섹스의 개개의 구조(자궁·나팔관·난소 등등)는, 절대적인 우연성의 영역에 속하는 것이며, 결코 '의식' 또는 '현존재'의 존재론의 관할에 속하는 것이 아니므로, 성적 욕망의 경우에도 마찬가지로 존재론이 다룰 문제가 아닌 것으로 생각된다.

성적 기관이 우리 몸의 우연적이고 특수한 하나의 조직*13인 것과 마찬가지로 거기에 대응하는 성적 욕망도 우리의 심적 생활의 우연적인 하나의 양상일 것이며, 다시 말해 생물학에 기초를 둔 경험적 심리학 수준에서만 기술될 수 있을 것이다. 이것은 욕망과 그것에 관련되는 모든 심리적인 구조에 대해 사람들이 으레 사용하는 '성적 본능'이라는 이름만으로도 충분히 분명하다. 본능이라고 하는 이 말은, 사실 항상 이중의 성격을 지닌 심적 생활의 우연적인 조직들을 나타낸다. 이 이중의 성격이란, 심적 생활의 전 지속기간과 연장을 함께하는 조직이지만—또는 어떤 경우에도 결코 우리의 '경력'에서 유래하는 것은 아니지만—그럼에도 심적인 것의 본질 자체에서는 이끌어 낼 수 없다는 얘기이다. 그런 이유에서, 어떤 실존철학도 성욕에 대한 문제에 진지하게 몰두해야 한다고는 생각하지 않았다. 특히 하이데거는 그의 실존적 분석에 있어서 이 문제에 대해 조금도 말하지 않고 있다. 그러므로 그가 말하는 '현존재'는 우리가 볼 때는 성별이 없는 것처럼 생각된다. 물론 분명히 '남성' 또는 '여성'으로 성별되는 것은 '인간 존재'에 있어서 사실상 하나의 우연성이라고도 생각할 수 있다. 분명히 성적 차이의 문제는 '실존(Existence, Existenz)*14 문제와는 아무런 관련도

---

*13 이 부분의 원서에는 information으로 인쇄되어 있으나 formation으로 정정하여 번역하였다.

*14 Existence란 말은 지금까지 여러 차례 나왔으나, 단순히 존재라는 뜻이나 현실존재라는 의미

없다고 할 수 있다. 왜냐하면 남자나 여자나 다 같이 '실존하는(exister)' 것이며, 그 이상도 그 이하도 아니기 때문이다.

그렇다 해도 위의 이유는 절대적으로 설득력이 있는 이유라고는 할 수 없다. 성적 차이는 사실성의 영역에 속한다는 것을 우리는 일단 무조건 인정하기로 하자. 그러나 그렇다고 해서 '대자'가 성적인 것은 '곁다리에 불과한' 것이며, 이 러이러한 몸을 가지고 있다는 단순한 우연성에 의한 것이라고 말해야 하는 것 일까? 성적 생활이라고 하는 이 엄청난 문제가, 인간 조건에 덤으로서 덧붙여 지는 것을, 우리는 용인할 수 있을 것인가? 한눈에 알 수 있는 일이지만, 성적 욕망과 그 반대인 성적 혐오는 '대타-존재'의 두 개의 근본적인 구조인 것 같 다. 만일 성욕이 인간의 생리적이고 우연적인 결정으로서의 '섹스'에서 그 기원 을 이끌어 내는 것이라면, 분명히 성욕은 '대타'의 존재에 있어서 불가결한 것 이 될 수는 없을 것이다. 하지만 과연 우리에게, 이 문제가 앞에서 감각과 감각 기관에 대해 우리가 부딪힌 문제와 똑같은 질서에 속하는 것이 아닌 것인지, 검토할 권리는 없는 것일까? 인간이란 그가 하나의 섹스를 소유하기 때문에 하나의 성적 존재라고 말하는 사람도 있을 것이다. 그러나 만일 그것이 반대라 면 어떻게 될까? 만일 섹스가 단순히 용구에 불과하고, 하나의 근본적인 성욕 의 이른바 '상징'일 뿐이라고 한다면, 만일 인간이 하나의 섹스를 가지고 있는 것은, 그가 세계 속에서 다른 인간들과 관계를 맺으며 존재하는 존재인 한에 서, 근원적으로 그리고 기본적으로 하나의 성적 존재이기 때문일 뿐이라고 한 다면 어떻게 될까?

어린아이의 성욕은 성적 기관의 생리적인 성숙에 앞선다. 환관은 그것만으로 는 성욕이 사라지지 않는다. 대부분의 노인들도 마찬가지이다. 수태시키고 쾌 락을 얻게 하기에 적합한 하나의 성적 기관을 '마음대로 사용할' 수 있다는 사 실은 우리의 성적 생활의 한 면, 하나의 모습을 나타내고 있는 것에 지나지 않 는다. '충족의 가능성을 지닌' 성욕의 한 양상이 있다. 성장한 섹스는 이 가능성 을 나타내며, 또 이 가능성을 구체화한다. 그러나 충족에 이르지 않은 형태의, 다른 양상도 몇 가지 있다. 만일 사람들이 그런 양상도 고려에 넣는다면, 성욕 은 탄생과 함께 나타나고, 죽음과 함께 가까스로 사라진다는 것을 인정하지

로 사용되었다. 그리고 '실존'이라고 하는 의미로 사용된 existence로서는 여기가 처음이다. 실존철학 la philosophie existentielle라는 용어도 여기서 처음으로 나온다.

않을 수 없다. 또한 페니스의 팽창도, 그 밖의 어떤 생리적 현상도, 결코 성적 욕망을 설명할 수 없으며, 성적 욕망을 일으킬 수도 없다—그것은 혈관 수축이나 동공 확대(또는 이런 생리적 변화에 대한 단순한 의식)가 두려움을 설명할 수도 없고 두려움을 일으킬 수도 없는 것과 마찬가지다. 어느 경우에도 몸이 연기해야 하는 하나의 중요한 역할이 있는 것은 확실하지만, 그 사정을 충분히 이해하기 위해서는 우리는 '세계-속-존재'와 '대타-존재'를 참조해야 한다. 나는 하나의 인간존재를 원하는 것이지, 한 마리의 곤충이나 연체동물을 원하는 것이 아니다. 더욱이 내가 인간존재를 원하는 것은, 그 인간존재가, 그리고 내가, 세계 속에, 상황 속에 존재하는 한에서이며, 그 인간존재가 나에게 있어서 한 사람의 '타인'이고, 또 내가 그에게 있어서 한 사람의 '타인'인 한에서이다.

그러므로 성욕의 근본 문제는 다음과 같이 표현될 수 있다. "성욕은 우리의 생리적인 본성과 연관된 하나의 우연적인 부가물인가? 아니면 대타-대자-존재의 필연적인 하나의 구조인가?" 질문이 이와 같은 용어로 제기될 수 있다는 그 사실만으로, 이 질문에 관한 결정을 내리기 위해 우리가 되돌아갈 곳은 존재론이다. 존재론은, 바로 그것이 타인에게 있어서의 성적 존재의 뜻을 규정하고 정착시키려고 전념하지 않는 한, 이 질문에 대해 결정을 내릴 수 없을 것이다. 사실 성별을 가지고 있다는 것은—우리가 앞 장에서 시도한, 몸에 관한 기술에 따라 말한다면—나에게 있어서 성적으로 존재하는 하나의 '타자'에게 있어서, 성적으로 존재한다는 것이다—그 경우, 말할 것도 없이 이 '타자'는 반드시 가장 먼저 '나에게 있어서' 하나의 이성적 존재자인 것이 아니라—또 내가 가장 먼저 타자에게 있어서 그런 것도 아니며—다만 일반적으로 성별을 가진 하나의 존재이다.

그러나 '대자'의 관점에서 고려해 볼 때 '타자'의 성별에 관한 이 파악은, 그 사람이 지닌 제1차적인 성적 특징 또는 제이차적인 성적 특징에 대한*15 순수하고 냉철한 관찰이 될 수는 없다. '타자'가 '가장 먼저' 나에게 있어서 성별을 지닌 자인 것은, 내가 그 사람의 머리카락이 자라는 모양, 거친 손, 그 목소리, 그의 힘으로 미루어 '그는 남성이다' 하고 결론을 내리기 때문이 아니다. 그런

---

*15 제1차적인 성적 특징은 직접적으로 생식에 관련된 기관, 즉 성적 기관의 차이를 보이는 특징이다. 제2차적인 성적 특징은 직접적으로 생식과 관계가 없는 외부의 형태에 나타난 양성 사이의 차이를 보여 주는 특징, 이를테면 목소리나 모발이 난 형태 등이다.

것은 파생적인 결론이며, 그런 파생적인 결론은 하나의 원초적인 상태에 귀착한다. '타자'의 성에 대한 원초적인 파악은 그것이 체험되고 경험되는 한에서 '성적 욕망'밖에 될 수 없을 것이다. 내가 타인의 '성별을 가진-존재'를 발견하는 것은, 그 '타인'을 욕망함으로써(또는 그 타인을 욕망할 수 없는 자로서의 나 자신을 발견함으로써)이며, 또는 나에 대한 타인의 욕망을 파악함으로써이다. 성적 욕망은 '나의' '성별을-지닌-존재'를 나에게 드러내는 '동시에' '타인'의 '성별을-지닌-존재'를 나에게 드러내 보여 준다. 다시 말해 성적 욕망은 섹스로서의 '나의' 몸과 〔섹스로서의〕 '타인'의 몸을 나에게 드러내 보여 준다. 그러므로 섹스의 본성과 그 존재론적 위치를 결정하려면, 우리는 욕망의 연구로 향하지 않으면 안 된다. 그러면 욕망이란 무엇일까?

가장 먼저, 욕망은 '무엇에 대해서' 존재하는가?

욕망이란 쾌락에 대한 욕망이고, 괴로움을 없애 주는 것에 대한 욕망이라는 생각은 처음부터 버리고 시작해야 한다. 왜냐하면 주관이 그런 내재적 상태에서 나가, 그 욕망을 어떤 대상에게 '연관시키는' 것은 어떻게 해서인지 확실하지 않기 때문이다. 주관주의적이고 내재론적인 이론으로는, 우리는 한 사람의 여자를 욕망하는 것이지, 단순히 우리의 만족을 욕망하는 것이 아님을 설명할 길이 없을 것이다. 그러므로 성적 욕망을 정의하기 위해서는 욕망의 초월적인 대상으로 하는 것이 적당하다. 그러나 성적 욕망이란 원하는 대상의 '신체적 소유'에 대한 욕망이라고 말하는 것은 전적으로 잘못된 것이다. 적어도 '소유한다'는 말을 '성교한다'는 뜻으로 풀이하는 한, 그렇게 말하는 것은 잘못된 것이다. 물론 성적 행위는 일시적으로 그 욕망에서 사람을 해방시켜 줄 것이다. 또 어떤 경우에는 성적 행위가 이 욕망의 바람직한 결말로서 명확히 제기될 수도 있을 것이다—이를테면 이 욕망이 괴롭고 고달픈 것으로 느껴질 때가 그것이다. 그러나 그때는 그 욕망이 그 자체가 '처리되어야 하는' 것으로 제기되어 있는 대상이어야 한다. 게다가 그것은 하나의 반성적인 의식에 의해서만 이루어질 수 있는 것이다.

그런데 이 욕망은 그 자신이 비반성적인 것이다. 그러므로 그 욕망이 스스로, 처리되어야 하는 대상으로서 자기를 내세우는 일은 있을 수 없다. 오로지 방탕아만이 자신의 욕망을 자기 자신에게 제시한다. 그것을 대상으로 다루고, 부추기고, 잠재우지 않고, 그 충족을 지연시키는 따위의 일을 한다. 그러나 그렇게 되면 주의해야 할 것은, 욕망의 대상이 되는 것은 이 욕망 자체라는 것이다. 이 오류는 성적 행위가 이 욕망을 해결한다는 식으로 우리가 배워 온 것에서 유래한다. 그래서 사람들은 욕망 그 자체에 하나의 인식을 연관시킨다. 그리고 이 욕망의 본질에 있어서는 외적인 온갖 이유(생식, 모성의 신성한 성격, 사정으로 일어나는 쾌감의 특출한 힘, 성적 행위의 상징적인 가치)에 의해, 사람들은 이 욕망에 그 정상적인 충족으로서의 쾌락을 밖으로부터 연관시킨다. 따라서 평범한 인간은 정신의 우둔함이나 순응주의의 영향으로, 자기의 욕망에 사정 이외의 다른 목적은 생각하지 못한다. 이런 이유로 사람들은 이 욕망을 하나의 본능으로 생각하며, 이를테면 남성의 경우에, 이 본능이 원인이 되어 발기가 일어나고, 그 종국으로서 사정을 하게 되는 것에서, 이 본능의 기원과 목적은 엄밀하게 생리적인 것이라고 생각하게 된 것이다.

그러나 이 욕망은 결코 그 자신에 의해 성적 행위를 포함하는 것은 아니다. 이 욕망은 성적 행위를 주제로서 제기하지 않는다. 이 욕망은 성적 행위를 소묘조차 하지 않는다. 그것은 이를테면 어린아이의 욕망, 또는 사랑의 '기교'를 모르는 성인의 욕망에 대해서 볼 수 있는 것과 같다. 마찬가지로 이 욕망은 어떤 특수한 사랑의 행위에 대한 욕망도 아니다. 그것은 사회적인 집단이 달라짐에 따라 바뀌는, 이 행위의 다양성에 비추어 보더라도 충분히 증명되는 것이다. 일반적으로 말하자면 욕망은 '행함'에 대한 욕망이 아니다. '행함(faire)'은 사후에 개입하는 것이고, 이 욕망에 밖으로부터 덧붙여지는 것이며, 그 결과 어떤 소양이 필요하게 된다. 즉, 거기에 그 자신의 목적과 수단을 가진 사랑의 하나의 기교가 존재하는 것이다. 그러므로 성적 욕망은, 그 처리를 그 최고 목적으로서 내세울 수도 없고, 어떤 특수한 행위를 궁극의 목표로서 선택할 수도 없으며, 그저 단순히 하나의 초월적인 대상에 대한 욕망일 뿐이다.

우리는 여기서, 우리가 앞 장에서 말한 것과 같은, 그리고 또 셸러와 후설이 기술한 것과 같은, 그 감정적 지향성을 다시 발견한다. 그렇지만 이 욕망은 어떤 대상에 대해 존재하는 것일까? 욕망은 하나의 '몸'에 대한 욕망이라고 할 수 있는 것인가? 어떤 의미에서 이것은 부정할 수 없는 것이다. 그러나 잘 이해해야 한다. 물론 우리의 마음을 어지럽히는 것은 몸이다. 그것은 팔이기도 하고, 살짝 비친 가슴이기도 하고, 때로는 발이기도 하다. 하지만 먼저 명심해 두어야 하는 것은, 우리가 팔과 드러난 가슴을 욕망하는 것은, 유기적인 전체로서의 온몸의 현전을 배경으로 했을 때뿐이다. 때로는 전체로서의 몸 그 자체는 가려져 있을 수도 있다. 그때 나는 하나의 노출된 팔밖에 보지 못한다. 그러나 전체로서의 몸 자체는 거기에 존재한다. 나는 전체로서의 몸에서 출발하여 그 팔을 팔로서 파악하는 것이다. 전체로서의 몸이 내가 보고 있는 이 팔에 대해 현전해 있고 점착해 있는 것은, 마치 탁자의 다리로 가려져 있는 융단의 아라베스크 무늬가, 나에게 보이고 있는 아라베스크 무늬에 대해 현전해 있고 점착해 있는 것과 마찬가지이다. 게다가 나의 욕망은 그 점에서 속는 법이 없다.

나의 욕망은 생리적인 요소의 총계를 향하지 않고, 하나의 전체적인 형태를 향한다. 더 정확하게 말해서, '상황 속에서의' 하나의 형태를 향하는 것이다. 뒤에 보게 되겠지만, 태도는 이쪽의 욕망을 일으키는 데 크게 관계가 있다. 그런데 태도와 함께 주위가 주어지고, 마침내는 세계가 주어진다. 그러나 거기서 결국 우리는, 단순한 생리적인 근질거림의 반대편 극에 선다. 이 욕망은 세계를 내세우고, 세계에서 출발하여 몸을 욕망하고, 몸에서 출발하여 아름다운 손을 욕망한다. 이 욕망의 경로는 우리가 앞 장에서 기술한 경로, 즉 우리가 세계 속에서의 그 사람의 상황에서 출발하여 '타자'의 몸을 파악할 때의 경로를 완전히 그대로 답습한다. 이것은 하나도 놀라운 일이 아니다. 왜냐하면 이 욕망은 타자의 몸의 드러내 보임이 취할 수 있는 커다란 형식의 하나일 뿐이기 때문이다. 그러나 바로 그것 때문에 우리는 몸을 단순한 물질적인 대상으로 욕망하는 것은 아니다. 사실 단순한 물질적인 대상은 '상황 속에' 존재하는 것이 아니다.

그러므로 이 욕망에 대해 직접 현전하고 있는 이 유기적인 전체는, 그것이 다만 생명을 드러내 보이는 한에 있어서뿐만 아니라, 그것에 적응한 의식도 드러내 보이는 한에서밖에 욕망될 수 있는 것이 아니다. 그렇다 해도, 나중에 보게 되듯이, 이 욕망에 의해 드러내 보여지는 타자의 이 '상황—속—존재'는 그야말로 독특한 형식에 속하는 존재이다. 또한 여기서 문제가 되고 있는 의식은, 아직도 욕망되고 있는 대상의 하나의 '고유성'일 뿐이다. 다시 말하면, 이때의 의식은 세계의 대상들의 유출의 의미 외에 아무것도 아니다. 게다가 그것은, 바로 이 유출이 에워싸이고, 국한되고, '나의' 세계의 일부를 이루고 있는 한에서이다. 물론 우리는 잠자고 있는 한 여자를 욕망할 수 있다. 그러나 그것은 그 잠이 의식을 배경으로 나타나는 한에서이다. 그러므로 의식은 여전히 욕망되고 있는 몸의 지평선 위에 있다. 의식은 욕망되고 있는 몸의 '의미'를 이루고 있고, 그 통일을 이루고 있다. '그런 지평선 위의 의식을 지닌, 상황 속에서의 유기적 전체로서 살아 있는 몸' 이런 것이 이 욕망이 '향하는' 대상이다. 그렇다면 이 욕망은 이런 대상에 대해 무엇을 원할 것인가? 그 점을 해결할 수 있는 것은, 미리 '욕망하는 자는 누구인가?'라는 질문에 대답한 뒤가 아니면 안 된다.

말할 것도 없이 욕망하는 자는 '나 자신이다.' 이 욕망은 내 주관성의 특수한 존재양식의 하나이다. 이 욕망은 의식이다. 이 욕망은 그 자신의 비조정적인 의식으로서만 존재할 수 있기 때문이다. 그러나 욕망적인 의식이, 예컨대 인식적 의식과 다른 것은, 다만 그 대상의 본성에 의해서라고 생각해서는 안 될 것이다. '대자'에게 있어서, 자기를 욕망으로서 선택하는 것은, 스토아학파가 주장하는 원인이 그 결과를 만들어 낼 때처럼 스스로 무관심하게 변화하지 않은 채 머물면서, 하나의 욕망을 만들어 내는 것이 아니다. 대자가 자기를 욕망으로서 선택하는 것은, 예를 들면 하나의 대자가 자기를 형이상학적인 존재로서 선택할 때의 존재차원과는 다른, 어떤 존재차원 위에 몸을 두는 일이다. 이미 살펴본 것처럼, 모든 의식은 자기 자신의 사실성에 대한 어떤 관계를 지탱하고 있다. 그러나 이 관계는 하나의 의식 양상에서 다른 의식 양상으로 변화할 수 있다. 예를 들면 괴로움 의식의 사실성은 끊임없는 도피 속에서 발견된 사실성이다. 그런데 욕망의 사실성일 때는 사정이 다르다. 욕망하는 인간은 어떤 특수한 방식으로 자신의 몸을 '존재한다.' 따라서 욕망하는 인간은 하나의 특수한 존재차원의 수준에 몸을 둔다. 사실 누구라도 인정하겠지만, 이 욕망은 단순히 선망(envie)이 아니다.

선망은 우리의 몸을 통해 어떤 대상을 지향하는 것이고, 맑고 반투명한 것이다. 이에 반해 이 욕망은 '혼탁(trouble)'으로 규정된다. 게다가 이 '혼탁'이라는 표현은 욕망의 본성을 훨씬 더 잘 정의하는 데 우리에게 유용할 것이다. 사람들은 혼탁한 물을 투명한 물과 대비시키고, 탁한 눈동자와 맑은 눈동자를 대비시킨다. 혼탁한 물은 그래도 여전히 물이다. 혼탁한 물은 그 물의 유동성과 그 밖의 본질적인 특징을 간직하고 있다. 그러나 물의 반투명성은 파악할 수 없는 하나의 현전에 의해 '흐려져' 있다. 이 파악할 수 없는 현전은 물과 더불어 일체를 이루고 있고, 도처에 존재하면서 어디에도 존재하지 않으며, 물 그 자신에 의한 밀착으로서 주어져 있다. 물론 사람들은 그 흐린 물을, 액체 속에 떠 있는 미세한 고체분자의 현전에 의해 설명할 수 있을 것이다. 그러나 이 설명은 '학자'의 설명이다. 혼탁한 물에 대한 우리의 근원적인 파악은, 그 물을 보이지 않는 '무언가'의 현전에 의해 변질된 것으로서 우리에게 넘겨준다. 이 보이지 않는 무언가는 흐린 물 자체와 구별이 되지 않고, 단순한 사실적 저항으로서 나타난다.

욕망적인 의식이 '혼탁'한 것은, 그것이 흐린 물과의 비교를 나타내기 때문이다. 이 비교를 확실하게 하려면 성적 욕망을 욕망의 또 하나의 형태, 이를테면 굶주림과 비교하는 것이 적절할 것이다. 굶주림은 성적 욕망과 마찬가지로 몸의 어떤 상태를 전제로 한다. 이를테면 이 경우에는 빈혈 상태, 많은 양의 타액 분비, 위 점막의 수축 따위가 그것이다. 이 여러 가지 현상들은 '타자'의 관점에서 기술되고 분류된다. 이 현상들은 '대자'에게는 순수한 사실성으로서 드러난다. 그러나 이 사실성은 '대자'의 본성 자체를 휩쓸고 들어가지는 않는다. 왜냐하면 '대자'는 자기의 모든 가능성을 향해, 다시 말해 '충족된-굶주림'이라는 어떤 종류의 상태를 향해, 즉시 이 사실성에서 벗어나기 때문이다. 이 상태에 대해 우리는 이 책 제2부*16에서, 그야말로 굶주림의 '대자-즉자'임을 지적했다. 그러므로 굶주림은 신체적인 사실성의 단순한 뛰어넘기이다. 게다가 '대자'가 비조정적인 형태에서 이 사실성을 의식하는 한에서, 대자는 즉각 이 사실성을 하나의 초월된 사실성으로 의식한다. 몸은 여기서는, 사실 '과거(le passé)'이고, '지나가고-넘어가 버린 것(le dé□passé)'이다. 물론 성적 욕망의 경우에도, 모든 욕구에 공통되는 이 구조, 즉 몸의 어떤 상태를 우리는 다시 발견할 수 있을 것이다. 각종 생리적 변화(페니스 발기, 유두 팽창, 순환계의 변화, 체온 상승 따위)를 지적하는 사람도 있을 것이다. 게다가 욕망적 의식은 이 사실성을 '존재한다.' 욕망되는 몸이 욕망될 수 있는 것으로서 나타나는 것은 '이 사실성에서 출발해서'이고, 말하자면 이 사실성을 '통해서'이다.

그렇다 하더라도, 만일 우리가 성적 욕망을 이렇게 기술하는 데 그친다면, 성적 욕망은 마시는 욕망이나 먹는 욕망에 비교될 수 있는 하나의 '메마르고 맑은 욕망'으로 나타날 것이다. 그때는 성적 욕망은 다른 가능을 향한 사실성에서의 단순한 도피일 것이다. 그런데 누구나 알고 있듯이, 하나의 심연은 성적

---

*16 제2부 제1장 4. '대자와 여러 가능 존재' 참조.

욕망과 그 밖의 다른 욕심을 갈라놓는다. '욕구가 일어났을 때 예쁜 여자와 섹스를 하는 것은, 마치 목이 마를 때 한 잔의 냉수를 마시는 것과 같다'고 하는 유명한 말은 누구나 알고 있지만, 그것과 아울러, 이 문구가 정신에는 얼마나 불만스럽고, 좌절이기까지 한지는 모르는 사람이 없을 것이다. 왜냐하면 우리는, 완전히 욕망 밖에 서서 한 여자를 욕망하는 것은 아니기 때문이다.

성적 욕망은 나를 '위험 속으로 끌어들인다.' 나는 나의 욕망의 공범자이다. 또는 오히려 이 욕망은, 철두철미하게 몸과의 공범에 빠지는 일이다. 각자가 자신의 경험에 비추어 보면 알 수 있듯이, 성적 욕망의 경우에는, 의식은 말하자면 끈적끈적하게 들러붙게 되어 있다. 우리는 사실성이 침범하는 대로 내버려둔 채, 사실성에서 도피하는 것을 그만두고, 욕망에 대한 '수동적'인 동의를 향해 미끄러져 들어가는 것처럼 생각된다. 또 어떤 때는 사실성이 의식을 그 도피의 한가운데서 침범하고, 의식을 의식 자신에 대해 불투명하게 만드는 것처럼 여겨진다. 그것은 말하자면 '사실'의 끈적끈적한 팽창이다. 더욱이 성적 욕망을 가리키는 데 쓰이는 여러 가지 표현이 그 특이성을 충분히 지적하고 있다. 우리는 이렇게 표현한다. '욕망이 당신을 사로잡는다', 욕망이 '당신을 빠져들게 한다', 욕망이 당신을 '마비시킨다.' 굶주림을 가리키면서 누가 이런 말을 사용하려고 생각할 것인가? '빠져들게 하는 굶주림(une faim qui)'이라는 것을 도대체 생각할 수 있을 것인가? 그런 말이 뭔가 의미를 가진다고 한다면, 헛소리라는 인상을 주는 것이 고작일 것이다. 그러나 그와 반대로 성적 욕망의 경우에는, 매우 사소한 욕망도 이미 빠져들게 하는 욕망이다.

우리는 굶주림의 경우와 달리, 거리를 두고 이 욕망을 유지할 수는 없다. 우리는 성적 욕망이라는 비조정적인 의식의 무차별적인 태도를 배경—몸의 하나의 조짐으로써, 겨우 유지하면서 '뭔가 다른 것을 생각할' 수는 없다. 오히려 반대로 '이 욕망은 욕망에 대한 동의이다.' 둔해지고 정신이 아득히 멀어진 의식은 잠과 비슷한 무기력을 향해 미끄러져 들어간다. 더욱이 타자 속에서의 이 욕망의 나타남을 관찰한 사람도 있을 것이다. 욕망하고 있는 사람은 느닷없이 무서울 만큼 둔한 정적에 빠져 든다. 그의 두 눈은 고정되고 반쯤 감긴 듯이 보인다. 그의 몸짓은 둔하고 끈적끈적한 감미로움을 띠고 있다. 대부분의 경우, 그는 잠자고 있는 것처럼 보인다. 그리고 우리가 '이 욕망과 싸울' 때, 우리가 저항하는 것은 바로 그 무기력에 대해서이다. 만일 우리가 끝까지 순조롭게 저항할 수 있다면, 이 욕망은, 사라지기 전에 완전히 메마른 욕망, 완전히 맑은 욕망, 굶주림과 비슷한 욕망이 될 것이다. 게다가 그것에 이어서, 거기에는 하나의 '깨어남'이 있을 것이다. 머리는 여전히 둔하고, 심장은 또한 두근거리지만, 우리는 자신이 상쾌해지는 것을 느낄 것이다. 물론 이런 기술은 모두 적절한 것이 아니다. 이 기술은 오히려 우리가 성적 욕망을 설명할 때의 방법을 가리키는 것이다. 그러나 그럼에도, 이런 기술은 욕망의 원초적인 사실을 지적한다.

성적 욕망의 경우에는, 의식은 또 하나의 다른 차원에서 자기의 사실성'을 존재하는 것'을 선택한다. 의식은 더 이상 자기의 사실성에서 달아나지 않는다. 의식은 자신이 또 하나의 다른 몸을—즉 또 하나의 우연성을—욕망의 대상으로 파악하는 한에서, 자기 자신의 우연성에 자기를 종속시키려고 한다. 그런 뜻에서 성적 욕망은 단순히 타자의 몸의 드러내 보임일 뿐만 아니라, 동시에 나 자신의 몸의 드러내 보임이기도 하다. 게다가 이것은 나의 이 몸이, '용구' 또는 '관점'인 한에서가 아니라 순수한 사실성인 한에서, 즉 내 우연성의 필연성의 단순한 우연적인 형태인 한에서 그런 것이다. 나는 나의 피부, 나의 근육, 나의 호흡을 '느낀다.' 게다가 내가 그런 것을 느끼는 것은, 정서 또는 식욕처럼, 무언가를 '향해' 그것을 초월하고자 해서가 아니라, 그 반대로, 살아 있지만 무기력한 하나의 주어진 것으로서이다. 또 내가 그것을 느끼는 것은, 그저 단순히 세계에 대한 나의 행동을 위한 고분고분하고 눈에 띄지 않는 용구로서가 아니라, 오히려 그것 때문에 내가 세계 속에 구속되고 세계 속에서 위험에 처해 있는 원인의 하나의 '수난(passion)'으로서이다. 대자는 이 우연성'으로 있는 것이 아니다.' '대자'는 여전히 이 우연성'을 존재하기'를 계속하고 있다.

그러나 대자는 자기 자신의 몸의 '현기증'을 겪는다. 또는 말하자면, 이 '현기증'이야말로 바로 대자가 자기의 몸'을 존재할' 때의 방법이다. 비조정적인 의식은 어느새 몸이 된다. 비조정적인 의식은 몸'이고자 한다.' 비조정적인 의식은 몸일 수밖에 없다. 성적 욕망의 경우에는, 몸은, 다만 대자가 자기 본디의 가능을 향해서 그것에서 벗어나는 우연성이 아니며, 동시에 또 '대자'의 가장 직접적인 가능이 된다. 성적 욕망은 다만 타자의 몸에 대한 욕망인 것은 아니다. 이 욕망은 똑같은 하나의 행위의 통일에 있어서 스스로 몸속에 파묻히려고 하는 시도이고, 그 시도의 비조정적인 체험이다. 그러므로 성적 욕망의 마지막 단계는 몸에 대한 동의의 마지막 단계인 실신(失神)일 수 있을 것이다. "성적 욕망은 하나의 몸을 또 하나의 다른 몸이 욕망하는 것"이라고 할 수 있는 것은 그런 뜻에서이다. 사실, 그것은 타자의 몸을 '향한' 하나의 욕구이며, 이 욕구는 자기 자신의 몸 앞에서 일어나는 '대자'의 현기증으로서 체험된다. 게다가 욕망하는 존재는 '자기로 하여금 몸이 되게 하는' 의식이다.

하지만 '성적 욕망이란 지평선에 의식을 가진, 상황 속에서의 유기적인 전체로서 파악되는 타자의 몸을, 내 것으로 만들려고, 자기를 몸으로 만드는 하나의 의식이다'라는 말이 진실이라고 한다면, 성적 욕망의 의미는 어떤 것일까? 다시 말하면 의식이 자기를 몸으로 만드는—또는 자기를 헛되이 몸으로 만들고자 시도하는—것은 무엇 때문인가? 또 의식이 그 욕망의 대상에게 기대하고 있는 것은 무엇일까? 만일 우리가 '성적 욕망의 경우에는, 나는 "타자의 육체를 내 것으로 하려고 타자의 현전에 있어서" 나를 육체(chair)로 만든다'는 것을 반성한다면, 그 점에 대답하는 것은 쉬울 것이다. 요컨대 그 경우에 문제는, 단순히, 내가 상대편의 양어깨 또는 양옆구리를 붙잡거나, 하나의 몸을 내 쪽으로 끌어당기는 것만이 아니다. 동시에 나는 의식을 끈적이게 하는 것으로서의 한에서의 나의 몸이라고 하는 이 특수한 용구로, 상대의 어깨와 옆구리를 잡아야 한다. 그런 뜻에서 내가 상대편의 어깨를 잡을 때, 그것은 단순히 나의 몸이 상대편의 어깨에 접촉하기 위한 수단일 뿐만 아니라, 동시에 상대의 어깨가 나에게 있어서 나의 몸을 나의 사실성에 대한 매혹적인 드러내 보임으로써, 즉 육체로서 발견하게 해 주는 수단이라도 해도 무방할 것이다. 그러므로 성적 욕망은 하나의 몸을 내 것으로 삼고자 하는 욕망인데, 다만 그것은 상대의 몸을 내 것으로 만듦으로써 나의 몸을 육체로서 나에게 드러내 보여지는 한에서이다. 그러나 내가 내 것으로 만들고자 하는 이 몸(corps)을, 나는 '육체(chair)로서' 내 것으로 삼고자 한다.*17

그런데 타자의 이 몸은 맨 처음에는 나에게 있어서 그런 육체는 아니다. 타자의 몸은 행위하고 있는 종합적 형태로서 나타난다. 우리가 앞에서 살펴본 것처럼, 타자의 몸을 단순한 육체로서, 다시 말해 다른 여러 가지 '이것'에 대해 단순히 외면적인 관계를 가지는 것에 지나지 않는 고립된 대상으로 생각할 수는 없을 것이다. 타자의 몸은 근원적으로 상황 속에서의 몸이다. 육체는 그와

---

*17 성적 욕망에 대한 사르트르의 서술을 이해하기 위해서는 그가 말하는 corps(몸)와 chair(육체) 사이에 있는 그 구별을 잘 알아 두어야 한다.

반대로 '현전해 있는 것의 단순한 우연성'으로서 나타난다. 육체는 보통 화장이나 옷으로 가려져 있다. 특히 육체는 여러 가지 운동에 의해서 가려져 있다. 아무리 알몸의 댄서라도, 무릇 댄서만큼 '육체적(en chair)'이지 않은 자는 없다. 성적 욕망은 상대의 몸에서 그 옷과 함께 운동도 제거하여, 이 몸을 단순한 육체로서 존재하게 하려는 하나의 시도이다. 그것은 '타자'의 몸을 '육체화하고자' 하는 하나의 시도(une tentative d'incarnation du corps d'Autrui)이다.

그런 의미에서 애무는 '타인'의 몸을 내 것으로 하는 일이다. 말할 것도 없는 일이지만, 만일 애무가 그저 '어루만지고' '쓰다듬기만' 하는 것이라면, 이 애무와, 이 애무가 만족시키려 하는 힘찬 욕망 사이에는, 어떤 관계도 존재할 수 없게 될 것이다. 그런 것이라면, 애무는 시선과 마찬가지로 그대로 표면에 머물 것이고, '타인'을 '내 것으로 만들지' 못할 것이다. '두 사람의 피부의 접촉'이라는 이 유명한 말이, 얼마나 우리를 실망시키는 것인지는 누구나 알고 있는 바와 같다. 애무는 단순한 '접촉'이기를 원하지 않는다. 생각건대 오직 인간만이 애무를 하나의 접촉으로 환원할 수 있다. 그러나 그렇게 되면 애무의 본디의 뜻은 사라진다. 애무는 그저 단순히 '어루만지는 것'이 아니기 때문이다. 애무는 '가공(加工, façonnement)'이다. 타자를 애무할 때, 나는 내 손가락 아래, 나의 애무에 의해 타자의 육체를 탄생하게 한다.

애무는 타자를 육체화하는 의식의 총체이다. 하지만 타자는 이미 육체화되어 있지 않느냐고 반문할 사람도 있을 것이다. 그러나 분명히 그렇지 않다. 타자의 육체는 나에게 있어서 분명하게 존재하고 있지 않았던 것이다. 왜냐하면 나는 상황 속에서의 '타자'의 몸을 파악하고 있었기 때문이다. 타자의 육체는 타자 자신에게도 또한 존재하고 있지 않았다. 왜냐하면 타자는 그 사람 자신의 가능성을 향해, 또 대상을 향해 자기의 육체를 초월하고 있었기 때문이다. 애무는 타자를 나에게 있어서나 그 사람 자신에게 있어서나 육체로 탄생하게 한다. 더욱이 육체라는 말에 의해, 우리는 진피(眞皮)나 결합조직, 또는 바로 피부 같은, 몸의 한 '부분'을 의미하는 것은 아니다. 또 반드시 '휴식하고 있는' 몸, 또는 졸고 있는 몸을 문제삼고 있는 것은 아니다. 물론 몸이 그 육체를 가장 잘 드러내는 것은 흔히 그와 같은 상태에서이기는 하다. 그러나 반대로 애무는, 몸에서 그 행동을 제거함으로써, 몸을 에워싸고 있는 가능성에서 몸을 떼어 놓음으로써, 육체를 드러낸다. 애무는 몸을 지탱하고 있는 타성적인 씨실―즉 단순한 '거기에 있음(être-là)'—을 행위 아래 드러내기 위한 것이다. 예를 들면, 내가 타인의 손을 잡고 그것을 애무할 때, 나는 그 손이 '우선' 그것으로 있는, 잡는다는 행위 아래에서, 잡힐 수 있는 살아 있는 몸의 확대를 발견한다. 또 마찬가지로, 나의 시선이 애무하는 것은, 댄서의 다리가 우선 그것으로 있는 이 도약 아래에서, 나의 시선이 그녀의 넓적다리의 곡선을 그리는 확대를 발견할 때이다.

그러므로 애무는 결코 성적 욕망과 다른 것이 아니다. 눈으로 애무하는 것이나 욕망하는 것은 한 가지 일에 지나지 않는다. '마치 사상이 언어에 의해 표현되듯이, 성적 욕망은 애무에 의해 표현된다.' 게다가 바로 그 애무는 '타자'의 육체를 육체로서 나 자신에게, '또 타자에게' 드러내 보인다. 그러나 애무는 이 육체를 매우 특수한 방법으로 드러내 보인다. 내가 타자를 붙잡을 때, 그 행위는 타자에게 그 사람의 타성과 '초월되는–초월'이라는 그 사람의 수동성을 드러내 보인다. 하지만 그것은 타자를 애무하는 것이 아니다. 애무의 경우에, 타자를 애무하는 자는, 행동하고 있는 종합적 형태로서의 나의 몸이 아니라, 타자의 육체를 탄생시키는 나의 '육체적 몸'이다. 애무는 즐거움에 의해, '타자'에 대해서나 나 자신에 대해서나 '타자'의 몸을 '촉발된' 수동성(passivité touchée)으로서 탄생시키기 위한 것이다. 더욱이 그것이 촉발된 수동성이 되는 것은 나의 몸이 자기 자신의 수동성으로 타자의 몸을 촉발하려고 자기를 육체가 되게 하는 한에서이며, 다시 말하면 나의 몸이 타자의 몸을 애무하기보다, 오히려 타자의 몸에 있어서 자기를 애무함으로써이다.

그런 까닭에 사랑의 몸짓에는 짐짓 그렇게 하고 있다고 할 수 있는 '간절함'이 따르는 것이다. 그때 중요한 것은, 타인의 몸의 일부를 '붙잡는' 것보다, 타인의 몸에 자기 자신의 몸을 '갖다 붙이는' 것이다. 중요한 것은 능동적인 뜻에서 밀어붙이거나 만지는 것이 아니라 '갖다 대는' 것이다. 나는 나 자신의 팔을 마치 생명이 없는 물건처럼 '가지고 다니다가', 상대 여자의 옆구리에 나의 팔을 '갖다 댄다.' 그녀의 팔 위에서 '내가 이리저리 움직이고 있는' 나의 손가락은 나의 손끝에서 무기력해져 있다. 말하자면 그런 식이다. 그러므로 타자의 육체의 드러내 보임은 나 자신의 육체를 통해 이루어진다. 성적 욕망에 있어서, 또 그 표현인 애무에 있어서, 나는 타자의 육체화를 이루기 위해서 나를 육체화한다. 게다가 애무는 '타인'의 육체화를 '이룸으로써' 나 자신의 육체화를 나에게 발견시킨다. 다시 말해 나는 타자의 육체를 '타자 자신에게 있어서도 나에게 있어서도' 이루도록, 타자를 이끌기 위해, 나로 하여금 육체가 되게 하는데, 나의 육체가 타자에게 있어서 '타자를 육체로 태어나게 하는 육체'인 한에서, 나의 애무는 나에게 있어서 나의 육체가 태어나게 한다. 나는 타자에게 타자 자신의 육체를 통해 나 자신의 육체를 맛보게 하고, 그리하여 나는 타자가 자기 자신을 육체로서 느끼게 만든다. 그럼으로써 실제상으로는 '이중의 상호적 육체화'로서의 '소유'가 나타난다. 그리하여 성적 욕망 속에는 타인의 육체화를 이루기 위한 의식의 육체화(바로 앞에서 우리가 의식의 끈적끈적한 상태니, 혼탁한 의식이니 하고 부른 것이 그것이다)의 시도가 존재한다.

　이제 남아 있는 문제는 '성적 욕망의 동기', 또 말하자면 그 뜻이 어떤 것인가를 규정하는 것이다. 생각건대 우리가 지금까지 시도해 온 기술을 줄곧 읽어 온 사람은 벌써부터 이해하고 있겠지만, '대자'에게 있어서 존재한다고 하는 것은 대자의 현존재(거기-있음)라고 하는 절대적인 우연성을 배경으로, 자기의 존재 방식을 선택하는 것이다. 그러므로 성적 욕망은 내가 쇳조각을 불길에 가까이할 때, 그 쇳조각에 열이 '다가오는 것처럼' 의식에 '다가오는' 것이 아니다. 의식은 자기를 욕망으로서 선택한다. 물론 그것을 위해서는, 의식은 하나의 동기를 갖는 것이 당연하다. 나는 누구든 상관없이, 또 언제고 할 것 없이 욕망하지는 않는다. 그러나 우리가 이 책 제1부*18에서 보여 준 것처럼, 동기는 과거로부터 출발하여 생기게 되는 것이며, 의식은 과거 쪽을 '돌아봄으로써' 동기에 그 무게와 가치를 부여한다. 그러므로 욕망의 동기의 선택과, 자기를 욕망하는 자로 만드는 의식의—시간의 탈자적인 세 가지 차원에서의—나타남의 의미 사이에는 아무런 차이도 없다. 이 욕망은 정서 또는 상상적 태도, 또 일반적으로 대자의 모든 태도와 마찬가지로, 이 욕망을 구성하고 이 욕망을 뛰어넘는 하나의 의미를 지닌다. 우리가 지금 막 시도한 기술은, 만일 그것이 우리를 이끌어 '의식이 욕망이라는 형태 아래 자기를 무화하는 것은 "무엇 때문"인가?' 하는 질문을 제기하게 하지 않는다면 아무 흥미도 없는 것이 되고 말 것이다.

　한두 가지 예비적인 고찰이 우리가 이 질문에 대답하는 데 도움이 될 것이다. 첫째로 주의해야 하는 것은, 욕망적인 의식은 불변하는 세계를 배경으로,

---

*18 제1부 제1장 5. '무의 기원' 참조.

자기의 대상을 욕망하는 것은 아니라는 점이다. 달리 말하면 이 경우에는, 우리에 대한 용구적인 관계와 도구복합으로서의 조직을 보유하고 있는 하나의 세계의 배경 위에, 욕망의 상대를, 어떤 하나의 '이것'으로서 나타나게 하는 것은 문제가 되지 않는다. 성적 욕망의 예는, 정서의 경우와 사정이 같다. 즉 우리가 다른 곳에서 지적한 것처럼,[19] 정서는 하나의 불변하는 세계 속에서 어떤 정서적인 대상을 파악하는 것이 아니다. 오히려 반대로, 정서는 의식의 전면적인 변화, 그리고 의식과 세계의 관계의 전면적인 변화에 대응하는 것이다. 정서는 세계의 근본적인 하나의 변질에 의해 나타난다. 성적 욕망도 그와 마찬가지로 '대자'의 근본적인 하나의 변화이다. 그것은, 이 경우에 '대자'는 하나의 다른 존재 차원 위에 자기를 존재하게 하기 때문이며, 대자는 자기 몸을 다른 방식으로 존재하도록, 또 자기의 사실성에 의해서 자기를 끈적끈적하게 들러붙도록, 스스로 결의하기 때문이다. 그것과 상관적으로, 세계는 대자에 있어서 하나의 새로운 방식으로 존재에 이른다. 즉 성적 욕망의 세계가 거기에 존재하는 것이다. 사실 나의 몸이 어떤 용구에 의해서도 이용될 수 없는 용구로, 다시 말해 더 이상 세계 속에서의 나의 행위의 종합적 조직으로 느껴지지 않게 될 때, 즉 나의 몸이 육체로서 체험될 때 내가 세계 속의 대상들을 파악하는 것은, 나의 육체에 대한 지시로서이다.

다시 말하면, 나는 세계 속의 대상에 대해 나를 수동적이 되게 한다. 세계 속의 대상이 나에게 드러내 보여지는 것은 이 수동성의 관점에서이고, 이 수동성에 의해서이다(왜냐하면 수동성은 몸이며, 몸은 관점이기를 그치지 않기 때문이다). 그 경우, 세계 속의 대상은 나의 육체화를 나에게 드러내 보여 주는 초월적인 총체이다. 그런데 [그런 대상과의] 하나의 접촉이 '애무'이다. 즉, 거기서는 나의 지각은 대상을 '이용하는 것'도 아니고, 어떤 목적을 향해 현재를 뛰어넘는 것도 아니다. 오히려 반대로 욕망적인 태도에서 하나의 대상을 지각하는 것은, 그 대상에 있어서 나를 애무하는 일이다. 그리하여 나는 대상의 형태에 대해서보다, 또 대상의 용구성에 대해서보다 오히려 대상의 소재에 대해 훨씬 더 민감해진다(뭉클뭉클하다, 매끈하다, 미적지근하다, 기름지다, 까칠까칠하다 따위).

나는 나의 욕망적인 지각에 있어서, 대상의 '육체'라고도 할 수 있는 뭔가를

---

[19] 원주. 사르트르《정서론》참조.

발견한다. 나의 셔츠가 나의 피부에 닿는다. 나는 그것을 느낀다. 여느 때 같으면 나에게 가장 먼 대상인 셔츠가 직접 느낄 수 있는 것이 된다. 공기의 열기, 바람의 산들거림, 태양광선 따위의 모든 것이 내 위에 거리 없이 놓여 있는 것으로서, 나에 대해 현전적으로 있으며, 그 자체의 육체에 의해 나의 육체를 드러내 보인다. 이 관점에서 본다면, 욕망은 단순히 사실성이 의식을 끈적끈적 달라붙게 하는 것만이 아니다. 그것과 상관적으로, 욕망은 세계가 몸을 끈끈이로 잡는 일이다. 세계는 '끈끈이의 작용을 하는 것'이 된다. 의식은 하나의 몸속에 파묻히고, 그 몸은 세계 속에 파묻힌다.[20] 그러므로 이 경우에 제기되는 이상은 '세계─한복판─에서의─존재'이다. 대자는 자기의 '세계─속─존재'의 궁극적인 기투로서 하나의 '세계─한복판─에서의─존재'를 이루고자 한다. 그런 까닭에 성적 쾌락은 때때로 죽음과 연결된다─죽음은 하나의 변신 또는 '세계─한복판─에서의─존재'이기도 하다. 이를테면 '죽은 듯이 누워 있는 여자'라는 테마는, 잘 알다시피, 모든 문학작품 속에서 빈번하게 다뤄지고 있다.

그러나 성적 욕망은 먼저 세계에 대한 하나의 관계도 아니고, 또 특별한 관계도 아니다. 성적 욕망의 경우에는, 세계는 '타인'과의 분명한 관계에 있어서 배경으로서밖에 나타나지 않는다. 보통, 세계가 성적 욕망의 세계로서 드러나는 것은 '타인'의 '현전'을 기회로 해서이다. 부차적으로는 '이런저런' 타인의 '부재'를 기회로, 또는 '모든' 타인의 '부재'를 기회로, 세계가 성적 욕망의 세계로서 드러날 수도 있다. 하지만 우리가 이미 지적한 것처럼, 부재는 나와 '타인'의 구체적이고 존재적인 하나의 관계이며, 이 관계는 '대타─존재'라고 하는 근원적인 배경 위에 나타난다. 물론 나는 나의 몸이 고독 속에 있는 것을 발견하고, 갑자기 나를 육체로 느끼며, 성적 욕망으로 '숨이 막혀', 세계를 '숨 막히는 것'으로서 파악할 수도 있다. 그러나 고독한 이 욕망은 '한 사람의' 타인을 향한, 또는 누구라도 상관없는 '타인'의 현전을 향한 하나의 부름이다. 내가 나를 육체로서 드러내 보이고자 욕망하는 것은, 또 하나의 다른 육체에 의해서이고,

---

[20] 원주. 말할 것도 없이 이 경우에도 다른 모든 경우와 마찬가지로 사물의 역행률(逆行率)을 고려해야 한다. 이런 대상은 다만 '애무적'일 뿐만 아니라, 애무에 대한 일반적인 관점에서 본다면 '반(反)─애무'로서, 다시 말해 하나의 거친 것, 귀에 거슬리는 것, 딱딱한 것으로서 나타날 수도 있다. 또 이런 것들은 바로 우리가 욕망상태에 있기 때문에 견딜 수 없는 방법으로 우리를 해친다.

다른 육체에 대해서이다. 나는 타인에게 주문을 걸어, 타인을 나타내려고 한다. 또 성적 욕망의 세계는 내가 부르고 찾는 '타인'을 속이 빈 거푸집으로서 지시한다. 그러므로 성적 욕망은 결코 하나의 생리적인 돌발사건도 아니고, 타인의 육체 위에 우연히 우리를 고착시킬 때가 있는 우리의 육체의 근질거림도 아니다. 오히려 완전히 그 반대로, 나의 육체와 타인의 육체가 '거기에 존재'하려면, 의식이 미리 욕망의 거푸집 속에 자기를 흘려 넣어야 한다. 이 욕망은 타자와의 관계의 원초적인 양상이며, 욕망의 세계라고 하는 배경 위에, 욕망될 수 있는 육체로서의 타인을 구성한다.

이제 우리는 성적 욕망의 깊은 뜻을 밝힐 수 있다. 사실 타자의 시선에 대한 원초적인 반응에 있어서, 나는 나를 시선으로서 구성한다. 그러나 만일 내가 시선에 대해 시선을 보내고, 그리하여 '타자'의 자유에 대해 나를 방어하고, 자유로서의 한에서의 타자의 자유를 초월한다면, 타인의 자유도 타인의 시선도 함께 무너진다. 나는 상대의 두 눈을 보게 되고, 하나의 '세계-한복판-에서의-존재'를 보게 된다. 그렇게 되면, 타인은 나에게서 탈출한다. 나는 가능하다면, 타인의 자유에 대해 작용하여, 타인의 자유를 내 것으로 하고, 또는 적어도 타인의 자유에 의해 나를 자유로서 인정받고 싶어 한다. 하지만 타인의 이 자유는 죽어 있다. 이 자유는 내가 '대상-타인'을 만나는 '세계 속에는' 이미 절대로 존재하지 않는다. 왜냐하면 이 자유의 특징은, 세계에 대해 초월적이라는 데 있기 때문이다. 물론 나는 '타인'을 '파악할' 수 있다. 타인을 붙잡을 수 있다. 타인을 밀어제칠 수 있다. 만일 나에게 권력이 있다면 나는 타인에게 이러저러한 행위를 강요할 수도 있고, 이러저러한 발언을 강요할 수도 있다. 그러나 그것은 마치 내가 어떤 남자를 붙잡으려고 하면, 그 남자는 내 손에 망토를 남기고 빠져나가 버리는 것과 같다. 내가 소유하는 것은 망토이고 껍데기이다. 나는 결코 하나의 몸밖에, 세계 한복판에서의 심적인 대상밖에 붙잡지 못할 것이다. 설령 이 몸의 모든 행위가 자유라는 말로 해석될 수 있다 하더라도 나는 이 해석의 열쇠를 완전히 잃어버렸다. 나는 하나의 사실성에 대해서밖에 작용할 수 없다. 설령 내가 '타자'의 초월적인 자유에 관한 '지식'을 가지고 있었다 하더라도, 이 지식은 나를 헛되이 조바심치게 한다.

왜냐하면 이 지식은 원리적으로 내 손이 닿지 않는 곳에 있는 하나의 실재를 지시하기 때문이고, 또 이 지식은 내가 이 실재를 '놓친다'는 것, 내가 하는 모든 행위는 '무턱대고' 이루어지며, 어딘가 다른 곳, 내가 원리적으로 배제된 하나의 존재권 속에서, 그 뜻을 얻는다는 것을 끊임없이 나에게 드러내 보이기 때문이다. 나는 타인으로 하여금 제발 부탁한다고 소리치게 하거나, 용서를 구하게 할 수도 있다. 그러나 이 굴복이 타인의 자유에 대해서, 또 타인의 자유에 있어서 무엇을 의미하는지는 나는 결코 모를 것이다. 그리고 그와 동시에, 나의 지식이 변질된다. 나는 '시선을 받고 있는–존재'에 대한 정확한 이해를 잃어버린다. 이 이해는, 잘 알다시피 내가 타인의 자유를 체험할 수 있는 유일한 방식이지만, 나는 그것을 잃어버린다. 그리하여 나는 내가 그 의미까지도 잊어버린 하나의 시도 속에 구속된다. 나는 내가 보고 내가 만지고 있는 이 타인의 면전에서 갈피를 잡지 못하고, 이 타인을 어떻게 해야 할지 모르고 있다. 기껏해야 나는, 내가 보고 있고 내가 만지고 있는, 이 타인이 가지고 있는 하나의 '저편', 그것이야말로 바로 내가 내 것으로 만들고 싶어 하는 것임을 내가 알고 있는 이 '저편'에 대해, 막연한 기록을 보유하고 있는 정도가 모두이다. 내가 '나를 성적 욕망이 되게 하는' 것은 그때이다.

그런데 성적 욕망은 하나의 주술적인 행위이다. 나는 '타인'을 그 대상적인 사실성 속에서밖에 파악할 수 없으므로, 그 경우에 문제가 되는 것은 타인의 자유를 이 사실성 속에서 끈끈이에 걸리게 하는 것이다. 우유의 표피(크림)가 응고하는 것과 마찬가지로 '타인'의 자유가 사실성에 있어서 '응고'하게 해야 한다. 그래서 '타자'의 대자가 그 몸의 표면에 인접하게 되고, '타자'의 '대자'가 그 몸에 구석구석 퍼지게 되어야 한다. 또 내가 이 몸을 만짐으로써, 결국 타인의 자유로운 주관성을 만지게 되어야 한다. 거기에 '소유(possession)'라고 하는 말의 참된 의미가 있다. 확실히 나는 타인의 몸을 소유하고 싶어 한다. 그러나 나는 '타인'의 이 몸이 그 자신 하나의 '귀신들린 것(un possédé)'인 한에서, 다시 말해 타인의 의식이 타인 자신의 그 몸과 동화된 한에서, 그 몸을 소유하고자 한다. 이런 것이 성적 욕망의 이룰 수 없는 이상이다. 즉 순수한 초월로서의, 더욱이 동시에 '몸'으로서의, 타인의 초월을 소유하는 것이다. 그때 타인은 나의 세계의 한복판에 존재하는 까닭에 나는 타인을 그 단순한 '사실성'으로 환원하지만, 그와 동시에 나는 이 사실성을 타인의 무화적(無化的) 초월의 끊임없는 현전화(現前化)가 되게 해야 한다.

그러나 사실을 말하면, 타인의 사실성(그 단순한 현존재)은 나 자신의 존재의 깊은 변화가 없이는 나의 직관에 주어질 수 없다. 내가 나 개인의 사실성을 나 자신의 가능성을 향해 뛰어넘는 한, 또 내가 나의 도피적 충동 속에서 나의 사실성'을 존재하는 한', 나는 '타인'의 사실성까지, 또한 '사물과' 순수한 '존재'까지 함께 뛰어넘는다. 나의 나타남 자체 속에서 나는 사물을 용구적 존재로서 나타나게 한다. 사물의 단순한 존재는 지시적 지향들의 복합에 의해 가려져 있으며, 이 지향들은 사물의 '사용성'과 '도구성'을 구성하고 있다. 펜을 잡는 것은, 이미 나의 현존재(거기-있음)를 글을 쓴다고 하는 가능성을 향해 뛰어넘는 일이지만, 그것은 또한 단순한 존재물로서의 펜을 그 가능성을 향해 뛰어넘는 일이며, 또 그 가능성으로 '글로-쓰여야 하는-말'이 되는 미래적인 어떤 존재물을 향해, 결국은 '글로-쓰여야 하는-책'을 향해 뛰어넘는 일이다. 그런 까닭으로 온갖 존재물의 존재는 보통 그런 것의 기능에 의해 가려져 있다.

'타인'의 존재에 있어서도 사정은 마찬가지이다. 만일 '타인'이 나에게 하인으로서나 회사원 또는 공무원으로서, 아니면 단순히 내가 피해야 할 통행인으로서, 또 내가 '엿들어 보고자' 하는 옆방의 이야기 소리(또는 그와는 반대로 '나의 수면을 방해하기' 때문에 내가 듣지 않으려 하는 옆방의 이야기 소리) 같은 것으로 나타난다면, 그것은 단순히 나에게서 벗어나는 타인의 세계 외적인 초월일 뿐만이 아니라, 동시에 세계 한복판에서의 단순한 우연적 존재로서의, 타인의 현존재(거기-있음)이기도 하다. 왜냐하면 바로 내가 그를 하인 또는 회사원으로 취급하는 한에서, 나는 내가 나 자신의 사실성을 뛰어넘고 무화할 때의 나의 기도(企圖) 자체에 의해, 그의 모든 잠재성('초월되는-초월' '죽은-가능성들')을 향해 그를 뛰어넘기 때문이다. 만일 내가 그의 단순한 현전으로 되돌아와서 그의 현전을 '현전으로서' 음미하려 한다면, 나는 나를 나 자신의 현전으로 환원하려고 시도해 보아야 한다.

사실 나의 현존재(거기-있음)의 뛰어넘기는 모두 타자의 현존재(거기-있음)의 뛰어넘기이다. 또 만일 세계가 내 주위에 상황으로서 존재하고, 내가 이 상황을 나 자신을 향해 뛰어넘는다면, 그때 나는 타자를 '그의 상황'에서 출발하여 파악한다. 다시 말해 나는 타자를 이미 귀추중심으로서 파악한다. 물론, 성적 욕망의 상대도, 상황 속에 파악되어야 할 것이다. 내가 욕망하고 있는 것은, '세계 속에 있는' 하나의 여자이고, '탁자 옆에' 서 있는 여자이며, '침대에 알몸으로 있는' 여자이고, 또 '내 곁에' 앉아 있는 여자이다. 그러나 성적 욕망이 상황에서 상황 속에 있는 존재 쪽으로 역류하는 것은, 이 상황을 분해시키기 위해서이고, 세계 속에 있는 '타자'의 관계를 부식시키기 위해서이다. 즉 '주위'로부터 욕망의 상대를 향하는 욕망적 운동은 하나의 고립시키는 운동이고, 이 운동은 주위를 파괴하며, 그 상대만을 둘러싸는데, 그리하여 상대의 사실성을 부각시킨다. 그러나 이것은 바로, 하나하나의 대상이 나에 대해 그 상대를 지시하는 동시에, 나에게 그 상대를 지시해 주는 하나하나의 대상이, 그 단순한 우연성 속에 응고하는 한에서만 가능하다. 따라서 타자의 존재에 대한 복귀운동은 단순한 현존재(거기-있음)로서의 나에 대한 복귀운동이다.

나는 세계의 가능성을 파괴하기 위해, 또 세계를 '성적 욕망의 세계'로 구성하기 위해 나의 가능성을 파괴한다. 그런데 이 '성적 욕망의 세계'는 구조를 잃은 세계이고, 세계로서의 의미를 잃은 세계이며, 그곳에서는 사물들이 단순한 소재의 단편처럼, 또 자연 그대로의 소질처럼 돌출해 있다. 게다가 대자는 본디 선택이므로, 이것은 내가 하나의 새로운 가능성을 향해 나를 기투함으로써만 가능하다. 이 새로운 가능성이란 '잉크가 압지(押紙)에 흡수되듯이 내가 나의 몸에 흡수되는' 가능성이며, 나의 순수한 현존재(거기-있음)로 나를 집약하는 가능성이다. 이 기도는 단순히 생각해 낸 것이나 주제적(主題的)으로 성립된 것이 아니라 체험된 것으로, 다시 말하면 이 기도의 이룸은 이 기도의 이해와 다른 것이 아니며, 그런 한에서 이 기도는 혼탁이다. 사실 위의 기술을, 마치 내가 '타인'의 단순한 '현존재(거기-있음)'를 다시 발견할 의도로, 나를 고의적으로 혼탁상태에 둔 것으로 해석해서는 안 된다. 성적 욕망은 하나의 체험적 기투이며, 이 기투는 어떤 예비적인 숙고를 전제로 하는 것이 아니라, 그 자신 속에 그 뜻과 그 해석을 품는 것이다. 내가 타인의 사실성을 향해 나를 내던지자마자, 또 내가 타인의 행위와 직능을 멀리하고, 타인을 그 육체에 있어서 침범하려고 하자마자, 나는 나 스스로 나를 육체화한다. 왜냐하면 나는 나 자신의 육체화 속에서가 아니면, 또 나 자신의 육체화에 의해서가 아니면 타인의 육체화를 원할 수도 없고 생각할 수도 없기 때문이다. 성적 욕망의 헛된 소묘(이를테면 우리가 '넋을 잃고 시선으로 어떤 여인의 옷을 벗길' 때 같은)조차도, 이 혼탁의 공허한 소묘이다. 왜냐하면 나는 나의 혼탁으로만 욕망하기 때문이다. 나는 나 스스로 나를 알몸으로 만듦으로써만 타인을 알몸으로 만든다. 나는 나 자신의 육체를 소묘함으로써만 타인의 육체를 그리고 소묘한다.

그러나 나의 '육체화'는 그저 단순히 타인이 '나의 눈'에 육체로서 나타나기 위한 예비적인 조건이 아니다. 나의 목표는 타인을 '그 사람 자신의 눈'에 대해 육체로서 육체화하는 것이다. 나는 그 사람을 순수한 사실성의 영역에 끌어넣어야 한다. 또 그 사람은 그 사람대로 육체로서밖에 존재하지 않도록 자기를 집약해야 한다. 그렇게 하면 나는 끊임없이 곳곳에서 나를 초월할 수 있는 하나의 초월의, 끊임없는 가능성에 대해 안심할 수 있을 것이다. 이 초월은 '이미' '이것'밖에 되지 않을 것이다.' 이 초월은 하나의 대상의 한계 속에 포함된 채 머물러 있을 것이다. 또한 이 사실 자체로 하여 나는 이 초월을 만질 수 있고, 어루만져 볼 수도 있으며 그것을 소유할 수도 있을 것이다. 그리하여 나의 육체화의—즉 나의 혼탁의—두 번째 의미는, 그것이 하나의 주술적인 언어라는 것이다. 나는 나의 알몸으로 타자를 매혹하기 위해, 또 타자 속에 나의 육체에 대한 욕망을 유발시키기 위해서 나를 육체가 되게 한다. 그것은 바로, 이 욕망은 타인에게 있어서도 나의 육체화를 닮은 하나의 육체화 이외에 아무것도 아닐 것이기 때문이다. 그리하여 성적 욕망은 성적 욕망에 대한 하나의 유혹이다. 타자의 육체에 이르는 길을 발견할 줄 아는 것은 오로지 나의 육체뿐이다. 나는 타자를 육체의 의미에 눈뜨게 하기 위해, 나의 육체를 타자의 육체와 함께 있게 한다. 사실 애무의 경우에, 내가 나의 무기력한 손을 상대의 옆구리에 대고 서서히 밀어넣을 때, 나는 상대에게 나의 육체를 느끼게 한다. 이것은 상대 쪽에서도 스스로 자기를 무기력하게 만듦으로써만 할 수 있는 일이다. 그때 상대의 몸속을 달리는 기분 좋은 전율은, 바로 상대편의 육체 의식의 각성이다. 내가 나의 손을 뻗었다가 손을 떼거나 또는 손을 움켜쥐는 것은, 행위하고 있는 몸으로 되돌아가는 것이지만, 그와 동시에 그것은 육체로서의 나의 손을 사라지게 하는 것이다.

손이 상대의 몸을 따라 어느 사이에 움직이는 대로 맡기는 것, 손을 거의 의미 없는 부드러운 촉수(觸手)로 환원하는 것, 손을 하나의 순수한 존재로 환원하는 것, 손을 비단 같기도 하고 공단 같기도 하고 조금 까슬까슬한 데도 있는 하나의 단순한 물질로 환원하는 것, 그것은 지표를 세우고 거리를 펼치는 자이기를 스스로 단념하는 것이고, 자기를 단순한 점막(粘膜)으로 만드는 것이다. 그 순간에 성적 욕망의 합일이 이루어진다. 각각의 의식개체는 자기를 육체화함으로써 상대의 육체화를 이루었다. 각각의 혼탁은 상대의 혼탁을 탄생시켰고, 그만큼 혼탁이 증대한 것이다. 애무할 때마다 나는 나 자신의 육체를 느끼고, 또 나 자신의 육체를 통해 타인의 육체를 느낀다. 내가 나의 육체에 의해 느끼고 있고 내 것으로 만들고 있는 [상대의] 이 육체가 '상대에-의해-느껴지고 있는-육체'임을 나는 의식한다. 또 성적 욕망은 전체로서의 몸을 노리는 것이면서, 특히 별로 분화되어 있지 않고 신경의 분포가 비교적 조잡한, 자발적 운동을 그다지 할 수 없는 육체의 덩어리를 통해, 이를테면 가슴·엉덩이·넓적다리·배 따위를 통해 상대를 침범하는 것인데, 그것도 결코 우연은 아니다. 요컨대 그런 부분은 순전한 사실성의 이른바 영상(影像)이다. 그런 까닭에 참된 애무는 몸의 가장 육체적인 부분에서의 두 사람의 신체적 접촉, 즉 배와 가슴에서의 접촉이다. 손은 애무하지만, 그럼에도 너무나 섬세하여 거의 완성된 도구에 가깝다. 그렇다 해도, 육체의 서로 간에 대한, 그리고 육체의 서로 간에 의한 육체의 개화야말로 성적 욕망의 참된 목표이다.

하지만 성적 욕망은 그 자신이 좌절에 이를 운명에 있다. 사실 우리가 보아 온 것처럼, 보통, 성적 욕망의 종국을 이루는 교미는 성적 욕망의 본디 목표가 아니다. 물론 우리의 성적 구조의 많은 요소는 성적 욕망의 본성의 필연적인 표현이다. 특히 페니스와 클리토리스의 발기가 그것이다. 사실 그 발기는 육체에 의한 육체의 긍정 이외에 아무것도 아니다. 그러므로 절대로 그렇게 되어야 하지만 발기는 '뜻대로' 되는 것이 아니다. 다시 말해 우리는 발기를 마치 하나의 용구처럼 사용할 수는 없는 것이다. 오히려 그 반대로, 여기서 문제가 되는 것은 생물학적이고 자율적인 하나의 현상이며, 이 현상의 자율적이고 비수의적(非隨意的)인 개화(開花)에 뒤따르는 것, 즉 이 개화가 뜻하는 것은 '몸속으로의 의식의 매몰'이다. 여기서 잘 이해해야 할 것은, 수의근(隨意筋)과 직결되어 있어서 움켜잡는 역할을 하는 섬세한 기관은 어느 것이나 하나의 성적 기관이 될 수는 없었고, 하나의 섹스일 수는 없었다는 것이다. 섹스는 만일 그것이 기관으로서 나타나야 했다 하더라도, 식물적인 생명의 나타남일 수밖에 없었을 것이다.

그러나 만일 우리가, 바로 여러 가지 섹스와 '이러저러한 섹스가 존재하고 있다'는 것을 고려한다면,*21 또다시 우연성이 나타난다. 특히 남성기가 여성기 속

---

*21 이 대목을 좀더 분석하면 다음 뜻으로 풀이된다. "널리 유성생식(有性生殖) 전반을 본다면, 거기에는 여러 '섹스의 형태'와 특수한 '섹스의 형태'가 존재하는데, 그것을 고려한다면……"

에 침입한다는 것은, 과연 성적 욕망이 그것으로 있고자 하는 이 근본적인 육체화에 적합한 것이기는 하지만(사실 우리는 교미에 있어서의 성기의 기관적인 수동성을 주목해야 한다. 앞으로 나가고 뒤로 물러나고 하는 것은 전체로서의 몸이고, 성기를 앞으로 내밀거나 뒤로 빼는 것도 전체로서의 몸이다. 또 페니스의 삽입을 돕는 것은 손이다. 페니스 자체는 하나의 용구로서 나타나며, 우리는 그것을 넣고 빼면서, 그것을 다루고 사용하는 것이다. 마찬가지로 질(膣)이 입을 열고 촉촉해지는 것도 임의대로 얻을 수 있는 것이 아니다), 그대로 우리의 성생활의 하나의 완전히 우연적인 양태이다. 이 양태는 이른바 성적 쾌락과 마찬가지로 하나의 순수한 우연성이다. 사실을 말하면 정상적인 경우에는, 의식이 끈끈이에 의해 몸속에 붙잡히는 것은, 그 결과로서, 일종의 독특한 황홀감을 느낀다. 이 황홀감 속에서는, 의식은 이미 몸(에 대한) 의식일 뿐이지만, 그 결과, 의식은 신체성'에 대한' 반성적인 의식이 된다.

사실 쾌락은—너무 심한 괴로움과 마찬가지로—'쾌락에 주의하라'는 반성적인 의식의 나타남에 동기를 부여한다. 다만 쾌락은 성적 욕망의 죽음이고 좌절이다. 쾌락이 성적 욕망의 죽음이라고 하는 까닭은, 쾌락은 다만 성적 욕망의 완료일 뿐만 아니라, 성적 욕망의 종말이고 그 끝이기 때문이다. 더욱더 이것도 또한 기관적인 하나의 우연성에 지나지 않는다. 즉 육체화가 발기에 의해 나타나고 발기가 사정과 함께 끝나는 것은, '우연히 그런 식으로 되어 있는' 것이다. 그러나 그뿐만이 아니라, 쾌락은 성적 욕망을 막는 것이다. 왜냐하면 쾌락은 향락을 목적으로 하는 '쾌락에 대한 하나의 반성적 의식'의 나타남에 동기를 부여하기 때문이다. 다시 말하면 쾌락에 대한 이 반성적 의식은 '반성되는 대자의 육체화에 대한 주의'인 동시에, 상대의 육체화의 망각이다. 이것은 더이상 우연성의 영역에 속하지 않는다. 물론 이 매혹당한 반성으로의 이행이, 쾌락이라고 하는 이 특수한 존재양식의 육체화를 기회로 하여 일어난다는 것은 여전히 우연적이다—사실 쾌락이 개입하지 않고도 반성적인 것으로의 이행이 일어나는 경우는 많다—그러나 성적 욕망이 육체화의 시도인 한에서, 성적 욕망을 좌절시키는 끊임없는 위험은, 의식이 자기를 육체화함으로써 '상대'의 육체화를 놓치는 것이며, 이쪽의 의식의 육체화가 상대의 육체화를 흡수하여, 결국 이쪽의 의식의 육체화만이 의식의 육체화의 궁극적인 목표가 되어 버리는 일이다. 그 경우에는 애무하는 쾌락이 애무받는 쾌락으로 바뀐다. '대자'가 요구하는 것은 자기의 몸이 대자 속에서 개화하는 것을 느끼는 것이고, 마침내 구토에까지 이르는 것이다. 당장, 거기에는 접촉의 단절이 일어나고, 성적 욕망은 그 목표를 잃는다. 흔히 일어나는 일이지만, 성적 욕망의 이 좌절은 마조히즘으로 이행하는 동기가 된다. 다시 말해 자기의 사실성 속에 자기를 파악하는 이 의식은 '타인'의 의식에 의해 '대타─몸'으로서 파악되고 초월되는 것을 요구하게 된다. 그렇게 되면 '대상─타인'은 무너지고, '시선─타인'이 나타난다. 나의 의식은 타인의 시선 아래, 자신의 육체 속에서 정신이 아득해진 의식이다.

　그러나 반대로, 성적 욕망은, 그것이 '붙잡으려고 하는' 욕망이고, '내 것으로 하려고 하는' 욕망인 한에서, 그 욕망 자체의 좌절을 불러일으키는 근원이다. 사실 이 혼탁이 '타인'의 육체화를 탄생시키는 것만으로는 아직 충분하지 않다. 성적 욕망은 이 육체화한 의식을 내 것으로 하고자 하는 욕망이다. 그러므로 성적 욕망은, 당연한 일이지만 이제 '애무'에 의해서가 아니라 파악적인 행위와 침입적인 행위에 의해 존속한다. 애무는 타인의 몸에 의식이나 자유를 침투시키는 것밖에 목표로 하지 않는 것이었다. 그런데 이번에는 이 포화된 몸을 붙잡아야 한다. 포화된 그 몸을 붙잡아 그 몸속으로 들어가야 한다. 그러나 내가 지금 타인의 몸을 붙잡고, 그것을 끌어당기고, 그것을 부여안고, 그것을 깨물려고 시도한다는, 다만 그 사실만으로 나의 몸은 육체로 있기를 그친다. 나의 몸은 다시 '내가 그것으로 있는 그대로의' 종합적인 용구가 된다. 그와 동시에 '타인'도 육체화로 있는 것을 그친다. '타인'은 다시 세계 한복판에서의 하나의 용구가 되고, 나는 그것을 그 사람의 상황에서 출발하여 파악한다.

　지금까지 타인의 의식은 그 사람 자신의 육체의 표면에 인접해 있었다. 그리고 나는 나의 육체로 그것을 '음미하려고' 시도하고 있었다.*22 그런데 타인의 이 의식은 내 시선 밑에서 사라져 버린다. 그곳에는 이미 자기의 내면에서의 '대상─심상'을 지닌 하나의 '대상'밖에 남아 있지 않다. 그와 동시에 나의 혼탁도 사라진다. 그것은 내가 욕망하는 일을 그만둔다는 말이 아니다. 오히려 반대로 나의 성적 욕망이 그 소재를 잃어버린 것이다. 나의 욕망이 '추상적'인 것이 된 것이다. 나의 욕망은 지금은 다루려고 하는 욕망이고 잡으려고 하는 욕

---

*22 원주. 도냐 프루에즈(Doña Prouhèze) 《비단 구두》 제2일─"그 사람은 내가 가지고 있는 맛을 알지 못할 거예요."(역주) 《비단 구두(Le Soulier de satin)》(1930년 펴냄)는 폴 클로델(Paul Claudel)의 희곡. 1942년 장 루이 바로(Jean-Louis Barrault)가 상연했다.

망이다. 나는 그것을 잡는 데 열중해 있지만, 나의 이 집념 자체가 나의 육체화를 소멸시킨다. 이제 나는 새롭게 나 자신의 가능성(이 경우에는 붙잡는 것의 가능성)을 향해 나의 몸을 뛰어넘는다. 마찬가지로 타자의 몸은 그 사람의 잠재성을 향해 뛰어넘어져, '육체'의 위치에서 단순한 대상의 위치로 떨어진다. 이 상황은 바로 성적 욕망의 본디의 목표였던 육체화의 상호성의 단절을 품는다.

'타인'은 여전히 혼탁상태에 머물러 있을지도 모른다. 타인은 여전히 그 사람 자신에게 있어서는 육체인 채 머물러 있을지도 모른다. 나는 그것을 이해할 수 있다. 하지만 이 육체는 내가 더 이상 나의 육체에 의해서 잡지 않는 하나의 육체이다. 그것은 이미 한 사람의 '의식-타인'의 육체화가 아니라, 한 사람의 '대상-타인'의 '고유화'에 지나지 않는 하나의 육체이다. 그리하여 나는, 하나의 '육체'의 면전에서 '몸(상황 속에서의 종합적인 전체)'이다. 나는 내가 바로 성적 욕망에 의해 그곳에서 탈출하려고 했던 상황과 거의 같은 상황 속에서, 다시 나를 발견한다. 다시 말해 나는 타자에게 그 초월의 변명을 구하고자, '타자-대상'을 이용하려고 한다. 게다가 바로 타자는 '전체가' 대상이므로, 타자는 그 모든 초월에 의해 나에게서 탈출한다. 나는 또다시 내가 추구하고 있는 것에 대한 분명한 이해를 잃어버렸다. 그러면서도 나는 이 추구 속에 구속되어 있다. 나는 잡는다. 나는 잡으려 하고 있는 나를 발견한다. 그러나 내가 나의 손 속에 잡는 것은, 내가 잡으려 했던 것과는 '다른 것'이다. 나는 그것을 느끼고, 그 일로 인해 번민한다. 그러나 나는 내가 붙잡으려 했던 것이 무엇인지 말할 수 없다. 왜냐하면 나의 혼탁과 함께 나의 욕망에 대한 이해 자체가 나에게서 탈출하기 때문이다. 나는 마치, 몽유병자가 잠에서 깨어나 침대 끝에 앉아 두 손을 떨고 있는 자신을 발견하고도, 어떤 무서운 꿈 때문에 자신이 그런 몸짓을 하고 있는 건지 기억해 내지 못하는 상태에 있다. '사디즘'의 근원에 있는 것은 그와 같은 상황이다.

사디즘은 정욕이고, 목마름이며, 집념이다. 왜냐하면 사디즘은 어떤 대자가 '무엇에' 자기를 구속하고 있는지 이해하지 않고, 자기를 구속된 것으로서 파악할 때의 상태이며, 대자가 스스로 세운 목표를 확실히 의식하지 않고, 또 이 구속에 스스로 연관시킨 가치를 분명하게 기억하지 않고, 자기의 구속을 고집할 때의 상태이기 때문이다. 사디즘은 목마름이다. 사디즘은 성적 욕망이 그 혼탁에서 벗어나서 비어 있을 때 나타나는 것이기 때문이다. 사디스트는 자기 몸을 종합적인 전체로서, 또 행동의 중심으로서 다시 파악했다. 사디스트는 자기 자신의 사실성에서 끊임없이 되풀이하는 도피 속에 다시 몸을 두었다. 사디스트는 타인의 면전에서 자기를 순전한 초월로서 체험한다. 사디스트는, '자기로서는' 혼탁을 혐오한다. 사디스트는 혼탁을 하나의 굴욕적인 상태로 생각한다. 또 단순히, 사디스트는 혼탁을 자신 속에서 '실감하지' 못하는 수도 있다. 그가 냉정하게 고집하는 한에서, 그가 집념인 동시에 고갈인 한에서, 사디스트는 정욕의 포로이다. 사디스트의 목표는 성적 욕망의 목표와 마찬가지로 타인을 붙잡고, 타인을 굴복시키는 것인데, 다만 '대상―타인'으로서의 한에서 타인을 잡는 것이 아니라, 육체화한 순수한 초월로서의 한에서 타인을 잡는 것이다. 그러나 사디즘에서는 '육체화한―타인'을 용구로서 내 것으로 하는 것에 중점이 두어진다. 사실 성욕에 있어서의 사디즘의 이 '계기'는 육체화한 '대자'가, '타인'의 육체화를 내 것으로 하기 위해, 자기의 육체화를 뛰어넘을 때의 '계기'이다.

그러므로 사디즘은, 자기를 육체화하는 것의 거부이고, 모든 사실성으로부터의 도피인 동시에, 타인의 사실성을 빼앗기 위한 노력이다. 그러나 사디즘은 자기 자신의 육체화에 의해 타인의 육체화를 실감할 수 없고, 실감하려고 하지도 않으므로, 또 이 사실 자체에서 사디즘은 타인을 '도구―대상'으로 다루는 것 외에는 아무런 방편이 없으므로, 사디즘은 육체화한 존재를 타자에게 실감시키고자 타인의 몸을 하나의 도구로 이용하려고 한다. 사디즘은 폭력에 의해 타자를 육체화하기 위한 하나의 노력이다. '힘에 의한' 이 육체화는 이미 타인을 내 것으로 만드는 것, 타인을 이용하는 것이어야 한다. 사디스트는―성적 욕망과 마찬가지로―타인을 가리고 있는 그 행위를 벗겨내어 타인을 알몸으로 만들려고 한다. 사디스트는 행위 밑에 숨어 있는 육체를 드러내려고 한다. 하지만 성적 욕망의 경우, '대자'는 타자가 육체인 것을 '타자' 자신에게 드러내 보이기 위해, 자기 자신의 육체 속에 자기를 잃어버리는 것이지만, 이에 비해 사디스트는 자기 자신의 육체를 거부하는 동시에, 타자에게 그 육체를 힘으로 드러내 보이기 위해 여러 가지 용구를 쓴다. 사디즘의 목적은 직접 내 것으로 만드는 것이다. 그러나 사디즘은 확실한 근거를 가지고 있지 않다. 왜냐하면 사디즘은 단순히 타자의 육체를 즐길 뿐만 아니라, 타자의 그 육체와의 직접적인 연관에 있어서, 자기 자신의 '비(非)―육체화'를 즐기기 때문이다. 사디즘은 성적 관계의 '비―상호성'을 원한다.

사디즘은 육체에 의해 붙잡혀 있는 하나의 자유의 면전에서, 내 것으로 만드는 자유로운 권력으로 있는 것을 만끽한다. 그렇기 때문에 사디즘은 '타자'의 의식에 대해 육체를 '다른 모양'으로 현전화하려고 한다. 또 사디즘은 타자를 하나의 용구로 다룸으로써 육체를 현전화하려고 한다. 사디즘은 괴로움에 의해 육체를 현전화한다. 사실 괴로움에 있어서는 사실성이 의식을 침략하고, 마침내 반성적인 의식이 비반성적 의식의 사실성에 의해 매혹된다. 그러므로 거기에는 확실히 괴로움에 의한 하나의 육체화가 존재한다. 그러나 그와 동시에 괴로움은 '온갖 용구에 의해' 유발된다. 괴롭히는 '대자'의 몸은 이제 괴로움을 주기 위한 하나의 용구에 지나지 않는다. 그러므로 대자는 처음부터 '타인'의 자유를 도구적인 방식으로 빼앗는다는 착각에 스스로 빠져들 수도 있다. 다시 말해 '대자'는 타인의 자유가 '도전하는' 자, 움켜잡는 자, 붙잡는 자 등이 되기를 그치지 않고, 타인의 이 자유를 육체 속에 흘려넣을 수 있다는 착각에 스스로 빠져들 수도 있다.

사디즘이 이루기를 원하는 형식의 육체화에 대해서 말하면, 그것이야말로 바로 사람들이 '외설(Obscène)'이라고 이름붙이는 것이다. 외설은 '일종'의 '대타−존재'이고, '품위 없는(disgracieux)' '종류'에 속한다. 그러나 '품위 없는 것'이 모두 외설인 것은 아니다. '기품(grâce)'[23]에 있어서는, 몸은 상황 속에서의 하나의 심적인 것으로서 나타난다. 몸은 무엇보다 먼저 자기의 초월을 '초월되는−초월'로서 드러내 보인다. 몸은 행위의 상태에 있고, 상황에서 출발하여, 또 추구되고 있는 목적에서 출발하여 이해된다. 그러므로 각각의 운동은 미래에서 현재를 향하는 하나의 지각적 과정 속에 파악된다. 그렇게 본다면, 품위 있는 행위는, 한편으로는 목적에 적합한 하나의 기계의 정밀성을 지니고 있는 동시에, 다른 한편으로는 심리적인 것의 완전한 예측 불가능성을 지닌다. 그것은, 우리가 앞에서 살펴본 것처럼, 심적인 것은 타자에게는 '예측할 수 없는 대상'이기 때문이다. 그러므로 품위 있는 행위는 우리가 그 행위 속에 '경과한' 것을 고찰하는 한에서, 언제라도 완전하게 이해할 수 있는 것이다. 또는 더욱 적절하게 말한다면, 품위 있는 행위의 이 경과한 부분은, 그 행위의 완전한 적합에서 유래하는 일종의 미적(美的) 필연성의 대변(對邊)을 이루고 있다. 그와 동시에, 장차 와야

---

*23 grâce, disgracieux는 적절하고 유일한 역어가 없으므로 '기품 있는'과 '품위 없는'으로 번역했으나 더욱 폭넓은 뜻으로 해석되어야 할 것이다. 이를테면 '우아한' '우아하지 않은' 등등.

―하는 목표는 이 행위를 전체적으로 비춰 주고 있다.

그러나 이 행위의 미래적인 부분은, 그것이 경과하는 그때는 필연적인 것, 적합한 것으로서 나타나게 되리라는 것이, 행위하고 있는 이 몸 자체 위에서 느껴진다 하더라도, 여전히 예측 불가능인 채로 머문다. 엄밀히 말해서 품위를 구성하고 있는 것은 자유('대상―타인'의 고유성으로서의)와 필연성의, 이런 움직이는 영상이다. 베르그송은 그것에 대해 훌륭한 기록을 남겨 주었다.[24] 기품에 있어서는 몸은 자유를 나타내는 용구이다. 기품 있는 행위는 그것이 몸을 정밀한 도구로서 드러내 보이는 한, 언제나 이 몸에 그 정당한 존재이유를 부여해 준다. 이를테면 손은 잡기 '위해 존재한다.' 손은 가장 먼저 그 '잡기―위한―존재'를 나타내고 있다. 손이 파악을 요구하는 하나의 상황에서 출발하여, 이해되는 한에서, 이 손은 그 자신이 그 존재에 있어서 '요구된 것'으로서 나타난다. 이 손은 '부름을 받은 것'이다. 또 이 손이 그 행위의 예견 불가능성에 의해 자기의 자유를 나타내는 한에서, 이 손은 그 존재의 근원에서 나타난다. 이 손은 그 자신이 상황의 부름에 의해 정당화되어 태어난다. 그러므로 기품은 '……을 위한 자기 자신의 근거가 되는 어떤 존재'의 대상적인 영상을 상징한다. 그리하여 사실성은 기품에 의해 꾸며지고 가려져 있다. 벌거벗은 육체는 완전히 현전해 있지만, 그것은 '보일' 수 없다. 따라서 기품에 의한 최고의 우아함과 최고의 도전은, 기품 자체 이외의 어떤 옷도 입지 않고, 어떤 베일도 쓰지 않으며, 전라의 몸을 사람들 앞에 보여 주는 것이다. 가장 기품 있는 몸은 아무리 육체가 전적으로 관객들의 눈에 현전해 있을지라도 그 몸의 동작이 보이지 않는 옷으로 그 몸을 감싸고, 그리하여 자기의 육체를 사람들 눈에서 완전히 감춰 버리는 알몸이다.[25]

이에 반해, 품위가 없는 것은 기품 있는 것의 요소 가운데 하나가 그 이룸을 방해받을 때 나타난다. 이를테면 운동이 '기계적'이 되는 수도 있다. 이 경우에 몸은 여전히 이것을 정당화하는 하나의 총체의 일부를 이루고 있지만, 단순한

---

[24] 베르그송의 《의식에 직접 주어진 것》 제1장―여러 가지 미적 감정 속에서 가장 순수한 감정, 다시 말해 기품 있는 감정에 대해 고찰해 보자. 이것은 갖가지 외면적인 운동에 나타나는 일종의 여유(aisance), 일종의 자유자재(facilité)에 대한 지각, 바로 그것이다.

[25] 이 말은 앞에서 "아무리 알몸의 댄서라도, 무릇 댄서만큼 '육체적(en chair)'이지 않은 자는 없다"고 한 역설적인 말과 같은 뜻이다.

용구의 자격에서이다. 몸의 '초월되는-초월'은 사라진다. 그것과 함께 '나의' 우주의 온갖 '도구-대상'의 측면적인 다원적 결정으로서의 '상황'도 사라진다. 또 이를테면, 여러 가지 행위들이 딱딱하고 거친 것일 수도 있다. 그때는 상황에 대한 적응이 무너지게 된다. 상황은 여전히 그대로이지만, 이 상황과, 상황 속에서의 '타인' 사이에 하나의 간극이, 말하자면 하나의 공백이 끼어든다. 그때 이 타인은 여전히 자유로운 사람으로 머물지만, 이 자유는 단순히 예측 불가능성으로서밖에는 파악되지 않는다. 이 자유는 에피쿠로스학파가 주장하는 아톰의 클리나멘*26과 비슷한 것으로, 요컨대 비결정론과 비슷하다. 그와 동시에 목적은 그대로 놓여 있고, 우리가 '타인'의 행위를 지각하는 것은 변함없이 미래로부터 출발해서이다. 이 부적응에서 오는 것이기는 하지만, 장래에 의한 지각적인 해석은 항상 너무 넓지 않으면 너무 좁다. 그것은 '대략적인 것'에 의한 하나의 해석이다. 따라서 타인의 행위나 타인의 존재의 정당화는 불완전한 방법으로 이루어진다. 극단적인 예로서, 서툰 몸짓은 정당화될 수 없는 것이다. 상황 속에 구속되어 있던 모든 자기 사실성은 상황에 의해 흡수되어 상황 쪽으로 역류한다. 서툰 사람은 공교롭게도 자기의 사실성을 해방하고, 갑자기 우리의 눈앞에 자기의 사실성을 펼쳐 놓는다. 우리는 상황의 하나의 열쇠가 상황 그 자체에서 자발적으로 나오는 것을 파악하려고 기대하고 있었는데, 우리는 갑자기 부적합한 하나의 현전의 정당화될 수 없는 우연성을 만난다.

우리는 하나의 존재자의 현실 존재의 면전에 놓인다. 그렇지만 만일 몸이 전체로서 행위 속에 있다면, 사실성은 아직 육체가 아니다. 몸에서 그 행위라고 하는 옷을 완전히 벗기고, 그 육체의 타성을 드러내 보이는 온갖 자세를 몸이 채택할 때, '외설'이 나타난다. 알몸이나 등을 보는 것이 외설인 것은 아니다. 오히려 어떤 사람이 걸으면서 무의식적으로 엉덩이를 좌우로 흔드는 것이 외설이다. 그것은, 그때 걷고 있는 사람에게 있어서 행위 상태에 있는 것은 두 다리뿐이고, 엉덩이는 두 다리가 운반하고 있는 하나의 고립된 방석과 같은 것이며, 그 흔들림은 순전히 중력의 법칙에 따르고 있는 것처럼 보이기 때문이다. 그 엉덩이는 상황에 의해 정당화될 수 없을 것이다. 반대로 그 엉덩이는 모든 상황을 완전히 파괴한다. 왜냐하면 그 엉덩이는 사물이 가지는 수동성을 가지고 있

---

*26 에피쿠로스가 아톰의 자발적인 편향력(偏向力)을 가리켜 이와 같이 일컬었다. 그리스어로는 ekklisis 또는 Parenklisis이며 clinamen은 그 라틴어역.

기 때문이며, 하나의 사물처럼 두 다리에 의해 운반되기 때문이다. 마침내 이 엉덩이는 정당화될 수 없는 사실성으로서 드러난다. 이 엉덩이는 모든 우연적인 존재와 마찬가지로 '남아도는 것'이다. 이 엉덩이는 보행이라고 하는 현재적인 뜻을 지니는 이 몸속에 고립된다. 이 엉덩이는 어떤 천으로 가려져 있지만 발가벗고 있다. 왜냐하면 이 엉덩이는 행위하고 있는 몸의 '초월되는–초월'에 더 이상 관여하고 있지 않기 때문이다. 이 엉덩이의 진자운동(振子運動)은 도래해야–하는 것(장래)에서 출발하여 해석되는 것이 아니며, 하나의 물리적인 사실과 마찬가지로, 과거에서 출발하여 해석되고 인식된다.

이런 고찰은 자기로 하여금 육체가 되게 하는 것이 전체로서의 몸일 때도 당연히 적용될 수 있다. 몸이 자기를 육체가 되게 한다 해도, 상황으로부터는 해석될 수 없는, 뭔가 느슨해진 행위에 의하는 수도 있고, 상황이 요구하는 실제상의 현전에 비해 과잉된 하나의 사실성을 우리에게 보여 주는, 신체구조의 변형(예를 들면 지방세포의 이상 증식)에 의하는 수도 있다. 그리고 드러내 보여진 이 육체가 성적 욕망을 지니고 있지 않은 누군가에 대해 '그 사람의 성적 욕망을 자극하지 않고' 드러날 때, 이 육체는 특히 외설이다. 내가 상황을 파악하는 바로 그 순간, 그 상황을 부수는 어떤 특수한 적합 상실(適合喪失), 육체를 가리고 있는 여러 가지 '몸짓'이라는 옷 밑에 나타나는 갑작스런 나타남으로서의 육체의 무기력한 개화를, 나에게 넘겨주는 어떤 특수한 적합 상실, 게다가 내 쪽에서는 이 육체에 대해 성적 욕망을 일으키고 있지 않은데도, 그런 육체의 무기력한 개화를, 나에게 넘겨주는 어떤 특수한 적합 상실, 그것이 바로 내가 이제부터 외설이라고 부를 것이다.

우리는 이제야 겨우 사디스트의 요구의 뜻을 안다. 기품은 '대상–타인'의 고유성으로서의 자유를 드러내 보이고, 마치 플라톤적인 상기(想起)의 경우에 감각적 세계의 모순들이 지시하는 것처럼, 막연히 하나의 초월적인 '저편'을 지시한다. 우리는 그 '저편'에 대해 어렴풋한 기억밖에 가지고 있지 않으며, 또 우리는 우리의 존재의 근본적인 어떤 변화에 의해서만, 다시 말해 우리의 '대타–존재'를 결연히 떠맡음으로써만 그 '저편'에 이를 수 있다. 기품은 타인의 육체를 드러내 보임과 동시에 그것을 가린다. 또 달리 말하면 기품은 타인의 육체를 드러내 보이기는 하지만, 곧바로 그것을 덮어서 가린다. 즉 육체는 기품에 있어서는 가까이 다가갈 수 없는 타인이다. 사디스트는 이 기품을 부수고 '타인'의 또 다른 하나의 종합을 '현실적으로' 구성하려고 한다. 사디스트는 '타자' 의 육체를 나타나게 하려고 한다. 게다가 육체의 나타냄 자체에 있어서, 이 육체는 기품을 부수는 것이 될 것이고, 사실성이 다시 타인의 '대상─자유'를 흡수할 것이다. 이 재흡수는 결코 말살시키는 것이 아니다. 사디스트에게 있어서 육체로 나타나는 것은 '자유로운─타자'이다. '대상─타자'의 동일성은 이와 같은 변전(變轉)을 거쳐도 흐트러지지는 않는다. 그러나 육체와 자유의 관계가 뒤바뀐다. 기품에 있어서는 자유는 사실성을 억제하고, 사실성을 가리고 있었다. 하지만 이루어져야 할 이 새로운 종합에 있어서는, 사실성이 자유를 억제하고 자유를 가린다.

그러므로 사디스트는 갑작스럽게 강제에 의해, 다시 말하면 자기 자신의 육체의 협력에 의해서가 아니라, 용구로서의 자신의 몸에 의해, 〔타인의〕육체를 나타내려 한다. 사디스트는 타인의 몸이 '외설'의 모습으로 나타나는 여러 가지 태도와 자세를, 타인에게 취하게 하려고 한다. 그리하여 사디스트는 여전히 용구적인 아유화(我有化)의 차원에 머물러 있다. 왜냐하면 사디스트는 타인에게 힘으로 작용함으로써 육체를 탄생시키기 때문이다―더욱이 타인은, 사디스트의 손 안에 있는 하나의 용구가 된다―사디스트는 타인의 몸을 '다루며', 그 어깨를 덮쳐 타인의 몸을 아래쪽으로 구부리게 하여 그 허리를 드러나게 한다 등등. 또 다른 한편으로는, 이와 같은 용구적 이용의 목표는 그 이용 자체 속에 내재해 있다. 즉 사디스트는 '타인'의 육체를 나타나게 하기 위한 용구로서 '타인'을 다룬다. 사디스트는 그 자신의 육체화를 기능으로 하는 용구로서 타인을 파악하는 존재이다. 그러므로 사디스트의 이상은, '타인'이, 용구이기를 그만두지 않고 이미 육체이며, 또 육체를 탄생시키기 위한 육체가 되는, 바로 그런 순간에 이르는 일일 것이다. 그 순간에는, 예를 들면 〔타인의〕넓적다리는, 개화한 외설적인 수동성의 상태에서 드러나며, 더욱이 그것은 여전히 엉덩이를 더욱 내밀게 하기 위해, 또 이번에는 그 엉덩이를 육체화하기 위해, 이쪽이 다룰 수 있는 용구, 벌렸다 구부렸다 할 수 있는 용구이다. 그러나 그 점에서 잘못 생각해서는 안 된다. 사디스트가 이처럼 많은 집념을 가지고 구하는 것은, 사디스트가 두 손으로 반죽하고, 자신의 주먹 아래 굴복시키려 하는 것은, '타인'의 자유이다. 타인의 자유는 거기에, 이 육체 속에 존재한다. 거기에는 타인의 하나의 사실성이 존재하므로 이 육체인 것은, 타인의 자유이다. 그래서 사디스트가 내 것으로 하려고 시도하는 것은, 타인의 이 자유이다.

그러므로 사디스트의 노력은 폭력과 괴로움에 의해 타자를 그 육체 속에 포로로 만들기 위한 노력이다. 게다가 그때, 사디스트는 타인의 몸을 육체를 탄생시키기 위한 육체로 다룬다는 사실에 의해, 타인의 몸을 내 것으로 삼는다. 그러나 그런 아유화는 그것이 내 것으로 삼는 〔타인의〕 몸을 뛰어넘는다. 왜냐하면 그런 아유화는 사디스트가 타인의 자유를 〔타인의〕 몸속에 포로가 되게 하는 한에서만, 〔타인의〕 이 몸을 소유하려 하기 때문이다. 그렇기 때문에 사디스트는 육체에 의한 타인의 자유의 이런 굴종에 대한 분명한 증거를 원할 것이다. 사디스트는 용서를 구하게 하는 것을 지향할 것이다. 사디스트는 고문과 위협에 의해 타인을 굴복하지 않을 수 없게 만들 것이고, 타인이 가지고 있는 더욱 소중한 것을 버리게 만들 것이다. 사람들은 이것을 지배욕이고 권력 의지라고 말해 왔다. 그러나 이 설명은 애매하거나 부조리하다. 먼저 설명되어야 하는 것은 이 지배욕이라는 것이다. 더욱이 바로 이 지배욕은 사디즘의 근거로서, 사디즘보다 앞서는 것일 수는 없을 것이다. 왜냐하면 지배욕은 사디즘과 마찬가지로, 또 사디즘과 같은 차원에서, 타인의 면전에서의 불안에서 태어나는 것이기 때문이다. 사실은, 사디스트가 고문에 의해 하나의 '자기에 대한 배신(reniement)*27'을 빼앗는 것에서 기쁨을 찾는 것은, '사랑'의 의미를 해석하는 것을 가능하게 해 주는 이유와, 비유적인 이유에 의한 것이다.

사실 우리가 이미 살펴본 것처럼, 사랑은 타인의 자유의 폐지를 요구하는 것이 아니라, 오히려 자유로서의 한에서 자유의 굴종, 즉 자유 그 자체에 의한 자유의 굴종을 요구한다. 마찬가지로 사디즘은 고문을 받고 있는 자의 자유를 말살하려는 것이 아니라, 오히려 이 자유를 고문당하고 있는 육체에 자유의지로 동화하도록 강요하는 것이다. 그런 까닭으로 체형집행인(體刑執行人)에게 있어서는 희생자가 자기를 배신하는 순간, 또는 희생자가 굴복하는 순간이야말로 쾌락의 순간이다. 사실 희생자에게 가해지는 압박이 어떤 것이든, 자기에 대한 배신은 여전히 '자유로운' 선택에 맡겨져 있다. 그것(자기 배반)은 하나의 자발적인 생산이고, 상황에 대한 하나의 대답이다. 그것은 인간적-현실을 나타내고 있다. 희생자의 저항이 어떤 것이었든, 또 희생자가 용서를 부르짖기 전까지

―――――――――――
*27 reniement : 배신의 의미는 여기서는 자기 배신, 다시 말해 자기에 대한 배신의 뜻이다. 그러므로 고문을 당하고 있는 자가 자기의 신념을 배신하고 항복하는 일이다.

얼마나 오랫동안 버티었든, 어쨌든 이 희생자는 10분 더, 1분 더, 1초 더 버틸 수 있었을 것이다. 괴로움을 더 이상 견딜 수 없게 된 순간에, 희생자는 '결심했다.' 그 증거에는, 이 희생자는 그 뒤에 뉘우침과 부끄러움 속에서 그 '자기의 배신'을 살아갈 것이다. 그러므로 이 일은 완전히 희생자에게 모든 책임이 돌아갈 것이다. 그러나 그런 반면, 사디스트는 동시에 자기를 그 일의 원인으로 여긴다. 만일 희생자가 끝까지 저항하며 용서를 구하는 것을 거부한다면, 이 놀이는 더욱 재미있어질 뿐이다. 나사못을 한 바퀴 더 조이고 모자라면 다시 한 번 비틀면 저항은 끝나 버릴 것이고, 굴복하게 될 것이다.

사디스트는 '여유만만'하게 준비하고 있다. 그는 평온하다. 그는 서두르지 않는다. 그는 기술자처럼 여러 가지 용구를 준비한다. 그는 마치 열쇠장수가 여러 가지 열쇠를 하나의 열쇠구멍에 끼워보는 것처럼, 그 용구들을 하나씩 시험해 본다. 그는 이 양의적이고 모순된 상황을 즐기고 있다. 사실 어떤 면에서 보면, 그는—마치 열쇠장수가 '꼭 맞는' 열쇠를 찾으면 그 자물쇠가 자동적으로 열리듯이—'자동적으로' 이르게 될 하나의 목적을 위해 보편적인 결정론 속에서 끈기 있게 여러 가지 수단을 준비한다. 다른 면에서 보면, 그 정해진 목적은 '타인'의 자유로운 전면적 동의에 의해서만 이루어질 수 있다. 그러므로 이 목적은 끝까지 예측될 수 있는 동시에 예측될 수 없는 채 머물러 있다. 또 이루어진 대상(목적)도 사디스트에게는 양의적이고 모순된 것이며 불안정한 것이다. 그것은, 이루어진 그 대상이 결정론의 어떤 기술적인 이용의 엄밀한 결과인 동시에 하나의 무조건적인 자유의 나타남이기 때문이다. 또 사디스트의 눈에 비치는 광경은 육체의 개화에 저항하는 하나의 자유의 광경이며, 마지막으로 육체 속에 자기를 침몰시키는 것을 자유롭게 선택하는 하나의 자유의 광경이다. '자기에 대한 배신'의 순간에 이르면 기대한 목적은 이루어진다. 희생자의 몸은 송두리째, 곧 숨이 끊어질 것 같은 외설스러운 육체이다. 이 몸은 형벌집행인에 의해 주어진 자세를 그대로 유지하고 있는데, 그것은 이 몸이 스스로 취한 자세가 아니다. 몸을 묶고 있는 끈은 이 몸을 하나의 무기력한 사물처럼 지탱하고 있다. 바로 그것에 의해, 이 몸은 자발적으로 움직이는 대상임을 그친 것이다. 그리고 하나의 자유가 자기 배신에 의해서 동화되기를 선택하는 것은 다름 아닌 이 몸에 대해서이다. 일그러진 자세로 허덕이고 있는 이 몸은 부서지고 굴종을 강요당한 자유의 영상 그 자체이다.

위 같은 몇 가지 고찰은 사디즘의 문제를 남김없이 드러낸 것이 아니다. 우리는 단순히 성적 욕망 그 자체 속에서, 사디즘이 욕망의 좌절로서 싹트고 있음을 제시하고자 했을 뿐이다. 사실 나는 나의 육체화에 의해 타자의 몸을 육체화하기에 이르렀으면서도, 일단 내가 타자의 몸을 붙잡으려고 시도하는 순간, 나는 육체화의 상호성을 파괴하고 나 자신의 가능성을 향해 나의 몸을 뛰어넘으며, 사디즘을 향해 나를 돌아서게 한다. 그리하여 내가 '타인'의 육체를 내 것으로 만드는 일을 향해서 혼탁을 뛰어넘든 또는 나 자신의 혼탁에 취해 내가 이미 나의 육체 외에는 주의를 기울이지 않고 또 내가 이미 타인에 대해 나의 육체를 이루는 것을 돕는 시선이 되는 것 외에는 아무것도 요구하지 않는다 할지라도, 사디즘과 마조히즘은 성적 욕망의 두 개의 암초이다. 사람들이 '정상적인' 성욕을 '사디코-마조히트(sadico-masochiste)'라는 이름으로 부르는 게 습관이 되어 있는 것도 성적 욕망의 이와 같은 불안정 때문이며, 또 성적 욕망이 이 두 개의 암초 사이에서 끊임없이 흔들리고 있기 때문이다.

그러나 사디즘도 또한 맹목적인 무관심이나 성적 욕망처럼 그 자체의 좌절을 포함하고 있다. 먼저 몸을 육체로 파악하는 일과 몸을 용구로 이용하는 일 사이에는 도저히 양립할 수 없는 것이 있다. 만일 육체를 내가 하나의 용구로 삼는다면, 그 육체는 나에게 다른 용구와 여러 가지 잠재성을 가리킨다. 요컨대 하나의 미래를 가리키는 것이다. 그 육체는 내가 나 자신의 주위에 만들어 내는 상황에 의해, 그 현존재(거기-있음)에 대해 부분적으로 정당화되어 있다. 마치 못(釘)의 현전과 벽에 걸려야 하는 벽걸이의 현전이 망치의 존재를 정당화하는 것과 마찬가지다. 그렇게 되면 육체라고 하는 그 성질, 다시 말해 쓸데없는 사실성이라고 하는 그 성질은 도구-사물이라고 하는 성질에 자리를 내준다. 사디스트가 만들어 내고자 했던 '도구-육체'라는 복합은 분해된다. 이 심각한 분해는 육체가 육체를 드러내 보이기 위한 용구인 한, 가려질 수도 있다. 왜냐하면 그리하여 나는 내재적인 목적을 가진 하나의 용구를 구성했기 때문이다. 그러나 육체화가 끝나, 내가 바로 나 자신 앞에 숨이 거의 끊어질 것 같은 하나의 몸을 가질 때, 나는 이미 이 육체를 어떻게 '이용해야 하는지' 알지 못한다. 나는 이 육체의 절대적인 우연성을 나타나게 했기 때문에, 이제는 어떤 목표도 이 육체에 부여될 수 없을 것이다. 이 육체는 '거기에 존재한다.' 이 육체가 거기에 존재하는 것은 '어떤 것을 위해서가 아니다.' 그런 의미에서 나는 이 육체가 육체인 한에서 그것을 빼앗을 수는 없다. 내가 이 육체를, 용구성이라고 하는 하나의 복합적 체계로 통합할 수 있더라도, 그 육체적 소재성, 그 '육감성'은 당장 나에게서 탈출한다. 나는 이 육체 앞에서 압도당한 채 망연하게 바라보는 수밖에 없다. 그렇지 않으면, 이번에는 내 쪽이 나 자신을 육체화하고, 혼탁에 의해 사로잡히는 대로 내버려두고, 적어도 육체가 그 완전한 육감성에서 육체에 대해 드러나게 되는 영역에, 다시 나를 두어야 한다.

그러므로 사디즘은 그 목표가 바야흐로 이룩되려 하는 찰나에, 성적 욕망에게 자리를 물려주게 된다. 사디즘은 성적 욕망의 좌절이고, 성적 욕망은 사디즘의 좌절이다. 사람들은 '충족'과 이른바 '신체적 소유(possession physique)'에 의해서만 이 순환에서 벗어날 수 있다. 사실 신체적인 소유에 있어서는, 사디즘과 성적 욕망의 하나의 새로운 종합이 주어진다. 섹스의 팽창은 육체화를 나타낸다. '……속에 들어간다' 또는 '깊이 파인다'고 하는 사실은, 사디즘적 그리고 마조히즘적인 아유화의 시도를 상징적으로 이룬다. 그러나 쾌락이 이 순환에서 탈출하는 것을 가능하게 해 주는 것은, 쾌락이 성적 욕망과 사디즘적인 정욕을 충족시키지 않고 양자를 동시에 죽이기 때문이다.

그와 동시에, 또 하나의 완전히 다른 차원에서, 사디즘은 하나의 새로운 좌절의 동기를 품고 있다. 사실 사디즘이 내 것으로 하려는 것은 희생자의 초월적인 자유이다. 하지만 바로 이 자유는 원칙적으로 손이 미치지 않는 곳에 머물러 있다. 게다가 사디스트가 타인을 집요하게 용구로 다루려고 하면 할수록, 이 자유는 사디스트에게서 벗어져 나간다. 사디스트는 '대상-타인'의 대상적인 고유성으로서의 자유에 대해서만 작용할 수 있을 것이다. 다시 말하면 그 '죽은-가능성들'을 가지고는, 세계 한복판에 존재하는 자유에 대해서밖에 작용할 수 없을 것이다. 그러나 사디스트의 목표는 바로 자신의 '대타-존재'를 되찾는 것이지만, 그는 원리적으로 그 목표를 잃어버린다. 왜냐하면 사디스트가 상대하는 유일한 '타자'는 세계 속에서의 '타인'이며, 이 사람은 자신을 몹시 괴롭히는 사디스트에 대해 '자기 머릿속의 심상'밖에 가지고 있지 않기 때문이다.

사디스트는 그 희생자로부터 '시선을 받을' 때, 다시 말해 사디스트가 '타인'의 자유 속에 자기 존재의 절대적인 타유화를 체험할 때, 그는 자신의 오류를 발견한다. 그때 사디스트는 단순히 그가 사기의 '외부-존재'를 되찾지 못한 것을 실감할 뿐만 아니라, 그가 자기의 '외부-존재'를 되찾고자 할 때의 활동까지 초월되어 있으며, 죽은—가능성을 거느린 '소질'과 특성으로서 '사디즘' 속에 응고되어 있음을 실감한다. 게다가 사디스트는, 이 변화가, 그가 굴복시키려고 하는 '타인'에 의해, 또 '타인'에게 있어서 생긴다는 것을 실감한다. 그때 사디스트는 아무리 '타인'을 강요하여 굴복시키고 용서를 구하게 해도, 타인의 자유에 대해서 작용할 수 없으리라는 것을 발견한다. 왜냐하면 한 사람의 사디스트, 수많은 고문 도구, 굴복하기 위해 자기를 배신하기 위한 많은 구실이 존재하는 하나의 세계가 존재하게 되는 것은, 바로 타인의 절대적인 자유 속에서이며, 또 그것에 의해서이기 때문이다. 고문자들에 대한 희생자의 시선의 힘을 묘사한 것으로서는, 포크너가 《8월의 빛》[28]의 마지막 부분에서 보여 준 것보다 뛰어난 것은 없다. '선량한 시민'들은 방금 흑인 크리스마스를 추격하여 그를 거세했다. 크리스마스는 빈사상태에 빠져 있다.

'그러나 마룻바닥 위의 그 남자는 움직이지 않았다. 그는 거기에 늘어져 있었다. 두 눈을 뜬 채. 의식을 제외하고는 아무것도 없는 공허한 눈이었다. 그림자 같은 것이 입가에 떠돌고 있었다. 한참동안 그는 차마 마주 볼 수 없는, 평온하고 헤아릴 길 없는 눈으로 사람들을 똑바로 바라보고 있었다. 이윽고 그의 얼굴도, 육체도, 모든 것이 무너져 내리는 것처럼 보였다. 허리 근처에서 찢어진 옷 사이로 배어나온 검은 피가 한숨을 토해 내는 것처럼 쏟아져 내리는 것이 보였다. ……그 검은 폭풍에 떠밀려서, 그 남자는 사람들의 기억 속으로 영원히 날아오르는 것 같았다. 그들이 아무리 평화로운 골짜기에서, 아무리 조용하고 안온한 냇가에서, 또 아무리 어린아이들의 거울처럼 빛나는 얼굴 속에서, 그 옛날의 재앙과 새로운 희망에 대해 생각에 잠길지라도, 그들은 결코 그것을 잊지 않을 것이다. '그것은 항상 그곳에 존재할 것이다. 꿈꾸듯이, 조용하게, 지그시 응시한 채, 퇴색하지 않고, 그렇다고 위협하는 바람도 없이, 오히려 오직 홀로 평정하게, 오직 홀로 자랑스럽게 존재할 것이다.[29] 다시 시내 쪽에서 사이렌 소리가, 담벽에 의해 약간 막히면서도 믿을 수 없을 만큼 커지더니, 마침내 청각의 한계를 넘을 정도에 이르렀다.[30]

---

*28 Faulkner : 《Light in August》
*29 원주. 이 글의 강조는 내(사르트르)가 한 것임.
*30 원주. 《8월의 빛(Lumière d'aoùt)》 N.R.F. 1935년 p.385.

그리하여 사디스트의 세계에서 일어나는 '타자'의 시선의 이 폭발은, 사디즘의 의미와 목표를 무너뜨린다. 사디즘은 그것이 굴복시키려 했던 것이, 그런 자유였음을 발견하는 동시에, 자신의 모든 노력이 헛된 것이었음을 깨닫는다. 우리는 또다시 '시선을 보내는―존재'에서 '시선을 받는―존재'로 지시된다. 우리는 이 순환에서 벗어나지 않는다.

우리는 위의 몇 가지 고찰을 통해 성적인 문제를 모조리 파헤치려 했던 것은 아니다. 특히 '타자'에 대한 태도의 문제를 남김없이 논할 생각은 없었다. 우리는 다만 성적인 태도는 '타자'에 대한 하나의 원초적인 태도라는 것을 지적하려 했을 뿐이다. 이 태도는 그 자신 속에 필연적으로 대타존재의 근원적인 우연성과 우리 자신의 사실성의 근원적인 우연성을 품는 것은 말할 것도 없다. 그러나 이 태도가 처음부터 하나의 생리적이고 경험적인 구성에 딸린다는 생각은, 우리가 도저히 받아들일 수 없는 것이다. 몸이 '거기에 존재하자'마자, 그리고 '타인'이 '거기에 존재하자'마자, 우리는 '성적 욕망'에 의해, 사랑에 의해, 그리고 우리가 말한 여러 가지 파생적인 태도에 의해 반응을 일으킨다. 우리의 생리적인 구조는, 우리가 그런 태도의 한쪽 또는 다른 쪽을 취할 수 있다는 끊임없는 가능성을, 절대적인 우연성의 영역에서 상징적으로 표현하는 일밖에 하지 않는다. 그러므로 우리는 이렇게 말해도 무방할 것이다. '"대자"는 타자의 면전에 나타나는 것 그 자체에서 성적이며, 성욕은 대자에 의해 세계에 찾아온다.'

우리는 분명히 '타자'에 대한 태도가 방금 우리가 기술해 온 성적 태도로 환원된다고 주장할 생각은 없다. 우리가 성적 태도에 대해 깊이 말해 온 것은 다음의 두 가지 목적에 의해서이다. 첫째로, 성적 태도는 기본적인 태도이기 때문이며, 둘째로, 인간의 대상호적(對相互的)인 복잡한 행위는 이 두 가지(마조히즘과 사디즘)의 근원적인 태도의 여러 갈래에 걸친 형태에 지나지 않기 때문이다(제3의 태도인 증오에 대해서는 곧 뒤에서 기술할 것이다). 물론 모든 구체적인 태도(협력·투쟁·대항·경쟁·약속·복종 등등)*31는 기술하기에 너무나 미묘하다. 왜냐하면 그렇게 구체적인 행위는 역사적인 상황에 의존하기 때문이며, '대자'와

---

*31 원주. 모성애·연민·친절 등도 고찰해야 한다.

'타인'의 개별적인 관계의 구체적인 특수성에 의존하기 때문이다. 그러나 그 구체적인 행위는 모두 다 그 자체 속에 그 골격으로서 성적 관계를 포함한다. 이것은 곳곳에 스며들어오는 어떤 '리비도' 같은 것이 존재하기 때문이 아니라, 오히려 단순히 우리가 기술한 두 가지 태도는, '대자'가 자기의 '대타─존재'를 '실현하고', 이 사실적 상황을 초월하려고 시도할 때의 기본적인 기도(企圖)이기 때문이다.

지금은 연민·감탄·혐오·선망·감사 따위의 생각이 어느 정도까지 사랑과 성적 욕망을 지닐 수 있는지를 제시할 때가 아니다. 그러나 각자는 자기 자신의 경험에 비추어, 또한 이런 갖가지 본질의 형상적인 직관에 비추어, 그것을 규정할 수 있을 것이다. 물론 그렇다고 해서, 이 여러 가지 태도가, 성욕이 거짓 모습을 취하여 나타난 단순한 위장이라고 말하려는 것은 아니다. 오히려 성욕은 이런 태도의 근거로서 그 태도 속에 통합되어 있다는 것을 이해해야 한다. 마치 원의 관념 속에는 고정된 일부분의 주위를 회전하고 있는 선분(線分)의 관념이 포함되어 있고, 초월되고 있는 것과 같다. 그런 기본─태도는 골격이 그 주위의 육체에 의해 가려져 있는 것처럼, 가려진 채 머물러 있을 수도 있다. 그것이 사실 일반적인 경우이다. 몸의 우연성, 내가 그것으로 있는 근원적인 기도의 구조, 내가 역사화하는 역사는 보통 성적 태도를 더욱 복잡한 행위의 내부에서 암묵의 상태에 머물러 있게 할 수 있다. 특히 '동성'의 '타인'을 드러내 놓고 욕망하는 것은 그리 흔하지 않다.

그러나 도덕적인 면에서의 금지와 사회적인 입장에서의 터부의 배후에서 성적 욕망의 근원적인 구조는 적어도 사람들이 성적 혐오라고 부르는 이 특수한 형태의 혼탁 아래에서도 여전히 그대로 존재한다. 그리고 성적인 기도의 이 항상성을, 마치 성적인 기도가 '우리 안에' 무의식 상태로 존재하고 있는 것처럼 해석해서는 안 된다. '대자'의 기도는 의식적인 형태 아래에서만 존재할 수 있다. 다만 대자의 기도는 개별적인 구조 속에 통합된 것으로서 존재하며, 그 구조 속에 융합되어 있다. 정신분석학자들이 성적 감수성을 하나의 백지상태(tabula rasa)로 보고, 이 성적 감수성이 그 모든 규정을 이끌어 내는 것은 개인적인 경력에서라고 생각했을 때, 그들이 느꼈던 것이 그것이다. 그러나 성욕이 근원에 있어서 '무규정적인 것'이라고 생각해서는 안 된다. 사실 '타인'들이 '그곳에 존재하는' 하나의 세계 속에 대자가 나타나자마자, 성욕은 그 모든 규정을 떠맡고 있다. 무규정적인 것, 각자의 경력에 의해 고정되어야 하는 것은 타자에 대한 관계의 형식이다. 성적 태도('성적 욕망–사랑' '마조히즘–사디즘')는 이런 관계의 형식을 기회로, 그 분명한 순수성에 있어서 드러나게 될 것이다.

우리가 '타자'에 대한 관계의 '순환'을 보여 주는 데 그런 태도를 선택한 것은, 바로 그런 태도가 근원적인 것이기 때문이다. 사실 그런 태도는 타인들에 대한 모든 태도 안에 통합되어 있다. 그 태도는 타자에 대한 모든 행위 전체를 자신의 순환성 속에 끌고 들어간다. '사랑'은 그것 자체 속에 자신의 좌절을 발견하고, '성적 욕망'은 '사랑'의 죽음에서 나타나지만, 이윽고 스스로 무너져서 사랑에 다시 자리를 내어 준다. 그것과 마찬가지로 '대상–타인'에 대한 모든 행위는, 그 자신 속에 하나의 '주관–타인'에 대한 숨겨진 암묵의 지시를 품고 있으며, 이 지시는 '대상–타인'에 대한 행위의 죽음이다. '대상–타인'에 대한 행위의 죽음 위에 '주관–타인'을 빼앗으려는 하나의 새로운 태도가 나타나는데, 이번에는 이 새로운 태도가 자기의 불안정을 드러내 보이고, 스스로 무너져서 다시 반대의 행위에 자리를 내어 준다. 그리하여 우리는 끝없이 '대상–타인'으로부터 '주관–타인'에게, 또 거꾸로 '주관–타인'으로부터 '대상–타인'에게 보내지는 것이다. 이 운행은 결코 멈추는 일이 없다. 타자에 대한 우리의 관계를 구성하는 것은 갑작스러운 방향전환이 따르는 이 운행이다. 언제 어느 때, 우리를 관찰해 보아도, 우리는 반드시 이 두 가지 태도 가운데 어느 하나 속에 있다—게다가 그 두 가지 태도의 어느 쪽에도 불만을 품는다. 우리는 우리의 불성실에 의해, 또는 우리의 경력의 특수한 사정에 의해, 비교적 오랫동안 한번 채택한 같은 태도 속에서 몸을 지탱할 수 있다. 그러나 이 태도는 결코 그 자체에게 자기를 충족하지 않는다. 이 태도는 항상 은연중에 또 다른 태도를 지시한다. 왜냐하면 사실 우리는 타자가 우리에게 있어서, 주관으로서와 '동시에' 대상으로서, 그리고 '초월하는–초월'로서와 동시에 '초월되는–초월'로서 드러내 보여지는 것이 아닌 이상, '타자'에 대해 하나의 안정된 태도를 취할 수 없을 것이기 때문이다.

그러나 그것은 원칙적으로 불가능한 일이다. 그리하여 끊임없이 '시선–존재'에서 '시선을 받는–존재'로 쫓겨나, 교체적인 변혁에 의해 한쪽에서 다른 쪽으로 떨어지므로, 우리는 자기가 채택한 태도가 어떤 것이든 항상 타자에 대해 불안정한 상태에 놓여 있는 것이다. 우리는 타자의 자유와 타자의 대상성을 동시에 파악하는, 불가능한 이상을 추구한다. 장 발(Jean Wahl)의 표현을 빌리자면, 우리는 때로는 '타인'에 대해서 '내려다보는-초월(trans-descendance)'의 상태에 있고(우리가 타인을 대상으로 파악하고 타인을 세계에 통합할 때), 또 때로는 '올려다보는-초월(trans-ascendance)'의 상태에 있다(우리가 타인을 '우리를 초월하는 초월'로서 체험할 때가 그것이다).*32

하지만 이 두 가지 상태는 어느 것이나 스스로 충족하지 못한다. 우리는 결코 평등의 차원 위에 구체적으로 몸을 둘 수 없다. 다시 말하면 '타자'의 자유의 승인이 '타자'에 의한 우리의 자유의 승인이 필연적으로 따르는 차원에, 우리는 구체적으로 몸을 둘 수 없다. '타자'는 원리적으로 파악할 수 없는 것이다. 타자는 내가 그를 찾을 때 나에게서 도피하고, 내가 그에게서 도피할 때 나를 소유한다. 아무리 내가 칸트적인 도덕을 준수하고, 타인의 자유를 무조건적인 목적으로 여기고 행동하려 해도, '타인'의 자유는 내가 그것을 나의 목표로 삼는다는 다만 그 사실만으로 '초월되는-초월'이 될 것이다. 또 한편으로, 나는 '대상-타인'을, 타인의 이 자유를 이루기 위한 수단으로 이용함으로써만 타인의 이익을 위해 행동할 수 있을 것이다. 사실 나는 타인을 하나의 '용구-대상'으로서 상황 속에서 파악하는 수밖에 없을 것이다. 그러므로 나의 유일한 능력은 타인과의 관계에서의 상황과, 상황과의 관계에서의 타인을 변화시키는 것뿐일 것이다. 그리하여 나는 자유로운 정책의 암초라고 할 수 있는 다음과 같은 패러독스(역설)로 인도된다.

루소는 그것을 단 한마디로 정의했다. "나는 타인을 자유로워지도록 '강제'해야만 한다." 이 강제는 반드시 언제나, 또 가장 빈번하게, 폭력이라는 형태로 이루어지는 것은 아니라 하더라도, 또한 인간들 사이의 관계를 지배하고 있다. 만일 내가 위안을 주고 격려를 준다면, 그것은 '타자'의 자유를 방해하는 것에 대한 근심이나 괴로움으로부터 타자의 자유를 해방하기 위해서가 아니다. 그러나 위안이나 또는 격려의 말은, '타인'에게 '작용하기' 위한 목적에 대한 수단의 한 체계를 구성하는 것이고, 따라서 이번에는 '도구-사물'로서 그 체계 속에 타자를 통합한다. 그뿐만 아니라 위안을 주는 사람은, 한편으로는 그가 '이성'의 사용이나 선의 추구와 동일시하고 있는 자유와, 다른 한편으로는 그에

---

*32 장 발(Jean Wahl) : 파리대학교 교수, 현대 프랑스 철학자. 사르트르가 여기에 인용한 trans-descendance와 trance-ascendance의 구별은 그의 논문집 《인간적 실존과 초월》에 나오는 것이다.

게 있어서 하나의 심적 결정론의 결과로 보이는 고뇌 사이에 하나의 임의적인 구별을 만든다. 그래서 그는 마치 사람들이 화학적인 화합물의 두 개의 구성요소를 따로따로 분리하듯이, 자유와 고뇌를 분리시키기 위해 작용한다. 그가 자유를 선별할 수 있는 것으로 본다는 다만 그 사실만으로, 그는 자유를 초월하고 자유에 대해 폭력을 가하고 있는 것이다. 그는 그와 같은 바탕 위에 서 있는 하나의 '자기'를 고뇌로 '만드는' 것이 자유 그 자체이며, 그러므로 해서 자유를 고뇌로부터 해방시키기 위해 작용하는 것은, 자유에 대항하여 작용하는 것이라고 하는 이 진리를 파악하지 못한다.

그렇다 하더라도 '방임(放任)'의 도덕과 너그러움의 도덕이 타자의 자유를 더욱더 존중하는 것이라고 믿어서는 안 된다. 내가 존재하는 순간부터 나는 타자의 자유에 대해 사실상의 하나의 한계를 세운다. 나는 이 한계'이다.' 나의 각각의 기도는 '타인'의 주위에 이 한계를 정한다. 사랑·방임·너그러움—그 밖의 모든, 조심스러운 태도—은 나 자신의 하나의 기도이며, 이 기도는 나를 얽매는 것이고, 또 타자를 그 동의 속에 얽매는 것이다. '타자'의 주위에 너그러움을 이루는 것은, '타자'를 하나의 너그러움의 세계 속으로 억지로 내던져지게 만드는 것이다. 그것은 용감한 저항, 강한 참을성, 자기주장 등, 비관용의 세계 속에서 그를 발전시켰을지도 모르는 그런 자유로운 가능성을, 원리적으로 그에게서 제거하는 일이다. 그것은 우리가 교육 문제를 고찰한다면 훨씬 더 뚜렷해질 것이다. 엄격한 교육은 아이를 용구로 다룬다. 엄격한 교육은, 아이가 받아들이지 않은 가치로, 아이를 강제로 복종시키려고 시도하기 때문이다. 그러나 자유로운 교육도, 그것과는 다른 방법을 쓰기 위해, 또한 몇 가지 원리와 가치를 '선험적으로' 선택하여, 그 원칙과 가치의 이름으로 아이를 다루게 될 것이다. 아이를 설득과 부드러움으로 다루는 것도 또한 아이를 강제하는 것이다. 그러므로 타자의 자유에 대한 존중이란 하나의 공허한 말에 불과하다. 설령 우리가 이 자유에 대한 존중을 기도(企圖)할 수 있다 하더라도, 우리가 타인에게 취하는 하나하나의 태도는, 우리가 존중한다고 주장하는 이 자유를 강간(强姦)할 것이다. 타인에 대한 전면적인 무관심으로 나타나게 되는 극단적인 태도도 또한 해결책은 되지 않는다. 우리는 이미 세계 속에, 타인의 면전에 내던져지고 있다. 우리의 나타남은 타인의 자유에 대한 자유로운 제한이다. 아무것도, 이를테면 자살조차도, 이 근원적인 상황을 바꿀 수는 없다. 사실 우리의 행위가 어떤 것이든, 우리는 이미 타인이 존재하는 하나의 세계 속에서, 또 내가 타인에 대해 '쓸데없는 것'으로 존재하는 하나의 세계 속에서 그 행위를 수행한다.

이런 특이한 상황에서 죄의식(culpabilité)이나 죄(péché)라고 하는 관념이 나오는 것으로 생각된다. 내가 '죄지은 자'인 것은 타인의 면전에서이다. 가장 먼저, 타인의 시선 아래, 내가, 나의 타유화와 나의 알몸을, 내가 받아들여야만 하는 하나의 실추로서 체험할 때, 나는 죄를 지은 자이다. '두 사람은 눈이 밝아져 자기들이 알몸인 것을 알았다'고 한 성경의 유명한 말*³³의 뜻이 바로 그것이다. 그리고 이번에는 내가 타자에게 시선을 보낼 때, 나는 죄를 지은 자이다. 왜냐하면 나는, 나의 자기 주장이라는 사실 자체에 의해 타자를 대상으로서, 용구로서 구성하기 때문이고, 또 타자가 받아들여야 하는 이 타유화를 타자에게 오게 하기 때문이다. 그러므로 원죄(原罪)는 타인이 존재하고 있는 하나의 세계 속에 내가 나타나는 것이다. 타인에 대한 그 뒤의 나의 관계가 어떤 것이든, 그 관계는 나의 죄의식이라는 근원적인 주제에 근거하는 변화밖에 되지 않을 것이다.

그러나 이 죄의식에는 무능이 따르고 있고, 이 무능 때문에 나는 나의 죄의식을 씻어 낼 수 없다. 내가 타인의 자유를 위해 어떤 일을 하든, 우리가 이미 살펴본 것처럼, 나의 노력은 결국 타인을 용구로 다루고 타인의 자유를 '초월되는-초월'로서 제기하게 된다. 하지만 그 반면, 내가 쓰는 강제력이 어떤 것이든, 나는 타자를 그 '대상-존재'에 있어서밖에 엄습할 수 없을 것이다. 나는 타자의 자유에 대해 그것이 자기를 나타내는 기회밖에 제공할 수 없을 것이다. 나는 결코 타자의 자유를 늘릴 수도 줄일 수도 없고, 그것을 지도할 수도 탈취할 수도 없을 것이다. 그러므로 나는 타자에 대해 나의 존재 자체 속에서 죄지은 자이다. 왜냐하면 나의 존재의 나타남은 타자에 대해 그의 뜻에 반해, 하나의 새로운 존재 차원을 부여하기 때문이다. 그러나 한편으로 나는, 나의 결함을 유익하게 이용할 수도 없고 나의 결함을 보완할 수도 없다. 자기를 역사화함으로써 이런 여러 가지 파란곡절을 경험해 온 어떤 대자는, 자신의 지금까지의 노력이 헛됨을 깨닫고, 마침내 타인의 죽음을 추구하기로 결심할 수도 있다.

이 자유로운 결심은 증오라고 불린다. 증오는 하나의 근본적인 체념을 품고 있다. 즉 이 대자는 타인과의 어떤 합일을 이루고자 하는 의도를 포기한다. 이

---

*33 〈창세기〉 3장 7절 참조.

대자는 자신의 즉자존재를 회복하려고 타인을 용구로 이용하는 것을 단념한다. 이 대자는 오로지 사실적인 한계를 갖지 않는 하나의 자유를 다시 발견하고자 한다. 다시 말해 이 대자는 자기의 파악할 수 없는 '대타-대상-존재'를 없애 버리고, 자신의 타유화적인 차원을 폐지하려고 한다. 그것은 곧, 타인이 존재하지 않는 하나의 세계를 이루려고 하는 것과 마찬가지이다. 증오하는 대자는 이미 대자로밖에 있을 수 없음을 승낙한다. 자신의 '대타-존재'를 이용하는 것이 자신에게는 불가능하다는 것을, 여러 가지 경험에 의해 배우게 된 지금으로서는, 이 대자가 오히려 바라는 것은, 자신이 자기 존재의 자유로운 하나의 무화, 전체 분해적인 하나의 전체, 자기 자신의 목적을 자기에게 부여하는 하나의 추구밖에 되지 않는 것이다. 증오하는 자는 자신이 이제는 전혀 대상으로 있지 않기를 기도한다. 증오는 타인의 면전에서 대자의 자유의 절대적인 어떤 정립으로서 나타난다. 그러므로 우선 첫째로 증오는 증오의 대상을 깎아내리지는 않는다. 왜냐하면 증오는 논쟁을 그 참된 장소에 두기 때문이다. 내가 타인을 증오하는 것은, 이런저런 용모, 이런저런 결점, 개개의 이런저런 행동이 아니라, '초월되는-초월'로서의 타인의 존재 전반이다. 그러므로 증오는 타인의 자유에 대한 하나의 승인을 품고 있다. 다만 이 승인은 추상적이고 부정적이다. 증오는 '대상-타인'밖에 알지 못한다. 증오는 이 대상에 집착한다. 증오는, 이 대상을 파괴함으로써, 동시에 그것을 따라다니는 초월을 말살하려고 한다. 이 초월은 나에게 있어서 다가갈 수 없는 '저편'으로서, 증오하는 대자의 타유화의 끊임없는 가능성으로서 예감될 뿐이다.

그러므로 이 초월은 결코 '그 자체로서는 파악되지 않는다.' 또한 이 초월은 대상이 되지 않고는 초월로 있을 수 없을 것이다. 그러나 나는 이 초월을 '대상-타자'의 끊임없이 도피하는 하나의 성격으로서, 또 나에게 있어서 가장 접근하기 쉬운 '대상-타자'의 경험적인 성질들의 '주어지지-않는', '완성되지-않는' 하나의 모습으로서, 또 '문제의 초점은 거기에 있지 않다'는 것을 나에게 알려 주는 일종의 끊임없는 경고로서 체험한다. 그런 까닭에, 우리는 드러내 보여진 심적인 것'을 통해' 증오하는 것이지, 심적인 것 그 자체를 통해 증오하는 것이 아니다. 또 그런 까닭에, 우리가 타인의 초월을 증오할 때, 우리가 경험적으로 그의 악덕이라고 일컫는 것을 통해 증오하는 것도, 그의 덕(德)이라고 일컫는 것을 통해 증오하는 것도, 결국 같은 일이다. 나는 심적인 전체가 타인의 초월을 나에게 가리키는 한에서, 그 '심적인–전체'를 송두리째 증오한다. 나는 개개의 대상적인 세부를 증오하기 전에, 몸을 낮추지는 않는다. 거기에 '증오하는 것(haïr)'과 '혐오하는 것(détester)'의 차이가 있다. 또 증오는 반드시, 내가 어떤 해를 입게 되었을 때 그것을 기회로 나타나는 것은 아니다. 반대로 감사하는 마음이 기대되어야 마땅할 때, 다시 말해 혜택을 기회로 증오가 생기는 수도 있다. 증오를 부추기는 기회는, 단순히 내가 타인의 자유를 '참고 견디는' 상황에 놓였을 때의 타자의 행위이다. 이런 행위는, 그 자신에게 있어서 능욕적이다. 이런 행위는 타자의 자유의 면전에서, 그것이 나의 용구적 대상성의 구체적인 드러내 보임인 한에서 능욕적이다.

이 드러내 보임은 그 즉시 어두워지고 과거 속에 묻혀 불투명한 것이 된다. 그러나 바로 이 드러내 보임은 나를 해방시키기 위해 부수어야 하는 '무언가'가 존재한다는 감정을 내 안에 남긴다. 또한 감사가 이렇게 증오에 가까운 것은, 그 때문이다. 어떤 은혜에 대해 감사하는 마음을 품는 것은, 타인이 은혜를 베풀었을 때, 그는 행동에 있어서 완전히 자유로웠다는 것을 이쪽이 승인하는 것이다. 어떤 강제도, 설령 의무에 의한 강제조차, 그로 하여금 그런 결심을 하게 하지는 않았다. 그는 완전히 그의 행위의 책임자며, 그 행위의 수행을 관장하는 가치들의 책임자이다. 나는 그것을 위한 구실에 지나지 않았다. 그의 행위가 작용한 소재에 불과했던 것이다. 이것을 인정하는 것에서 출발하여, 대자는 자기의 선택에 있어서 사랑 또는 증오를 기도할 수 있다.

위의 고찰에서 나오는 제2의 결과로서, 증오는 모든 타인에 대한 증오가 단 한 사람의 타인 속에 모인 것이다. 내가 이런저런 타인의 죽음을 추구함으로써 상징적으로 침해하고자 하는 것은, 타자의 존재의 전반적인 원리이다. 내가 증오하는 타자는 사실상 모든 타자들을 대표한다. 그리고 그를 말살하려고 하는 나의 기도는, 타자 전반을 말살하려고 하는 기도이며, 다시 말해 나의 비실체적인 대자적 자유를 되찾으려는 기도이다. 증오 속에는 나의 타유화된 존재의 차원이 타인들에 의해서 나에게 오게 되는, 하나의 '현실적'인 굴종이라고 하는 것에 대한 어떤 요해가 주어져 있다. 이런 굴종의 말살이 기도되는 것이다.

그래서 증오는 하나의 '검은' 감정이다. 다시 말하면 증오는 한 사람의 타인의 말살을 지향하는 감정인 동시에, 기도로서의 한에서, 의식적으로 타인들의 비난에 대항하여 기도되는 감정이다. 어떤 사람이 또 한 사람에 대해 증오를 품을 때, 나는 그것을 비난한다. 그 증오는 나를 걱정시킨다. 나는 그런 증오를 말살하려고 애쓴다. 왜냐하면 내가 명백하게 그런 증오의 대상이 되어 있지 않다 해도, 나는 그 증오가 나와 관련이 있는 것이고, 나의 뜻에 반하여 이루어지는 것임을 알고 있기 때문이다. 사실 그런 증오는 그것이 나를 말살하려고 하는 한에 있어서가 아니며, 그것이 당당하게 통용되기 위해서는 무엇보다 먼저 나의 비난을 불러일으키는 한에서, 나를 부수는 것을 지향하고 있다. 증오를 증오하는 것이 증오하는 자의 자유에 대한 걱정스러운 승인과 같은 일인 한에서, 증오는 증오되기를 요구한다.

그러나 증오는 그 자신 또한 하나의 좌절이다. 사실 증오의 본디의 기도는 다른 의식개체를 말살하는 것이다. 하지만 설사 증오가 그것을 이룬다 하더라도, 다시 말해 증오가 현재의 순간에 있어서 타인을 말살할 수 있다 하더라도, 증오는 타인을 존재하지 않았던 것으로 만들 수는 없을 것이다. 덧붙이자면, 타인의 폐지는, 그것이 증오의 승리로서 체험되기 위해서는, 타자가 '실제로 존재했다'는 분명한 승인을 품고 있다. 그때부터 당장, 나의 '대타-존재'는 과거로 미끄러져 들어가, 나 자신의 돌이킬 수 없는 하나의 차원이 된다. 그렇게 되면 나의 '대타-존재'는 '그것으로 있었던 것으로서, 내가 그것으로 있어야 하는 것'이다. 따라서 나는 그런 나의 '대타-존재'로부터 나를 해방시킬 수 없을 것이다. '적어도 현재로서는, 나는 거기서 탈출해 있고, 미래에 있어서 나는 거기서 탈출할 것'이라고 말하는 사람도 있을지 모른다. 그러나 그것은 불가능하다. 타자에게 있어서 한번 존재했던 자는, 그 타자가 완전히 말살되었다 하더라도, 지난날들의 자취로서 자기의 존재에 있어서 더럽혀져 있다. 그는 계속해서, 자기의 '대타-존재'의 차원을, 자기 존재의 끊임없는 가능성으로서 파악하기를 그치지 않을 것이다.

그는 자신이 한번 타유화한 것을 탈환할 수 없을 것이다. 이 타유화에 대해 작용하고, 그것을 자기의 이익으로 전환시키는 희망까지도 그에게는 완전히 사라져 버렸다. 그것은, 파멸한 타인이 이 타유화의 열쇠를 무덤 속으로 가지고 가 버리기 때문이다. 타인에게 있어서 내가 무엇이었는지는 타인의 죽음에 의해 응고된다. 나는 돌이킬 수 있는 방법도 없이, 과거에 있어서, 그것으로 있을 것이다. 또 만일 내가 타인에 의해 응고된 그대로의 태도, 기도, 삶의 방식을 고집한다면, 나는 마찬가지로 현재에 있어서도 그것으로 있을 것이다. 타인의 죽음은 바로 나 자신의 죽음과 마찬가지로, 나를 돌이킬 수 없는 대상으로서 구성한다.

그러므로 증오의 승리는 그 나타남 자체에 있어서 좌절로 바뀐다. 증오로도, 우리는 이 순환에서 탈출할 수 없다. 증오는 단순히 궁극적인 시도, 절망의 시도를 나타내고 있을 뿐이다. 이 시도의 좌절 속에, 대자에게 남아 있는 길로서는, 이 순환 속에 다시 들어가, 두 가지 기본적인 태도의 한쪽에서 다른 한쪽으로 끝없이 쫓겨가는 수밖에 없다.[*34]

3. '함께 있는 존재'(공동존재)와 '우리'

물론 우리의 기술(記述)을 평가하여, 이 기술은 우리가 타자와의 상극 속에서가 아니라, 타자와의 공동 속에서 우리를 발견할 때의, 어떤 종류의 구체적인 경험에 그 자리를 제공하지 않으므로, 불완전하다고 지적하고 싶은 사람도 있을 것이다. 분명히 우리는 끊임없이 '우리'라는 말을 입에 올린다. 이 문법적인 형태의 존재 자체와 그 사용은 필연적으로 '공동존재(Mitsein)'에 대한 하나의 현실적인 경험을 가리킨다. '우리(nous)'는 주관(주어)일 수 있다. 이 형태 아래에서는, '우리'는 '나는(je)'의 복수와 동일시된다. 물론 문법과 사상 사이의 병행은, 대부분의 경우, 매우 의심스럽다. 아마도 이 문제를 다시 근본적으로 검토하고, 완전히 새로운 형태로 언어와 사상의 관계를 연구해야 할 것이다. 그러나 그럼에도 분명한 것은, 주관(주어)으로서의 '우리'는, 적어도 그것이 서로 동시적으로 주관성으로서, 다시 말해 '초월되는–초월'로서가 아니라 '초월하는–초월'로서 서로 인정하는 다수의 주관이라는 사상에 귀착하는 것이 아닌 한, 이해될 수 없을 것 같다는 것이다. 만일 '우리'라는 말이 하나의 단순한 '바람으로서 내는 소리(flatus vocis)'가 되어서는 안 된다고 한다면, '우리'라는 이 말은 무한하게 다양한 가능적인 경험들을 포섭하는 하나의 개념이 된다. 게다가 그런 경험은 타자에게 있어서의 나의 '대상–존재'와도, 또는 나에게 있어서의 타자의 '대상–존재'와도 선험적으로 모순되는 것으로 보인다. 주관(주어)으로서의 '우리'에게 있어서는, 누구도 대상이 아니다. '우리'는 서로 주관성으로서 승인하는 다수의 주관성을 내포하고 있다. 그렇다 해도 이 승인은 확실한 조정(措定)의 대

[*34] 원주. 이런 고찰은 해방과 구제의 도덕의 가능성을 배제하지 않는다. 그러나 그런 가능성은 우리가 여기서 이야기할 수 없는 하나의 근본적인 회심(回心) 끝에, 비로소 이를 것이다.

상은 되지 않는다. 분명하게 정립되는 것은, 하나의 공동적인 행동, 또는 하나의 공동적인 지각의 대상이다. '우리'는 저항한다. '우리'는 돌격을 시작한다. '우리'는 죄인을 단죄한다. 우리는 이러이런 광경을 바라본다. 그러므로 다수의 주관성의 승인은, 비조정적인 의식의 그 자신에 의한 승인과 비유적이다.

다시 말해 이 승인은 세계의 속 이러이러한 광경을 조정적인 대상으로서 가지고 있는 비조정적인 의식에 의해, '측면적으로' 이루어져야 할 것이다. '우리'에 대한 가장 좋은 실례는 연극을 관람하고 있는 관객에 의해 우리에게 제공될 것이다. 관객의 의식은 열심히 상상 속의 광경을 파악하려 애쓰며, 어떻게 전개될 것인지 가슴을 졸이면서 사건을 예견하려 하고, 상상 속의 인물을 영웅으로서, 배반자로서, 포로로서 제기하고자 한다. 게다가 관객의 의식은, 관객으로 하여금 그 광경'에 대한' 의식을 만들고 있는 그 나타남 자체에 있어서, 이 광경의 '공동-관객'으로 있음'에 대한' 의식으로서, 비조정적으로 구성된다. 사실 각자는 반쯤 비어 있는 극장 안에서 우리를 죄어 대고 있는, 뭐라 표현할 길 없는 이 답답함, 또는 그 반대로 만원의 열광적인 극장 안에서 해방되어, 더욱 고조되는 이 열광을 알고 있다. 또 이것은 확실한 일이지만, '주관-우리'에 대한 경험은 어떤 사정에서도 나타날 수 있다.

나는 지금 어떤 카페의 테라스에 있다고 하자. 나는 다른 손님들을 관찰하고 있다. 나는 내가 관찰당하고 있다는 것을 안다. 그 경우, 우리는 타자와의 상극이라는 가장 흔한 상태('나에게 있어서의 타인의 대상-존재', '타인에게 있어서의 나의 대상-존재')에 머물러 있다. 그런데 그때 갑자기 거리에서 어떤 우연한 사건이 발생한다. 예를 들면 삼륜차와 택시가 가볍게 충돌했다고 하자. 나는 즉시 내가 이 사건의 목격자가 되는 바로 그 순간, 하나의 '우리' 속에 구속된 것으로서 비조정적으로 나를 체험한다. 지금까지의 대항, 지금까지의 가벼운 상극은 사라졌다. '우리'의 소재를 공급하는 온갖 의식은, 바로 '우리는 그 사건을 보고 있다' '우리는 편을 든다'고 말할 때의 모든 손님들의 의식이다. 이를테면 쥘 로맹이 《일체의 삶(La Vie unanime)》 속에서, 또는 《라 빌레트의 백포도주(Le Vin blanc de La Villette)》 속에서 기술하려고 한 것은 바로 그런 위나니미슴(Unanimisme, 일체주의)*35이다. 우리는 거기서 다시 하이데거의 '공동존재

*35 위나니미슴(Unanimisme) : 쥘 로맹(Jules Romains : 1885~1972)이 내세운 사상. 이 사상은 어떤 상황 속에 자연적으로 만들어진 일시적인 집단이든, 부부·가족·국가 같은 영속적인 집

(Mitsein)'로 되돌아온다. 우리는 앞에서 그것을 비판했는데, 과연 그만큼 수고한 가치가 있었을까?*36

우리는 다만 여기서 우리에 대한 '경험'을 의심한다는 것은 우리가 생각지도 못한 일이라는 것을 지적해 두려고 한다. 우리는 다만 그런 경험이 타자에 대한 우리 의식의 근거가 될 수는 없다는 것을 보여 주었을 뿐이다. 사실 그런 경험은 인간실재의 하나의 존재론적 구조를 구성할 수 없다는 것은 분명하다. 우리가 앞에서 증명한 것처럼, 타인들의 한복판에 있는 대자의 현실존재는 본디 형이상학적이고 우연적인 하나의 사실이다. 그리고 이것 또한 분명한 일이지만, '우리는' 하나의 상호주관적인 의식이 아니다. 또 '우리'는 사회학자들이 말하는 집단적 의식과 같은 방법으로 하나의 종합적인 전체로서, 그 각 부분을 뛰어넘고 품는 하나의 새로운 존재도 아니다. '우리'는 한 사람의 개별적인 의식에 의해서 체험된다. 내가 테라스의 손님들과 하나의 '우리' 속에 구속되어 있는 자로서 나를 체험하기 위해서는, 반드시 테라스의 '모든' 손님들이 '우리'라는 것을 의식하고 있을 필요는 없다. 누구나 알고 있는 일이지만, 일상의 대화에 이런 형태를 취하는 것이 흔히 있다. "'우리'는 매우 불만스럽다." "말도 안 되는 소리, 그런 말은 당신 혼자서나 하시오." 이것은 '우리'라고 하는 방황하는 의식이 존재한다는 것을 뜻한다—그럼에도 이 의식은 그런 것으로서 완전히 정상적인 의식이다. 만일 사정이 그러하다면, 어떤 하나의 의식이 하나의 '우리' 속에 구속되어 있음을 의식하기 위해서는, 이 의식과 공동관계에 들어가는 다른 온갖 의식이, 뭔가 다른 방법으로 가장 먼저 이 의식에 대해 주어져 있었어야 한다. 다시 말하면 다른 온갖 의식이 '초월하는-초월' 또는 '초월되는-초월'이라는 자격으로, 가장 먼저 이 의식에 대해 주어져 있었어야만 한다. '우리'는 '대타-존재' 일반을 근거로 하여 특수한 경우에 태어나는 어떤 특수한 경험이다. '대타-존재'는 '공타-존재(共他存在)'에 앞서는 동시에, 거기에 근거를 부여한다.

또 그뿐만 아니라, '우리'를 연구하려고 하는 철학자는, 미리 마음을 써서, 자

단이든, 어쨌든 개인을 그런 집단에 부속된 것으로서 연구하고 있다. 그리고 개인적인 영혼을 초월하여 거기에 작용하는 이와 같은 집합적인 영혼을 내세우는 것이 특징이며, 하나의 세계를 향한 인간의 사회생활의 일체화를 문학작품에서 이루고자 하는 것이다.

*36 원주: 제3부 제1장 참조.

신이 무엇에 대해 얘기하고 있는지 알아야 한다. 사실 그저 단순하게 하나의 '주어-우리'가 존재하는 것만은 아니다. 문법이 우리에게 가르쳐 주듯이, 하나의 '보어-우리', 즉 '대상-우리'도 존재한다.*37 그런데 지금까지 얘기해 온 것을 통해 쉽게 이해할 수 있는 것이지만, '우리는 그들에게 시선을 돌린다'고 할 때의 '우리'는, 같은 존재론적 차원에 존재할 수 없을 것이다. 여기서는, 주관성'인 한에서의' 주관성은 문제가 되지 않을 것이다. '그들은 "나에게" 시선을 돌린다'고 하는 문구에서 내가 지시하고자 하는 것은, 내가 나를 '타자에게 있어서의 대상'으로서, '타유화된 나'로서, '초월되는-초월'로서 체험한다는 것이다. 만일 '그들은 우리에게 시선을 보낸다'고 하는 이 문구가, 하나의 현실적인 경험을 가리키는 것이어야 한다면, 이 경험에 있어서 나는, 내가 다른 사람들과 함께, 타유화된 여러 명의 '나'라고 하는 '초월되는-초월'의 공동체 속에 구속되어 있음을 체험하는 것이어야 한다. 여기서 '우리'는 공동의 '대상-존재'들에 관한 하나의 경험을 가리킨다. 그러므로 '우리'에 대한 경험에는 근본적으로 다른 두 가지 형태가 있다. 이 두 가지 형태는 '대자'와 '타인'의 기본적인 관계를 구성하고 있는, '시선을 보내는-존재'와 '시선을 받는-존재'에게 각각 대응하는 것이다. 우리가 이제부터 연구해야 하는 것은 '우리'의 이 두 가지 형태이다.

(A) 대상-'우리'

우리는 그런 두 개의 경험 가운데 제2의 경험을 검토하는 것부터 시작할 것이다. 사실 이 제2의 경험의 뜻을 파악하는 것이 훨씬 쉽고, 이 제2의 경험은 제1의 경험에 대한 연구에 다가가는 길로서 우리에게 도움이 될 것이다. 먼저 지적해 두어야 할 것은, '대상-우리'는 우리를 세계 속에 빠뜨린다. 우리는 부끄러움에 의해 하나의 공동적인 타유화로서 '대상-우리'를 체험한다. 그것은 다음과 같은 의미심장한 에피소드에 의해 나타난다. 갤리선의 죄수들이 노를 젓고 있을 때, 아름답게 차려입은 여인이 배를 살피러 찾아와서, 그들의 누더기와 그들의 고역, 그들의 비참한 실태를 목격한다고 하자. 죄수들은 분노와 부끄러움으로 숨이 막힐 것이다. 여기서 문제가 되는 것은, 말할 것도 없이 하나의 공동의 부끄러움, 공동의 타유화이다. 그렇다면 타인들과 공동으로 자기를 대

---

*37 프랑스어 문법에서 말하는 보어는 매우 넓은 뜻으로 쓰인다. 여기서는 물론 목적보어의 뜻이다. 프랑스어의 nous는 주어일 때나 보어일 때나 형태상의 변화가 없다.

상으로서 체험하는 것이 어떻게 가능할 것인가? 그것을 알기 위해서는 우리의 '대타—존재'의 기본적인 특징으로 돌아가야 한다.

지금까지 우리가 고찰해 온 것은, 내가 혼자서 단 한 사람의 타인의 면전에 있을 때의 단순한 경우이다. 그때는 내가 그에게 시선을 보내거나, 아니면 그가 나에게 시선을 보낸다. 나는 그의 초월을 초월하려고 시도한다. 또는 나의 초월을 '초월되는—초월'로서 체험하고, 나의 가능성을 '죽은—가능성'으로서 느낀다. 우리는 한 '쌍'을 이루고 있다. 우리는 1 대 1의 상호적인 '상황' 속에 있다. 그러나 이 상황은 두 사람 가운데 어느 한쪽에 있어서만 대상적인 존재를 가진다. 사실 우리의 상호적인 관계의 '이면(裏面)'이라는 것은 애초에 존재하지 않는다. 다만 우리는 지금까지의 우리의 기술에 있어서는, '나와 이 "타인"의 관계가 나타나는 것은, 나 및 그와 "모든 타인들"의 관계라고 하는 무한한 배경 위에서'라는 사실을 고려하지 않았다. 다시 말하면, '나'와 '그'의 관계가 나타나는 것은 '나와 그와 '의식개체들의 준—전체성'의 관계라는 무한한 배경에 입각한 것이라는 사실을 고려하지 않았던 것이다.

그러나 다만 그 사실만으로, 내가 지금까지 나의 '대타—존재'의 근거로서 체험하고 있었던 '이 타인에 대한 나의 관계' 또는 '나에 대한 이 "타인"의 관계'는 언제 어떤 순간에도 그만한 동기가 발생하기만 하면 '타인들에게 있어서의 대상'으로서 체험될 수 있다. 이것은 하나의 '제삼자'가 나타날 때 분명하게 나타날 것이다. 예를 들면 한 사람의 이 타인이 나에게 시선을 보낸다고 가정하자. 그 순간에는, 나는 완전히 타유화된 것으로서의 나를 체험하고, 그런 것으로서 나를 떠맡는다. 그때 갑자기 제삼자가 나타난다. 만일 이 제삼자가 나에게 시선을 보낸다면, 나는 '그 두 사람들을 나의 타유화를 통해 공동으로 '그들'(주관—그들)로서 체험한다. 우리가 알고 있는 것처럼, 이 '그들'은 '사람(on)(man)'이라는 형태를 취하는 쪽으로 향한다. 이 '그들'은 내가 시선을 받고 있다는 사실에 어떤 변화도 주지 않는다. 이 '그들'은 나의 근원적인 타유화의 정도를 결코 —또는 거의—강화하지 않는다.

하지만 만일 이 제삼자가 나에게 시선을 보내고 있는 '제이자'*38에 대해 시선

---

*38 여기에 제이자(第二者)로 번역한 것은 원서에 l'autre로 씌어 있는 것이다. 이것을 타인으로 번역하면 의미 파악에 혼란이 오겠기에 제삼자와 삼각관계에 있는 '타인'이므로 제이자로 번역하였다.

을 보낸다면, 문제는 더욱 복잡해진다. 사실 나는 이 제삼자를, '직접적이 아니라' (이 제삼자에게) '시선을 받고 있는—타인'인 제이자 위에서 파악할 수 있다. 그러므로 제삼자의 초월은 '나를 초월하는 초월'(제이자)을 초월한다. 그리고 그것에 의해, 제삼자의 초월은, '나를 초월하는 초월'의 무장을 해제하는 데 이바지한다. 그리하여 여기에 하나의 중간상태가 구성되는데, 이 중간상태는 머지않아 분해될 것이다. 그때 나는 제삼자에게 협력하여 제이자에게 시선을 보내고, 그 결과 제이자가 '우리'의 대상으로 바뀌는—이때 나는 '주관—우리'에 대해 하나의 경험을 가지게 되는데, 그것에 대해서는 나중에 얘기할 것이다—수도 있고, 또는 나는 제삼자에게 시선을 보내고, 그리하여 제이자를 초월하는 제삼자의 초월을 내가 초월하는 수도 있다. 이 경우에 제삼자는 나의 우주 속에서 대상이 되며, 그의 가능성은 '죽은—가능성'이다. 이 제삼자는 제이자로부터 나를 해방시킬 수가 없을 것이다. 그렇다 하더라도 이 제삼자는 나에게 시선을 보내고 있는 제이자에게 시선을 보내고 있다. 거기서 우리가 끝이 없는 쳇바퀴 돌리기라고 부르는 하나의 상황이 일어난다. 왜냐하면 나는 제이자에게 있어서의 대상이고, 이 제이자는 제삼자의 대상이며, 제삼자는 나의 대상이기 때문이다. 오직 자유만이 이런 관계의 한쪽 또는 다른 쪽에 중점을 둠으로써 이 상황에 하나의 구조를 줄 수 있다.

그러나 또한 '내가 시선을 보내고 있는' 제이자에게 제삼자가 시선을 보낼 수도 있다. 이때는 나는 그 두 사람에게 시선을 보낼 수 있고, 그리하여 제삼자의 시선을 무장해제할 수 있다. 그때 제삼자와 제이자는 '대상—그들'로서 나에게 나타날 것이다. 또한 나는 내가 제삼자를 보고 있지 않을 때도 제이자의 여러 가지 행위 위에 그가 시선을 받고 있음을 스스로 알고 있는 기색을 내가 파악하는 한에서, 나는 제이자 위에, 제삼자의 시선을 파악할 수도 있다. 이 경우에는 '나는' '제이자 위에, 또 제이자에 관해' 제삼자의 '초월하는—초월'을 '체험한다.' 나는*³⁹ '제삼자의 이 초월을 제이자의 철저하고도 절대적인 하나의 타유화로서 체험한다. 제이자는 나의 세계에서 달아나 사라진다. 제이자는 더 이상 나에게 속하지 않는다. 제이자는 또 하나의 다른 초월의 대상이다. 그러므로 제이자는 대상이라는 그 성격을 잃어버리지는 않지만, 양의적(兩義的)인 것

---

*39 이 부분의 원서는 Il l'éprouve로 되어 있으나 Je l'éprouve로 고쳐서 번역했다. 그렇게 해야만 뜻이 살아날 것이기 때문이다. 영역에는 그대로 제삼자로 번역되어 있다.

이 된다. 제이자는 그 자신의 초월에 의해 나에게서 탈출하는 것이 아니라, 제삼자의 초월에 의해 나에게서 탈출한다. 내가 제이자 위에, 제이자에 대해, 무엇을 파악하려 하든, 지금은 그는 항상 '타인'이다. 그를 지각하고, 그를 생각할 수 있는 제삼자들이 많이 있으면 있을수록 그는 더욱더 '타인'이 된다. 이 제이자를 다시 내 것으로 하려면, 제삼자에게 시선을 보내고, 제삼자에게 대상존재를 부여해야 한다. 이것은 어떤 면에서 보면, 반드시 항상 가능한 것은 아니다.

하지만 그 반면, 이 제삼자 그 자신은 또 다른 제삼자에게 시선을 받을 수 있다. 다시 말해 이 제삼자는 내가 보고 있는 이 제삼자와는 무한히 '다른 것'일 수도 있다. 거기서 '대상—타인'의 근원적인 하나의 불안정이 생기는 동시에, 이 대상존재[제이자]를 다시 내 것으로 하고자 하는 '대자'의 한없는 추구가 생긴다. 우리가 앞에서 살펴본 것처럼, 연인들이 자기들끼리만 있고자 하는 이유가 거기에 있다. 또한 나는 내가 제이자에게 시선을 보내고 있는 동안, 내가 제삼자의 시선을 받고 있음을 체험할 때가 있다. 이때 나는 내가 제이자의 타유화를 성립시키는 바로 그 시간에 나의 비정립적(非定立的)인 타유화를 체험한다. 제이자를 용구로 이용하는 나의 가능성을 나는 '죽은—가능성'으로서 체험한다. 나 자신의 목적을 향해 제이자를 초월하고자 준비하는 나의 초월은 다시 '초월되는 초월'로 떨어진다. 나는 손을 놓는다. 제이자는 그렇다고 해서 주관이 되는 것은 아니지만, 나는 이미 대상존재에 대한 것으로서의 자격을 내가 가지고 있다고는 느끼지 않는다. 제이자는 한 사람의 '중립자'가 된다. 제이자는 단순히 거기에 존재하는 어떤 것, 나에게는 아무래도 상관없는 어떤 것이 된다.

예를 들면 이런 경우이다. 내가 어떤 약한 자를 때리며 창피를 주다가 갑자기 누군가에게 들켰다고 하자. 이 제삼자의 나타남은 나를 '갈고리에서 벗긴다.' 그 약한 자는 이미 '맞아야 할' 자도 아니고 '창피를 당해야 할' 자도 아니다. 그는 이미 단순한 존재 이외에 아무것도 아니다. 이미 아무것도 아니므로 더 이상 '한 사람의 약한 자'도 아니다. 또는 그가 다시 약한 자가 되는 것은 제삼자를 통해서일 것이다. '나는 제삼자를 통해' 그자가 한 사람의 약한 남자'였던' 것을 '알게 될 것이다.' ('너는 부끄럽지도 않느냐, 약한 자를 괴롭히다니.') 약한 자라고 하는 성질은 내 눈앞에서 제삼자에 의해 그에게 부여될 것이다. 약한 자라는 그 성질은 이제 '나의' 세계의 일부를 이루고 있는 것이 아니며, 내가 그 약한 자와 함께 제삼자에게 있어서 존재할 때의 어떤 우주의 일부가 될 것이다.

　이것은 결국 우리를 우리의 당면한 문제, 즉 '나는 타인과의 상극 속에 구속되어 있다'고 하는 문제로 이끈다. 제삼자는 갑자기 나타나서, 그 시선으로 우리 두 사람을 에워싼다. 그것과 상관적으로, 나는 나의 타유화와 나의 대상존재를 체험한다. 나는 바깥에, 타자에게 있어서, '나의 세계'가 아닌 하나의 세계의 한복판에 있는 대상으로서 존재한다. 그러나 내가 시선을 보내고 있는 제이자, 또는 나에게 시선을 보내고 있는 제이자도, 그것과 똑같은 변화를 겪는다. 나는 제이자의 이 변화를 내가 체험하는 변화와 동시적으로 발견한다. 제이자는 제삼자의 세계 한복판에 있는 대상이다. 게다가 이 대상존재는, 내가 겪는 변화와 '병행'을 이루는, 그의 존재의 단순한 하나의 변화가 아니다. 오히려 내가 그곳에 존재하고 있고, 제이자가 그곳에서 발견되는 '상황'의 전체적인 변화에 있어서, 두 개의 대상존재가 나와 제이자에게 찾아온다. 제삼자의 시선이 나타나기 전에는, 한편으로 제이자의 가능성에 의해 둘러싸인 하나의 상황이 있고, 내가 거기에 용구로서 존재하고 있었던 동시에, 다른 한편으로는 나 자신의 가능성에 의해 둘러싸인 하나의 반대의 상황이 있어서, 제이자가 거기에 포함되어 있었다.

　이런 두 가지 상황은 각각 다른 쪽 상황의 죽음이었다. 우리는 한쪽의 상황을 대상화함으로써만 다른 한쪽의 상황을 파악할 수 있었다. 그런데 제삼자의 나타남으로 나는 나의 가능성이 타유화되는 것을 체험하는 동시에, 제이자의 가능성이 '죽은—가능성'임을 발견한다. 그렇다고 해서 이 상황이 사라지는 것은 아니다. 오히려 반대로 이 상황은 나의 세계 밖으로, 또 제이자의 세계 밖으로 도피한다. 이 상황은 제삼자의 세계 한복판에 대상적인 형태로 구성된다. 이 제삼자의 세계에서는 이 상황은 보이고 판단되며, 초월되고 이용된다. 그러나 그와 동시에 이런 두 가지의 반대되는 상황 사이에 평준화가 이루어진다. 이제 거기에는 나로부터 제이자를 향한, 또는 반대로 제이자로부터 나를 향한 우위적인 구조는 존재하지 않는다. 왜냐하면 우리 두 사람의 가능성은 '제삼자에게 있어서' 마찬가지로 '죽은—가능성'이기 때문이다. 다시 말해 나는 갑자기, 대상적인 형태의 하나의 상황이 제삼자의 세계 속에 존재하는 것을 체험한다. 이 제삼자의 세계에서는 제이자와 나인 우리는 '등가(等價)의 연대적인' 구조라는 자격으로서 나타난다. 이 대상적인 상황에서는, [나와 제이자의] 상극은 우리의 초월의 자유로운 출현에서 생기는 것이 아니다. 오히려 그 반대로, 이 상극은 우리를 한정하고 우리를 서로 붙잡아 두는 하나의 사실적 소여로서, '제삼자'에 의해 확인되고 초월된다. 나를 때릴 수 있는 제이자의 가능성과 내가 나를 지킬 수 있는 가능성은, 서로 배제하기는커녕, '제삼자'에게 있어서는 '죽은–가능성'이라는 자격에 있어서 서로 보충하고 서로 유혹하며 서로 상대를 품는다. 그것은 바로, 내가 그것에 대해 '인식'하는 일 없이 비조정적으로 체험하는 사항이다.

그리하여 내가 체험하는 것은 하나의 '외부–존재'이며, 거기서는 나는 '제이자'와 함께 분해되지 않는 대상적인 하나의 전체에 조직되어 있다. 이런 전체에서는, 나는 이미 근원적으로 '제이자'와 '다를 바'가 없고, 오히려 나는 제이자와 연대적으로 협력하여 이 전체를 구성한다. 게다가 내가 제삼자에 있어서의 나의 '외부–존재'를 원리적으로 떠맡는 한에서, 나는 마찬가지로 제이자의 '외부–존재'도 떠맡아야 한다. 내가 떠맡는 것은 등가적인 공동이며, 그런 공동에 의해, 나는 내가 제이자와 함께 협력하여 구성하는 하나의 형태 속에 구속된 자로서 존재한다. 요컨대 나는 '외부'에 제이자 속에 구속된 자로서의 나를 떠맡는 동시에, 또 '외부'에 내 속에 구속된 자로서의 제이자를 떠맡는다. '대상–우리'에 대한 체험이란 내가 내 앞에 가지고 있으면서 파악할 수 없는 이 구속을, 그렇게 해서 근본적으로 떠맡는 일이며, 나의 책임이 '제이자'의 책임을 포함하는 한에서 나의 책임을 그렇게 하여 자유롭게 승인하는 일이다.

그러므로 이를테면 우리의 '나'에 대한 인식이, 반성을 통해 우리에게 주어진다는 의미에서는, '대상–우리'는 절대로 '인식'되지 않는다. 또 이를테면 반감을 불러일으키는 것, 증오해야 하는 것, 방해가 되는 것 등과 같은 구체적인 대상이 감정에 의해 우리에게 현시된다는 의미에서는, '대상–우리'는 결코 '감지'되지 않는다. 그렇다고 해서 '대상–우리'는 또한 단순히 체험되기만 하는 것도 아니다. 왜냐하면 체험되는 것은 제이자와의 단순한 연대적 상황이기 때문이다. '대상–우리'는 내가 이런 상황을 스스로 떠맡음으로써만 드러난다. 다시 말하면 '대상–우리'는 내가 떠맡는 나의 자유 속에서 상황의 내적 상호성 때문에 '제이자'까지 떠맡아야 한다는, 내가 처해 있는 필연성에 의해서만 드러난다. 그러므로 나는 제삼자가 부재할 때는, '나는 상대에게 대항한다'고 말할 수 있다. 그러나 제삼자가 나타나자마자, 상대(제이자)의 가능성도 나 자신의 가능성도 평준화되어, 같이 '죽은–가능성'이 되고, 관계는 상호적인 것이 된다. 나는 '우리는 서로를 때린다'는 것을 체험하도록 강요당한다. 사실 '나는 그를 때린다 그리고 그는 나를 때린다'고 하는 표현은 불충분한 것이다. 실제로는 '그가 나를 때리기 때문에 내가 그를 때리고, 또 반대로 내가 그를 때리기 때문에 그가 나를 때리는 것'이다. 싸움의 기도(企圖)는 나의 정신 속에서도 그의 정신 속에서도 싹트고 있었다. 제삼자에게 있어서는 이 싸움의 기도는 제삼자가 자기의 시선으로 에워싸고 있는 이 '대상–그들'에게 공통되는 '유일한' 기도 속에 통일된다. '대상–그들'은 이 '그들'의 통일적 종합을 구성하기까지 한다.

그러므로 내가 나를 떠맡아야 하는 것은, '그들'의 통합적인 부분으로서의 '제삼자'에 의해 내가 파악되고 있는 한에서이다. 그리고 한 사람의 주관성에 의해 자기의 '대타–의미'로서 떠맡겨진 이 '그들'이 '우리'가 된다. 반성적인 의식은 이 '우리'를 파악할 수 없을 것이다. 반성적인 의식의 나타남은 오히려 반대로 우리의 무너짐과 동시에 일어난다. '대자'는 자기를 해방하고 자신의 자기성을 '타인들'에게 대립시킨다. 사실 그렇게 생각해야 하지만, 본디 '대상–우리'에 대한 종속은 '대자' 쪽에서 친다면 훨씬 더 철저한 하나의 타유화로서 느껴진다. 왜냐하면 이 경우에 대자는 단순히 '타자'에게 있어서 자기가 그것으로 있는 그대로의 것을 떠맡도록 강요당할 뿐만 아니라, 또한 자신이 그 통합 부분을 이루고 있다고는 하지만, 자신이 그것으로 있지 않은 하나의 전체를 떠맡도록 강요당하기 때문이다. 그런 뜻에서 '우리'라는 것은, 타인들 사이에 구속된 것으로서의 인간적인 조건을, 이 조건이 대상적으로 확인되는 '하나의 사실'인 한에서 갑자기 체험하는 것이다. '대상–우리'는 물론 구체적인 연대성을 기회로 체험되는 것이고, 그런 연대성 위에 중심을 지니는 것이라 할지라도(내가 부끄러움을 느끼게 되는 것은, 다름 아닌, 바로 '우리가 서로' 싸우고 있을 때 갑자기 허를 찔렸기 때문이다), 하나의 의미를 가지고 있다. 이 의미는 '대상–우리'가 체험될 때의 개개의 사정을 뛰어넘고 있으며, 또 마찬가지로 대상으로서 파악된 인간 전체(제삼자의 순수한 의식은 제외하고)에 대한 대상으로서의 나의 종속을 포함하는 것을 지향한다. 그러므로 '대상–우리'는 굴욕의 경험, 무능의 경험에 대응한다. 다른 사람들과 함께 하나의 '우리'를 구성하는 것으로서 자기를 체험하는 사람은, 자신이 무한하게 많은 미지의 존재들에게 붙잡혀 있음을 느낀다. 그는 철저하게, 피할 곳도 없이, 타유화되어 있는 것이다.

어떤 종류의 상황은 다른 상황에 비해, '우리'에 대한 체험을 불러일으키는 데 훨씬 적절한 것같이 보인다. 특히 공동의 노동이 그것이다. 다수의 인간들이 연대적으로 똑같은 물품을 제작하고 있는 동안, 그들이 제삼자에 의해 파악된 자로서 자신을 체험한다면, 그 제조품의 의미 자체는, 하나의 우리로서의, 제작하는 집단을 가리킨다. 내가 하는 동작, 이루어져야 하는 조립에 의해 요구되고 있는 동작은, 내 옆에 있는 사람의 이런저런 동작에 의해 선행되고 있는 한에서만, 또 다음의 이런저런 노동자의 이런저런 동작에 의해 이어지고 있는 한에서만 의미를 지닌다.

거기에 훨씬 쉽게 접근할 수 있는 '우리'의 한 형태가 태어난다. 왜냐하면 노동자들의 '대상—우리'를 가리키는 것은 물품 그 자체의 요구와 그 잠재성이며, 또 물품이 지닌 역행률이기 때문이다. 그러므로 우리는 '창조되어야 하는' 하나의 물질적 대상(물품)을 '통해', 우리라고 하는 자격으로 파악된 것으로서의 자신을 체험한다. 물질성은 우리의 연대적인 공동 위에 확인도장을 찍는다. '우리'는 어떤 하나의 목적에 의해 지정된 위치를 각각 담당하고 있는 각 수단의 용구적이고 기술적인 하나의 배치로서, 우리에게 나타난다.

그러나 이런 종류의 상황이 '우리'의 나타남의 예증으로서 이렇게 경험적으로 더 유리해 보인다 하더라도, 우리는 '모든' 인간적인 상황은 타인들 속에서의 구속이므로, 제삼자가 거기에 나타나자마자 인간적인 상황은 '우리'로서 체험된다는 것을 결코 간과해서는 안 된다. 나에게는 그 등밖에 보이지 않는 이 남자의 뒤에서 내가 길을 걸어갈 때, 나와 이 남자 사이에 있는 기술적이고 실천적인 관계는 아마도 생각할 수 있는 한 가장 작은 관계일 것이다. 하지만 이를테면 '7월의 어느 날 아침, 우리는 블로메 거리를 앞서거니 뒤서거니 걸어간다'고 하는 것처럼, '우리'의 연대성에 의해 내가 이 남자와 연관되기 위해서는, 하나의 제삼자가 있어서, 그가 '나에게' 시선을 보내고, 도로를 바라보며, '이 남자에게' 시선을 보내기만 하면 충분하다. 항상 하나의 관점이 있고, 이 관점으로부터 각각의 다른 대자들이 하나의 시선에 의해, '우리' 안에 결합될 수 있는 것이다. 그러나 또 반대로, 시선은 타인에게 있어서의 나의 존재라고 하는 이 근원적인 사실의 구체적인 나타남에 지나지 않으며, 따라서 나는 하나의 시선의 어떤 개별적인 나타남도 없는 경우에조차, 타인에게 있어서 존재하는 것으로서 나를 체험하는데, 그것과 마찬가지로, 우리가 외부에 하나의 '우리' 속에 통합된 것으로서 우리 자신을 체험하기 위해, 반드시 하나의 구체적인 시선이 우리를 응고시키고 우리를 관통할 필요는 없다. 어떤 다수의 개인들이 인간 전체 또는 잉여인간들에 대해, 자기를 '우리'로서 체험하기 위해서는, '인류(humanité)'라는 전체분해적인 전체가 존재하기만 하면 충분하다. 그때, 잉여인간들이 '피가 통하는 모습으로' 몸소 거기에 현전하고 있든 또는 현실적이기는 하지만 '추상적'인 존재이든, 어느 쪽이든 상관없다. 그러므로 나는 언제나 제삼자의 현전에 있어서, 또는 부재에 있어서, 나 자신을 순수한 자기성으로서, 또는 하나의 '우리' 안에 통합된 것으로서 파악할 수 있다.

이 점에서 우리는, 어떤 특수한 형태의 '우리', 특히 '계급의식'이라 불리고 있는 '우리'에게 인도된다. 분명히 계급의식은, 보통의 경우보다 훨씬 뚜렷하게 구조된 하나의 집단적인 상황을 기회로, 하나의 특수한 '우리'를 떠맡는 일이다. 지금 여기서 이 상황을 규정하는 것은 우리에게 그리 중요한 일이 아니다. 우리에게 오직 한 가지 흥미로운 것은, 내맡겨진 이 '우리'의 본성이다. 하나의 사회가 그 경제적 또는 정치적인 구조에서 보아, 압박당하는 계급과 압박하는 계급으로 나누어져 있을 때, 압박하는 계급의 상황은, 압박당하는 계급을 주시하며, 자기의 자유에 의해 그들을 초월하는 끊임없는 제삼자의 모습을 드러낸다. 압박당한 집단을 계급으로 구성하는 것은, 결코 작업의 고된 정도, 생활수준, 또는 참고 견딘 인고 따위가 아니다. 사실 작업의 연대성은—우리는 그것을 다음 절에서 살펴보겠지만—노동집단을 '주관–우리'로서 구성할 수 있을 것이다. 그 노동집단은—더욱이 '사물의' 역행률이 어떤 것이든—자기 자신의 목적을 향해 세계—내부적인 대상들을 초월하는 자로서 자기를 체험하기 때문이다. 생활수준은 전적으로 상대적인 것이어서, 사정에 따라 다양하게 평가될 것이다(생활수준은 '감수하고', '받아들여질 수' 있을 것이고, 또 반대로, 하나의 공통된 이상이라는 이름 아래 그 향상이 '요구될' 수도 있다). 참고 견딘 인고는, 만일 그것을 그것만으로 생각한다면, 인고를 견디고 있는 사람들을 단결시키기보다는 오히려 그들을 서로 고립시키는 결과가 된다. 이와 같은 인고는 일반적으로 (그들끼리의) 상극의 원천이 된다.

마지막으로, 압박당하는 집단의 구성원들이 자신들의 조건의 가혹함과 압박하는 계급이 누리고 있는 특권 사이에 이뤄질 수 있는 단순한 비교는, 하나의 계급의식을 구성하기에 결코 충분할 수는 없을 것이다. 그런 비교는 고작해야 개인적인 질투, 또는 개개의 절망을 불러일으키는 정도일 것이다. 그런 비교는 통일할 가능성을 지니지 않고, 또 각자에게 통일을 받아들이게 할 가능성도 지니지 않는다. 그러나 이런 성격들의 총체는, 그것이 압박당하는 계급의 '조건'을 구성하는 한에서 단순히 인내하고 받아들여질 만한 것이 아니다. 그렇다 해도 그런 총체는 압박하는 계급에 의해 '부과'된 것으로서, 압박당하는 계급에 의해, 본디 파악되고 있다고 말하는 것은, 또한 마찬가지로 잘못일 것이다. 오히려 그 반대로, 압박에 대한 하나의 '이론'을 정립하고 그것을 보급시키는 데는 오랜 세월을 필요로 한다. 게다가 그런 이론은 하나의 '설명적'인 가치밖에 가지지 않을 것이다. 어쨌든 원초적인 사실은 다음과 같다. 즉, 압박당하는 집단의 구성원은 단순한 개인으로서의 한에서는 이 집단의 다른 구성원들과의 기본적인 상극 속에 구속되어(이를테면 사랑, 증오, 이해관계의 대립 따위) 있는데도, 자신의 조건과 이 집단의 다른 구성원들의 조건을, 이쪽의 손에서 탈출하는 의식개체들(제삼자)이 시선을 보내고 있는 것으로서, 또 생각하고 있는 것으로서 파악한다. '주인·봉건 영주·부르주아·자본가'들은 단순히 명령을 내리는 권력자로서 나타날 뿐만 아니라, 무엇보다 먼저 '제삼자'로서 나타난다. 다시 말하면 압박당하는 공동체 밖에 존재하는 자, '그자에게 있어서' 이 공동체가 존재하는 자로서 나타난다. 그러므로 피압박계급이라는 실재가 존재하고자 하는 것은, 이런 '제삼자에게 있어서'이고 이 '제삼자의 자유에 있어서'이다.

이 제삼자는 그 시선에 의해, 피압박계급이라는 실재를 태어나게 한다. 나의 조건과, 다른 피압박자들의 조건의 동일성이 드러나는 것은 이 제삼자에 대해서이고, 이 제삼자에 의해서이다. 내가 다른 피압박자들과 함께 편성되어 있는 상황 속에 존재하는 것은, 또 '죽은-가능성'으로서의 나의 가능이 다른 피압박자들의 가능과 엄밀하게 가치가 같은 것은 이 제삼자에 대해서이다. 내가 '한 사람의' 노동자인 것은 이 제삼자에 대해서이다. 내가 다른 노동자들 사이의 한 사람으로서 나를 체험하는 것은 '시선-타자'로서의 이 제삼자의 드러내 보임에 의해서이고, 이 제삼자의 드러내 보임 속에서이다. 다시 말하면 나는 내가 거기에 통합되어 있는 '우리', 즉 '계급'을 '외부에서', 이 제삼자의 시선 속에서 발견한다. 내가 '우리'라고 말함으로써 떠맡게 되는 것은 이런 집단적인 타유화이다. 이 관점에서 본다면, 제삼자의 특권과 '우리의' 무거운 짐, '우리의' 비참함 등은 먼저 하나의 '의미' 지시적인 가치밖에 지니지 않는다. 그것은 우리에 대한 제삼자의 독립을 의미한다. 그것은 우리의 타유화를 우리에게 훨씬 더 명료하게 보여 준다. 그럼에도 그것은 또한 '인내되는' 것이고, 특히 우리의 노동, 우리의 피로는 그럼에도 또한 '인내되는' 것이므로, 내가 나의 '사물의−전체−속에−구속된−사물−로서−시선을 받는−존재'를 체험하는 것은, 이 인내된 인고를 통해서이다.

내가 다른 노동자들과 함께 제삼자에 의해 집단적으로 파악되는 것은 나의 인고, 나의 비참함으로부터 출발해서이다. 다시 말하면 세계의 역경으로부터 출발해서이고, 나의 조건의 사실성으로부터 출발해서이다. 제삼자가 없으면, 세계의 역경이 어떤 것이든, 나는 승리를 자랑하는 초월로서 나를 파악할 것이다. 제삼자의 나타남과 함께 '나는' 온갖 사물에서 출발하여 파악된 것으로서, 세계에 의해 정복된 사물로서 '우리를' 체험한다. 그러므로 압박당하는 계급은, 자기의 계급적 통일을, 압박하는 계급이 압박당하는 계급에 대해 가지고 있는 인식 속에서 발견한다. 피압박자 속에서 계급의식이 나타나는 것은, '대상−우리'를 부끄러움 속에 떠맡는 것에 맞선다.

우리는 다음 절(節)에서, 압박하는 계급의 한 사람의 구성원에게 있어서 '계급의식'이 어떤 것인지를 보게 될 것이다. 어쨌든 여기서 우리에게 중요한 것은, 방금 우리가 선택한 예에 의해 충분히 드러난 것처럼, '대상−우리'에 대한 체험은 '대타−존재'의 체험을 전제로 하고 있고, 전자는 후자의 더욱 복잡한 한 양상에 지나지 않는다는 것이다. 그러므로 '대상−우리'의 체험은 특수한 경우라는 자격으로, 우리가 지금까지 기술한 범위 안에 들어간다. 게다가 '대상−우리'의 체험은 그 자신 속에 하나의 분해력을 내포하고 있다. 왜냐하면 그것은 부끄러움에 의해 체험되기 때문이며, 대자가 제삼자의 눈앞에서 자신의 자기성의 복권(復權)을 요구하고, 다음에는 제삼자에게 시선을 향하자마자 '우리'는 무너지기 때문이다. 그렇다 해도, 자기성의 이 개별적인 복권 요구는, '대상−우리'를 폐지하는 데 가능한 방법 가운데 하나에 불과하다. 그에 반해, 예를 들면 계급의식 같은 튼튼한 구조를 가진 어떤 경우에 '우리'를 떠맡는 것은, 더 이상 자기성의 개별적인 되찾음에 의해 '우리'로부터 자기를 해방하는 것이 아니라, 오히려 이 '우리'를 '주관−우리'로 변화시킴으로써 '우리' 전체를 대상존재로부터 해방하고자 하는 기도를 품고 있다.

요컨대 여기서 문제가 되는 것은, 앞에서 말한 '시선을 보내는 자'를 '시선을 받는 자'로 변화시키려는 기도의 하나의 변종(變種)이다. 그것은 '대타'의 두 개의 커다란 기본적 태도 속에서 한쪽에서 다른 한쪽으로 옮기는 통상적인 이행(移行)이다. 사실 압박당하는 계급은 압박하는 계급에 대해서만, 또 압박하는 계급을 희생함으로써만 '주관—우리'로서 자기를 긍정할 수 있다. 다시 말하면, 압박당하는 계급은 이번에는 압박하는 계급을 '대상—그들'로 변화시킴으로써만 자기를 '주관—우리'로서 긍정할 수 있다. 다만 그때, 계급 속에 객관적으로 구속되어 있는 '개인'은 자신의 '돌아보기'의 기도 속에서, 또 그 '돌아보기'의 기도에 의해서, 그 계급 전체를 끌고 가는 것을 지향한다. 그런 뜻에서 '대상—우리'의 체험은 '주관—우리'에 대한 체험을 가리킨다. 마치 나의 '대타—대상—존재'의 체험이 '나에게 있어서의—타자의—대상—존재'의 경험을 가리키는 것과 같은 것이다. 마찬가지로 우리는 사람들이 '군중심리'라고 부르는 것 속에서 사랑의 특수한 한 형태인 집단적 열광(이를테면 불랑제당 등)*40을 발견한다.

'우리'라는 말을 하는 사람은, 그때 군중들 속에서 사랑의 근원적인 기도를 되찾는다. 그러나 그것은 이미 자기 자신의 책임이 아니다. 이 사람이 제삼자에게 요구하는 것은 제삼자가 집단을 위해 자기의 자유를 희생함으로써 집단 전체를 그 대상존재 자체 속에서 구해 주는 것이다. 앞에서와 마찬가지로, 이 경우에도 실망한 사랑은 마조히즘에 이른다. 이것은 집단이 스스로 노예상태에 뛰어들어, 대상으로서 다루어지기를 요구하는 경우에 볼 수 있는 것이다. 그 경우에도 또한 문제가 되는 것은, 군중 속에서의 인간의 수많은 개별적인 기도이다. 군중은 지도자 또는 연설자의 시선에 의해 '군중으로서' 구성되었다. 군중이 가지는 통일은 하나의 '대상—통일'이며, 군중의 구성원들의 하나하나는 군중을 지배하는 제삼자의 시선 속에서 이 '대상—통일'을 읽는다. 그래서 각자는 이 대상존재 속에서 자기를 잃어버리고자 하며, 이제 지도자의 손안에 든 하나의 용구에 지나지 않게 되기 위해, 자신의 자기성을 완전히 포기하려고 한다. 그러나 각자가 거기 녹아들어가려 하는 이 용구는, 이미 그의 단순한 개인적인 '대타'가 아니라 '군중—대상적 전체'이다. 군중의 거대한 물질성과 그 깊은 실재성(설령 그것이 다만 체험되는 것일 뿐일지라도)은, 그 구성원 각자에게 매혹적인 것이다. 각자는 지도자의 시선에 의한 '용구—군중' 속에 빠져 버리기를

*40 Boulanger(1837~1891) : 프랑스의 군인·정치가로서, 일종의 독재를 지향하는 Boulangisme 운동의 주도자였다. 이 불랑제당은 한때 민중의 열광적인 지지를 받았다.

요구한다.*41

　이런 온갖 경우에 있어서, 우리는 항상 '대상—우리'가 하나의 구체적인 상황에서 출발하여, 즉 '인류'라고 하는 전체분해적인 전체의 일부분이 다른 부분을 배제하고 거기에 가라앉아 있는 상황에서 출발하여, 구성되는 것을 보았다. 우리는 타인의 눈에 대해서만 '우리'로 있다. 우리가 우리를 '우리'로서 떠맡는 것은, 타인들의 시선으로부터 출발해서이다. 그러나 이것은 대자가 자기 자신과 다른 '모든' 대자와의 절대적인 전체화를 향한 하나의 추상적이고 실현 불가능한 기도가 존재할 수 있음을 뜻한다. 인간 전체를 회복하고자 하는 이 노력은, 원칙적으로 인류와는 별개의 어떤 제삼자의 존재, 즉 그자의 눈에는 인류 전체가 대상으로 있는 제삼자의 존재를 제기하지 않고는 생길 수 없다. 이 실현 불가능한 제삼자는 단순히 타성(他性, altérité)의 극한개념의 대상이다. 그것은 모든 가능한 집합체에 대해 제삼자인 자이고, 어떤 경우에도 어떤 인간적 집합체와 공동관계에 들어갈 수 없는 자이다. 이런 제삼자에 대해서는 다른 어떤 것도 자기를 제삼자로서 구성할 수 없다. 이 개념은 결코 시선을 받는 일이 없는, '시선을 보내는—존재'의 개념, 다시 말하면 '신'의 관념과 한 가지일 뿐이다. 그러나 '신'은 철저한 부재로서 특징지어지므로, 인류를 '우리의 것'으로서 이루고자 하는 노력은 끊임없이 새로워지고 끊임없이 좌절로 끝난다. 그러므로 인류적인 '우리'는—'대상—우리'로서의 한에서—이를 수 없는 하나의 이상으로서, 각각의 개별적인 의식에 제시된다. 그런데도 각자는, 자기가 속한 공동체의 원둘레를 차츰 확대해 감으로써 인류적인 '우리'에 이를 수 있을 것이라는 착각을 계속하고 있다.

　그러나 이 인류적인 '우리'는 하나의 공허한 개념에 머물며, 우리라고 하는 말의 통상적인 사용을 가능한 한 확장한 것에 대한 하나의 단순한 지시이다. 우리가 '우리'라는 말을 이런 의미에서(번뇌하는 인류, 죄 많은 인류를 지시하기 위해서, 또는 인간을 자기의 모든 잠재성을 전개하는 하나의 대상으로 여기고, 역사의 대상적인 하나의 의미를 규정하기 위해서) 사용할 때, 우리는 그때마다 절대적인 제삼자의 '현전에 있어서', 즉 신의 '현전에 있어서' 감수해야 하는 어떤 종류의 구체적인 체험을 지시하는 데 그친다. 그러므로 ('대상—우리'의 전체로

---

*41 원주. 자기성의 거부의 여러 가지 경우를 참조할 것. 대자는 우리의 바깥에, 불안 속에 나타나는 것을 거부한다.

서의) 인류라고 하는 극한개념과 신이라고 하는 극한개념은 서로 상대를 포함하는, 상관적인 것이다.

(B) 주관―'우리'

우리가 하나의 '주관―공동체'에 소속되어 있음을 우리에게 알려 주는 것은 세계이다. 특히 세계 속에 있는 온갖 제조품의 존재이다. 그런 물품은 '주관―그들'을 위해서, 다시 말하면 우리가 앞에서 '사람(on)'이라고 부른 무차별적인 시선과 일치하는, 개별화되지 않고 하나하나 열거되지 않는 하나의 초월을 위해서, 사람들이 제작한 것이다. 왜냐하면 노동자는―노예적이든 아니든―무차별적이고 부재(不在)인 하나의 초월의 현전에 있어서 노동하기 때문이다. 그때 노동자는 가공된 물품 위에 그 초월의 자유로운 가능성을 그저 멍하니 소묘하는 데 그친다. 그런 뜻에서 노동자는 누구나, 노동 속에서 타자에게 있어서의 자기의 '용구―존재'를 체험한다. 노동은 그것이 엄밀히 그 노동자 자신의 목적을 위해 이루어지는 것이 아닌 한, 타유화의 하나의 이상적인 모습이다. 이 경우, '타유화하는 초월'은 소비자, 즉 '사람'이고, 노동자는 단순히 '사람'의 기도를 예측하는 데 그친다.

그러므로 내가 어떤 제조품을 쓸 때, 나는 그 제조품 위에서, 나 자신의 초월의 소묘를 만난다. 그 제품은 해야 할 동작을 나에게 지시한다. 거기에 따라 나는 돌리고, 밀고 당기고, 힘을 주어야 한다. 또한 이 경우에는 하나의 가설적인 명령이 문제가 된다. 이 제조품은 '만일 내가 앉고자 한다면' '만일 내가 그 상자를 열고자 한다면' 등과 같은, 똑같이 세계에 속해 있는 하나의 목적을 나에게 가리킨다. 게다가 그 목적은 그 자신, 누구라도 상관없는 임의의 어떤 초월에 의해 세워지는 목적으로서, 그 물품의 구성 속에 이미 예측되고 있었던 것이다. 이 목적은 지금은 가장 고유한 잠재성으로서 이 물품에 속해 있다. 그러므로 명백하게 제조품은 나 자신에게 나를 '사람'으로서 알려 준다. 다시 말하면 제조품은, 나의 초월의 모습을, 누구라도 상관없는 임의의 초월의 모습으로서 나에게 가리킨다. 그리고 만일 내가 이렇게 구성되어 있는 도구에 의해 나의 가능성을 이끌리는 대로 내버려 둔다면, 나는 스스로 누구라도 상관없는 임의의 초월로서 나를 체험한다. 이를테면 지하철로 '트로카데로'에서 '세브르바빌론'까지 가려면, '사람'은 '라모트피케 그르넬'에서 갈아탄다는 표현을 할 때가 그것이다. 이 갈아타기는 지도 위에 예견되어 있고 지시되어 있다. 만일 내가 '라모트피케 그르넬'에서 갈아탄다면, 나는 갈아타는 '사람'이다. 물론 나는 나의 존재의 개별적인 나타남에 의해서도, 또 내가 추구하는 먼 목적들에 의해서도, 다른 지하철 이용자와는 다르다. 그러나 그 최종 목적은 아직 단순히 내 행위의 지평선 위에 있을 뿐이다. 나의 가까운 목적은 '사람'의 목적이다. 그리고 나는 내 이웃 가운데 임의의 누군가와 교환할 수 있는 것으로서 나를 파악한다. 그런 의미에서 우리는 우리의 현실적인 개별성을 잃는다. 왜냐하면 내가 그것으로 있는 기도는, 바로 타인들이 그것으로 있는 기도이기 때문이다.

지하철의 이 통로에는 오래전부터 물질 속에 새겨진 단 하나의 같은 기도밖에 존재하지 않으며, 살아 있는 무차별적인 하나의 초월이 그곳으로 흘러들어 온다. 내가 고독 속에서 누구라도 상관없는 임의의 초월로서 나를 실감하는 한에서, 나는 '무차별적―존재'에 대한 경험밖에 갖지 않는다(이를테면 내가 홀로 내 방에서, 깡통에 딸려 있는 따개를 써서 깡통을 딸 때가 그것이다). 그러나 [나의] 이 무차별적인 초월이 타인들의 초월과 연관되어 어떤 임의의 기도를 계획한다면, 또 이 타인들의 초월이 나의 기도와 똑같은 어떤 기도들 속에 마찬가지로 몰두해 있는 현실적인 현전으로서 체험된다면, 그때 나는 나의 기도를, 같은 하나의 무차별적인 초월에 의해 기도된 수없이 많은 동일한 기도 가운데 하나로서 실감한다. 또 그때, 나는 유일한 하나의 목표에 향해진 하나의 공동적인 초월을 경험한다. 나는 이 공동적 초월의 한 순간의 개별적인 예일 따름이다.

나는 지하철이 존재한 이래, 지치지도 않고 '라모트피케 그르넬'역*42의 통로에 넘쳐나는 어마어마한 사람의 물결 속에 나를 삽입한다. 그러나 다음과 같은 것을 주의해야 한다.

(1) 그런 경험은 심리적인 질서에 속하는 것이지, 존재론적 질서에 속하는 것이 아니다. 이 경험은 그 해당된 대자들의 현실적인 하나의 통일에 결코 대응하는 것이 아니다. 또 이 경험은 초월로서의 한에서 그런 대자의 초월을 직접적으로 체험하는 것('시선을 받는―존재'의 경우처럼)에서 유래하는 것도 아니다. 오히려 이 경험은 공동으로 초월되는 대상과, 내 몸을 에워싸는 몸에 대한 이

---

*42 앞에 나온 '라모트피케'와 똑같은 지하철역 이름.

중의 대상화적인 파악에 의해 동기가 부여되어 있다. 특히 내가 다른 사람들과 함께 어떤 공동의 리듬 속에 구속되어 있고, 내가 이 리듬을 만들어 내는 데 이바지하고 있다는 사실은, 내가 하나의 '주관—우리' 속에 구속된 자로서 나를 파악하도록, 특별히 나를 충동질하는 하나의 동기가 된다. 그것은 병사들의 보조를 맞춘 행진의 의미이며, 또 보트 승무원의 리드미컬한 작업의 의미이기도 하다. 그렇다 해도 주의해야 할 일이지만, 그 경우에 리듬은 자유롭게 나에게서 나오는 것이다. 그것은 내가 나의 초월에 의해 이루는 하나의 기도이다. 리듬은 규칙적인 반복의 전망에 있어서 미래를 현재와 과거와 함께 종합한다. 이 리듬을 만들어 내는 것은 나 자신이다. 그러나 그와 동시에 이 리듬은 나를 에워싸고 있는 구체적인 공동체의 작업 또는 행진의 일반적인 리듬과 융합되어 있다. 이 리듬은 이런 구체적인 공동체에 의해서만 그 의미를 획득한다. 그것은, 예를 들면 내가 채택하는 리듬이 '맞지 않을' 때 내가 체험하는 것이다.

그러나 다른 사람들의 리듬에 의한 나의 리듬의 포위는 '측면적으로' 파악된다. 나는 집단적인 리듬을 용구로서 이용하는 것은 아니다. 또한 나는 집단적인 리듬을—예를 들면 내가 무대 위의 댄서들을 바라볼 때처럼—바라보는 것도 아니다. 집단적인 리듬은 나를 에워싸고, 나에 대한 '대상'이 되지 않고도 나를 끌어넣는다. 나는 나 자신의 가능성을 향해 이 리듬을 초월하는 것이 아니다. 오히려 나는 나의 초월을 이 리듬의 초월 속에 흘려 넣는다. 나 자신의 목적—이런저런 작업을 시행하는 일, 이런저런 장소에 이르는 일—은 '사람'의 목적이고, 이것은 그 집단 그 자체의 목적과 다르지 않다. 그러므로 내가 만들어 내는 리듬은 나와의 연관에 있어서 측면적으로 집단적인 리듬으로서 나타난다. 이 리듬은, 그것이 집단의 리듬인 한에서 '나의' 리듬이고, 또 그 반대로 이 리듬이 나의 리듬인 한에서 집단의 리듬이다. 바로 거기에 '주관—우리'의 경험의 동기가 있다. 즉 그것은 종국적으로 '우리의 리듬'이라고 하는 '주관—우리'의 경험의 동기가 있다. 그러나 이것은 알다시피 미리 하나의 공동 목적과 공동 용구를 받아들임으로써 내가 나 자신을 무차별적인 초월로서 구성하고, 나의 개인적인 목적을 지금 현재 추구되고 있는 집단적인 목적 저편에 방치하지 않는 한 불가능하다.

그러므로 '대타—존재'의 체험에 있어서는 하나의 구체적이고 현실적인 존재 차원의 나타남이, 이 체험 자체의 조건인 것에 비해, '주관—우리'의 경험은 하나의 단독적인 의식 속에서의 단순하고 심리적이며 주관적인 사건이며, 이 사건은 이 의식 구조의 내밀한 하나의 변화에 맞서는 것이기는 하지만, 타인들과의 구체적인 하나의 존재론적 관계의 근거로서 나타나는 것이 아니며, 어떤 '공동존재(Mitsein)'도 실현하지 않는다. 여기서는 단순히, 타인들의 한복판에서 내가 나 자신을 느낄 때의 하나의 방법이 문제될 뿐이다. 물론 이 경험은 모든 초월의 절대적이고 형이상학적인 통일의 상징으로서 탐구될 수도 있을 것이다. 사실, 이 경험은 초월의 근원적인 상극을 정지시키고, 그들을 세계를 향해 집중시키는 것으로 보인다. 그런 뜻에서 이상적인 '주관—우리'는, 자기를 지상의 주인이 되게 하는 인류인 '우리'라고 해도 무방할 것이다. 그러나 '우리'라고 하는 이 경험은 여전히 개별적인 심리의 바탕에 머물러 있고, 온갖 초월개체의 바람직한 통일의 단순한 상징으로 머문다. 사실 이 경험은 결코 하나의 단독적인 주관성이, 여러 주관성을 그 여러 주관성으로서 측면적이고 현실적으로 파악하는 것은 아니다. 여러 주관성은 여전히 손이 닿지 않는 곳에 머물러 있으면서 근본적으로 분리되어 있다. 내가 나 자신으로부터 떠나는 것도 아니고, 타인들이 그들 자신으로부터 떠나는 것도 아니면서, 나로 하여금 '우리'라고 하는 경험을 다른 초월개체들에 의해 연장되고 지지받고 있는 것으로 파악하게 하는 것은 사물과 몸들이며, 나의 초월의 물질적인 유도(誘導)[43]이다.

나는 내가 하나의 '우리'의 일부를 이루고 있다는 것을 세계로부터 배운다. 그런 까닭에 '주관—우리'에 대한 나의 경험은 결코 타인들 속에서의, 똑같은 상관적인 경험을 포함하는 것은 아니다. 또 그런 까닭에 '주관—우리'에 대한 나의 경험은 이다지도 불안정하다. 왜냐하면 이 경험은 세계 한복판에서의 개별적인 조직을 전제하기 때문이며, 그런 조직과 함께 사라지기 때문이다. 진실을 말하면, 세계 속에는 나를 '누구든 상관없는 누구(quelconque)'로서 지시하는 한 무리의 형성물이 존재한다. 먼저 모든 도구가 그것이다. 거기에는 본디 의미의 도구에서 교통기관, 상점 따위를 거쳐 '엘리베이터·가스·수도·전기가 설비되어 있는 아파트'에 이르기까지 모든 것이 포함되어 있다. 하나하나의 쇼윈도, 하나하나의 진열장은 무차별적인 초월로서 나의 모습을 나에게 가리킨다. 그 밖

---

*43 물질적인 유도란 '사물을 통한 유도적인 나타남'이라는 뜻이다. 여기서 말하는 canaliser 그리고 canalisation은 넓은 의미에서의 '도구'를 통해 나의 가능성 또는 나의 초월을 유도적으로 나타냄을 말한다.

에도 타인들과 나의 직업적이고 기술적인 관계들이, 나를 또한 '누구든 상관없는 누구'로서 알려 준다. 카페 종업원에게는 나는 손님이고, 개찰원에게는 나는 지하철 이용자이다. 끝으로 내가 앉아 있는 카페의 테라스 앞 거리에서 갑자기 일어난 사소한 사건 또한, 나를 이름 없는 목격자로서, 또 '이 사건을 하나의 외부로서 "존재하게 하는" 시선'으로서 지시한다. 내가 구경하고 있는 연극, 또는 내가 참관하고 있는 미술전람회가 지시하는 것은, 마찬가지로 이름 없는 관객이다. 또 분명히 내가 구두를 신어 볼 때, 내가 병마개를 딸 때, 내가 엘리베이터를 탈 때, 내가 극장에서 웃을 때, 나는 나를 '누구든 상관없는 누구'로 만든다. 그러나 이 무차별적인 초월의 체험은 나밖에는 관계가 없는 내밀하고도 우연적인 하나의 사건이다. 세계에서 찾아오는 개개의 사정은 '우리'라고 하는 인상을 이 무차별적인 초월의 체험에 덧붙일 수 있다. 그러나 어쨌든, 여기서 문제가 되는 것은, 다만 나만을 구속하는 순전히 주관적인 하나의 인상밖에 없다.

(2) '주관-우리'라고 하는 경험은 원초적인 경험일 수는 없을 것이다. 이 경험은 타인들에 대한 하나의 근원적인 태도를 구성할 수 없다. 왜냐하면 이 경험은 그것이 이루어지기 위해서는 반대로 미리 이중의 의미에서 타자의 존재를 승인하고 있어야 하기 때문이다. 사실 무엇보다 먼저 제조품이 제조품인 것은 오직, 이 제조품이 그것을 만든 생산자를 가리키고, 타인들에 의해 결정된 사용법을 지시하는 한에서이다. 가공되지 않은 무생물에 대해서는, 나는 나 스스로 그 사용법을 정하고, 나 스스로 그것에 대해 어떤 새로운 용법을 지정하는 (예를 들면 내가 하나의 돌멩이를 망치로 쓰는 경우가 그것이다) 것인데, 그런 사물의 면전에서 나는 나의 '인격'을 비조정적으로 의식한다. 다시 말해 나는 나의 자기성, 나 자신의 목적, 나의 자유로운 발명 능력을 비조정적으로 의식한다. 그런데 제조품의 사용법, '이용방식'은, 마치 '터부'처럼 엄밀한 동시에 이상적이며, 그 본질적인 구조에 의해 나를 타인의 현전 앞에 둔다. 내가 나 스스로 무차별적인 초월로서 나를 이룰 수 있는 것은 타인이 나를 하나의 무차별적인 초월로서 다루기 때문이다. 그 가장 좋은 예는 역이나 대합실 문간에 '출구'니 '입구'니 하는 말을 써서 걸어놓은 커다란 현판, 또는 종이 위에 그려진, 건물이나 방향 등을 가리키는 손가락이다. 이 경우에도 또한 가설적인 명령이 문제가 된다.

그러나 여기서 이 명령방식은 나에게 직접 이야기하고 말을 걸어오는 타인을 확실하게 드러나 보이게 한다. 이 인쇄문이 보내진 것은 바로 '나에 대해서'이다. 이 인쇄문은 바로 타인과 나의 직접적인 하나의 교류를 나타내고 있다. 왜냐하면 목표가 되고 있는 것은 나이기 때문이다. 하지만 그 경우, 타인이 나를 지향하는 것은 내가 무차별적인 초월인 한에서이다. 그러므로 만일 내가 나가기 위해 '출구'로 지정되어 있는 문을 이용한다면, 나는 나의 '개인적'인 기도의 절대적인 자유 속에서 이 문을 사용하는 것은 결코 아니다. 나는 하나의 도구를 '발명적'으로 구성하지는 않는다. 나는 사물의 단순한 물질성을 나의 가능을 향해 뛰어넘는 것은 아니다. 반대로 대상과 나 사이에 이미 하나의 인간적인 초월이 숨어들어 있어서, 그것이 나의 초월을 안내하는 것이다. 이 대상물은 이미 '인간화'되어 있다. 그것은 '인간계'를 의미한다. '출구'는—이것을 거리로 통하는 단순한 문으로 여긴다면—입구와 엄밀하게 같은 가치를 지닌 것이다. 이 '출구'를 '출구'로 지정하고 있는 것은 그것의 역행률도 아니고, 그것의 분명한 유용성도 아니다. 내가 그것을 '출구'로 이용할 때, 나는 이 대상물 자체를 따르고 있는 것은 아니다. 나는 인간적인 질서에 순응하고 있는 것이다. 나는 나의 행위 자체에 의해 타인의 존재를 '승인한다.' 나는 타인과의 하나의 대화를 세운다. 그것은 모두 하이데거가 매우 적절하게 말한 그대로이다.

　　그러나 그가 거기서 이끌어 내는 것을 잊고 있는 결론은, 대상물이 제조품으로서 나타날 수 있으려면, 먼저 뭔가 다른 방법으로 타인이 주어져 있어야 한다는 것이다. 이미 타인에 대한 경험을 가지고 있는 자가 아닌 한, 누구도 결코, 제조품과, 가공되지 않은 사물의 단순한 물질성을 구별할 수 없을 것이다. 이를테면 타인에 대한 경험이 없는 사람이 우연히 제조자가 예측한 대로의 사용법에 따라, 그 제조품을 이용하는 일이 있다 하더라도, 그것은 그가 이 사용방식을 재발견한 것이며, 그리하여 그가 하나의 자연물을 자유롭게 내 것으로 할 수 있었다는 얘기가 된다. 게시문을 읽지 않거나 언어를 모르는 채 '출구'로 지정된 문을 통해 나가는 것은, 대낮에 '벌써 날이 밝았다'고 말하는 스토아학파의 광인과 같은 것이며, 대상적인 확인의 결과에 의한 것이 아니라, 자기의 광기의 내면적인 탄력에 의한 것이다. 그러므로 제조품이 타인들을 가리키고, 따라서 또 나의 무차별적인 초월을 가리키는 것은, 내가 이미 타인들을 알고 있기 때문이다. 그러므로 '주관-우리'라는 경험은, 타자에 대한 근원적인 체험을 바탕으로 구축되는 것이며, 제2차적이고 종속적인 경험밖에 될 수 없을 것이다.

하지만 그 밖에도 우리가 앞에서 본 것처럼, 자기를 무차별적인 초월로 파악하는 것, 다시 말해 요컨대 자기를 '인류'의 단순한 사례로서 파악하는 것은, 아직 하나의 '주관—우리'의 부분적인 구조로서 자기를 파악하는 것이 아니다. 사실 그것을 위해서는 어떤 인간적인 흐름의 중심에서 자기를 '누구든 상관없는 누구'로서 발견해야만 한다. 그러므로 타인들에게 에워싸여 있지 않으면 안 된다. 우리가 이미 살펴본 것처럼, 타인들은 이 경험에 있어서 결코 주관으로서 체험되는 것도 아니고, 대상으로서 파악되는 것도 아니다. 타인들은 '결코' 정립되는 것이 아니다. 물론 나는 세계 속에서의 타인들의 사실적 존재에서 출발하고, 또 타인들의 행위에 대한 지각에서 출발한다. 그러나 나는 타인들의 사실성 또는 그들의 동작을 '정립적으로' 파악하지는 않는다. 나는 타인들의 몸을 나의 몸과 상관적인 것으로서, 타인들의 행위를 나의 행위와 연관하여 개화(開花)하는 것으로서, 측면적으로, 비정립적으로 의식하는 것이다. 따라서 나는 타인들의 행위를 낳는 것이 나의 행위인지, 아니면 나의 행위를 낳는 것이 타인들의 행위인지 결정할 수 없다.

'우리'에 대한 경험은 '우리'의 일부를 이루는 타인들을 타인들로서 근원적으로 나에게 인식시킬 수 없는 것인데, 그것을 이해하는 데는 위의 고찰만으로 충분하다. 오히려 그 반대로, 나와 타자의 관계에 대한 경험이 '공동존재(Mitsein)'라는 형태로 이루어질 수 있으려면, 먼저 타자가 무엇인지에 대한 어떤 지식이 있어야 한다. 타인이 무엇인지에 대한 예비적인 승인이 없으면, 공동존재는 그것만으로는 '불가능할' 것이다. 나는 '……와 함께 존재한다'고 하자. 그러나 누구와 함께라는 말인가? 그 밖에도 이를테면 이 경험이 존재론적으로 제1차적인 것이라 하더라도, 우리는 이 경험의 근본적인 하나의 변양(變樣) 속에서, 전적으로 무차별적인 하나의 초월로부터 개개의 개인들에 대한 체험으로, 어떻게 이행할 수 있는지 이해할 수 없다. 만일 타인이 어떤 다른 방법으로 주어져 있지 않다면, '우리'에 대한 경험은 스스로 무너지고, 나의 초월에 의해 에워싸인 세계 속에서의 단순한 '용구—대상'들의 파악밖에 낳지 못할 것이다.

이런 약간의 고찰은 결코 '우리'에 대한 문제를 남김없이 규명하고자 것은 아니다. 그것은 단순히 '주관-우리'에 대한 경험이 어떤 형이상학적인 드러내 보임으로서의 가치를 가지는 것이 아니라는 것을 지적하고자 할 뿐이다. 이 경험은 '대타'의 여러 가지 형태에 밀접하게 의존하며, 대타의 형태 가운데 어떤 형태를 경험적으로 풍요롭게 해 줄 뿐이다. 이 경험이 매우 불안정한 이유는 분명하게 거기에 있다. '주관-우리'라고 하는 이 경험은 제멋대로 생겼다가는 사라지고, 우리는 '대상-타인'들의 눈앞에, 또는 우리에게 시선을 보내는 '사람'의 눈앞에 남겨진다. 이 경험은 상극의 결정적인 해결로서가 아니라, 그 상극 자체의 중심에서 구성되는 잠정적인 완화로서 나타난다. 우리는 상호주관적인 전체가 일체가 된 주관성으로서 자기 자신을 의식하게 될 하나의 '인간적인 우리'를 원해 보아도 헛된 일일 것이다. 그런 이상은 단편적이고 완전히 심리적인 경험에서 출발하여, 극한까지, 그리고 절대자에게까지 이르는 이행에 의해서 생겨난 하나의 몽상에 불과할 것이다. 게다가 그 이상 자체 속에 '대타-존재'의 근원적인 상태로서 초월개체 서로 간의 상극의 승인이 내포되어 있다.

그것은 다음과 같은 외견상의 패러독스의 이유를 밝혀 준다. 압박당하는 계급의 통일은, 그 계급이, 제삼자 즉 압박하는 계급인 무차별적인 '사람'의 눈앞에서, 자기를 '대상-우리'로서 체험한다는 사실에서 유래하므로, 사람들은 자칫하면, 그것과 대칭적으로 압박하는 계급은 압박당하는 계급의 눈앞에서, 자기를 '주관-우리'로서 파악한다는 식으로 믿기가 쉽다. 그런데 압박하는 계급의 약점은, 강제를 위한 확실하고도 가혹한 장비를 마음대로 활용할 수 있는데도, 이 계급이 그 스스로는 심각한 무정부 상태에 있다는 점이다. '부르주아(자본가계급)'는, 단순히, 어떤 형식의 사회 내부에서 명확한 특권과 권력을 마음대로 행사할 수 있는 어떤 종류의 '경제적 인간'으로 정의되지는 않는다. 부르주아는 내부적으로는 자기가 하나의 계급에 소속되어 있음을 승인하지 않는 의식으로서 기술된다. 사실 부르주아의 상황은, 부르주아를 부르주아 계급의 다른 구성원들과 함께 공동으로 하나의 '대상-우리' 속에 구속되어 있는 것으로서 자기를 파악하는 것을 맨 처음부터 허용하지 않는다. 그러나 또 한편으로 '주관-우리'의 본성 자체에서 본다면, '주관-우리'에 대해 부르주아가 갖고 있는 경험은 형이상학적인 힘이 없는 덧없는 경험에 불과하다. '부르주아'는 계급이 존재한다는 것을 일반적으로 부정한다. 부르주아는 프롤레타리아라는 존재를 선동자의 행동으로 돌리고, 유감스러운 사건으로 돌리며, 무언가의

미봉책으로 보상될 수 있는 부정으로 돌린다. 부르주아는 자본과 노동 사이에 이해상의 연대성이 있음을 강조한다. 부르주아는 계급적인 연대성에 대해 더욱더 넓은 연대성, 이를테면 국민적인 연대성을 대립시키고, 거기서는 노동자도 자본가도 충돌을 멈추는 하나의 공동 존재 속에 통합된다고 주장한다.

그 경우에 문제는, 사람들이 흔히 그렇게 말해 온 것과는 달리, 책략에 대해서도 아니고, 상황의 진상을 보려고 하지 않는 어리석음에 대해서도 아니다. 오히려 문제는 다음과 같은 데 있다. 즉 압박하는 계급의 구성원은 '주체—그들'이라고 하는 하나의 객관적인 총체로서의 자기 앞에, 압박당하고 있는 계급 전체를 보고 있으면서도, 그것과 상관적으로 자기가 압박하는 계급의 다른 구성원들과 함께 존재한다고 하는, 자신 쪽의 공동성을 실감할 수 없다는 것이다. 이두 가지 경험은 결코 상호보완적인 것이 아니다. 사실 압박당하는 집단을 '용구—대상'으로 파악하려면, 또 스스로 자기를 '내적—부정'으로 파악하려면, 다시 말해 단순히 공평한 제삼자로서 파악하려면, 압박당하는 집단 앞에 혼자 존재하는 것으로 충분하다. 다만 압박당하는 계급이 반항 또는 그 세력의 급격한 증대를 통해 압박하는 계급의 구성원들 앞에서 자기를 '시선—사람'으로서 정립할 때야 비로소, 게다가 오직 그때만, 압박자는 자기를 '우리'로서 체험할 것이다. 그러나 이 체험은 두려움과 부끄러움 속에서 '대상—우리'로서 이루어질 것이다.

그러므로 '대상—우리'라고 하는 체험과 '주관—우리'라고 하는 경험 사이에는 어떤 대칭도 존재하지 않는다. 전자는 하나의 현실적 존재 차원의 드러내 보임이며, '대타'에 대한 근원적인 체험을 단순히 내용적으로 풍부히 한 것에 해당한다. 후자는 인공이 가미된 하나의 우주 속에, 또는 일정한 경제적인 형식을 가진 하나의 사회 속에 몰입해 있는 하나의 역사적인 인간에 의해 실감되는 하나의 심리적인 경험이다. '주관—우리'라고 하는 경험은 특수한 어떤 것도 드러내 보이지 않는다. 그것은 순전히 주관적인 하나의 '체험(Erlebnis)'이다.

그러므로 '우리'라고 하는 경험은 물론 현실적인 경험이기는 하지만 앞에서 우리가 해 온 연구의 결과를 뒤바꾸는 성질의 것은 아니다. '대상—우리'에 대해서는 어떤가? 그것은 직접적으로 '제삼자'에게 의존한다. 다시 말하면 그것은 나의 '대타—존재'에 의존한다. '대상—우리'가 구성되는 것은 나의 '대타—외부—존재'를 근거로 해서이다. '주관—우리'에 대해서는 어떤가? 그것은 타인으로서의 한에서 타인의 존재가 미리 드러내 보여지고 있음을 어떤 방법으로든 전제하는 하나의 심리적인 경험이다. 그러므로 인간존재가 '타인을 초월하거나, 타인에 의해서 초월되거나' 하는 딜레마에서 벗어나려고 시도해 보아도 헛된 일이다. 의식개체들 사이에 있는 관계의 본질은 공동존재(Mitsein)가 아니라 상극(conflit)이다.

대자와 타인의 대자와의 관계에 대한 이 긴 서술의 결말에서, 우리는 다음과 같은 확신을 얻었다. 대자는 단순히 자신이 그것으로 있는 즉자에 대한 무화(無化)로서, 또 자신이 그것으로 있지 않은 즉자에 대한 내적 부정으로서 나타나는 하나의 존재는 아니다. 이 무화적 도피는 타인이 나타나자마자 즉자에 의해 완전히 회복되어 즉자 속에 응고된다. 대자만이 홀로 세계에 대해 초월적이다. 대자는 '아무것도 아닌 것(rien)'인데, 이 '아무것도 아닌 것'에 의해서 온갖 사물이 '거기에 존재하게' 된다. 그런데 타인이 나타남으로써 타인은 이 대자에게, 모든 사물 가운데 하나의 사물로서의 '세계-한복판에-있어서의-즉자-존재'를 부여한다. 타인의 시선에 의한 대자*[44]의 이 석화(石化)는 메두사 신화*[45]의 깊은 의미이다. 그리하여 우리는 우리의 탐구에서 크게 전진했다. 왜냐하면 우리가 앞에서 규정하려고 한 것은 대자와 즉자의 근원적인 관계였기 때문이다. 우리는 맨 먼저 대자가 즉자에 대한 무화이고 또 철저한 부정이라는 것을 알았다. 이제 우리는 대자가 타인의 협력이라고 하는 다만 그 사실만으로, 아무런 모순도 없이 그대로 전면적으로, 즉자의 한복판에 현전하는 즉자이기도 하다는 것을 확인한다. 그러나 대자의 이 제2의 모습은 대자의 '외부'를 나타내는 것이다. 대자는 본성상 자기의 '즉자-존재'와 일치할 수 없는 존재이다.

위의 몇 가지 지적은, 우리의 연구 목표 그 자체인 '존재에 대한 일반적인 이론'에 대해 기초로서 도움이 될 것이다. 그러나 이 이론을 정립하는 일에 착수하기는 아직 너무 이르다. 사실 대자를 '즉자존재의 저편을 향해 자기의 가능성들을 단순히 기투하는 자'로서 서술하는 것만으로는 충분하지 않다. 이 가능

---

*44 이 부분의 원서는 Cette pétrification de l'en-soi로 되어 있으나 문맥상으로 보아 cette pétrification du pour-soi의 잘못으로 보고 그렇게 번역하였다.

*45 그리스 신화에 나오는 고르곤의 세 자매 가운데 막내. 바다의 신 포세이돈을 자신의 금발로 사로잡아 아테네 신전에서 정을 통했기 때문에, 아테네 여신이 노하여 금발을 뱀으로 만들고 그녀가 보는 모든 물건은 모두 돌이 되도록 하였다.

성들의 이런 기투는 세계의 형상을 정적(靜的)으로 규정하는 것은 아니다. 이런 기도는 순간마다 세계를 변화시킨다. 예를 들면 우리가 하이데거를 읽을 때, 우리는 이 관점에서 보아 그의 해석학적 기술로는 부족하다는 것을 통감한다. 그의 용어를 그대로 쓴다면, 우리는 하이데거가 현존재(Dasein)를 '모든 존재자를 그들의 "존재"를 향해서 뛰어넘는 존재자'로서 기술했다고 말해도 무방할 것이다. 게다가 이 경우에 존재란, 존재자의 존재의미 또는 존재자의 존재방식을 말한다. 분명히 대자는, 그것에 의해 모든 존재자가 그들의 존재방식을 드러내 보이는 존재이다. 그러나 대자는 단순히 모든 존재자에 대해 하나의 존재론을 구성하는 존재일 뿐만 아니라, 그것에 의해 존재자인 한에서의 존재자 위에 모든 존재적인 변양이 돌발하는 존재이기도 하다는 사실을 하이데거는 미처 보지 못하고 있다.

'작용한다(agir)'고 하는 이 끊임없는 가능성, 다시 말하면 즉자를 그 존재적인 물질성에 있어서, 또 그 '육체'에 있어서 변양시킨다고 하는 이 끊임없는 가능성은, 분명하게 대자의 본질적인 특징으로 여겨져야 한다. 이런 것으로서 이 가능성은, 우리가 아직까지 밝히지 않은 대자와 즉자 사이의 근원적인 관계 속에서 그 근거를 찾아내야 한다. 작용한다는 것은 어떤 것인가? 대자가 작용하는 것은 무엇 때문인가? 어떻게 해서 '대자는 작용'할 수' 있는가? 우리가 이제부터 대답해야 하는 것은 그런 질문에 대해서이다. 우리는 하나의 대답을 위한 모든 요소, 즉 무화, 사실성과 몸, '대타—존재', 즉자 자체의 본성 따위를 이미 가지고 있다. 그런 요소들을 새롭게 검토해 보기로 하자.

제4부

'가짐', '함', '있음'

머리글

'가짐'·'함'·'있음'은 인간존재의 기본적인 카테고리이다. 인간의 모든 행위는 이 세 가지 가운데 어느 하나에 들어간다. 이를테면 '앎〔인식〕'은 '가짐'의 한 양상이다. 이 세 가지 카테고리는 서로 아무런 관계도 없이 존재하는 것은 아니다. 또 그 상호관련을 강조한 사상가도 적지 않다. 드니 드 루즈몽(Denis de Rougemont)이 돈 후안(Don juan, 방탕생활을 한 중세 에스파냐의 전설적 귀족)에 대한 논문에서 '그는 가지기에 충분할 만큼은 존재하지 않았다'[*1]고 씀으로써 밝힌 것이 이런 종류의 관계이다. 또 도덕적 행위자는 자기를 만들기 위해 행위하는 자, 존재하기 위해 자기를 만드는 자로 표현되는데, 그때 지시되는 것도 또한 이런 관계이다.

그렇다 해도 현대철학에서는 반실체론적인 경향이 승리를 거둔 뒤부터, 대부분의 사상가들은 전대(前代)의 사상가들이 물리학에서 단순한 운동으로서 실체를 대신하게 한 것을, 인간적인 행위의 영역에서도 모방하려고 시도했다. 오랫동안 도덕의 목표는 인간에게 '존재하는' 수단을 제공하는 데 있었다. 그것이 스토아학파 도덕의 의의였고 또 스피노자 윤리학의 의의였다. 그런데 만일 인간존재가 그의 행위들의 계기(繼起) 속에 흡수되어야 한다면, 도덕의 목표는 이미 인간을 뛰어난 존재론적 품위로까지 높이는 일은 아닐 것이다. 그런 의미에서 칸트의 도덕은 행동의 최고가치로서 '있음'을 대치하는 데 '함'을 썼던 최초의 위대한 윤리체계이다. 《희망》[*2]의 주인공들은 대부분이 '함'의 영역에 있다. 말로는 여전히 존재하려고 애쓰는 에스파냐의 늙은 민주주의자들과 공산

[*1] Denis de Rougemont(1906~1985) : 스위스 태생의 평론가. 여기에 인용된 글은 그의 저서 《사랑과 서양(L'Amour et l'Occident)》(1937)에서 돈 후안을 논한 부분에 있으며, 여기서 사르트르가 이 글을 인용한 의도는 '가짐(avoir)'과 '있음', '소유'와 '존재(avoir, être)' 사이의 특수한 연결을 보여 주기 위한 것이다.

[*2] 앙드레 말로의 작품 제목.

주의자들 사이의 투쟁을 그리고 있는데, 공산주의자들의 도덕은 일련의 명확하고 주도면밀한 의무에 귀착되고, 그런 의무는 각각 하나의 개별적인 '함'을 지향하고 있다.

어느 쪽이 옳을까? 인간적인 활동의 최고가치는 '함'일까, 아니면 '있음'일까? 또 어느 쪽 해결책이 채택되든, '가짐'은 어떻게 되는 것인가? 존재론은 우리에게 이 문제에 대해 가르쳐 줄 수 있어야 한다. 그뿐만 아니라 만일 대자(對自)가 '행동'에 의해 자기를 규정하는 존재라면, 이것은 존재론의 본질적인 임무 가운데 하나이다. 그러므로 우리는 행동 전반에 대한 연구와 '함'·'있음'·'가짐' 사이의 본질적인 관계에 대한 연구를, 그 대체적인 특징만이라도 소묘(esquisser)하지 않고는 이 저작을 끝맺을 수 없을 것이다.

제1장
'있음'과 '함'-자유

1. 행동의 첫 번째 조건은 자유

오늘날까지 사람들이 '행동'이라는 관념 자체에 포함되어 있는 구조를 미리 해명할 생각도 하지 않고, 결정론과 자유 의지에 대해 끝없이 논의하면서 각자의 주장에 유리한 예를 인용할 수 있었다는 것은, 생각건대 참으로 이상한 일이다. 사실 행위라는 개념은 수많은 종속적 관념을 내포하고 있는데, 우리는 그것들을 조직하고 거기에 질서를 부여해야 할 것이다. 행동한다는 것은 세계의 '모습'을 바꾸는 일이다. 행동한다는 것은 어떤 목적을 위해 여러 가지 수단을 강구하는 일이다. 행동한다는 것은, 사슬의 한 고리에 일어난 변화가 일련의 연결과 연관에 의해 그 연쇄 전체에 변화를 불러일으켜 결국 예측된 결과를 낳는, 그런 하나의 도구적이고 조직적인 복합을 만들어 내는 일이다. 그러나 그것은 아직 우리에게 중요한 일이 아니다. 사실 우리는 가장 먼저, 하나의 행동은 원칙적으로 '지향적'이라는 점에 주목해야 할 것이다. 부주의한 흡연자가 실수로 화약고를 폭발시켰다 해서, 그가 '행동한' 것은 되지 않는다. 그에 비해, 채석장을 폭파할 임무를 띤 노동자가 주어진 명령에 따라 예정된 폭발을 일으켰을 때, 그는 행동한 것이 된다. 왜냐하면 그는 자기가 하는 일이 무엇인지 알고 있었기 때문이다. 또 말하자면, 그는 하나의 의식적 시도를 지향적으로 이루었기 때문이다. 물론 그렇다고 해서 우리가 자신의 행위의 결과를 모조리 예견해야만 하는 것은 아니다.

콘스탄티누스 대제는 비잔티움에 자리를 정했을 때, 자신이 이윽고 그리스 문화와 그리스어를 받아들인 도시를 세우게 되리라고는 꿈에도 예측하지 못했고 또 그 도시의 나타남이 뒷날 그리스도교회의 분열을 일으켜 로마 제국을 약화시키는 결과를 초래하게 되리라는 것도 예측하지 못했다. 그런데도 그는 동방의 황제들을 위한 하나의 새로운 거주지를 창설한다는 자신의 계획을 이룬 한에서, 하나의 행위를 한 것이다. 우리가 행위에 대해 얘기할 수 있으려면, 이 경우 결과가 의도에 대응하고 있는 것만으로 충분하다. 그러나 그렇다면 우리는 아무래도 인정하지 않을 수 없는데, 행동은 필연적으로 그 조건으로서 하나의 '없어서는 안 되는 것(desideratum)'에 대한 인지를 담는다. 다시 말해, 행동은 하나의 대상적인 결여에 대한 인지 또는 하나의 '부정성(否定性)'에 대한 인지를 담고 있다. 로마에 맞설 만한 도시를 출현시키고자 하는 의도가 콘스탄티누스 대제의 마음에 일어날 수 있는 것은 오직, '로마와 상대할 만한 것이 없다. 아직 상당히 이교적인 이 도시에 대해 하나의 그리스도교적인 도시를 대치시켜야 하는데, 지금은 그것이 "결여돼 있다"고 하는, 하나의 대상적 결여의 파악에 의해서이다.

콘스탄티노폴리스를 세운 것이 '행위'로서 이해되는 것은 가장 먼저, 하나의 새로운 도시에 대한 구상이 행동 자체보다 앞섰기 때문이다. 또는 적어도 이 구상이 그 후의 모든 행보에 대해 구성적인 주제로서 소용되기 때문이다. 그러나 이 구상은 '가능한' 것으로서의 그 도시의 순수한 표상은 될 수 없을 것이다. 이 구상은 그 도시를, '바람직하지만' 아직 이루어지지 않고 있는 하나의 가능성이라는 그 본질적인 특징 속에서 파악한다. 요컨대 행위의 구상이 있고부터, 의식은 자기가 의식하는 충실한 세계에서 물러나 존재의 영역을 떠나서, 결연하게 비존재의 영역에 접근할 수 있었다. 존재하는 것을 오로지 그 존재 속에서만 살펴보는 한, 의식은 끊임없이 존재에서 존재로 지향되고, 존재 속에서 비존재를 발견하기 위한 동기를 하나도 발견하지 못할 것이다.

로마가 제국의 수도인 한, 로마의 제정은 쉽게 알아볼 수 있는 어떤 실재적인 방법에 따라 긍정적으로 기능하고 있다. 사람들은 어쩌면 다음과 같이 반론할지도 모른다. '세금이 잘 징수되지 않는다. 로마는 침략을 막을 준비가 되어 있지 않다. 로마는 야만인들이 위협하는 지중해 연안의 한 제국의 수도에 어울리는 지리적 위치에 있지 않다. 로마에서는 어지러운 풍속이 그리스도교의 전파를 어렵게 한다' 등이다. 그러나 이런 고찰은 모두 '부정적'인 것이고, 그것은 존재하는 것을 지향하는 것이 아니라 존재하지 않는 것을 지향하고 있다는 점을 사람들은 왜 보지 못하는 것일까? 예상된 세금의 60퍼센트가 징수되었다고 하는 것은, 글자 그대로 '있는 그대로의' 상황을 긍정적으로 평가한 것으로 여겨질 수 있다. 세금이 잘 '들어오지' 않는다고 말하는 것은, 절대적인 목적으로 설정된 하나의 상황, 즉 그야말로 '존재하지 않는' 하나의 상황을 통해 실제 상황을 살펴보는 일이다. 로마의 퇴폐한 풍속이 그리스도교의 전파를 막는다는 것은, 이 포교를 있는 그대로의 것으로서 살펴본 것이 아니다. 다시 말하면, 당시의 성직자들의 보고를 통해 우리가 추정할 수 있는 속도의 전파로서 살펴본 것이 아니다. 그것은 이 포교를 그것만으로는 충분하지 않은 것, 즉 하나의 은밀한 무(無)로부터 해를 입는 것으로서 내세우는 일이다.

그런데 이 포교가 그런 것으로서 나타나는 것은, 바로 우리가 가치로서 선험적으로 제기된 하나의 한계상황(situation-limite)을 향해—예를 들면 개종(改宗)의 일정한 속도를 향해 또는 민중의 어떤 일정한 도덕성을 향해—이 포교를 뛰어넘는 한에서일 뿐이다. 더욱이 이 한계상황은 사물의 현상에 대한 단순한 고찰에서 출발해서는 생각될 수 없다. 왜냐하면 하나의 이상적인 무(無)에 비추어 보지 않는다면, 세상에서 가장 아름다운 처녀도 자신이 '가지고 있는' 것밖에 줄 수 없고, 마찬가지로 가장 참담한 상황도 그것만으로는 '있는' 그대로의 상황을 지시할 수밖에 없기 때문이다. 또 인간이 역사적 상황 속에 깊이 몰입해 있는 한, 어떤 일정한 정치적 또는 경제적 조직의 결점이나 결함을 깨닫지 못할 수도 있다. 그것은 사람들이 어리석게 말하는 것처럼, 당사자가 그 조직에 '익숙하기' 때문이 아니다. 오히려 당사자가 그 조직을, 그것의 존재충실로 파악하고 있기 때문이며, 다른 조직이 존재할 수 있다는 것을 상상조차 할 수 없기 때문이다.

생각건대 우리는 이 경우, 일반의 의견을 뒤집어야 한다. 그리고 다음과 같은 것을 인정해야 한다. 모든 사람에게 있어서 더욱 좋은 다른 상태를 우리가 생각하게 되는 동기가 되는 것은, 어떤 한 가지 상황의 지속 또는 그 상황이 부과하는 온갖 괴로움이 아니다. 오히려 정반대로, 우리가 사물의 다른 상태를 생각해 볼 수 있는 시점에서 출발함으로써 비로소 하나의 새로운 빛이 우리의 괴로움과 고민 위에 비쳐들면, 우리는 그런 괴로움이 견디기 힘든 것이라고 '결정하는' 것이다.

1830년의 노동자들은 만일 임금이 내린다면 폭동을 일으킬 수 있다. 왜냐하면 그들은 자신의 생활수준이 물론 비참하기는 하지만, 이제부터 강요받게 될 생활수준에 비하면 그나마 나은 상황에 있다는 점에 쉽게 생각이 미치기 때문이다. 그러나 그들은 자신의 괴로움을 허용할 수 없는 것으로는 생각하지 않는다. 그들은 그 괴로움을 참고 견딘다. 그것은 체념하고 있기 때문이 아니다. 오히려 그런 괴로움이 존재하지 않는 하나의 사회상태를 그들이 생각하는 데 필요한 교양과 반성이 그들에게 빠져 있기 때문이다. 그러므로 그들은 '행동하는 것이 아니다.'

리옹의 장인들 또 민중봉기 뒤의 크루아-루스의 직공들은, 자신들의 승리를 어떻게 해야 할지 몰라 난감해져서 각자의 집으로 돌아간다. 그래서 정규군은 힘 안 들이고 그들을 습격한다.*¹ 그들의 불행은 그들에게 '습관적인' 것으로 보이지 않고 오히려 '자연적인' 것으로 보인다. '요컨대 불행은 "존재한다." 불행은 노동자의 조건을 구성하고 있다.' 그들의 불행은 부각되어 있지 않다. 그들의 불행은 밝은 빛 속에 드러나 있지 않다. 따라서 그들의 불행은 노동자들에 의해 그 존재 속에 통합되어 있다. 노동자들은 괴로워하지만, 그 괴로움에 주의를 집중하지도 않고, 그것에 가치를 부여하지도 않는다. 즉 그들에게 있어서는 '괴로워하는 것'과 '존재하는 것'은 같은 일인 것이다. 그들의 괴로움은 그의 비정립적 의식의 순수한 감정적 내용이지만, 그들은 그것을 '바라보지' 않는다. 그러므로 괴로움은 그 자체만으로는 그의 행위를 위한 하나의 '동인(動因, mobile)'이 될 수는 없을 것이다. 오히려 정반대로, 노동자들의 괴로움이 그들에게 있어서 허용할 수 없는 것으로 보이는 것은, 그들이 자신의 괴로움을 바꾸려는 계획을 하게 되었을 때이다. 다시 말하면, 그들은 이미 자신의 괴로움에 대해 여유를 가지고 몇 걸음 뒤로 물러나 있지 않으면 안 될 것이다. 그들은 이미 이중의 무화를 시행하지 않으면 안 될 것이다. 사실 그들은 한편으로는 하나의 이상적인 상태를 '현재'의 단순한 무로서 제기해야 하고, 다른 한편으로는 이 이상적인 상태에 대해, 현실의 상황을 무로서 제기해야 할 것이다. 그들은 자신의 계급에 연관된 하나의 행복을 단순한 가능성으로서—즉, 현재로서

---

*1 1831년 11월 21일로부터 12월 3일까지 사이에 있었던 리옹의 폭동. 리옹의 직물도매업자가 품삯을 깎아내린 일에서 발단되어 직물생산 노동자 대표들이 한자리에 모여 최저임금제를 요구했으나 거절당했다. 그래서 그들은 리옹의 라크루아 루스의 대지(臺地)에 '일을 하고 살거나 아니면 싸우다 죽으리라' 하는 슬로건을 붙인 검은깃발을 걸고 폭동을 일으켰다. 국민군의 일부와 서민층의 일부도 이에 가담했다. 당국은 마침내 리옹시를 포기하게 되었다. 그러나 그들은 오합지졸이었기 때문에 정규군의 압도적인 기습으로 여지없이 진압되고 말았다.

는 일종의 무로서—생각해야 한다. 그런 반면, 그들은 현재의 상황으로 되돌아와 이런 무의 빛으로 현재의 상황을 밝히고, 현재의 상황을 무화하고, 그리하여 이번에는 '나는 행복"하지 않다"고 말할 것이다.

거기서 다음과 같은 두 가지 중요한 귀결이 따라온다. (1) 사실적인 상태는 그것이 어떤 것이든(이를테면 사회의 정치적·경제적 구조이든, 심리적 '상태'이든) 그것만으로는 어떤 하나의 행위에 동기를 부여할 수 없다. 왜냐하면 하나의 행위는 존재하지 않는 것을 향한 대자(對自, 자기의식을 가진 인간의 존재)의 기투(企投, 현재를 초월 미래에로 자신을 내던지는 실존 방식)이기 때문이고, 존재하는 것은 그것만으로는 존재하지 않는 것을 결코 결정할 수 없기 때문이다. (2) 어떤 사실적인 상태도 의식으로 하여금 그 사실적인 상태를 부정하거나 없는 것으로 파악하도록 하게 할 수는 없다. 어쩌면 오히려 이렇게 말하는 편이 나을지도 모른다. 어떤 사실적인 상태도 의식으로 하여금, 그 사실적인 상태를 규정하거나 한정하게 할 수는 없다. 왜냐하면 우리가 앞에서 살펴본 것처럼 '모든 규정은 부정이다(Omnis determinatio est negatio)'라고 한 스피노자의 정의는 또한 매우 참되기 때문이다.

그런데 모든 행동의 분명한 조건이 되는 것은, 단순히 어떤 상태를 '……의 결여'로서, 즉 부정성으로서 발견하는 것뿐만 아니라, 또한—미리—그 상태를 고립된 체계로 구성하는 것이다. 사실적인 상태는—만족한 상태이든 그렇지 않은 상태이든—대자의 무화적인 능력에 의해서만 '존재한다.' 그러나 이 무화적인 능력은 세계에 대해 하나의 단순한 후퇴를 이루는 데만 머무를 수가 없다. 사실, 의식이 존재에 의해 '포위되어' 있는 한, 또 의식이 단순히 존재하는 것을 용인하는 한, 의식은 존재 속에 싸여 있지 않으면 안 된다. 즉 의식이 하나의 현시적인 관찰의 대상을 만들어 낼 수 있기 위해 극복되고 부정되어야 하는 것은, '자기의–자연적인–괴로움을–발견해 내는–노동자'라는 조직형태이다.

다시 말해서 노동자들은 자기의 괴로움을 견딜 수 없는 괴로움으로 제기할 수 있고, 그 결과 '그 괴로움을' 자기의 혁명적 행동의 원인으로 삼을 수 있는 것은, 자기 자신으로부터의 단순한 이탈에 의해서이며 또 세계로부터의 단순한 이탈에 의해서이다. 따라서 이것은 의식에 있어서, 다음과 같은 끊임없는 가능성이 있다는 얘기이다. 즉 의식은 자기 자신의 과거와 인연을 끊고, 거기서 자기를 분리하며, 그렇게 함으로써 하나의 비존재의 빛으로 자기 자신의 과거를 살펴볼 수 있고, 또 '자기 자신의 과거가 가지고 있지 않은' 하나의 의미를 계획하는 일에서 출발하여, 이 과거에 '이 과거가 가진' 의의를 줄 수 있다는 가능성이 그것이다. 어떤 경우에도 또 어떤 방식으로도, 과거는 그것만으로는 '하나의 행위를' 만들어 낼 수가 없다.

다시 말하면, 과거는 그것만으로는 그 과거로 되돌아가서 그것을 밝히는 하나의 목적을 세울 수 없다. 헤겔이 '정신은 부정적인 것이다'라고 썼을 때 그가 꿰뚫어 본 것이 바로 이것이다. 그러나 헤겔은 행동과 자유에 대한 그 자신의 학설을 전개해야 하게 되었을 때, 그것을 아직 생각해 내지 못했던 것 같다. 사실 우리가 세계와 의식 자체에 대한 이런 부정적인 능력을 의식에 돌리는 이상에는, 즉 무화작용이 어떤 목적의 '정립'에 대해 그 통합적인 부분을 이루는 이상에는, 모든 행동에 없어서는 안 되는 근본적인 조건은 '행동하는 존재의 자유'라는 것을 우리는 인정해야만 한다.

그리하여 우리는 출발점에서 결정론자들과 무차별적인 자유의 지지자들 사이에서 벌어진 그 지루한 논쟁의 부족함을 파악할 수 있다. 무차별적인 자유의 지지자들이 특히 발견해 내려고 애쓰는 것은, 결의에 선행하는 동기가 하나도 존재하지 않는 사례나, 어느 것이나 똑같이 가능한 상반되는 두 가지 행위, 더욱이 그 동기(그리고 그 동인)*²가 양쪽 다 엄밀하게 같은 무게인 두 가지 행위에 관한 고찰의 사례이다. 이에 대해 결정론자들은 기다렸다는 듯이 주장한다. 그들은, 동기가 없는 행위는 존재하지 않는다. 아무리 무의미한 몸짓(이를테면 왼손을 쳐드느니 오른손을 쳐들겠다는 따위의 몸짓)이라도 몇 가지의 동기와 동인을 가리키는 것이며, 그런 동기와 동인이 그 몸짓에 그것의 의미를 준다고 대답한다. 하기야 그 이외에는 있을 리가 없다. 왜냐하면 모든 행동은 '지향적'이라야 하기 때문이다. 행동은 사실 하나의 목적을 가져야 하고, 그 목적은 다시 하나의 동기와 관계가 있기 때문이다. 사실 이런 것이 세 개의 시간적인 탈자

---

*2 이 책에서는 mobile을 '동인(動因)'으로, motif를 '동기'로 번역했다. 본문에서 볼 수 있는 것처럼, 사르트르는 동인이나 동기가 우리의 행동을 직접 결정한다고 하는 결정론적인 사고방식을 부정하고, 그 중간에 어디까지나 대자(poursoi, 의식의 존재론적인 구조)의 무화, 즉 대자의 자유를 개재시킨다. 다시 말해서 동인을 동인으로, 동기를 동기로 있게 하는 것은 대자의 자유라는 것이다.

(脫自)의 통일이다.

목적, 즉 내 미래의 시간화는 하나의 동기(또는 동인)를 담는다. 다시 말해, 내 미래의 시간화는 과거 쪽을 가리킨다. 그리고 현재는 행위의 나타남이다. 동기 없는 행위에 대해서 말하는 것은 모든 행위에 담겨 있는 지향적 구조가 빠진 행위에 대해 말하는 것과 같다. 게다가 (무차별적인) 자유의 지지자들은 일어나고 있는 행위의 차원에서 자유를 찾음으로써 결국 자유를 부조리한 것으로 만들 뿐이다. 그러나 결정론자들은 그들대로 동기와 동인을 단순히 가리킬 뿐, 그것의 탐구를 중지함으로써 너무나 자신에게 유리한 승부를 겨룬다. 본질적인 문제는 사실 '동기-지향-행위-목적'이라는 복잡한 조직 속에 있다. 실제로 우리는 하나의 동기(또는 동인)가 어떻게 동기로 구성될 수 있는지를 문제삼아야 한다. 그런데 우리가 지금까지 살펴본 것처럼, 동기 없는 행위는 존재하지 않는다고 하는 것은, 결코 원인 없는 현상은 있을 수 없다고 하는 것과 같은 의미는 아니다. 사실 동기가 동기이기 위해서는, 그것이 동기로서 '체험되어야' 한다. 물론 말은 그렇게 해도, 결코 숙고의 경우처럼, 동기가 주제적으로 생각되고 드러나야 한다는 의미는 아니다. 그러나 적어도 그것은 대자가 동기나 동인에 대해 동기 또는 동인으로서의 가치를 부여해야 한다는 것을 의미한다.

그리고 우리가 방금 본 것처럼, 동기를 동기로서 구성하는 것은 또 하나의 실재적이고 긍정적인 존재자, 즉 선행하는 하나의 동기를 지시할 수 없을 것이다. 그렇지 않다면, 지향적으로 비존재 속에 구속되어 있는 것으로서의 행위의 본성 자체가 없어지고 말 것이다. 동인은 목적에 의해서만, 다시 말해 비존재자에 의해서만 이해될 수 있다. 그러므로 동인은 그 자체로서 하나의 부정성이다. 내가 비참한 급여에 만족하는 것은, 말할 것도 없이 두려움 때문이다—게다가 두려움은 하나의 동인이다. 그러나 이 두려움은 '굶어 죽는 것에 대한 두려움'이다. 다시 말하면 이 두려움은 그 자신 밖에서만 의미를 갖는다. 이 두려움은 내가 '위험에 처해 있는' 것으로 파악하는 한 생명의 유지라는, 이상적으로 제기된 하나의 목적 안에서만 의미를 갖는다. 더욱이 이 두려움은, 이번에는 내가 이 생명에 암암리에 주고 있는 '가치'와의 관계에 있어서밖에 이해되지 않는다. 다시 말하면, 이 두려움은 가치라고 하는 이상적인 대상들의 질서정연한 그 체계와 관계가 있다. 그리하여 동인은, 자신이 무엇인지를, '있지 않은' 존재들의 총체에 의해서, 이상적인 존재들에 의해서, 장래에 의해서, 자신에게 알려준다. 미래가 현재와 과거 위로 되돌아와서 그것들을 밝혀 주는 것과 마찬가지로 동인에 동인으로서의 구조를 주기 위해 뒷걸음질치는 것은 나의 모든 기도(企圖)의 총체이다.

즉자(卽自)가 동기 또는 동인으로서 가치를 지니게 되는 것은, 다만 내가 나의 가능성을 향해 나를 무화함으로써 이 즉자에서 빠져나오기 때문이다. 동기와 동인은 바로 비존재자들의 총체인 하나의 기투(企投)된 총체의 내부에서만 의미를 갖는다. 더욱이 이 총체는 결국 초월로서의 나 자신이다. 이 총체는 내가 나 밖에서 나 자신으로 있어야 하는 한에서의 나 자신이다. 우리가 조금 전에 세운 원칙을 되돌아보자. 만일 우리가 노동자 괴로움의 동인으로서 가치를 부여하는 것이 하나의 혁명을 가능하게 하는 것임을 생각한다면, 우리가 어떤 상황을 조직화하여 그것을 동기나 동인의 복합이 되게 하는 것은, 그 상황을 변경시킨다는 우리의 가능성을 향해, 그 상황을 빠져나감으로써 가능하다고 결론지어야 할 것이다.

우리가 상황에 대해 후퇴를 행할 때의 무화작용은, 우리가 이 상황의 변화를 향해 자기를 기투하는 탈자와 다를 바가 없다. 따라서 동인이 없는 행위를 찾아내는 건 사실 불가능하다는 얘기가 되는데, 그렇다고 해서 동인이 행위 원인이라고 결론지어서는 안 된다. 동인은 행위의 통합적 부분이다. 왜냐하면 하나의 변화를 향한 결연한 기도는 행위와 다를 바가 없으므로, 동인·행위·목적이 구성되는 것은 다만 하나의 나타남 속에 있기 때문이다. 이 세 가지 구조의 각각은 그 의미로서 다른 두 가지 구조를 요구한다. 그러나 이 세 가지 구조의 조직적인 전체는 이미 어떤 단독의 구조에 의해서도 설명되지 않는다. 더욱이 즉자에 대한 단순한 시간적인 무화로서의 이 전체의 나타남은 자유와 다를 바가 없는 것이 된다. 행위의 목적과 그 동인에 대해 결정하는 것은 행위이며, 행위는 자유의 표현이다.

그렇다 해도, 우리는 이런 피상적인 고찰 속에 머물러 있을 수 없다. 행위의 기본적 조건이 자유라면, 우리는 자유를 더욱 정밀하게 기술하려고 노력해야 한다. 그러나 우리는 무엇보다 먼저 하나의 커다란 어려움에 부딪힌다. 즉 기술한다는 것은, 보통 어떤 독특한 본질의 구조를 밝히고자 하는 하나의 설명적인 활동이다. 게다가 자유는 본질을 갖지 않는다. 자유는 어떤 논리적 필연성에도 따르지 않는다. 하이데거는 현존재 일반[*3]에 대해 '거기에 있어서는 실존이 본질에 앞서고, 본질보다 우위를 차지한다'[*4]고 말했는데, 그렇게 말해야 하는 것은 오히려 자유에 대해서이다. 자유는 자기를 행위로 만든다. 우리는 보통 행위 속에 들어 있는 온갖 동기·동인·목적을 가지고, 자유가 조직하는 행위를 통해 자유에 이른다. 그러나 바로 이 행위는 하나의 본질을 가지고 있기 때문에, 그것은 우리에게 있어서 '구성된 것'으로서 나타난다. 만일 우리가 행위를 구성하는 힘까지 거슬러 올라가고자 한다면, 우리는 이 구성력 속에서 하나의 본질을 발견하려는 모든 희망을 완전히 포기해야만 한다. 왜냐하면 그렇게 되면 이 본질이 하나의 새로운 본질을 요구할 것이고, 그것이 한없이 계속될 것이기 때문이다. 그렇다면 끊임없이 자기를 만드는 실존, 하나의 정의에 갇히는 것을 거부하는 실존을 어떻게 기술할 수 있을 것인가? 여느 낱말처럼, 자유라는 말도 하나의 개념을 가리키는 것으로 해석해야 한다면 '자유'라고 이르는 것조차 이미 위험한 일이다. 규정할 수도 없고 일컬을 수도 없다면, 자유는 기술할 수 없는 것이 아닐까?

앞에서 우리가 '현상 존재'와 '무'에 대해 기술하려고 했을 때, 우리는 똑같은 몇 가지 어려움에 부딪혔다. 하지만 그런 어려움이 우리를 막지는 않았다. 왜냐하면 본질을 지향하는 것이 아니라, 현실존재자 그 자신을 그 독자성에 있어서 지향하는 기술이 있을 수 있기 때문이다. 물론 나는 타자에게도 나 자신에게도 공통된 그런 자유를 기술할 수 없을 것이다. 따라서 나는 자유의 본질을 살펴볼 수도 없을 것이다. 인간이 모든 세계 내적인 본질을 드러내 보이는 것은, 인간 자신의 모든 가능성을 향해 세계를 뛰어넘어야 가능하므로, 그와는 정반대로 모든 본질의 근거가 되는 것은 자유이다. 그러나 사실을 말하면, 문제가 되는 것은 '나의' 자유이다. 또한 이와 마찬가지로 내가 의식을 기술했을 때도 문제가 된 것은 약간의 개인에게 공통된 하나의 본성이 아니라, 실은 '나의' 독자적인 의식이었다. 나의 독자적인 의식은 나의 자유와 마찬가지로 본질 저편에 있는 것이다. 또는—우리가 여러 번 되풀이해서 보여 준 것처럼—나의 독자적인 의식에 있어서 '존재하다(être)'는 존재했다(avoir été)이다. 이런 의식을 그야

[*3] 하이데거의 Dasein(현존재)은 인간존재의 뜻으로 받아들일 수 있다.

[*4] existence(실재)는 개별적인 현실존재를 말하고, essence(본질)은 개개의 현실존재에 공통되는 보편적이고 일반적 존재를 말한다.

말로 그 존재 자체에서 파악하기 위해 나는 '코기토'라고 하는 한 특수한 경험을 이용했다.

베르제(G. Berger)가 지적한 것처럼*5 후설과 데카르트는, '코기토'가 하나의 '본질적인 진리(vérité d'essence)'를 넘겨줄 것을 코기토에 대해 요구한다. 우리는 데카르트 안에서 두 개의 단순한 본성의 연관에 이를 것이고, 후설 안에서 의식의 형상적인 구조를 파악할 것이다. 그러나 만일 의식이 그 존재에 있어서 의식의 본질에 선행해야 한다면, 데카르트나 후설은 둘 다 하나의 오류를 범한 것이 된다. 우리가 '코기토'에 대해 요구할 수 있는 것은 단순히 '코기토'가 우리에게 하나의 사실적 필연성을 보여 주는 것뿐이다. 우리는 자유를 '우리의 것'인 자유로서, 단순한 사실적 필연성으로서, 다시 말해 우연적인 존재자이기는 하지만, 내가 그것을 체험하지 '않을 수 없는' 존재자로서 규정하는 것인데, 그 경우에 우리가 근거를 구하는 것은 또한 코기토에 대해서이다.

나는 사실 자기의 행위를 통해서 자기의 자유를 '배우는' 하나의 존재자이다. 그러나 나는 또한 자신을 자유로서 시간화하는 개별적인 유일한 존재를 지닌 하나의 존재자이다. 그런 존재자로서 나는 필연적으로 자유(에 대한) 의식이다. 왜냐하면 존재하는 것의 비조정적인 의식으로서가 아니면, 아무것도 의식 속에 존재하지 않기 때문이다. 그래서 나의 자유는 끊임없이 나의 존재 안에서 문제가 되고 있다. 나의 자유는 나중에 덧붙은 하나의 성질도 아니고, 나의 본성의 '특질'도 아니다. 나의 자유는 틀림없는 내 존재의 소재이다. 더욱이 나의 존재는 나의 존재에 있어서 문제가 되고 있으므로, 나는 필연적으로 자유에 대한 일종의 깨달음을 가지고 있어야 한다. 우리가 지금 해명하고 있는 것은 이런 깨달음이다.

자유를 그 핵심에서 포착하도록 우리를 도와줄 수 있는 것은, 우리가 이 저작의 집필 중에 그 문제에 대해 행한 몇 가지 고찰이므로, 우선 여기서 우리는 그것을 요약해야 한다. 사실 이 책 제1부부터 확실히 해 온 일이지만, 만일 부정이 인간존재에 의해 세계에 이른다면, 인간존재는 세계에 대해 그리고 자기 자신에 대해 하나의 무화적 단절을 이룰 수 있는 존재로 있어야 한다. 또한 우리가 이미 밝혀둔 것처럼, 이런 단절의 끊임없는 가능성은 자유와 다를 바

---

*5 원주. 가스통 베르제(Gaston Berger) 지음, 《후설과 데카르트에서의 코기토(Le Cogito chez Husserl et chez Descartes)》, 1940년 펴냄.

가 없는 것이다. 그 반면에 우리가 이미 확인한 바와 같이, 내가 있는 그대로의 것을 '그것을 존재했다'는 형태로 무화할 수 있는 이 끊임없는 가능성은 인간에게 있어서 하나의 특수한 형식의 존재를 담고 있다. 그래서 우리가 이를테면 자기기만에 대한 분석 같은 몇몇 분석에서 출발하여 규정할 수 있었듯이, 인간존재는 자기 자신의 무이다. 존재한다는 것은 대자에게 있어서 대자가 그것으로 있는 그대로의 즉자를 무화하는 일이다. 이런 조건이라면, 자유는 이런 무화(無化) 이외에 아무것도 될 수 없을 것이다. 대자가 그 본질과 그 존재에서 탈출하는 것은 자유에 의해서이다. 대자가 항상, 대자에 대해 우리가 '말할' 수 있는 것 이외의 것인 것은 자유에 의해서이다. 왜냐하면 대자는 적어도 그런 이름을 붙이는 것 자체에서 탈출하는 것이고, 이미 우리가 그것에 부여하는 이름 저편에, 우리가 그것에 인정하는 특질 저편에 있는 것이기 때문이다. 대자는 그것이 있는 그대로의 것으로 있어야 한다는 말, 대자는 그것이 있는 것으로 있지 않은 동시에 그것이 있지 않은 것으로 있다는 말, 대자에게 있어서는 실존이 본질에 앞서고 본질에 조건을 붙인다는 말 또는 그 반대로 헤겔의 정의에 따라, 대자에게 있어서 '본질이란 있었던 바의 것이다'*6라는 말, 그런 것들은 모두 요컨대 '인간은 자유이다'라고 하는 단 하나의 똑같은 사항을 표현한 것이다.

사실 내가 나의 행위를 촉구하는 온갖 동기에 대해 의식하고 있다는 것만으로 그런 동기들은 이미 나의 의식에 있어서 초월적인 대상이다. 그런 동기는 밖에 있다. 내가 아무리 그런 동기에 매달려 보려고 해도 헛된 일이다. 나는 나의 실존 자체에 의해 그런 동기에서 탈출한다. 나는 영원히 나의 본질 저편에, 내 행위의 동인이나 동기 저편에 존재해야 하는 운명에 있다. 다시 말해, 나는 자유롭게 있도록 운명지어진 것이다(Je suis condamné à être libre). 요컨대 나의 자유에 관해서, 우리는 자유 그 자신 이외에 어떤 한계도 발견할 수 없을 것이다. 또는 이렇게 달리 말해도 좋을 것이다. 우리는 자유로운 것을 그만두는 것에 대해서는 자유롭지 않다(Nous ne sommes pas libres de cesser d'être libres). 대자(對自)가 자기 자신의 무(無)를 자신에게 숨기고, 즉자(卽自)를 자기의 참된 존재방식으로서 자신에게 하나가 되고 싶어 하는 한에서, 대자는 또 자기의 자유를

---

*6 Wesen ist was gewesen ist.

자신에게 숨기려고 시도하고 있는 것이다. 결정론의 깊은 의미는 우리 속에 어긋남이 없는 하나의 즉자적인 존재연속을 만드는 데 있다. 결정론의 견지에서 볼 때, 동인은 심적 사실, 다시 말해 주어진 충실한 실재로서 생각되는데, 이와 같은 동인은 단락이 전혀 없이, 마찬가지로 심적으로 주어졌다고 생각되는 결의와 행위에 연결되어 있다. 즉자가 그 모든 주어진 것의 '자료'를 차지해 버린 것이다.

원인이 결과를 부르듯이 동인은 행위를 부른다. 모든 것은 실재적이고 모든 것은 충실하다. 그러므로 자유의 거부는 자기를 즉자존재로 파악하고자 하는 시도로밖에 생각될 수 없다. 자유의 거부와 자기를 즉자존재로 파악하고자 하는 시도는 함께 짝을 이룬다. 인간존재는 자기의 자유를 승인하는 것을 끊임없이 거부하려 하기 때문에, 자기 존재에 있어서 그 자유가 문제가 되는 하나의 존재이다. 심리학적으로 말하면 위의 것들은 결국 우리 각자 속에 동인과 동기를 '사물'로서 파악하려는 시도이다. 우리는 그런 동인과 동기에 사물이 지닌 항상성을 부여하고자 한다. 동인과 동기가 지닌 성질과 무게는 매 순간마다 내가 그것에 주는 의미에 의존하고 있으면서도, 우리는 그것을 자신에게 숨기려고 한다. 우리는 그것이 변하지 않는 것으로 생각한다. 그것은 결국, 내가 조금 전에 또는 어제, 그런 동인과 동기에 부여한 의미—그 의미는 '지나간' 것이기 때문에 돌이킬 수 없는 것이지만—를 고려에 넣는 일이고, 현재에 이르기까지 굳어진 성격을 거기서 이끌어 내는 일이다. 나는, 동기는 그것이 '있었던' 그대로 '있다'고 나 자신에게 믿게 하려고 애쓴다. 그리하여 동기는 나의 지나간 의식에서 현재의 의식으로, 송두리째 그대로 옮겨가게 될 것이다. 동기는 내 의식 속에 자리잡아 살게 될 것이다. 그것은 대자에게 하나의 본질을 부여하고자 하는 일이다. 같은 방법으로 목적을 초월자로서 제시하는 사람도 있을 것이다. 그것 자체는 그다지 잘못된 것이 아니다. 그러나 그들은 그런 초월자를, 나 자신의 초월에 의해 제시된 것이고, 나 자신의 초월에 의해 존재 속에 지탱되고 있는 것으로 생각하지 않고, 내가 세계 속에 나타날 때, 내가 그런 초월자를 만나는 것이라고 생각할 것이다. 다시 말해서 그런 초월자는 신으로부터, 자연으로부터, '나'의 본성으로부터, 사회로부터 오는 것이라고 그들은 말할 것이다. 따라서 그런 인간 이전에 이미 성립된 목적은, 내가 나의 행위의 의미를 생각하기도 전에, 나의 행위의 의미를 규정할 것이다. 마찬가지로 단순히 심적으로 주어진 것으로서의 동기는, 내가 그런 동기를 깨닫지 못했는데도 나의 행위를 이끌어 낼 것이다. 동기·행위·목적은 하나의 '연속체', 하나의 '충실'을 이룬다. 존재의 무게로 자유를 질식시키려다 실패한 이 시도들은—그런 시도는 자유 앞에서 불안이 갑자기 나타날 때 저절로 무너진다—자유가 그 바탕에서, 인간의 핵심에 존재하는 무와 일치하는 것임을 충분히 보여 주고 있다.

인간존재가 자유인 것은 인간존재가 '충분히 존재하지는 않기' 때문이고, 인간존재가 끊임없이 자기 자신으로부터 분리되고 있기 때문이며, '인간존재가 그것으로 있었던 것'이, 하나의 무에 의해, '인간존재가 그것으로 있는 것'과 '인간존재가 그것으로 있을 것'으로부터 분리되어 있기 때문이다. 그것은 결국 인간존재의 현재적인 존재 자체가 '반사—반사하는 것'이라는 형태에서의 무화이기 때문이다. 인간은, 그가 자기로 있는 것이 아니라 자기에 대한 현전으로 있기 때문에 자유이다. 그것이 있는 그대로의 것으로 있는 존재는 자유로울 수가 없을 것이다. 자유란 그야말로 인간의 핵심에서 '존재되는' 무(無)이고, 이 무가 인간존재로 하여금 '존재하는' 대신 자기를 만들도록(se faire) 강요하는 것이다. 우리가 이미 살펴본 것처럼, 인간존재에 있어서 존재한다는 것은 '자기를 선택하는(se choisir)' 일이다. 인간존재가 '받아넣거나(recevoir)' '받아들이고(accepter)' 할 수 있는 것은, 어떤 것도 외부로부터나 내부로부터 그에게 찾아오지 않는다. 인간존재는 가장 작은 세부에 이르기까지 자기를 존재하게 해야 한다는, 지탱할 것이 없는 필연성에 어떤 종류의 도움도 없이 전적으로 맡겨져 있다. 그러므로 자유는 '하나의' 존재가 아니다.

자유는 인간의 존재이다. 다시 말해 자유는 인간의 '존재의 무(無)'이다. 만일 우리가 먼저 인간을 하나의 충실이라고 생각한다면, 나중에 인간이 거기서 비로소 자유로워지는 심적 계기와 심적 영역을 인간 내부에서 찾는 것은 부조리일 것이다. 그것은 마치 미리 가득 채워놓은 그릇 속에서 공허를 찾는 것과 같다. 인간은 어떤 때는 자유롭고 어떤 때는 노예가 되고 하는 일은 불가능할 것이다. 인간은 항상 전면적으로 자유롭거나 아니면 전면적으로 자유롭지 않거나 어느 한쪽이다.

위의 고찰은 만일 우리가 그것을 이용할 줄만 안다면, 우리를 새로운 발견으로 이끌어 줄 수 있다. 그런 고찰은 우리에게 무엇보다 자유와 이른바 '의지'의 관계를 밝혀 줄 것이다. 사실 자유로운 행위와 지적 행위를 동일시하고, 정념의 영역에는 결정론적 설명을 적용하려는 매우 일반적인 경향이 있다. 그것은 요컨대 데카르트의 견해이다. 데카르트적인 의지는 자유이지만, 그 속에는 '영혼의 정념'이란 것이 남아 있다. 데카르트도 이런 정념에 대해 일종의 생리적인 해석을 시도한 것이다. 더 뒤에 가서는, 사람들은 순수하게 심리적인 일종의 결정론을 세우려고 할 것이다. 이를테면 프루스트가 질투나 스노비즘(snobisme)에 대해 시도한 주지주의적인 분석은 정념의 '메커니즘'에 관한 그런 사고방식에 주석(註釋) 역할을 할 수 있다. 그러나 그렇게 되면, 인간을 자유인 동시에 결정된 것으로서 생각해야 할 것이다. 그리고 본질적인 문제는 이런 무조건적인 자유와 심적 생활의 결정된 과정 사이의 여러 관계에 대한 문제가 될 것이다. 이런 무조건적인 자유가 그 정념들을 어떻게 해서 지배할 것인가? 이와 같은 자유가 그 정념들을 어떻게 하여 자기에게 이익이 되도록 이용할 것인가? 예로부터 내려오는 지혜—스토아학파의 지혜—는 정념을 지배할 수 있게 하려고, 정념과 타협하는 것을 가르칠 것이다. 즉, 인간은 자연을 더욱더 지배하기 위해 자연에 따르는 것인데, 그들은 감정적인 것에 대해서도 인간이 자연일반에 대해 하는 것과 같은 태도를 취하라고 권할 것이다. 그러므로 인간존재는 결정된 과정들의 총체에 의해 에워싸인 하나의 자유로운 능력으로서 나타난다. 그렇게 되면 전적으로 자유로운 행위, 자유로운 의지가 좌우할 수 있는 결정된 과정, 원칙적으로 인간적인 의지에서 탈출하는 과정 등 이 세 가지가 구별될 것이다.

알고 있으리라고 생각하지만, 우리는 결코 그런 사고방식을 받아들일 수 없을 것이다. 그러나 우리의 거부 이유를 더욱 잘 이해하도록 노력해 보자. 우선 하나의 분명한 이론이 있는데, 그것을 설명하는 것은 그다지 시간 걸리는 일이 아닐 것이다. 그것은 심적 통일성의 중심에 그처럼 둘로 나뉜 이원성을 생각할 수 없다는 이론이다. 한편으로는 서로 상대편에 의해 결정되는 일련의 사실, 따라서 서로 외부에 존재하는 일련의 사실로서 자기를 구성한다. 다른 한편으로는 스스로 존재하도록 자기를 결정하는 하나의 자발성, 자기 자신에게만 소속되는 하나의 자발성으로서 자기를 구성하는데, 게다가 또 '일자(一者)'인 하나의 존재를 어떻게 생각할 수 있을 것인가? 선험적(아프리오리)으로 보아, 이런 자발성은 이미 '구성되어 있는' 하나의 결정론에 대해 어떤 작용도 미칠 수 없을 것이다. 이 자발성이 도대체 무엇에 대해 작용할 수 있다는 말인가? 대상 그 자체(현재의 심적 사실)에 대해서인가? 그러나 정의상, 그것이 있는 그대로 의 것으로밖에 있지 않은 하나의 즉자(卽自), 그것이 있는 그대로의 것으로밖 에 있을 수 없는 하나의 즉자를, 이 자발성이 어떻게 바꿀 수 있을 것인가? 그 럼, 과정의 법칙 자체에 대해 작용한다는 말인가? 그것은 모순이다. 과정 속의 온갖 여건에 대해서인가? 그러나 현재의 심적 사실에 작용하여, 그것을 그 자 신에게 있어서 변형시키는 것이나, 현재의 심적 사실에 작용하여 그 결과를 변 형시키는 것이나, 요컨대 같은 일이다. 게다가 그 어느 쪽 경우에도, 우리는 앞 에서 지적한 것과 같은 불가능에 이르게 된다. 또한 이 자발성은 어떤 도구를 마음대로 할 수 있다는 것인가? 손이 무엇을 잡을 수 있는 것은 손에 무언가 잡힐 수 있기 때문이다.

자발성은 정의상, '이를 수 없는 것'이기 때문에 자기 쪽에서도 '이를' 수가 없 다. 자발성은 스스로 자기를 만들어 내는 일밖에 할 수 없다. 그러므로 만일 자발성이 어떤 특수한 도구를 마음대로 다룰 수 있어야 한다면, 그런 도구는 자유의지와 결정된 정념 사이의 중개적인 성질로 봐야 할 것이다. 하지만 그런 것은 용인될 수 없다. 물론 그 반대로, 정념이 의지에 대해 뭔가 작용하는 힘을 가진다는 것은 있을 수 없는 일이다. 사실 자발성에 대해 작용하는 것은, 결정 된 과정에 있어서 불가능한 일이다. 그것은 바로, 의식에 대해 작용하는 것이 대상에 있어서 불가능한 것과 같다. 그러므로 이 두 가지 형식의 존재자의 종 합은 모두 불가능하다. 이 두 가지 형식의 존재자는 같은 성질이 아니다. 그 둘 은 각각 소통이 불가능의 고독 속에 머물 것이다. 무화적(無化的)인 하나의 자 발성이 기계적인 과정과의 사이에 가질 수 있는 유일한 유대는 '그런 존재자에 서 출발하여' '내적 부정'에 의해 스스로 자기를 태어나게 하는 것이다. 그러나 바로 그렇다고 한다면, 자발성이 존재하는 것은, 이 자발성이 자기 자신에 대해 자신이 그런 정념이라는 것을 부정하는 한에서만 가능할 것이다. 그렇게 되면, 결정된 파토스(정념)의 총체는 자발성에 의해 필연적으로 하나의 단순한 초월 자로서 파악될 것이다. 다시 말해 그것은 필연적으로 '밖에' 존재하는 것으로 서, 자발성이 '아닌' 것으로서 파악될 것이다. 그러므로 이런 내적 부정은 파토 스를 '세계 속에' 녹아들게 하는 결과밖에 되지 않을 것이다. 더욱이 이 파토스 는 의지인 동시에 의식인 하나의 자유로운 자발성에 있어서, 세계 한복판의 임 의의 한 대상으로서 존재할 것이다. 이런 검토에서 알 수 있듯이, 두 가지의 해결이, 그것도 이 두 가지 해결만이 가능하다. 인간은 전면적으로 결정되어 있거나(그것은 용인될 수 없는 일이다. 왜냐하면 특히 결정된 의식, 즉 밖으로부터 동기가 부여된 의식은 그 자신이 단순한 외면성이 되어, 더 이상 의식으로 있기를 그치기 때문이다), 아니면 전면적으로 자유이거나 둘 중의 하나이다.

그러나 위의 고찰은 아직 우리에게 특별히 중요한 것은 아니다. 그것은 소극적인 의의를 지니고 있을 따름이다. 이와는 반대로 의지에 대한 연구는 자유에 대한 이해라는 점에서 우리를 더욱 전진시켜 줄 것이다. 그러므로, 맨 먼저 우리의 주의를 끄는 것은, 만일 의지가 자율적이어야 한다면, 의지를 하나의 '주어진' 심적 사실로, 다시 말해 즉자로 생각하는 것은 불가능한 일이다. 의지는 심리학자에 의해 '의식상태'로서 규정되는 것의 범주에 속할 수 없을 것이다. 여기서도 다른 모든 경우에서처럼, 우리는 의식상태가 실증적 심리학의 단순한 우상이라는 것을 인정하지 않을 수 없다. 의지가 만일 자유이어야 한다면, 의지는 필연적으로 부정성이고 무화능력이다. 그러나 그렇게 되면 의지에 대해서 자율성이 미뤄지는 것은 무엇 때문인지, 우리는 더 이상 납득할 수 없게 된다. 사실 의욕(volitions)이 있으면, 다른 한편으로, 온갖 정념과 파토스 일반으로 가득찬 치밀한 씨실 속에 나타나는, 그런 무화의 구멍 같은 것은 생각할 수 없다. 만일 의지가 무화라면, 심적인 것의 총체가 마찬가지로 무화가 아니면 안 된다. 또한—우리는 뒤에 다시 한 번 이 문제로 돌아오겠지만—정념적인 '사실'과 그저 단순한 욕구가 무화적이지 않다고, 사람들은 어떤 점에서 그렇게 생각하는 것일까? 정념은 무엇보다 먼저 계획이고 기도가 아닐까? 정념은 바로, 어떤 사물의 상태를 허용할 수 없는 것으로서 제시하는 것이 아닐까? 따라서 정념은 그런 상태에 대해 후퇴하여, 그런 상태를 고립시킴으로써 그것을 무화하고, 하나의 목적의 빛, 다시 말해 하나의 비존재의 빛으로 그 상태를 바라보지 않을 수 없는 것이 아닐까? 더욱이 정념은 그 자신의 목적을 가지고 있어, 정념이 그 목적을 비존재자로서 내세우는 순간에, 이 목적은 확실하게 인식되는 것이 아닐까? 그리하여 무화가 바로 자유의 존재라면, 의지에만 자율성을 인정하고 정념에는 그것을 거부하는 것은 무슨 이유에서일까?

그뿐만이 아니다. 의지는 자유의 유일한 나타남 또는 적어도 특권적인 나타남이 아니다. 오히려 그 반대로 의지는 자기를 의지로서 구성할 수 있기 위해서는 대자의 모든 사건과 마찬가지로 하나의 근원적인 자유를 근거로서 전제한다. 사실 의지는 어떤 목적에 대해 반성적인 결정으로서 자기를 내세운다. 그러나 그런 목적은 의지가 지어내는 것이 아니다. 의지는 오히려 목적에 대한 하나의 존재방식이다. 의지는 그런 목적의 추구가 반성되고 탐구될 것을 명한다. 정념도 똑같은 목적을 내세울 수 있다.

예를 들면 나는 하나의 위협 앞에 죽음의 두려움으로 말미암아 있는 힘을 다해 도피할 수도 있다. 이 정념적 사실은 그럼에도 또한 생명의 가치를 최고 목적으로서 암암리에 내세우고 있다. 이와는 반대로 다른 어떤 남자는 설령 처음에는 저항하는 것이 도피하는 것보다 더 위험한 것처럼 보일지 몰라도, 자신은 그 자리에 머물러 있어야 한다고 생각할지도 모른다. 그 남자는 '버틸 것이다.' 그러나 그의 목표는 물론 훨씬 더 잘 이해되고, 명료하게 세워져 있지만 또한 감동적인 반응의 경우와 같다. 다만 그 목표에 이르는 수단들이 훨씬 확실하게 생각되고 있을 따름이다. 수단 가운데 어떤 것은 미심적은 것 또는 쓸모없는 것으로서 물리치고, 다른 수단들은 훨씬 더 튼튼하게 조직되는 것이다. 이 경우, 양자의 차이는 수단의 선택에 달려 있고 반성이나 해명의 정도에 달려 있지, 목적에 달려 있는 것이 아니다. 그럼에도 도피하는 사람을 '정념적'이라고 말하며, '의지적'이라는 꾸밈말은 저항하는 사람을 위해 남겨진다. 따라서 문제는 하나의 초월적인 목적에 대한 주관적인 태도의 차이다. 그러나 만일 우리가 앞에서 지적한 오류에 빠지지 않기를 원한다면 또 그와 같은 초월적 목적을 인간 이전의 것으로 생각하거나, 우리의 초월의 '선험적'인 한계로 생각하는 것을 원하지 않는다면, 우리는 그런 목적이 우리 자유의 시간적인 투영임을 인정하지 않을 수 없다.

인간존재는 우리가 이미 살펴본 것처럼, 자기의 목적을 밖에서 받을 수도 없고, 이른바 내적인 '본성'으로부터 받을 수도 없다. 인간존재는 그런 목적을 선택하는 것이며, 그 선택 자체에 의해 목적에 자기의 기투(企投)의 외적인 한계인 하나의 초월적 존재를 부여하는 것이다. 그런 관점에서 볼 때—그리고 현존재의 실존은 그 본질에 앞서고, 그 본질보다 우위를 차지한다는 것을 잘 이해한다—인간존재는 그 나타남 자체에 있어서 또 그 나타남 자체에 의해서, 자기자신의 존재를 자기의 목적에 비추어 규정하도록 결정한다.

그러므로 내 존재를 특징지어 주는 것은 내 궁극적인 목적 정립이며, 그와 같은 정립은 내 자유의 근원적인 용솟음과 동일시된다. 게다가 이 용솟음은 하나의 '실존'이다. 용솟음은 하나의 관념에 의해 생기게 되는 하나의 존재 본질이나 특질 같은 것을 전혀 가지지 않는다. 그러므로 자유는 나의 실존과 동일시될 수 있는 것이므로, 의지에 의해서든 정념적인 노력에 의해서든, 내가 이르고자 하는 목적의 근거이다. 그렇다면 자유는 의지적 행위에 국한될 수는 없을 것이다. 오히려 반대로, 의욕은 정념과 마찬가지로 우리가 근원적인 자유에 의해 내세워진 목적에 이르고자 할 때, 어떤 종류의 주관적인 태도이다. 말할 것도 없는 사실이지만, 근원적인 자유를 의지적인 행위나 정념적인 행위에 앞설 수 있는 자유로 이해해서는 안 된다. 오히려 근원적인 자유는 의지와 정념의 엄밀하게 동시적인 하나의 근거이며, 의지와 정념은 각각 독자적인 방법으로 그런 근거를 '나타내고 있다'고 이해해야 한다. 또한, 마치 베르그송의 '깊은 내면적인 나'가 표면적인 나에 대치되듯이, 자유가 의지나 정념에 대치되어서도 안 된다. 대자는 전적으로 자기성이며, '깊은 내면적인 나'라는 말을 프시케의 초월적인 어떤 구조로 해석하지 않는 한, 대자는 '깊은 내면적인 나'를 갖지 못할 것이다.

자유는 우리 의지 또는 정념의 '존재' 이외에 아무것도 아니지만, 다만 그것은 우리 의지 또는 정념의 존재가, 사실성에 대한 무화인 한에서이다. 다시 말하면, 자신의 존재가 '있어야 하는(avoir à être) 존재방식으로 자기 존재로 있는 하나의 존재'의 사실성에 대한 무화인 한에서이다. 이것에 대해서는 나중에 다시 논하게 될 것이다. 어쨌든 우리는 자기의 가능을 향한 대자 자신의 초월적인 기도에 있어서, 대자에 의해 이미 세워져 있는 동인(動因)과 목적의 테두리 안에서 의지가 결정된다는 것을 마음에 넣어두자. 그렇지 않으면 어떻게 숙고(熟考)라는 것을 이해할 수 있겠는가? 그것은 이미 존재하는 온갖 목적과의 관계에 있어서 수단을 평가하는 것이기 때문이다.

만일 그런 목적이 이미 세워져 있다면, 끊임없이 결정되도록 남겨져 있는 것은, 그런 목적에 직면하여 내가 처신할 때의 방법, 달리 말하면 내가 취하게 될 태도이다. 나는 의지적일 것인가, 아니면 정념적일 것인가? 나 말고 누가 그것을 결정할 수 있을 것인가? 사실, 만일 여러 가지 사정이 나를 대신해서 그것을 결정하는 것(예를 들면 나는 조그만 위험 앞에서는 의지적일 수 있겠지만, 만일 위험이 커진다면 나는 정념에 빠질 것이다)을 우리가 인정한다면, 그것으로 인해 우리는 모든 자유를 말살해 버리게 될 것이다. 사실 의지는 그것이 나타나 있을 때는 자율적이지만, 그것이 나타나는 순간에는 여러 가지 외적인 사정에 의해 엄밀하게 결정된다는 주장은 부조리가 될 것이다. 그러나 다른 한편으로, 아직 존재하지 않는 하나의 의지가 수많은 정념의 연쇄를 깨고 이 연쇄의 파편 위에 갑자기 나타나는 것을 갑자기 결심할 수 있다는 주장은, 어떻게 지지를 얻을 것인가? 그런 사고방식은 결국 의지를 하나의 '능력'으로 여기게 될 것이다. 게다가 이런 능력은 때로는 의식에 나타나고 때로는 숨어서 머물러 있지만, 어쨌든 하나의 특질의 항상성과 '즉자'존재를 지니게 될 것이다. 그것은 분명히 용인될 수 없는 일이다.

그렇지만 사람들의 일반적인 의견이 도덕생활을 하나의 사물—의지와 실체—정념 사이의 투쟁으로 생각하고 있는 것은 사실이다. 그 의견 중에는 일종의 심리적인 마니케이즘*7이라고 할 수 있는 것이 있지만, 이것은 절대로 지지를 얻을 수 없다. 사실은 결의하는 것만으로는 충분하지 않으며, 결의할 것을 결의해야 한다. 예를 들면 어떤 하나의 상황이 주어졌다고 하자. 나는 그 상황에 대해 감동적으로 반응할 수 있다. 감동이 생리적인 폭풍우가 아니라는 것을 우리는 다른 논문에서 제시했다.*8 감동은 상황에 주어진 하나의 반응이다. 감동은 하나의 행동이며, 이 행동의 의미와 형식은 특수한 수단에 의해 하나의 특수한 목적에 이르고자 하는 의식의 지향 대상이다. 두려움에서 오는 실신이나 방심은 위험에 대한 의식을 제거함으로써 그 위험을 제거하려 한다. 거기에 있는 것은, 의식에 의해 존재에 도래했음에도 의식을 구속하고 있는 무서운 세계를 없애기 위해, 의식을 잃어버리려고 하는 '지향'이다. 그러므로 여기서 문제가 되는 것은, 우리의 욕구의 상징적인 충족을 불러일으키는 동시에 세계의 마술적인 층을 드러내는 마술적인 행위이다. 그런 마술적인 행위와는 반대로 의지적·이성적 행위는 상황을 기술적으로 볼 것이고, 의지적·이성적 행위는 마술적인 것을 거부할 것이다. 또 문제의 해결을 가능하게 하는 결정된 계열과 도구적 복합을 파악하려고 전념할 것이다. 그리고 그것은 도구적 결정론의 입장에 섬으로써 하나의 수단 체계를 이룰 것이다. 그와 동시에, 의지적·이성적 행

---

*7 마니케이즘(manichéisme) : 3세기에 시작된 종교적 교설로 선과 악 또는 빛과 어둠 같은 대립적 원리에 의해 세계를 설명하는 이원론이다. 아우구스티누스도 젊은 시절에 이 교설에 심취한 적이 있다.

*8 원주.《정서론》(1939).

위는 하나의 기술적 세계를 개시할 것이다. 다시 말하면 의지적·이성적 행위는 각각의 도구복합이 훨씬 넓은 또 하나의 도구복합을 가리키고, 이어서 이것이 다시 또 하나의 도구복합을 가리키는, 하나의 세계를 드러내 보일 것이다. 그러나 세계의 마술적인 양상을 선택할 것인지, 아니면 세계의 기술적 양상을 선택할 것인지에 대해 나를 결심하게 하는 것은 누구일까? 그것은 세계 그 자체가 될 수는 없을 것이다—왜냐하면 세계는 나타나기 위해서 드러내 보여지기를 기다리기 때문이다. 그렇다면, 대자는 그 기도에 있어서, 세계가 마술적인 것으로서 드러내 보여질 것인지, 아니면 이성적인 것으로서 드러내 보여질 것인지, 어느 하나를 결정짓는 자인 것을 스스로 선택해야만 한다.

다시 말하면 대자는 자유로운 자기기투로서 마술적인 실재 또는 이성적인 실존을 자기에게 주어야 한다. 대자는 그 어느 쪽에 대해서도 스스로 '책임자'이다. 왜냐하면 세계의 어떤 양상은 선택됨으로써만 존재할 수 있기 때문이다. 그러므로 대자는 자기 의욕의 자유로운 근거로서 나타나는 동시에, 자기 감동의 자유로운 근거로서 나타난다. 나의 두려움은 자유이다. 나의 두려움은 나의 자유를 드러낸다. 나는 내 자유를 모두 나의 두려움 속에 둔 것이고, 이러저러한 사정에서 나를 겁쟁이로 선택한 것이다. 다른 이러저러한 사정에서는, 나는 의지적인 인간으로서, 용감한 자로서 존재할 것이고, 나는 나의 자유를 모조리 나의 용기 속에 두었을 것이다. 자유에 대해서는 어떤 특권적·심적 현상도 존재하지 않는다. 나의 존재방식은 모두, 자유를 드러낸다. 왜냐하면 나의 '존재방식'은 모두 내가 나 자신의 무(無)를 존재할 때 방식이기 때문이다.

위의 것은 행위의 '동기와 동인'이라고 불리는 것의 기술을 더욱 명확하게 밝혀 줄 것이다. 우리는 앞에서 이 기술을 대략적으로 살펴보았다. 우리는 여기서 다시 한 번 이 기술로 되돌아와서, 그것을 더욱 상세하게 논할 필요가 있다. 사실, '정념은 행위의 동인'이라고 말하는 사람도 있지 않은가?—또는 더 나아가서 '정념적 행위는 정념을 동인으로 가진 행위'라고 말하는 사람도 있다. 또 의지는 동인과 동기에 대해 숙고한 끝에 결정된 것으로서 나타나지 않는가? 그렇다면 과연 동기란 무엇일까? 동인이란 무엇일까?

'동기'는 보통 어떤 행위의 이유라고 이해하고 있다. 다시 말해, 행위를 합리화하는 이성적인 고려를 통틀어서 해석하고 있다. 만일 정부가 공채이율을 인하할 것을 결정한다면, 정부는 국가 채무의 경감이나 재정 쇄신 같은 '동기'를 제시할 것이다. 마찬가지로 역사가는 장관이나 군주의 행위를 설명하는 데 그 동기를 가지고 하는 것이 일반적인 사례이다. 선전포고할 때, 사람들은 그 동기를 찾는다. 이를테면 '지금이 절호의 기회이다', '적국은 내란으로 분열되어 있다', '지금이 영속될 우려가 있는 경제투쟁에 마침표를 찍을 때다' 등등. 대부분의 미개국의 왕들이 아리우스파이던 시기에 클로비스*9가 가톨릭으로 개종한 것은, 거기서 갈리아 지방에서 절대세력을 차지하고 있던 주교단의 호의를 얻을 수 있는 기회를 보았기 때문이다. 우리는 이 사실에서 동기는 상황에 대한 객관적 평가로 특징지어짐을 인정하게 될 것이다. 클로비스의 개종 동기는 갈리아의 정치적·종교적 상태였고, 주교단과 대지주와 하층민들 사이의 세력관계였다.

공채이율의 인하에 동기를 부여하는 것은 국가의 채무상태이다. 어쨌든 이와 같은 객관적 평가는 오로지 미리 준비된 하나의 목적의 빛에 비추어서만 가능하며, 이 목적을 향한 대자의 기도의 한계 안에서만 가능하다. 주교단의 세력이 클로비스에게 개종 동기로서 나타나려면, 다시 말해 클로비스가 이 개종으로 갖게 될 객관적 결과를 예측할 수 있으려면, 먼저 그가 갈리아 정복을 목적으로 하고 있어야만 한다. 만일 우리가 클로비스에게서 다른 목적을 추측한다면, 그는 주교단의 상황 속에서 자신이 아리우스파가 되는 동기, 또는 이교도로 머물게 되는 동기를 발견할지도 모른다. 또 클로비스가 교회의 상태를 생각할 때, 거기서 이런저런 방법으로 행동할 어떤 동기도 찾아내지 못할 수도 있다. 그 경우에는, 그는 이 문제에 대해 아무것도 발견치 못할 것이다. 클로비스는 주교단의 상황을 '드러내 보여지지 않은' 상태로 전적인 어둠 속에 내버려둘 것이다. 그러므로 우리는 어떤 정해진 상황에 대한 대상적인 파악을 '동기'라고 부르는 것인데, 다만 그것은 이 상황이 어떤 하나의 목적의 빛에 비쳐 보아서, 그 목적에 이르기 위한 수단이 될 수 있는 것으로서 드러나는 한에서이다.

동인은 그와는 반대로, 보통 하나의 주관적 사실로서 이해된다. 그것은 어떤 행위를 수행하도록 나를 떠미는 욕망·감동·정념을 통틀어 이른다. 역사가는 동기가 문제 행위를 설명하는 데 충분치 않을 때, 궁여지책으로밖에 동인을 탐구하지 않으며, 동인을 문제삼지 않는다. 페르디낭 로는 콘스탄티누스 대제

---

*9 Clovis(465~511) : 프랑크족을 통일한 왕. 당시 갈리아로 불린 프랑스 서부를 점거하고 파리에 수도를 정했다. 로마 가톨릭으로 개종하여 로마 교황의 지지를 받았다.

의 개종에 대해 사람들이 흔히 갖다 대는 이유가 불충분하거나 오류임을 제시하고 나서 다음과 같이 말했다. "분명하게, 콘스탄티누스 대제는 그리스도교를 믿음으로써 모든 것을 잃게 될 뿐, 아무것도 얻는 바가 없다고 생각되었으므로, 이 경우에 내릴 수 있는 결론은 하나밖에 없다. 즉, 대제는 이른바 병리학적이거나 신적(神的)인 질서에 속하는 갑작스러운 충동에 사로잡힌 것이다."*10 페르디낭 로는 동기에 의한 설명이 그에게 드러내 보이는 것으로 보이지 않았기 때문에 그것을 버리고 동인에 의한 설명을 택한 것이다. 이렇게 되면 설명은 역사상 인물의 심적 상태 속으로—또는 '정신' 상태 속까지—캐고 들어가야만 한다. 따라서 만일 다른 사람이었다면, 다른 종류의 정념과 욕망으로 다르게 행동했을지도 모르므로, 당연한 일이지만 그 사건은 완전히 우연한 것이 된다.

심리학자는 역사가와는 반대로 동인을 더욱 관심 있게 찾을 것이다. 심리학자는 사실 흔히 생각하기를, 동인은 행위를 불러일으킨 의식상태 '속에 담겨' 있다고 본다. 그러므로 이상적인 이성적 행위는 동인이 실질적으로 전혀 없을 것이고, 오로지 상황에 대한 객관적 평가에 의해서만 야기되는 행위일 것이다. 비이성적인 행위 또는 정념적인 행위는, 그 반비례에 의해 특징지어질 것이다. 그런데 아직 설명되지 않은 것은, 동기와 동인이 함께 존재하는 가까운 사례에서의 그 양자 사이의 관계에 대해서이다. 이를테면 나는 사회당이야말로 정의와 인류에 이바지하는 당이라고 생각하고 입당할 수도 있다. 또는 사회당이 나의 입당 후 몇 년 안에 중요한 역사적 세력을 차지할 것이라는 생각에서 입당할 수도 있다. 그런 것들은 동기이다. 또 그것과 동시에 나는 몇 가지 동인을 가질 수도 있다. 즉 어떤 종류의 피압박자들에 대한 동정이나 연민 감정, 지드가 말한 것 같은 '안전지대에 있다'는 것에 대한 부끄러움 또는 열등감, 주변 사람들의 이맛살을 찌푸리게 해 주고 싶다는 욕구 등등의 동인이 그것이다.

위의 동기와 동인을 이유로 내가 사회당에 입당했다는 것이 확인될 때, 사람들은 그것에 대해 무슨 말을 하고 싶어 할까? 분명하게 거기서 문제가 되는 것은, 근본적으로 다른 두 개의 의미층이다. 어떻게 이 양자를 비교하고 고려할 수 있을 것인가? 그 결정에 있어서 이 둘의 각각의 몫을 어떻게 결정할 것인가? 이 어려움은 확실히 동기와 동인 사이의 일반적인 구별에서 오는 몇 가

---

*10 원주. 페르디낭 로(Ferdinand Lot) 지음, 《고대 세계의 종말과 중세의 시작(La fin du monde antique et le début du moyen âge)》 p.35. Renaissance du Livre, 1927.

지 어려움 중에서도 가장 큰 것으로, 이제까지 한 번도 해결된 적이 없다. 그뿐만 아니라, 이 어려움을 그저 엿보기만 한 사람조차 얼마 없다. 그것은 의지와 정념 사이에 상극이 존재하는 것을 다른 형태로 내세우는 일이 되기 때문이다. 그러나 만일 고전적인 이론은, 동기와 동인이 서로 협력하여 똑같은 결정을 이끌어 내는 단순한 사례에 있어서, 동기와 동인에 저마다 고유한 작용을 부여할 수 없다는 것이 폭로된다 해도, 동기의 군(群)과 동인의 군이 각각 어떤 독자적 결정을 촉구할 때, 동기와 동인 사이에 생기는 상극을 설명하는 것은, 고전적인 이론에 있어서도 충분히 가능할 것이다. 또 이 상극을 '이해'하는 것도 마찬가지로 가능할 것이다. 그러므로 모든 것은 처음부터 다시 시작되어야 한다.

물론 동기는 분명히 대상적이다. 동기는 동시적인 사물들의 상태, 그것도 하나의 의식에 드러내 보여지는 그대로의 사물들의 상태이다. 콘스탄티누스 대제 시대에 로마의 평민과 귀족이 퇴폐에 빠진 것은 '대상적'이다. 또한 클로비스 시대에 가톨릭교회가 아리우스파를 타도하는 데 힘이 되어줄 군주를 우대할 용의가 있었던 것도 '대상적'이다. 그렇다 하더라도 일반적으로 대자는 하나의 세계를 '거기에 존재하게'*11 하는 존재로 있기 때문에, 이런 사태는, 하나의 대자에 대해서밖에 드러내 보여질 수 없다. 다시 말해 이런 사태는 이런저런 방법으로 자신을 선택하는 대자, 즉 자기 스스로 자기 개성을 만드는 대자에 대해서밖에 드러내 보여질 수 없다. 온갖 도구—사물의 도구적인 관련을 발견하려면 이런저런 방식으로 자기를 기투하지 않으면 안 된다. 대상적으로 보면, 칼은 날과 자루로 만들어진 하나의 도구이다. 나는 그 칼을 베고 자르는 도구로서 대상적으로 파악할 수 있다. 그러나 망치가 없을 때 나는 거꾸로 그 칼을 망치질하는 도구로서 파악할 수 있다. 나는 못을 박기 위해 그 자루를 쓸 수 있다. 그리고 이와 같은 파악은 마찬가지로 '대상적'인 것이다.

클로비스가 교회에서 받는 도움을 평가할 때, 여러 명의 주교 또는 특정한 한 주교가 그에게 제의를 했는지 여부는 확실하지 않다. 또한 성직자의 한 구성원이 가톨릭 군주와의 동맹을 확실하게 생각하고 있었는지 여부도 확실하지 않다. 그의 대자에게 있어서도 확인할 수 있는 엄밀하게 객관적인 사실들은 다만 갈리아 주민들에 대한 교회의 위대한 세력과 아리우스적인 이단에 대한 교

---

*11 '거기에 존재한다(il y a)'는 표현을 사르트르는, 즉자존재 전체가 대자에 의해 세계로 파악되는 경우의 형태로 사용했다.

회의 불안뿐이다. 그런 확인 사실이 조합되어 개종(改宗)의 동기가 되기 위해서는, 그 확인 사실을 전체에서 고립시켜야만 한다—또 그러기 위해서는 그것을 무화하여야만 한다—그리고 그것에 고유한 잠재성을 향해 그것을 초월해야만 한다. 클로비스에 의해서 대상적으로 파악되는 교회의 잠재성은, 교회가 개종한 국왕을 지원한다는 사실일 것이다. 그러나 이와 같은 잠재성은 아직 존재하지 않는 사물의 하나의 상태를 향해, 다시 말해 하나의 무(無)를 향해, 우리가 상황을 뛰어넘지 않는 한 드러내 보여질 수 없다. 요컨대 세계는 우리가 세계에 대해 묻지 않는 한 조언해 주지 않는다. 더욱이 사람들은 세계에 대해, 명확하게 정해진 목적을 위해서밖에 질문할 수가 없다. 그러므로 동기가 행동을 결정짓기는커녕, 오히려 동기는 행동의 기도 속에서만 그리고 그 기도에 의해서만 나타난다. 서방교회의 정세가 클로비스에게 개종 동기의 하나로서 대상적으로 나타나는 것은, 그가 갈리아 전역의 패권을 장악하려는 기도 속에서이고, 그 기도에 의해서이다.

다시 말하면, 세계의 총체에서 동기를 잘라내는 의식은 이미 그 자신의 구조를 지니고 있다. 이 의식은 자기에게 자기의 목적을 부여하고 있다. 이 의식은 이미 자기의 가능성을 향해 자기를 기투(企投)하고 있고, 자기의 가능성에 매달리는 독자적인 방법을 가지고 있다. 즉 자기의 가능성에 집착하는 이 독자적인 방법은, 이 경우에는 감정이다. 그리고 자기(에 대한) 비정립적 의식이라는 형태로, 의식이 자기에게 준 이 내적 조직은 세계 안에서 동기를 잘라내는 것과 엄밀하게 상호관련적이다. 그런데 대자가 세계 속에 행동의 동기를 나타나게 하는 것은 대자의 내적 구조에 의해서인데, 위의 점을 잘 반성해 보면, 대자의 이 내적 구조는 바로, 말의 역사적 의미에서 하나의 '비합리적'인 사실이라는 것을 우리는 인정해야만 한다.

우리는 사실 클로비스의 개종의 기술적 효용을 그가 갈리아 정복을 기도했으리라는 가정에서 합리적으로 충분히 이해할 수 있다. 그러나 우리는 그의 정복 기도에 대해서는 그렇지가 않다. 그의 정복 기도는 '설명될' 수 없다. 그 기도는 클로비스의 '야심'의 결과로 해석되어야 할 것인가? 하지만 야심이란 정복 의도가 아니고 과연 무엇이겠는가? 클로비스의 야심은 갈리아를 정복한다는 명확한 기도와 어떻게 구별될 것인가? 그러므로 정복이라는 원초적인 기투를 야심이라는 하나의 선재적(先在的)인 '동인'에 의해 '선동된 것'처럼 생각하는 것은 헛일일 것이다. 야심은 완전히 주관성이므로, 야심이 하나의 동인인 것은 분명한 사실이다. 그러나 야심은 정복 계획과 구별되지 않기 때문에, 우리는, 자기의 가능성의 이 원초적인 기도야말로 다름 아닌 '동인'이며, 클로비스가 개종의 동기를 발견하는 것은 이런 기도의 빛에 의해서라고 말해도 괜찮을 것이다. 거기서 모든 것이 분명해지며, 우리는 동기·동인·목적이라는 세 개 항의 관계를 이해할 수 있다. 우리가 여기서 문제로 삼고 있는 것은, '세계–속–존재'의 하나의 개별적인 경우이다.

결국 하나의 세계를 거기에 존재하게 하는 것은 대자의 나타남인데, 마찬가지로 세계의 어떤 대상적인 구조를 '거기에 존재하게' 하는 것은, 이 경우, 대자의 존재가 하나의 목적을 향한 단순한 기도인 한에서 대자의 존재 자체이다. 그리고 세계의 이런 대상적인 구조가 이 목적의 빛에 비춰져서, 동기로서의 가치를 갖는 것이다. 대자는 그러므로 이 동기'에 대한' 의식이다. 그러나 동기'에 대한' 이 정립적 의식은 원칙적으로 하나의 목적을 향한 기도로서의 자기에 대한 비조정적인 의식이다. 그런 의미에서 동기에 대한 정립적 의식은 동인이다. 다시 말해 그것은 세계를 동기로서 조직하는 것에 대한 드러내 보이는 의식으로서 자기를 구성하는 바로 그 순간에, 격렬함과 정열이라는 점에서 정도의 차이는 있을지언정, 하나의 목적을 향한 기도로서 자기를 비조정적으로 체험한다.

따라서 동기와 동인은 상관적이다. 자기(에 대한) 비조정적인 의식이 대상'에 대한' 조정적 의식의 존재론적 상관자인 것과 사정은 똑같다. 어떤 사물'에 대한' 의식이 자기'에 대한' 의식인 것과 마찬가지로, 동인은 동기의 파악이 자기(에 대한) 의식인 한에서 동기 파악 이외에 아무것도 아니다. 그러나 거기서 분명히 알 수 있듯이, 동기·동인·목적은 하나의 살아 있는 자유로운 의식의 용솟음의 분리할 수 없는 세 가지 항이며, 이 살아 있는 자유로운 의식이 자기의 가능성을 향해 자기를 기투하고, 그런 가능성에 의해 자기를 규정하게 하는 것이다.

그렇다면 심리학자가 동인을 하나의 의식사실의 감정적 내용으로 여기고, 이 감정적 내용이 또 하나의 의식사실, 즉 결심을 결정한다고 생각하는 것은 무엇 때문일까? 그것은 바로 자기(에 대한) 비조정적인 의식인 동인이, 그 의식 자체와 함께 과거로 미끄러져 가서, 그 의식과 함께 더 이상 살아 있는 것으로 있기를 그만두기 때문이다. 하나의 의식이 과거화되자마자, 이 의식은 있었다는 형태로 내가 그것으로 있어야 하는 것이 된다. 그런 까닭에 내가 어제의 나의 의식으로 돌아갈 때, 그 의식은 여전히 그 지향적인 의미와 주관성이라는 의미를 간직하고는 있지만, 앞에서 우리가 살펴본 것처럼, 그 의식은 굳어져 있다. 과거는 즉자적으로 존재하기 때문에, 어제의 내 의식은 하나의 사물과 마찬가지로 밖에 존재한다. 그때, 동인은 의식'되는 것(그것에 대해 의식이 존재하는 것)(ce *dont* il y a conscience)'이 된다. 동인은 나에게 '지식(savoir)'이라는 형태로 나타날 수도 있다. 사실 우리가 앞에서 살펴본 것처럼, 죽은 과거는 하나의 '지식'이라는 모습으로 현재를 따라다닌다. 또한 나는 동인을 밝히고 그것을 말로 표현하기 위해, 동인 쪽으로 돌아서서 지금은 나에게 있어서 지식이 되어 있는 그 동인을 지향할 수도 있다. 그 경우, 동인은 의식의 대상이다. 동인은 '내가 그것에 대해 의식하고 있는' 그 의식 자체이다. 따라서 동인은—일반적으로, 나의 추억들이 그렇듯이—'내 것'으로서 나타나는 동시에, 초월적인 것으로서 나타난다. 보통 우리는, 우리가 '더 이상 관계하지 않게 될' 그런 동인에 의해 에워싸여 있다. 왜냐하면 우리는 단순히 이러저러한 행위의 실행을 구체적으로 결정해야 할 뿐만 아니라, 전날 우리가 결정한 행위를 실행하거나, 이미 우리가 거기에 구속되어 있는 기도를 속행해야 하기 때문이다.

일반적으로 볼 때, 의식은 그것이 자기를 파악하는 순간에는 언제나 구속되어 있는 것으로서 자기를 파악한다. 게다가 이 파악 자체에는 구속에 이르는 여러 가지 동인에 대한 지식이 포함되어 있고 또 그 동기에 대한 주제적이고 정립적인 설명까지 포함되어 있다. 당연한 일이지만 동인의 파악은 즉시 그 상관자인 동기를 가리킨다. 왜냐하면 동인은, 설령 그것이 과거화되고 즉자로 굳어져도, 적어도 의미로서는 하나의 동기 의식이었다는 사실, 다시 말해 세계의 어떤 대상적인 구조의 발견이었다는 사실을 여전히 간직하고 있기 때문이다. 그러나 동인은 '즉자'이고 동기는 대상적인 것이므로, 이들은 존재론적인 차이를 가지지 않은 한 쌍으로 나타난다. 우리가 보아 온 것처럼, 사실 우리의 과거는 세계 한복판에서 자기를 잃어버리고 있다. 그런 점에서 우리는 이 둘을 같은 대열에 놓고 다룬다. 또 그런 까닭에, 우리는 어떤 행위의 동기와 동인에 대해 얘기하는 데, 마치 그 둘이 서로 다투거나, 결심에 대해 일정한 비율로 서로를 협력하는 일이 있는 것처럼 말하기도 하는 것이다.

다만 만일 동인이 초월적인 것이라면, 만일 동인이, '있었다'는 존재방식으로 우리가 있어야 하는 돌이킬 수 없는 존재에 지나지 않는다면, 만일 동인이, 우리의 모든 과거와 마찬가지로 무(無)의 두께에 의해 우리한테서 분리되어 있다면, 그런 동인은 그것이 '다시 채택되는' 경우가 아니면 작용을 미칠 수가 없다. 동인은 그 자체로서는 무력하다. 그러므로 선행하는 동인과 동기에 대해 어떤 가치와 중요성이 주어지는 것은, 구속되어 있는 의식의 용솟음 그 자체에 의해서이다. 그런 동인과 동기가 존재했다는 것은, 의식에 의존하는 것은 아니다. 의식이 사명으로서 있는 것은, 그런 동인과 동기에 대해 과거의 존재를 계속 유지시켜 주는 것이다. 나는 예전에 이런저런 것을 원했다, 이 사실은 돌이킬 수 없이 그대로 머물러 있다. 이 사실은 나의 본질까지 구성한다. 나의 본질은 내가 있었던 그대로의 것으로 있기 때문이다. 그러나 실제로 내가 나의 미래를 향해 자기를 기투할 때의 이 욕구, 이 염려, 세계에 대한 이 객관적인 고찰이, 나에게 있어서 가지는 의미는, 오로지 나만이 결정할 수 있다. 더욱이 내가 그 의미를 결정하는 것은, 바로 내가 나의 목적을 향해 자기를 기투할 때의 행위 그 자체에 의해서만 가능하다. 예전의 동인들을 다시 채택하는 것—또는 그것을 팽개쳐 버리거나 다시 평가하는 것—은, 내가 새로운 목적을 나에게 부여할 때의, 또 내가 그런 목적의 빛에 비추어, 세계 속에서 받침대가 되는 동기를 발견하는 자로서 나를 파악할 때의 바로 그 기투이다. 과거의 동인, 과거의 동기, 현재의 동기와 동인, 미래의 목적, 이런 것들은 동기와 동인 그리고 목적의 저편에 있는 하나의 자유의 나타남 그 자체에 의해, 하나의 나눌 수 없는 통일 속에 조직된다.

그 점에서, 의지적인 고찰은 언제나 속임수라는 얘기가 된다. 사실 나는, 나 자신의 선택에 의해, 모든 것을 고려하기 이전에, 동기와 동인에 대해 바로 그런 의미를 부여하고 있으니, 이제 와서 어떻게 그런 동기와 동인을 평가할 수 있으랴? 이런 착각은 동기와 동인을 완전히 초월적인 사물로 여기려 하는 데서 오는 것이다. 그 경우, 나는 동기와 동인을 무게로 재고, 동기와 동인은 항상적인 특성으로서의 무게를 가지게 된다. 그렇지만 또 한편으로, 사람들은 동기와 동인을 의식 내용으로 생각하고 싶어 한다. 그러나 그것은 모순이다. 사실을 말하면 동기와 동인은 나의 기도가 그것에 주는 무게, 다시 말해 이루어져야 하는, 이미 알고 있는 행위와 목적의 자유로운 생산이 그것에 부여하는 무게밖에 가지지 않는다. 내가 살펴볼 때 도박은 이미 이루어진 것이다(Les jeux sont faits). 게다가 또한 내가 살펴보게 될 것은, 다만 그 외의 발견형식에 의해서(이를테면 정념에 의해서 또는 단순히 행동에 의해서. 왜냐하면 나의 언어가 나에게 나의 사고를 알려 주는 것과 마찬가지로, 정념 또는 행동은 동기와 목적으로 조합된 총체를 드러내 주기 때문이다)가 아니라, 오히려 '고찰'에 의해서 동인을 확인하려는 것이, 나의 근원적인 기도 속에 들어 있을 뿐이다. 그러므로 거기에 있는 것은 내가 무엇을 기도하고 있는가 따라서 또 내가 무엇인가 하는 것을 나에게 알려 주는 절차로서의 고찰을 선택하는 것이다. 이 고찰의 '선택'은 자유로운 자발성에 의해서 동인—동기와 목적이라는 총체로 조직되어 있다. 의지가 개입될 때 결정은 이루어져 있다. 의지는 알려 주는 자로서의 가치 외에는 어떤 가치도 가지지 않는다.

의지적인 행위가 비의지적인 자발성과 다른 점은, 후자가 행위의 단순한 기도를 통해 동기에 관한 순전히 비반성적인 의식이라는 사실이다. 동인의 경우는 비반성적인 행위에서는, 동인은 결코 그 자체에 대한 대상이 아니라, 자기(에 대한) 단순한 비정립적인 의식이다. 그와 반대로 의지적 행위의 구조는 동인을 준—대상(準對象)으로서 파악하는 하나의 반성적 의식 또는 반성되는 의식을 통해 동인을 심적 대상으로서 지향하는 하나의 반성적 의식의 나타남을 요구한다. 반성적 의식에 있어서 동기는 반성되는 의식을 통해 파악되므로, 동기는 분리된 것으로서 존재한다.

후설의 유명한 표현을 빌린다면, 단순한 의지적 반성은 반성의 구조로 인해 동기에 대해 에포케(판단중지)를 시행한다. 의지적인 반성은 동기를 공중에 뜨게 하고 동기를 괄호 속에 넣는다. 그리하여 훨씬 더 깊은 무화가 반성적인 의식과 반성되는 의식, 즉 동인을 분리하고, 동기가 공중에 뜨게 된다는 사실에 의해, 이른바 평가적인 고찰이라고 할 수 있는 것이 움직이기 시작한다. 그러나 알다시피 반성의 '결과'는 대자를 대자 자신으로부터 분리시키는 단층을 확대하게 된다 하더라도, 그것이 반성의 '목표'는 아니다. 반성적인 분열의 목표는 우리가 앞에서 본 것처럼, '즉자—대자'라 하는 이룰 수 없는 전체를 구성하도록, 반성되는 것을 '되찾는' 것이다. 이와 같은 전체는 대자존재의 그 나타남 자체에서 대자에 의해 내세워진 근본적인 가치이다. 그러므로 만일 의지가 본질에 있어서 반성적인 것이라면, 어쨌든 도박은 이루어진 것이기 때문에, 의지의 목표는 이를 목적이 어떤 것인가 하는 것을 결정하는 일은 아니다. 그보다는 오히려, 의지의 깊은 지향은 이미 내세워진 이 목적에 이르는 '방법'을 지향하는 것이다. 의지적인 방식으로 존재하는 대자는 그것이 결정하고 행동하는 한에서 자기 스스로 자기를 되찾으려고 한다. '이 대자는 오로지 하나의 목적을 향해 운반되기를 원하거나, 어떤 목적을 향해 운반되는 것으로서 자기를 선택하는 자이기를 원하는 것만이 아니다. 이런 대자는 또, 이런저런 목적을 향한 자발적인 기도인 한에서, 스스로 자기를 되찾는 것도 원한다. 의지의 이상은 어떤 목적을 향한 기도인 한에서, 하나의 '즉자–대자'로 있는 것이다.

　의지의 이상은 분명히 하나의 반성적인 이상이며, '나는 내가 원하는 것을 하였다'라고 하는 판단에 따르는 만족감의 의미이다. 하지만 분명히 반성적 분열은, 일반적으로 자기 자신보다 훨씬 더 깊은 하나의 기도 속에 그 근거를 가지고 있다. 우리는 이 책 제2부 제3장에서, 이런 기도를 어쩔 수 없이 '동기화'라고 불렀다. 그러나 지금 우리는 동기와 동인을 규정지었으므로, 반성의 대변(對邊)을 이루는 이 기도를 '지향(intention)'이라고 불러야 할 것이다. 그러므로 의지가 반성의 하나의 경우인 한에서, 행동하기 위해 의지적인 차원에 몸을 둔다는 사실은 근거로서 더욱더 깊은 하나의 지향을 요구한다. 어떤 인물을 기술할 때, 의지적인 반성의 방식으로 자기의 기도를 이루는 자로서 그 인물을 기술하는 것만으로는 심리학자로서 충분하지 않다. 모름지기 심리학자라면 그 인물이 다른 모든 방법을 제쳐놓고 의욕이라는 이 방식으로 자기의 기도를 실현하는 것은 무엇 때문인지, 그 '깊은 지향'을 우리에게 제시해 줄 수 있어야 한다. 왜냐하면 그것은 하나의 근원적인 기도에 의해 일단 목적들이 세워지고 나면, 의식의 존재방식이 어떠하든, 똑같은 실현이 이루어졌으리라는 것은 틀림없는 일이기 때문이다. 그리하여 우리는 의지보다 훨씬 더 깊은 자유에 이르렀다. 다만 우리는 심리학자들보다 더 '강경한 요구'를 우리에게 보여 주었을 뿐이다. 요컨대 심리학자들은 의식의 존재방식을 의욕적인 것으로 인정하는 데 그치는 것에 비해, 우리는 '어찌해서'라는 의문을 내세운 것이다.

　이 짧은 연구는 의지의 문제를 모두 규명하는 것을 목표로 하는 것은 아니다. 그렇다면 차라리, 의지를 의지로서 현상학적으로 기술하는 것을 시도하는 편이 타당할 것이다. 그러나 그것은 우리의 목표가 아니다. 우리는 다만 다음과 같은 것을 제시하고 싶을 뿐이다. 의지는 자유의 특권적인 하나의 표명이 아니다. 오히려 그것은 자신의 구조를 가진 하나의 심적인 사건으로, 그것은 다른 심적 사건들과 같은 차원에서 구성되며, 다른 심적 사건과 마찬가지로, 하나의 근원적이고 존재론적인 자유에 의해서 지탱되고 있다.

그와 동시에 자유는 분석할 수 없는 하나의 전체로서 나타난다. 동기·동인·목적은 동기·동인·목적의 파악방법과 마찬가지로, 그 자유의 테두리 속에서 통일적으로 조직되어 있으며, 그 자유에서 출발하여 이해되어야 한다. 이것은 자유를 에피쿠로스학파가 말하는 클리나멘*12과도 비교할 수 있는 일련의 즉흥적인 동요(動搖)로 생각해야 한다는 의미일까? 나는 어떤 순간에 어떤 것을 원하든 전적으로 자유로운 것일까? 나는 이런저런 기도를 설명하고자 할 때는, 언제라도, 우연적인 자유로운 선택의 비합리성과 부딪혀야 하는 것일까? 자유를 승인한다면, 그 결과로 경험과 완전히 모순되는 이런 위험한 사고방식에 빠질 것처럼 생각되었기 때문에, 영리한 사람들은 자유를 믿는 것을 단념했다. 그뿐만 아니라, 사람들은 오히려 결정론이—결정론을 운명론과 혼동하지 않도록 유의한다—자유의지설보다 '훨씬 인간적'이라고까지 단언하길 마다하지 않았다. 사실 결정론이 우리의 행위에 대해 엄밀하게 조건을 부여하는 것을 부각시켜 보여 주는 한, 적어도 결정론은 그 행위들 각각에 대해 '이유'를 제공해 준다. 또 결정론이 엄밀하게 심적인 것의 범위 안에 머물며, 우주의 총체 안에서 하나의 조건부여를 구하려 하지 않는다면, 결정론은 우리 행위의 이유가 우리 자신 속에 있음을 보여 준다. 즉 우리는 우리가 존재하는 그대로 행동하고, 우리의 행위는 우리를 만드는 데 이바지한다는 것이다.

그러나 우리는 위의 분석에서 얻은 약간의 확실한 결과를 좀더 자세히 살펴보기로 하자. 우리가 앞에서 제시한 것처럼, 자유는 대자존재와 하나일 뿐이다. 인간존재가 바로 자기 자신의 무로 있어야 하는 한에서, 인간존재는 자유이다. 이미 살펴본 것처럼, 인간존재는 다양한 차원에서, 이 무로 있어야 한다. 무엇보다 먼저, 자기를 시간화함으로써 이 무로 있어야 한다. 다시 말하면 인간존재는 항상 자기 자신으로부터 거리를 두고 존재함으로써, 이 무로 있어야 한다. 즉, 인간존재는 결코 그 과거에 의해 규정되는 대로 이런저런 행위를 하는 일은 있을 수 없다는 것이다—다음으로, 인간존재는 뭔가에 대한 의식으로서, 그리

---

*12 에피쿠로스는 아톰(atom)의 자발적 편향력을 ekklisis라고 불렀다. 그 라틴어 번역이 clinamen 이다.

고 동시에 자기 자신(에 대한) 의식으로서 나타남으로써, 이 무로 있어야 한다. 다시 말해서 인간존재는 자기에 대한 현전으로 있고, 단순히 자기로 있는 것이 아닌 것에 의해, 이 무로 있어야 한다. 그러니까, 존재하는 것에 대한 의식으로 있지 않은 것은 어떤 것도 의식 속에 존재하지 않는다. 따라서 의식에 대해 외적인 어떤 것도 의식에 동기를 부여할 수 없다는 말이다. 마지막으로, 인간존재는 초월로 있음으로써 이 무로 있어야 한다. 다시 말하면 인간존재는 먼저 존재하고, '그런 다음에' 이러저러한 목적에 대해 관계를 갖는 무언가로 있는 것이 아니라, 오히려 그와 반대로, 근원적으로 기투하는 하나의 존재, 즉 자기의 목적에 의해 자기를 규정하는 하나의 존재이다.

그러므로 우리는, 여기서 자기 의식 또는 변덕에 대해 얘기할 생각은 추호도 없다. 요컨대 의식으로서 필연적으로 다른 모든 존재물로부터 분리되어 있는 하나의 존재자, 왜냐하면 다른 존재물은, 그것이 '이 존재자에 있어서' 존재하는 한에서만 이 존재자와 관계를 맺기 때문이다. 자기의 미래의 빛에 비추어, 자기의 과거를 전통이라는 형태로 결정하는 존재자, 자기의 과거가 다만 일방적으로 자기의 현재를 규정하는 것을 허용하지 않는 존재자, 자기가 무엇인지를, '자기 자신이 아닌 다른 것'에 의해, 즉 자기가 그것으로 있지 않은 하나의 목적, 자기가 세계의 반대쪽에서 기투하는 하나의 목적에 의해 자기에게 알려 주는 존재자, 이런 것이 우리가 말하는 자유로운 존재자(자유로운 실존)(un existant libre)이다. 만일 자유라는 말이, 변덕스럽고 무궤도하며 게으르고 불가해한, 하나의 단순한 우연성이라는 의미로 해석된다면, 위의 것은 결코 내가 일어서고 앉는 것도 자유이고, 들어가고 나가는 것도 자유이며, 위험에 처했을 때 달아나거나 맞서는 것도 자유라는 것을 의미하지는 않는다. 물론 내 행위의 하나하나가 아무리 사소한 것일지라도, 우리가 방금 밝힌 그런 의미에서는 전적으로 자유이다. 그러나 그것은 그 행위가 '어떤 것'이든 괜찮다는 뜻은 아니며, 하물며 그 행위가 예측될 수 없다는 뜻도 아니다. '그렇다고, 세계의 상태에서 출발하든, 돌이킬 수 없는 것으로서 파악된 나의 과거의 총체에서 출발하든, 그 행위가 이해될 수 없는 것이라면, 어떻게 그 행위가 무동기적(無動機的)인 것이 아니라고 말할 수 있겠는가' 하고 말하는 사람이 있을지도 모른다. 그 점에 대해 좀더 생각해 보자.

세상 사람들의 일반적인 생각에 의하면, 자유롭다는 것은 단순히 자기를 선택한다는 의미가 아니다. 선택이 자유롭다는 것은, 그 선택이 그것이 아닌 다른 것일 수도 있었던 경우이다. 나는 벗들과 함께 소풍을 갔다. 여러 시간을 걷는 동안 나는 차츰 지쳐서 마침내 도저히 견딜 수 없게 된다. 처음에 나는 참고 견디지만, 이윽고 나는 갑자기 지쳐 버린다. 나는 꺾이고 만다. 나는 배낭을 길가에 내던지고 그 옆에 쓰러져 버린다. 사람들은 나의 행위를 비난할 것이다. 그렇게 함으로써 그들은 내가 자유로웠다는 것을 말하려 할 것이다. 다시 말하면 그 어떤 것도 또 그 누구도 나의 행위를 결정하지 않았다. 그뿐만 아니라, 나는 나의 피로를 더 참고 견딜 수 있었을 것이고, 내 벗들처럼 계속 걸어서 다음 숙소에 이를 때까지 휴식을 미룰 수도 있었을 것이라고 말하려 할 것이다. 그것에 대해 나는 내가 '너무' 지쳤다는 말로 변명할 것이다. 어느 쪽의 주장이 옳은 것인가? 또는 오히려, 이 논쟁은 잘못된 기초 위에 서 있는 것은 아닐까? 말할 것도 없이, 나는 다르게 행동할 수도 있었을 것이다. 그러나 문제는 거기에 있지 않다. 차라리 문제는 다음과 같이 표현되어야 할 것이다. 나는 내가 그것으로 있는 기도들의 조직적인 전체를 두드러지게 변화시키지 않고 다르게 행동할 수 있었는가? 다시 말해, 나의 피로를 참고 견딘다는 사실은, 내 행동의 단순하고 국소적이며 우연한 하나의 변화에 머무르지 않고, 나의 '세계—속—존재'의 근본적인 변화—그렇다 해도 있을 수 있는 변화—의 도움에 의해서만 생길 수 있는 것이 아닐까? 달리 표현하면, 물론 나는 다르게 행동할 수도 있었을 것이다. 그러나 어떤 대가를 치르고서인가?

이 문제에 대해서 우리는 우선 하나의 이론적 기술로 대답하기로 하자. 이 이론적 기술은 우리에게 우리의 명제 원리를 파악할 수 있게 해줄 것이다. 이어서 우리는 구체적인 현실이 더욱 복잡한 것으로 나타나지는 않는지 살펴보자. 또 그 구체적인 현실은 우리의 이론적 탐구의 결과와 상반되지 않고, 오히려 이론적 탐구의 결과를 유연하고 풍요로운 것으로 만들어 주지는 않는지 살펴보자.

앞서 지적해 두고 싶은 것은, 피로는 그것만으로는 나의 결정을 이끌어 내지 못할 것이라는 사실이다. 피로는—몸의 괴로움에 관해 우리가 이미 살펴본 것처럼—내가 나의 몸을 '존재할' 때의 방식(la façon dont j'existe mon corps)으로밖에 있지 않다. 피로는 맨 처음에는 어떤 정립적인 의식의 대상으로 있지 않으며, 오히려 내 의식의 사실성 그 자체이다. 그러므로 내가 시골길을 걸어갈 때, 나에게 모습을 드러내는 것은 주변의 세계이다. 내 의식 대상이 되는 것은 주변의 세계이다. 나 자신의 가능성—예를 들면 내가 오늘 밤 예정된 곳에 이를 가능성—을 향해 내가 초월하는 것은 주변의 세계이다. 나의 내 눈은 거리를 펼치고, 내 다리는 언덕을 오르면서 새로운 광경과 새로운 장애물을 나타냈다가 사라지게 하며, 내 등은 배낭을 짊어지고 있지만, 내가 내 눈, 내 다리, 내 등으로 이 풍경을 파악하는 한에서, 나는 피로라는 형태로 나의 몸(에 대한) 하나의 비정립적인 의식을 가지고 있다—몸은 세계에 대한 나의 관계를 조정하는 것이며, 세계 안에서 나의 구속을 의미하는 것이다. 이 비조정적인 의식과 상관적으로, 그리고 대상적으로, 가는 방향의 길은 끝없는 것으로서 나타나고, 비탈은 더욱 험준한 것으로, 태양은 차츰 더 이글거리는 것으로서 나타나는 것이다.

그러나 나는 나의 피로를 아직 '생각하지' 않는다. 나는 내 반성의 준-대상으로서 피로를 파악하지 않은 것이다. 하지만 내가 피로를 생각하게 되고 그것을 회복하려고 하는 순간이 온다. 우리는 이 지향 자체에 대해 하나의 해석을 부여해야 할 것이다. 그러나 우리는 이 지향을 있는 그대로 받아들이기로 하자. 이 지향은 결코 나의 피로에 대한 관상적(觀想的)인 파악은 아니다. 오히려 그 반대로—앞에서 우리가 괴로움에 대해 살펴본 것처럼—나는 나의 피로를 '참고 견딘다.' 다시 말하면 하나의 반성적 의식이 내 피로 쪽을 향함으로써 나의 피로를 살펴보고, 나의 피로에 하나의 가치와 나 자신에 대한 하나의 실제적인 관계를 준다. 피로가 나에게 있어서 견딜 수 있는 것으로서 나타나는 것도, 견딜 수 없는 것으로서 나타나는 것도, 오로지 이런 차원에서이다. 피로는 그것만으로는 결코 그런 것들이 아니다. 오히려 그 반대로, 반성적인 대자가 나타남으로써, 이 피로를 견딜 수 없는 것으로서 피로를 경험한다. 여기서 본질적인 문제가 제기된다. 내 길동무들은 나와 마찬가지로 건강하다. 그들은 나와 거의 비슷한 정도로 단련되어 있다. 따라서 각각 다른 주관성 속에 전개되는 심적인 사건을 '비교할' 수는 없는 일이지만, 내가 일반적으로 결론짓기로는—또 증인들이 우리의 대타 몸의 객관적인 고찰에 의해서 결론짓기로는—그들은 거의 '나와 비슷한 정도로 피로해' 있다. 그렇다면 그들이 그들의 피로를 다른 방식으로 경험하는 것은 무엇 때문일까? 이 차이는 '나는 겁쟁이'이지만 그들은 겁쟁이가 아니라는 것에서 오는 것이라고 말하는 사람도 있을 것이다. 그러나 이 판정은 아닌 게 아니라 부정할 수 없는 하나의 실제적 효력을 지니고 있어서, 다음 소풍 때 나를 끼워 줄 것인지 아닌지를 결정할 경우에 이 판정을 근거로 삼을 수 있지만, 여기서는 도저히 우리를 만족시켜 주지 않는다.

우리가 앞에서 살펴본 것처럼, 사실 야심적이라는 것은 왕위나 권세를 쟁취하려고 기도하는 일이다. 이런 정복으로 몰아넣는 것은 하나의 주어진 것이 아니고 그 정복 자체이다. 마찬가지로 '겁쟁이'라는 것은 하나의 사실적인 주어진 것이 될 수 없다. 그것은 내가 나의 피로를 경험할 때의 방식에 대해 주어지는 하나의 명칭일 뿐이다. 그러므로 만일 내가 어떤 조건에서 하나의 피로를 견딜 수 없는 것으로서 경험하는지를 이해하려고, 이른바 사실적으로 주어진 것에 물어보는 것은 적절하지 않다. 사실적으로 주어진 것은 하나의 선택에 불과하다는 것이 드러나기 때문이다. 오히려 이 선택 자체를 검토하여, 과연 이 선택이 하나의 2차적인 구조로서 통합되는 훨씬 넓은 선택의 전망에서 설명되는 것인지 어떤지를 생각해 보아야 한다. 사실 내가 만일 이 벗들 가운데 한 사람에게 묻는다면, 그는 '확실히 나는 피곤하다. 하지만 나는 나의 이 피로를 "사랑하고 있다"고 자신의 기분을 설명할 것이다. 그는 목욕물에 몸을 담그듯이, 자신의 피로에 몸을 맡기고 있는 것이다. 그의 피로는, 그에게 있어서는 이른바 주변의 세계를 발견하기 위한 특권적인 도구로서, 거친 자갈길에 자기를 적응시키고, 비탈길의 '산악적인' 가치를 발견하기 위한 특권적인 도구로서, 그에게 나타난다. 마찬가지로 그가 태양과의 직접적인 접촉을 이룰 수 있는 것은, 그의 목덜미를 가볍게 태우는 햇살 덕택이고, 그의 가벼운 이명(耳鳴)현상 덕택이다. 결국 노력의 감정은 그에게 있어서 극복된 피로의 감정이다. 그러나 그의 피로는, 그가 길 위의 먼지나 뙤약볕, 험준한 산길을 최고도로 존재하게 하기 위해, 그가 참고 견디는 수난 이외에 아무것도 아니므로, 그의 이 노력, 다시 말해 그가 사랑하고 몸을 맡기기는 하면서도 또 그 자신이 지배하는 하나의 피로와의 이 기분 좋은 친밀감은, 그가 산을 내 것으로 삼고 샅샅이 산을 경험하며 산의 정복자가 되려 할 때 하나의 방법으로서 나타난다.

우리는 다음 장에서 사실 '가짐'이라는 말의 의미를 살펴보고, 어떤 의미에서 '함'이 '내 것으로 삼는' 수단이 되는지를 살펴볼 것이다. 그러므로 내 벗의 피로는 자연에 대한 신뢰가 담긴 자기 포기, 자연을 최고도로 존재시키기 위해 받아들인 수난 그리고 동시에 기분 좋은 지배, 아유화(我有化) 등의 더욱 드넓은 기도 속에서 체험되고 있다. 이런 기도 속에서만, 또 이런 기도에 의해서만, 그의 피로는 이해될 수 있을 것이고, 그에게 있어서 하나의 의미를 가질 것이다. 그러나 이 의미와 더욱 넓고 더욱 깊은 이 기도는, 그것만으로는 아직 '비독립적'이다. 그것은 그것만으로 넉넉하지 못하다. 왜냐하면 확실히 이 의미와 이 기투(企投)는, 한편으로는 그 당사자와 그 자신의 몸의 개별적인 하나의 관계를 전제로 하고 있고, 다른 한편으로는 그 당사자와 사물의 하나의 개별적인 관계를 전제로 하기 때문이다. 사실 쉽게 이해될 수 있는 일이지만, 대자가 존재하는 것과 같은 수만큼 '몸을 존재하는 방법'이 있다. 그렇다고 해도, 약간의 근원적 구조는 변하지 않으며, 이 변하지 않는 구조가 각자에게 있어서 인간존재를 구성하고 있는 것임은 말할 것도 없다.

우리는 다른 기회에 사람들이 지금까지 부당하게도 개체와 종(種)의 관계라고 불러온 사항과, 보편적인 진리의 조건에 대해 다룰 것이다. 우선 우리는 의미 있는 수많은 사건을 바탕으로 이해할 수 있는데, 예를 들면 사실성 앞에서의 도피라는 일종의 형식이 있다. 이 도피형은 바로 이 사실성에 몸을 맡기는 곳에 존재한다. 다시 말하면 이 도피형은 신뢰로 그 사실성을 파악하고, 그것을 사랑하며, 그렇게 함으로써 그 사실성을 회복하고자 하는 곳에 존재한다. 그러므로 회복이라고 하는 이 근원적인 기도는, 대자가 존재 문제의 현전에 있어서, 자기 자신에 대해 행하는 일종의 선택이다. 대자의 기도는 여전히 하나의 무화이지만, 이 무화는 무화되는 즉자 위로 되돌아오고, 사실성의 어떤 독특한 가치부여에 의해 자기를 나타낸다. 특히 '자기포기'라고 불리는 수많은 행위에 의해 표현되는 것이 그것이다. 피로·열·굶주림·목마름 등에 몸을 맡기는 것, 쾌락에 빠져 의자나 침대 위에 축 늘어져 있는 것, 누워서 아무렇게나 뒹구는 것, 자기 자신의 몸이 원하는 대로 내버려 두는 것, 마조히즘의 경우처럼 남이 보는 앞에서 일어나는 것이 아니라, 대자의 근원적인 고독 속에서 일어나는 경우에도, 결코 거기에만 머무르는 것이 아니다. 그런 행위는 누군가 타인이 그렇게 할 때는, 우리를 화나게 하거나 아니면 유혹하기 때문에, 우리는 그 행위가 그것만으로 머무르지 않는다는 것을 충분히 깨닫는다. 그런 행위의 조건은 몸의 회복이라고 하는 하나의 원초적인 기도이며, 다시 말해 (즉자─대자라고 하는) 절대자의 문제를 해결하려는 하나의 시도이다. 이 기도의 원초적인 형태는 그 스스로 사실성을 그대로 허용하는 데 머무르는 수도 있다. 그 경우, 자기를

'몸으로 만들려는' 기도는, 그때뿐인 셀 수 없이 많은 사소한 향락에, 셀 수 없이 많은 사소한 욕구에, 셀 수 없이 많은 약점에, 기꺼이 자기를 내던지는 것을 의미할 것이다.

조이스의 《율리시스》 속에서 블룸이 화장실에서 용변을 보면서 '자기 아래쪽에서 올라오는 친밀한 냄새'를 기분 좋게 들이마시고 있는 장면을 떠올려 보기 바란다. 그러나 또한 그렇지 않은 경우도 있을 수도 있다—그리고 이것이 나의 벗의 경우인데—몸에 의해서 그리고 몸에 대한 배려에 의해, 대자는 무의식적인 것의 전체를 회복하려고 한다. 다시 말하면, 대자는 물질적인 '사물'의 총체인 한에서의 전 우주를 회복하려는 것이다. 이때 목표가 되는 즉자와 대자의 종합은 즉자 전체와 그것을 회복하는 대자의 거의 범신론적인 종합일 것이다. 몸은 여기서 종합 도구이다. 몸은 이 즉자를 최고도로 존재시키기 위해, 이를테면 피로 속에 자기를 상실한다. 게다가 대자는 몸을 '자기 것'으로서 존재하기 때문에, 몸의 이런 수난은 대자에게 있어서는 즉자를 존재하게 하는 계획과 꼭 들어맞는다. 그것은 내 벗의 하나 삶의 태도인데, 그런 태도의 총체는 일종의 사명감이라고 할 수 있는 막연한 감정을 통해 표현될 수 있다.

나의 벗이 소풍을 가는 것은, 그가 등반하려 하는 산과 그가 횡단하려 하는 숲이 '존재하기' 때문이다. 그는 자신이야말로 그런 산과 숲의 의미를 나타내는 자가 되고자 하는 사명을 가진다. 그리고 그것에 의해 그런 산과 숲에 그런 존재 자체 안에서 근거를 부여하는 사람이고자 시도한다. 우리는 세계에 대한 대자의 이와 같은 아유화(我有化)적인 관계에 대해 다음 장에서 다시 다룰 예정이지만, 아직은 그 관계를 충분히 해명하는 데 필요한 요소가 준비되어 있지 않다. 어쨌든 우리의 분석 결과로 확실하게 생각되는 것은, 나의 벗이 그 자신의 피로를 '경험할' 때의 방식이 이해되기 위해서는, 우리를 하나의 원초적인 기도에까지 이끌어 가는 소급적인 분석을 필연적으로 요구한다는 사실이다. 우리가 대략적으로 설명한 이 기도는 이번에는 '독립적'일 것인가? 분명히 그렇다—그리고 이것은 쉽게 납득할 수 있다. 사실 우리는 소급에 소급을 거듭하여 대자가 자기의 사실성과 세계에 대해, 스스로 선택하는 근원적인 관계에 이르렀다. 그러나 이 근원적인 관계는 대자의 이 '세계-속-존재'가 선택인 한에서, 대자의 '세계-속-존재' 그 자체인 것이다. 다시 말해 우리는 근원적인 형식의 무화에 도달한 것이며, 대자는 그런 근원적인 무화에 의해, 자기 자신의 무

(無)로 있어야 하는 것이다. 거기서부터는 어떤 설명도 시도될 수 없다. 왜냐하면 이 설명은 대자의 '세계─속─존재'를 암암리에 전제로 할 것이기 때문이다. 그것은 유클리드의 공리에 관해서 시도된 모든 증명이 이 공리의 채택을 암암리에 전제로 하고 있었던 것과 마찬가지이다.

그러므로 내가 나의 피로를 경험할 때 방식을 설명하는 데 같은 방법을 적용한다면, 나는 맨 먼저 내 안에서 내 신체에 대한 일종의 자신상실─이를테면 '신체와 관련을 가지고' 싶지 않다는 태도, 신체를 믿을 수 없는 것으로 생각하는 태도─을 파악할 것이다. 그렇지만 이런 태도는 내가 '나의 신체를 존재할' 때 나에게 있어서 가능한 많은 방식 가운데 하나일 뿐이다. 나는 즉자 앞에서, 비슷한 자신상실을 힘 안 들이고 발견할 것이다. 그리고 나는, 이를테면 나의 무화하는 즉자를 '타자를 통해' 회복하려는 하나의 근원적인 기도를 발견할 것이다. 이것은 나에게, 이 책 제3부에서 우리가 열거한 원초적인 기도의 하나를 가리킨다. 따라서 나의 피로는 부드럽게 경험되지 않고, 마치 내가 쫓아버리고 싶어 하는 귀찮은 현상인 것처럼 '거칠게' 파악될 것이다─게다가 그 이유는, 단지 다음과 같은 것일 뿐이다. 즉, 나의 계획은 타인의 시선에 의해 나의 신체와 나의 현전을 '세계─안에서' 보존하는 것인 데 비해, 나의 피로는 나의 신체와 있는 그대로의 나의 우연성을 '세계─한복판─에서' 육체화하기 때문이다. 그리하여 나의 경우에도, 나는 나의 근원적인 기도를 향해, 즉 선택인 한에서 나의 '세계─속─존재'를 향해 돌려세워지게 된다.*13

우리는 이 분석방법이 얼마나 만족하지 못한 것인지에 대해 굳이 숨길 생각은 없다. 그것은, 이 영역에서는 모든 것이 이제부터 손을 대지 않으면 안 되기 때문이다. 사실 여기서 문제가 되는 것은, 하나의 행위에 들어 있는─그것은 '모든' 행위에 들어 있다는 얘기지만─모든 의미를 끄집어내고, 이어서 거기서 훨씬 더 풍요롭고 훨씬 더 깊은 의미로 나아가서, 마침내 더 이상 어떤 다른 의미도 담지 않고 그 자신밖에 가리키지 않는 의미를 만나는 것이다. 이 소급적인 변증법은 많은 사람들에 의해 자연발생적으로 실행되고 있다. 우리는 자기

---

*13 사르트르는 하이데거를 본떠 인간존재의 형태를 '세계─속─존재', 사물존재의 형태를 '세계 한복판에 있어서의 존재'라 했다. 여기에서도 나의 '대자─몸'은 '세계─속'에 있지만, 나의 몸이 타인에 의해 '대상─몸'으로 포착되고 또 그런 것으로서 나 스스로 나의 몸을 받아들일 때, 몸은 육체가 되어 세계 한복판에 있어서의 존재가 된다는 내용이다.

자신에 대한 인식이나 타자에 대한 인식 속에서 설명의 순서에 대해 하나의 자연발생적인 이해가 주어져 있음을 확인할 수도 있다. 하나의 몸짓은 하나의 '세계관'을 가리킨다. 게다가 우리는 그것을 '감지한다.' 그러나 하나의 행위에 내포되어 있는 의미들을 조직적으로 이끌어 내려고 한 사람은 아무도 없다. 오직 한 학파만이 우리와 같은 근원적인 명증성에서 출발했다. 프로이트학파가 그것이다. 프로이트에게 있어서는 우리에게 있어서와 마찬가지로, 하나의 행위는 그 자신에게만 한정될 수 없다. 하나의 행위는 더욱 깊은 구조들을 직접적으로 가리킨다. 게다가 정신분석학은 이런 구조를 해명할 수 있게 하는 방법이다.

프로이트는 우리와 마찬가지로 스스로에게 이렇게 묻는다. 이러저러한 인물들이 이러저러한 특수행동을 했다는 것은 어떤 조건에서 가능한가? 게다가 프로이트는 우리와 마찬가지로 행동을 설명하는 데, 앞선 계기를 가지고 하는 것을 반대한다. 다시 말하면 프로이트는 수평의 심적 결정론을 생각하는 것을 반대한다. 행위는 그에게 있어서 '상징적'인 것으로 나타난다. 다시 말해, 그에게 있어서 행위는 더욱더 깊은 하나의 욕구를 표현하는 것으로 생각된다. 그리고 그 욕구는 그 자체가 피험자의 리비도*14의 어떤 원초적인 결정에서 출발해야만 해석될 수 있는 것이다. 다만 프로이트는 이렇게 하여 하나의 수직적인 결정론을 구성하는 것을 지향한다. 또한 그의 사고방식은 이 기울기에 의해서 필연적으로 피험자의 과거를 지시하게 된다. 그에게 있어서 기분은 심리−생리적 경향이라는 형태로, 행위의 기초가 된다. 그러나 이 기분이라는 것은 근원적으로는 우리들 각자 안에서 근원적으로 하나의 백지상태이다. 이러저러한 경향이 이러저러한 대상에게 고집할 것인지 어떤지를 결정하는 것은 외적인 사정들이며, 말하자면 피험자의 '경력(histoire)'이다.

어린이에게서 오이디푸스 콤플렉스의 발생을 결정하는 것은 가족 속에서 이 어린이의 상황이다. 다른 형태의 가족으로 구성된 다른 사회에서는—예를 들면 태평양의 산호해 제도(珊瑚海諸島) 원주민들에게서 볼 수 있듯이—이런 콤플렉스는 형성될 수 없을 것이다. 나아가서 사춘기에 이르러 이 콤플렉스가 '청산'될 것인가, 아니면 반대로 성생활의 극으로서 존속할 것인가를 결정하는 것 또한 외적인 사정이다. 그러므로 프로이트의 수직적 결정론은 경력을 매개로

---

*14 libido : 프로이트가 범성욕적인 입장에서 규정한 모든 행위의 숨은 동기를 이루는 근원적인 잠재의식 속의 욕망. 곧 성욕 및 경쟁 에너지의 본체.

하여 여전히 수평적 결정론으로 기울고 있다. 물론 틀림없이 어떤 상징적인 행위는 밑에 깔려 있는 동시적인 하나의 욕구를 표현하고 있고, 동시에 이 욕구는 더욱더 깊은 콤플렉스를 나타내고 있으며, 게다가 이것은 똑같은 하나의 심적 과정의 통일 속에서 이루어진다.

그러나 그럼에도 또한 이 콤플렉스는 그것의 상징적인 나타남에 앞서서 존재한다. 전이(轉移)나 압축이니 하는, 단순히 정신분석학에서뿐만 아니라, 심적 생활의 결정론적 재구성의 모든 시도에서 사용되고 있는 고전적인 결합에 따라, 실제로 있는 그대로의 콤플렉스를 이룬 것은 과거이다. 그러므로 미래의 차원이라는 것은 정신분석학에는 존재하지 않는다. 인간존재는 그 세 가지 탈자(脫自) 가운데 하나를 잃어버리고, 오로지 현재에서 출발하여 과거를 향한 소급에 의해서만 해석되어야 한다. 그와 동시에 피험자의 근본적인 구조는, 피험자의 행위의 의미임에도 불구하고 피험자 자신에게는 의미를 가지지 않으며, 그런 의미를 해명하려고 추리 방법을 사용하는 한 사람의 객관적인 증인에 대해서만 의미를 가지게 된다. 피험자 행위의 의미에 관한 존재론 이전의 양해는 피험자 자신에게는 허용되지 않는다. 그 결과는 당연한 것이다. 왜냐하면 그런 행위는 모두 과거의—원리적으로 말해서 손이 닿지 않는 곳에 있는 과거의—하나의 결과일 뿐이고, 자기의 목표를 미래 속에 써넣으려 하지 않기 때문이다.

그러므로 우리는 정신분석학적 '방법'에서 단순히 시사를 얻는 데 머물러야 한다. 다시 말하면 우리는 하나의 행위가 지니는 의미를 이끌어 내려고 할 때는 다음과 같은 원리에서 출발해야 한다. 즉 모든 행동은 그것이 아무리 무의미한 것이라 하더라도 앞서는 심적 상태의 단순한 결과가 아니며 또 직선적인 결정론에 속하지 않는다. 오히려 그와는 반대로 모든 행동은 하나의 2차적인 구조로서 전체적인 구조 속에 통합되며, 마침내 내가 그것으로 있는 전체 속에 통합된다. 사실 만일 그렇지 않다면, 나는 나를 각각의 현상이 앞선 현상에 의해 외면적으로 조건이 주어지는 현상들의 수평적인 흐름으로서—또는 모든 상태의 의미가 빠진 흐름을 지탱하는 하나의 실체로서—이해해야 할 것이다. 이 두 가지 사고방식은 우리에게 대자와 즉자를 혼동하게 할 것이다. 그러나 만일 우리가 정신분석학 방법을 받아들인다—이 문제에 대해 다음 장에서 다시 상세히 설명하겠지만—우리는 그 방법을 '반대' 방향으로 적용시켜야 할 것이다. 사실 우리는 모든 행위를 '이해할 수 있는' 현상으로서 생각한다. 또한 우리는 프로이트 못지않게 결정론적인 '우연(hasard)'을 인정하지 않는다. 하지만 우리는 그 현상을 과거에서 출발하여 이해하는 대신, 그 행위를 미래로부터 현재로의 복귀로서 이해할 수 있는 것으로 생각한다. 내가 나의 피로를 경험할 때의 방식은 결코 내가 올라가는 언덕길이나 내가 다소 잠을 이루지 못한 밤 같은 우연에 의존하는 것이 아니다. 이런 요인들은 나의 피로 그 자체를 구성하는 데 이바지할 수 있으나, 내가 나의 피로를 경험하는 방식을 구성하는 데 이바지하는 것은 아니다.

그러나 우리는 아들러(Adler) 일파*15와는 달리, 내 피로 속에서 이를테면 선행적 형성물이라는 의미에서 열등 콤플렉스의 하나의 나타남을 보는 것을 거부한다. 물론 피로에 대항해서 싸울 때 일종의 분노와도 같은 경직된 방법이, 이른바 열등 콤플렉스를 나타낼 수 있다는 것에 대해서는 우리도 부정하지 않는다. 하지만 열등 콤플렉스 자체는, 세계 속에서 그리고 타인의 현전에 있어서, 나 자신의 대자가 가지는 하나의 기도이다. 이런 것으로서, 이 콤플렉스는 항상 초월이며, 또 이런 것으로서 자기를 선택할 때의 방식이다. 내가 대항해서 싸우고 있는 이 열등성, 그럼에도 내가 인지하는 이 열등성, 나는 그것을 처음부터 '선택'한 것이다. 물론 이 열등성은 나의 온갖 '좌절적인 행위'에 의해 지시되고 있다. 그러나 분명히 이 열등성은 기도된 계획으로서, 내 존재의 전반적인 견적으로서, 나의 좌절적인 행위의 조직적 전체 이외에 아무것도 아니다. 더욱이 나는 그때마다 나의 가능성을 향해 현실을 뛰어넘기 때문에 각각의 좌절적인 행위는 그 자신의 초월이다. 예를 들면 피로에 굴복한다는 것은, 걸어가야 하는 길에 '끝까지 가기에는 너무나 힘든 길'이라는 의미를 갖게 함으로써, 걸어가야 하는 이 길을 초월하는 것이다.

열등감을 미래와 나의 가능성에서 출발하여 규정하지 않는다면, 그것을 진지하게 생각하는 것은 불가능하다. '나는 못생겼다', '나는 바보다' 등과 같은 인지조차 본디 앞지르기이다. 이 경우에 문제가 되는 것은, 내가 못생겼다는 것

---

*15 Alfred Adler(1870~1937) : 오스트리아의 정신병학자이자 심리학자. 미국 컬럼비아 대학 교수로 있었으며, 프로이트의 제자였다. 정신분석학의 한 파를 세워 '개성심리학'이라 하였다. 그는 '사람은 각자 무언가에 대한 열등의식을 가지고 있으면서도 우월감에 쫓겨 그 보상에 힘쓰는데, 거기서 위인이 발생할 수도 있지만, 결국 신경질적인 인물로 만들 위험도 있다'고 했고, 또 성격형성에는 가정환경이 가장 중요하다고 했다.

에 대한 단순한 인지가 아니라, 여자들이나 사회가 내가 기도하는 일들에 대해 제시하는 역행률을 파악하는 일이다. 게다가 그것은 그런 기도의 선택에 의해서만 또 그런 기도의 선택 속에서만 발견될 수 있을 것이다. 그러므로 열등 콤플렉스는 남의 앞에서 열등한 사람으로서의 나 자신을 자유롭게 또한 전체적으로 기투하는 일이다. 열등 콤플렉스는 내가 나의 대타존재를 떠맡는 것을 선택할 때의 방법이며, 타인의 존재라고 하는 이 극복할 길 없는 좌절에 대해 내가 부여하는 자유로운 해결이다. 그러므로 나의 열등 반응과 좌절적 행위를 이해하려면, 세계 속에서 나 자신을 선택한다는 의미에서의, 나의 열등성의 자유로운 소묘에서 출발하지 않으면 안 된다.

우리는 모든 인간적인 반응을 선험적으로 이해할 수 있다는 점에서 정신분석학자들에게 동의한다. 그러나 우리는 정신분석학자들이 그 반응을 하나의 선행적 반응으로 설명하려고 시도하면서, 이 원초적인 '이해 가능성'을 전적으로 무시했다는 점에서 그들을 비난한다. 그런 시도는 인과관계적인 기계론을 다시 끌어들이게 된다. 요컨대 이해라는 말은 그들이 말하는 것과는 다르게 규정되어야 한다. 이해 가능한 것은 하나의 가능을 향해 자기 자신을 기투한다는 의미에서의 모든 행동이다. 모든 행동은 무엇보다 먼저 그것이 직접적으로 파악될 수 있는 하나의 합리적인 내용을 제공하는 한에서 이해할 수 있다―나는 잠깐 동안 쉬기 위해 내 배낭을 땅에 내려놓는다. 다시 말하면 그 행동이 기투할 가능과 그 행동이 노리는 목적을 우리가 직접적으로 파악하는 한에서 모든 행동을 이해할 수 있다. 나아가서 그 가능이 다른 가능을 가리키고, 그것이 또 다른 가능을 가리키며, 그리하여 마침내 '내가 그것으로 있는 궁극의 가능성'을 가리키기에 이르는 한에서, 모든 행동을 이해할 수 있는 것이다. 더욱이 이해는 상반되는 두 개의 방향에서 이루어진다. 소급적인 정신분석학에서는, 우리는 그 행위에서 나의 궁극의 가능까지 거슬러 올라간다―종합적인 전진에 있어서는 이와 같은 궁극의 가능에서 그 행위까지 다시 내려와서, 전체적인 형태 안에서 그 행위의 통합을 파악한다.

우리가 우리의 궁극의 가능성이라고 부르는 이 형태는―설령 그것이 하이데거가 말하려 한 것처럼, 죽는 일의 가능성, 즉 '세계 속에서 더 이상 바로 눈앞에 나타나지 않을' 가능성이라 하더라도―다른 모든 가능 속에서의 '하나의' 가능은 아니다. 사실 모든 낱낱의 가능성은 하나의 총체 속에서 나뉘어 있다.

그와는 반대로 이 궁극의 가능성은 우리의 모든 현재적 가능의 통일적인 종합으로서 생각되어야 한다. 그런 현재적 가능의 각각은 궁극의 가능 속에 무차별적인 상태로 들어 있지만, 어떤 시기가 오면 하나의 특수한 사정이 그것을 부각시킨다. 그러나 부각된다 해도 각각의 가능이 전체에 딸려 있다는 점에는 전혀 다를 것이 없다. 사실 우리가 이 책의 제2부*16에서 지적한 것처럼 어떤 임의의 한 대상의 지각적인 파악은 '세계라는 배경' 위에서 이루어진다. 그로 인해 우리가 이해한 대로 심리학자들이 '지각'이라고 불러온 것은, 어떤 임의의 순간에 엄밀한 의미에서 '보이거나 들리는' 대상에 한정되는 것은 아니다. 오히려 그 대상들은 여러 가지 관련과 의미에 의해 즉자적으로 존재하는 것 전체를 가리킨다. 그리고 그 대상이 파악되는 것은 '이런 전체에서 출발한' 경우이다.

그러므로 내가, 그 탁자 앞에서 지금 내가 있는 이 방으로 옮기고, 이어서 밖으로 나가, 거기서 현관으로, 계단으로, 거리로, 차례차례 옮겨가서, 마지막에 극한까지 옮아간 결과로서, 모든 존재자의 총화로서 이 세계를 떠올린다는 것은 진실이 아니다. 오히려 그와는 완전히 반대로 나는 모든 존재자의 절대적인 전체에서 출발하지 않으면, 어떤 하나의 도구적 사물을 깨달을 수가 없다. 왜냐하면 나의 최초의 존재는 '세계-속-존재'이기 때문이다. 그러므로 사물이 '그곳에 있는(il y a)' 한에서 우리는 인간에게 있어서 통합을 향한 끊임없는 부름이 사물 속에 있는 것을 발견한다. 이 부름 덕분에, 우리는 사물을 파악하기 위해, 직접적으로 이루어지고 있는 전체적인 통합에서 출발하여, 이 전체와의 관련 속에서만 해석되는 낱낱의 구조로 내려올 수 있는 것이다. 하지만 그런 반면에, 하나의 세계가 '그곳에 존재하는' 것은, 우리가 단번에 전체적으로 세계로 출발하기 때문이다. 사실 우리가 초월에 관한 같은 장에서 지적한 것처럼, 즉자는 자기 혼자서는 세계로서의 어떤 통일도 초래할 수 없다. 그러나 우리의 나타남은 하나의 세계가 존재하기 위해 우리가 무화 속에 자기를 상실한다는 의미에서, 하나의 수난이다.

그러므로 세계 속에 나타나는 존재의 최초의 현상은 즉자의 전체, 즉 세계와 나 자신의 전체분해적인 전체 사이의 근원적인 관계이다. 다시 말하면, 나는 세계 전체 속에서 나 자신을 전체적으로 선택한다. 더욱이 나는 세계'에서'

---

*16 원주. 이 책 제2부 제3장.

출발하여 개별적인 '이것'에 이르지만, 그것과 마찬가지로, 나는 전체분해적인 전체로서의 나 자신에서 출발하여, 나의 개별적인 가능성의 하나의 소묘에 이른다. 왜냐하면 내가 나 자신을 기투하는 개별적인 기도에 있어서만, 개별적인 '이것'을 세계라는 배경 위에서 파악할 수 있기 때문이다. 그러나 이 경우에 내가 그런 '이것'을 파악하는 것은, '이것'을 이러저러한 가능성을 향해 뛰어넘음으로써, 세계의 배경 위에서만 가능한 것인데, 그것과 마찬가지로 내가 '이것'의 저편에 이러저러한 가능성을 향해 나를 기투할 수 있는 것은, 나의 궁극적이고 전체적인 가능성이라는 배경 위에서만 가능하다. 그러므로 나의 모든 개별적인 가능의 근원적인 통합으로서의, 나의 궁극적이고 전체적인 가능성과, 존재에 대한 나의 나타남에 의해 존재자가 되는 전체성으로서의 세계는, 두 개의 엄밀하게 상관적인 관념이다. 내가 망치를 지각할(즉 '망치질하는' 동작을 그려낼) 수 있는 것은, 세계라는 배경 위에서가 아니면 안 된다. 그러나 또 거꾸로, 내가 '망치질을 한다'는 이 동작을 그려내는 것은, 나 자신의 전체성을 배경으로 하여 나 자신의 전체성에서 출발함으로써만 가능하다.

그리하여 자유라는 근본적인 작용을 발견할 수 있다. 내가 나중에 살펴볼지도 모르는 개별적인 행동에 그것의 의미를 부여하는 것은 이 작용이다. 끊임없이 갱신되는 이 작용은 나의 존재와 다른 것이 아니다. 이 작용은 세계 속에서의 나 자신의 선택이며, 동시에 세계의 발견이기도 하다. 그럼으로써 우리는 정신분석학이 출발점에서 부딪힌 무의식이라는 암초를 피할 수 있다. 그렇다 해도, 우리에 대해 다음과 같이 다른 의견을 내세우는 사람이 있을지도 모른다. 만일 존재의식이 아닌 어떤 것도 의식 속에 존재하지 않는다면, 이 근본적인 선택은 '의식적인' 선택이라야 한다. 그런데 정말로, 당신이 피로에 굴복할 때 당신은 그 행위가 예상하는 모든 관련에 대해 스스로 의식하고 있다고 잘라 말할 수 있는가? 그것에 대해 우리는 이렇게 대답할 것이다. '우리는 그런 관련을 완전히 의식하고 있다. 다만 이 의식 자체는 의식 전반의 구조와 우리가 하는 선택의 구조를, 한계로서 지니고 있어야 한다.'

이 후자, 즉 선택의 구조에 대해, 우리는 이 경우에 깊이 생각한 선택은 문제가 되지 않는다는 사실을 강조해 두지 않으면 안 된다. 또한 그것은 선택이 숙고에 비해 '그다지' 의식적이지 '않다'거나, '그다지' 명료하지 '않다'는 이유에서가 아니다. 오히려 그 반대로, 그것은 선택이 모든 숙고의 근거이기 때문이며,

앞에서 우리가 살펴본 것처럼, 숙고가 근원적인 선택에서 출발하는 하나의 설명을 요구하기 때문이다. 그러므로 근원적 자유라는 것은 동기와 동인을 대상으로서 '정립하는 것'이고, 이어서 그런 동기와 동인에서 출발하여 '결단하는 것'이라고 생각하는 착각은 부정되어야 한다. 오히려 정반대로, 동기와 동인이 존재하는 순간, 다시 말해 사물에 대한 평가와 세계의 구조에 대한 평가가 존재하는 순간, 거기에는 이미 목적의 정립이 있고, 따라서 선택이 있다. 그러나 이 말은 그 깊은 선택이 그만큼 무의식적이라는 뜻은 아니다. 이 선택은 우리가 우리 자신에 대해 가지고 있는 의식과 하나임에 지나지 않는다. 알다시피, 이 의식은 비정립적일 수밖에 없다. 이 의식은 우리의 존재와 다를 것이 없기 때문에, 이 의식은 '우리-의식'이다. 게다가 우리의 존재는 틀림없이 우리의 근원적인 선택이므로, 선택(에 대한) 의식은 우리가 우리 자신(에 대해) 스스로 지니는 의식과 똑같다. 선택하기 위해서는 의식적이어야 하고, 의식적이기 위해서는 선택해야 한다. 선택과 의식은 유일한 같은 것이다.

많은 심리학자들이 '의식은 선택(sélection)'이라고 말했을 때, 그들이 느끼고 있었던 것이 이것이다. 하지만 그들은 이 선택이라는 것을 그 존재론적 근거까지 다시 데려오지 못하고서, 선택이 하나의 의식, 그것도 실체적인 의식, 동기가 없는 작용(fonction gratuite)으로서 나타나는 영역에 머물러 있었다.[17] 이것은 특히 베르그송[18]에게 주어질 수 있는 비난이다. 그러나 의식이 무화라는 사실이 충분히 확증된다면, 당연히 알 수 있는 일이라 생각하지만, 우리 자신에 대해 의식하는 것과 우리를 선택하는 것은 하나일 수밖에 없다. 이것은 지드와 같은 도덕주의자들이 감정의 순수성을 규정지으려 했을 때 부닥친 어려움을 설명해 주는 것이다. 추구된 하나의 감정과 '체험된' 하나의 감정 사이에 어떤 차이가 있는가 하는 것이 지드의 물음이었다.[19] 사실을 말하면, 거기에는 아무

---

[17] gratuit는 철학용어로서는 '근거가 없는' '동기가 없는' 따라서 '자유로운'이라는 뜻이다. acte gratuit(대가 없는 행위)라는 말은 지드의 작품 《교황청의 지하실》의 주인공 라프카디오에게서 비롯한다. 지드 자신도 이 말을 '이유 없는 행위' '동기 없는 행위' '자유행위' 등 여러 가지로 나타내고 있다. 그리고 베르그송도 《의식에 직접 주어진 것》 속에서 자유를 '동기 없이 선택함', 달리 말하면 '모든 이유의 부재'라는 뜻으로 설명하고 있다.

[18] 베르그송은 《물질과 기억》에서 '의식적으로 지각하는 것은 선택하는 것을 의미한다. 그리고 의식은 무엇보다 먼저 이 실제적인 식별 속에 있다'고 말했다.

[19] 원주. 《위폐범들》.

런 차이도 없다. '사랑하기를 원하는' 것과 사랑하는 것은, 한가지 일에 지나지 않는다. 왜냐하면 사랑한다는 것은, 사랑하는 것에 대해 의식함으로써, 사랑하는 자로서 자기를 선택하는 일이기 때문이다.

만일 파토스가 자유라면 파토스는 선택이다. 우리가 이미 충분히 지적한 것처럼—특히 시간성에 관한 장에서 지적한 것처럼—데카르트적인 코기토는 확장되어야 한다. 실은 앞에서 살펴보았듯이, 자기(에 대해) 의식하는 것은 결코 순간에 대해 의식하는 것을 의미하지는 않는다. 왜냐하면 순간은 정신의 일별(一瞥, 한 번 흘낏 봄)에 불과하기 때문이며, 비록 순간이 존재한다 하더라도 순간에 있어서 자기를 파악하는 의식은, 더 이상 '어떤 것도' 파악하지 못할 것이기 때문이다. 내가 나 자신에 대해 의식할 수 있는 것은, 이러저러한 기도에 구속되고, 이러저러한 성공을 기대하고, 이러저러한 결과를 두려워하는 '어떤 이러저러한' 인간으로서, 게다가 그런 앞지르기의 총체에 의해 자기의 '모습'을 전체적으로 그려내고 있는 이러저러한 인간으로서일 뿐이다. 그리고 내가 글을 쓰고 있는 이 순간에 내가 나 자신을 파악하는 것도 그렇게 해서이다. 나는, 종이 위에 기호를 적어 넣는 내 손에 대한 단순한 지각적 의식으로 있는 것이 아니다. 나는 이 손의 훨씬 앞쪽에, 이 책의 완성에까지, 내 삶에서 차지하는 이 책의 의의에까지—따라서 철학적 활동 전반의 의의에까지—존재하고 있다. 그리고 내가 이러저러한 사상을 이러저러한 방법으로 서술하거나 잠시 글쓰기를 중지하고, 또 이러저러한 참조 사항을 찾기 위해 어떤 책을 뒤적이는 등의, 훨씬 더 한정된 가능성을 향한 몇 가지의 기도가 개입해 오는 것은, 이 기도의 테두리 안에서이며, 다시 말하면 '내가 그것으로 있는 것'의 테두리 안에서이다. 다만 이 전체적인 선택에 하나의 분석적이고 차별적인 의식이 대응한다고 생각하는 것은 잘못일 것이다.

나의 원초적이면서도 궁극적인 기도는—왜냐하면 나의 기도는 동시에 이 양쪽이므로—다음에 우리가 보게 되겠지만, 언제나 존재 문제에 대한 해결의 한 묘사이다. 그러나 이 해결은 먼저 고찰되고, 다음에 이루어지는 것이 아니다. 우리는 이 해결'로 있다'. 우리는 우리의 자기구속 자체에 의해 이 해결을 '존재시킨다.' 따라서 우리는 그 해결을 살아감으로써만이 얻을 수 있다. 그리하여 우리는 우리 자신에 대해 항상 전체인 채로 바로 눈앞에 나타나고 있다. 하지만 바로 우리가 전체인 채로 눈앞에 나타나 있기 때문에, 우리는 '우리가 그것으로 있는 것'에 대해 분석적이고 세부적으로 의식하는 것을 기대할 수 없다. 또 그뿐만 아니라, 이런 의식은 비조정적(非措定的)일 수밖에 없을 것이다.

그러나 다른 한편으로, 세계는 바로 그 나눈 마디 자체에 의해, 우리가 그것으로 있는 바로 앞의 모습을 우리에게 가리킨다. 그것은—이미 우리가 충분하고도 남을 만큼 보았듯이—우리가 그 모습을 판독할 수 있기 때문이 아니라, 다시 말해 우리가 그 모습을 세분할 수 있고 그 모습을 분석할 수 있어서가 아니라, 오히려 세계가 필연적으로 있는 그대로의 우리에게 나타나기 때문이다. 우리가 세계를 그것이 있는 그대로 나타나게 하는 것은, 사실 우리 자신을 향해 세계를 뛰어넘음으로써 가능하다. 우리는 우리를 선택함으로써 세계를 선택한다—즉자의 구조에 있어서가 아니라 그 의미에 있어서 선택하는 것이다. 왜냐하면 우리는 내적 부정에 의해, 우리가 세계라는 사실을, 우리 자신에 대해 부정하고, 그리하여 세계를 세계로서 나타나게 하는 것인데, 이런 내적 부정은 그것이 동시에 하나의 가능을 향한 기투인 경우에만 존재할 수 있을 것이기 때문이다. 내가 무생물에게 몸을 맡길 때의 방식, 내가 내 몸에 나를 맡길 때의 방식—또는 반대로 둘에 대해 내가 저항할 때의 방식이야말로, 나의 몸과 무생물계를 그것의 고유한 가치와 함께 나타나게 한다. 따라서 거기서도 또한 나는 나 자신에 대한 그리고 나의 근본적인 기도에 대한 완전한 의식을 누린다. 또 그런 다음에는, 이 의식은 정립적인 의식이 된다. 다만 바로 그 의식이 정립적인 것 때문에, 이 의식이 나에게 제시하는 것은, 내가 그것으로 있는 것의 초월적인 모습(像)이다.

사물들의 가치, 그런 사물의 도구적 역할, 그런 사물의 현실적인 원근(遠近, 이것은 그런 사물의 공간적인 거리와는 아무 관계가 없다)은, 나의 모습을 그려내는 것, 즉 나의 선택을 그려내는 것 외에 아무것도 아니다. 내가 입고 있는 옷(제복인가 양복인가, 와이셔츠에 풀을 먹였는가 아닌가, 아무렇게나 입었는가, 잘 차려입었는가, 멋을 부렸는가, 수수하게 입었는가), 내가 가지고 있는 가구, 내가 살고 있는 거리, 내가 거주하고 있는 도시, 내 주위에 있는 책, 내가 즐기는 기분풀이, 내 소유물인 모든 것, 요컨대—적어도 내가 시선을 보내고 있는 대상 또는 내가 사용하고 있는 대상에 의해 말려드는 의미라는 자격에 있어서—내가 끊임없이 의식하고 있는 세계—그런 모든 것은 바로 나 자신에 대해, 나의 선택을, 다시 말하면 나의 존재를 알려 준다. 그러나 정립적인 의식 구조에서 보아, 나는 이 인식을 나 자신에 대한 주관적인 파악으로 다시 데리고 돌아올 수가 없다. 또 이 인식은 앞서는 것의 질서와 관련하여 내가 만들어 내는 다른 대상들, 내가 배치하는 대상들을, 나에게 지시하기는 하지만, 그때 이 인식은, 내가 세계 속에 나의 모습을 이렇게 하여 차츰 조각해 간다는 것을 내가 깨닫도록 해 주지는 않는다. 그러므로 우리는 우리가 그것으로 있는 선택에 대해 완전히 의식하고 있는 것이다. 그리고 만일 이런 생각에서 보면, 우리는 자신을 '선택했다'는 의식을 가지는 것이 아니라, 자기 자신을 선택한다는 의식을 가져야 할 거라고 반박하는 사람이 있다면, 우리는 그것에 대해 이렇게 대답할 것이다. 이 〔자기 자신을 선택한다는〕 의식은 불안과 책임이라는 이중의 '감정'에 의해 표현된다. 사실 불안·고독·책임은 그 강약의 차이는 있을지언정, 우리 의식이 그저 단순한 자유인 한에서 우리 의식의 질을 구성하는 것이다.

우리는 바로 앞에서 하나의 문제를 제시했다. '나는 피로에 굴복했다. 물론 나는 다르게 "행동할 수 있었을 것이다." 하지만 "어떤 대가"를 치르고서?' 우리는 이제야 그 문제에 대해 대답할 수 있게 되었다. 사실 우리의 분석은 이제 막 우리에게 이 행위가 '무동기(無動機)'가 아니었다는 것을 제시했다. 분명히 이 행위는 앞선 의식의 하나의 '상태'의 내용으로서 생각된 하나의 동기 또는 하나의 동인에 의해서는 설명되지 않았다. 오히려 그 반대로, 이 행위는 그것을 통합적인 부분으로서 포함하는 하나의 근원적인 기도에서 출발하여 설명되었어야 했다. 거기서 분명해지는 일이지만, 나 자신에 대한 나의 근원적인 선택의 근본적인 변경을 동시에 상정하지 않는 한, 이 행위가 변경될 수 있었을 거라고 상정하는 것은 불가능한 일이다. 내가 피로에 지쳐서 길바닥에 쓰러져 버리는 이 방식은, 나의 몸과 무생물적 즉자에 대한 일종의 원초적인 저항을 나타낸다. 이 방식은 일종의 세계관의 테두리 속에 자리를 차지한다. 즉 이 세계관의 테두리 안에서는, 그런 어려움은 '참고 견디는 수고를 할 만한 가치가 없는' 것으로 생각된다.

더욱이, 그런 동인은 비조정적인 단순한 의식이며, 따라서 하나의 절대적인 목적('즉자-대자'의 어떤 종류의 양상)을 향한 자기의 원초적인 기투이기 때문에, 이 경우 동인은 세계(더위, 도시로부터 멀리 떨어져 있는 것, 노력의 허망함 등등)를 나의 걸음을 막는 '동기'로서 파악하는 일이다. 그러므로 멈추어 선다고 하는 이 '가능'은 이론상으로 원초적이고 궁극적인 가능에서 출발하여, 내가 그것으로 있는 가능의 서열 안에서만 또 그런 서열에 의해서만 그 의미를 가진다. 그렇다고 해서 내가 필연적으로 걸음을 멈춰야 한다는 의미는 아니다. 오히려 그것은 단순히, 내가 걸음을 멈추는 것을 거절하는 것은, 나의 '세계-속-존재'의 근본적인 전환에 의해서만 가능하다. 다시 말하면 나의 원초적인 기도의 갑작스러운 변모에 의해서만 가능하다. 또 달리 말한다면, 나 자신과 나의 목적에 대한, 다른 선택에 의해서만 가능하다는 얘기이다. 무엇보다 이런 변경은 언제나 가능하다. 불안은 그것이 드러내 보여질 때 우리의 의식에 우리의 자유를 나타내는 것이기 때문에, 우리의 원초적인 기도의 이런 끊임없는 변경 가능에 대한 증인이다. 불안 속에서 우리가 파악하는 것은, 단순히 우리가 기도하는 가능이, 장차 오게 될 우리의 자유에 의해 끊임없이 잠식되고 있다는 사실만은 아니다. 우리는 그 밖에도 우리의 선택을, 다시 말해 우리 자신을 '정당화할 수 없는' 것으로서 파악한다.

다시 말하면 우리는 우리의 선택을 어떤 앞선 현실에서도 유래하지 않는 것으로서, 즉 현실을 구성하는 온갖 의미의 총체에 대해 거꾸로 근거의 역할을 하게 될 것으로서 파악한다. 정당화할 수 없다는 것은 다만 우리의 존재의 절대적인 우연성에 대한 주관적인 인지일 뿐만 아니라, 나아가서 이 우연성의 내면화에 대한 인지이며, 이 우연성을 우리의 책임 아래 되찾는 것에 대한 인지이다. 왜냐하면 선택은—우리가 나중에 보게 되는 것처럼—선택이 무화하는 즉자의 우연성에서 나온 것으로서, 대자 자신에 의한 대자의 무동기적인 결정의 차원으로, 이런 즉자의 우연성을 이행시키기 때문이다. 그러므로 우리는 끊임없이 우리의 선택 안에 구속되어 있다. 우리는, 우리 자신이 갑자기 이 선택을 역전시켜 증기를 역류시킬 수 있다는 것에 대해 끊임없이 의식하고 있다. 왜냐하면 우리는 우리의 존재 자체에 의해 장래를 기투하며, 우리의 실존적 자유에 의해 끊임없이 장래를 갉아먹기 때문이다. 우리는 우리가 무엇인가를 장래를 통해 우리 자신에게 알리지만, 언제나 '가능'상태에 머물러 있을 뿐, 결코 '현실'의 대열로 옮겨 가는 일이 없는 이 장래를 손에 넣을 수는 없다. 그런 까닭에 우리는 우리의 현재의 선택에 대한 무화에 의해 끊임없이 쫓기고 있으며, 현재 우리가 있는 것과는 다른 것으로서 우리 자신을 선택하는 것에—따라서 현재 우리가 있는 것과는 다른 것이 되는 것에—끊임없이 쫓기고 있다. 우리의 선택이 절대적이라는 사실 하나만으로, 이 선택은 '약한 것'이다. 다시 말하면 우리는 선택을 통해 우리의 자유를 세우는 것인데, 그와 동시에 내가 있게 될 하나의 '저편'을 위해 이 선택이 과거화된 하나의 '이편'이 된다고 하는, 선택 자체의 끊임없는 가능성도 세운다.

그렇지만 충분히 이해해야 하는 것은, 우리의 현재 선택은, 뒤에 이어지는 하나의 선택에 의해 현재의 선택을 과거화하기 위한 어떤 '동기'도 우리에게 제공해 주지 않는다는 것이다. 사실 우리를 부분적인 행동으로 이끌어 갈 수 있는 모든 동기와 모든 동인을 근원적으로 창조하는 것은 우리의 현재 선택이며, 세계에 그 온갖 의미와 도구복합과 역행률을 갖추는 것은 우리의 현재 선택이다.

우리가 태어나서 죽음에 이르기까지 우리를 위협하는 이 절대적인 변화는, 어디까지나 미리 알 수 없는 것, 이해할 수 없는 것이다. 가령 우리가 다른 근본적인 태도를 '가능한 것'으로 여긴다 해도, 우리는 그런 태도를 타인의 태도로서, 외부에서밖에 살펴볼 수 없을 것이다. 또 우리가 우리의 행위를 그 근본적인 태도에 귀착시키려 해봐도, 그런 행위는 그것만으로는 그 외면성과 '초월되는—초월'[20]이라는 성격을 잃어버리지 않을 것이다. 사실 그런 행위를 이해한다는 것은 벌써 그 행위를 선택했다는 얘기가 될 것이다. 이 문제에 대해서는 나중에 다시 다루기로 하겠다.

그 밖에도 우리는 근원적인 선택을 '순간순간 생기는 것'으로서 생각해서는 안 된다. 그런 상상은 후설이 벗어나지 못했던 의식에 대한 순간적인 사고방식으로 되돌아가는 일이 될 것이다. 그와 반대로 자기를 시간화하는 것은 의식이기 때문에, 근원적인 선택은 시간을 펼치는 것이고, 또 세 가지 탈자[21]의 통일과 마찬가지일 뿐이라고 생각해야 한다. 우리 자신을 선택하는 것은 우리를 존재하지 않는 상태로 만드는 것으로, 다시 말하면 하나의 미래에 이르게 하고, 이 미래가 우리의 과거에 하나의 의미를 줌으로써 우리에게 우리가 무엇인지를 알려 주게 하는 것이다. 그러므로 데카르트에게서 볼 수 있는 무(無)에 의해 격리된 순간들의 계기(繼起), 그리고 '순간t'에서의 나의 선택이 '순간t₁'에서의 나의 선택에 작용을 미칠 수 없다는 의미에서의, 순간들의 계기 같은 것은 맨 처

---

*20 '초월되는—초월(transcendances-transcendées)'은 '시선을 보내는 주관으로서의 대자'가 '초월하는—초월'인 데 비해, '이 대자가 시선을 받는 대상'이 되었을 때 불리는 명칭이다.

*21 세 가지 탈자란 과거·현재·미래를 향한 대자의 존재통일에 있어서의 분산을 말한다. 이와 같은 의미로 대자는 '탈자적 존재'라 일컬어진다.

음에 존재하지 않는다. 선택한다는 것은 일정한 확장을 가진 구체적이고 연속적인 지속이 나의 자기구속과 함께 나타나게 하는 것이다. 게다가 이 지속은 분명히 나의 근원적인 가능의 이룸에서 우리를 떼어놓는 것이다. 그러므로 자유·선택·무화(無化)·시간화는 다만 하나의 같은 사항일 뿐이다.

그렇다 해도, '순간'은 철학자들의 공허한 창작물은 아니다. 분명히 내가 나의 임무 속에 자신을 구속시키고 있을 때는 주관적인 순간은 결코 존재하지 않는다. 예를 들면 내가 글을 쓰고 있는 이 순간에는 나는 나의 관념들을 파악하고 그것에 질서를 부여하려고 노력하고 있는 것이며, 거기에는 나에게 있어서의 순간은 존재하지 않는다. 거기에는 다만, 나를 규정하는 목적(이 책의 근간을 이루는 모든 관념에 대한 설명)을 향한, 나 자신에 대한 끊임없는 '추구되는-추구'밖에 존재하지 않는다. 그러면서도 우리는 끊임없이 '순간에 의해 위협받고' 있다. 다시 말해 우리는 우리의 자유에 의한 선택 자체에 의해, 우리는 언제나 우리의 탈자적 통일의 균열로서 순간을 나타나게 할 수 있다.

그렇다면 도대체 순간이란 무엇일까? 구체적인 하나의 기도의 시간화 과정에서는, 순간은 잘려 나갈 수 없을 것이다. 그것은 방금 우리가 제시한 그대로이다. 그러나 순간은 또한 이 과정의 기점이나 종점(그런 점이 존재한다고 하고서)과 동일시될 수도 없을 것이다. 왜냐하면 기점 또는 종점은, 모두 이 과정 전체의 안쪽에 들어가 있고, 이 과정의 통합적인 부분을 이루기 때문이다. 그러므로 그것은 기점이든 종점이든 순간이 가지는 특징들 가운데 하나밖에 가지고 있지 않다. 사실 기점은, 그것이 '이 과정의' 시작이라는 의미에서, 그것이 기점을 이루고 있는 과정에 들어가 있다. 하지만 반면에, 기점은 그것이 하나의 기초라고 하는 점에서 앞서는 하나의 무(無)에 의해 한계지어지고 있다. 종점은 그것이 '이 과정의' 끝이라는 의미에서, 그것이 끝을 이루고 있는 이 과정에 가입되어 있다. 마지막 음표는 역시 그 멜로디에 속한다. 그러나 종점은 그것이 '하나'의 끝이라는 의미에서, 그것을 한정하는 하나의 무를 뒤에 거느리고 있다. 순간은 만일 그것이 존재할 수 있는 것이라면, 이중의 무에 의해 한정되어 있어야 한다. 이것은 만일 순간이 모든 시간화 과정에 앞서서 주어져야 한다면 결코 생각될 수 없는 것으로, 우리는 앞에서 이미 그것을 제시한 바 있다. 하지만 우리의 시간화 전개 그 자체 안에서, 만일 어떤 과정이 앞선 과정의 무너짐 위에 나타난다면, 우리는 순간을 발생하게 할 수 있다. 순간은 그때 하나의 시작이고, '더욱이' 하나의 끝이 될 것이다. 요약하면 만일 하나의 기도의 끝이 또 하나의 기도의 시작과 일치한다면, 그것이 시작이라는 점에서는 앞선 무에 의해 한계가 지어질 것이고, 그것이 끝이라는 점에서는 뒤에 오는 무에 의해 한계가 지어지는, 하나의 양의적(兩義的)인 시간적 실재가 나타날 것이다.

그러나 이런 시간적 구조가 구체적이기 위해서는, 시작이 그 자체를, 그것이 과거화하는 과정의 끝으로서, 자신에게 주어야 할 것이다. 하나의 앞선 기도의 끝으로서 자기를 주는 하나의 시작, 순간은 그런 것이 아니면 안 된다. 그러므로 우리가 같은 하나의 행위의 통일 속에서 우리 자신에 대해, 시작인 동시에 끝이 아닌 한, 순간은 존재하지 않을 것이다. 그런데 이것은 분명히, 우리의 근본적인 기도가 철저히 변경될 때 생기는 일이다. 사실 이와 같은 변경의 자유로운 선택에 의해, 우리는 우리가 그것으로 있는 어떤 기도를 시간화하고 또 우리가 선택한 존재를 하나의 미래에 의해 우리 자신에게 알려 준다. 그러므로 순수한 현재는 시작으로서, 새로운 시간화에 속한다. 또한 순수한 현재는 방금 나타난 미래로부터 시작이라고 하는 그 자신의 본성을 얻는다. 사실 순수한 현재 위로 돌아와서, 이것에 시작이라는 성질을 줄 수 있는 것은 오직 미래뿐이다. 만일 그렇지 않다면 이 현재는 아무래도 상관없는 현재에 지나지 않을 것이다. 그러므로 선택의 현재는, 통합된 구조로서, 드러내 보여진 새로운 전체에 이미 속해 있다. 그러나 그 반면, 이 선택이 '그것이 있어야 하는 과거'와 '관련하여' 결정되지 않는다는 것은 있을 수 없는 일이다. 그뿐만 아니라, 이 선택은 원리상 그것이 대신하는 선택을 과거로서 파악하는 것의 결정이다.

무신론자가 마음을 바꾸는 일은 결코 단순한 것이 아니다. 그는 자기 자신에 관해 무신론을 부정한 신자이다. 그는 그의 내부에서 무신론자로 있고자 하는 자신의 기도를 과거화한 신자이다. 그러므로 새로운 선택은 그것이 하나의 끝인 한에서 시작으로서 자기를 부여하고, 그것이 하나의 시작인 한에서 끝으로서 자기를 부여한다. 새로운 선택은 이중의 무에 의해 한정되어 있고, 그런 것으로서 그것은 우리 존재의 탈자적(脫自的)인 통일 속에 하나의 균열을 이룬다. 그렇다 해도 순간은 그 자신 하나의 무에 불과하다. 왜냐하면 우리가 우리의 관점을 어디에 두든, 우리가 파악하는 것은, 하나의 연속적인 시간화뿐일 것이기 때문이다. 게다가 이 연속적인 시간화는 우리의 시선이 가는 방향을 따라 또는 방금 지나간, 종점을 동반한 완결적이고 폐쇄적인 계열일 수도 있고

—아니면 지금 시작되는 살아 있는 시간화, 미래의 가능성에 의해 기점이 물어 뜯기고 끌려들어가는 그런 시간화일 수도 있을 것이다.

그러므로 근본적인 모든 선택은 자신을 시간화하는 동시에 '추구되는-추구'의 방향을 규정한다. 그렇다고 해서 근본적인 선택이 '하나의 원초적인 비약을 준다'는 뜻은 아니며, 내가 그 선택의 한계 안에 머물러 있는 한 이용할 수 있는 증서 같은 무언가가 존재한다는 의미도 아니다. 오히려 그 반대로, 무화는 계속 자기를 추구한다. 따라서 자유롭게 그리고 끊임없이 선택을 다시 하는 것이 필요불가결하다. 다만 이 다시 하기는, 내가 나의 선택을 자유롭게 다시 하는 한에서 '한순간마다' 이루어지는 것은 아니다. 왜냐하면 그 경우, 거기에는 순간은 존재하지 않기 때문이다. 이 다시 하기는 과정의 총체 안에서 매우 긴밀하게 가입해 있기 때문에, 순간적인 의미를 전혀 가지고 있지 않으며 또 그런 의미를 가질 수가 없다. 그러나 분명히 나의 선택은 자유이며, 자유에 의해 끊임없이 다시 되풀이되기 때문에, 나의 선택의 한계는 자유 그 자체이다. 다시 말해, 나의 선택은 순간이라는 유령이 늘 따라다니고 있다. 내가 나의 선택을 '다시 하는' 한에서, 그 과정의 과거화는, 현재와의 완전한 존재론적 연속성에 있어서 이루어질 것이다. 과거화된 과정은 '지식'이라는 형태로, 다시 말해 체험되고 내면화된 의미라는 형태로 또한 현재적인 무화의 일익을 담당하고 있으며, 자기 자신의 목적을 향해 자기를 기투하는 의식에 있어서 결코 대상이 되는 일이 없다.

그러나 분명히 나는 자유롭기 때문에, 나는 언제나 나의 직접적인 과거를 대상으로 제기할 수 있는 가능성을 가지고 있다. 즉 나의 선행하는 의식이 공통 현재적인 현실의 내적 부정으로서 스스로 자기를 구성하고, '다시 수정된 것'으로서 제시된 목적에 의해 자기의 의미를 자기 자신에게 알리는 한에서, 나의 이 선행하는 의식은 과거(에 대한) 단순한 비정립적 의식이었지만, 새로운 선택을 할 때, 이 의식은 자기 자신의 과거를 대상으로서 내세운다. 다시 말하면 이 의식은 자기 자신의 과거를 '평가'하고, 또 자신의 과거에 대해 관점을 정한다. 직접적인 과거를 대상화하는 이 행위는, 다른 목적을 새롭게 선택하는 것이나 다름없는 것이다. 이 행위는 시간화의 무화적인 균열로서 순간을 용솟음시키는 작용을 한다.

만일 우리가, 위의 분석에 의해 얻어진 결과를, 자유에 관한 또 하나의 학설, 예컨대 라이프니츠의 학설과 비교한다면, 독자들이 더욱 이해하기 쉬울 것이다. 라이프니츠에게 있어서도 우리에게 있어서와 마찬가지로, 아담이 사과를 딸 때, 아담은 그것을 따지 않는 것도 가능했을 것이다. 그러나 라이프니츠에게도 우리와 마찬가지로 이 동작이 미치는 폐해가 너무나 다양하여, 아담이 사과를 따지 않는 것도 가능했을 거라고 주장하는 것은, 결국 또 한 사람의 다른 아담도 가능했을 거라고 말하는 것과 같은 일이 된다. 그러므로 아담의 우연성은 아담의 자유와 같은 것에 불과하다. 왜냐하면 이 우연성이 의미하는 것은 다음과 같은 것이기 때문이다. '현실적인' 이 아담은 수많은 가능적인 아담에 에워싸여 있으며, 그 가능적 아담들의 각자는 현실적 아담에 대해, 아담의 모든 속성의 사소한 변질 또는 심한 변질에 의해, 결국 아담의 실체의 변질에 의해 특징이 부여된다. 그러므로 라이프니츠의 경우에 인간존재에 의해 요구되는 자유는 이른바 세 가지의 다른 관념으로 구성되는 조직과 같은 것이다.

자유로운 것은, 첫째로 어떤 행위를 하도록 이성적으로 자기를 결정하는 자이고, 둘째로 그 행위가 그것을 행한 자의 본성 그 자체에 의해 완전히 이해되는 형태로 존재하는 자이며, 셋째로 우연적인 자, 다시 말해 똑같은 상황에서 다른 행위를 하는 다른 객체들이 가능했을 거라고 생각할 수 있는 방식으로 존재하는 자이다. 그러나 가능의 필연적인 결합 때문에, 아담의 또 하나의 다른 동작이 가능했을 거라고 생각할 수 있는 것은, 또 한 사람의 다른 아담에게 있어서이고, 다른 아담에 의해서이다. 더욱이 또 한 사람의 다른 아담의 존재는 다른 하나의 세계의 존재를 담고 있는 것이었다.

우리는 라이프니츠와 더불어 다음과 같이 인정한다. 즉 아담의 동작은 아담의 전인격을 구속하며, 또 다른 하나의 동작은 아담의 또 다른 인격이라는 빛을 받아, 그 인격의 테두리 안에서 비로소 이해될 수 있었을 것이다. 하지만 라이프니츠는 자유의 관념과 완전히 상반되는 하나의 필연론에 또다시 빠지게 된다. 왜냐하면 라이프니츠는 처음에 아담의 실체라는 공식 자체를 하나의 전제로 내세우고, 거기서 그 부분적 귀결의 하나로서 아담의 이 행위를 이끌어 내기 때문이다. 다시 말해, 라이프니츠는 시간론적 순서를 논리적 순서의 상징적인 표현에 불과한 것으로 환원하기 때문이다. 따라서 사실 한쪽에 있어서, 이 행위는 엄밀하게 아담의 본질 그 자체에 의해 필연성을 띠는 동시에, 다른 한편으로 라이프니츠에 의하면 자유를 가능하게 하는 우연성이 아담의 본질 속에 송두리째 담게 된다. 게다가 이 본질은 아담 자신에 의해 선택되는 것이 결코 아니며, 신에 의해 선택되는 것이다. 그러므로 물론 아담에 의해서 이루어진 행위는 필연적으로 아담의 본질에서 유래한다. 그리고 그런 점에서 볼 때 이 행위는 아담 자신에게 의존하고 있으며, 다른 누구에게도 돌릴 수 없는 것이다. 이것은 분명히 자유의 하나의 조건이다. 그러나 아담의 본질 쪽은, 아담 자신에게 있어서 하나의 '주어진 것'이다. 아담이 그것을 선택한 것이 아니다. 아담은 아담이 되는 것을 선택할 수 없었다. 그렇다면, 아담은 자기의 존재에 대해 어떤 책임도 지니지 않는 셈이다. 따라서 아담의 존재가 한 번 주어진 뒤에, 그의 행위의 상대적인 책임을 그에게 돌릴 수 있다 하더라도, 그것은 별로 중요한 일이 아니다. 그와 반대로, 우리의 견해로는 아담은 결코 하나의 본질에 의해 규정되는 것이 아니다. 왜냐하면 본질은 인간존재에 있어서 실존(현실존재) 뒤에 오는 것이기 때문이다.

아담은 그 자신의 목적 선택에 의해, 다시 말하면 논리적 순서와 공통되는 어떤 것도 가지지 않는 하나의 탈자적 시간화의 나타남에 의해 규정된다. 그리하여 아담의 우연성은 그가 자기 자신에게 행한 유한적인 선택을 표현하고 있다. 그러나 그렇게 되면, 아담에게 그의 '인격'을 알려 주는 것은 미래이지 과거가 아니다. 아담은 자신이 무엇인지를 자신에게 알려 주는 것을 선택하는데, 그가 그것을 자신에게 알려 주는 것은, 그가 자기를 기투할 때 목적에 의해―다시 말해 그의 기호, 그의 성향, 그의 혐오 등의 전체에 의해서이다. 더욱이 그것은 하나의 주제적인 조직과 이 전체에 들어 있는 하나의 의미가 거기에 존재하는 한에서이다.

우리는 그렇게 하여, 앞에서 우리가 라이프니츠를 향해 '분명히 아담은 사과를 따는 것을 선택했지만, 아담이 되기를 선택하지는 않았다'는 말로 그를 비판했던 난점에 빠지지 않아도 될 것이다. 사실, 우리의 견해로는 자유의 문제가 제기되는 것은, 아담 자신에 의한 아담의 선택 수준에 있어서이며, 다시 말하면 실존(현실존재)에 의한 본질의 결정 수준에 있어서이다. 그리고 우리는 라이프니츠와 함께 다음과 같은 사실, 즉 아담의 또 하나의 다른 행동이 또 하나의 다른 아담을 포함함으로써, 또 하나의 다른 세계를 포함한다는 사실을 인정하지만, '다른 세계'라는 말에 의해 우리가 의미하는 것은, 가능적인 다른 아담이 그곳에 자리를 차지하는 공존가능으로 이루어진 하나의 조직 같은 것은 아니다. 단순히 아담의 또 하나의 다른 '세계—속—존재'에 대해서는, 세계의 또 하나의 다른 면의 드러내 보임이 대응할 것이라는 얘기일 뿐이다. 마지막으로 라이프니츠에게 있어서, 또 다른 아담의 가능적인 동작은 가능적인 다른 세계 속에 조직되어 있는 것이므로, 가능으로서의 한에서 우연적이고 현실적인 아담의 이룸 속에 영원한 옛날부터 먼저 존재하고 있다. 여기서도 또한 라이프니츠에게 있어서는 본질이 실존을 앞서고, 시간론적인 순서가 논리의 영원적인 순서에 의존하고 있다. 우리에게 있어서는, 반대로, 가능은 그것이 아담의 새로운 기투에 의해 새로운 가능성을 향해 가능으로서 '존재되지' 않는 한, '다른 것'이라는 단순히 형체가 없는 가능성에 지나지 않는다. 그리하여 라이프니츠의 가능은 영원히 추상적인 가능으로 머문다.

이와는 반대로 우리의 견해로는 가능은 자기를 가능하게 만듦으로써만 나타난다. 다시 말하면 아담에게 그가 무엇인지를 알려 주려고 찾아옴으로써만 나타난다. 그런 까닭에 라이프니츠에게 있어서 심리적 설명 순서는, 이것이 잇따라 일어나는 것이 본질의 영원한 순서를 표현하는 한, 과거로부터 현재를 향한다. 모든 것은 결국 논리적 영원성 속에 굳어지고, 유일한 우연성은 원리의 우연성이다. 결국 아담은 신적(神的)인 오성(悟性)의 하나의 요청이다. 우리의 견해로는, 그와 반대로 해석의 순서는 엄밀하게 '시간론적'이다. 우리 해석의 순서는 결코, 시간을 단순한 논리적인 연쇄('이유')나 논리—시간론적인 연쇄('원인'·결정론)로 환원하려 하지 않는다. 우리의 순서는 미래에서 출발하여 해석된다.

그러나 특히 강조해 두어야 하는 것은, 앞에서 제시한 우리의 분석은 모두 순수하게 이론적이라는 점이다. 단순히 '이론적으로 본다면', 아담의 또 하나의 다른 동작은, 아담이 자기를 아담으로서 선택할 때의 목적의, 전적으로 뒤바뀐 한계 안에서만 가능하다. 우리는 그와 같이 사항을 제시했다—거기서 우리는 라이프니츠학파인 것처럼 보였을지도 모른다—그것은 우선 우리의 견해를 될 수 있는 한 간단명료하게 서술하기 위해서였다. 실제로는 현실은 훨씬 복잡하다. 왜냐하면 사실, 해석의 순서는 순수하게 시간론적이지 논리적인 것이 아니기 때문이다. 대자의 자유에 의해 세워진 근원적 목적에서 출발해 하나의 행위를 '이해하는 것'은 '지적 작용'이 아니다. 그리고 궁극적이고 원초적인 가능에서 우리가 이해하고자 하는 파생적인 가능에 이를 때까지의, 가능의 하강적인 서열은, 하나의 원리에서 그 귀결에 이르는 연역적인 계열과 어떤 공통점도 가지지 않는다.

가장 먼저, 파생적인 가능(피로에 저항하는 것, 또는 피로에 몸을 맡기는 것)과 근본적인 가능 사이의 관계는 '연역적'인 관계가 아니다. 그것은 전체와 부분적 구조의 관계이다. 전체적인 기투를 봄으로써, 우리는 그 개별적인 구조를 '이해할' 수 있다.

그러나 게슈탈트 심리학*22이 우리에게 보여 준 것처럼, 전체적 형태의 요약 (pragnanz, prégnance)은 어떤 종류의 2차적 구조들의 가변성을 거부하는 것은 아니다. 하나의 주어진 그림에 내가 약간의 선을 덧붙이거나, 거기서 약간의 선을 제거하더라도, 그 그림의 특수한 성격이 변하지 않는 경우가 있다. 그와 반대로 약간의 선을 덧붙였기 때문에 그 그림이 당장 소멸하고, 다른 하나의 그림이 나타나는 경우도 있다. 근본적인 가능, 즉 내 가능의 형태적인 전체와 2차적인 가능의 관계에 대해서도 마찬가지이다. 문제의 이 2차적인 가능의 의미는, 물론 언제나 내가 그것으로 있는 전체적인 의미를 가리킨다. 그러나 다른 가능이 이 가능과 대치된다 하더라도 전체적인 의미는 변하지 않을 수도 있다. 다시 말해 다른 가능은 이 가능을 이해하게 해 주는 형태로서, 항상 그리고 같은 정도로 이 전체성을 가리켰을 것이다—또는 실현의 존재론적 순서에 있어서 다른 가능은 전체성에 이르는 수단으로서, 더욱이 이 전체성의 빛 속에서 또한 마찬가지로 기투될 수 있었을 것이다.

요컨대 이해는, 사실상의 관계에 대한 해석이지 필연성의 파악이 아니다. 그러므로 우리의 행위에 대한 심리적 해석은 빈번하게 '무차별(adiaphora)'*23이라고 하는 스토아적인 관념으로 되돌아오게 된다. 나의 피로를 덜기 위해, 나는 길바닥에 앉아도 상관없고, 백 걸음을 더 걸어가서 저쪽에 보이는 주막집에서 머물러도 상관없다. 그러므로 내가 궁극적인 나의 가능성으로서 선택한 전체적이고 복합적인 형태의 파악은, 그것만으로는 여러 가능 가운데 하필이면 이 가능을 내가 선택하는 것은 무엇 때문인지 설명하는 데 충분하지 않다. 거기에는 동인과 동기가 빠진 하나의 행동이 있는 것이 아니라, 오히려 동기와 동인을 자

---

*22 게슈탈트 심리학 : 요소주의(要素主義)에 반대하여 1910년대부터 하나의 학파를 이루었으며, 모든 심리현상은 게슈탈트로서의 특성을 지니고 있음을 강조했다.
*23 스토아학파에서는 자연에 따르는 것은 선이고 자연을 거스르는 것은 악인데, 그 중간에 있는 것은 선악무기(善惡無記)라 하여 무시되었다.

발적으로 만들어 내는 하나의 발명이 있다. 이런 자발적인 발명은 나의 근본적인 선택의 테두리 안에 머물며, 그만큼 더욱 그 선택을 풍요롭게 한다. 마찬가지로 하나하나의 '이것'은 세계라는 배경 위에, 그리고 나의 사실성의 전망 속에 나타날 것이지만, 내가 지금 현재 이 잉크병보다 이 유리컵을, 배경 위에 떠오르는 형태로서 파악하는 까닭이 무엇인지는, 나의 사실성으로부터도 세계로부터도 이해할 수 없다. 이런 무차별에 관해서, 우리의 자유는 완전히 그대로 있으며, 아무런 제약도 받지 않는다. 그뿐만 아니라 하나의 무차별적인 가능을 선택하고, 이어서 그것을 버리고 다른 가능을 선택한다는 이 사실은, 지속의 단절로서의 '순간'을 탄생시키지는 않을 것이다. 오히려 그 반대로, 그런 자유로운 선택은―설령 그것이 잇따라 일어나는 것이고 서로 모순되는 것일지라도―나의 근본적인 기도의 통일 속에 모두 통합된다. 그렇다고 해서, 결코 우리는 그 자유로운 선택을 동기가 없는 것으로서 파악해야 한다는 의미는 아니다. 사실 그런 선택이 어떤 것이든, 그 자유로운 선택은 항상 근원적인 선택에서 출발하여 해석될 것이다. 게다가 그 자유로운 선택이 이 근원적인 선택을 풍요롭고 구체적이게 하는 한에서, 그 자유로운 선택은 언제나 그런 자신의 동인을 지니고 있을 것이다. 다시 말하면 그 자유로운 선택은 언제나 자기의 동기에 대한 의식, 말하자면 이러저러한 방법으로 나뉜 상황을 파악하고 있을 것이다.

또한 2차적인 가능과 근본적인 가능의 관계에 대해 엄밀하게 평가하는 것을 어렵게 만드리라 여겨지는 것은, 이 관계를 결정하는 데 참조할 수 있는 선험적인 계산조견표가 맨 처음에 존재하지 않는다는 것이다. 오히려 그 반대로 2차적인 가능을 근본적인 가능을 의미하는 것으로 여기는 것을 선택하는 것은 대자 그 자신이다. 자유로운 주관이 자기의 근본적인 목표에 등을 돌리는 듯한 인상을 우리가 받을 때, 우리는 흔히 관찰자의 오류율을 고려하게 된다. 다시 말하면, 우리는 궁극적인 목적과 당면한 행위의 관계를 평가하기 위해서 우리 자신의 저울을 사용한다. 그러나 대자는 자기의 자유 안에서 다만 자신의 1차적인 목적과 2차적인 목적을 만들어 내기만 하는 것은 아니다. 그것과 동시에 대자는, 그런 목적들이 서로 연결될 수 있게 하는 해석의 모든 체계도 만들어 낸다. 따라서 1차적인 가능에서 출발하여 2차적인 가능에 대한 보편적인 이해의 한 체계를 세우는 것은, 어떤 경우에도 문제가 될 수 없을 것이다. 오히려 하나하나의 경우에 있어서, 주관 자신이 자기의 시금석과 자기 자신의 평가기

준을 갖추고 있어야 한다.

마지막으로 대자는 자기가 선택한 근본적인 목적과 상반되는 의지적인 결정을 내릴 때가 있다. 그런 결정은 의지적일 수밖에 없다. 다시 말하면 반성적일 수밖에 없다. 사실, 그런 결정은 내가 추구하는 목적에 대해, 성실 또는 불성실 때문에 범하는 잘못에서만 유래할 수 있는 것이다. 그리고 이 잘못은 내가 그 것으로 있는 동인의 총체가, 반성적인 의식에 의해 대상으로서 드러나게 되는 경우에만 일어날 수 있다. 비반성적인 의식은 자기의 가능성을 향해 자신을 자발적으로 기투하는 것이므로, 자기 자신에 대해 잘못을 저지르는 일이 절대로 없다. 사실 대상적인 상황에 대한 평가의 오류―제시된 목적을 무시한 것은 아니라 해도, 자신이 이르고자 한 결과와 완전히 상반되는 결과를, 세계 속에 불러일으킬지도 모르는 오류―를 자기에 관한 오류라고 부르는 일은 삼가야 한다. 그와는 반대로 반성적인 태도는 수없는 오류의 가능성을 끌고 다닌다. 그것은 이 태도가 단순한 동인―다시 말하면 반성된 의식―을 하나의 준-대상으로서 파악하는 한에서가 아니라, 이 태도가 그 반성된 의식을 통해 참된 심적 대상을 구성하고자 하는 한에서이다. 그렇다 해도 이 심적인 대상은 우리가 이미 이 책 제2부 제3장*24에서 본 것처럼, 단순히 개연적인 대상이며 거짓 대상일 수도 있다. 그러므로 내가 나의 원초적인 기도를 근본적으로 변경하지는 않더라도, 나의 원초적인 기도에 반하는 기도를 반성적으로, 다시 말해 의지적인 차원에서 나 자신에게 부과하는 것은, 나에게 있어서, 나 자신에 관한 오류에 따라 가능한 일이다. 그러므로 예를 들면 나의 원초적인 기도가, 다른 사람들 한가운데서 나 자신을 열등한 사람으로 택하려 하고 있을 때(이것이 이른바 열등의식이다), 그리고 예를 들면 내가 말을 더듬는 것이 이 원초적인 기도에서 출발하여 이해되고 해석되는 행동일 때, 나는 사교적인 이유에서, 더욱이 열등성이라는 나 자신의 선택을 무시하고 나의 말더듬이를 교정하기로 결심할 수 있다. 나는 자신을 열등한 사람으로 느끼고 스스로 열등한 사람이 되고 싶어 하면서도, 여전히 '말더듬이를 교정하고자 하는 결심에 이를' 수 있다. 사실, 어떤 효과를 거두기 위해서는 기술적인 수단을 이용하는 것만으로도 나에게는 충분할 것이다. 이것이 흔히 의지적 자기 개혁으로 불리고 있는 것이다. 그러나

---

*24 제2부 제3장으로 적혀 있으나, 제2부 제2장 제3절을 가리킨 말.

이 효과는 내가 고민하는 약점을 '옮겨놓기'밖에 하지 않을 것이다. 또 다른 약점이 대신 생기고 그것이 내가 추구하는 전체적인 목적을 그 나름의 방법으로 표현할 것이다. 자기에게 향하는 의지적 행위의 이 심각한 무효성은 너무나 뜻밖으로 생각될지도 모르므로, 우리는 선택된 예를 더욱 자세히 분석해 보고자 한다.

미리 지적해 두는 것이 좋다고 생각하는데, 전체적인 목적의 선택은 그것이 전적으로 자유롭다 하더라도, 반드시 그리고 빈번하게 기쁨 속에서 이루어지는 것은 아니다. 우리 자신을 선택해야 한다는, 우리에게 부과된 필연성을 권력의지와 혼동해서는 안 된다. 선택은 체념에서 하는 수도 있고, 마지못해 하는 수도 있다. 선택은 하나의 도피일 수도 있다. 선택은 자기기만 속에서 이루어지는 수도 있다. 우리는 우리 자신을 도피하는 자, 종잡을 수 없는 자, 주저하는 자 등으로 선택할 수 있다. 우리는 자기를 선택하지 않는 것을 선택할 수도 있다. 그런 다양한 경우에, 목적은 하나의 사실적 상황의 저편에 세워진다. 게다가 그런 목적의 책임은 우리에게 달려 있다. 우리의 존재가 어떤 것이든 그것은 선택이다. 따라서 우리가 우리 자신을 '위대한 자'로서 선택할 것인지, '고귀한 자'로서 선택할 것인지 또는 '비열한 자', '비굴한 자'로서 선택할 것인지는 우리에게 달려 있다. 그러나 만일 우리가 우리의 존재의 소재 자체로서 바로 비굴함을 선택했다면, 우리는 우리 자신을 비굴한 자, 까다로운 자, 열등한 자 등으로 실감할 것이다. 여기서 문제는 의미가 없는 주어진 것이 아니다. 오히려 그 반대로, 자기를 비굴한 자로서 실감하는 사람은, 그것에 의해, 어떤 목적에 이르는 하나의 '수단'으로서 자기를 구성한다. 선택된 비굴함은, 예를 들면 마조히즘처럼 우리를 대자존재(existence-pour-soi)로부터 해방하기 위한 하나의 도구와 동일시될 수 있다.

선택된 비굴함은, 타인을 이롭게 하기 위해 우리를 우리의 불안한 자유로부터 해임하려고 하는 하나의 기도일 수 있다. 우리의 기도는 우리의 대타존재로 하여금 우리의 대자존재를 완전히 흡수하게 하는 것일 수 있다. 어쨌든 '열등의식'은 우리의 대타존재의 자유로운 파악을 바탕으로 하지 않고는 나타날 수 없다. '상황'으로서의 이 대타존재는 '동기'라는 자격으로 작용할 것이다. 그러나 그러기 위해서는, 이 대타존재가 우리의 자유로운 기도 외에 아무것도 아닌 하나의 '동인'에 의해 나타나지 않으면 안 된다. 그러므로 감지되고 체험된 열등성은, 우리를 하나의 '사물'과 닮게 하기 위해 선택된 도구이다. 다시 말하면 우리는 세계 한복판에 단순한 외부로서 존재하게 하기 위해 선택된 도구이다. 그런데 당연한 일이지만, 이 열등성은 우리가 이 선택에 의해 열등성에 부여하는 '성질'에 따라, 다시 말하면 부끄러움과 노여움과 괴로움 속에서 체험되어야 한다. 그러므로 열등성을 선택한다는 것은 기꺼운 마음으로 황금의 중용(aurea mediocritas)*25에 만족한다는 것을 의미하려는 것은 아니다. 그것은 이 열등성의 드러내 보임을 구성하는 반항과 절망을 낳는 일이고, 또 그것을 받아들이는 일이다.

다른 어떤 영역에서라면, 나는 별로 힘들이지 않고도 남들과 비슷한 정도에 이를 수 있지만, 예를 들어 어떤 종류의 일이나 제작에서, 나는 그 방면에는 뒤떨어져 있기 '때문에', 어디까지나 나 자신을 드러내려고 고집을 부릴 수 있다. 내가 선택한 것은 이 허망한 노력이고, 그것이 허망하기 때문에 나는 그것을 선택한 것이다. 다시 말해 내가 그것을 선택한 것은 집단 속에서 사라지는 것보다는 '끝'에라도 있는 편이 낫다고 생각하기 때문이며—또는 '존재'에 이르는 최상의 수단으로서 내가 낙담과 부끄러움을 선택했었기 때문이다. 그러나 말할 것도 없이, 내가 나의 행동분야로서 자신의 열등한 영역을 선택할 수 있는 것은, 그 선택이 이 영역에서 뛰어난 자가 되려는 나의 반성된 '의지'를 담고 있는 한에서이다. 열등한 예술가가 되기를 선택하는 것은, 필연적으로 위대한 예술가가 되려는 '의지'를 품는 것을 선택하는 것이다. 그렇지 않으면, 열등성을 받아들이는 일도 없고 또 인지되는 일도 없을 것이다.

사실 평범한 장인이 되기를 선택하는 것은 결코 열등성의 추구를 담는 것이 아니다. 그것은 유한성의 선택의 단순한 한 예이다. 오히려 반대로, 열등성의 선택은 의지에 의해 추구되는 목적과 획득된 목적 사이의 '간격'을 끊임없이 실감하는 것을 담고 있다. 위대해지고자 하는 의지를 품고, 열등한 자로서 자기를 선택하는 예술가는, 특별히 이 간격을 유지한다. 그는 페넬로페처럼 낮에 만든 것을 밤에 파괴한다.*26 그런 의미에서 그는 자신의 예술적 실감의 경우에도,

---

*25 호라티우스가 그의 시 《오드》 제2편 10의 5에서 한 말.
*26 오디세우스의 아내 페넬로페는 남편의 부재중, 자신에게 구혼하는 사람들을 물리치기 위한 방법으로 오디세우스의 아버지의 수의를 다 짜 놓은 뒤에 구혼에 응하겠노라 대답하고, 낮에 짠 천을 밤이면 풀어서 수의 짜는 일을 끝없이 되풀이했다.

끊임없이 자기를 '의지적'인 차원에서 유지하면서, 따라서 하나의 절망적인 에너지를 발휘한다. 그러나 그의 의지 자체는 '자기기만적'이다. 다시 말해, 그의 의지는 자발적인 의식에 의해 선택된 참된 목적의 인지를 피한다. 그의 의지는 거짓의 심적 대상을 '동인'으로 구성한 뒤, 그런 동인에 대해 살피고, 그 동인(영광에 대한 사랑, 미에 대한 사랑 등등)에서 출발하여 자기를 결정하려고 한다. 여기서 의지는 결코 근본적인 선택에 저촉되지 않는다. 오히려 정반대로, 이 경우에 의지가 그 목표나 그 원리적인 자기기만 속에서 이해되는 것은, 열등성에 대한 근본적인 선택의 전망에 있어서뿐이다. 다시 말하자면, 반성적 의식이라는 자격으로서는 의지가 동인으로서의 거짓 심적 대상을 자기기만적으로 구성하는 데 비해, 비반성적 의식, 자기(에 대한) 비조정적 의식이라는 자격으로서는, 의지는 자기기만적인 것(에 대한) 의식이다. 그러므로 자발적인 의식과 의지 사이의 불일치는 단순히 확인된 하나의 사실적인 주어진 것이 아니다. 오히려 그 반대로, 이런 이원성은 원초적으로, 우리의 기본적인 자유에 의해 기투되고 이루어진다. 이런 이원성을 생각할 수 있는 것은 오직, 자신을 열등한 자로서 선택하는 우리의 기본적인 기도의 깊은 통일에 있어서이며, 또 그 통일에 의해서이다. 그러나 바로 이 불일치에 들어 있는 것은, 의지적인 숙고가 여러 작품에 의해 우리의 열등성을 보상하거나 숨기려는 듯이 자기기만적으로 결정한다는 것인데, 그런 작품들의 심오한 목표는 오히려 우리에게 그 열등성을 측정하는 것을 가능하게 하는 데 있다.

그러므로 보다시피 우리의 분석은 아들러(A. Adler)가 열등의식에 위치를 부여한 두 가지 차원을 우리가 받아들이는 것을 가능하게 한다. 아들러와 마찬가지로 우리는 이런 열등성의 근본적인 인식을 받아들인다. 또 우리는, 아들러와 마찬가지로 이 깊은 감정을 보상하거나 숨기기 위한 여러 가지 행위와 작품과 주장의, 평형을 잃은 복잡한 전개를 용인한다.

그러나 (1) 우리는 이 근본적인 인지를 무의식적인 것으로서 생각하는 것을 거부한다. 이 근본적 인지는 무의식적이기는커녕, 의지의 자기기만을 구성하고 있을 정도이다. 이 사실에서 우리는, 이 두 가지 차원 사이에 무의식과 의식의 차이를 두는 것이 아니라, 근본적인 비반성적 의식과 거기에 종속되는 반성되는 의식의 차이를 둔다. (2) 아들러가 사용하는 검열이니 억압이니 무의식이니 하는 개념 대신, 우리는 자기기만이라는 개념—이것에 대해서는 우리는 이 책

제1부에서 이미 밝혔다—으로 바뀌어야 한다고 생각한다. (3) 코기토에 드러내 보여지는 그대로의 의식 통일은 매우 깊은 것이다. 그러므로 두 가지 차원에서 이 분열은, 만일 그것이 한쪽 차원을 다른 쪽 차원으로 데리고 와서 양자를 통일하는 더욱 심오한 하나의 종합적 지향에 의해 회복되지 않는 한, 우리는 그것을 인정할 수 없다. 따라서 우리는 열등의식 속에서 그 이상 하나의 의미를 파악한다. 즉 열등의식이 단순히 인식될 뿐만 아니라, 나아가서 이 인식 자체가 '선택'인 것이다. 그저 단순히 의지가, 불안정하고 연약한 주장에 의해 이 열등성을 숨기려 할 뿐만 아니라, 더 나아가서 바로 이 주장의 연약하고 불안정함을 '선택'하는 훨씬 더 심오한 지향이 이 열등성을 꿰뚫고 있으며, 우리가 입으로는 도피하고 있다고 말하면서도 또한 부끄러움과 좌절 속에서 체험하게 될 이 열등성을, 이 지향이 더욱 잘 느낄 수 있도록 만들려는 것이다. 그러므로 '열등성(Minderwertigkeit)'을 경험하는 사람은 자기 자신의 사형집행인이 되기를 '선택한' 것이다. 그는 부끄러움과 고뇌를 선택했다. 그렇다고 부끄러움과 괴로움을 가장 강렬하게 실감할 때, 반대로 그가 기쁨을 체험할 것이라는 의미는 아니다.

하지만 이런 새로운 가능은, 물론 우리의 원초적인 기도의 한계 안에서 태어나는 하나의 의지에 의해서 자기기만적으로 선택된다 하더라도 또한 어느 정도까지 원초적인 기도에 '대항하여' 이루어진다. 우리가 정말로 우리의 열등성을 '만들어 내기' 위해 우리의 열등성을 우리 자신에게 숨기고 싶어 하는 한에서, 우리는 우리의 원초적인 기도를 자발적인 차원에서 드러내 보이는 우리의 소심함과 말더듬을 억누를 수 있다. 그 경우에 우리는 그런 드러내 보임을 없애기 위해, 하나의 체계적이고 반성적인 노력을 시도할 것이다. 우리는 그것을, 환자가 정신과 의사를 찾아갈 때와 같은 정신상태에서 시도한다. 다시 말하면 우리는 한편으로는 하나의 이룸에 전념하고, 다른 한편으로는 그것을 거부한다. 그리하여 환자는 그가 더 이상 자기에게 숨길 수 없는 어떤 종류의 장애를 치료하기 위해 정신과 의사를 찾아갈 것을 의지적으로 결정한다. 게다가 그가 의사의 손에 자신을 맡긴다고 하는 그 사실만 가지고, 그는 나을지도 모른다는 위험을 무릅쓴다.

그러나 한편으로, 그가 이 위험을 무릅쓰는 것은, '나는 치료받기 위해 모든 방법을 다 써보았지만 헛일이었다. 나는 절대로 나을 수 없다'고 스스로 자신에게 들려주기 위한 것이다. 그러므로 그가 정신과 의사의 치료에 접근하는 데는 자기에 대한 자기기만과 무성의가 깔려 있다. 그가 정신과 의사의 치료에 자신을 맡기는 것을 의지적으로 계속하는데도, 그의 모든 노력은 그 치료를 실패하는 것을 목표로 할 것이다. 마찬가지로 자네(Janet)*²⁷가 연구한 신경쇠약증 환자들은 그들이 고의로 지니고 있는 하나의 강박관념에 '괴로워하며', 그것으로부터 낫기를 '원한다.' 그러나 그것으로부터 낫고자 하는 그들의 '의지'는 바로 그런 강박관념을 '괴로움'으로써 긍정하는 데 목표를 두고 있고, 따라서 그런 강박관념을 가장 강렬하게 실감하는 것을 목표로 하고 있다. 우리는 그 결과를 알고 있다. 환자는 자기의 강박관념을 자백하지 못하고 땅바닥을 뒹굴며 흐느끼지만, 필요한 고백을 하려고 결심하지는 못한다. 여기서 병에 대항하는 의지의 투쟁에 대해 말해 보아도 헛일일 것이다. 이런 과정은 '자기가 있지 않은 것으로 있고, 자기가 있는 것으로 있지 않은 하나의 존재'에 있어서, 자기기만이라고 하는 탈자적인 통일 속에서 전개되기 때문이다.

마찬가지로 정신과 의사가 환자의 원초적인 기도를 정말로 파악할 만하게 되면, 환자는 치료받는 것을 포기하거나 거짓말하기 시작한다. 이런 저항을 〔의사에 대한〕 반항이니, 무의식적인 불안이니 하는 것으로 설명해 보아야 헛일일 것이다. 무의식적인 것이 정신분석학적 심문의 진전을 알고 있다는 것은, 무의식적인 것이 정말 하나의 의식이 아닌 한, 어떻게 가능할 것인가? 그러나 만일 환자가 이 장난을 끝까지 연출한다면, 그는 부분적인 치료를 받아야 한다. 다시 말하면 환자에게 의사의 도움을 구하게 한 여러 가지 증상이, 환자 안에서 사라지는 결과가 되어야 한다. 그리하여 환자는 최소한의 재앙을 선택한 셈이 될 것이다. 그는 자기가 도저히 나을 수 없는 자라는 것을 자기에게 설득하기 위해서 온 것이므로—자신의 기도를 분명하게 파악하는 것을 피하기 위해, 따라서 그 기도를 무화하고, 자유롭게 다른 기도가 되는 것을 피하기 위해—그는 계속 치료를 거짓으로 꾸미면서 재출발하지 않으면 안 된다.

마찬가지로 내가 나의 말더듬과 소심증을 고치기 위해 사용할 온갖 방법은, 자기기만적으로 시도될 수도 있다. 그런데도 또한 나는 그런 방법의 효력을 인정하지 않을 수 없을 것이다. 그런 경우에 소심증이나 말더듬은 사라져 버릴

---

*27 Pierre Janet(1859~1947) : 프랑스의 심리학자이자 정신병학자. 히스테리 연구로 정신의 자동 운동과 통일활동을 구별하고, 정신쇠약증 연구에서 심적 긴장설을 주장했다.

것이다. 그것은 최소한의 재앙이다. 꾸며낸 것 같은 달변가 같은 일종의 자신감이 소심증과 말더듬을 대신할 것이다. 그러나 이런 소심증과 말더듬을 고치는 것은, 전격적인 요법에 의한 히스테리 치료의 경우와 마찬가지이다. 알다시피 이 요법은 다리의 히스테리적인 경련을 사라지게 할 수는 있지만, 얼마 뒤에는 이 경련이 팔에 나타나는 것을 보게 될 것이다. 히스테리 치료는 전체적으로밖에 이루어질 수 없기 때문이다. 왜냐하면 히스테리는 대자의 전체적인 한 하나의 기도이기 때문이다. 부분적인 치료는 히스테리의 다양한 증상을 이동시키는 데 불과하다.

그러므로 소심증이나 말더듬 치료는, 다른 장애의 이룸에 이르는 하나의 기도, 예를 들면 마찬가지로 불안정하고 헛된 일종의 자신감의 이룸에 이르는 하나의 기도 속에서 승인되고 선택된다. 사실 '의지적'인 결정의 나타남은, 나의 목적들의 자유롭고 근본적인 선택 속에서 그 동인을 발견하기 때문에, 이 결정은 외견상으로만 그 목적 자체에 달려들 수 있다. 그러므로 의지가 효력을 미칠 수 있는 것은 오로지 나의 근본적인 기도의 테두리 안에서일 뿐이다. 게다가 내가 나의 '열등의식'에서 나를 '해방시키는' 것은, 나의 기도의 근본적인 변경에 의해서만 가능하다. 내 기도의 근본적인 변경은, 결코 그 동기와 동인을 앞선 기도 속에서 발견할 수가 없고, 내가 체험하는 고뇌와 부끄러움 속에서도 찾아낼 수 없다. 왜냐하면 그런 고뇌와 부끄러움은 나의 열등성의 기도를 '실감한다'고 하는 분명한 목적을 지니고 있기 때문이다. 그러므로 내가 열등의식 '속에' 있는 한, 그 속에서 탈출할 수 있다는 것은 생각조차 할 수 없는 일이다. 왜냐하면 설령 내가 거기서 탈출하는 것을 꿈꾼다 하더라도, 그 몽상은 나의 비천한 상태를 나에게 더욱더 체험하게 하는 분명한 기능을 가지고 있기 때문이다. 따라서 그 몽상은 열등화하는 지향 속에서만, 또 열등화하는 지향에 의해서만 해석될 수 있다.

그렇다 해도 나는 끊임없이 이 원초적인 선택을 우연적이고 정당화될 수 없는 것으로서 파악한다. 그러므로 나는 끊임없이 현장에 있는 셈인데, 그것은 그 원초적인 선택을 갑자기 '대상적'으로 고려하기 위해서이며, 따라서 그것을 뛰어넘고 그것을 과거화하여 해방적인 '순간'을 나타내기 위해서이다. 거기서 나의 불안이 비롯된다. 나는, 갑자기 귀찮은 존재로서 쫓겨나지 않을까 하는 두려움, 다시 말하면 근본적으로 타자가 되는 것은 아닐까 하는 두려움을 품는다. 그러나 나로 하여금 나의 근원적인 기도를 전체적으로 확 달라지게 하는 마음이 때때로 나타나는 것도 또한 거기서이다. 이런 회심은 철학자들에 의해 연구된 적은 없지만, 반대로 문학자들에게 때때로 영감을 주었다. 지드의《필록테테스(Philoctetes)》*28가 자신의 미움, 자신의 근본적인 기도(企圖), 자신의 존재 이유, 그리고 자기 자신의 존재조차 포기해 버리는 그 '순간'을 떠올려 보라. 또 라스콜리니코프*29가 자수하려고 결심하는 그 순간을 떠올려 보기 바란다. 그와 같은 기이하고도 놀라운 순간에 있어서는, 앞서는 기도가 하나의 새로운 기도의 빛을 받아 과거 속으로 무너져 버리고, 그 폐허 위에 이 새로운 기도가 나타나는데, 그것은 아직 막연한 모습에 불과하다. 그런 순간에는 굴욕·불안·환희·희망이 서로 밀접하게 연관되어 있어서, 우리는 파악하기 위하여 놓아주고 놓아주기 위해 파악한다. 그런 순간은 흔히 우리의 자유의 가장 분명하고 가장 감동적인 모습을 제공해 주는 것으로 여겨져 왔다. 그러나 그것은 자유의 온갖 나타남 가운데 하나에 지나지 않는다.

지금까지 살펴본 결과, 우리는 의지적인 결정의 무효성에 대한 '역설'이 크게 거슬리는 것이 아님을 알 수 있다. 요컨대 이런 얘기가 된다. 우리는 의지에 의해 우리 자신을 전면적으로 '구성할' 수 있지만, 그 구성을 맡아보는 의지는 근원적인 기도를 부정하는 것처럼 보일 수 있다 해도, 그 스스로 이 근원적인 기도 속에서 자신의 의미를 발견한다. 따라서 이 구성은 의지가 과시하는 기능과는 완전히 다른 하나의 기능을 가지고 있다. 결국 의지는 약간의 세부 구조에 영향을 미치는 것밖에 할 수 없다. 의지는 자기의 출처인 그 근원적인 기도를 결코 변경하지 않을 것이다. 마치 하나의 정리(定理)의 결론들이 그 정리에 대해 반항하거나 그 정리를 변경시킬 수 없는 것과 마찬가지이다.

지금까지의 이 긴 논의 끝에, 우리는 자유에 대한 존재론적인 이해를 조금은 명확하게 할 수 있었다고 본다. 여기서 지금까지 얻어진 여러 가지 결과들을 다시 개관적으로 파악해 두는 것이 적절할 듯하다.

(1) 우리는 인간존재에 대한 최초의 일별에 의해, 인간존재에게 있어서, '있음'은 '함'에 귀착한다는 사실을 알게 되었다. 충동·주의·지각 등의 발동적(發動的)인 구조를 모두 밝힌 19세기의 심리학자들은 정당했다. 다만 운동 그 자체

---

*28 지드의《필록테테스(Philoctetes)》제4막에 나오는 이야기.
*29 도스토옙스키의《죄와 벌》의 주인공.

는 행위이다. 그러므로 기질·성격·정념·이성의 원리가 후천적이든 선천적이든 사물과 같은 방법으로 존재하는 '주어진 것(data)'이라는 의미에서는, 우리는 인간존재 속에 어떤 '주어진 것'도 발견하지 못한다. 인간존재를 경험적으로 살펴보기만 해도, 인간존재는 여러 행위(conduites) 또는 '행동(comportements)'의 하나의 조직적 통일이라는 것을 알 수 있다. 야심적이다, 비겁하다 또는 성미가 급하다 하는 따위는 다만 이러저러한 환경에서 이러저러한 방식으로 행위한다는 뜻이다. 유일하게 실증적인 심리학적 연구는 엄밀하게 규정된 상황 속에서 이루어진 행위에 대한 연구가 되어야만 한다고 생각하는 점에서, 행동주의 심리학자들의 주장은 정당했다. 자네와 게슈탈트 심리학자들의 작업은 우리에게 정서적인 행위를 발견하게 해 주었지만, 그것과 마찬가지로 우리는 지각적인 행위에 대해서도 또한 말해야 할 것이다. 왜냐하면 지각은 세계에 직면하는 하나의 태도와 따로 떨어져서는 결코 생각될 수 없기 때문이다. 하이데거가 지시한 것처럼, 학자들의 공평무사한 태도조차, 대상에 직면하는 하나의 공평한 입장의 결정이며, 따라서 다른 행위들 사이에 있는 하나의 행위이다. 그러므로 인간존재는 먼저 존재하고, 그다음에 행동하는 것이 아니다. 인간존재에 있어서는, 존재한다는 것은 행동하는 것이고, 행동하는 것을 그만두는 것은 존재하는 것을 그만두는 것이다.

(2) 그러나 인간존재가 행동이라면, 그것은 확실히 인간존재가 하는 행동에 대한 결정, 그 자체가 행동이라는 의미이다. 만일 우리가 이 원칙을 거부한다면, 또 만일 우리가 인간존재는 세계의 하나의 앞선 상태에 의해서, 또는 그 인간존재 자신의 앞선 상태에 의해서, 행동으로 결정된다는 것을 용인한다면, 그것은 결국 이 계열의 근원에 하나의 '주어진 것'을 두게 된다. 그렇게 되면 그런 '행위'는 행위로서의 한에서는 없어지고, 그 결과로 일련의 '운동'에 직면하게 된다. 그리하여 '자네'와 '행동주의 심리학자'들이 설명하는 행위의 개념은, 스스로 무너지고 만다. 행위의 존재는 행위의 자율을 담고 있다.

(3) 또한 만일 행위가 단순한 '운동'이 아니라면, 행위는 하나의 '지향'에 의해 규정되어야 한다. 우리가 그 지향을 어떤 방식으로 생각하든, 지향은 얻어야 하는 하나의 결과를 향해 주어진 것을 뛰어넘는 것이 될 수밖에 없다. 이런 주어진 것은 사실 단순히 눈앞에 나타나 있기 때문에 자기에게서 밖으로 나오지 못할 것이다. 이런 주어진 것은 바로 그것이 존재하기 때문에, 완전히, 다만, '그

것이 있는 그대로의 것'으로 있다. 그러므로 이런 주어진 것은 이르게 될 하나의 결과로부터, 다시 말하면 하나의 비존재로부터 자기의 모든 의미를 이끌어 내오는 하나의 현상을 합리화할 수 없다. 예를 들면 심리학자들이 충동을 하나의 사실적인 상태로 생각할 때, 그들은 이 충동으로부터 (……을 향한) '욕망 (appétit(ad-petitio))'이라는 성격을 완전히 빼앗아 간다는 사실을 모르는 것이다. 사실 예를 들어 성적 충동을 졸음과 구별하는 것은 오로지 그 충동의 목적에 의해서만 가능하다. 더욱이 바로 그 목적은 존재하지 않는다. 심리학자들이 아직 존재하지 않는 무언가에 의해, 자기가 무엇인지를 자기에게 알려 주는, 하나의 현상의 존재론적 구조는 어떤 것일 수 있을까? 심리학자들은 그 점에 대해 자문했어야 한다. 따라서 인간존재의 근본 구조인 지향은, 설령 그것이 주어진 것으로부터 온다고 주장하는 사람이 있어도, 어떤 경우에도, 결코 주어진 것에 의해서는 설명될 수 없다. 그러나 만일 우리가 그 지향을 그것의 목적으로 해석하려 한다면, 그 목적에 하나의 주어진 것으로서의 존재를 부여하지 않도록 조심해야 한다. 사실, 만일 우리가, 목적은 그것에 이르기 위한 실행보다 먼저 주어져 있음을 인정하는 일이 있다면, 그때는 그 목적의 무(無) 속에, 일종의 즉자존재와 그야말로 마술적인 형식의 일종의 견인력을 인정해야 할 것이다. 또한 실재론의 입장에서 '실체−의식'과 '실체−실재' 사이의 관계를 이해하려고 해도 잘되지 않는 것과 마찬가지로, 우리는 하나의 주어진 인간존재와 그것과 상관없이 주어진 하나의 목적 사이의 관계를 이해하려고 해도 또한 잘되지 않을 것이다. 충동 또는 행위가 그 목적에 의해 해석되어야 한다면, 그것은 지향이 그 구조상, 자기의 목적을 자기 밖에 '세우기' 때문이다. 그러므로 지향은 그것을 알려 주는 목적을 선택함으로써 자기를 존재하게 한다.

(4) 지향은 목적의 선택이고, 세계는 우리의 행위를 통해 드러내 보여지는 것이므로, 세계를 드러내 보이는 것은 목적의 지향적 선택이며, 또 세계는 선택된 목적에 따라 이러저러하게(이러저러한 순서로) 드러내 보여진다. 목적은 세계를 비추는 것인데, 획득될 수는 있어도 아직 존재하지 않는 세계의 하나의 상태이다. 지향은 목적'에 대한' 조정적 의식이다. 그러나 지향이 목적에 대한 조정적 의식이 되는 것은, 지향이 자기를, 자기 자신의 가능성(에 대한) 비조정적 의식이 되게 함으로써만 가능하다. 그러므로 만일 내가 배가 고프다면 나의 목적은 맛있는 식사라고 할 수 있다. 그러나 내가 걸어가는 먼지 자욱한 길 저편

에 이 길의 '의미'로서(이 길은 어떤 호텔을 '향하고' 있는데, 거기에는 식탁이 차려져 있고, 음식이 준비되어 있으며, 나를 기다리고 있다 등등) 기투되는 이 식사는, 그 음식을 먹는다고 하는 나 자신의 가능성을 향한 나의 비조정적인 기투와 상관적으로밖에 파악될 수 없다. 그리하여 이중이기는 하지만 통일적인 하나의 나타남에 의해, 지향은 아직 존재하지 않는 하나의 목적에서 출발하여 세계를 비추고, 그 자신의 가능을 선택함으로써, 스스로 자기를 규정한다. 나의 목적은 세계의 어떤 대상적인 상태이며, 나의 가능은 나의 주관성의 어떤 구조이다. 전자는 조정적인 의식에 대해 드러내 보여지고, 후자는 비조정적 의식 위에 거슬러 올라가 이 의식을 특징짓는다.

(5) 주어진 것이 지향을 설명할 수 없다면, 지향은 자기의 나타남 자체에 의해, 어떤 주어진 것이든 그 주어진 것과 하나의 단절을 이루어야 한다. 그것 말고는 있을 수 없을 것이다. 그렇지 않으면, 하나의 현재적인 충실에 또 하나의 현재적인 충실이 연속적으로 일어나게 되어, 우리는 장래를 미리 볼 수 없을 것이다. 그뿐만 아니라, 이 단절은 주어진 것을 '평가'하는 데 필요하다. 사실 주어진 것은, 만일 그것이 평가되지 않는다면, 결코 행동을 위한 하나의 동기가 될 수 없을 것이다. 그러나 이 평가는 주어진 것에 대한 한 후퇴, 다시 말하면 주어진 것을 괄호 속에 넣음으로써밖에 이루어질 수 없다. 이 후퇴, 이 괄호에 넣기는 바로 연속성의 단절을 예상한다. 나아가서 이 평가는, 만일 그것이 동기가 없는 것이어서는 안 된다면, 무언가의 빛에 비쳐 이루어지는 것이라야 한다. 게다가 주어진 것을 평가하는 데 소용되는 이 무언가는, 목적 이외에 어떤 것도 될 수 없다. 그리하여 지향은 하나의 똑같은 통일적 나타남에 의해 목적을 세우고, 자기를 선택하며 또 목적에서 출발하여 주어진 것을 평가한다. 이런 조건에서 주어진 것은 아직 존재하지 않는 무언가에 따라서 평가된다. 즉 즉자존재가 비춰지는 것은 비존재의 빛 속에서이다. 거기서 주어진 것에 대해 이중의 무화적(無化的)인 채색이 이루어진다.

즉 한편으로는 주어진 것과의 단절이, 지향에 대해 모든 효력을 잃게 한다는 점에서, 주어진 것은 무화된다. 다른 한편으로는 우리가 하나의 무에서 출발하여, 그 효력이 주어진 것을 가지게 한다는 사실, 즉 평가라는 사실에서, 주어진 것은 하나의 새로운 무화를 당한다. 인간존재는 행위이므로, 인간존재는 그 존재에 있어서, 자기를 주어진 것과의 단절로서밖에 생각할 수 없다. 인간존재는 주어진 것과 연결을 끊음으로써, 또 '아직 존재하지 않는 것'의 빛 아래에 주어진 것을 비춤으로써 주어진 것으로 하여금 '거기에 있게' 하는 존재이다.

(6) 주어진 것은 그것을 드러내 보이는 무화의 테두리 안에서만 나타난다는, 주어진 것에 있어서의 이 필연성은, 우리가 이 책 제2부에서 서술한 '내적 부정'과 다름없는 것이다. 의식이 주어진 것 없이 존재할 수 있다고 생각하는 것은 무익한 일일 것이다. 왜냐하면 그 경우에는, 의식은 아무것도 아닌 것(rien)에 대한 의식으로서의 자기 자신(에 대한) 의식이라는 얘기가 되고, 결국 절대적인 무(néant absolu)라는 얘기가 될 것이기 때문이다. 그러나 의식이 주어진 것에서 출발하여 존재한다 하더라도, 그것은 결코 주어진 것이 의식에 조건을 부여한다는 의미는 아니다. 의식은 주어진 것의 단순한 부정이다. 의식은 존재하고 있는 어떤 주어진 것으로부터의 자기해방(dégagement)으로서 또 아직 존재하지 않는 어떤 목적을 향한 자기구속(engagement)으로서 존재한다. 하지만 그 밖에도 이 내적 부정은 자기 자신에 대해 끊임없이 후퇴하고 있는 하나의 존재에 대해서만 사실일 수 있다. 만일 이 존재가 자기 자신의 부정이 아니라면, 이 존재는 자신이 그것으로 있는 그대로의 것으로 있을 것이다. 다시 말하면 단순한 주어진 것으로 있을 것이다. 그렇게 되면, 이 존재는 다른 모든 '주어진 것'과 어떤 관계도 가지지 못할 것이다. 그 주어진 것이 본성에 의해 다만 그것이 그것으로 있는 그대로의 것으로 있을 뿐이기 때문이다. 그리하여 하나의 세계가 나타날 모든 가능성은 배제될 것이다.

대자가 하나의 주어진 것으로 '존재하지' 않기 위해서는, 대자는 끊임없이 자기 자신을 자기에 대해 후퇴하고 있는 것으로서 구성해야 한다. 다시 말하면 대자는 자기를, 대자가 더 이상 그것으로 있지 않은 하나의 '주어진 것'으로서, 자기 자신의 배후에 버려두지 않으면 안 된다. 대자의 이 특징이 의미하듯이, 대자는 자신이 '있었던' 것 속에서 '어떤 도움', '어떤 지점(支點)'도 찾지 않는 존재이다. 오히려 그 반대로, 대자는 '자신이 있어야 할 것의 빛 속에서, 자신이 있었던 것으로 있어야 하는 존재'이기 때문에, 대자는 자유롭게, 하나의 세계를 그곳에 존재하게 할 수 있다. 그러므로 대자의 자유는 대자의 '존재'로서 나타난다. 그러나 이 자유는 하나의 주어진 것도 아니고 하나의 특성도 아니므로, 이 자유는 자기를 선택함으로써밖에 존재할 수 없다. 대자의 자유는 항상 '구속'되어 있다. 미결정의 능력인 자유, 자기의 선택에 앞서서 존재하는 자유는,

여기서는 문제가 되지 않는다. 우리는 결코, 자기를 만들고 있는 선택으로서밖에 자기 자신을 파악할 수 없다. 오히려 자유는, 단순히 이 선택이 항상 무조건이라는 그 사실이다.

(7) 이런 선택은 무언가의 버팀대가 없이 이루어지고, 스스로 자신에게 자기의 동기를 부과하기 때문에 '부조리'한 것으로 보일지도 모른다. 사실, 그것은 '부조리'하다. 왜냐하면 자유는 자기 존재의 '선택'이지 자기 존재의 '근거'가 아니기 때문이다. 우리는 이 장에서 자유와 사실성의 이 관계에 대한 이야기로 되돌아갈 것이다. 지금은 우선, 우리에게 있어서는 다음과 같이 말하는 것으로 충분할 것이다. 인간존재는 자신이 생각하는 대로 자기를 선택할 수 있지만, 자기를 선택하지 않을 수는 없다. 게다가 인간존재는 존재하기를 거부할 수도 없다. 사실 자살행위는 존재하는 것의 선택이고, 존재하는 것의 긍정이다. 인간존재에게 '주어져 있는' 이 존재로 말미암아, 인간존재는 존재의 보편적 우연성에 참여하고, 바로 그것에 의해 이른바 부조리성이라는 것에 참여한다. 이 선택이 부조리한 것은, 이 선택이 이유를 가지지 않기 때문이 아니라, 선택하지 않을 수도 있는 가능성이 없었기 때문이다. 어쨌든 선택은, 존재에 의해 근거가 주어지고 존재에 의해 회복된다. 왜냐하면 이 선택은 존재하는 선택이기 때문이다. 그러나 여기서 주의해야 할 것은, 이 선택이 부조리한 것은, 하나의 합리적인 세계 속에서 '이유'에 의해 다른 현상들과 연관될 수 없는 하나의 현상이 나타난다는 의미에서가 아니라는 점이다.

그러므로 그 선택이 부조리한 것은 모든 근거와 모든 이유가 이 선택을 통해서 존재에 찾아온다는 의미에서이며, 부조리의 관념조차도 이 선택을 통해서 비로소 어떤 의미를 지니게 된다는 의미에서이다. 선택은 모든 이유의 저편에 존재하는 것으로서 불합리하다. 그러므로 자유가 자기 존재를 향해 돌아서서, 자기 목적의 빛으로 자기 존재를 비추는 한에서, 자유는 단순히 우연성으로 있는 것이 아니다. 자유는 우연성으로부터의 끊임없는 탈출이다. 자유는 우연성을 내면화하는 것이고, 우연성을 무화하는 것이며, 우연성을 주관화하는 것이다. 그렇게 변화된다면, 우연성은 그대로 송두리째 선택의 무동기성으로 옮아간다.

(8) 자유로운 기투는 근본적인 것이다. 왜냐하면 자유로운 기투는 나의 존재이기 때문이다. 야심과 사랑받고자 하는 정념, 열등 콤플렉스, 이런 것들은 근

본적인 기투로 여겨질 수 없다. 그와 반대로 그것들은 하나의 원초적인 기투에서 출발하여 이해되어야 한다. 그 원초적인 기투는, 다른 어떤 기투에서 출발해도 더 이상 해석될 수 없는 특징을 가지고 있고, 또 전체적인 것이다. 이 원초적인 기투를 분명하게 밝히려면 하나의 특수한 현상학적 방법이 필요할 것이다. 우리가 실존적 정신분석이라 부르는 것이 바로 그 방법이다.

우리는 그것에 대해서는 다음 장에서 이야기할 것이다. 현재로서는 다음과 같이 말해도 괜찮을 것이다. 즉, 내가 그것으로 있는 근본적인 기투는, 세계의 이러저러한 개별적인 대상에 대한 나의 관계와 관련이 있는 기투가 아니며, 다만 나의 '세계-속-존재' 전체와 관련된 기투이다. 그리고—세계 그 자체는 하나의 목적의 빛 속에서만 드러내 보여지기 때문에—이 기투는 대자가 보존하고자 하는 존재에 대한 관계의 어떤 형식을 목적으로 내세운다. 이 기투는 결코 순간적인 것이 아니다. 왜냐하면 그것은 시간 '안에' 존재할 수 없기 때문이다. 또한 이 기투는 먼저 무시간적으로 있다가 나중에 자기에게 '시간을 주는 것'도 아니다.

그러므로 우리는 칸트가 말하는 '예지적 성격의 선택'을 물리친다. 선택의 구조 속에는 필연적으로 그것이 세계 속에서의 선택이라는 것이 담겨 있다. '아무것도 아닌 것에서 출발한 선택'이나 '아무것도 아닌 것에 반(反)하는 선택'은, 어떤 것에 대한 선택도 되지 않을 것이며, 선택으로서는 없어져 버릴 것이다. 그렇다 해도 만일 우리가, 여기서는 현상이 절대적인 것임을 충분히 이해한다면, 본디 선택으로서는 현상적인 선택밖에 존재하지 않는다. 그러나 선택은, 그 나타남 자체에 있어서 자기를 시간화한다. 왜냐하면 선택은, 하나의 미래가 찾아와서, 현재를 비추고, 즉자적인 '주어진 것'에 '과거성'이라는 의미를 줌으로써, 이 현재를 현재로서 구성하게 하기 때문이다. 그렇지만 그렇다고 해서, 근본적인 기투가 대자의 전(全) '생활'과 같은 확대를 가진다고 생각해서는 안 된다. 자유는 지점(支點)도 도약대도 가지지 않은 존재이므로, 기투가 존재하기 위해서는 끊임없이 다시 새로워져야 한다.

나는 끊임없이 나를 선택한다. 나는 결코 '이미-선택된-자'라는 자격으로 존재할 수 없다. 그렇지 않으면, 나는 그저 단순한 즉자적 존재 속으로 다시 빠져들게 될 것이다. 끊임없이 나를 선택해야 한다는 필연성은, 내가 그것으로 있는, '추구되는-추구'와 같은 것에 불과하다. 그러나 정녕 하나의 '선택'이 문제되기 때문에, 이 선택은 그것이 이루어지는 한에서, 일반적으로 다른 모든 선택을 가능한 것으로서 가리킨다. 그런 다른 선택의 가능성은 명확해지지도 않고, 내세워지지도 않는다. 오히려 다른 선택의 가능성은 정당화될 수 없다는 감정 속에서 체험된다. 그리고 이 가능성이야말로, 나의 선택의 '부조리'라는 사실, 따라서 나의 존재의 '부조리'라는 사실에 의해 표현되는 것이다. 그리하여 나의 자유는 나의 자유를 갉아먹는다. 사실 나는, 자유롭기 때문에 나의 전체적 가능을 기투한다. 그러나 그것에 의해 내가 내세우는 것은, 나는 자유롭다는 사실이고, 나는 이 최초의 기투를 언제라도 무화하여 그것을 과거화할 수 있다는 사실이다. 그리하여 대자가 자기 자신을 파악했다고 생각하는 바로 그 순간에, 그리고 기투된 하나의 무에 의해, 자기가 무엇'인지'를 자기 자신에게 알려 주었다고 생각하는 바로 그 순간에, 대자는 탈출한다. 왜냐하면 대자는 바로 그렇게 함으로써, 자신이 현재 있는 그대로의 것과 다른 것으로 있을 수 있음을 입증하기 때문이다. 대자에게 있어서 '순간'을 나타내기 위해서는, 다시 말해 낡은 기도(企圖)의 무너짐 위에 하나의 새로운 기도가 나타나게 하려면, 대자에게 있어서, 자기가 정당화될 수 없는 것임을 밝히는 것만으로 충분할 것이다. 어쨌든 새로운 기도의 나타남은 낡은 기도의 무화를 분명한 조건으로 하고 있기 때문에, 대자는 자기에게 하나의 새로운 존재를 부여할 수 없다. 무효가 된 기도를 대자가 과거 속에 밀어넣자마자, 대자는 이 기도를, '있었다'는 형태로 '존재해야' 한다——즉, 무효가 된 이 기투는 그때부터 대자의 상황에 속한다는 뜻이다.

어떤 존재법칙도 내가 그것으로 있는 여러 가지 기투에 대해 '선험적'으로 하나의 수(數)를 지정할 수는 없다. 사실 대자의 실존(existence)은 대자의 본질(essence)에 조건을 부여한다. 하지만 각각의 개별적인 대자에 대해 개별적인 하나의 관념을 가지기 위해서는 각 개인의 경력을 참작해야 한다. 하나의 개별적인 목적을 세계 속에서 실현시키는 일에 관한 우리의 개별적인 기도는, 우리가 그것으로 있는 전체적 기도 속에 통합된다. 그러나 바로 우리가 전체적으로 선택이고 행위이기 때문에, 이런 부분적인 기도들은 전체적인 기도에 의해 결정되지는 않는다. 이런 부분적인 기도는 그 자체가 선택이라야 한다. 게다가 그런 기도에는, 각각에 약간의 우연성, 예견 불가능, 부조리라고 하는 여백이 남아 있다. 그렇지만 각각의 기도는 자기를 기투하는 한에서, 상황의 개별적인 요소에 따른 전체적인 기도의 특수화이므로, 항상 나의 '세계—속—존재'의 전체성과의 관계에 있어서 이해된다.

지금까지의 몇 가지 고찰을 통해, 우리는 대자의 자유를 그 근원적인 존재에 있어서 기술했다. 그러나 독자들은 깨달았겠지만, 이 자유는 그 조건으로서가 아니라 여러 가지 이유에서 하나의 주어진 것을 요구한다. 무엇보다 먼저 자유는 하나의 주어진 것을 무화하는 것으로서밖에 생각되지 않는다(제5절). 자유가 내적 부정이고 의식인 한에서, 이 자유는 '의식은 반드시 무언가"에 대한" 의식이어야 한다'는 필연성에 관여한다(제6절). 나아가서 자유는 선택하는 자유이지, 선택하지 않는 자유가 아니다. 사실 선택하지 않은 것은 선택하지 않는 것을 선택하는 것이다. 그러므로 선택은 '선택되는—것'의 근거이기는 하지만, 선택하는 것의 근거는 아니다. 거기서 자유의 부조리가 비롯된다(제7절). 거기서도 또한 자유는 우리에게 하나의 주어진 것을 가리키지만, 그때의 주어진 것은 대자의 사실성 그 자체가 분명하다. 마지막으로 전체적인 기도는 비록 세계를 그 전체성에서 밝히기는 하지만, 그 상황의 이러저러한 요소에 따라서 또 그러므로 결국 세계의 우연성에 따라서 자기를 특수화할 수 있다. 그래서 위의 모든 고찰은 우리를 자유와 사실성의 관계라고 하는 어려운 문제를 우리에게 가리킨다. 그뿐만 아니라, 위의 고찰은 우리에게 반드시 돌아올 다양하고 구체적인 반론에 부딪힌다. '가령 내가 키가 작은 사람이라면, 나는 키가 큰 사람이 되기를 선택할 수 있는가?' '만일 내가 외팔이라면, 양팔을 가지는 것을 선택할 수 있는가?' 등등. 이런 반론은 바로 나의 사실적 상황이 나 자신에 관한 나의 자유로운 선택에 가하는 '제한'과 관련된 문제이다. 그러므로 자유의 또 다른 양상, 자유의 '이면', 즉 자유와 사실성의 관계를 검토하는 것이 적절할 것이다.

2. 자유와 사실성—상황

양식(良識)이 자유에 대해 반론하는 데 이용하는 결정적인 근거는, 우리에게 우리의 무력함을 생각해 내는 데 있다. 우리는 우리의 상황을 뜻대로 바꾸기는커녕, 스스로 자신을 바꾸는 것조차 불가능한 것처럼 여겨진다. 나는 내 계급의 운명, 내 민족의 운명, 내 가족의 운명에서 벗어나는 것에 대해서도, 나의 권력과 나의 재산을 쌓아올리는 것에 대해서도, 나의 매우 사소한 욕망이나 나의 습관을 극복하는 것에 대해서도 '자유롭지' 않다. 나는 태어나면서부터 노동자일 수도 있고, 프랑스 사람일 수도 있으며, 유전성 매독환자이거나 결핵 환자일 수도 있다. 인생의 역사는 그 인생이 어떤 것이든 좌절의 역사이다. 가장 사소한 성과를 얻는 데도 오랜 세월의 인내를 필요로 할 만큼 사물의 역행률은 정말 끔찍하다. 또한 '자연을 지배하기 위해서는 자연에 복종해야만 한다.' 다시 말하면 결정론의 그물코 속에 나의 행동을 삽입해야만 한다. 인간은 '자기를 만드는(se faire)' 것처럼 보이기는커녕, 오히려 그 반대로, 기후와 풍토, 인종과 계급, 언어, 자기가 소속된 집단의 역사, 유전, 유년 시절의 개인 환경, 가지고 있는 습관, 인생의 크고 작은 사건 등에 의해 '만들어지는(être fait)' 것으로 생각된다.

　이런 반론은, 지금까지 인간적인 자유의 지지자들에게 심각한 혼란을 준 적이 한 번도 없었다. 첫째로, 데카르트는 의지가 무한하다는 것을 인정하는 동시에, '운명보다 오히려 우리 자신을 극복하도록 노력'해야만 된다는 것을 인정했다. 여기서 약간의 구별을 해 두는 것이 좋겠다. 결정론자들이 내세우는 사실들의 대부분은 고려할 필요가 없을 것이다. 특히 사물의 역행률은 우리의 자유를 반론하는 논거가 될 수 없다. 왜냐하면 이 역행률은 '우리에 의해서', 다시 말해 하나의 목적을 미리 내세움으로써 나타나는 것이기 때문이다. 어떤 바위가 있을 때, 만일 내가 그것을 옮겨 놓으려 한다면 매우 심한 저항을 나타내겠지만, 반대로 내가 경치를 바라보기 위해 거기에 기어오르려 할 때는 소중한 보조물이 될 것이다. 그것 자체에 있어서는―가령 그 바위가 그 자체에 있어서 무엇인지를 살펴볼 수 있을 때의 얘기지만―그 바위는 중성이다. 다시 말하면 그 바위는 적대물 또는 보조물로서 자기를 드러내기 위해, 하나의 목적에 의해 비춰지기를 기다린다. 또한 그 바위가 한쪽 또는 다른 쪽의 방법으로 자기를 드러낼 수 있는 것은, 이미 존재하는 어떤 도구복합의 내부에 있어서뿐이다. 등산 스틱이나 피켈 없이는 또 이미 사람이 지나간 산길과 등반 기술이 없이는 이 바위는 올라가기 쉽다고 할 것도 올라가기 어렵다고 할 것도 없는 것이다. 문제는 제기되지 않을 것이고, 그 바위는 등반 기술과 어떤 종류의 관계도 가지지 않을 것이다. 그러므로 보통의 사물(choses brutes : 하이데거가 '자연적 존재 existants bruts, Naturprodukte'라고 부른 것)은, 물론 처음부터 우리의 자유를 제한할 수 있다 하더라도, 우리의 자유 자체가 미리 테두리와 기술과 목적을 구성하지 않으면 안 된다. 보통의 사물이 한계로서 자기를 드러내게 되는 것은, 그런 테두리와 기술, 목적과의 관계에 의해서이다. 설령 그 바위가 '등반하기에 너무 어려운 것'으로서 드러내 보여지고, 우리가 등반을 단념해야 하는 경우가 있다 하더라도, 그 바위가 그런 것을 드러내 보여진 것은, 맨 처음에 그것이 '등반할 수 있는 것'으로서 파악되었기 때문이라는 것을 잊어서는 안 된다. 그러므로 한계를 구성하는 것은 바로 우리의 자유이며, 자유는 나중에 그것을 만나게 된다. 물론 이런 고찰 뒤에도 그 즉자에 속하는 말로 나타낼 수 없고 생각할 수도 없는 하나의 '잉여'가 그대로 남는다. 게다가 우리의 자유에 의해 비춰지는 하나의 세계 속에서 어떤 바위는 등반하기에 훨씬 쉬울 것이지만, 어떤 다른 바위는 그렇지 않을 것이라고 하는 것이 이 '잉여'이다. 그러나 이 잉여는 처음부터 자유의 한계였던 것은 아니다. 자유가 자유로서 나타나는 것은 그런 잉여—즉, 보통의 즉자로서의 한계에서의 보통의 즉자—덕분이다. 사실 이 점에 대해서는 상식도 우리도 같은 의견이지만, '자유'라고 일컬어지는 존재는 자기의 기도를 '이룰' 수 있는 존재이다.

그러나 행위가 하나의 '이룸'을 수반할 수 있으려면, 어떤 가능한 목적의 단순한 기투가 그 목적의 이룸과 '선험적'으로 구별되어야만 할 것이다. 만일 단순히 생각하는 것만으로 충분히 이룰 수 있다면, 나는 가능과 현실이 이미 전혀 구별되지 않는 꿈의 세계와 비슷한 하나의 세계 속에 침잠해 있게 된다. 그렇게 되면 나는 세계가 내 의식이 변화하는 대로 바뀌는 것을 그저 바라볼 수밖에 없다. 나는 나의 사고방식에 대해 '괄호 안에 넣기'나 판단중지를 할 수 없다. '괄호 안에 넣기'나 판단중지는 단순한 허구를 실재적인 선택과 구별하게 되기 때문이다. 단순히 생각하는 것만으로 즉시 나타나는 대상은, 이미 선택되지도 않을 것이고 단순히 바라는 일도 없을 것이다. 단순한 '바람', 내가 선택할 수 있는 '표상', '선택(실재적 선택)', 그런 것들 사이의 구별이 없어진다면, 동시에 자유도 사라진다. 우리가 자유로운 것은, 우리가 무엇인지를 우리 자신에게 알려 주는 궁극의 항이 하나의 '목적'이 될 때이다. 다시 말해, 우리가 자유인 것은 이 궁극의 항이 지금 우리가 세운 상정(想定) 속에서 우리의 바람을 채워 주러 올 존재자 같은 현실적인 존재자가 아니라, 아직 존재하지 않는 하나의 대상일 때이다.

그러나 그렇다고 하면, 그 '목적'은, 그것이 접근할 수 있는 것인 동시에 우리로부터 분리되어 있는 한에서만 초월적일 수 있을 것이다. 오직 현실적 존재자의 총체만이 우리를 그 목적에서 분리시킬 수 있다. 그것은 그 목적이, 그 목적에서 우리를 분리하는 현실적 존재자가 와야 할 상태로밖에 생각될 수 없는 것과 마찬가지이다. 그 목적은 바로, 모든 존재자의 하나의 질서에 대한 그려냄이다. 다시 말해 그 목적은 그런 존재자들의 현재의 관계를 근거로, 그런 존재자에게 취하게 해야 할 일련의 배치에 대한 그려냄이다. 사실 내적 부정에 의해 대자는 자신이 세우는 목적의 빛으로 그런 존재자들을 그 상호관계 속에서 비추고, 자신이 존재자 속에서 파악하는 여러 결정에서 출발하여 그 목적을 기투한다. 이미 살펴본 것처럼, 거기에는 순환이 존재하지 않는다. 왜냐하면 대자의 나타남은 단번에 이루어지기 때문이다. 그러나 만일 그렇다면, 존재자들의 질서 자체는 자유 그 자신에게 있어서 그야말로 없어서는 안 되는 것이다. 자유가 자신이 추구하는 목적과, 자유가 무엇인지를 자신에게 알려 주는 목적에서 분리되는 것도 또 그 목적에 다시 결합되는 것도, 그런 존재자들에 의해서이다. 따라서 자유가 존재자 속에서 드러내 보이는 온갖 저항은, 자유에 있어서 하나의 위험이 되기는커녕, 오히려 그저 자유가 자유로서 나타나는 것을 자유에 대해 허용할 뿐이다. 자유로운 대자는 저항하는 하나의 세계 안에 구속된 것으로밖에 존재할 수 없다. 이 구속 밖에서는 자유·결정론·필연성과 같은 관념은 그 의미마저 잃어버리고 만다.

그리고 상식에 반하여 밝혀 두어야 하는 것은, '자유롭다'는 말은 '자기가 원하던 것을 획득했다'는 의미가 아니라, 오히려 그 반대로 '원하는 것(넓은 의미에서 선택하는 것)을 스스로 결정한다'는 의미이다. 바꿔 말하면, 성공은 자유에 있어서 전혀 중요한 것이 아니다. 여기서 철학자들에 대해 상식을 대립시키는 논의는, 어떤 오해에서 비롯된다. '자유'에 대한 경험적이고 통속적인 개념은 역사적 사정에서 그리고 정치적이고 도덕적인 사정에서 생긴 것인데, 그것에 의하면 자유란 '선택된 목적들을 얻어내는 능력'이라는 것이다. 자유에 대한 전문적이고 철학적인 개념은 우리가 여기서 살펴보는 유일한 개념인데, 단순히 '선택의 자율성'을 의미한다. 그러나 다음과 같은 사실에 주의해야 한다. 즉, 선택은 '함'과 똑같기 때문에, 꿈이나 바람과 구별되기 위해 이룸이라는 단서를 전제로 한다. 그러므로 우리는 '포로는 감옥에서 나가는 것에 대해 언제나 자유롭다'고는 말하지 않을 것이다. 그것은 불합리한 것이다. 또한 '포로는 석방을 바라는 것에 대해 언제나 자유롭다'고도 말하지 않을 것이다. 그것은 '죽을 때까지는 생명이 있다'는 말과 마찬가지로 분명한 일이다. 오히려 우리는 이렇게 말해야 할 것이다. '포로는 탈주를 시도하는 것(또는 석방되도록 시도하는 것)에 대해 언제나 자유롭다—다시 말하면 그의 상태가 어떻든 그는 탈주를 기투할 수 있고, 자신의 이 기도의 가치를 행동개시에 의해, 스스로 자신에게 알려 줄 수 있다.

자유에 관한 우리의 기술은 '선택'과 '함(le faire)' 사이에 구별을 두지 않기 때문에, 당연히 우리는, 지향과 행위(l'acte) 사이의 구별도 단념하지 않을 수 없다. 우리는 마치 사고와 그 사고를 표현하는 언어를 분리할 수 없듯이 지향과 행위를 분리할 수는 없는 노릇이다. 우리의 말이 우리의 사고를 우리에게 알려 주는 경우가 있듯이, 우리의 행위가 우리의 지향을 우리에게 알려 준다. 다시 말하면 우리는 단순히 그 지향을 살아갈 뿐만 아니라, 즉 그 지향을 비조정적으로 의식할 뿐만 아니라, 우리의 행위 덕분에 우리의 지향을 끄집어내고, 그것을 도식화하여, 그것을 대상으로 만들 수 있다. 선택의 자유와 획득의 자유 사이의 이 본질적인 구별은 스토아학파 이후로는 데카르트에 의해 확실하게 밝혀졌다. 이 본질적인 구별은, 자유에 대한 지지파와 반대파들을 오늘날까지 대립시키고 있는 '원한다'와 '할 수 있다'에 관한 모든 논쟁에 마침표를 찍는다.

그렇다 하더라도 자유가 '주어진 것'을 뛰어넘고 무화한다는 사실에서, 자유는 한계에 부딪친다 또는 부딪치는 것으로 생각된다는 것은 역시 사실이다. 사물의 역행률과 사물의 '장애적'인 성격(사물의 도구적 성격과 연관되어 있지만)이 자유의 존재에서 없어서는 안 되는 것임을 보여 주는 것은, 하나의 양도논법(兩刀論法, 삼단논법)을 사용하는 방식이다. 왜냐하면 이 논법은 자유가 주어진 것으로 말미암아 무효가 되지 않음을 입증하는 동시에, 한편으로는 자유의 존재론적 조건부여로서의 무언가를 지시하기 때문이다. 현대의 어떤 철학자들처럼 '장애가 없으면 자유도 없다'는 것은 근거가 없는 말일까? 게다가 자유가 스스로 자신에게 그 장애를 만들어 낸다는 것—자발성이 무엇인지를 이해하는 사람에게는, 이것은 부조리한 것이다—은 우리로서는 도저히 인정할 수 없기 때문에, 여기에는 대자에 대한 즉자의 존재론적 우위라고 할 수 있는 것이 있는 것처럼 여겨진다. 그러므로 지금까지의 고찰은 터를 닦기 위한 단순한 시도로 여겨져야 한다. 그리고 사실성의 문제를 처음부터 다시 생각해야 한다.

우리가 앞에서 입증한 것처럼, 대자는 자유롭다. 그러나 그 사실은 대자가 자기 자신의 근거라는 것을 의미하지는 않는다. 만일 자유롭다는 것이 자기 자신의 근거가 된다는 것을 뜻한다면, 자유는 자유 그 자체의 '존재'를 결정하지 않으면 안 될 것이다. 이 필연성은 두 가지 방법으로 이해될 수 있다. 먼저, 자유는 자기가 '자유롭게-있는(être-libre)' 것을 결정하지 않으면 안 될 것이다. 다시 말해서 자유는, 단순히 하나의 목적의 선택일 뿐만 아니라, 자기 자신을 자유로서 선택하는 선택이 아니면 안 될 것이다. 따라서 거기에 전제되어 있는 것은, '자유롭다'고 하는 가능성과 '자유롭지 않다'고 하는 가능성이, 이 양자의 어느 한쪽을 우리가 자유롭게 선택하기 이전에, 즉 우리가 자유를 자유롭게 선택하기 이전에, 똑같이 존재하고 있다는 사실이다. 그러나 그렇게 되면 자유롭다는 것을 선택하는 하나의 예비적인 하나의 자유가 필요하게 될 것이다. 다시 말하면, 요컨대 '자유가 이미 그것으로 있는 것으로 있는' 것을 선택하는 하나의 예비적인 자유가 필요해질 것이다. 그리하여 우리는 무한을 향해 지향되는 것이다. 왜냐하면 그 예비적인 자유를 선택하려면 또 하나의 앞서는 자유가 필요해지고, 그것은 끝없이 계속될 것이기 때문이다. 사실을 말하면, 우리는 선택하는 하나의 자유이기는 하지만, 자유이기를 선택하는 것은 아니다.

앞에서 우리가 말한 것처럼, 우리는 자유라는 저주를 받고 있는 것이며, 자유 속에 내던져져 있는 것이다. 또는 하이데거의 말을 빌린다면, 자유 속에 '내버려져(délaissés, verlassen)' 있는 것이다. 더욱이 누구나 다 아는 것이겠지만, 이 '내버려진 상태'는 자유의 존재 그 자체밖에 다른 기원이 없는 것이다. 그러므로 자유가 주어진 것으로부터의 탈출, 사실로부터의 탈출로 규정된다면, 거기에는 사실로부터의 탈출이라고 하는 하나의 '사실'이 있다. 이것이 자유의 사실성이다.

그러나 자유가 자기의 근거가 아니라는 사실은 다르게도 이해될 수 있다. 게다가 이 다른 방식의 이해로도 같은 결론에 이를 것이다. 사실, 만일 자유가 자유 자체의 존재를 결정한다면, 비자유로서의 존재가 가능해야 할 것이고, 그뿐만 아니라 나아가 나의 절대적인 비존재가 가능해야 할 것이다. 다른 말로 하면 우리가 앞에서 살펴본 것처럼, 자유의 원초적인 기도에 있어서는 목적이 동기 쪽으로 다시 돌아서서 동기를 구성하지만, 만일 자유가 자기 자신의 근거로 있어야 한다면, 목적은 다시 [자유의] 존재 자체를 향해 돌아서서 그것을 나타내야 한다. 그 결과는 쉽게 짐작할 수 있다. 대자는 자신이 자신에게 내세우는 목적에 이르기 위해 무에서 자기 자신을 이끌어 내게 될 것이다. 자기의 목적에 의해 정당화되는 이 존재는 '권리상'의 존재는 되겠지만, '사실상'의 존재는 아닐 것이다. 그리고 당연히 대자가 자기의 근원적인 우연성에서 이탈하려고 애쓸 때의 수많은 방법 중에는, 자기를 권리상의 존재로서 타자에게 인정받으려고 하는 하나의 방법이 있다.

우리가 우리의 개인적인 권리를 고집하는 것은, 우리가 차지하고 있는 직분에서 출발하여 자기에게 존재를 부여하려는 하나의 넓은 기도의 테두리 안에서 뿐이다. 그래서 인간은, 때때로 자기의 직분과 하나가 되려고 시도하며, 자기 자신 속에서 '대법원 재판장', '도시과 과장' 등밖에 보지 않으려는 것이다. 사실 이런 직분은 각각 그 목적에 의해서 정당화된 존재를 가지고 있다. 직분에 하나 되는 것은 자기 자신의 존재를, 우연성에서 벗어난 것으로서 파악하는 것이다. 그러나 근원적인 우연성에서 탈출하기 위한 그 노력은, 오히려 그 근원적인 우연성의 존재를 더욱 확립시킬 뿐이다. 자유는 자유가 내세우는 목적에 의해, 자신의 존재(existence)를 결정할 수 없다. 물론 자유는 자신이 어떤 목적을 선택함으로써밖에 존재하지 않지만, 자유는 자신이 무엇인지를 자기의 목적에 의해 자기 자신에게 알려 주는 하나의 자유가 '존재한다'는 사실을 좌우할 수는 없다. 스스로 자기 자신을 만들어 내어 존재에 이르게 하는 자유는, 자유라고 하는 그 의미마저 잃어버릴 것이다. 사실 자유는 하나의 단순한 미결정 능력이 아니다. 만일 자유가 그런 것이라면 자유는 무(無)이거나 즉자일 것이다.

사람들이 자유를 그 선택에 앞서서 존재하는 하나의 벌거벗은 능력으로 생각할 수 있는 것은, 즉자와 무의 잘못된 종합에 의한 것이다. 자유는 하나의 '함'을 향해 나타나는 것 자체에 의해 자기를 결정한다. 그러나 앞에서 우리가 살펴본 것처럼, '함'은 어떤 주어진 것을 무화하는 것을 전제로 한다. 우리는, 무언가를 가지고 무언가를 만든다(우리는, 무언가를, 무언가로 한다). 그러므로 자유는 하나의 주어진 존재에 대한 존재결여이지, 하나의 충실한 존재의 나타남이 아니다. 게다가 만일 자유가 우리가 방금 말한 그런 '존재의 구멍'이고 '존재의 무'라면, 자유는 존재의 핵심에 하나의 구멍으로서 나타나기 위해 '전존재'를 전제로 한다. 따라서 자유는 무에서 출발하여, 자기를 존재로 결정할 수 없다. 왜냐하면 무로부터 출발하여 생산되는 것은 모두 즉자존재밖에 되지 못할 것이기 때문이다. 뿐만 아니라 우리가 이 책 제1부에서 입증한 대로, 무는 존재의 핵심 외에는 어떤 곳에도 나타날 수 없다. 우리는 여기서 다시 상식의 요구와 연관된다. 즉 경험적으로 말해, 우리가 자유로울 수 있는 것은 사물의 어떤 상태에 대해서이며, 사물의 그런 상태에도 불구하고서이다. 사물의 그 상태가 나를 강제하지 않을 때, 나는 사물의 그 상태에 대해서 자유롭다고 말하는 사람도 있을 것이다. 그러므로 자유에 대한 경험적이고 실제적인 사고방식은 전적으로 부정적이다. 이 사고방식은 어떤 상황의 고찰에서 출발하여 이 상황이 이러저러한 목적을 추구하는 데 대해서, 나를 '자유롭게 놓아두는' 것을 확인한다. 이 상황은 그것이 '나를 강제하지 않기 위해 거기에 존재한다'는 의미에서 나의 자유에 조건을 부여한다고 말할 수도 있을 것이다. 소등(消燈) 뒤의 통행금지를 폐지한다고 하자. 그러나 그렇게 되면 밤에 산책할 자유(예컨대 통행허가증에 의해 나에게 주어지는 자유) 같은 것이 나에게 있어서 도대체 무엇을 의미할 수 있을 것인가?

그러므로 자유는 존재로부터 벗어나기 위해 존재를 전제로 하는 하나의 작은 존재이다. 자유는 존재하지 않는 것에 대해서도 자유롭지 않고, 자유롭지 않은 것에 대해서도 자유롭지 않다. 우리는 이 두 가지 구조의 관계를 즉각 파악한다. 사실 자유는 존재로부터의 탈출이기 때문에, 자유는 존재'의 밖에서', 말하자면 방관적으로, 또 상공을 비상하는 기도(企圖) 속에서, 자기를 만들어 내지 못할 것이다. 사람은 자기가 갇혀 있지도 않은 감옥에서 탈출하는 일은 없다. 존재의 울타리 밖에서의 자기기투는 결코 그 존재의 무화로서 자기를 구성할 수 없을 것이다. 자유는 존재 속에서의 어떤 구속 상태로부터 탈출하는 것이다. 자유는 자신이 그것'으로 있는' 하나의 존재의 무화이다. 그렇다고 인간 실체가 '먼저' 존재하고 '그런 다음에' 자유롭다는 의미는 아니다. '그런 다음에' 니 '먼저'니 하는 것은 자유 그 자체에 의해서 만들어진 말이다. 다만 자유의 나타남은 '자유가 그것으로 있는 존재'의 무화와, '자유를 에워싸는 존재'에 대한 무화의, 그 이중의 무화에 의해 일어난다. 물론 자유는 즉자 존재라는 의미에서 그 존재로 있는 것은 아니다. 오히려 반대로, 자유는 '자유의 것인 이 존재가 자유의 배후에서, "거기에 존재하게"' 하고, 자유가 선택하는 목적의 빛에 비추어 그 존재가 불충분함을 밝혀 준다. 자유는 자유의 배후에서 스스로 선택한 것이 아닌 이 존재로 '있어야 한다.' 게다가 바로 그 자유가 이 존재 쪽으로 돌아서서 그것을 비추는 한에서, 자유는 자유의 것인 이 존재를 존재의 충실과의 관계에서 나타나게 한다. 다시 말하면 세계 한복판에 존재한다. 우리는 자유란 자유롭지 않은 것에 대해 자유롭지 않고 또 자유는 존재하지 않는 것에 대해 자유롭지 않다고 말했다. 사실 이것은 자유롭지 않을 수 없다는 사실(le fait de ne pas pouvoir ne pas être libre)이 자유의 사실성이고, 존재하지 않을 수 없다는 사실(le fait de ne pas pouvoir ne pas exister)이 자유의 우연성이기 때문이다. 우연성과 사실성은 하나일 따름이다. '있지 않다'는 형태로(즉, 무화의 형태로) 자유가 그것으로 있어야 하는 하나의 존재가 그곳에 존재한다. '자유의 "사실"로서 존재한다'는 것도, '세계 한복판에서 하나의 존재로 있어야 한다'는 것도 요컨대 같은 말이다. 그것은 자유가 근원적으로 '주어진 것과의 관계'라는 의미이다.

그런데 주어진 것과의 관계란 어떤 관계일까? 이것은 주어진 것(즉자)이 자유에 조건을 부여한다는 의미로 해석되어야 할 것인가? 그 점을 좀더 검토해 보기로 하자. 주어진 것은 '자유'의 원인이 아니다(주어진 것은 다만 주어진 것밖에 만들어 내지 못하기 때문이다). 주어진 것은 자유의 '이유'도 아니다(모든 '이유'는 자유에 의해 세계로 찾아오기 때문이다). 주어진 것은 또한 자유의 '필연적인 조건'도 아니다. 그것은 우리가 순수한 우연성의 영역 위에 있기 때문이다. 주어진 것은 또한 자유가 그것에 작용을 미치지 않으면 안 되는 '필요불가결한 소재'도 아니다. 왜냐하면 그렇게 되면 자유는 아리스토텔레스학파의 형상(形相) 또는 스토아학파의 프네우마*30처럼, 완성된 것으로서 존재하며, 가공되어야 하는 소재를 찾게 될 것이기 때문이다. 주어진 것은 자유의 구성 안에 결코 끼어들지 않는 것이다. 그것은, 자유가 주어진 것의 내적 부정으로서 자기를 내면화하기 때문이다. 다만 주어진 것은 자유가 자기를 선택으로 있게 함으로써, 부정하려고 노력하는 단순한 우연성이다. 주어진 것은 자유가, 아직 존재하지 않는 어떤 목적의 빛에 비추어, 불충분함과 부정성으로 채색하는 존재충실이다. 주어진 것은 '자유가 존재하는(existe)' 한에서, 다시 말하면 자유가 아무리 해도 자기의 존재(existence)로부터 벗어날 수 없는 한에서, '자유 그 자체'

---

*30 스토아학파는 모든 존재의 원리, 즉 모든 것에 내재하고 모든 것에 침투하여 모든 것을 자기로부터 형성하는 생명과 이성을 갖추고 자기 운동을 하는 물질을 '프네우마'라고 불렀다.

이다.

독자들은 벌써 이해했겠지만, 이런 주어진 것은 그것으로 있어야 하는 대자에 의해 무화되는 즉자, 바로 그것이다. 이런 주어진 것은 세계에 대한 관점으로서의 몸, 바로 그것이다. 이런 주어진 것은 대자가 그것으로 있었던 '본질'로서의 과거, 바로 그것이다. 이들은 똑같은 실재에 대한 세 가지 이름이다. 자유는 그 무화적 후퇴에 의해, 목적의 관점에서 즉자 '상호' 간에 하나의 기준계(基準系)를 이루어지게 한다. 다시 말해 한편으로는, 그때 '세계'로서 드러내 보여지는 존재 '충실'과, 다른 한편으로는 이 '충실'의 한복판에서 자유가 그것으로 있어야 하는 존재, 즉 자유가 그것으로 있어야 하는 '하나'의 존재, '하나'의 이것으로서 드러내 보여지는 존재 사이에 자유가 하나의 기준계를 이루어지게 하는 것이다. 그리하여 어떤 목적을 향한 자기기투 그 자체에 의해, 자유가 그것으로 있어야 하는 하나의 개별적인 주어진 것을, 세계 한복판에 있는 것으로서 구성한다. 자유는 이 개별적인 주어진 것을 선택하는 일이 아니다. 그렇게 되면 자유가 자기 자신의 존재를 선택하게 될 것이기 때문이다. 오히려 그 반대로 자유는, 자유가 자기의 목적을 선택함으로써 그 개별적인 주어진 것을, 세계 자체의 발견과의 관계에 있어서, 이러저러한 방식, 이러저러한 빛 속에서 나타나게 하는 일이다.

그러므로 자유의 우연성 그 자체와, 이 우연성을 그 자체의 우연성으로 에워싸고 있는 세계가 자유에 대해 나타나게 되는 것은, 오직 자유가 선택한 목적의 빛에 비춰졌을 때뿐이다. 다시 말해서 이 양자는 보통의 존재자로서가 아니라, 같은 무화의 통일적인 조명 속에서 나타난다. 게다가 자유는 결코, 이 총체를 전적인 '주어진 것(datum)'으로서 다시 파악하지 못할 것이다. 왜냐하면 이것은 모든 선택 밖에서 이루어져야 하는 일이며, 따라서 자유가 자유로 있음을 중지해야만 하기 때문이다. 우리는 세계의 존재 '충실' 속에서의 자유의 우연성을 '상황'이라고 부를 것인데, 다만 그것은 오직 자유를 '속박하지 않기 위해서' 그곳에 존재하는 그 '주어진 것'이, 자유에 대해, 자유가 선택하는 목적에 의해 '이미 비춰진 것'으로서만 드러내 보여지는 한에서 가능하다. 그러므로 이 '주어진 것'은 대자에 대해 보통의 즉자적인 존재자로서 나타나는 일이 없다. 주어진 것은 그것을 비춰주는 빛 속에서만 드러내 보여지기 때문에 언제나 '동기로서' 나타난다. 상황과 동기화는 같은 것에 불과하다.

대자는 존재 속에 구속되어 있는 것, 존재에 의해 포위되어 있는 것, 존재에 의해 위협당하고 있는 것으로서 나타난다. 대자는 대자를 에워싸는 사물의 상태를 방어반응 또는 공격반응을 위한 동기로서 발견한다. 그러나 대자가 이런 발견을 할 수 있는 것은 대자가 자유롭게 목적을 세우고, 그 목적에 대해 사물의 상태가 위협적이기도 하고 호의적이기도 하기 때문일 뿐이다. 이런 고찰을 통해 당연히 알 수 있는 일이지만, 즉자의 우연성과 자유의 공동소산인 '상황'은 하나의 두 가지로 해석할 수 있는 현상이며, 거기서는 자유의 분담액과 보통의 존재자의 분담액을 분간하는 것은 대자에게 불가능한 일이다. 사실 자유는 하나의 우연성에서의 탈출이면서도, 그 우연성에서 벗어나기 위해 그 우연성으로 있어야만 하는데, 바로 그것과 마찬가지로, 상황은 어떤 보통의 주어진 것의 자유로운 배열, 자유로운 성질 부여이면서도, 보통의 주어진 것은 이쪽의 마음대로 성질을 부여할 수 있는 것이 아니다.

지금 나는 바위 밑에 있다. 이 바위는 '오를 수 없는 것'으로서 나에게 나타난다. 다시 말하면, 이 바위는 기도(企圖)된 등반—나의 '세계—속—존재'인 하나의 원초적인 기도에서 출발하여 그 의미를 발견하는 2차적인 기도—의 빛 속에서 나에게 나타난다. 그러므로 이 바위는 나의 자유의 원초적인 선택 작용에 의해, 세계라는 배경 위에 떠오른다. 그러나 또 한편 나의 자유가 결정할 수 없는 것은 '등반되어야 하는' 이 바위가 등반하기에 적합한가 아닌가 하는 것이다. 그것은 이 바위의 보통의 존재에 속해 있는 것이다. 그렇지만 이 바위가 등반에 저항을 표시할 수 있는 것은, 이 바위가 등반을 일반적인 주제로 삼는 하나의 상황 속에, 자유에 의해 통합되는 한에서이다. 같은 길을 지나가는 단순한 통행인에게는, 만일 그 사람의 자유로운 기도가 단순히 풍경의 미적인 배열이라면, 그 바위는 등반이 가능한 것으로도 나타나지 않고, 또 등반이 불가능한 것으로도 나타나지 않는다. 그것은 다만 아름다운 것으로서 또는 보기 흉한 것으로서 나타날 뿐이다. 그러므로 각각의 개별적인 경우에 있어서, 자유에 귀착하는 것과, 대자의 보통의 존재에 귀착하는 것을 결정하는 일은 불가능하다.

'저항'으로서 또는 '도움'으로서 즉자의 주어진 것은 기투하는 자유의 빛 속에서만 드러내 보여진다. 그러나 기투하는 자유는 즉자가 그것이 있는 그대로, 다시 말해 저항하는 것 또는 순응하는 것으로서 거기에 나타나도록 조명을 비추는 것이다. 말할 것도 없는 일이지만, 주어진 것의 저항은 주어진 것의 즉자적 성질로서 직접적으로 인정되는 것이 아니라, 자유로운 조명과 자유로운 굴절을 통해 단순히 어떤 파악할 수 없는 '무언가(quid)'를 지시하는 것으로서 인정될 뿐이다. 그러므로 기도된 목적을 실현불가능하게 만들 수 있는 모든 저항을, 세계가 전개하고 드러내 보이는 것은, 하나의 자유가 자유롭게 나타나는 것에 있어서일 뿐이고, 또 그것에 의해서일 뿐이다. 인간은 자기의 자유로운 영역 안에서만 장애를 만난 것이다. 다시 말하면 이러저러한 개별적인 존재자가 가지는 장애적인 성격에 있어서, 보통의 존재자에게 귀착하는 것과 자유에 귀착하는 것을 선험적으로 결정하는 일은 불가능하다. 사실 나에게 장애가 되는 것이 타인에게는 장애가 아닐 수도 있다. 절대적인 장애는 존재하지 않는다. 오히려 장애는 자유롭게 고안된 기술, 자유롭게 얻은 기술을 통해서 그 역행률을 드러내 보인다. 장애는 또한, 자유에 의해 내세워진 목적의 가치에 따라 그 역행률을 드러내 보인다. 만일 내가 기어이 산꼭대기에 이르고 싶다면, 이 바위는 장애가 되지 않을 것이다. 반대로, 만일 내가 기도된 등산을 실행하는 나의 욕구에 대해 자유롭게 제한을 둔다면, 이 바위는 나의 사기를 떨어뜨릴 것이다.

그러므로 세계는 여러 가지 역행률에 의해서 내가 나 자신에게 할당하는 목적에 대해 내가 취하는 태도를 나에게 드러내 보인다. 따라서 세계가 나에게 주는 것이, 나 자신에 관한 정보인지 세계에 관한 정보인지 나는 결코 알 수 없다. 뿐만 아니라 주어진 것의 역행률은 결코 전적으로 무화적인 용솟음으로서 나의 자유에 대한 단순한 관계가 아니다. 주어진 것의 역행률은 바위라고 하는 주어진 것과, 나의 자유가 그것으로 있어야 하는 주어진 것 사이의, 다시 말해서 나의 자유가 그것으로 있지 않은 우연적인 것과, 나의 자유의 단순한 사실성 사이의, 자유에 의해 조명된 관계이다. 등반 욕구는 같다 하더라도, 이 바위는 전문 등산가에게는 오르기 쉽겠지만, 훈련부족에 몸이 허약한 초심자라면 오르기 힘들 것이다. 그러나 몸이 충분히 훈련되어 있다거나 훈련되어 있지 않다는 식으로 드러내 보여지는 것은, 하나의 자유로운 선택과의 관계에 의해서일 뿐이다. 이 바위가 나의 몸에 대해 하나의 역행률을 펼치는 것은 내가 거기에 존재하기 때문이고, 내가 나 자신으로 하여금 내가 현재 있는 그대로의 것이 되게 했기 때문이다.

도시에서 지금 법복을 입고 변론하고 있는 변호사에게, 이 바위는 오르기 어려울 것도 쉬울 것도 없는 것이다. 그 경우에 이 바위는 세계라고 하는 전체성 속에 용해되어 있으며, 거기서 결코 떠오르지 않는다. 또 어떤 의미에서는 내가 만들어 내는 여러 가지 어려움(등산·사이클링·운동)에 대해 나의 몸을 직면시킴으로써 나의 몸을 허약한 것으로 선택하는 것은 바로 나 자신이다. 만일 내가 운동하는 것을 선택하지 않았다면, 만일 내가 도시에 살고 있다면, 그리고 내가 상거래나 지적(知的)인 작업에 전념하고 있다면, 나의 몸은 결코 그런 관점에서 성질이 주어지지는 않을 것이다. 그리하여 우리는 자유의 역설을 막연하게 느끼기 시작한다.

자유는 '상황' 속에서만 존재하며, 상황은 자유에 의해서만 존재한다. 인간존재는 자신이 만들어 내지 않은 저항과 장애를 여러 곳에서 만난다. 그러나 그런 저항과 장애는 인간존재가 그것'으로 있는' 자유로운 선택 속에서 또 그것에 의해서만 의미를 가진다. 그렇지만 위의 고찰의 의미를 더욱 잘 파악하기 위해서는 또 거기에 들어 있는 이점(利點)을 이끌어 내기 위해서는, 우선 몇몇의 명확한 예를 위의 고찰에 비추어 분석해 볼 필요가 있다. 우리가 자유의 사실성이라고 부른 것은, 자유가 그것'으로 있어야 하는' 주어진 것, 자유가 자기의 기도에 의해 비추는 소여이다. 이런 주어진 것은 똑같은 조명의 절대적인 통일 속에서이기는 하지만, 그렇다 해도 많은 방식으로 나타난다. 그것은 '나의 장소'이고, '나의 몸'이며, '나의 과거'이고, 타자의 지시에 의해 이미 결정되어 있는 한에서의 '나의 지위'이며, 마지막으로 '타자에 대한 나의 근본적인 관계'이다.

우리는 상황의 그런 여러 가지 구조를 명확한 예를 토대로 차례차례 검토해 갈 것이다. 그러나 그런 구조는 어느 것이나 결코 단독으로 주어지는 것이 아니며, 설령 그 하나를 단독으로 고찰하는 경우에도, 우리는 다른 구조들의 종합적인 배경 위에 그 하나를 등장시키는 데 그친다는 것을 결코 잊어서는 안 될 것이다.

(A) 나의 장소

나의 장소(place)는 공간적인 질서에 의해 규정되는 동시에, 세계라는 배경 위에 나에게 드러내 보여지는 '이것'들의 독자적인 본성에 의해 규정된다. 나의 장소란, 말할 것도 없이 '내가 살고 있는' 곳(내 '나라', 그 땅, 그 기후, 그 자원, 그 산수의 지세 등을 포함하여)을 말하지만, 그것은 또 단순히 지금 현재 나에게 나타나 있는 대상들의 배치와 질서(탁자, 탁자 저편의 창문, 창문 왼쪽의 옷장, 오른쪽의 의자 그리고 창 너머로 거리와 바다)이기도 하다. 게다가 그런 대상들은 대상들의 질서에 대한 이유 그 자체로서 나를 가리키고 있다. 내가 하나의 장소를 차지하지 않는 것은 있을 수 없는 일이다. 그렇지 않으면, 나는 세계에 대해 공중을 비상하는 상태에 있게 되고, 세계는 우리가 앞에서 살펴본 것처럼, 어떤 방식으로도 더 이상 나타나지 않게 될 것이다. 나아가서, 현재의 이 장소가 나의 자유에 의해 나에게 할당된 것일 수는 있다 해도(나는 이곳에 '왔다'), 내가 이 장소를 차지할 수 있는 것은, 내가 이전에 차지하고 있었던 장소와의 관련에 있어서일 뿐이고, 또 대상들 자체에 의해 표시되는 과정에 따라서일 뿐이다. 게다가 이 이전의 장소는 나에게 또 하나의 다른 장소를 가리키고, 이 장소는 다시 또 하나의 다른 장소를 가리킨다. 이렇게 하여 마침내, '나의 장소의 순수한 우연성', 다시 말하면 이제 '나' 이외에 아무것도 가리키지 않는 나의 여러 장소 중의 장소, 즉 태어남이 나에게 할당하는 장소에 이른다.

사실, 이 마지막 장소를 나의 어머니가 나를 이 세상에 태어나게 했을 때 차지했던 장소에 의해 설명하는 것은 무익한 일이다. 연쇄는 끊어진다. 내 부모에 의해서 자유롭게 선택받은 장소들은 '나의' 장소에 대한 설명으로서는 아무런 가치도 가지지 못할 것이다. 그리고 그런 장소의 하나를, 나의 근원적인 장소와의 관계에 있어서 살펴보는 것은—이를테면 사람들이 흔히 말하는 것이지만, "나는 보르도에서 태어났습니다. 아버지가 그곳 관리로 임명되었기 때문입니다." "나는 투르에서 태어났지요. 조부모님이 그곳에 땅을 가지고 있었는데, 어머니가 임신 중이었을 때 아버지가 죽었다는 소식을 듣고 조부모님께 몸을 의탁했거든요"—오히려 태어남과, 태어남이 나에게 할당하는 장소가 '나에게 있어서' 얼마나 우연적인 일인지를 더욱더 두드러지게 할 뿐이다.

이와 같이 태어남은 많은 특징들 가운데 '자기의 장소를 차지하는 일'이다. 또는 오히려 방금 우리가 말한 바에 의하면, 자기의 장소를 '받는 일'이다. 그리고 이 근원적인 장소는 그 장소에서 출발하여 내가 일정한 규칙에 따라 새로운 장소를 찾을 때까지 출발 장소가 되기 때문에, 그곳에는 나의 자유에 대한 하나의 강력한 속박이 있는 것으로 생각된다. 또한 우리가 그 점에 대해 반성하기 시작하면 문제는 복잡해진다. 사실, 자유의지의 지지자들은 현재 내가 차지하고 있는 모든 장소에서 출발해도 다른 무한한 장소가 나의 선택에 대해 제공되고 있다는 것을 지적한다. 또한 자유의 반대론자들은 이 사실에서, 무한한 장소가 나에 대해 거부되고 있을 뿐만 아니라, 대상들은 다른 모든 면을 물리치고, 오직 내가 선택하지 않은 일면만을 내 쪽으로 돌리고 있다는 점을 강조한다. 또한 자유의 반대론자들에 의하면, '나의 장소'는 내 존재의 다른 조건들(식생활·기후 등등)과 너무나 밀접한 관계에 있기 때문에, 나를 만드는 데 아무래도 큰 영향을 미치지 않을 수 없다고 말한다. 자유의 지지자들과 반대론자들 사이에서는 판정이 불가능한 것같이 보인다. 그것은 논쟁이 그 본디의 영역 위에 놓여 있지 않기 때문이다.

　실은, 만일 우리가 이 문제를 바람직한 형태로 제시하고자 한다면, 다음과 같은 이율배반에서 출발하는 것이 좋을 것이다. 인간존재는 근원적으로 사물들의 한복판에서 자기의 장소를 받는다―인간존재는 그것에 의해 하나의 장소로서의 무언가가 사물에게 찾아오는 것이다. 인간존재가 없다면 공간도 장소도 '존재하지 않을 것이다―그러나 장소가 사물에게 찾아오는 것은 인간존재에 의해서라고 해도, 이 인간존재는 사물들 사이에 자기의 장소를 찾으러 올뿐, 그것에 대해 결코 지배권을 가지지는 않는다. 사실을 말하면, 거기에는 이상할 것이 하나도 없다. 오히려 이 기술(記述)은 이율배반에서 출발해야 한다. 이율배반이야말로 자유와 사실성의 관계를 우리에게 정확하게 보여 줄 것이다.
　앞에서 우리가 살펴본 것처럼, 기하학적인 공간, 다시 말해서 공간적인 관계들의 단순한 상호성은 순전한 무(無)이다. 나에게 나타날 수 있는 유일한 구체적인 장소는, 절대적인 연장이다. 다시 말해서 바로 중심으로 생각된 나의 장소에 의해 규정되는 연장이다. 이 절대적인 연장에 있어서는 거리가 대상에게서 나에게로, 상호성을 가지지 않고 절대적으로 어림된다. 게다가 이 유일하고 절대적인 연장은, 내가 절대적으로 그것'으로 있는' 장소에서 출발하여 전개되는 연장이다. 다른 어떤 지점도 절대적인 귀추중심으로서 선택될 수 없을 것이다. 그렇지 않다면, 이 중심은 보편적 상대성 속으로 곧바로 끌려들어가고 말 것이다. 하나의 연장이 '존재하고' 그 연장의 한계 안에서 내가 나를 자유로운 자로서 또는 자유롭지 않은 자로서 파악하며, 그 연장이 나에 대해 원조적 또는 적대적(분리적)인 것으로서 나타나는 것은, 무엇보다 먼저 내가 선택도 필연성도 없이 내가 '거기에―있음(être là, Da-Sein)'의 단순한 절대적 사실로서 '나의 장소에 존재하기(j'existe ma place)' 때문이다. 나는 그곳에(là) 존재한다. 이곳에(ici)가 아니고 '그곳에(là)'이다.*31 그것은 연장의 근원에 존재하는 절대적이고 이해 불가능한 사실이며, 따라서 나와 사물들('저것'보다도 오히려 '이것')의, 근원적인 관계의 근원에 있는 사실이다. 완전히 우연적인 사실—부조리한 사실이다.

그러나 그 반면, 내가 그것'으로 있는' 이 장소는 하나의 관계이다. 물론 그 것은 일방적인 관계이기는 하지만, 관계인 것에는 변함이 없다. 만일 내가 나의 장소'에 존재하는 것(exister ma place)'만으로 그친다면, 나는 이 근본적인 관계를 세우기 위해, 동시에 다른 곳에 존재할 수 없다. 나는 나의 장소가 대상과의 관계에 있어서 규정되고 있다는 것에 대해 막연한 이해를 가질 수조차 없다. 나는 알지 못하는 채로 나를 에워싸고 있는, 파악할 수도 없고 생각해 낼 수도 없는 대상들이, 내 속에 태어나게 하는 내적인 결정들'에 존재할' 수밖에 없다. 그와 동시에 절대적인 연장이라고 하는 실재 자체도 사라져 버리고, 나는 장소와 비슷한 모든 것에서 해방된다. 더욱이 나는 자유롭지도 않고 자유롭지 않지도 않다. 그러므로 나는 순수한 존재자이며, 속박도 없고 속박을 부정할 어떤 수단도 없다. 근원적으로 나의 장소로서 규정되는 하나의 연장이라고 할 수 있는 무언가가 세계에 찾아오고, 그와 동시에 나를 엄밀하게 규정하기 위해서는 단순히 내가 나의 장소'에 존재하기만' 해서는 안 된다. 다시 말하면 단순히 '내가 거기에 존재해야 한다'는 것만으로는 안 된다. 그와 동시에 내가 저편에, 나에게서 10미터 되는 곳에 내가 위치를 부여한 대상의 저편에 존재할 수 있으려면, 게다가 내가 그 대상에서 출발하여 나에게 나의 장소를 알려 줄 수 있으려면, 나는 완전히 그곳에 존재하지 않을 수 있어야 한다.

나의 장소를 규정하는 일방적인 관계는 사실 내가 그것으로 있는 어떤 것과 내가 그것으로 있지 않은 어떤 것 사이의 관계라고도 할 수 있다. 이 관계가 드러내 보여지기 위해서는, 그것이 세워져야 한다. 따라서 이 관계는 내가 다음과 같은 조작을 할 수 있는 것을 전제로 한다.

(1) '내가 그것으로 있는 것'이 여전히 '존재되면서도', 또한 하나의 관계항(關係項)으로서 드러내 보여질 수 있듯이, 나는 '내가 그것으로 있는 것'에서 탈출

---

*31 여기에 적힌 ici와 là는 단순한 자의상(字義上)의 '여기'와 '거기', 이쪽과 그쪽이 아니라, être-là 는 '귀추중심으로서의 나의 장소'를 뜻하는 것으로, Je suis là "나는, 지금, 여기에, 이렇게, 있다"고 하는 '지금, 여기에, 이렇게'라는 뜻을 là에서 표현한다고 보는 것이 무방하다.

하여 그것을 무화하는 것. 이 관계는 사실, 직접적으로 주어지지만, 대상을 단순히 정관(靜觀, 조용히 사태의 추이를 살펴봄)하는 데 있어서 주어지는 것은 아니다(만일 우리가 단순한 정관에서 공간을 이끌어 내려고 한다면, 당연히 '대상은 절대적인 "차원"으로 주어지는 것이지, 절대적인 거리로 주어지는 것이 아니'라고 하는 반론이 우리에게 돌아올 것이다). 오히려 그 반대로, 이 관계는 우리의 직접적인 행동에 의해 주어지는 것이다('그는 우리 쪽을 향해 온다', 우리는 '그를 피하자', '나는 그의 뒤를 쫓는다' 등등). 게다가 이 관계는 그런 것이므로 '거기에-있는' 한에서 내가 무엇인지에 대해 어떤 이해를 내포하고 있다. 그러나 그것과 동시에 다른 '이것'들의 '거기-있음'에서 출발하여, 내가 무엇인지가 확실하게 정의되어야 한다. 나는 '거기-있다'는 의미에서 사람들이 오게 되는 자이고, 산꼭대기에 이르려면 아직도 한 시간을 더 올라가야 하는 자이다 등등. 따라서, 예를 들면 내가 산꼭대기를 바라볼 때 문제가 되는 것은, 내가 나에게 위치를 부여하기 위해 산꼭대기에서 출발하여 나의 '거기에-있음'을 향해 행하는 이른바 역류적인 '나 자신으로부터의 탈출'이다. 그리하여 나는 '내가 있어야 하는 것'에서 탈출한다는 사실 자체에 의해 '내가 있어야 하는 것'으로 있어야 한다. 내가 나의 장소에 의해 나를 규정하려면, 맨 먼저 나는 스스로 자신한테서 탈출하여 좌표를 세우러 가야 한다. 나는 그 좌표에서 출발하여 나를 세계의 중심으로서 더욱 엄밀하게 규정할 것이다. 주의해야 할 일이지만, 나의 '거기에-있음'은 결코 사물을 고정하고 위치를 부여하려고 하는 이 뛰어넘기를 결정할 수 없다. 그것은 나의 '거기에-있음'이 '단순한 주어진 것'이고, 기투할 수 없기 때문이며, 또한 나의 '거기에-있음'이 이러저러한 '거기에-있음'으로서 엄밀하게 규정되기 위해서는, 역류가 따르는 뛰어넘기가 이미 나의 '거기에-있음'을 결정하고 있어야 하기 때문이다.

(2) '내가 그것으로 있지 않은 세계—한복판에서의—"이것"들, 그것에 의해 내가 무엇인지를 나에게 알려 주는 "이것"들로부터, 내가 내적 부정에 의해 탈출하는 것.' 그 '이것'들을 드러내는 것과 거기서 탈출하는 것은 우리가 앞에서 본 것처럼, 다만 하나의 똑같은 부정의 작용이다. 이 경우에도 또한 내적 부정은 드러난 것의 '주어진 것'에 대해 원초적이고 자발적인 것이다. 주어진 것이 우리의 파악을 '불러일으킨다'는 것은 도저히 인정할 수 없을 것이다. 오히려 그 반대로, 하나의 '이것'이 '존재하고' 있고, 그것이 '이것'에서 내가 그것'으로 있는'

'거기에-있음'까지의 거리를 알려 주기 위해서는, 당연히 나는 전적인 부정에 의해 '이것'에서 탈출해야 한다. 무화, 내적 부정, 내가 그것으로 있는 '거기에-있음'을 향한, 결정하는 복귀, 이 세 가지 조작은 다 같은 것에 지나지 않는다. 이 세 가지 조작은 내가 무엇인지를, 미래에 의해 나에게 알려 주려고, 나를 무화함으로써 어떤 목적을 향해 몸을 던지는, 하나의 근원적인 초월의 계기일 뿐이다. 그러므로 나에게 '나의' 장소를 부여하고 나에게 위치를 잡아 줌으로써 이 장소를 나의 장소로 규정하는 것은 나의 자유이다. 내가 그것으로 있는 '이' '거기에-있음'에 내가 엄밀하게 '제한'될 수 있는 것은, 나의 존재론적인 구조가 '내가 있는 그대로의 것으로 있지 않고, 내가 있지 않은 것으로 있기' 때문일 뿐이다.

그리고 장소의 이 결정은 초월의 전체를 예상하는 것이므로, 어떤 목적과의 관계 속에서만 이루어질 수 있다. 나의 장소가 의미를 지니는 것은 목적의 빛에 의해서이다. 왜냐하면 나는 결코 '단순히 거기에' 있을 수만은 없기 때문이다. 오히려 나의 장소는 정녕 하나의 유배지로서 파악되거나, 그 반대로 투우장 안에서 다친 황소가 언제나 되돌아가는 장소에 견주어, 모리아크(Mauriac)가 케렌시아(querencia, 옛 보금자리)라고 부른 그 자연적인 장소, 안정감을 주는 편안한 장소로서 파악되기 때문이다. 그러므로 결국 나의 장소가 나에게 하나의 도움으로서 또는 하나의 방해로서 나타나는 것은, 내가 기도하는 것과의 관계에 의해서이다―다시 말하면 세계 전체와의 관계에 의해서이고, 따라서 나의 '세계-속-존재' 전체와의 관계에 의해서이다. 장소에 존재한다는 것은, 무엇보다도 ……에서 먼 곳에 또는 ……로부터 가까운 곳에 존재하는 것이다. 다시 말해 장소는 우리가 그곳에 이르고자 하면서도, 아직 존재하지 않는 어떤 존재와의 관계에 의해, 비로소 하나의 의미가 주어진다.

장소를 규정하는 것은, 이 목적에 대해 접근하기 쉬운가 또는 접근하기 어려운가 하는 것이다. 그러므로 나의 위치가 현실적으로 이해될 수 있는 것은, 비존재의 빛, 미래의 빛에 비춰질 때이다. '거기에-있음(지금 이곳에 이렇게 있음)'이란, 딱 한 걸음만 내딛으면 찻주전자에 손이 닿고, 팔을 조금만 뻗으면 펜을 잉크에 적실 수 있으며, 만일 내가 눈이 피로하지 않게 책을 읽으려면 창문을 등지고 있어야 하고, 만일 내가 벗 피에르를 만나고 싶으면 자전거를 타고 두 시간 동안 무더운 오후의 피로를 견뎌야 하며, 만일 내가 안니를 만나려면 기차를 타고 뜬눈으로 하룻밤을 지새야 한다는 얘기이다. 식민지의 주민에게 있어서 '거기에-있음'이란, 프랑스에서 20일 걸리는 곳에 있다는 말이다. 또는 만일 그 사람이 공무원이고 유급휴가 여행을 기다리고 있다면, 그에게 있어서 '거기에-있음'은 보르도 또는 에타플에서 6개월 7일이 걸리는 곳에 있다는 말이다. 어떤 군인에게 있어서 '거기에-있음'이란, 제대할 때까지 아직 110일 또는 120일이 남았다는 말이다. 곳곳에서 미래가―기투된 하나의 미래가―개입한다. 보르도 또는 에타플에서의 내 미래의 생활, 군인에게 있어서의 미래의 만기 제대, 잉크에 적신 펜으로 내가 쓰게 될 미래의 문구, 이 모든 것이 나에게 나의 장소를 의미하며, 또 조바심이나 초조한 기다림 속에, 또는 향수어린 마음 속의 장소에 나로 하여금 존재하게 하는 것이다. 그와 반대로 만일 내가 어떤 사람들 또는 여론을 피하고 있다면, 나의 장소는 내가 숨어 있는 그 마을 깊숙한 속에서 사람들이 나를 찾아낼 때까지 또는 그 마을에 이를 때까지 필요한 시간에 의해 규정된다. 이 경우에 이 고독은 나에게 나의 장소를 유리한 것으로서 알려 주는 것이다. 여기서 장소에 존재한다는 것은 숨어서 지내는 것을 말한다.

내 목적의 이 선택은 순수하게 공간적인 관계(고저·좌우 등등) 속에까지 잠입하여, 그것들에게 실존적인 의미를 준다. 만일 내가 산 밑에 머물러 있다면 그 산은 '압도적'일 것이고, 반대로 만일 내가 산꼭대기에 있다면, 그 산은 나의 고고한 기도 자체에 의해 다시 찾아지고 내가 나 자신에게 부여하는 다른 사람들에 대한 우월성을 상징한다. 강의 위치, 바다까지의 거리 등이 작용을 주며 상징적인 의미를 지니고 있는 것이다. 나의 목적의 광명을 받아서 구성된 나의 장소는 그 목적의 총체적 관계에 있어서처럼 그것의 모든 세부에 있어서도 그 목적을 나에게 상징적으로 상기시킨다. 우리는 나중에 실존적 정신분석의 대상과 방법을 더욱 자세히 규정할 예정인데, 그때 다시 한 번 이 문제로 되돌아올 것이다. 대상들에 대한 일반적인 '거리'관계는, 그 관계를 구성하는 우리의 방식 자체인 의미와 상징을 무시해서는 결코 파악될 수 없다. 그런 일반적인 관계는 그 자체가, 거리의 측정과 그 편력을 가능하게 하는 기술 선택과의 관계에 있어서만 의미를 지니는 것으로 본다면, 더 말할 것도 없는 일이다. 내가 사는 마을에서 20킬로미터나 떨어져 있지만 철도로 연결되어 있는 도시는, 4킬로미터밖에 떨어져 있지 않지만 높이 2800미터의 바위투성이인 산꼭대기보다 휠씬 나에게 가까운 것이다. 하이데거가 지적한 것처럼, 일상적인 관심사는 단순한 기하학적인 거리와 아무런 공통점도 없는 장소를 도구에 제공한다. 그는 이렇게 말했다.

"내 안경은 일단 내 코 위에 걸쳐지면, 내가 그것을 통해서 보는 대상보다 나에게서 휠씬 더 멀다."

그러므로 다음과 같이 말해야 할 것이다. 나의 장소의 사실성은 내가 나의 목적을 자유롭게 선택하는 것에 있어서만 그리고 선택하는 것에 의해서만 나에게 드러내 보여진다. 자유는 나의 사실성의 발견에 있어서 없어서는 안 되는 것이다. 나는 그 사실성을 내가 기투하는 미래의 모든 점에서 배운다. 그 사실성이 무력·우연·허약함·부조리 등의 성격을 가지고 나에게 나타나는 것은, 이 선택된 미래로부터 출발해서이다. 내가 몽드마르상에서 살고 있는 것이 부조리하고 괴로운 것은, 뉴욕을 보고 싶어 하는 나의 꿈과의 관계 때문이다. 그러나 거꾸로 말하면, 사실성이란 자유가 발견해 낼 수 있는 유일한 실재이고, 자유가 하나의 목적을 세움으로써 무화할 수 있는 유일한 실재이며, 목적을 세운다는 것이 맨 처음에 의미를 가지기 위한 출발점이 되는 유일한 실재이다. 왜냐하면 목적이 상황을 비출 수 있는 것은, 목적이 그 상황의 기도된 변경으로서 구성되기 때문이다.

장소는 내가 기도하는 변경에서 출발하여 나타난다. 그러나 '바꾼다'는 것은 다름 아닌 바뀌어야 하는 무언가가 있음을 의미하며, 그 무언가가 바로 나의 장소이다. 그러므로 '자유는 나의 사실성의 파악이다.' 자유가 이 사실성 쪽을 향해 돌아서서, 사실성을 어떤 일정한 결함으로서 파악하기 '이전에' 이 사실성의 '무언가(quid)'를 규정하거나 기술하려고 하는 것은, 전적으로 헛된 일일 것이다. 자유가 나의 장소를 어떤 종류의 결함으로서 한정하기 이전에는, 나의 장소는 맨 처음에 어떤 것으로도 '있지 않다.' 왜냐하면 모든 장소가 이해되는 경우의 출발점이 되는 연장 자체가—존재하지 않기 때문이다. 한편, 또한 그 문제 자체가 이해할 수 없는 것이 된다. 거기에는 '이전'이라는 것이 포함되어 있지만, 그것은 의미를 지니지 않기 때문이다. 사실 전이나 후의 방향에 따라 자기를 시간화하는 것은 자유 그 자체이다. 그런데도 또한 이런, 생각이 미치지 않는 일반적인 '무언가'는, '그것이 없이는 자유가 자유일 수 없는 것'이다. 이 '무언가'는 내 자유의 사실성 그 자체이다.

이와 같이 규정된 이 장소가 나의 욕구에 대한 '구속', '장애' 등으로 나타나는 것은, 다만 자유가 사실성을 발견하고, 그 사실성을 '장소'로서 파악하는 경우의 행위 속에서일 뿐이다. 사실성이 장애가 되는 것은, 그 이외에 어떻게 있을 수 있겠는가? '무엇에 대한' 장애인가? '무엇을 하는 것에 대한' 구속인가? 자신의 정당이 실패한 뒤 프랑스를 떠나 아르헨티나에 가려고 했던 어느 망명자가 다음과 같은 이야기를 했다. 아르헨티나가 '매우 멀리 있다'는 말을 들은 그는 '무엇에서 멀다는 말입니까?' 하고 되물었다는 것이다. 그러므로 아르헨티나가 프랑스에 거주하는 사람들에게 '멀게' 여겨지는 것은, 분명히 프랑스 사람으로서 그들의 장소에 가치를 부여하는 국민적인 암묵의 기도와의 관계 때문이다. 이 국제적인 혁명가에게 있어서 아르헨티나는, 다른 어떤 나라도 마찬가지이지만 세계의 하나의 중심이다. 그러나 우리가 먼저 최초의 기도에 의해 프랑스의 땅을 우리의 절대적인 장소로서 구성했을 때—그리고 어떤 파국 때문에 우리가 어쩔 수 없이 망명하지 않을 수 없게 되었을 때—아르헨티나가 '매우 먼' 나라로서, 망명의 땅으로 나타나게 되는 것은, 이 원초적인 기도와의 관계 때문이다. 우리가 우리 자신을 추방당한 자로 느끼게 되는 것은 이 원초적인 기도와의 관계에 의해서이다.

그러므로 자유는, 스스로 우리가 경험하는 온갖 장애를 만들어 낸다. 목적을 세움으로써—더욱이 그 목적을 접근할 수 없는 것 또는 접근하기 힘든 것으로 선택함으로써—우리의 장소를 우리의 기도에 있어서 극복할 수 없는 방해 또는 극복하기 어려운 방해로서 나타나게 하는 것은 자유 그 자체이다. 여러 대상들 사이의 공간적인 관계를 도구관계의 원형으로서 세우고, 거리를 재고 그것을 극복할 수 있게 하는 기술을 결정함으로써, 자기 자신의 '제한'을 구성하는 것도 또한 자유 자체이다. 그러나 정녕 자유는 선택이기 때문에, '제한된 것'으로서밖에 존재할 수 없을 것이다. 나중에 살펴보겠지만, 모든 선택은 제거와 선발을 전제로 한다. 모든 선택은 유한성의 선택이다. 그러므로 자유는 사실성을 자기 자신의 제한으로서 구성함으로써만 또한 자유로울 수 있다. 따라서 내가 몽드마르상의 하급관리라는 사실에서, '내가' 뉴욕에 가는 것에 관해 '자유롭지 않다'고 말해도 아무런 의미가 없을 것이다. 오히려 그와 반대로, 내가 나 자신을 몽드마르상에 '위치를 부여'하려고 하는 것은, 뉴욕에 간다는 나의 기도와의 관계에 의해서이다.

예를 들면 만일 나의 기도가 몽드마르상의 넉넉한 농부가 되는 것이었다면, 세계 속에서의 나의 장소 관계, 뉴욕과 중국에 대한 몽드마르상의 관계는, 전혀 다른 것이 될 것이다. 최초의 경우에는 몽드마르상은 뉴욕·멜버른·상하이 등과의 조직적인 연결에 있어서 세계라고 하는 배경 위에 떠오른다. 그다음의 경우에는 몽드마르상은 무차별적 세계를 배경으로 나타난다. 그런데 뉴욕에 간다고 하는 나의 기도의 '현실적'인 중요성에 대해 말하면, 그것을 결정하는 것은 나 자신이다. 이 결정은 분명히 몽드마르상에 대해 불만을 느끼는 자로서 나를 선택하는 하나의 방식이 될 수 있다. 이 경우에는 모든 것의 중심은 몽드마르상 위에 있으나, 다만 나는 나의 장소를 끊임없이 무화하며, 내가 살고 있는 이 도시에서 끊임없이 후퇴하여 생활하고자 하는 욕구를 체험한다—이것은 또한 내가 나를 전체적으로 구속하는 하나의 기도일 수도 있다.

첫 번째 경우에는, 나는 나의 장소를 극복할 수 없는 장애로서 파악할 것이다. 게다가 나는 나의 장소를 세계 속에서 간접적으로 규정하기 위해, 단순히 하나의 방법을 사용했을 것이다.

두 번째 경우에는 반대로, 장애는 이미 존재하지 않을 것이다. 나의 장소는 하나의 계류점(繫留點, 붙잡아 매어져 있는 곳)이 아니라, 하나의 출발점이 될 것이다.

뉴욕에 가기 위해서는 무언가의 형태로 하나의 출발점이 없으면 안 되기 때문이다. 그리하여 나는 어떤 순간에도 나 자신을, 세계 속의 나의 우연적인 장소에 구속되어 있는 자로서 파악할 것이다. 그러나 나의 우연적인 장소에 그 의미를 주는 것은 바로 이 구속이며, 이 구속이야말로 나의 자유이다. 말할 것도 없이 나는 태어남으로써 '장소를 차지하지만', 나는 내가 차지하는 장소에 대한 책임자이다. 우리는 여기서 더욱 확실하게 상황 속에서의 자유와 사실성의 복잡한 유대를 본다. 그것은, 사실성이 없는 자유는—무화와 선택의 능력으로서—존재하지 않을 것이고, 또 자유가 없는 사실성은 발견할 수도 없고, 어떤 의미도 가지지 않을 것이기 때문이다.

(B) 나의 과거

우리는 하나의 과거를 가지고 있다. 물론 우리가 앞에서 입증할 수 있었던 것처럼, 앞서는 현상이 뒤따르는 현상을 결정하는 것과는 달리, 이 과거는 우리의 행위를 결정하는 것은 아니다. 또 분명히, 우리가 앞에서 밝힌 바와 같이, 과거는 현재를 구성하고 미래를 그리기에는 힘이 없다. 그러나 그럼에도 또한 미래를 향해 자기를 탈출하는 자유는, 자신의 마음이 가는 대로 자기에게 과거를 부여할 수는 없을 것이다. 하물며 자유는, 과거 없이 스스로 자신을 만들어 내지도 못한다. 자유는 자기 자신의 과거로 있어야 하며, 이 과거는 돌이킬 수 없는 것이다. 얼핏 보아서, 자유는 무슨 수를 쓰더라도 과거를 바꾸지는 못할 것처럼 보이기도 한다. 과거는 손이 미치지 않는 곳에 있는 것이다. 과거는 거리를 두고 우리를 따라다니지만, 우리 쪽에서는 몸을 돌려 정면으로 그것을 눈여겨보는 것조차 불가능하다. 과거는 우리의 행동을 결정하지는 못한다 해도, 적어도 '그것에서 출발하지' 않으면, 우리가 새로운 결심을 할 수 없는 것이다. 만일 내가 해군사관학교에 입학할 준비를 했다면, 그리고 만일 내가 해군장교가 되었다면, 내가 나 자신을 되찾고 나 자신을 바라볼 때는, 어떤 순간에도 나는 구속되어 있다. 내가 나 자신을 파악하는 그 순간에, 나는 부사령관으로서 근무하고 있는 함정의 갑판에서 당직임무를 맡고 있다. 물론 나는, 갑자기 이 사실을 거부하고 사표를 낼 수도 있고, 자살을 결심할 수도 있다. 이런 극단적인 수단조차, 나의 것인 과거를 계기로 하여 이루어진다. 그런 수단이 과거를 파괴하려는 목적을 가지고 있는 것은, 과거가 존재하기 때문이다. 아무리 과격한 나의 결의도 나의 과거에 대해 부정적인 입장을 취하는 것이 고작이다. 그러나 그것은 결국 발판으로서의, 또 관점으로서의, 과거의 헤아릴 수 없는 중요성을 인정하는 것이다.

나의 과거에서 나를 떼어내기 위한 모든 행동은 먼저 '이 과거'에서 출발하여 생각할 수 있어야 한다. 다시 말하면 이런 행동은 그것이 파괴하려고 하는 그 독자적인 과거에서 '출발하여' 생기는 것임을 무엇보다 먼저 인정해야 한다는 말이다. 속담에도 말하듯이, 우리의 행위는 우리 뒤를 따라다닌다. 과거는 현재적이고, 알지 못하는 사이에 현재 속에 녹아들어간다. 과거는 내가 6개월 전에 선택한 옷이고, 내가 지은 집이며, 내가 지난겨울에 쓰려고 계획했던 책이고, 나의 아내이며, 내가 그녀에게 한 약속이고, 나의 아이들이다. 내가 그것'으로 있는' 모든 것—나는 그것으로 있었다고 하는 방식으로, 그것으로 있어야 한다. 그러므로 과거의 중요성은 아무리 과장해도 지나치다고 할 수 없는 것이다. 그것은, 나에게 있어서는 '본질이란 있었던 그대로의 것이고(Wesen ist was *gewesen ist)*, 존재한다는 것은 존재했던 것이기 때문이다. 그러나 우리는 여기서 다시, 앞에서 제시했던 역설을 또다시 발견한다. 나는 과거가 없는 나를 생각할 수 없다. 또는 이렇게 말하는 것이 나을지도 모른다. (과거 없이는) 나는 더 이상 나에 대해 아무것도 '생각할' 수 없을 것이라고. 왜냐하면 나는 내가 그것 '으로 있는' 것, 즉 내가 과거에 있어서 그것으로 있는 것에 대해 생각하기 때문이다. 하지만 그 반면, 나는 나라고 하는 존재에 의해 과거가 이 존재 자신과 세계에 찾아오는 존재이다.

자유는 선택이기 때문에 변화라고 하는 이 역설을 좀더 자세히 검토해 보자. 자유는 그것이 기투하는 목적에 의해서 정의된다. 다시 말하면 자유는 자기가 있어야 하는 미래에 의해서 정의된다. 그러나 미래는 바로, '지금 있는 그대로의 것이, 아직–존재하지 않는–상태'이므로, 미래는 지금 있는 그대로의 것과의 밀접한 관계에서밖에 생각될 수 없다. 게다가 아직 존재하지 않는 것을 비추는 것은, 지금 있는 그대로의 것일 수는 없을 것이다. 왜냐하면 지금 있는 그것은 '결여(缺如)'이고, 따라서 거기에 부족한 것이 무엇인가 하는 데서 출발하지 않으면, 그것은 결여로서 인지될 수 없기 때문이다. 현재 있는 그대로의 것을 비추는 것은 목적이다. 그러나 지금 있는 그대로의 것이 무엇인지를, 장차 와야 하는 목적에 의해 자기에게 알려 주기 위해, 장차 와야 하는 목적을 찾으려 하는 데는, 무화적인 후회에 의해 현재 있는 그대로의 것 저편에 이미 존재하고 있어야 한다. 이런 무화적인 후회는, 현재 있는 그대로의 것을 고립된 체계의 상태에서 확실하게 나타나게 하기 때문이다. 따라서 지금 있는 그대로의 것이 의미를 가지는 것은, 그것이 장래를 향해 '초월될' 때뿐이다.

그러므로 지금 있는 그대로의 것은 과거이다. 아는 바와 같이, 과거는 '바뀌어야 하는 것'으로서, 장래를 선택하는 데 없어서는 안 되는 것이고, 따라서 어떤 자유로운 뛰어넘기도 과거로부터의 출발이 아니고는 이루어질 수 없을 것이다. 또한 동시에—그런 반면, 과거라고 하는 이 '본성' 자체가 하나의 미래의 근원적인 선택에 의해 과거로 찾아오는 것이다. 특히 돌이킬 수 없다는 성격이 과거로 찾아오는 것은 미래에 대한 나의 선택 자체에 의해서이다. 과거는 미래에 있어서의 사물의 새로운 상태를 내가 생각하고 기도할 때의 출발점이지만, 그것과 동시에 과거는 그 자신이 '그 자리에 방치되는' 것이며, 따라서 그 자신이, 거의 변화라고 하는 전망의 밖에 있는 것이다. 그러므로 미래가 이루어질 수 있기 위해서는 과거가 돌이킬 수 없는 것이 되어야 한다.

물론 분명히, 나는 존재하지 않을 수 있다. 그러나 만일 내가 존재한다면, 나는 과거를 갖지 않을 수 없다. 그것은 '나의 우연성의 필연성'이 이 경우에 취하는 형태이다. 하지만 그런 반면, 우리가 앞에서 본 것처럼, 무엇보다 먼저, 두 가지의 실존적인 특징이 대자에게 성질을 부여한다.

(1) 존재의식이 아닌 것은 어떤 것도 의식 속에 존재하지 않는다.

(2) 나의 존재는 나의 존재에 있어서 문제가 된다―그것은 '선택되지 않는' 것은 어떤 것도 나에게 찾아오지 않는다는 의미이다.

사실 우리가 살펴본 것처럼, 단순히 '과거'일 뿐인 '과거'는, 이름뿐인 존재로 무너져 버리고 현재와의 모든 유대를 잃게 될 것이다. 우리가 하나의 과거를 '갖기' 위해서는 미래를 향한 우리의 기도 그 자체에 의해서 과거를 존재로 유지하지 않으면 안 된다. 우리는 우리의 과거를 받아들이는 것이 아니다. 오히려 반대로 '우리의 우연성의 필연성'은, 우리가 과거를 선택하지 않을 수 없다는 것을 포함하고 있다. 그것은 '자기 자신의 과거로 있어야 함'을 의미하는 것이다―알다시피 이 필연성은 여기서는 단순히 시간적인 관점에서 살펴보고 있지만, 근본을 파헤쳐 보면 자유의 최초의 구조와 다를 것이 없다. 그것은 자유가 자신이 그것으로 있는 존재의 무화이어야 하기 때문이고, 또 자유가 이런 무화 자체에 의해 자신이 그것으로 있는 하나의 존재를 '거기' 있도록 하기 때문이다.

그런데 자유는 과거와 관련하여 하나의 목적의 선택이 되지만, 거꾸로 말하면 과거는 선택된 목적과의 관계에 있어서만, 자신이 그것으로 있는 것으로 있다. 과거 속에는 하나의 불변적인 요소가 있다. '나는 다섯 살 때 백일해를 앓았다' 하는 것이 그것이다―또 과거 속에는 특히 하나의 가변적인 요소가 있다. 나의 존재의 전체성에 대한 일반적인 사실의 의미가 그것이다. 그러나 그런 반면, 과거 사실의 의미는, 나의 존재에 속속들이 침투되는 것이기 때문에(나의 유년기의 백일해에 대한 의미를 규정하는 하나의 명확한 기도가 없이는, 나는 이 백일해를 '떠올릴' 수가 없기 때문에), 불변적인 보통의 존재와 그것이 포함하는 가변적인 의미를 구별하는 것은 나에게는 불가능한 일이다. '나는 다섯 살 때 백일해를 앓았다'는 것은 무수한 기투를 예상한다. 특히 나의 개인적인 존재에 대한 지표체계로서의 달력의 채용―따라서 사회적인 것에 대한 근원적인 입장의 설정—나의 유년기에 대해 제삼자들이 하는 보고에 대한 결정적인 신뢰—게다가 이 신뢰는 분명히 나의 부모에 대한 존경 또는 애정과 조화를 이루고, 그 존경과 애정이 나의 유년기의 백일해가 가지는 의미를 이룬다 등등. 일반적인 사실 자체는 '존재한다.' 그러나 타자의 증언, 그 사실의 날짜, 질병의 전문 명칭—나의 기도에 의존하는 의미들의 총체—을 무시한다면, 일반적인 사실은 맨 처음에 무엇으로 있을 수 있겠는가? 그러므로 그런 보통 존재는, '아무리 필연적으로 존재하는 것, 불변적인 것이라 해도', 추억 속에 들어 있는 모든 의미에 대한 체계적인 설명에서는, 이른바 손이 닿지 않는 곳에 있는 이상적인 목표를 나타내는 것이다. 물론 베르그송이 순수한 추억에 대해 얘기한 의미에서, 추억의 '순수한' 소재가 있다. 하지만 그런 소재가 나타나는 것은, 순수한 형태에서의 그 소재의 나타남을 포함하는 하나의 기도 속에서만 가능하고, 또 그런 기도에 의해서만 가능하다.

그런데 과거의 의미는 나의 현재적인 기도에 밀접하게 의존하고 있는 것이다. 그렇다고, 나는 결코 앞서는 내 행위의 의미를 내 마음 내키는 대로 변화시킬 수 있다는 것은 아니다. 그렇기는커녕, 그와 정반대로, 내가 그것으로 있는 근본적인 기도는, 내가 그것으로 있어야 하는 과거가, 나에게 있어서나 타인에게 있어서나 어떤 의미를 가질 수 있는지를 절대적으로 결정한다. 사실 오직 나만이 순간순간에 과거의 '유효범위'를 결정지을 수 있다. 게다가 각각의 경우에, 이러저러한 앞선 사건의 중요성을 논의하고 살펴보고 평가함으로써가 아니라, 나의 목표를 향해서 나 자신을 내던짐으로써, 나는 나 자신과 함께 과거를 구원하고, 행동에 의해서 과거의 의미를 '결정'하는 것이다. 나의 열다섯 살 때의 그 기이했던 위기, 그것이 사춘기의 단순한 우발사고'였는지', 아니면 반대로, 미래에 있을 회심(回心)의 최초의 조짐'이었는지'를 누가 결정할 것인가? 그것은 나 자신이다. 스무 살 또는 서른 살에 이르러, 내가 마음을 돌이킬 결정을 할지 어떨지에 따라서 내가 그것을 결정한다. 회심의 기도는 청년기 하나의 위기에 대해 내가 그 당시 진지하게 생각하지 않았던 조짐으로서의 가치를 단번에 나에게 준다. 내가 도둑질을 하고 나서 겪게 된 교도소 생활이 이로운 결과를 가져왔는지, 아니면 이로울 것이 없게 끝났는지를 누가 결정할 것인가? 그것은 나 자신이다. 내가 도둑질을 그만두는가, 아니면 마음이 더욱 거칠어지는가에 따라서 내가 그것을 결정한다. 여행의 교훈적인 가치, 사랑 서약의 성실성, 지난날 의도의 순수성 등을 결정할 수 있는 것은 누구인가? 그것은 나 자신이다. 언제나 나 자신이다. 그런 기도를 목적의 빛에 비춤으로써 내가 그것을 결정한다.

그러므로 나의 모든 과거는 긴급한 것, 절박한 것, 절대적인 것으로서 거기에 존재한다. 그러나 과거의 의미와, 과거가 나에게 내리는 명령을, 나의 목적의 기도 그 자체에 의해 선택하는 것은 나 자신이다. 물론 한번 떠맡은 이런 자기구속은 나를 무겁게 짓누른다. 예전에 승낙한 부부관계, 작년에 사서 가구를 들여놓은 집은, 물론 나의 가능성을 제한하고, 나의 행위를 나에게 지시한다. 그러나 그것은 바로, 나의 온갖 기도가, 나의 부부관계를 새롭게 승낙한다는 형태로 시행되기 때문이다. 다시 말해서 그것은 분명히 내가 이 부부관계의 파기를 기도하지 않기 때문이고, 내가 이 부부관계로 하여금, '지나간 것, 초월된 것, 죽은 것'이 되게 하지 않기 때문이다. 오히려 그 반대로, 나의 기도는 한번 떠맡은 자기구속에 대한 충성 또는 남편으로서도 아버지로서도 '부끄럽지 않은 생활'을 보낼 결심 등을 포함하고 있으며, 따라서 나의 기도는 필연적으로 지나간 부부의 인연에 비추어, 이 서약에 언제나 현재적인 가치를 부여하러 오기 때문이다. 그리하여 과거의 절박성은 미래로부터 온다. 슐룸베르거의 주인공*32과 같은 방식으로, 만일 내가 갑자기 나의 근본적인 기도를 밑바닥부터 변경하고, 이를테면 행복의 지속에서 벗어나려고 한다면, 나의 선행적인 자기구속은 그 절박함을 모두 잃게 될 것이다.

나의 자기구속은 이미 중세의 저 탑이나 성벽 같은 것으로밖에 거기에 존재하지 않는다. 왜냐하면 우리는 그런 탑과 성벽을 부정할 수는 없지만, 그것은 추억이라는 의미 외에 어떤 의미도 가지지 않기 때문이다. 그것은 앞서는 편력의 한 단계이고, 오늘날에는 초월되고 완전히 죽어 없어져 버린 하나의 문명, 하나의 정치적 경제적인 존재 단계이다. 과거가 살아 있는지 또는 죽어 버렸는지를 결정하는 것은 미래이다. 사실 과거는 나의 존재의 현재적인 나타남으로서, 근원적으로 기도이다. 게다가 과거가 기도인 한에서, 과거는 앞지르기다. 과거의 의미는 과거에 의해 미리 그려지는 장래에서 온다. 과거가 송두리째 과거로 미끄러져 들어갈 때, 과거의 절대적인 가치는 과거가 그것으로 있었던 여러

---

*32 원주. 슐룸베르거(Schlumberger)의 《행복한 남자》, N.R.F. 펴냄.

앞지르기를, 우리가 확인하는가, 아니면 깨뜨려 버리는가에 달려 있다. 그러나 그런 앞지르기를 자기 책임으로 되찾음으로써, 다시 말해 그 앞지르기가 먼저 전망하고 있던 장래를 계속해서 지금도 앞질러 전망함으로써 그 앞지르기의 의미를 확인하는가, 아니면 또 하나의 다른 장래만을 앞질러 전망함으로써 먼저 한 앞지르기를 깨뜨려 버리는가는, 바로 나의 현재의 자유에 달려 있다.

뒤의 경우에는 과거는 이른바 무장해제된 기대 그리고 기만당한 기대로 굴러떨어진다. 이 과거는 '무력'하다. 왜냐하면 과거의 유일한 힘은 미래에서 과거로 찾아오는 것이기 때문이다. 내가 어떻게 나의 과거를 살든, 또 내가 어떻게 나의 과거를 평가하든, 나는 미래를 향해 나 자신을 기투할 때의 빛 속에서만 그렇게 할 수 있다. 그러므로 장래에 대한 내 선택의 질서는 내 과거의 질서를 결정할 것이다. 또한 그 질서는 결코 시간론적인 것은 아닐 것이다. 거기에는 무엇보다도 '여전히 살고 있고' 여전히 확인되고 있는 과거가 존재할 것이다. 내 사랑의 서약, 이러저러한 사업상 계약, 내가 아직도 고집하고 있는 나 자신에 대한 이러저러한 모습이 그것이다. 다음에 지금은 내 마음에 들지 않지만, 하는 수 없이 지금도 내가 붙들고 있는 양의적(兩義的)인 과거가 있다. 예를 들면 내가 입고 있는 이 옷은—내가 유행을 따르는 취미를 가지고 있었던 시기에 산 것이지만—지금은 조금도 마음에 들지 않는다.

이 사실에서 보면, 내가 그것을 '선택'했을 때의 과거는 사실은 죽어 버리고 없다. 그러나 그 반면에, 검약이라고 하는 내 현재의 기도에서 보면, 나는 다른 옷을 구하느니보다는 차라리 이 옷을 계속 입어야 할 것이다. 그렇기 때문에 이 옷은 죽은 동시에 살아 있는 과거에 속하고 있다. 마치 과거에 어떤 일정한 목적을 위해 세웠던 사회시설이 설립 당시의 사회기구가 변화한 뒤에도 남아 있는 것과 비슷한 것으로, 그것은 최초의 목적과 완전히 다른 목적이나, 때로는 반대되는 목적을 위해서도, 이 시설이 이용되었기 때문이다. 살아 있는 과거, 반쯤 죽은 과거·잔존·양의성·이율배반, 과거성의 이런 층의 총체는 나의 기도의 통일에 의해 조직된다. 내 과거의 임의의 단편을 다가적(多價的)이고 계층적인 하나의 조직 속에 들어가게 하는 복잡한 지시체계가 성립되는 것은 이 기도에 의해서이다. 다가적이고 계층적인 조직에 있어서는 마치 예술작품에 있어서처럼, 각각의 부분적 구조는 여러 가지 방법으로, 다른 각각의 부분적 구조와 전체적 구조를 가리킨다.

또한 우리의 과거의 가치와 질서와 본성에 관한 이 결정은 단순히 일반적인 '역사적 선택'이다. 인간사회가 역사적인 것은, 단순히 인간사회가 하나의 과거를 지니고 있다는 사실에서 유래할 뿐만 아니라, 인간사회가 그 과거를 '기념비'로서 되찾는 데서 유래한다. 미국 자본주의가 1914년에서 1918년 사이의 유럽 대전 때, 거기서 이로운 상거래의 기회를 알아차리고 참전을 결정했다면, 그때 미국 자본주의는 '역사적'이 아니라 단순히 공리적인 것에 머문다. 그러나 미국 자본주의가 그 공리적인 기회의 불빛 아래 미국과 프랑스 사이의 그 전의 관계를 회복하고, 미국인이 프랑스인에게 지불해야 하는 일종의 신용부채라는 '의미'를 그런 관계에 부여한다면, 그때 미국 자본주의는 역사적인 것이 된다. 특히 "라파예트여, 우리가 왔소!"*33라고 한 유명한 말에 의해 미국 자본주의는 자기를 역사화할 것이다. 말할 것도 없는 일이지만, 만일 미국인의 현실적인 이해에 대한 또 하나의 다른 견해가 미국을 독일 쪽에 가담하게 했더라면, 미국인들은 기념비적인 차원에 있어서 되찾아야 할 과거의 요소에 부족함을 느끼지는 않았을 것이다.

예를 들면 그들은 '피의 동포'라고 하는 생각에 근거를 두는 하나의 프로파간다를 생각해 낼 수도 있었을 것이다. 그 사고방식은 19세기의 미국 이민 중에서 독일계 이민자가 차지하는 비율에 대해 매우 큰 관심을 끌었을 것이다. 이런 과거에 대한 지시를 단순한 선전적인 기도로 생각하는 것은 헛된 일이다. 사실 본질적인 점에서 보면, 대중의 동조를 불러일으키기 위해서는 이런 과거에 대한 지시가 '필요'하다. 그러므로 대중은 그들의 과거를 비춰 주고 또 정당화하는 하나의 정치적인 기투를 요구한다. 그뿐만 아니라, 분명하게 과거는 이렇게 해서 '만들어지는' 것이다. 그리하여 프랑스·미국적인 하나의 공통되는 과거의 구성이 '거기에 있었다.' 그것은 한편으로는 미국 사람들의 경제적인 큰 이익을 의미했고, 다른 한편으로는 두 민주주의적 자본주의의 '현실적'인 친근성을 의미하는 것이었다. 마찬가지로 누구나 아는 일이지만, 1938년 무렵에 새로운 세대의 사람들은 다가오고 있던 국제적인 대환란을 우려하면서, 1918~1938년의 시기를 갑자기 새로운 빛으로 비추며, 그 시기를 1939년 전쟁이

---

*33 라파예트(La Fayette, 1757~1834) : 미국 독립전쟁 때 의용군을 지휘하여 참전한 프랑스 군인. 이 "라파예트여, 우리가 왔소!"라는 말은 옛일을 회상하고 그 은혜에 대한 감사의 표시로 제1차 세계대전 때 미국의 유럽파견군 사령관이 말한 것으로 전해지는 유명한 문구.

일어나기 이전에 벌써 양대전간기(兩大戰間期 : l'Entre-deux-guerres)라고 일컬었다. 자신들의 현재와 직접적인 과거의 연속 안에 있는 하나의 장래를 향해 자기를 기투하면서, 이 시대를 살아온 사람들이, 한없이 연속되는 전진의 첫걸음으로서 이 시대를 경험해 온 것에 반하여, [새로운 세대의 사람들에게 있어서는] 갑작스럽게, 한정되고 초월되고 부인된 형태로 이 시대가 구성되었던 것이다. 따라서 과거의 어떤 일정한 시기가 현재와의 연속 안에 있는가, 또는 그 시대가 우리의 나타남 뒤로 멀어져 가는 비연속적인 하나의 단편이 되는가 하는 것은, 다만 현재의 기도가 결정한다.

그러므로 어떤 사건, 이를테면 바스티유 점령이라는 사건이 하나의 결정적인 '의미'를 받아들이기 위해서는, 인간의 역사가 '완료되어' 있어야만 할 것이다. 바스티유가 1789년에 점령되었다는 사실은 누구도 부정하지 않는다. 이것은 움직일 수 없는 사실이다. 그러나 우리는 이 사건 속에서 하잘것없는 폭동을 보아야 할 것인가? 그렇지만 이 사건이 반무방비 상태인 요새에 대한 민중의 습격이었고, 훗날 국민회의가 자기네들을 위해 선전효과가 있는 하나의 과거를 만들어 내기 위해 그 습격을 빛나는 공적으로 변모시킬 수 있었다고 보아야 할 것인가? 아니면, 이 사건은 민중의 힘의 최초의 나타남으로, 이를 계기로 민중의 힘이 강해지고 자신감을 얻어서, 그 결과 '10월 5일, 6일'의 베르사유 궁전을 향한 행진을 결행할 수 있게 되었다고 생각해야 할 것인가? 이 문제를 오늘 결정지으려고 하는 사람은 역사가 자신이 '역사적'이라는 사실을 잊고 있는 것이리라. 다시 말하면 그는, 역사가는 그 자신의 기도와 그가 속한 사회의 기도의 빛으로 '역사'를 비춤으로써 스스로를 역사화한다는 사실을 잊고 있는 것이리라. 그러므로 사회적인 과거의 의미는 끊임없이 '유예상태(en sursis)'에 있다고 해야 한다.

그런데 사회와 똑같이, 개개의 인간도 '기념비적인 유예상태에 있는' 과거를 가지고 있다. 현자(賢者)들이 일찍부터 간파한 것도 또 그리스의 비극시인들이 이를테면 그들의 모든 연극 속에서 되풀이되는 '그 누구도 자기가 죽기 전에는 행복하다고 말할 수 없다*34는 속담을 통해 표현한 것도, 바로 과거를 끊임없이 이렇게 문제삼는다는 것이다. 그리고 대자의 끊임없는 역사화는 대자의 자유

---

*34 인간이 행복했는지 행복하지 않았는지는 인생을 다 살고 난 뒤가 아니면, 즉 중간에 미리 속단할 수 없는 일이라는, 예로부터 전해 내려오는 속담.

에 대한 끊임없는 긍정이다.

그렇다고 해서, 과거의 '유예상태'적인 성격이 '대자'에 대해 대자의 그 이전 역사의 어렴풋한 양상 또는 미완결적인 양상이라는 형태로 나타난다고 생각해서는 안 될 것이다. 오히려 그 반대로, 대자가 각각의 방법으로 표현하는 '대자'의 선택에 따라, '과거'는 엄밀하게 결정된 것으로서 각 순간마다 '대자'에 의해 파악된다. 마찬가지로 티투스 개선문과 트라야누스 기둥*35은 그것들이 지닌 의미의 역사적인 변천이 다른 점에서는 어떤 것이든, 로마 시민 또는 그것을 바라보는 관광객에게는 완전히 개별화된 실재로서 나타난다. 그래서 과거를 밝히는 기도의 빛 속에서는, 과거는 완전히 속박적인 것으로서 드러내 보여진다. 사실, 과거의 유예적인 성격은 결코 하나의 기적이 아니다. 과거는 인간존재가 과거 쪽으로 돌아서기 이전에 '지니고 있던' 기투적이고 '기대적'인 양상을, 과거화의 차원에서 그리고 즉자의 차원에서 표현하고 있는 데 지나지 않는다. 이 인간존재가 '과거에 있어서' 대자의 그 이후의 기도에 대한 종속자가 되는 것은 그 인간존재가 예견할 수 없는 자유에 의해 갉아 먹히는 하나의 자유로운 기투였기 때문이다. 인간존재가 하나의 미래적인 자유로부터 기대하고 있었던 이 승인을, 인간존재는 자기를 과거화함으로써 끊임없이 그것을 기대하지 않으면 안 되는 운명에 있다. 그리하여 인간존재는 끊임없이 기대 속에 '있었고' 또 기대 속에 '있을 것이기' 때문에, 과거는 무제한으로 유예상태에 있다. 게다가 기대와 유예는 모두 그것들의 근원적인 구성인 자유를 더욱더 명확하게 긍정할 뿐이다.

'대자의 과거는 유예상태에 있다'고 하는 것이나 '대자의 현재는 하나의 기대이다'라고 하는 것도 또 '대자의 미래는 하나의 자유로운 기도이다' 또는 '대자는 대자이어야 하지 않고서는 아무것도 될 수 없다', '대자는 하나의 전체분해적—전체이다'라고 하는 것도 결국은 같은 하나의 사항일 뿐이다. 그러나 바로 이것은, 지금 현재 나에게 드러내 보여지는 그대로의 나의 과거 속에 미결정이 조금이라도 들어 있다는 말이 아니다. 이것은 단순히 나의 과거에 대한 나의 현재적인 발견을 결정적인 것으로 만들 권리를 문제삼으려는 것이다. 그러

---

*35 티투스 개선문 : 로마 황제 티투스(39~81)가 세운 개선문. 티투스 황제(재위 79~81)는 유대인의 반란을 진압하여 전공을 세웠고, 기념건조물도 많다. 트라야누스 기둥 : 로마 황제 트라야누스(53~117, 재위 98~117)의 전공을 기념한 기둥. 트라야누스는 5현제의 한 사람.

나 나의 현재가 도저히 예견할 수 없는 확인 또는 파기의 기대인 것과 마찬가지로, 이 기대 속에 끌려들어온 과거는, 이 기대가 '명확'한 정도에 따라 '명확'해진다. 그런데 과거의 의미는 엄밀하게 개별적이기는 하지만, 전면적으로 그기대에 의존하고 있고 또 이 기대 자체는 하나의 절대적인 무, 다시 말해 아직존재하지 않는 하나의 자유로운 기도에 의존하고 있다. 따라서 나의 과거는 하나의 구체적이고 명확한 제안이고, '그런 것으로서의 한에서' 이 제안은 허가를기다린다. 그것은 분명히 카프카의 《심판》*36이 밝히고자 하는 의미의 하나이다. 즉 그것은 인간존재의 이 끊임없이 '소송적'인 성격이다.

　자유롭다는 것은 끊임없이 '자유의 심판을 받고' 있다는 뜻이다. 뿐만 아니라 과거는—나의 현재의 자유로운 선택에만 한정하여 생각한다—이 선택이 한번 과거를 결정하기만 하면 나의 기도의 통합적인 부분이 되며, 또 필요한 조건이 된다. 하나의 예가 그것을 더욱 잘 이해시켜 줄 것이다. 왕정복고 시대의 '반급사관(半給士官)'*37의 과거는, 러시아 철수의 한 영웅이었다는 것이다. 게다가 우리가 지금까지 설명해 온 것에서도 이해할 수 있듯이, 이 과거 자체가 하나의 자유로운 미래선택이다. 나폴레옹의 노병들이 베레지나강(江)의 영웅으로서의 과거를 스스로 선택하는 것은, 루이 18세의 정부와 새로운 풍습에가담하지 않는 것을 선택하고, 최후까지 황제의 영광에 빛나는 복귀를 희망하는 것을 선택하며, 이 복귀를 서두르기 위해 음모까지 꾀하는 것, 또 급여의 모두를 받는 것이 아니라, 반을 받는 것을 선택하는 것이다. 새 정부에 가담하는기투를 감행한 자가 있다면, 그자는 아마 이와 같은 과거를 선택하지는 않았을 것이다. 그러나 거꾸로 말하면, 이 노병이 급여의 반밖에 받지 못해 간신히품위만 유지할 정도로 가난하게 살면서 성격이 까다로워지고, 그러면서도 황제의 복귀를 희망하는 것은, 그가 러시아 철수의 한 영웅이었기 때문이다.

　잘 이해해야 할 것은, 이 과거는 어떤 구성적인 회복이 이루어지기 전에는작용하지 않는다는 사실이다. 또 여기서 문제가 되고 있는 것은 결코 결정론이아니다. 오히려 반대로, '제정시대의 군인'이라는 과거가 한번 선택되는 즉시, 대자의 행위는 이 과거를 '이룬다.' 이 과거를 선택하는 것과 대자의 행위에 의해

　*36 카프카의 소설 제목. 원제 Le procès는 프랑스어 번역판 제목.
　*37 반급사관(半給士官 : demi-solde)이란 특히 왕정복고 시대에 봉급을 반만 지불하고 대기시킨
　　　나폴레옹 휘하의 장병들.

이 과거를 이루는 것 사이에는 어떤 차이도 존재하지 않는다. 그러므로 대자는 자신의 빛나는 과거를 하나의 공통주관적인 실재로 만들려고 노력하며, 타인들의 눈에 대해, 이 과거를 '대타−대상성'으로서 구성한다(예를 들면 그 노병들이 대표하는 위험에 관한 지사(知事)들의 보고). 남들로부터 이런 대우를 받게 되면, 그때부터 대자는 현재의 자신의 가난과 실추를 보상하기 위해 선택한 하나의 과거에, 스스로 어울리는 인간이 되기 위해 행동한다. 대자는 완고한 태도를 드러내며, 연금(年金)의 기회를 완전히 내팽개치고 만다. 그것은 대자가 자신의 과거를 욕되게 '할 수 없기' 때문이다. 그러므로 우리는 어떤 목적의 빛 아래 우리의 과거를 선택하지만, 그때부터 우리의 과거는 강압적인 자세로 우리를 모조리 먹어치운다. 그것은 우리의 과거가 우리가 그것으로 있어야 하는 존재와는 다른 '독자적인' 존재를 가지고 있어서가 아니라, 다만 다음과 같은 이유에서이다.

(1) 우리의 과거는 우리가 그것으로 있는 목적의, 실제로 드러내 보여진 실질화이다.

(2) 우리의 과거는 우리에게 있어서도 타자에게 있어서도 세계 한복판에 나타난다.

우리의 과거는 결코 단독이 아니고, 보편적인 과거 속에 잠겨 있으며, 그것으로 말미암아 타자의 평가 앞에 서게 된다. 기하학자는 자신이 생각하는 도형을 그리는 일에 대해 자유롭지만, 이 도형은 당장, 다른 가능한 수없는 도형과 수없는 관계를 가지게 되며, 그렇지 않은 도형은 결코 생각할 수 없다. 또 그와 마찬가지로 우리는 자신에 대한 우리의 자유로운 선택도 우리의 과거에 대한 일종의 평가적 질서를 나타내는 동시에, 그 과거가 세계와 타자에 대해 가지는 수없는 관계를 나타나게 한다. 게다가 이 수없는 관계는 실행되어야 하는 수없는 행위로서 우리에게 제시된다. 그것은, 우리가 우리의 과거 자체를 평가하는 것은 미래에 있어서이기 때문이다. 그리고 우리의 과거가 우리의 변질적인 기도의 테두리 안에 나타나는 한에서, 우리는 그런 행위들을 실행하도록 '강제되고' 있다. 사실, 이 기도를 원하는 것은 과거를 원하는 일이며, 이 과거를 원하는 것은 한없는 2차적 행위에 의해 이 과거를 이루고자 하는 일이다. 논리적으로 말하면, 과거의 요구는 가언적(假言的) 명령이다. 즉 '만일 네가 이러저러한 과거를 가지기를 원한다면 이러저러한 방식으로 행동하라'는 것이다. 그러나 그 명제의 전항(前項)은 구체적이고 정언적(定言的)인 선택인 만큼, 후항의 이 명령 자체도 또한 정언적인 명령으로 바뀐다.

그러나 내 과거의 구속력은 나의 자유롭고 반성적인 선택과 그 선택이 자기에게 부여하는 권능 자체에서 빌린 것이기 때문에, 하나의 과거 구속력을 선험적으로 결정하는 것은 불가능하다. 나의 자유로운 선택이 결정하는 것은, 다만 나의 과거 내용과 또 그 내용의 질서에 대해서뿐만 아니라, 또 나의 현재성에 대한 나의 과거 점착도에 대해서이기도 하다. 만일 우리가 아직 결정하지 않아도 되는 근본적인 전망에 있어서, 나의 중요한 기도의 하나가 '진보하는 것'이라면, 다시 말해서 어떤 과정에 있어서, 전날 또는 한 시간 전보다 언제나 '더욱 더 진보해' 있는 것이라면, 이 진보적인 기도는 나의 과거로부터 일련의 벗겨냄을 일으킨다. 이 경우에 과거는, 내가 나의 진보의 높이에서 약간 경멸을 담은 일종의 연민을 가지고 바라보는 대상이다. 그것은 분명히 도덕적인 평가의 수동적 대상, 그리고 판단의 '수동적 대상'이 된다—"그때 나는 얼마나 어리석었던가!" 또는 "나는 정말 고약한 성격이었지!"—그런 것이 존재하는 것은, 내가 이 과거와의 연대성을 끊을 수 있기 때문이다. 나는 더 이상 그 과거 속에 들어가지 않고 또 들어가고 싶어 하지도 않는다. 물론 이 과거는 존재하는 것을 그만두는 것은 아니다. 오히려 그것은 단순히 '내가 더 이상 그것으로 있지 않은 이 나로서', 다시 말하면 '내가 더 이상 그것으로 있지 않은 나로서 내가 그것으로 있어야 하는 존재'로서 존재할 뿐이다. 이 과거의 기능은 내가 나를 그것에 대립시키기 위해 나에 대해 선택한 바로 그것이고, 나에게 나를 측정하는 것을 허용하는 것이다.

그러므로 이런 대자는 자기 자신과의 연대성이 없이 자기를 선택한다. 즉 다음과 같은 말이 된다. 이런 대자는 자신의 과거를 폐지하는 것이 아니라, 오히려 자신의 과거와 연대적이 되지 않기 위해, 즉 바로 자기 자신의 전면적인 자유를 긍정하기 위해 자신의 과거를 세우는 것이다(지나간 것은 과거에 대한 일종의 자기구속이며 일종의 전통이다). 이와 반대로 시간에 대한 거부와 과거와의 긴밀한 연대성을 담고 있는 기투를 기도하는 대자들이 있다. 이런 대자는 단단한 바탕을 발견하고자 하는 그들의 욕구에서, 반대로 그 과거를, 자신들이 그것으로 있는 것으로서 그 과거를 선택한 것이다. 그리고 이런 그들의 욕구 속에서는 나머지 것들은 아득한 도피에 불과하고, 또 전통으로서도 어울리지 않는다. 이런 대자는 '먼저' 도피의 거부를, 다시 말하면 '거부하는 것의 거부'를 선택한 것이다. 따라서 이 경우, 과거의 기능은, 이런 대자에 대해 충실성을 요구하는 것이다. 그러므로 전자〔진보적인 대자〕는 그들이 저지른 잘못을 대수롭지 않게 가볍게 고백하겠지만, 후자〔보수적인 대자〕에게 있어서는 그들이 자신들의 근본적인 기도를 단호하게 변경하지 않는 한, 전자와 똑같은 고백은 불가능할 것이다. 그 경우, 후자는 현재 있는 그대로의 것에 대한 믿음을, 즉 그들의 기도의 본질적인 구조를 이루는 그 믿음을 손상시키지 않기 위해 이 세상의 모든 자기기만과 그들이 발견해 낼 수 있는 모든 구실을 이용할 것이다.

그러므로 대자가 스스로 미래를 선택함으로써, 자기의 지나간 사실성에 하나의 가치, 하나의 계층적인 질서, 하나의 절실함을 부여하고, 거기서 출발하여 그 사실성이 대자의 행위와 행동에 '동기를 부여할' 때, 과거는 장소의 경우와 마찬가지로 상황에 통합된다.

(C) 나의 환경

나의 '환경'과 우리가 앞에서 이야기한 내가 차지하는 장소를 혼동해서는 안된다. 환경은 나를 에워싸고 있는 '도구─사물'을 가리키고, 그것들은 각각 역행률과 유용률을 지니고 있다. 분명히 나는, 나의 장소를 차지함으로써 환경의 발견에 근거를 준다. 게다가 장소를 바꿈으로써—이것은 우리가 이미 살펴본 바와 같이, 내가 자유롭게 이루는 조작이다—나는 새로운 환경의 나타남에 근거를 준다. 그러나 반대로, 내가 환경의 변화와 아무런 관계가 없는데도 환경이 바뀌거나, 타인에 의해 바뀔 수도 있다. 물론 베르그송이 《물질과 기억》에서 밝힌 것처럼, 나의 장소 변경은 나의 환경의 전면적인 변화를 불러일으킨다. 하지만 나의 장소 변경에 대해 말할 수 있으려면, 내 환경의 전면적이고도 동시적인 변경을 생각하지 않으면 안 될 것이다. 그런데 환경의 이 전체적인 변화는 생각도 할 수 없는 일이다. 그러나 그렇다 해도 또한 나의 행동분야는 대상의 나타남과 없어짐으로 끊임없이 이어지고 있고, 게다가 나는 그런 대상의 나타남이나 없어짐과는 아무런 관련도 없는 것이다. 일반적으로 말하면, 〔도구〕복합의 역행률과 유용률은 다만 나의 장소에만 의존하는 것이 아니며, 그런 도구 자체의 잠재성에도 의존한다. 그리하여 내가 존재하자마자 나는 나 자신과는 다른 존재들의 한복판에 내던져져 있고, 그런 존재들은 내 둘레에, 나를 위해서, 또 나에 대항하여, 각각의 잠재성을 전개한다.

나는 자전거를 타고 이웃 마을에 되도록 빨리 이르고자 한다. 이 계획 속에 들어 있는 것은, 나의 개인적인 목적이고, 나의 장소에 대한, 또 도시에서 나의 장소까지의 거리에 대한 어림이며, 추구되고 있는 목적에 대한 수단의 자유로운 적용을 담고 있다. 그런데 타이어는 바람이 빠지고, 태양은 너무나 뜨겁고, 맞바람이 세차게 불어오는 등등 그런 현상 모두, 내가 예측하지 못했던 것이다. 그것이 곧 환경이다. 물론 그런 현상은 나의 주요한 기도 속에서, 또 나의 주요한 그 기도에 의해 나타난다. 맞바람으로서 또는 '순풍'으로서 나타날 수 있는 것은 나의 기도에 의해서이다. 태양이 적당한 더위로서 또는 견딜 수 없는 더위로서 나타나는 것도 나의 기도에 의해서이다.

이와 같은 끊임없는 '사건들'의 종합적 조직은 독일인들이 나의 '환경(Umwelt)'이라고 부르는 것을 구성한다. 게다가 이 '환경'은 하나의 자유로운 기도의 한계 안, 다시 말하면 내가 그것으로 있는 목적들의 선택의 한계 안에서만 드러날 수 있다. 그러나 우리가 우리의 이 기술을 그런 정도로 고정시킨다면 그것은 너무나 단순한 것이다. 사실 나의 주위 환경의 각각의 대상은 이미 드러내 보여져 있는 하나의 상황 속에서 나타난다 하더라도, 또 그런 대상의 총체는 그것만으로는 하나의 상황을 구성할 수 없다 하더라도, 더 나아가서 각각의 도구가 세계 속에서 상황의 배경 위에 떠오른다 하더라도, 그래도 또한 하나의 도구의 갑작스러운 변형 또는 갑작스러운 나타남은 또한 상황의 어떤 근본적인 변화에 영향을 미칠 수 있다. 내 자전거 타이어에 바람이 빠지면, 그 즉시 이웃 마을(도시)로부터 나의 거리는 변화한다. 그것은 지금은 도보로 재는 거리이지 자전거 바퀴의 회전으로 재는 거리가 아니다. 이 사실에서 나는, 내가 만나고자 하는 사람은 이미 내가 그 사람 집에 이를 무렵에는 기차를 타버렸을 것이라는 확신을 얻을 수 있다. 게다가 이 확신은 나에게 다른 여러 가지 결심을 하게 할 수 있다(출발지점으로 되돌아간다, 전보를 친다 등등).

나는 이를테면, 그 사람과 선물거래(先物去來)를 할 수 없다는 걸 알게 된 이상, 다른 누군가에게 방향을 돌려 다른 계약을 맺을 수도 있다. 어쩌면 나는 나의 시도를 전적으로 포기하고, 나의 기도를 완전한 실패로 인정해야 할지도 모른다. 이 경우에는, 나는 공교롭게도 피에르에게 연락할 '수가 없었다'거나, 상대편과 타협이 '잘되지 않았다'고 말할 것이다. 나의 '무력'에 대한 이 명확한 인지는 내 자유의 한계에 대한 가장 솔직한 고백이 아닐까? 물론 나의 '선택할' 자유는, 우리가 앞에서 살펴본 것처럼, 나의 '획득할' 자유와 혼동되어서는 안 된다. 오히려 여기서 문제가 되는 것은 나의 선택 자체가 아니겠는가? 환경의 역행은, 대부분의 경우, 바로 나의 기도에 변화를 주는 기회이기 때문이다.

이 논의의 바탕에 접근하기 전에, 우리는 이 논의를 명확히 하여 그것을 한정해 두어야 한다. 환경에 갑자기 닥쳐오는 변화들이 나의 기도에 변경을 가져올 수 있는 것은 오직 두 가지 보류 조건하에서만 가능하다.

첫 번째 보류 조건으로서, 그런 변화는 나의 주요한 기도의 포기를 불러일으킬 수 없다. 나의 주요한 기도는, 반대로 그 변화들의 중요성을 측정하는 데 도움이 되기 때문이다. 사실 그런 변화들이 이러저러한 기도를 포기하는 '동기'로서 파악된다면, 그것은 더욱 근본적인 어떤 기도의 빛 아래에서밖에 이루어질 수 없는 일이다. 그렇지 않고서는 이런 변화들은 절대로 '동기'가 될 수 없을 것이다. 왜냐하면 동기는 그 자신이 하나의 목적의 자유로운 선택인 '동인-의식(動因意識)'에 의해 파악되기 때문이다. 하늘을 뒤덮은 먹구름이 등산 계획을 단념하도록 나를 설득할 수 있다면, 그것은 그 먹구름이 하나의 자유로운 기투 속에서 파악되었기 때문이다. 그 상태 속에서는 등산의 가치가 하늘의 어떤 상태와 연결되어 있는 것이다. 이것은 차츰 일반적인 등산의 가치와 자연에 대한 나의 관계, 그리고 내가 세계와 더불어 유지하는 관계의 총체 속에서 이 관계가 차지하는 위치 등을 가리킨다.

두 번째 보류 조건으로서, 어떤 경우에도, 나타난 대상 또는 없어진 대상은 하나의 기도를, 설령 부분적으로라도 '단념하게 할' 수가 없다. 이 대상은 사실 근원적인 상황에서 하나의 '결여'로서 파악되어야 한다. 그러므로 이 대상의 나타남 또는 없어짐이라고 하는 '주어진 것'은 무화되는 것이어야만 한다. 또 나는 '이 주어진 것에서' 후퇴하여, 이 주어진 것의 현전에 있어서 나 스스로 자기를 결정해야 한다. 우리가 이미 앞에서 제시한 것처럼, 사형집행인의 불에 달군 집게조차 자유롭다는 것에서 우리를 면제해 주지는 않는다. 이 말은 언제라도 어려움을 회피하거나 손해를 회복하는 것이 '가능하다'는 뜻이 아니다. 오히려 다만, 어떤 방향에서 계속 행하는 것이 '불가능하다는 그 자체마저' 자유롭게 구성되어야만 한다. 그러므로 우리의 단념이 계속 행해져야 하는 행위의 불가능성에 의해 일어나는 것이 아니라, 반대로 속행의 불가능성이 우리의 자유로운 단념에 의해 사물에게 찾아오는 것이다.

이와 같은 사실은 주어진 것의 현전이 여기서도 또한 우리의 자유에 대해 하나의 장애가 되기는커녕, 오히려 자유의 존재 그 자체에 의해 요구되는 것임을 우리는 인정해야 한다. 이 자유는 '내가 그것'으로 있는 일종의 자유이다. 그러나 내가 즉자에 대한 일종의 내적 부정이 아니고 무엇이겠는가? 내가 부정하는 이 즉자가 없다면, 나는 무로 없어지고 말 것이다. 우리가 이 책의 머리글에서 지적한 것처럼, 의식은 즉자 존재의 '존재론적 증거'로서 도움이 될 수 있다. 사실 무엇인가에 '대한' 의식이 있다면, 이 '무엇인가'는 근원적으로 하나의 '실재적'인 존재, 다시 말해서 '의식에 대해 상대적이 아닌' 존재를 가지고 있어야 한다. 그러나 이제 와서 알 수 있듯이, 이 증거는 훨씬 드넓은 효력을 가지고 있다. 만일 내가 일반적으로 무엇인가를 할 수 있어야 한다면, 나는 일반적으로 나의 존재에서 '독립한' 존재를 지니는 존재, 특히 나의 행동에서 '독립한' 존재를 지니는 존재 위에 나의 행동을 영위해야만 될 것이다. 나의 행동은 이 존재를 나에게 '드러내 보일' 수 있다. 나의 행동이 그 존재에 조건을 부여하는 것이 아니다.

자유롭다는 것은 '바꾸기-위해-자유로운(être-libre-pour-changer)' 것이다. 따라서 자유는 극복되어야 하는 장애, 이용되어야 하는 도구 같은, 바뀌어야 하는 환경의 존재를 끌고 들어간다. 물론, 분명히 환경을 장애로서 드러내 보이는 것은 자유이지만, 자유는 그 자유로운 선택에 의해서 환경의 '의미'를 해석할 수밖에 없다. 자유가 존재하기 위해서는 환경이 단순히 그곳에, 순전히 있는 그대로, 존재하지 않으면 안 된다. 자유롭다는 것은 '하기-위해-자유로운' 것이고 또 '세계-속에서-자유로운' 것이다. 그러나, 그렇다면 자유는 바꾸는 것의 자유로서 자기를 인지하는 동시에, 자유가 작용을 미치는 주어진 것의 독립적 존재를, 자기의 근원적인 기도 속에서 암암리에 인지하고 미리 알아낸다. 즉자를 독립적인 것으로서 드러내 보이는 것은 내적 부정이며, 즉자에 대해 즉자의 '사물적' 성격을 구성하는 것은 이 독립성이다. 하지만 그렇게 되면, 자유가 자기 존재의 단순한 나타남에 의해 내세우는 것은, '자유는 자신 이외의 다른 것과 관련을 가지는 것으로서 존재한다'는 것이다.

'함'이란 바로 존재하기 위해 자신 이외의 다른 것을 필요로 하지 않는 것을 변화시키는 것이다. '함'이란 원리적으로 행동에 대해 무관심한 것, 행동 없이도 자기의 존재 또는 자기의 생성을 추구할 수 있는 것에 대해 작용하는 것이다. 즉자의 이 외면적인 무관심이 없다면 '함'의 관념 자체는 그 의미를 잃을 것이다(이것은 앞에서 우리가 소망과 결의에 대해 얘기했을 때 보여 주었다). 따라서 자유 그 자체는 무너져 버릴 것이다. 그러므로 일반적으로 하나의 자유의 기도 자체는, 다른 점에서 무언가의 저항에 관한 예견과 수락을 포함하는 하나의 선택이다. 자유는 다른 점에서 무관심한 즉자가, 저항으로서 드러내 보여지는 경우의, 틀을 구성하는 데만 머무르는 것은 아니다. 일반적으로 자유의 기도 자체는, 하나의 저항적인 세계 속에서 그 저항을 극복'한다'는 기도이기도 하다. 모든 자유로운 기도는 자기를 기투함으로써 사물의 독립성에 기인하는 예견불가능이라는 여백을 미리 알아낸다. 왜냐하면 이 독립성은 바로 하나의 자유가 자기를 구성할 때의 출발점이 되기 때문이다. 내가 피에르를 만나기 위해 이웃 마을(도시)에 가는 것을 기투하자마자, 타이어 펑크, '맞바람', 예견할 수 있는 또는 예견할 수 없는 수많은 사건이 나의 기도 자체 속에 주어져서, 내 기도의 의미를 구성한다. 따라서 나의 기도에 차질을 불러오는 그 불의의 펑크는 나의 선택에 의해 그려낸 하나의 세계 속에, '그 장소를 차지하러' 온다. 왜냐하면 그렇게 말해도 된다면, 나는 '그 펑크를 뜻밖의 일로서 기대하는' 것을 결코 그만두지 않았기 때문이다. 그리고 설령 나의 진로가 홍수나 사태 같은, 꿈에도 생각지 못했던 어떤 일로 말미암아 막혔다 하더라도, 어떤 의미에서 이 예견할 수 없는 것은 예견되어 있었던 것이다. 나의 기투 속에는 '미리 알 수 없는 것을 위해', 일종의 미결정의 여백이 만들어져 있었다. 마치 로마 사람들이 그들의 신전 속에 알려지지 않은 신[38]들을 위해 하나의 장소를 남겨두었던 것과 비슷하다. 그것은 '곤경에 처한 적'이 있거나, 어떤 경험을 바탕으로 한 신중성에 의한 것이 아니라, 나의 기도의 본성 자체에 의한 것이다. 그리하여 어떤 의미에서, 인간존재는 어떤 것에 의해서도 뜻밖의 일을 당하는 일은 없다고 말할 수 있다.

이런 고찰에서 우리는 자유로운 선택의 새로운 하나의 특징을 밝힐 수 있다. 자유의 기도는 모두 '열린 기도'이지 닫힌 기도가 아니다. 자유의 기도는 설령 전적으로 개별적이라 하더라도 다음에 오는 그 변경의 가능성을 자기 속에 담

---

*38 〈사도행전〉 17장 23절.

고 있다. 모든 기도는 그 구조 속에 세계의 사물들의 '독립성'에 대한 이해를 담고 있다. 예견할 수 없는 일에 대한 이 끊임없는 예견이, 내가 그것으로 있는 기도의 결정되지 않은 여백으로서 존재하는 것, 바로 그것 때문에, 이해가 되는 일이지만, 우연한 사건이나 천재지변은, 그 전대미문의 성격과 비정상성이 우리를 놀라게 하는 것이 아니라, '이미 보이고 있었다—이미 알고 있었다'고 하는 어떤 양상에 의해, 즉 우리가 '내 그럴 줄 알았다니까!'(일어나야 할 일이 일어났다)라고 하는 말로 표현하는, 그 자명성 자체와 일종의 숙명론적 필요성에 의해 항상 나를 압도하고 있는 것이다.

우리가 스스로 자신을 놀라움으로 이끌지 않는 한, 세계 속에는 우리를 놀라게 하는 그 무엇도, 또 허를 찌르는 그 무엇도 존재하지 않는다. 게다가 놀라움에 대한 근원적인 주제는, 이러저러한 개별적인 사물이 세계의 한계 안에 존재한다는 것이 아니라, 오히려 일반적으로, 하나의 세계가 거기에 존재한다는 것, 다시 말해 내가 본디 나에 대해 무관심했던 존재자들의 하나의 전체 속에 내던져져 있다는 것이다. 왜냐하면 나는 하나의 목적을 선택함으로써 이런 존재자들과 관계를 맺는 것을 선택하기 때문이고, 또 〔그것에 의해〕 이런 존재자들이 자기네들 사이에 관계를 맺게 되기 때문이다. 나는 이런 존재자들이, 내가 무엇인지를 나에게 알려 주기 위해 서로 조합되는 것을 선택한다. 그러므로 사물들이 나에게 보여 주는 역행성은 내 자유 조건의 하나로서, 내 자유에 의해 미리 그려낸다. 더욱이 이러저러한 〔도구〕복합이 그 개별적인 역행률을 나타낼 수 있는 것은, 역행성 전반에 대한 자유에 기투된 하나의 의미암시에 달려 있다.

그러나 상황이 문제가 될 때마다 강조되어야 하는 것은, 사물 상태에는 하나의 이면이 있다는 사실이다. 자유가 역행성 전반을 미리 그려내는 것은, 즉자의 무관심한 외면성을 승인하는 하나의 방식으로서이다. 물론 역행성은 자유에 의해 사물을 찾아오지만, 그것은 자유가 자기의 사실성을 '무관심한–즉자의–한복판에–있는 존재'로서 밝혀 주는 한에서이다. 자유는 사물을 역행적인 것으로서 자기에게 준다. 다시 말해서 자유는 사물을 사물로 만드는 하나의 의미를 사물에 부여한다. 하지만 그것은 의미를 이루게 되는 주어진 것 그 자체를 자유가 떠맡음으로써 가능하다. 다시 말하면 자유가 사물의 의미를 뛰어넘기 위해, 무관심한 즉자의 한복판에서 자기의 망명을 떠맡음으로써 가능하다.

한 번 더 거꾸로 말하면, 이렇게 떠넘겨진 우연히 주어진 것은, 오직 대자의 자유로운 떠맡음에 있어서만 또 대자의 자유로운 떠맡음에 의해서만, '무관심의 한복판으로 망명'한다는 다른 모든 의미들의 버팀대인 이 원초적인 의미를 지탱할 수 있다. 사실 상황의 원초적인 구조는 그런 것이다. 상황의 원초적인 구조는 여기서 완전히 분명한 모습으로 나타난다. 자유가 주어진 것을 '이' 주어진 것으로서 존재하게 하는 것은, 자유가 자기의 목적을 향해 주어진 것을 뛰어넘는 것 그 자체에 의해서이다—그 이전에는 '이것'도 '저것'도 '이곳'도 존재하지 않았다—그리고 이렇게 '지시되는' 주어진 것은 무언가의 방법으로 이루어지는 것이 아니다. 이 주어진 것은 보통의 존재자이며, 초월당하기 위해 맡겨지는 존재자이다. 그러나 자유는 '이 주어진 것'의 뛰어넘기인 동시에, 주어진 것의 '이' 뛰어넘기로서 자기를 선택한다. 자유는 어떤 하나의 주어진 것의, 어떤 하나의 뛰어넘기가 아니다. 자유는 보통의 주어진 것을 떠맡음으로써, 또 보통의 주어진 것에 의미를 부여함으로써, 단번에 자기를 선택한 것이다. 자유의 목적은 바로 '이 주어진 것을 바꾸는 것'이다. 그렇지만 역시 주어진 것은, 선택된 목적의 빛 속에 '이' 주어진 것으로서 나타난다. 그러므로 자유의 나타남은 '하나의 주어진 것을 통한' 하나의 목적의 결정작용(結晶作用)이고, '하나의 목적의 빛 속에서' 하나의 주어진 것을 발견하는 것이다. 이 두 가지 구조는 동시적인 것이고, 분리할 수 없는 것이다.

앞으로 보게 되겠지만, 사실 선택된 목적의 보편적인 가치는 분석을 통해서만 드러난다. 모든 선택은 하나의 구체적인 주어진 것에 가져와야 하는 하나의 구체적인 변화의 선택이다. 모든 상황은 구체적이다.

그러므로 사물의 역행성과 그 잠재성은 일반적으로 선택된 목적에 의해 밝혀진다. 그러나 목적은, 무관심의 한복판에 내던져진 것으로서 자기를 떠맡는 하나의 대자에게 있어서만 존재하는 것이다. 대자는 이 떠맡음에 의해, 이 우연적이고 있는 그대로인 유기상태(遺棄狀態)에, 하나의 '의미' 외에는 새로운 것을 아무것도 가져오지 않는다. 대자는 그때부터 하나의 유기상태가 '그곳에 존재하게' 한다. 대자는 이 유기상태가 상황으로서 발견되게 만든다.

우리가 이미 이 책 제2부 제4장에서*39 본 것처럼 대자는 그 나타남에 의해

---

*39 제2부 제4장이라고 한 것은 사르트르가 착각하여 잘못 쓴 것으로 생각된다. 여기에 기록된 내용은 제2부 제3장 제1절과 제2절에 있으니 참조하기 바란다.

즉자를 세계에 찾아오게 한다. 더욱 일반적으로 말하면, 대자는 즉자를, 다시 말해 사물을 '그곳에 존재(il y a)'하게 하는 무(無)이다. 또한 우리가 본 것처럼, 즉자적 실재는 어떤 변형도 덧붙임도 하지 않고, '그 성질을 갖춘 그대로', 거기에, 손이 닿는 곳에 존재한다. 다만 우리는 세계·공간·시간·잠재성과 같은 우리가 우리의 나타냄 그 자체에 의해 설정하는 여러 가지 명목을 가진 무화에 의해, 이 즉자적인 실재로부터 분리되어 있다. 특히 우리가 보았듯이, 우리는 온갖 '현전(이 컵, 이 잉크병, 이 탁자 등등)'으로 에워싸여 있음에도, 이런 현전은 현전으로서 파악될 수 없다. 왜냐하면 이런 현전이 그 가운데 어느 것인가를 넘겨주는 것은, 우리에 의해 기투되는 하나의 몸짓 또는 하나의 행위 끝에, 다시 말해 미래에 있어서만 가능하기 때문이다. 지금이야말로 우리는 이 사물들의 상태 의미를 이해할 수 있다. 우리가 사물로부터 분리되어 있는 것은, '우리의 자유 이외'의 어떤 것에 의해서도 아니다. 사물을 그 무관심·예견불가능·역행성을 그대로 지닌 채 '거기에 존재하게' 하는 것, 또 우리를 사물로부터 불가피하게 분리하는 것은 자유이다. 왜냐하면 사물이 나타나고 또 그것이 서로 연결된 것으로 드러내 보여지는 것은 무화라는 배경 위에서이기 때문이다.

그러므로 나의 자유의 기도는 사물에 아무것도 덧붙이지 않는다. 나의 자유의 기도는 사물이 더욱 정확하게, 다시 말해 역행률과 유용률을 갖춘 온갖 실재가 '거기에 존재하게' 한다. 나의 자유의 기도는 이런 사물들이 경험 속에 나타나도록, 다시 말하면 이런 사물들이 시간화 과정에 따라 세계라는 배경 위에 잇따라 떠오르도록 한다. 나의 자유의 기도는 마지막으로 그런 사물이 손이 닿지 않는 곳에 있는 것으로서, 독립적인 것으로서, '내가 분비하는 무, 내가 그것으로 있는 무 자체에 의해, 나로부터 분리된 것'으로서 나타나게 한다. 사물이 '거기에 존재하는' 것은, 다시 말해서 하나의 충실한 우연성이 '거기에 존재하고' 그 중심에서는 자유 그 자체까지 우연성으로 있는 것은, 자유가 자유이도록 저주받고 있기 때문이며, 다시 말하면 자유가 자기를 자유로서 선택할수 없기 때문이다. 하나의 '선택'과 동시에, '상황' 속에서의 사물들의 조직이 '거기에 존재할' 수 있는 것은, 자유가 그 우연성을 떠맡기 때문이고, 또 그 우연성을 뛰어넘기 때문이다. 게다가 환경의 예견불가능과 역행성이라는 형태로 '상황 속에' 나타나는 것은, 자유의 우연성과 즉자의 우연성이다. 그러므로 나는 절대적으로 자유로운 동시에, 나의 상황에 대해 절대적인 책임이 있다. 그러나 또한 나는 결코 '상황 속에서밖에' 자유롭지 않다.

(D) 나의 이웃

나의 이웃 사람들이 늘 따라다니는 하나의 세계 속에서 산다는 것은, 단순히 모든 길모퉁이에서 타인을 만날 수 있다는 것, 그것만의 일은 아니다. 그것은 또한 나의 자유로운 기도가 최초에 부여한 것이 아닌 의미작용을 가질 수 있는 도구복합들로 구성되는 하나의 세계 속에 구속되어 있는 것이기도 하다. 그것은 또 '벌써' 의미를 지닌 이 세계 한복판에서, 또한 내가 나 자신에게 부여한 것이 아닌데도 '나의 것'인 하나의 의미작용, 게다가 내가 나 자신에게 '이미 그것의 소유자'로서 발견하는 하나의 의미작용과 서로 관련되는 것이다. 그러므로 타인도 또한 '거기에 존재하는' 하나의 세계 속에 존재한다는 근원적이고 우연적인 사실이, 우리의 '상황'에 대해 어떤 의미를 가질 수 있는지 우리 자신에게 물어볼 때, 그렇게 해서 제시된 문제가 요구하는 것은, 나의 구체적인 상황을 이루는 것과 관련하여 힘이 있는 실재의 세 층을, 우리가 차례차례 연구해 가는 일이다. 이 세 개 층은, '이미' 의미를 지니고 있는 도구(역·열차시간표·예술작품·동원 포스터), 내가 '이미 내 것'으로서 발견하는 의미작용(나의 국적, 나의 인종, 나의 신체 외관), 그리고 마지막으로 이런 의미작용이 지시하는 귀추중심으로서의 타인이다.

사실 내가 만일 하나의 세계에 속해 있고, 이 세계의 온갖 의미작용이 단순히 나 자신의 목적의 빛 속에 나타난다면, 만사는 매우 단순해질 것이다. 그 경우에는, 나는 나 자신에 대한 나 자신의 선택의 한계 안에서 사물들을 도구 또는 도구복합으로서 배치할 것이다. 산을 극복하기 힘든 하나의 장애로 만들기도 하고 또는 들을 내려다보는 하나의 관점으로 만들기도 하는 것은 바로 이 선택이다. 그 경우, 이 산이 '그 자체'에 있어서 어떤 의미를 가질지 아는 것은 문제가 되지 않을 것이다. 왜냐하면 나는 의미작용으로 하여금 그 자체에 있어서 실재에 닥쳐오게 하는 자이기 때문이다. 내가 만일 문도 없고, 창도 없는 하나의 모나드(단자)라고 한다면, 그리고 만일 내가 무언가의 방법으로, 다른 많은 모나드들이 존재한다는 것, 또는 가능하다는 것, 각각의 모나드는 내가 보는 사물에 새로운 의미작용들을 부여한다는 것을 단순히 알고 있는 데 불과하다면, 이 문제는 더욱더 단순화될 것이다.

철학자들은 참으로 흔히 이 경우를 검토하는 데만 머물렀지만, 그렇다면 다른 여러 가지 의미작용을 '가능한 것'으로 생각하는 것만으로도 나에게는 충분할 것이다. 그리고 결국 의식개체의 복수성에 대응하는 의미작용의 복수성은 나에게 있어서는 그저 단순히 나 자신에 대해 하나의 '다른 선택'을 한다는, 항시 열려 있는 가능성과 일치하게 될 것이다. 그러나 우리가 앞에서 살펴본 것처럼, 이 모나드적인 사고방식은 숨겨진 유아론(唯我論, 실재하는 것은 오직 자아뿐 다른 모든 것은 관념이거나 현상에 지나지 않는다는 주장)을 포함하고 있다. 왜냐하면 이 사고방식은 바로 내가 실재에 연관시킬 수 있는 의미작용의 복수성과 각각의 체계가 내가 그것으로 있지 않은 하나의 의식 개체를 가리키는 의미 있는 체계의 복수성을 혼동하는 데까지 가기 때문이다.

또 그뿐만 아니라, 구체적인 경험의 영역에 있어서 이 모나드적인 기술은 불충분하다는 것이 드러난다. 사실 '나의' 세계 안에는 가능한 의미작용의 복수성 이외의 다른 것이 존재한다. 거기에는 나에 의해서 태어난 것이 아닌 것으로서, 나에게 주어지는 대상적인 의미작용이 존재한다. 나는 의미작용으로 하여금 사물에 도래하게 하는 것인데도, 나는 '이미 의미를 지닌' 하나의 세계 속에 구속되어 있으며, 그 세계는 내가 거기에 둔 것이 아닌 의미작용을 나에게 반사한다. 예를 들면 만일 내가 도시에서 살고 있다면, 나는 '나의' 선택과는 독립된 수없이 많은 의미작용을 발견하게 되는데, 그런 것들을 생각해 주기 바란다. 거리·집·상점·전차·버스·도로표지·경적·라디오의 음악 등등이다.

외딴곳에 있었을 때는 아닌 게 아니라 나는 예견할 수 없는 보통의 존재자를 발견했다. 즉 예를 들면 이 바위 같은 것이다. 요컨대 나는 하나의 바위를, 다시 말해서 '여기 이' 존재자를 '거기에 존재하게' 하는 데 그치며, 그것 말고는 아무것도 존재하게 하지 못하게 했다. 그러나 나는 적어도 그 바위에 '기어올라가야 하는', '피해야 하는', '바라보아야 하는' 등 그 의미작용을 부여하는 것이었다. 큰길모퉁이에서 내가 집 한 채를 발견할 때, 내가 세계 속에 드러내 보이는 것은 단순히 어떤 보통의 존재자가 아니다. 나는 이러저러한 방식으로 성질이 주어진 하나의 '이것'을 단순히 '거기에 존재하게' 하는 것만은 아니다. 오히려 그 반대로, 이 경우에는 드러내 보이는 대상의 의미작용이 나에게 저항하며, 나에게서 독립한 것으로 머문다. 나는 그 건물이 셋집이라거나, 가스회사 사무소 또는 교도소라는 것을 발견한다. 그 경우, 이 의미작용은 우연적이며 나의 선택으로부터 독립해 있다. 이 의미작용은 즉자의 실재, 그 자체와 똑같은 무차별성을 지니고 나타난다. 그 의미작용은 자기를 사물이 되게 하는 것이며, 즉자의 '성질'과 구별되지 않는다. 마찬가지로 사물의 역행률은 나에 의해 체험되기 이전에 나에게 나타난다. 수많은 표지가 나에게 경계심을 불러일으킨다. '천천히―위험한 길목', '주의―학교 앞', '위험―사망자 많음', '100미터 전방―개울' 등등. 그러나 이런 의미작용은 사물 속 깊이 새겨져 있으면서도―적어도 겉으로는―사물의 외면적 무차별성에 참여하고 있으면서도 여전히 지켜져야 하는 행위의 지시이며, 직접적으로 나에게 관계되는 지시이다. 나는 횡단보도를 건너갈 것이다. 나는 '이러이러한' 상점에 들어갈 것이고, '이러이러한' 도구를 그 상점에서 살 것이다. 그 도구의 사용법은 구매자에게 내어 주는 설명서 속에 매우 분명하게 지시되어 있다. 그 뒤에 나는 이 도구, 예를 들어 만년필을 사용하여, 일정한 조건에 따라 이러저러한 서류를 작성할 것이다. 나는 거기서 나의 자유에 대한 좁은 한계를 발견하는 것은 아닐까? 만일 내가 타인에 의해 주어지는 지시에 정확하게 따르지 않는다면, 나는 내가 있는 장소와 방향을 알 수 없게 되어, 길을 잃고, 기차를 놓치게 될 것이다. 그리고 이런 지시는 대부분 명령적이다. '이곳으로 들어가시오', '이곳으로 나가시오.' 문 위에 적혀 있는 '입구'니 '출구'니 하는 말들이 의미하는 것이 그것이다. 나는 그것을 따른다. 이런 지시는 내가 그 사물들에 생기게 하는 역행률에, 이른바 인간적인 역행률을 덧붙이게 된다.

그 밖에도 만일 내가 그 조직에 따른다면, 나는 그 조직에 의존하게 된다. 그 조직이 나에게 제공하는 이득이 없어질 수도 있다. 내란이나 전쟁이 터지면, 나에게는 아무런 책임이 없는데도 생활필수품이 부족해진다. 나는 재산을 빼앗기고, 나의 기도를 저지당하며, 나의 목적을 수행하는 데 필요한 것을 빼앗겨 버린다. 그리고 특히 우리가 앞에서 지적한 것처럼, 사용법·지시·명령·금지·게시판 등은 내가 '누구든 상관없는 누군가'인 한에서 나에게 말을 걸어온다. 내가 복종하는 한에서, 내가 순서 속에 나를 끼워 넣는 한에서, 나는 '누구든 상관없는 누군가'의 인간존재의 목표에 따르며, '누구든 상관없는 누군가'의 기술에 의해 그 목표들을 이룬다. 그러므로 나는 나 자신의 존재 속에서 변모하게 된다. 왜냐하면 나는 내가 선택한 목적'이며' 또 그런 목적을 이루는 기술'이기' 때문이다. 누구든 상관없는 누군가의 목적, 누구든 상관없는 누군가의 기술에는 누구든 상관없는 누군가의 인간존재가 속해 있다. 또한 동시에 세계는, 내가 이용하는 기술을 통해서만 나에게 나타나므로, 세계도 또한 변화하게 된다. 내가 세계를 돌아다니기 위해 자전거·자동차·기차를 이용할 때, 그런 것의 사용을 통해서 볼 수 있는 이 세계는 내가 이용하는 수단과 엄밀하게 상관적인 어떤 모습, 따라서 '누구든 상관없는 모든 사람들에게 드러내는 모습'을 나에게 나타낸다. '그렇다면 분명히 나의 자유는 모든 곳에서, 나에게서 빠져나가는 결과가 될 것'이라고 말하는 사람도 있을지 모른다. 즉 나의 자발성의 자유로운 선택을 에워싸고 있는 의미 있는 세계의 조직인 '상황'은 더 이상 거기에 존재하지 않는다. 거기에는 사람들이 나에게 부여하는 하나의 '상태'가 존재한다. 당분간 검토해야 하는 것은 그 점에 대해서이다.

말할 것도 없는 일이지만, 내가 사람이 살고 있는 하나의 세계에 소속되어 있다는 것은 하나의 '사실'로서 가치를 지닌다. 이러한 소속은 세계 속에서의 타자의 현전이라고 하는 근원적인 사실을 지향한다. 우리가 앞에서 살펴본 것처럼, 이 근원적인 사실은 대자의 존재론적 구조에서 연역될 수 없는 것이다. 또 이 사실은 우리의 사실성의 깊은 뿌리를 더욱 깊이 내리는 일밖에 하지 않지만, 사실성이 대자의 우연성의 필연성을 표현하는 한에서, 이 사실은 또한 마찬가지로 우리의 사실성에서 유래되는 것은 아니다. 오히려 그 반대로, 이렇게 말해야 할 것이다. 대자는 '사실상 존재한다.' 다시 말하면 대자의 현실존재는 어떤 법칙에 의해 생기게 된 하나의 실재와 동일시될 수 없고, 또 하나의 자유로운 선택과 동일시될 수도 없다. 그리고 이 '사실성'의 사실상의 특징들 사이에, 다시 말해 연역될 수도 없고 증명될 수도 없으며, 단순히 그렇게 '인정될' 뿐인 그 특징들 사이에, 우리가 '타자의-현전에-있어서의-세계-속-존재'라고 일컫는 하나의 특징이 있다.

이 사실상의 특징이 무언가의 방법으로 유효성을 얻기 위해서, 그것이 나의 자유에 의해 회복되어야 하는 것인지 아닌지에 대해서는, 좀더 뒤에 검토하기로 하자. 그러나 그럼에도 또한, 세계를 자기 것으로 삼으려는 기술 차원에서는, 타인의 현실존재라고 하는 '사실' 그 자체에서 기술의 집단적 소유라고 하는 결과가 나타난다. 그러므로 사실성은 이런 차원에서는 이미 구성된 집단적 기술에 의해서만 나에게 드러내 보여지는 하나의 세계 속에, 내가 나타난다는 사실에 의해 표현된다. 또한 이런 기술이 노리는 것은 나의 외부에서 이미 규정되어 있는 의미를 지니는 하나의 모습 아래, 나에게 세계를 파악하게 하는 일이다. 그런 기술은 집단에 대한 나의 소속, 즉 '인류에 대한' 소속, 민족적 집단에 대한 소속, 직업적인 그룹이나 가족적인 그룹에 대한 나의 소속을 결정하게 된다. 이것은 크게 강조되어야 할 일이다. 나의 대타존재—이것에 대해서는 훨씬 뒤에 이야기할 것이다—의 밖에서 내가 이런 집단에 대한 '나의 사실적 소속을 존재할' 때의 유일하게 적극적인 방식은, 그 집단에 속하는 기술을 내가 끊임없이 사용하고 있다는 것이다. 물론 '인류'에 대한 소속은, 우리가 매우 기본적이고 일반적인 기술을 사용하고 있음으로써 규정된다. 걸을 줄 안다, 붙잡을 줄 안다, 지각되는 대상들의 요철(凹凸)과 상대적인 크기를 판단할 줄 안다, 말할 줄 안다, 일반적인 참과 거짓을 구별할 줄 안다고 하는 것이 그것이다.

그러나 우리는 그 기술들을 그렇게 추상적이고 보편적인 형태로 소유하고 있는 것은 아니다. 그러므로 말할 줄 안다는 일은 일반적으로 이름을 부를 줄 안다든가 낱말을 이해할 줄 안다는 것이 아니다. 그것은 어떤 국어(langue)를 할 줄 안다는 것이고, 따라서 민족적 집단의 '차원에서' 자신이 인류에 소속해 있음을 나타내는 것이다. 또 어떤 국어를 할 줄 안다는 것은 사전이나 학문적인 문법이 규정하는 방식으로 그 국어에 대해 추상적이고 순수한 하나의 지식을 갖는 것이 아니다. 그것은 지방적·직업적·가족적인 변형과 기호(嗜好)를 통해 그 국어를 자기 것으로 만드는 일이다. 그러므로 언어(langage)의 '현실(réalité)'은 국어이고, 국어의 현실을 방언·은어·사투리 등이라는 의미에서, 인류에 대한 우리의 소속의 '현실'은 우리의 국적이고, 우리들 국적의 현실은 가족·지방·직업 등에 대한 우리의 소속이라고 할 수 있을 것이다. 또 거꾸로 방언의 '진리(vérité)'는 국어이고, 국어의 '진리'는 언어이다. 다시 말하면 가족이나 지방에 대한 우리의 소속이 드러날 경우의 구체적인 기술은, 그런 기술의 의미와 본질을 구성하는 더욱더 추상적이고 더욱더 일반적인 구조를 가리킨다. 또한 이 구조는 더욱더 보편적인 구조를 가리키며, 마침내 '누구든 상관없는 누군가'의 존재가 세계를 내 것으로 할 때의 어떤 '누구든 상관없는 누군가'의 기술의 보편적이고 전적으로 단순한 본질에 이른다.

그러므로, 예를 들면 프랑스 사람이라고 하는 것은, 사부아 사람인 것의 '진리'일 뿐이다. 하지만 사부아 사람이라고 하는 것은 단순히 사부아 지방의 산골짜기에 살고 있다는 것만은 아니다. 그것은 무엇보다 먼저, 겨울에는 스키를 타는 것이고, 스키를 수송수단으로 이용하는 것이다. 그것은 또, 바로 프랑스식으로 스키를 타는 것이지, 알베르크식이나 노르웨이식으로 스키를 타는 것이 아니다.[40] 그러나 눈덮인 산악과 경사지는 하나의 기술을 통해서만 파악되는 것이기 때문에, 이것은 바로 스키 경사면의 '프랑스적' 의미를 나타내는 것이다. 사실 느슨한 경사면에 더 알맞은 노르웨이식을 이용하느냐 또는 가파른 경사면에 더 알맞은 프랑스식을 이용하느냐에 따라, 똑같은 경사면이 더욱 가파른 것으로 나타날 수도 있고 또 더욱 느슨한 것으로 나타날 수도 있을 것이다. 그것은 마치 자전거 경기자가 '속력을 중간 정도로 내느냐 또는 느리게 내느냐'에 따라서 어떤 언덕은 더 가파르게 나타나기도 하고 또 어떤 언덕은 덜 가파르게 나타나기도 하는 것과 마찬가지이다. 이처럼 프랑스의 스키 타는 사람은 스키장을 미끄러져 내려가면서 프랑스적인 '속력'을 구사한다. 그런 속력은 그가 있는 곳이 어디든 그에게 하나의 특수한 형식의 경사면을 드러낸다. 다시 말하면 스위스의 알프스나 바이에른 지방의 알프스 그리고 텔레마르크 지방이나 쥐라산맥은 언제나 전적으로 프랑스적인 하나의 의미와 어려움들, 전적으로 프랑스적인 도구복합 또는 역행복합을 그에게 제공할 것이다.

마찬가지로 쉽게 지적되는 일이지만, 노동자계급을 정의하기 위한 대부분의 시도는 생산·소비 또는 열등감에서 비롯되는 어떤 형식의 '세계관'을 기준으로 취하게 된다(마르크스-알박스[41]-드망). 다시 말하면 모든 경우에 있어서 그 시도는 세계를 동화하는 기술 또는 세계를 자기 것으로 하는 기술을 기준으로 취하기에 이른다. 이 기술을 통해 세계는 그 격렬한 대립, 획일적이고 사막적인 대중, 암흑지대와 빛의 풍토, 세계를 비추는 단순하고 긴급한 목적 등과 함께, 이른바 그 '프롤레타리아적인 모습'을 드러낸다.

그런데 확실히—이러저러한 계급, 이러저러한 민족에 대한 나의 소속은, 나의 대자의 존재론적 구조를 이루는 나의 사실성에서 유래하는 것이 아니라고는 하지만—나의 사실상의 존재, 다시 말하면 나의 출생과 나의 장소는 어떤

---

[40] 원주. 우리는 단순화한다. 기술적으로는 상호의 영향과 간섭이 있다. 알베르크식은 오랫동안 우리의 내부에서 우세했다. 독자는 쉽게 여러 가지 사실을 그 복잡함에 있어서 떠올릴 수 있을 것이다.

[41] Maurice Halbwachs(1877~1945) : 저서에 《기억의 사회학적 테두리(Les cadres sociaux de la mémoire)》(1925), 《사회형태학(Morphologie sociale)》(1938), 《사회적 계급의 심리학(Esquisse d'une psychologie des classes sociales)》(1955)이 있다.

종류의 기술을 통해, 세계와 나 자신을 내가 파악할 수 있게 해 준다. 그런데 이런 기술은 내가 선택한 것은 아니지만, 세계에 그 다양한 의미작용을 부여한다. 세계가 '프롤레타리아적' 우주의 단순하고도 확연한 대립을 드러내며 나에게 나타나는가 또는 '부르주아적' 세계의 한없는, 복잡한 뉘앙스를 드러내며 나에게 나타나는가 하는 것을 나의 목적에서 출발하여 결정하는 것은, 이미 내가 아닌 것처럼 생각된다. 나는 단순히 일반적인 존재자의 눈앞에 내던져져 있을 뿐만 아니라, 또 노동자적 세계, 프랑스적 세계의 로렌 지방이나 남프랑스의 세계에 내던져져 있는 것이고, 그 세계는 내가 그 의미작용을 가려내기 위해 아무것도 하지 않았는데도, 나에게 그 의미작용을 제공한다.

이 점을 더욱 자세히 살펴보자. 방금 우리가 드러낸 것처럼, 나의 국적은 어떤 지방, 어떤 가족, 어떤 직업단체에 대한 나의 소속의 '진리'일 뿐이었다. 그러나 거기서 멈추어야 하는 것일까? 국어가 방언의 '진리'일 뿐이라면, 방언은 절대적으로 구체적인 현실일까? '사람들'이 얘기하는 직업적 은어와 언어학적·통계적 연구에 의해 그 법칙을 결정할 수 있는 알자스 지방의 사투리 같은 것은 원초적 현상, 즉 그 근거가 순수한 사실 속에서, 근원적인 우연성 속에 발견되는 현상인 것일까? 이 점에 대해 언어학자들의 연구는 기대에 어긋날 우려가 있다. 언어학자들의 통계는 어떤 주어진 형식의 불변적 요소나 음성학적 또는 의미론적 변형을 밝혀 준다. 언어학자들의 통계는 주어진 어떤 시기의 하나의 음소(音素) 또는 하나의 형태소(形態素)의 발달을 재구성할 수 있게 한다. 따라서 '낱말(mot)' 또는 '조어법(造語法)'이 그 의미작용과 역사를 지니는 하나의 개별적인 현실인 것처럼 보인다. 또, 사실상 개인은 국어의 발달상 거의 영향력을 가지지 않은 것처럼 보인다. 외적의 침입이나 주요 교통로 또는 통상관계 같은 사회적 사실이 언어학적 변화의 본질적 원인인 것으로 생각된다. 그러나 그것은 구체적인 것의 참다운 영역에 몸을 두고 있지 않기 때문이다. 따라서 사람은 자기 자신의 요구에 의해서만 지불을 받는다.

오래전부터 심리학자들이 지적해 온 것이지만, '낱말'은—특수한 변형이 따른 방언의 낱말과 가족적인 낱말조차도—국어의 구체적인 요소가 아니다. 국어의 기본적인 구조는 문(文, phrase)이다. 사실 낱말이 그 현실적인 지시기능을 가질 수 있는 것은, 문장 속에서이다. 문장 밖에서는, 낱말은 그것이 절대적으로 조화되지 않는 의미작용들을 주워 모으기 위한 단순한 항목이 아닌

한, 바로 하나의 명제적인 기능을 한다. 이야기 속에서 낱말이 단독으로 나타나는 경우, 때때로 지적되어 왔듯이, 이 낱말은 일종의 '일문일어적(一文一語的, holophrastique)'인 성격을 띤다. 이것은 낱말이 그것만으로 하나의 명확한 의미로 규정될 수 있다는 점을 보여 주는 것이 아니라, 2차적인 형태가 주요 형태에 통합되듯이, 낱말은 하나의 문맥으로 통합된다는 점을 보여 주는 것이다. 그러므로 낱말을 통합하는 복잡하고 능동적인 조직 외에는, 낱말은 전적으로 '잠재적'인 존재밖에 갖지 못한다. 그러므로 낱말은 그 말의 사용 '이전'에 의식 '속에' 또는 무의식 '속에' 존재할 수 없을 것이다. 문장은 '낱말로 만들어진' 것이 아니다. 그러나 거기에만 머물러서는 안 된다.

폴랑[*42]이 《타르브의 꽃》에서 지적한 것처럼, 문장 전체는 설령 '상투어'라 할지라도, 그야말로 낱말과 마찬가지로, 우리가 그것을 사용하기 전에 먼저부터 있었던 것은 아니다. 하나의 문장에서 다른 문장으로 옮겨 감으로써 그 한 구절의 의미를 다시 짜맞추는 독자가, 외부에서 그런 문장을 고찰한다면 그것은 물론 상투어이다. 그러나 만일 우리가 글쓴이의 관점에 몸을 둔다면, 그런 문장은 그 평범하고 상투적인 성격을 잃어버린다. 왜냐하면 글쓴이는 '표현되어야 하는 사항'을 보고서, 가장 급하게 서둘러야 하는 것에 착수하여, 하나의 지시행위 또는 재창작행위를 만들어 낸 것이며, 이 행위의 요소 그 자체를 고려하는 데 시간을 들이지 않았기 때문이다. 그렇다면 낱말도 조어법도 '상투어'도 사람들이 그것을 사용하기 전에 먼저 있던 것은 아니다. 말의 단위는 의미가 있는 문절(文節)이므로, 그 의미 있는 문절은 하나의 건설적인 행위이며, 그 행위는 어떤 목적을 향해 주어진 것을 뛰어넘고 무화하는 하나의 초월에 의해서만 생각해 낼 수 있다. 문절의 빛에 비추어 낱말을 이해하는 것은 바로, 상황에서 출발하여 무언가의 주어진 것을 이해하는 일이며, 근원적인 목적의 빛에 비추어 상황을 이해하는 일이다.

나의 말상대가 하는 어떤 문장을 이해하는 것은, 그가 '말하고자 하는' 것을 이해하는 일이다. 다시 말하면 그것은 상대편의 초월운동에 가담하고, 그와 함께 가능을 향해서, 목적들을 향해서, 나 자신을 내던지고, 이어서 조직적인 수단의 총체로 돌아와서, 그런 수단의 기능과 목표에 의해, 그런 수단을 이해하

---

*42 Jean Paulhan(1884~1968) : 프랑스의 비평가이자 언어학자. 《타르브의 꽃(Fleurs de Tarbes)》 (1941).

는 일이다. 나아가서 사용되는 언어는 언제나 상황에서 출발하여 해독된다. 기후·시각·장소·환경, 그 도시와 지방과 나라의 상황 등에 대한 지시는, 말에 앞서서 주어져 있다.

피에르가 오늘 아침에 나에게 다가오면서 '아무래도 신통치 않아'라고 한 말을 이해하기 위해서는, 나는 신문을 이미 읽었으니, 그 건강한 얼굴빛과 근심스러운 표정을 '보는 것'만으로도 충분하다. 그의 얼굴빛이 밝은 것으로 보아서 '신통치 않은' 것은 그의 건강이 아니다. 그리고 그의 사업도 아니고 그의 집안일도 아니다. 그것은 우리 도시 상황이거나 우리나라 상황이다. 나는 그것을 '이미 알고 있었다.' 나는 그에게 "어때?" 하고 물으면서 벌써 그의 대답에 대한 해석을 그려내고 있다. 나는 이미 시야의 구석구석까지 다 보았고, 피에르의 말을 이해하기 위해 피에르 위로 '돌아갈' 준비가 되어 있었던 것이다. 이야기를 듣는다는 것은 '함께 얘기하는' 일이다. 그것은 단순히 해독하기 위해 우리가 맞장구를 치기 때문이 아니라, 오히려 우리가 근원적으로 가능을 향해 자기를 기투하기 때문이며, 또 '세계에서 출발하여' 이해해야 하기 때문이다.

그러나 만일 문절이 낱말에 앞서서 존재한다면, 우리는 이야기(담화)의 구체적인 근거인 화자(話者)에게 지향된다. 만일 우리가 여러 가지로 다른 시기의 문장 속에서 낱말을 주워 모은다면, 물론 그 낱말은 그 자체로서 '살아 있는 것'처럼 보일 수도 있다. 이렇게 빌려 온 생명은 공상영화에 나오는 저절로 배(梨)에 가서 꽂히는 칼의 생명과도 비슷하다. 이 생명은 순간적인 것의 병치(並置)에서 만들어지고 있다. 이 생명은 영화적이고 보편적인 시간 속에서 구성된다. 하지만 우리가 의미론적 또는 형태론적인 필름을 영사할 때, 가령 낱말이 살아 있는 것처럼 보이더라도, 낱말은 문장을 구성하는 데는 이르지 못한다. 낱말은 마치 길이 순례자들이나 대상(隊商)이 통과한 흔적에 불과한 것과 마찬가지로, 문장이 통과한 흔적일 뿐이다. 문장은 하나의 기도이고, 이 기도는 하나의 주어진 것(사람들이 '지시'하고자 하는 바로 그것)의 무화에서 출발해야만 해석될 수 있으며, 또 이 기도는 제기된 하나의 목적(그 주어진 것의 '지시.' 이 지시는 그 자체가 다른 목적을 전제로 하는 것이고, 그 다른 목적들에 대해서는 하나의 수단이 되는 데 불과하다)에서 출발해야만 해석될 수 있다. 만일 주어진 것이 낱말이나 다를 바 없이 문장을 결정하지 못하고 오히려 그 반대로 문장이 주어진 것을 밝히고 낱말을 이해하는 데 필요하다면, 문장은 나 자신의 자유로운 선택의 어떤 계기이며 또 나의 말상대가 문장을 이해할 수 있는 것은, 이런 것으로서의 한에서이다.

국어가 언어의 현실이고, 방언과 은어가 국어의 현실이라면, 방언의 현실은 내가 나를 '지시자'로서 선택할 때의 '자유로운 지시행위'이다. 게다가 이 자유로운 행위는 낱말들을 '주워 모은' 것일 리는 없을 것이다. 확실히, 만일 이 자유로운 행위가 기술적인 처방(문법 규칙)에 의해 단순히 낱말을 주워 모으는 일이라면, 우리는 화자의 자유에 부과된 사실상의 한계에 대해 얘기할 수 있을 것이다. 이와 같은 한계는 낱말의 소재적이고 음성적인 본성, 사용되는 국어 어휘, 화자의 개인적인 어휘(그가 마음대로 처리할 수 있는 n개의 낱말), '국어의 역할' 등에 의해 표시될 것이다. 그러나 우리가 방금 제시한 것처럼, 사실은 그런 것이 아니다.

최근에 어떤 사람이 주장한 바에 의하면,*43 이른바 낱말의 어떤 살아 있는 질서, 언어의 동태적 법칙, 로고스의 비인격적인 어떤 생명이라고 할 수 있는 것이 존재한다고 한다. 요컨대 언어는 하나의 자연이며, 인간이 그것을 사용하려면 마치 인간이 자연에 대해 그렇게 하고 있는 것처럼, 어떤 점에 있어서 낱말을 섬기지 않으면 안 된다. 그러나 그런 말이 얘기될 수 있는 것은, '일단 죽어 버린' 언어, 다시 말해 일단 '얘기되어 버린' 언어를 우리가 살피고, 그것에 대해 하나의 비인격적인 생명과 힘, 친화력이니 반발력이니 하는, 실은 화자인 대자의 개인적 자유에서 빌려 온 것을 불어넣었기 때문이다. 언어는 '자기 혼자서 저절로 이야기하는 국어'가 되고 말았다. 이것은 '다른 모든 기술'의 경우와 마찬가지로, 언어의 경우에도 저질러서는 안 되는 오류이다.

만일 우리가 완전히 그것만으로 저절로 적용되는 기술들의 한복판에, 저절로 얘기를 하는 국어 한복판에, 저절로 완성되는 과학의 한복판에, 그 자신의 법칙에 따라 저절로 건설되는 도시 한복판에 인간을 나타나게 한다면, 또 만일 우리가 그 의미작용에 인간적인 초월을 보존시키면서, 그런 의미작용을 즉자에 응고시킨다면, 우리는 인간의 역할을 선박을 유도하는 데 바람과 물결과 조수의 일정한 힘을 이용하는 물길 안내자의 역할로 환원시킬 것이다. 그러나 각각의 기술이 인간적인 목적을 향해 유도되기 위해서는 잇따라 또 다른 기술

---

*43 원주. 브리스 파랭(Brice Parain)의 《플라톤적 로고스에 관한 시론(Essai sur le logos platonicien)》.

을 요구할 것이다. 예를 들면 배를 유도하기 위해서는 이야기하는 것이 필요하다. 그리하여 우리는 아마도 기술의 기술—이번에는 그것만으로 저절로 적용하게 될 기술—에 이를 것이다. 하지만 우리는 기술자를 만나게 될 가능성을 영원히 잃어버린 셈이 된다.

반대로, 만일 우리가 이야기함으로써 수많은 낱말을 존재하게 만든다면, 우리는 그 때문에 '필연적이고 기술적'인 관계, 즉 문장의 내부에 있어서 분절(分節)을 가진 '사실상'의 관계를 없애버리지 않아도 된다. 차라리 우리는 이 필연성에 '근거를 부여한다'고 말해야 할 것이다. 그러나 이 필연성이 나타나기 위해서는, 다시 말해 바로 낱말들이 서로 관계를 유지하고, 그것들이 서로 얽히거나 서로 밀어내기 위해서는, 그런 낱말은 그들 자신에게서 유래하는 것이 아닌 하나의 종합 속에 통일되어야 한다. 이 종합적 통일을 없애버린다면, '언어'로서의 통합은 무너져 버릴 것이다. 각각의 낱말은 그 자신의 고독으로 되돌아가는 동시에, 그 통일성을 잃고, 맥락이 없는 온갖 잡다한 의미작용 사이에 흩어져 버린다. 그러니까 언어의 법칙들이 짜맞추어지는 것은 글귀의 자유로운 기도의 내부에 있어서이며, 내가 문법을 만드는 것은 이야기함으로써이다. 자유는 국어 법칙의 유일한 가능의 근거이다. 게다가 또 국어의 법칙들이 존재하는 것은 '누구'를 위해서인가? 폴랑은 하나의 답변의 요소를 주었다. 즉 그것은 이야기하는 사람을 위한 것이 아니라 듣는 사람을 위한 것이다. 이야기하는 사람은 어떤 '의미작용'의 선택에 지나지 않는다. 이야기하는 사람이 낱말의 순서를 파악하는 것은, 오직 그가 그 순서를 만드는 '한'에서이다.*44 이야기하는 사람이 이 조직적인 복합의 내부에서 파악하게 될 유일한 관계는, 특히 그가 이미 세워 놓은 관계이다. 따라서 우리는 둘 또는 더 많은 낱말이 서로 단 하나의 관계가 아니라 한정된 많은 관계를 가지고 있음을 발견한다. 또 하나의 똑같은 문장의 경우에도 서로 계층을 지니거나 서로 대립하는 다수의 의미작용이 생기는 것을 발견한다.

요컨대 우리는 '악마의 몫'을 발견하는 셈인데, 그것은 다음과 같은 두 가지 조건에서만 가능하다.

---

*44 원주. 나는 단순화한다. 우리는 자신의 문장에 의해 자신의 사상을 알 수도 있다. 그러나 그것은 마치 우리가 우리 자신의 몸에 대해 타자의 관점을 취할 수 있는 것과 마찬가지로, 어느 정도는 자신의 문장에 대해 타자의 관점을 취하는 것이 가능하기 때문이다.

(1) 낱말들은 하나의 자유롭고 의미지시적인 접근에 의해 수집되고 제출된 것이어야 한다.

(2) 이 종합은, 이 접근의 가능적인 의미에 대한 가정적인 해독 과정에 있어서, '밖으로부터', 다시 말하면 '타자에 의해' 보이는 것이어야 한다.

사실 이 경우, '우선' 의미작용의 십자로서 파악되는 각각의 낱말은, 마찬가지로 이런 것으로서 파악되는 또 하나의 낱말에 연결된다. 게다가 이 접근은 '다의적(多義的)'일 것이다. '참된' 의미, 즉 화자가 분명하게 말하려고 한 의미의 파악은 다른 의미들을 그늘로 내던지거나, 자기에게 종속시킬 수 있을 것이다. 그러나 참된 의미의 파악이 다른 의미를 없애버리지는 않을 것이다. 그러므로 '나에게 있어서' 자유로운 기도인 언어는 '타자에게 있어서는' 특수한 법칙을 갖는다. 이와 같은 법칙들 자체는 근원적인 하나의 종합의 내부에서만 작용할 수 있다.

그러므로 우리는 '문장'이라고 하는 사건을 어떤 자연적인 사건에서 분리하는 모든 차이를 파악한다. 자연적인 사실은 그것이 나타내는 하나의 법칙에 따라 생기는 것이지만, 이 법칙은 해당 사실이 하나의 예에 지나지 않는 단순히 외적인 생산규정이다. 사건으로서의 '문장'은 그 자신 속에 자기의 조직 법칙을 포함하고 있고, 낱말들 사이의 합법적인 관계들이 나타날 수 있는 것은 '지시한다'고 하는 자유로운 기도의 내부에서이다. 사실 우리가 말을 하기 이전에는 말의 법칙은 존재할 수 없을 것이다. 그리고 모든 이야기는 개인적인 대자의 선택에 속하는 자유로운 지시적 기도이며, 이 대자의 전체적인 상황에서 출발하여 해석되어야 한다. 원초적인 것은 상황이며, 나는 이 상황에서 출발하여 문장의 '의미'를 이해한다. 왜냐하면 이 의미는 하나의 주어진 것으로서, 그 자체에서 살펴보는 것이 아니라, 오히려 수단을 자유롭게 뛰어넘는 경우에 선택되는 하나의 목적으로서 살펴보아야 하기 때문이다. 그런 것이야말로 언어학자의 작업이 부딪힐 수 있는 유일한 '현실'이다. 이 현실에서 출발하여 소급적인 분석 작업은, 이른바 합법적인 도식이라고 할 수 있는 훨씬 일반적이고 훨씬 단순한 어떤 종류의 구조를 밝힐 수 있을 것이다.

그러나 예를 들면, 방언의 법칙에도 해당될 이런 도식은 그 자체에 있어서는 추상적인 것들이다. 이런 도식은 문장의 구조를 주관하고 또 문장을 그 속에 흘려 넣는 형틀이 되기는커녕, 오히려 반대로 이런 도식은, 이 문장 속에서밖에 또 이 문장에 의해서밖에 실제로 존재하지 않는다. 그런 의미에서 문장은 그 법칙들을 자유롭게 연구하는 고안(考案)으로서 나타난다. 우리는 여기서 매우 간단하게 모든 상황의 근원적인 특징을 다시 발견한다. 문장의 자유로운 기도가 주어진 것을 '이' 주어진 것(이와 같은 배열법칙과 또 방언적 발음법칙)으로서 나타나게 하는 것은, 이런 기도가 주어진 것인 한에서의 주어진 것(언어기관)을 뛰어넘는 것 자체에 의한 것이다. 그러나 문장의 자유로운 기도는 바로 '이러저러한 이 주어진 것'을 떠맡는 의도이다. 이 기도는 뭐든지 상관없는 떠맡음이 아니라, 수단을 통해, 아직 존재하지 않는 하나의 목적을 노리고 떠맡는 것이고, 이 기도가 그런 수단에 수단으로서의 의미를 부여하는 것이다.

그러므로 문장은 낱말의 배열이기는 하지만, 그 낱말들은 그 배열 자체에 의해서만 '이런저런 낱말들'이 된다. 그것이 바로, 언어학자와 심리학자들이 벌써부터 감지한 일이다. 그들의 곤혹은 이 경우, 우리에게 반증으로서 도움이 될 수 있다. 사실 그들은 구어(입말)의 형성 속에는 하나의 순환을 찾아볼 수 있다고 믿었다. 왜냐하면 말을 하기 위해서는 자신의 생각을 알아야 하기 때문이다. 그러나 만일 그것이 바로 자신의 생각을 이야기함으로써가 아니라면, 그 생각을 개념적으로 정착된 분명한 현실로서 아는 것이 어떻게 가능하겠는가? 그러므로 언어는 사상을 가리키고, 사상은 언어를 가리킨다. 그러나 지금 우리는 이렇게 이해한다. 거기에는 처음부터 순환은 존재하지 않는다. 또는 오히려 그 순환—그들이 '언어심상'이나 '심상도 낱말도 지니지 않은 사상'이라는, 단순한 심리적 우상을 고안함으로써, 거기서 탈출할 수 있다고 생각한 그 순환—은 언어에만 특유한 것은 아니다. 이런 순환은 상황 전반의 특징이다. 이런 순환이 의미하는 것은, 다름 아닌 현재와 미래와 과거의 탈자적인 결합이다. 다시 말해서 그것은 '지금—존재하는—것'을 '아직—존재하지 않는—것'에 의해, 또 '아직—존재하지 않는—것'을 '지금—존재하는—것'에 의해, 자유롭게 결정하는 것 바로 그것이다.

문장의 합법적인 진리로서 나타나게 될 추상적이고 조작적인 도식, 즉 방언적인 도식, 국어적인 도식, 일반적으로 언어학적인 도식을 발견하는 것은, 그 뒤에 가서 비로소 허용될 것이다. 하지만 이런 도식들은 구체적인 문장에 앞서서 존재하기는커녕, 오히려 그 자체가 '비독립성'을 띠며, 하나의 자유에 의해 육체화된 것 그리고 하나의 자유에 의해 그 육체화 자체 속에 유지된 것으로만 존재한다. 말할 것도 없이 언어는, 여기서는 하나의 사회적이고 보편적인 기술의 실례일 뿐이다. 그 밖의 모든 기술의 경우에도 사정은 마찬가지이다. 도끼가 드러내 보여지는 것은 도끼의 공격에 의해서이고, 망치가 드러내 보여지는 것은 망치질을 하는 것에 의해서이다. 어떤 개별적인 경기에서 프랑스적인 스키 기술을 발견하고, 그 프랑스적인 스키 기술에서 인간적인 가능성으로서의 전반적인 스키 기술을 발견하는 것은 허용될 것이다.

그러나 이 인간적인 기술은 그것만으로는 결코 아무것도 되지 않는다. 이 인간적인 기술은 '가능태(可能態)'에 있어서만 존재한다. 그것은 스키 타는 사람의 '현실적'이고 구체적인 기술 속에서 육체화되고 또 나타난다. 이 사실에서 우리는 종(種, espèce)에 대한 개(個, individu)의 관계에 대한 하나의 해결을 그려낼 수 있다. 인류라는 종이 존재하지 않는다면 진리도 존재하지 않는다는 틀림없는 사실이다. 그런 상황에서는 어떤 법칙도 적용될 수 없는 개별적인 선택의 비합리적이고 우연적인 무리밖에 남지 않을 것이다. 만일 온갖 개별적인 선택을 통일할 수 있게 하는, 진리로서의 그 무엇이 존재한다면, 그 진리를 우리에게 제공할 수 있는 것은 인류라는 종(種)이다. 그러나 만일 종이 개별자의 진리라면, 종은 깊은 모순이 없이는 개별자 속에서의 하나의 '주어진 것'이 될 수는 없을 것이다. 언어의 법칙은 문장의 자유롭고 구체적인 기도에 의해 유지되고 육체화되는 것인데, 그것과 마찬가지로 인류의 종—인간들의 활동을 규정하는 데 적절한 기술의 총체—은 낱낱의 낙하가 물체낙하의 법칙을 예시하는 것과 같은 식으로 인류의 종이 나타나게 될 개별자에 앞서서 존재하기는커녕, 오히려 자유로운 개별선택에 의해 유지되는 추상적인 관계의 총체이다. 대자는 자기를 '개인(personne)'으로 선택하기 위해 자기가 자기 자신을 향해 뛰어넘는 하나의 내적인 조직을 존재하게 한다. 이 내적이고 기술적인 조직은 대자에게 있어서 민족적인 것 또는 인류적인 것이다.

"물론 그럴지도 모른다. 그러나……" 이렇게 우리를 반박하는 사람도 있을 것이다. "당신은 문제를 회피한 것이다." 왜냐하면 이런 언어적인 조직 또는 기술적인 조직은 대자가 자기에게 이르기 위해 만들어 낸 것이 아니기 때문이다. 대자는 그 조직을 타자로부터 되찾은 것이다. 분사(分詞)의 일치에 대한 몇 가지 규칙은, 어떤 개별적인 지시목적을 향해 구체적인 몇 개의 분사를 자유롭게 접근시키는 것을 제외하고는 존재하지 않는다. 그 점에 대해서는 나도 인정하는 바이다. 하지만 내가 이 규칙을 이용할 때, 나는 그것을 타인에게서 배운 것이다. 내가 그것을 나 스스로 사용하는 것은, 타인들이 그들의 개인적인 기도에 있어서 그 규칙을 존재하게 하기 때문이다. 그러므로 나의 언어는 타자의 언어에 종속되며, 결국은 민족적인 언어에 종속된다고 할 수 있다.

우리는 그것을 부정할 생각은 없다. 어쨌든 우리에게는 대자를 그 존재의 자유로운 근거로서 제시하는 것이 문제되는 것은 아니다. 대자는 자유롭지만, '경우 속(조건, en condition)'에 있다. 우리가 상황이라는 이름하에 명확히 하고자 하는 것은 경우와 자유의 이 관계이다. 사실 우리가 방금 밝힌 것은 현실의 일부일 뿐이다. 우리가 제시한 바와 같이 대자로부터 발산하는 것이 아닌 의미작용의 존재는, 대자의 자유의 외적인 한계를 구성할 수 없을 것이다. 대자는 먼저 인간이고, 그다음에 자기 자신이 되는 것이 아니다. 그것은 선험적으로 주어진 인간이라는 하나의 본질로 출발하여, 자기를 자기 자신으로서 구성하는 것이 아니다. 오히려 정반대로, 대자가 대자를 '하나의 인간'으로 만드는 사회적이고 추상적인 어떤 종류의 특징을, 대자가 지지하여 존재하게 하는 것은, 대자가 자기를 개인적인 자기로서 선택하려고 하는 대자 자신의 노력 속에서이다. 인간이라는 본질의 요소에서 나오는 필연적인 관계는 하나의 자유로운 선택의 근거 위에서밖에 나타나지 않는다. 그런 의미에서 각각의 대자는 자기 존재에 있어서 인류라는 종의 존재의 책임자이다. 그러나 대자는 자기가 그 기원이 아닌 어떤 종류의 의미작용 저편에서만 자기를 선택할 수 있다고 하는 부정할 수 없는 사실을, 더욱 명확히 하는 것이 우리에게 필요하다. 사실 각각의 대자는 민족의 저편에서, 그리고 인류라는 종의 저편에서 자기를 선택함으로써만 대자인 것이다. 마치 대자는 조어법이나 형태소의 저편에서 지시를 선택함으로써만 이야기하는 것과 마찬가지이다. 이 '저편'은 대자가 뛰어넘는 구조에 대해 대자가 전면적으로 독립하는 것을 확인하는 것으로 충분하다.

그러나 그래도 또한 대자는 '이러저러한 이' 구조에 대한 '저편'으로서 자기를 구성한다. 이것은 무엇을 의미하는 것일까? 즉, 대자는 다른 대자들에게 있어서도 세계가 되는 하나의 세계 속에 나타난다는 의미이다. 그와 같은 것이 이 경우의 '주어진 것'이다. 또 바로 그것 때문에 우리가 앞에서 본 것처럼, 세계의 의미는 대자에게 있어서 '타유화(他有化)'되어 있다. 다시 말해 대자는 자신이 세계에 도래하게 하는 것이 아닌 '의미들'이 나타나는 것에서 자기를 발견한다. 대자는 하나의 세계 속에 나타나는데, 이 세계는 모든 방향에서 '이미 시선을 받고', 이랑(畝)이 생기고, 탐사되고, 경작된 것으로서 대자에게 주어진다. 그리고 이 세계의 조직 자체가 이미 이런 탐구에 의해서 규정되어 있다. 대자가 자기의 시간을 전개할 때의 행위 자체에 있어서, 대자는 하나의 세계 속에서 자기를 시간화하는데, 그 세계의 시간적 의미는 이미 타인들이 행하는 시간화에 의해 규정되어 있다. 이것이 곧 동시성의 사실이다. 여기서는 자유의 한계는 문제가 되지 않는다. 오히려 그 반대로, 대자가 자유로워야 하는 것은 '이러저러한 이 세계 속'에서이며, 대자가 자기를 선택해야 하는 것은 그런 사정을 고려해서이지 '제멋대로' 하는 것이 아니다. 그러나 한편으로 대자는 나타남으로써 타인의 존재를 '받는 것은 아니다.'

대자는 하나의 선택이라는 형태하에서, 어쩔 수 없이 타인의 존재를 자기에게 드러나게 한다. 왜냐하면 대자가 타인을 '주관-타자' 또는 '대상-타자'로 파악하게 되는 것은 하나의 선택에 의한 것이기 때문이다.*45 '타인'이 대자에게 있어서 '시선-타자'인 한에서, 미지의 '기술' 또는 미지의 의미 작용은 문제가 될 수 없을 것이다. 대자는 '타인'의 시선 아래 '우주' 안에서의 대상으로서 자기를 체험한다. 그러나 대자가 자기의 목적을 향해 '타인'을 뛰어넘음으로써 그 것을 하나의 '초월되는 초월'로 만들자마자, 목적을 향한 주어진 것의 자유로운 뛰어넘기였던 것은, 대자에게 있어서 세계 속에 주어진(즉자로 굳어진) 의미 있는 행위로서 나타난다. '대상-타자'는 '목적을 지시하는 자'가 된다. 대자는 자기의 자유로운 기도에 의해 '대상-행위'가 목적을 지시하는 하나의 세계 속에 자기를 던진다. 그러므로 '초월되는-초월'로서의 '타인'을 나타내는 것은 목적에 대한 수단의 '주어진' 복합을 드러내 보이는 것이다. 게다가 목적은 수단을 결정하고 수단은 목적을 결정하므로, '대상-타자'의 눈앞에 자기를 나타냄으로써 대자는 세계 안에서 목적을 자기에게 지시하게 한다. 대자는 목적으로 가득 찬 하나의 세계로 찾아온다. 그러나 만일 이렇게 하여 그 기술과 그 목적이 대자의 시선에 나타난다면, 우리가 분명하게 인정해야 할 것은, 그런 기술이

---

*45 원주. 훨씬 뒤에서 보게 되겠지만 문제는 더 복잡하다. 그러나 우선은 이런 지적들로 충분할 것이다. 역주: 타인에 대한 문제는 이 책 제3부 '대타존재'에 설명되어 있다. '시선-타자'는 '주관-타자'와 같은 뜻이며, '초월하는-초월'은 '주관으로서의 대자'라는 의미이고, '초월되는-초월'은 '대상화한 대자'라는 의미이다.

'기술'이 되는 것은, 대자가 타인의 눈앞에서 자유로운 입장을 취함으로써 가능하다는 것이다. 타인은 자기 혼자서는 자신의 기도가 대자에 대해 기술로 나타나게 할 수가 없다. 그러므로 사실상 '타인'이 자기의 가능을 향해 자기를 초월하는 한에서, '그 타인에게는 기술이 존재하는 것이 아니며', 오히려 자기의 개별적인 목적에서 출발하여 규정되는 하나의 구체적인 '함'이 존재할 뿐이다.

구두창을 고치고 있는 제화공은 자기 스스로 '어떤 기술을 적용하고 있는 중'이라고는 생각하지 않는다. 그는 상황을 이러저러한 행동을 요구하는 것으로서, 이를테면 거기에 가죽 한 조각을 댈 필요가 있거나, 못을 하나 박아야 하는 것으로서 파악한다. 대자가 '타인'에 대해 입장을 취하자마자 '대자'는 세계 속에 '초월되는−초월'로서의 한에서 타인의 행위로서 기술을 '출현시킨다.' 자본가와 노동자, 프랑스인과 독일인, 요컨대 인간들이 세계 속에 나타나는 것은 이 순간에 있어서이고, 오직 이 순간에 있어서뿐이다. 그러므로 '대자'는 '타인'의 행위가 기술로서 세계 속에 나타나는 것에 대한 책임자이다. 대자는 자신이 거기에 나타나는 그 세계로 하여금, '이러저러한 기술'로 이랑을 짓게 할 수는 없다(대자는 자기로 하여금 '자본주의적'인 세계 또는 '자연경제에 의해 지배되고 있는' 세계 속에 또는 '기생적인 문명' 속에서 나타나게 할 수가 없다). 오히려 대자는 자신에 의해 하나의 바깥을 타인에게 오게 하는 자가 됨으로써, 자유로운 기도로서의 타자가 체험하는 것을, 기술로서 '바깥'에 존재시킨다.

그러므로 대자가 세계 그 자체를 역사화하고, 또 자기의 기술로 세계가 '날짜 매겨지도록' 하는 것은, 대자가 세계 속에서 자기를 선택하고 자기를 역사화함으로써이다. 기술은 바로 대상으로서 나타나므로, 거기서 출발하여 대자는 그것들 기술을 자신의 것으로 만드는 것을 선택할 수 있다. 피에르와 폴이 어떤 방식으로 이야기를 하고, 자전거 또는 자동차로 달리면서 우측통행을 지킨다는 등등의 하나의 세계 안에 대자가 출현함으로써, 게다가 대자가 그런 자유로운 행위를 의미 있는 대상으로 구성함으로써, '대자'는 '사람들'이 우측통행을 지키는 세계 그리고 '사람들'이 프랑스어를 말하는 등등의 하나의 세계를 존재하게 하는 것이다.

대자는 하나의 기도 속에 구속된 하나의 자유에 의해 근거가 부여되고 또 지탱되는 '타인'의 행위의 내적인 법칙을 '대상−행위'의 객관적인 법칙이 되게 하고 또 그 규칙을 비슷한 모든 행위에 있어서 보편적으로 타당한 규칙이 되게 하며, 한편 이런 행위의 지지자 또는 '대상–행위자'를 '누구든 상관없는 자'가 되게 한다. 대자의 자유로운 선택의 결과인 이 역사화는, 대자의 자유를 추호도 제한하지 않는다. 오히려 그와는 반대로 대자의 자유가 적용되는 것은 '이러저러한 이 세계 속'에서이지, 다른 어떤 세계에 의해서도 아니다. 대자가 자기를 문제삼는 것은, 이와 같은 세계 안에서의 대자의 존재에 대해서이다. 왜냐하면 자유롭다는 것은 우리가 그곳에 출현하는 역사적인 세계를 선택하는 것—그런 것은 완전히 무의미할 것이다—이 아니라, 그것이 어떤 세계이든, 그 세계 속에서 자기를 선택하는 것이다. 이런 의미에서 기술의 어떤 '상태'가 인간적인 가능성을 제한한다고 생각하는 것은 부조리한 일일 것이다.

물론 둔스 스코투스*46 시대의 사람은 자동차나 비행기에 대해 알지 못한다. 그러나 그 무렵 사람들이 무지한 것으로 나타나는 것은, 자동차나 비행기가 존재하고 있는 하나의 세계에서 출발하여 당시의 사람을 결여적으로 파악하는 '우리에게 있어서', 우리의 관점에 의한 것일 뿐이다. 거기에는, 이런 대상이나 그것과 관련된 기술과 어떤 종류의 어떤 관계도 없는 당시의 사람으로서는 생각도 할 수 없고 폭로도 할 수 없는, 이른바 하나의 절대적인 무가 있다. 그런 무는 자기를 선택하는 대자에게 '결코 한계를 부여할' 수 없을 것이다. 그런 무는 우리가 그것을 어떤 방식으로 살피든, 하나의 결여로서 포착될 수는 없을 것이다. 둔스 스코투스 시대에 자기를 역사화하는 대자는, 그러므로 존재 충실의 핵심에 있어서 자기를 무화하며, 다시 말해 우리 시대의 세계와 마찬가지로 '그것이 있을 수 있는 모든 것인' 하나의 세계의 핵심에서 자기를 무화하는 것이다.

시몽 드 몽포르에게 대항하기 위해서는, 알비주아파에 중포(重砲)가 없었던 것이 아니냐고 주장하는 따위는 부조리일 것이다.*47 왜냐하면 트랑카벨 영주

---

*46 Duns Scotus(1265~1308) : 영국의 스콜라 철학자, 스코투스학파의 시조. 1305년 파리 대학교의 신학교수를 지냈고, 아리스토텔레스를 존경하여 그 주석서가 있다.

*47 12세기 무렵 남프랑스 지방에 전파된 카타리파의 종교세력을 알비주아파라고 하며, 이 종파는 그 교의와 비적에 있어서 로마 가톨릭 교회와 대립하여 별개의 교회 조직을 이루었기 때문에 로마 가톨릭교회로부터 이단으로 여겨져 금지되었지만 굴복하지 않고 맞섰다. 그 중심 세력이 된 것이 툴루즈 백작인 레이몽 6세(1156~1222)였으며, 여기에 나오는 트랑카벨 집안은 그 신하로서 카르카손의 영주였다. 그러나 이 알비주아파는 1209~1214년에 시몽 드 몽포르(1160~1218)가 거느린 이른바 알비주아 십자군에게 무력으로 탄압당하는 밀레의 패전으로 결정적인 타격을 입었다.

와 툴루즈 백작은 대포가 없었던 하나의 세계 속에 그들이 존재하고 있었던 것처럼 자기를 선택했기 때문이다. 그들은 당시의 그런 세계 속에서 그들의 정책을 생각했다. 그들은 당시의 그 세계 속에서 무력저항의 계획을 세웠다. 그들은 '당시의 그런 세계 속에서' 카타리파에게 가담하는 자로서 스스로를 선택한 것이다. 그들은 자신이 그것으로 있는 것을 선택한 것일 뿐이었기 때문에, 판체르디비지오넨(독일 장갑기계화 부대)이라든지 R.A.F.(영국 공군) 시대의 세계나 마찬가지로 절대적으로 충만한 하나의 세계 속에 '절대적으로 존재했던' 것이다. 물질적인 기술에 대해 타당한 것은 더욱 미묘한 기술에 있어서도 타당한 것이다.

레이몽 6세 시대에 랑그도크의 소영주로서 존재한다는 사실은, 만일 우리가 그곳에 그 영주가 존재하고, 또 거기서 그가 자기를 선택하는 '봉건적인 세계 속'에 몸을 둔다면, 조금도 '결정적인' 사실이 아니다. 그것은 우리가 프랑시아(Francia)니 미디(Midi)니 하는 구분을, 프랑스적 통일이라는 현재의 관점에서 살펴보는 오류를 범하는 한에서만 결여적인 것으로서 나타난다. 봉건적 세계는 레이몽 6세의 신하인 이 영주에게 선택의 무한한 가능성을 제공했다. 우리도 그 이상의 가능성은 소유하고 있지 않다. 만일 데카르트가 현대물리학을 알았더라면 그는 어떻게 되었을까? 하는, 마찬가지로 부조리한 질문이 종종 유토피아적인 몽상 속에 제기된다. 이런 질문은 데카르트가 '선험적'인 하나의 본성을 지니고 있고, 그 본성이 다소나마 데카르트 시대의 과학의 상태에 의해 한계가 부여되고 또 변질되었다는 것을 상정(想定)하는 것이다.

그것은 우리가 데카르트의 있는 그대로의 본성을 현대로 옮겨놓을 수 있을 것이고, 그렇게 하면 그의 이 본성이 더욱 풍부하고 더욱 정확한 인식에 대해 반응을 보여 줄 것임을 상정하는 것이다. 그러나 그것은 다음의 사실을 잊은 것이다. 즉 데카르트는 그가 스스로 그것으로 있는 것을 선택한 것이고, 또 데카르트는, 그의 선택이, 떠맡는 것과 동시에 밝혀진 하나의 인식적이고 기술적인 세계에서 출발하여 자기를 절대적으로 선택하는 하나의 선택이라는 것을, 그것은 잊고 있다. 데카르트는 하나의 절대적인 날짜를 누리는 하나의 절대자이며, 어떤 다른 날짜에 있어서는 도저히 생각될 수 없는 사람이다. 왜냐하면 데카르트는 스스로 자기를 만듦으로써 자기의 날짜를 만들었기 때문이다. 데카르트 직전의 수학적 인식의 실상을 결정한 것은 다름 아닌 데카르트 자신이었다. 그것은 어떤 관점에서도 또 어떤 좌표축에 관해서도 이루어질 수 없는 헛된 조사에 의한 것이 아니라, 오히려 반대로 해석기하학의 원리를 세움에 의한 것이고, 다시 말하면 바로 당시의 수학적 인식의 상태를 규정할 수 있게 해주는 좌표축을 고안해 냄에 의한 것이다. 이 경우에도 또한 현재를 밝히도록 허용해 주는 것은 자유로운 고안이며 또 미래인 것이다. 기술의 상태를 평가하도록 허용해 주는 것은 하나의 목적을 향한 기술의 완성이다.

그러므로 대자가 '대상-타자'의 눈앞에서 자기를 확인할 때, 대자는 그와 동시에 여러 가지 '기술'을 발견한다. 그때부터 대자는 그런 기술을 내 것으로 만들 수 있다. 다시 말해서 그 기술을 '내면화'하는 것이다. 그러나 다음에는 이런 일이 일어난다.

(1) 하나의 기술을 이용함으로써 대자는 자기의 목적을 향해 그 기술을 뛰어 넘는다. 대자는 항상 자기가 이용하는 기술 저편에 있다.

(2) 기술이 내면화된다고 하는 사실에서 누구라도 상관없는 어떤 '대상-타자'의 단순하고 의미 있는, 굳어진 행위였던 기술은 기술로서의 성격을 잃는다.

그 기술은 목적을 향해 주어진 것을 넘어서는 자유로운 뛰어넘기 속에 단순히 통합된다. 그 기술은 그것에 근거를 부여하는 자유에 의해 회복되고 지탱된다. 그것은 바로 방언 또는 언어가 문장의 자유로운 기도에 의해 지탱되는 것과 마찬가지이다. 인간과 인간 사이의 기술적인 관계로서의 봉건제는 현실에 존재하는 것이 아니다. 그것은 자기의 군주에 대해 충성을 맹세한 어떤 이러저러한 인간의, 한없는 개별 기도에 의해 지탱되고 초월된 하나의 순수한 추상일 따름이다. 우리는, 그렇다고 해서 일종의 역사적인 유명론(唯名論)에 이르려는 것은 결코 아니다. 우리는 봉건제를 군주에 대한 신하 관계의 총계라고 말하려는 것이 아니다. 반대로 우리가 생각하기로는, 봉건제는 그런 관계의 추상적인 구조이며, 그 시대의 어떤 인간의 모든 기도는 그 추상적인 계기를 구체적인 것을 향해 넘어서는 초월로서 자기를 실현해야 한다. 그러므로 봉건적 기술의 원리를 세우기 위해서는 세부적인 많은 경험에서 출발하여 일반화할 필요는 없다. 그 기술은 각각의 개별적인 행위 속에 필연적으로, 완전하게 존재하고 있으며, 우리는 그것을 그때그때 경우에 따라 밝힐 수 있다. 하지만 그 기술은 오직 초월되기 위해서만 거기에 존재한다. 마찬가지로, 대자는 인간이 아니고는, 어떤 민족적 집단의 일원, 어떤 계급의 일원, 어떤 가족의 일원이 아니고는 한 개인이 될 수 없을 것이다. 다시 말해 스스로 그것으로 있는 목적을 선택할 수 없는 것이다. 그러나 그것은 대자가 자기의 기도에 의해 지지하고 초월하는 추상적인 구조이다. 대자는 그런 결정의 범위 안에서 '자기 자신'으로 있기 위해 자기를 프랑스인으로 만들고, 남프랑스인으로 만들고, 노동자로 만든다. 마찬가지로 또 대자에 대해 드러내 보여지는 세계는, 채용된 기술과 상관적인 어떤 종류의 의미작용을 지닌 것으로서 나타난다.

세계는 '프랑스인을–위한–세계', '노동자를–위한–세계' 등으로서, 사람들이 예견할 수 있는 모든 특징을 가지고 나타난다. 그러나 이런 특징들은 '독립성'을 지니고 있지 않다. 그러므로 프랑스적 세계, 프롤레타리아적 세계 등으로 나타날 수 있는 것은, 무엇보다 먼저 '대자'의 세계이고, '대자'의 목적에 의해 조명된 세계이다.

그렇다 해도 '타인'의 존재는 나의 자유에 대해 사실상의 하나의 한계를 가져온다. 사실 이것은 타인이 나타남으로써 내가 선택한 것이 아닌데도 내가 '그것으로 있는' 어떤 종류의 결정이 나타나기 때문이다. 사실 나는 유대인이기도 하고 아리아인이기도 하다. 또 미남이거나 추남이기도 하고, 신체에 장애가 있을 수도 있다. 그것은 모두 내가 '타인에게 있어서' 그런 것이며, 내가 '외부'에 있어서 가지는 그 의미를, 내가 아무리 파악하려 해도 되지 않으며, 하물며 그것을 바꾸고 싶어도 도저히 안 되는 것이다. 언어만이 내가 무엇인지를 나에게 알려 줄 것이다. 뿐만 아니라(말을 떠나서는), 그것은 어디까지나 공허한 지향 대상으로서밖에 존재하지 않을 것이다. 그것을 직관하는 것은, 나에 대하여 영원히 거부되어 있다. 설령 나의 인종이나 나의 용모가 '타자' 속에서의 하나의 심상 또는 나에 대한 '타자'의 의견에 불과했다 하더라도, 우리는 당장 끝장나 버렸을 것이다. 그러나 우리가 이미 살펴본 것처럼, 문제가 되는 것은 나의 대타존재에 있어서 나를 규정하는 대상적인 성격이다. 나의 자유와는 다른 하나의 자유가 나의 눈앞에 나타나자마자, 나는 하나의 새로운 존재 차원에서 존재하기 시작한다. 그리고 이번에는 보통의 존재자들에 대해 하나의 의미를 부여하는 것이 문제는 아니다. 또 타인들이 어떤 대상에게 부여한 의미를 나의 책임하에 되찾는 것도 문제가 아니다. 하나의 의미를 부여하는 나를 보는 것은 나 자신이지만, 나는 내가 가지고 있는 그 의미를 나의 책임으로 되찾는 수단을 가지고 있지 않다. 왜냐하면 그 의미는 공허한 지시로서가 아니면 나에게 주어지지 않을 것이기 때문이다. 그러므로 내가 지닌 무언가는—이 새로운 차원에서는—적어도 '나에게 주어진 것'으로서 존재한다. 그것은, 내가 그것으로 있는 그 존재는 '당해지기' 때문이고, '존재되지 않고(sans être existé)' 존재하기 때문이다.

내가 이 존재를 알고, 이 존재를 당하는 것은 내가 타인들과 유지하고 있는 관계 속에서이며, 또 그 관계에 의해서이다. 즉 나에 관한 그들의 행위 속에서이고, 그들의 행위에 의해서이다. 그러므로 나는 내가 매 순간마다 부딪치는 수많은 금지와 수많은 저항의 기원에서 이 존재와 만나게 된다. 이를테면 내가 '미성년자'이기 때문에, 나는 이러저러한 권리를 갖지 못할 것이다—나는 '유대인이기' 때문에, 어떤 사회에서는 어떤 종류의 가능성을 빼앗기게 될 것이기 때문이다 등등. 그러나 나는 '어떤 방법에 있어서도' 나를 유대인으로 느낄 수 없을 것이고, 또 미성년자나 천민으로서 느낄 수는 없을 것이다. 내가 이런 금지에 대항하여, 예를 들면 '인종은 그저 단순한 집단적 상상이다. 개개인만이 존재할 뿐이다'라고 선언할 수 있는 것은 이런 점에서이다. 따라서 나는 여기서 느닷없이 내 인격의 전면적인 타유화와 마주친다. 나는 내가 그것으로 있는 것을 선택하지 않은 무엇이다. 상황에 관하여, 거기서 무엇이 나올 것인가?

우리는 그렇게 인정하지 않을 수 없지만, 방금 우리의 자유에 대해 '현실적'인 하나의 한계와 마주쳤다. 다시 말해서 우리는 우리의 자유가 그것의 근거가 되는 일이 없이 우리들에게 강요되는 하나의 존재방식과 마주친 것이다. 또한 말할 것도 없는 일이지만, 강요된 이 한계는 타인들의 '행동'에서 오는 것이 아니다. 우리가 앞 장에서 지적한 것처럼, 고문조차 우리에게서 자유를 빼앗아 가지는 못한다. 우리가 고문에 굴복하는 것은 자유에 의해서이다. 더욱 일반적인 방식으로 말하면, 내가 거리에서 만나는 금지는, 즉 '유대인 출입금지' '유대인 식당, 아리아 인종 사절' 등은 우리를 앞에서 다룬 문제(집단적인 기술)를 향해 돌려세운다. 이 금지는 나의 자유로운 선택의 기초 위에서만 또 그 기초에 의해서만 의미를 가질 수 있다. 사실 선택되는 자유로운 가능성에 따라, 나는 그 금지를 어기고 무시할 수 있다. 또는 반대로 그 금지에 하나의 강제적인 가치를 매길 수도 있다. 그 금지는 내가 그것에 매다는 추의 무게에 의해서만 가치를 가질 수 있다. 물론 이 금지는 '타인의 의지에서 나왔다'고 하는 그 성격을 완전히 그대로 보존하고 있다. 물론 이 금지는 특수한 구조로서 '나를 대상으로 여긴다'는 특징, 또 그로 말미암아 나를 초월하는 어떤 초월을 나타나게 한다는 특징을 지니고 있다. 그럼에도 이 금지가 '나의' 우주 속에서 육체화하여 그 자체의 강제력을 잃는 것은 오로지 나 자신의 선택의 한계 안에서이고 또 내가 어떤 사정에서도 죽음보다는 삶을 택하거나 또는 반대로 어떤 특수한 경우에 있어서는, 내가 죽음을, 어떤 형식의 삶보다도 바람직한 것으로서 평가하는 등에 의해서만 유지된다.

내 자유의 진정한 한계는 그저 단순히 어떤 타인이 나를 '대상—타자'로서 파악한다는 사실 자체 속에 있으며 또 나의 상황이, 타인에게 있어서는 상황이 되는 것을 중지하고, 대상적 형태가 되어, 내가 그 속에서 대상적인 구조의 명목으로 존재한다고 하는 파생적인 또 다른 사실 속에 있다. 나의 상황의 끊임없이 특수한 한계를 이루는 것은, 나의 상황을 타유화하는 이 대상화이다. 그것은 마치 나의 대자존재를 대타존재를 향해 대상화하는 것이 내 존재의 한계인 것과 마찬가지이다. 게다가 나의 자유 경계를 나타내는 것은, 바로 이런 두 가지 특징적인 한계이다. 요컨대 타자의 존재라고 하는 사실에서, 나는 '하나의 외부를 가진' 어떤 상황, 따라서 하나의 타유화적인 차원을 가진 어떤 상황 속에 존재하는 것이고 또 나는 이 타유화적인 차원을 나의 상황에서 제거할 수 없으며, 이 차원 위에 직접 작용할 수도 없다. 나의 자유에 대한 이 한계는, 우리가 보았듯이 타자의 단순한 존재에 의해, 다시 말하면 나의 초월이 또 하나의 초월에 있어서 존재한다는 '사실'에 의해 수립된다. 그리하여 우리는 매우 중요한 하나의 진리를 파악한다. 우리가 대자존재의 테두리 안에 머무름으로써 방금 본 것처럼, 오직 나의 자유만이 나의 자유에 한계를 부여할 수 있는 것이다. 우리가 우리의 고찰 속에 타인의 존재를 복귀시킴으로써, 여기서 보듯이 이 새로운 차원에 있어서의 나의 자유는 타자의 자유 존재 속에서 또한 나의 자유의 한계를 발견한다. 그러므로 우리가 어떤 차원에 몸을 두든, 자유는 자유가 마주치는 유일한 한계를 자유 안에서 발견한다.

스피노자에 의하면 사상은 사상에 의해서만 한계가 주어질 수 있는데, 그것과 마찬가지로 자유는 자유에 의해서만 한계가 주어질 수 있다. 자유의 제한은 내적 유한성으로서는 '자유는 자유롭지 않을 수가 없다'는 사실, 다시 말하면 '자유는 자유롭도록 운명지어져 있다'는 '사실'에서 오는 것이고, 또 외적 유한성으로서는 '나의 자유는 자유롭다는 것에 의해, 타자의 자유에 있어서 존재하고, 타자의 자유는 그 자신의 목적의 빛에 비추어 자유롭게 나의 자유를 파악한다'는 '사실'에서 오는 것이다.

일단 이것이 확립된 이상, 가장 먼저 지적해야 할 점은, 상황의 이 타유화는 하나의 내적인 단층을 나타내는 것이 아니고 또 내가 그것을 살고 있는 그대로의 상황 속에, 단순한 저항으로서의 주어진 것을 도입하는 일을 나타내는 것도 아니다. 오히려 그것과는 정반대이다. 타유화는 상황의 하나의 내적인 변경도 아니고 하나의 부분적인 변화도 아니다. 타유화는 시간화의 흐름에서 나타나는 것이 아니다. 나는 상황 '속에서'는 결코 타유화를 만나지 않는다. 그러므로 타유화는 결코 나의 직관에 맡겨지지 않는다. 오히려 원리적으로, 타유화는 나로부터 탈출한다. 타유화는 상황의 외면성 그 자체이며, 다시 말하면 상황의 '대타−외부−존재'이다. 그러므로 여기서는 모든 상황 전반의 본질적인 성격이 문제가 된다. 이런 성격은 자신의 내용 위에 작용할 수 없을 것이다. 오히려 그 성격은 바로 '상황 속에 몸을 두는' 당사자에 의해 받아들여지고 또 회복된다. 그러므로 우리의 자유로운 선택의 의미 자체는, 우리의 자유로운 선택을 표현하는 하나의 상황을 나타내는 것인데, 이 상황의 본질적인 하나의 특징은 '타유화'되어 있다는 것으로, 다시 말해 타인에게 있어서 즉자적인 형태로 존재한다는 것이다.

우리는 이런 타유화에서 벗어날 수가 없다. 왜냐하면 상황 속에서 존재하는 것 이외의 방법으로 우리가 존재한다는 것은, 생각할 수조차 없는 부조리한 일이기 때문이다. 이런 상황의 특징은 하나의 내적 저항에 의해서 드러나는 것이 아니며, 오히려 그 반대로 그것이 파악될 수 없는 것이라는 것 속에, 또 그것을 통해서 체험된다. 그러므로 결국 자유가 마주치는 것은, 정면으로부터의 장애가 아니라, 자유의 본성 자체 안에서의 일종의 원심력이고, 자유의 체질에 있어서의 어떤 취약성이다. 이런 취약성 때문에, 자유가 기도하는 모든 것은, 언제나 자유가 스스로 선택한 것이 아닌 일면, 자유로부터 탈출하는 일면 그리고 타인에게 있어서 단순한 존재로 있는 일면을 지닐 것이다. 스스로 자유롭고자 하는 자유는, 동시에 이런 성격의 것이 되기를 원하는 일밖에 할 수 없을 것이다. 그러나 그런 성격은 자유의 '본성'에 속하는 것이 아니다. 왜냐하면 자유에 대해서는 처음부터 본성 따위는 존재하지 않기 때문이다. 그리고 만일 자유의 한 본성이 존재한다 하더라도, 우리는 그런 본성에서 이 성격을 연역할 수 없을 것이다. 왜냐하면 타인들의 존재는 전적으로 우연적인 하나의 사실이기 때문이다. 오히려 타인들의 눈앞에 있는 자유로서 세계에 오는 것은, 타유화될 수 있는 것으로서 세계에 오는 것이다. 만일 스스로 자유롭기를 원하는 것이, 이러저러한 이 세계 속에서 타인들의 눈앞에 존재하는 것을 선택하는 일이라면, 스스로 그런 것이 되기를 원하는 자는, 감연히 자기 자유의 '수난'도 원할 것이다.

그 반면에 타유화된 상황과 나 자신의 '타유-존재'는 나에 의해서는 대상적으로 발견되고 확인되는 일이 없다. 사실 가장 먼저, 우리가 방금 살펴본 것처럼, 타유화되어 있는 것은 모두 원리적으로 '타인에게 있어서'밖에 존재하지 않는다. 그러나 또한 단순한 하나의 확인은 설령 그것이 가능하다 하더라도 그것만으로는 불충분할 것이다. 사실 나는 동시에 타인을 초월로서 '승인하지' 않고는 이 타유화를 '체험할' 수가 없다. 게다가 우리가 앞에서 본 것처럼, 이 승인은, 만일 그것이 타자의 자유에 대한 '자유로운' 승인이 아니라면 아무런 의미도 가지지 않을 것이다. 내가 나의 타유화에 대해 가지는 체험을 통해, 타자를 자유롭게 승인함으로써, 나는 나의 대타존재를 그것이 어떤 것이든 '떠맡는 것이다.' 나는 바로 나의 대타존재가 타자와 나의 트레뒤니옹(연결부호, trait d'union)이기 때문에 그것을 떠맡는 것이다. 그러므로 나는 타자를 자유로운 것으로서 '파악'하는 자유로운 기도 속에서만 타자를 자유로서 파악할 수 있다 (사실 내가 타자를 대상으로서 자유로 파악하는 것은 변함없이 언제나 가능하다). 더욱이 타자를 '승인한다'는 자유로운 기도는 나의 대타존재의 자유로운 떠맡음과 다르지 않다. 그러므로 나의 자유는 말하자면 자기 자신의 한계를 다시 되찾는다. 왜냐하면 나는 타자가 나에게 있어서 존재하는 한에서만, 타자에 의해 한계가 부여된 것으로서 나를 파악할 수 있고, 또 나는 나의 대타존재를 떠맡음으로써만, 타자로 하여금 승인된 주관성으로서, 나에게 있어서 존재하게 할 수 있기 때문이다. 거기에는 순환은 존재하지 않는다.

그러나 내가 겪는 이 '타유-존재'의 자유로운 떠맡음에 의해, 나는 갑자기 타자의 초월로 하여금 초월로서의 한에서, 나에게 있어서 존재하게 한다. '유대인-으로 있음'이 상황의 외적 대상적 한계로서 나타나게 되는 것은, 단지 내가 유대인 배척론자들의 '자유'(그들이 이 자유를 어떻게 행사하든)를 승인하고 또 내가 그들에게 있어서 그것으로 있는 이 '유대인-으로 있음'을 떠맡을 때이다.

반대로 만일 내가 그런 유대인 배척론자들을 순수한 '대상'으로서 살펴보려 한다면, 나의 '유대인-으로 있음'은 당장 사라지고, 자격이 주어질 수 없는 자유로운 초월인(초월이라고 하는) 단순한 의식이 그것을 대신하게 될 것이다. 타인을 승인하는 것과, 가령 내가 유대인이라 치고, 나의 '유대인-으로 있음'을 떠맡는 것은 한 가지 일에 지나지 않는다. 그러므로 타인의 자유는 나의 상황에 한계를 부여하지만, 나는 내가 스스로 그것으로 있는 이 대타존재를 되찾는 한에서만, 또 내가 선택한 목적의 빛에 비추어 이 대타존재에게 하나의 의미를 부여하는 한에서만, 이 한계를 '체험할' 수 있다. 물론 이 떠맡음 자체는 '타유화'되어 있으며, 그 외부를 가지고 있다. 그러나 내가 나의 '외부-존재'를 외부로서 체험할 수 있는 것은 이 떠맡음에 의해서이다.

그렇게 되면 나는, 언어가 '나의' 한계인 것에 관해서 나에게 가르쳐 주게 될 때, 나의 존재의 대상적인 한계, 이를테면 유대인, 아리아인, 추남, 미남, 국왕, 관리, 천민 등을 어떻게 체험할 것인가? 그것은 내가 타인의 아름다움, 추함, 인종 등을 직관적으로 파악할 때와 같은 방법일 수는 없으며, 또 내가 이러저러한 가능성을 향해 나를 기투하는 (것에 대한) 비조정적 의식을 '지닐' 때의 방법일 수도 없을 것이다. 그렇다고 그런 대상적인 성격은 필연적으로 '추상적'이어야 한다는 말은 아니다. 그러므로 어떤 성격은 추상적이고 또 어떤 것은 그렇지 않다. 나의 아름다움이나 나의 추함 또는 내 얼굴의 무표정 같은 것은, 타인에 의해 그 완전한 구체성 그대로 파악된다. 타인의 말이 나에게 지시하게 되는 것은 이 구체성이며, 내가 헛되이 나를 돌려세우는 것은 이 구체성을 향해서이다. 그러므로 여기서는 하나의 추상은 결코 문제가 되지 않는다. 오히려 어떤 구조는 추상적이지만, 구조 전체로서는 하나의 절대적인 구체인 여러 구조의 총체가 문제가 된다. 이 총체는 원칙적으로 나에게서 벗어나는 것으로서, 단순히 나에게 지시될 뿐이다. 사실 이 총체는 내가 그것'으로 있는' 그대로의 것이다.

그런데 우리가 이 책 제2부 첫머리에서*48 지적한 것처럼, 대자는 아무것도 될 수 없다. 대아적으로는(대자적으로는), 나는 교수도 카페의 종업원도 아니다. 마찬가지로 나는 아름답지도 추하지도 않고, 유대인도 아리아인도 아니며, 영적이거나 비속하지도 않고 또 고귀하지도 않다. 우리는 이런 특징들을 '실

---

*48 제2부 첫머리라고 씌어 있으나 이것은 사르트르 자신의 착각인 것 같다. 제1부 제2장 2에 카페 종업원 이야기가 있다.

감될 수 없는 것(irréalisables)'이라고 부르기로 하자. 우리는 그것을 '상상적인 것 (imaginaires)'과 혼동하지 않도록 주의해야 한다. 여기서는 완전히 현실적인 존재가 문제이다. 그러나 이런 성격이 현실적으로 '주어지는' 그 당사자는, 이런 성격'으로 있는 것은 아니다.' 이런 성격'으로 있는' 나는, 이런 성격을 실감*49할 수가 없다. 예를 들어 사람들이 나에게 '비속'하다고 말할 때, 나는 종종 직관에 의해 비속함의 본성을 타인들에게서 파악할 것이다. 그럼으로써 나는 '비속함' 이라는 말을 나 개인에게 적용할 수 있다. 하지만 나는 이 말의 의미작용을 나 자신에게 연결시킬 수가 없다. 거기에는 분명히 실행되어야 하는 어떤 연결 지시가 있다(그러나 이 연결은 비속함을 내면화하고 주관화함으로써만 또는 '나 자신'을 대상화함으로써만 이루어질 수 있을 것이다. 이 두 가지 조작은 어느 것이나 당면한 현실을 직접적으로 무너뜨리는 결과가 된다).

  그리하여 우리는 '실감될 수 없는 것'에 의해 끝없이 에워싸여 있다. 그런 '실감될 수 없는 것' 가운데 어떤 것을, 우리는 애타는 부재(不在)로서 절실하게 느낀다. 오랜 망명 끝에 다시 파리 땅을 밟으면서, 자신이 '파리에 있음'을 '실감' 할 수 없어서 깊은 실망을 느끼지 않은 사람이 있을까? 대상은 거기에 존재하며, 다정하게 자기를 내밀고 있다. 하지만 이 나는, 하나의 부재에 불과하다. 나는 파리가 '거기에 존재하는' 데 필요한 단순한 무에 지나지 않는다. 나의 친구와 친척들은 "드디어 만나는군! 잘 돌아왔어. 자네는 지금 파리에 있는 거야!" 하면서 약속된 땅의 모습을 나에게 제시한다. 그러나 이 약속된 땅에 다가가는 것은 나에게는 완전히 거부되고 있다. 그리고 대부분의 사람들은 타인의 문제인가, 자기 자신의 문제인가에 따라 '두 개의 저울, 두 개의 잣대를 사용한다'는 비난을 받을 수 있으며, 또 대부분의 사람은 지난날 타자에 대해 비난했던 잘못을 이번에는 자신이 저지른 것을 알게 될 때, 그것은 같은 일이 아니라고 말하는 경향이 있는데, 그 이유는 사실 '그것은 같은 일이 아니기' 때문이다. 사실 한쪽의 행동은 도덕적 평가에 대해 '주어진 대상'이고, 다른 한쪽의 행동은, 자기 존재가 선택이기 때문에 자기의 현실존재 자체 속에 자기의 변명을 지니고 있는 순전한 초월이다. 우리는 그 '결과'들을 비교함으로써, 그 두 가지 행위가 엄밀하게 똑같은 '외부'를 가지고 있음을 그 행위자에게 이해시킬 수 있을

*49 실감하다(réaliser)라는 말에는 사르트르 자신도 제2부 제3장 1에서 말한 것처럼, '실현하다' 와 '실감하다'의 이중의 의미, 즉 존재론적 의미와 인식론적 의미가 들어 있다.

것이다. 그러나 그의 가장 광적(狂的)인 선의(善意)가, 그에게 이 동일성을 '실감'하는 것을 허용하지 않을 것이다. 그 사실로 인해 도덕적 양심의 동요의 상당한 부분, 특히 자기를 '진정으로' 경멸할 수 없다고 하는 절망, 자기를 죄인으로서 실감하지 못하는 절망이, '나는 죄인이다. 나는 죄를 저질렀다' 등으로 표현되는 의미와 상황에 대한 현실적 파악 사이의 간격을 끊임없이 느낄 때의 절망이 일어난다. 요컨대 거기서 '떳떳하지 못한 양심(mauvaise conscience)'의 불안이 싹튼다. 다시 말해 자기를 심판하는 것, 즉 자기에 대해 타인의 관점을 취하는 것을 그 이상으로 삼는 불성실한 양심(conscience de mauvaise foi)의 불안이 싹트는 것이다.

그러나 어떤 특수한 종류의 '실감될 수 없는' 것이 다른 실감될 수 없는 것보다 더 강렬한 인상을 주었다 해도, 또 그것이 심리학적 기술의 대상이 되었다 해도 그것 때문에, 실감될 수 없는 것은 상황의 이면을 나타내는 것이므로, 수(數)에 있어서 끝없다는 사실에 대해 우리가 장님이 되어서는 안 될 것이다.

그렇다 해도, 그런 실감될 수 없는 것은 단순히 실감될 수 없는 것으로서 우리에게 제시되기만 하는 것은 아니다. 사실 그것이 실감될 수 없는 것이라는 성격을 지니기 위해서는, 그것들을 실감하는 것을 지향하는 어떤 기도의 빛에 의해, 그것들이 자기를 드러내 보여야만 한다. 사실 이것이야말로 바로 조금 전에 대자가 타인의 존재를 '승인'하는 행위 그 자체에 있어서 또 그 행위 자체에 의해, 자기의 대타존재를 떠맡는 것을 우리가 보여 주었을 때, 우리가 지적한 바로 그것이다. 그러므로 이 떠맡음의 기도와 상관적으로, 실감될 수 없는 것은 '실감되어야 하는' 것으로서 자기를 드러내 보인다. 사실 무엇보다 먼저 이 떠맡음은 나의 근본적인 기도의 시야에서 이루어진다. 나는 그저 수동적으로 추함, 지체부자유, 인종 등을 받아들이기만 하는 것은 아니다. 오히려 그 반대로, 나는 나 자신 목적의 빛에 비추어 냄으로써만, 이런 성격을─단순한 의미작용으로서─파악할 수 있다. 그것은 바로, 이러저러한 어떤 인종이라는 사실은 오만한 반응이나 열등의식을 '결정하는' 수가 있다고 말할 때─두 항이 완전히 바뀌어 있기는 하지만─표현되고 있는 것이다. 사실을 말하면 인종, 지체부자유, 추함 같은 것은 나 자신의 열등한 선택, 또는 오만한 선택의 한계*50 안

---

*50 원주. 또는 나의 목적의 모든 다른 선택(의 한계 안에서만).

에서만 '나타날' 수 있다. 달리 말하면 그것은 나의 자유가 그것에 부여하는 하나의 의미작용을 가지고서야 나타날 수 있다. 또 다른 말로 표현하면 그것은 타인에게 있어서 '존재하지'만, 나에게 있어서는 내가 그것을 '선택'해야지만 존재할 수 있다. 나로 하여금 나 자신을 선택하지 않고는 존재할 수 없게 만드는 나의 자유 법칙은 이 경우에도 적용된다. 나는 타인에게 있어서 '내가 그것으로 있는 그대로의 것'을 선택하는 것이 아니다. 오히려 그 반대로, 나는 내가 타인에 대해 나타나는 그대로 나 자신을 선택함으로써, 다시 말해 하나의 선택적인 떠맡음에 의해서만, 나에게 있어서 '내가 타인에 대해 그것으로 있는 그대로의 것'으로 존재하도록 시도할 수 있다.

한 사람의 유대인은 '먼저' 유대인이 되고, '그다음에' 수치스러운 인간 또는 잘난 체하는 인간이 되는 것은 아니다. 오히려 그 반대로, 그가 '유대인-으로 있음'을 그에게 드러내 보이는 것은 그가 유대인이라는 것에 대한 그의 오만, 그의 부끄러움 또는 그의 무관심이다. 이 '유대인-으로 있음'은 그것을 받아들이는 자유로운 방법 밖에서는 아무것도 아니다. 다만 나는 나의 대타존재를 떠맡는 무한한 방법을 내 마음대로 할 수 있다 하더라도, 나는 '나의 대타존재를 떠맡지 않을 수 없다.' 우리는 여기서도 우리가 훨씬 앞에 '사실성'으로서 정의한 자유에 대한 이 선고를 다시 발견한다. 나는(타인에게 있어서) '내가 그것으로 있는 그대로의 것'에 관해 전면적으로 회피할 수가 없다. 왜냐하면 '거부하는 것'은 회피하는 것이 아니라, 역시 떠맡는 것이기 때문이다. 또 나는 '내가 그것으로 있는 것'을 수동적으로 당하지도 못한다(그것도 어떤 의미에서 같은 것이 된다). 분노, 미움, 오만, 부끄러움, 쾌씸한 거부 또는 유쾌한 복권 요구 등에 있어서, 나는 '내가 그것으로 있는 것'이 될 것을 선택해야 한다.

그러므로 실감될 수 없는 것은, 대자에 대해 '실감되어야-하는-실감될 수 없는 것'으로서 나타난다. 그렇다고 해서, 실감되지 않는 것은 '한계'라는 그 성격을 잃지는 않는다. 오히려 그 반대로, 그것이 대자에 대해 '내면화되어야 하는' 것으로서 자기를 제시하는 것은, 대상적이고 외면적인 한계로서의 한에서이다. 따라서 그것은 분명히 하나의 '의무적'인 성격을 지닌다. 사실 여기서는 내가 그것으로 있는 자유로운 기도의 운동에 있어서, '이용되어야 하는' 것으로 나타나는 하나의 용구가 문제가 되는 것은 아니다. 오히려 이 경우 실감될 수 없는 것은, 나의 상황에 대해 '선험적'으로 주어진 한계로서(그것은 내가 타인에게 있어서 이러저러한 자이기 때문이다), 따라서 나에 의해 존재가 주어지는 것을 기대하지 않고, 존재하는 것으로서 나타나는 '동시에', 내가 이 실감될 수 없는 것을 떠맡을 때의 자유로운 기도 속에서만, 또 그 자유로운 기도에 의해서만 존재할 수 있는 것으로서 나타난다―왜냐하면 이런 떠맡음은 실감될 수 없는 것을 '나에게 있어서 실감하는' 것을 지향하는 모든 행위의 종합적 조직과 분명히 똑같기 때문이다. 그와 동시에, 그것은 실감될 수 없는 것이라는 자격으로 주어지는 것이므로, 실감될 수 없는 것은 내가 그것을 실감하기 위해서 할 수 있는 모든 시도 저편에 있는 것으로서 나타난다. 존재하기 위해 나의 구속을 요구하는 하나의 아프리오리(선험적인 것), 나의 이 자기구속에 전적으로 의존하면서 또 그것을 실감하려는 모든 시도의 저편에, 단번에 몸을 두는 하나의 아프리오리, 그것이야말로 하나의 '명령(impératif)'이 아니고 무엇이겠는가?

사실 이 아프리오리는 '내면화'되어야 한다. 다시 말하면 '모든 사실'과 마찬가지로 외부에서 찾아온다. 그러나 '명령(ordre)'은 그것이 어떤 것이든 언제나 내면성 속에 회복되는 하나의 외면성으로 규정된다. 어떤 명령이 명령이기 위해서는―게다가 그것이 '목소리의 반향(flatus vocis)' 또는 사람들이 단순히 회피하려고 하는, 단순하지만 사실적으로 주어진 것이 아니라 명령이기 위해서는―내가 나의 자유에 의해 이 명령을 되찾아야 하고, 내가 이 명령으로 하여금 나의 자유로운 기도의 하나의 구조가 되도록 해야 한다. 하지만 그것이 명령으로 있고, 나 자신의 목적을 향한 자유로운 운동으로 있지 않기 위해서는, 이 명령이 나의 자유로운 기도 속에서 '외면성'이라는 성격을 간직하고 있어야 한다. 그것은 그것을 내면화하려고 하는 대자의 시도 속에서조차, 또 그 시도에 의해서조차, 여전히 외면성 그대로 머무는 외면성이다. 그것은 바로, '실감되어야―하는―실감될 수 없는 것'의 정의이며, 바로 그런 까닭에, 그것은 하나의 명령으로서 자기를 부여한다. 그러나 우리는 이 실감될 수 없는 것에 대한 기술에서 앞으로 더 나아갈 수 있다. 사실 실감될 수 없는 것은 '나의' 한계이다. 하지만 그것은 '나의' 한계이기 때문에 어떤 주어진 존재의 한계로서는 존재할 수 없고, 내 자유의 한계로서 존재할 수 있다. 즉 나의 자유는 자유롭게 선택함으로써 스스로 자기의 한계를 선택한다. 또는, 말하자면 나의 목적의 자유로운 선택, 즉 '내가 나에게 있어서 그것으로 있는 것'의 자유로운 선택은 그 한계가 어떤 것이든, 이 선택의 한계를 떠맡는다는 것을 포함하고 있다. 이때도 또한 우리가 훨씬 앞에서 지적한 것처럼, 선택은 유한선택이다. 그러나 선택된 유한성이 내적인 유한성이고, 자유 그 자신에 의한 자유의 결정인 것에 비해, 실감될 수 없는 것의 회복에 의해 떠맡게 된 유한성은 외적인 유한성이다.

　나는 모든 나의 선택에 한계를 부여하고, 나의 모든 선택의 이면을 구성하는, 하나의 '거리가 있는 존재'를 가지는 것을 택한다. 다시 말하면, 나는 나의 선택이 나의 선택 이외의 다른 것에 의해 한정되어 있는 것을 택한다. 설령 내가 그것에 화가 나서 모든 수단을 동원하여—우리가 이 책의 제3부에서 본 것처럼—그런 한계를 회복하려고 시도해 봤자, 그 회복의 시도 가운데 가장 강력한 시도조차, 우리가 내면화하고자 하는 한계를 '한계'로서 자유롭게 되찾는 것 속에 근거가 주어져야 한다. 그러므로 자유는, 타인의 자유에 의해 한계가 주어진 자유로 있는 것을 선택함으로써, 실감될 수 없는 한계를 자신의 책임 아래 되찾고, 그것을 상황 속에 복귀시킨다. 그 결과 상황의 외적인 한계는 '한계—상황(situation-limite)'이 된다. 다시 말하면 그런 한계는 '실감될 수 없다'는 특징을 가진 채 '내면의' 상황에 통합된다. 더욱이 '실감되어야—하는—실감될 수 없는 것'으로서, 또 나의 선택에 의해 선택되었으면서도 나의 선택에서 도피하는 이면으로서, 그런 한계는 '존재하기' 위한 나의 절망적인 노력의 하나의 의미가 된다. 그럼에도 그런 한계는, 나의 이 노력 저편에 '선험적으로(아프리오리하게)' 자리잡고 있다. 그것은 마치 죽음—이것은 다른 형태의 '실감될 수 없는 것'인데, 지금 여기서 그것을 살펴보고 있지는 않다—의 경우와 같다.

　죽음은 설령 나의 현전과 나의 인생이 다시는 실현될 수 없는 하나의 세계 쪽을, 즉 인생의 하나의 '저편'을 가리킨다 해도, 적어도 그것이 '인생의 하나의 사건'으로 생각되는 한에서 '한계—상황'이 된다. 인생의 하나의 '저편'은 나의 인생에 의해서만, 또 나의 인생 안에서만 그 의미를 갖는 것인데도, 역시 나에게는 실감될 수 없는 것인데, 그런 한에서 인생의 하나의 '저편'이 '존재한다'는 사실, 내 자유의 저편에 하나의 자유가 존재하고, 내 상황의 저편에 하나의 상황이 존재하고 있으며, 그 저편의 상황에 있어서는, 내가 상황으로서 살아가는 것은 세계 한복판에서의 대상적인 형태로서 주어진다는 사실, 거기에 두 가지 형식의 '한계—상황'이 있다. 이 '한계—상황'은 곳곳에서 나의 자유에 한계를 부여하는데도, 나의 자유가 거기에 붙여 주는 의미 외에는 다른 의미를 가지지 않는다는 역설적인 성격을 지니고 있다. 계급에 있어서, 인종에 있어서, 신체에 있어서, 타자에게 있어서, 직무 등에 있어서 하나의 '……를 위해−자유로−있음(être-libre-pour……)'이 있다. 그것에 의해 대자는 자기 가능의 하나를 향해, 게다가 언제나 자기의 '궁극적인 가능'으로 있는 가능을 향해 자기를 기투한다.

'궁극적'이라고 하는 것은, 여기서 문제가 되고 있는 가능성은 '자기를 본다'고 하는 가능성으로, 다시 말해 '외부에서 자기를 보기 위해 자기 이외의 다른 것으로 있는' 가능성이기 때문이다. 어느 경우에나, 거기에는 하나의 '궁극'을 향한 자기기투가 있다. 게다가 이 궁극은 자기기투 그 자체에 의해 내면화되며, 계층적인 가능들의 범위 밖의 주제적인 의미가 된다. 우리는 '프랑스인−으로 있기−위해−존재'할 수 있고, '노동자−로 있기−위해−존재'할 수 있다. 왕자는 '통치하기−위해−존재'할 수 있다. 여기서 우리에게 문제가 되는 것은, 이를테면 시온주의자인 유대인이 그 인종에 있어서 결연히 자기를 떠맡는 의미에서, 다시 말해 그가 자기 존재의 끊임없는 '타유화'를 구체적이고도 결정적으로 떠맡는 의미에서, 우리가 떠맡아야 하는 우리 존재의 한계이며, 우리 존재의 부정적인 '상태'이다. 마찬가지로 혁명적인 노동자는 자기의 혁명적인 기도 자체에 의해, 하나의 '노동자−로 있기−위한−존재'를 떠맡는다. 그리고 우리는 하이데거와 마찬가지로−하기는 그가 사용한 '본래적' '비본래적'이라는 표현은, 거기에 암암리에 들어 있는 도덕적인 의미 때문에, 약간 진실성이 부족한 데가 있고 또 의문의 여지가 있다─지적할 수도 있겠지만, 여전히 항상 가능으로 있는 거부와 도피의 태도는, 그럼에도, 그 태도가 도피하는 바로 그것의 자유로운 떠맡음이다.

그러므로 부르주아는 계급의 존재를 부정함으로써 자기를 부르주아로 만들고, 노동자는 계급의 존재를 긍정하고 또 자기의 혁명 활동을 통해 자기의 '계급−속−존재'를 실현함으로써 자기를 노동자로 만든다. 그러나 자유에 있어서 외적인 이들의 한계는, 바로 그것들이 외적이고, 실감될 수 없는 것으로서밖에 내면화되지 않기 때문에, 결코 자유에 있어서의 '현실적인' 장애도 아닐 것이고, 당해지는 한계도 아닐 것이다. 자유는 전면적이고 무한하다. 그렇다고 해서 뭔가 한계를 '갖지 않는다'는 것은 아니다. 오히려 자유는 결코 '한계를 만나지 않는다'는 뜻이다. 자유가 순간마다 부딪치는 유일한 한계는 자유가 스스로 자기에게 맡기는 한계인데, 그것에 대해서는 '과거', '환경', '기술' 등과 관련하여 이미 살펴본 바 있다.

(E) 나의 죽음

지금까지 죽음은 '벽'의 반대쪽에 존재하는 것이므로 더없이 비인간적인 것으로 여겨져 왔지만, 그것을 완전히 다른 관점에서, 다시 말하면 그것을 인생의 하나의 사건으로 살펴보는 방법을 생각해 낸 사람이 있다. 이 변화는 결코 근거가 없는 것은 아니다. 왜냐하면 죽음은 하나의 말단이며, 모든 말단은(그것이 끝의 말단이든 시작의 말단이든) 두 얼굴을 가진 야누스이기 때문이다. 우리는 말단을 그 과정을 한정하고 있는 '존재의 무'에 붙이는 것으로 여길 수도 있고 또는 반대로 말단을, 그것이 한정하고 있는 계열에 붙이는 것, 하나의 존재하는 과정에 속하며, 어떤 방법으로 그 과정의 의미를 구성하고 있는 존재로 여길 수도 있다. 그러므로 어떤 멜로디의 마지막 화음은, 한쪽에서 볼 때는 침묵 쪽을, 즉 그 멜로디 뒤에 이어지는 '소리의 무(無)' 쪽을 향하고 있다. 어떤 의미에서는 이 마지막 화음은 침묵으로 되어 있다. 왜냐하면 뒤에 이어지는 침묵은 종결화음 속에 그것의 의미로서 이미 현전하고 있기 때문이다. 그러나 다른 쪽에서 보면, 마지막 화음은 그 멜로디인 이 존재 '충실'에 붙어 있다. 만일 마지막 화음이 없다면, 이 멜로디는 공중에 머물러 있을 것이다. 그리고 종말의 이 미결정은 음표에서 음표로 거슬러 올라가, 그 음표 하나하나에 미완의 성격을 지니게 할 것이다.

죽음은 항상—이 생각이 합당한지 어떤지는 아직 우리가 결정할 수 없는 일이지만—인생의 종말로 여겨져 왔다. 죽음이 이런 것으로서 여겨지는 한, 어떤 철학이, 특히 인간을 둘러싸고 있는 절대적인 비인간적인 것에 대해 인간적인 입장을 명확하게 하는 데 전념하는 철학이, 죽음을 무엇보다 먼저, '인간존재의 무'를 향해 열려 있는 하나의 문으로 여기는 것은 당연한 일이었다. 또한 이 무가 어떤 의미에서는 존재의 절대적인 정지 또는 비인간적 형태하에서의 존재라고 생각되는 것도 당연한 일이었다. 그리하여 우리는 죽음이 비인간적인 것과의 직접적인 접촉으로 나타난 한에서, 따라서 또한 죽음이 절대적인 비인간성을 가지고 인간을 형성하는 동시에 죽음이 인간에게서 벗어나 있었던 한에서, 죽음에 대한 실재론적인 사고방식이—실재론적인 위대한 학설과의 상관관계에 있어서—존재했다고 할 수 있을 것이다.

물론 실재에 대한 관념론적이고 인간주의적인 사고방식으로 보면, 인간이 설령 자기의 한계라고는 해도, 비인간적인 것을 만난다는 것은 허용될 수 있는 일이 아니었다. 사실 이 경우에도 인간을 어떤 비인간적인 빛으로 비추기 위해서는, 이 한계의 관점에 서는 것만으로 충분했을 것이다. 죽음을 '회복하기' 위한 관념론적인 시도는 원래 철학자들이 하는 일이 아니라, 릴케 같은 시인들 또는 말로 같은 소설가들의 일이었다. (그들의 경우에는) 죽음을 '계열에 속하는' 최종 말단으로 여기는 것만으로 충분했다. 만일 계열이 이렇게 자기의 '그것에 이르는 말단(terminus ad quem)'을 회복한다면 그리고 정녕 계열의 내부를 표시하는 이 '……에 이르는(ad)' 것인 까닭에 그것을 회복한다면, 인생의 종말로서의 죽음은 내면화되고 인간화된다.

　인간은 이미 인간적인 것밖에 만날 수가 없다. 더 이상 인생의 '저 너머'란 존재하지 않는다. 죽음은 하나의 인간적인 현상이다. 그것은 인생의 최종 현상이기는 하지만 또한 인생이다. 이런 것으로서 죽음은 거꾸로 인생 전체에 영향을 미친다. 인생은 인생에 의해 한계가 정해진다. 인생은 아인슈타인의 세계와 마찬가지로 '유한하기는 하지만, 한계가 주어지지 않는 것'이 된다. 죽음은 종결 화음이 멜로디의 의미인 것과 마찬가지로 인생의 의미가 된다. 거기에는 기적적인 것이라고는 아무것도 없다. 죽음은 해당 계열의 하나의 항(項)이다. 잘 알려진 바와 같이, 어떤 계열의 각각의 항은 그 계열의 모든 항에 대해 언제나 앞서서 존재한다. 그러나 이렇게 회복된 죽음은 단순히 인간적인 것으로 머물러 있지 않는다. 죽음은 '나의 것'이 된다. 내면화됨으로써 죽음은 개별화된다. 그것은 이미 인간적인 것에 한계를 지니도록 하는, 위대한 불가지(不可知)의 것이 아니다. 오히려 그것은 '나의' 개인적인 인생 현상이며, 이 현상이 이 인생으로 하여금 오직 하나뿐인 인생, 즉 두 번 다시 되풀이할 수 없는 인생, 결코 다시 새로 수정할 수 없는 인생으로 만드는 것이다. 따라서 나는 나의 인생에 대해서와 마찬가지로 '나의' 죽음에 대해 책임이 있는 자가 된다. 그렇다고 나의 마지막 경험적이고 우연적인 현상에 대해 책임이 있다는 것이 아니라, 나의 죽음과 마찬가지로 나의 인생으로 하여금 '나의' 인생이 되게 하는, 이 유한한 성격에 대해 책임이 있다는 얘기이다. 릴케가 개개인의 최후는 자기의 인생과 닮았음을 보여 주려고 노력하는 것은 그런 의미에서이다. 왜냐하면 개별적인 인생은 모두 이 종말에 대한 준비였기 때문이다. 말로가 《정복자》에서 유럽적인 교양이 몇몇 아시아인들에게 죽음의 의미를 깨닫게 하고, 그 결과 그들이 갑자기 '인생은 유일하다'는 그 절망적이고 도취되는 듯한 진리에 눈뜨는 것을 보여 주는 것도 그런 의미에서이다.

그렇다 해도 죽음의 이런 인간화에 하나의 철학적인 형태를 지니도록 하는 것은 하이데거에게 남겨진 일이었다. 사실, 만일 '현존재(Dasein)'가 정말로 기도 (企圖)이고 앞지르기이기 때문에 '아무것도 당하지 않는다면', 현존재는 세계 속에서의 앞서서 존재함을 더 이상 실현하지 않는 가능성으로서의, 그 자신의 죽음의 앞지르기이자 기도가 아니면 안 된다. 그리하여 죽음은 현존재의 본래의 가능성이 되었다. 인간존재의 존재는 '죽음에 대한 존재(Sein zum Tode)'*51로서 정의된다. 현존재가 죽음을 향한 자기의 기도를 결정하는 한에서 현존재는 '죽는 것—에 대한—자유'*52를 실현하고 또 유한성의 자유로운 선택에 의해 스스로 자기를 전체로서 구성한다.

이런 학설은 언뜻 보면 우리를 상당히 매혹시키지 않을 수 없다. 죽음을 내면화함으로써 죽음은 우리 자신의 의도에 봉사한다. 우리의 자유가 지닌 이 외견상의 한계는 내면화됨으로써 자유에 의해 회복된다. 그렇다 해도 그런 견해의 편리함과 그 속에 담겨 있는 의심할 여지 없는 진리 부분에 깜박 현혹되어서는 안 될 것이다. 우리는 처음부터 문제를 다시 검토해야 한다.

인간존재는 확실히 그것에 의해 세계성이 현실이 되는 것이며, 이런 인간존재가 비인간적인 것을 만나는 일은 있을 수 없을 것이다. 비인간적이라는 개념자체가 원래 하나의 인간적인 개념이다. 그러므로 설령 '그 자체에 있어서' 죽음이 비인간적인 하나의 절대를 향한 하나의 이행이라 하더라도, 죽음을 그런 절대를 향해 열려 있는 천창(天窓)으로 여기는 희망은 버려야 한다. 죽음이 우리에게 무언가를 드러내 보인다고 하면, 그것은 오직 우리 자신에 대해서만, 또 인간적인 관점에서만 가능하다. 그렇다 해도 그것은, 죽음이 인간존재에게 선험적으로 속해 있다는 것을 의미하는 것일까?

무엇보다 먼저 지적해 두어야 하는 것은 죽음의 부조리한 성격이다. 그런 의

---

*51 이 말은 하이데거가 사용한 독일어를 그대로 사용한 것이다.

*52 죽는 것—에 대한—자유(la liberté-pour-mourir)는 직역하면 죽는 것을 위한 자유이지만, 이 말 또한 하이데거의 Freiheit zum Tode의 뜻으로 보아 죽음에 대한 자유라는 뜻으로 해석 번역하였다.

미에서 죽음을 어떤 멜로디의 말단에서 등장하는 종결화음으로 여기려는 모든 시도는 엄격히 물리쳐야 한다. 지금까지 때때로 이런 말이 들려왔다.

"우리가 놓여 있는 상황은, 많은 사형수들 사이에 있는 한 사람의 사형수의 상황과 같다. 그 사형수는 자기의 사형 집행일을 모르고 있지만 매일같이 자기의 감방 친구가 처형되는 것을 본다."*53

이것은 전면적으로 그렇다고 할 수는 없다. 차라리 꿋꿋하고 당당한 태도로 처형에 대한 마음의 준비를 하면서, 교수대 위에서 존엄을 지키기 위해 모든 배려를 하는 동안, 에스파냐독감에 걸려 덜컥 죽어 버리는 예에, 우리를 비유하는 것이 타당할 것이다. 그것이야말로 죽음이 '언제 어느 때' 닥쳐와도 받아들이도록 죽음에 관한 대비를 권장하는, 그리스도교적인 지혜가 깨달은 바이다. 그리하여 우리는 죽음을 '기대된 죽음(mort attendue)'으로 바꿈으로써 죽음을 되찾으려고 한다. 만일 우리 인생의 의미가 죽음의 기대가 된다면, 사실 죽음은 엉겹결에 닥쳐옴으로써 인생 위에 죽음 도장을 찍는 일밖에는 하지 못할 것이다. 그것이야말로 하이데거의 '결의성(Entschlossenheit)'에 들어 있는 가장 적극적인 점이다. 그러나 불행히도 그것은, 거기에 따르는 것보다는 주는 것이 더 쉬운 권고이다. 그것은 인간존재의 타고난 취약성 때문에 또는 비본래성의 근원적인 기투 때문에 그런 것이 아니라, 죽음 그 자체 때문에 그러하다. 사실 우리는 '하나의' 개별적인 죽음을 기대할 수는 있지만, 죽음 '그 자체'를 기대할 수는 없다.

하이데거가 보여 주는 마술은 매우 쉽게 간파할 수 있다. 그는 한 사람 한 사람의 죽음을 개별화하는 것에서 시작하여, 죽음은 한 사람의 '인격의' 죽음, 한 사람의 개인의 죽음이고, '아무도 나를 대신해서 해 줄 수 없는 유일한 것'임을 우리에게 지시한다. 그런 다음, 그는 '현존재'에서 출발하여 죽음에 부여한 이 비할 데 없는 개별성을 이용하여, '현존재' 자체를 개별화한다. '현존재'가 본래적인 실재를 지향하여 일상적인 평범함에서 벗어나고, 그럼으로써 대

---

*53 이 비유는 파스칼의 《팡세》 중의 한 대목과 비슷하다. 즉 파스칼은 그의 단장(斷章) 199에서 다음과 같이 서술하고 있다. "수많은 사람들이 사슬에 매인 채 사형선고를 받고 있다. 그중의 몇 사람은 날마다 다른 사람들이 보는 앞에서 교살되고, 나머지 사람들은 그 동료의 상황 속에서 자기 자신의 상황을 보며, 슬픔과 절망 속에서 서로 얼굴을 마주 보며 자기 차례가 오기를 기다리고 있다. 이것이 인간의 상황을 그려낸 것이다."

신할 수 없는 인격의 유일성에 이르게 되는 것은, 자기의 최종적 가능성을 향해 자유롭게 자기를 기투함에 의한 것이다. 그러나 거기에는 하나의 순환이 있다. 사실, 죽음이 그런 개별성을 지니고, 그 개별성을 부여할 능력을 지니고 있다는 것을 어떻게 입증할 것인가? 물론 만일에 죽음이 '나의 죽음'으로서 기술된다면, 나는 그것을 기대할 수 있다. 그것은 특징지어진 명료한 하나의 가능성이다. 하지만 나에게 닥쳐올 죽음은 과연 '나의' 죽음일까? 무엇보다도 '죽는 것은 누구도 나를 대신해서 할 수 없는 유일한 것'이라는 말은 전혀 근거가 없는 것이다. 또는 이 추리 속에는 분명한 하나의 자기기만이 숨어 있다. 사실 만일 우리가 죽음을 최종적이고 주관적인 가능성으로 본다면, 또 대자에게만 관련이 있는 사건으로 여긴다면, 어느 누구도 나를 대신해서 죽을 수 없는 것은 분명한 사실이다. 그러나 그렇게 되면 이 관점—즉 코기토의 관점—에서 파악된 나의 가능성들은, 그것이 본래적인 실존 속에서 파악되든, 비본래적인 실존 속에서 파악되든, 모두 나 이외의 다른 사람에 의해서는 기도될 수 없다는 얘기가 된다.

만일 사람들이 '사랑한다'는 말에 의해 '나의' 서약인 그 서약을 지키고, '나의' 감동인 그 감동(그것이 아무리 평범한 감동이라 할지라도)을 체험하는 것을 의미한다면, 그 누구도 나를 대신해서 사랑할 수는 없는 것이다. 그리고 이 '나의'라는 것은 이 경우, 결코 일상적인 평범함 위에 파악된 한 사람의 인물과 관련된 것은 아니다(만일 그것과 관련된 것이라면, 하이데거는 우리에게 다음과 같이 반박할지도 모른다. "내가 체험하는 사랑이 '나의' 사랑이고, 내 안에 있는 '다른 사람들'의 사랑이 아니기 위해서는, 나는 '죽는 것에 대해 자유'로워야 한다"). 오히려 그 반대로 이 '나의'는 전적으로 그저 하이데거가 '현존재는 그때마다 나의 것(Dasein ist je meines)'이라고 선언할 때, 그가 모든 현존재—그것이 본래적인 존재방식으로 존재하든, 비본래적인 존재방식으로 존재하든—에 대해 확실하게 인정하고 있는 이 '자기성'과 관련된 것이다. 그러므로 이런 관점에서 본다면 가장 평범한 사랑도 죽음과 마찬가지로, 대신할 수 없는 것, 오직 하나뿐이고 독자적인 것이다. 그러므로 누구도 나를 대신해서 사랑할 수는 없는 것이다.

그러나 그와 반대로 만일 사람들이 세계 안에서의 나의 행위를 그런 기능과 효과와 결과라는 관점에서 살핀다면, 틀림없이 타인은 언제나 내가 하는 일을 할 수 있다. 만일 그 여자를 행복하게 해 주고 그녀의 생활 또는 그녀의 자유를 보호하고, 그녀에게 구원이 될 수단을 제공하고 또는 그저 단순히 그녀와 함께 가정을 꾸리며 그녀에게 '아이를 낳게 하는 것'이 문제라면, 그리고 만일 '그것이 바로' 사람들이 사랑이라고 부르는 것이라면, 그때는 누군가 다른 사람이 나 대신 사랑할 수도 있을 것이다. 타인은 정말로 나를 대신해서 사랑할 수 있을 것이다. 그것은 다수의 감상적인 소설 속에서 수없이 얘기되고 있는 희생의 의미 바로 그것이다. 그런 소설은 자기가 사랑하는 여자의 행복을 바라고 구하면서 라이벌 앞에서 물러나는 사랑의 주인공들을 우리에게 보여 준다. 왜냐하면 '그 라이벌이 자기보다 그녀를 훨씬 더 사랑해 줄 수 있을 것이라'고 믿기 때문이다. 이런 경우에 그 라이벌은 특히 '……를 대신해서 사랑한다(aimer pour)'는 책무를 지고 있다. 왜냐하면 사랑한다는 것은 '자신이 다른 사람한테서 위탁받은 사랑에 의해, 행복하게 해 주는 것'으로 규정되기 때문이다. 그 밖에 나의 어떤 행위에 대해서도 그렇게 말할 수 있다. 나의 죽음조차도 '또한' 이 범주에 들어갈 것이다. 만일 죽는다는 것이 교화하기 위해 죽고, 증언하기 위해 죽고, 조국을 위해 죽는 것이라면, 누구든 상관없는 누군가가 나를 대신해서 죽을 수 있다—마치 누가 산제물이 될지 제비뽑기로 결정한다는 옛날의 샹송*[54]에서처럼—요컨대 '나의 죽음'에만 특별히 있는 인격구성적 능력이란 처음부터 존재하지 않는다. 오히려 완전히 반대로, 죽음은 내가 나를 이미 주관성의 관점 속에 두었을 때만 '나의' 죽음이 된다. 나의 죽음을, 그 무엇도 대신할 수 없는 주관적인 것으로 만드는 것은 반성 이전(反省以前)의 코기토에 의해 규정되는 나의 주관성이며, 결코 죽음이 나의 대자에게 그 무엇도 대신할 수 없는 자기성을 부여하는 것은 아니다. 이 경우에 죽음은 '그것이 바로 죽음이기 때문에, 나의' 죽음으로서 특징지어질 수는 없을 것이다. 따라서 죽음의 본질적인 구조는, 죽음을 우리가 기대할 수 있는 인격화되고 자격이 주어진 사건으로 만들기에 충분하지 않다.

그러나 그 밖에도, 죽음이 '나의' 죽음의 선고(이를테면 일주일 뒤에 있을 처

---

*54 여기에 이야기된 샹송은 유명한 프랑스 민요로서 Il était un petit navire, (bis) Qui n'avait ja-ja-jamais navigué, (bis) Ohé! Ohé! 하는 구절이 있다. 조그만 배가 표류 중 먹을 것이 떨어지자 제비뽑기로 누가 잡아먹힐지를 결정하기로 했는데, 가장 어린 소년이 뽑혔다. 소년은 돛대 위로 기어올라가 성모 마리아에게 간절한 기도를 드렸다. 그랬더니 기적이 일어나, 수많은 물고기들이 배 안으로 뛰어들어 소년이 죽음을 면했다는 이야기이다.

형, 자신도 그 무참한 순간이 다가오고 있음을 알 수 있는 질병의 결과 등)처럼, 명확하게 지정되어 있는 것이 아닌 한, 죽음이 기대되는 일은 결코 없을 것이다. 왜냐하면 죽음은, 설령 그것이 '죽음'의 기대일망정, 모든 기대의 부조리성을 드러내 보이는 것 이외의 아무것도 아니기 때문이다. 사실 무엇보다 먼저, 우리가 지금까지 혼동해 온 '기다리다(attendre)'라는 동사의 두 가지 의미를 주의 깊게 구별해야 할 것이다. 죽음을 '각오하는(s'attendre à la mort)' 것은 죽음을 기대하는(attendre la mort) 것이 아니다. 우리는 일정한 과정이 실현시키고 있는 일정한 사건밖에 기대할 수 없다. 나는 사르트르*⁵⁵에서 출발하는 기차의 도착을 기다릴 수 있다. 왜냐하면 나는 기차가 사르트르역을 떠난 것을 알고 있고 또 기차 바퀴가 회전할 때마다 그 기차가 파리역에 가까워지고 있음을 알고 있기 때문이다. 물론 그 기차는 늦어질 수도 있고, 무슨 사고가 일어날 수도 있다. 그러나 그럼에도 정거장으로 진입하게 될 그 과정 자체는 '현재 진행 중'이고, 정거장 진입을 늦추거나 중지시킬지도 모르는 현상은, 이 경우에 단순히 그 과정이, 상대적으로 폐쇄적이고 상대적으로 고립된 하나의 체계에 지나지 않는다는 것, 또 사실은 메이에르송이 말한 '섬유구조'를 가진 하나의 우주 속에 잠겨 있다는 것을 의미할 뿐이다. 그러므로 '나는 피에르를 기다린다'고 말할 수 있는 것이고, '나는 기차가 늦을 수 있다는 것도 예상하고 기다린다'고 말할 수 있는 것이다.

하지만 나의 죽음의 가능성은 단순히 내가 생물학적으로 고립된 하나의 체계일 뿐이라는 것을 의미한다. 나의 죽음의 가능성은 단지 나의 신체가 모든 존재물의 전체에 속해 있다는 것을 보여 줄 뿐이다. 나의 죽음의 가능성은 일어날지도 모르는 기차의 지연과 비슷한 것이지, 피에르의 도착과 비슷한 것은 아니다. 나의 죽음의 가능성은 미리 알 수 없는 장애, '미리 기대할 수 없는 장애(empêchement inattendu)' 쪽에 있다. 이런 장애는, 예기될 수 없다는 특수한 성격을 그 자체 속에 가지고 있기 때문에, 항상 '고려해야' 하는 사항이지만, 우리는 그 장애를 기대할 수는 없다. 왜냐하면 이런 장애는 그 자신이 불확정 속에 묻혀 있기 때문이다. 사실 여러 가지 요인이 엄밀하게 서로 조건을 가지고 있다는 것은 결코 입증되지 않을 것이고, 따라서 하나의 형이상학적인 선택을 필

---

*55 파리 서남쪽 보스(Beauce) 평야에 있는 도시.

요로 하지만, 설령 그렇다 해도 그런 요인들의 수는 한없고, 그런 요인들의 조합은 더욱더 끝이 없다. 적어도 지금 문제가 되고 있는 관점에서 보면, 그런 요인들의 총체는 하나의 체계를 구성하지 않는다. 그 결과—즉 나의 죽음—는 언제라고 미리 알 수 없을 것이고, 따라서 미리 기대할 수 없을 것이다. 아마도 내가 평온하게 이 방 안에서 글을 쓰고 있는 동안에도, 우주의 상태는 나의 죽음이 상당히 가까워져 있는 것으로 되어 있을지도 모른다. 그러나 또 어쩌면 그와는 정반대로 나의 죽음은 지금 상당히 멀리 떨어진 곳에 있을지도 모른다. 이를테면 내가 소집령을 기다리고 있다면, 나는 나의 죽음이 가까워졌다고 생각할 수 있다. 다시 말해 가까운 죽음의 전망이 상당히 커졌다고 생각할 수 있다. 하지만 똑같은 그 순간에 비밀리에 국제회의가 개최되어, 거기서 평화를 연장시키는 수단이 발견되는 일도 충분히 있을 수 있다. 그렇다면, 나는 흘러가는 일분일초가 나를 죽음으로 내몰고 있다고 말할 수 없는 것이다. 물론, 만일 내가 아무렇게나 '나의 인생은 한계가 정해져 있다'고 생각한다면, 일분일초가 나를 죽음으로 가까이 데려가고 있는 것은 틀림없다.

그러나 신축성이 매우 큰 이 한계(나는 백 살에 죽을 수도 있고, 서른일곱 살에 죽을 수도 있으며, 바로 내일 죽을 수도 있다)의 내부에서는, 나는 그 일분일초가 사실 나를 그 말단에 다가가게 하고 있는지, 아니면 거기서 멀리 떼어놓고 있는지 알 수가 없다. 이것은 노년의 최후 시기의 죽음과 장년 또는 청년기에 우리를 사라지게 하는 갑작스러운 죽음 사이에는, '질적으로' 상당한 차이가 있기 때문이다. 전자를 기대하는 것은 인생이 하나의 '한계가 있는' 기도라는 것을 인정하는 일이다. 다시 말하면 인생이란, 우리가 유한성을 선택하고, 그 유한성을 바탕으로 우리의 목적을 선택할 때의 여러 가지 방법 가운데 하나라는 것을 인정하는 일이다. 후자를 기다리는 것은, 나의 인생이 하나의 '결여적인' 기도이기를 기대하는 일일 것이다. 만일 노년의 죽음(또는 뚜렷한 선고에 의한 죽음)밖에 존재하지 않는다면, 나는 '나의' 죽음을 기대할 수 있을 것이다.

하지만 진정 죽음의 특징은, 그것을 언제 어느 때의 일로 기대하고 있는 사람들을 기한 이전에 언제라도 덮칠 수 있다는 것이다. 또 노년의 죽음이 우리 선택의 유한성과 혼동되고, 따라서 우리 인생의 종결화음으로서 체험될 수 있다면(우리에게는 하나의 임무가 주어져 있고, 그 임무를 완수하기 위해서 '시간이 주어져' 있다면), 그와 반대로 갑작스런 죽음은 절대로 기대할 수 없는 것이다.

왜냐하면 갑작스런 죽음은 불확정적이고, 정의상 우리는 그것을 언제 있을 일로서 기대할 수 없기 때문이다. 사실 갑작스러운 죽음 속에 포함되어 있는 것은, 우리가 기대했던 날짜 전에 갑자기 죽을 수도 있다는 가능성이고, 따라서 우리의 기대가 '기대로서는' 틀어질 수도 있다는 가능성이며, 다시 말하면 우리가 그 날짜보다 '더 오래 살' 수도 있다는 가능성, 또 우리는 이 기대뿐이었으므로, 우리가 우리 자신보다 오래 살 수도 있다는 가능성이다. 나아가서 갑작스런 죽음이 노년의 죽음과 질적으로 다른 것은, 우리가 어느 한쪽의 죽음을 '살고 있는' 한에서일 뿐이므로, 또 생물학적으로 보면, 즉 우주의 관점에서 보면, 어느 죽음도 그 원인이나 그것을 결정짓는 요인에 있어서는 결코 차이가 없기 때문에, 한쪽의 불확정성은 사실상 다른 쪽으로 다시 튀어서 돌아온다. 다시 말하면 우리는 맹목적으로만, 또는 불성실에 의해서만, 노년의 죽음을 '기대할' 수 있다.

사실 우리는, 가능성으로 보면, 우리의 의무를 완수하기 전에 죽거나 또는 그보다 더 오래 살아남거나 둘 중의 하나이다. 따라서 이를테면 소포클레스의 죽음처럼,[56] 우리의 죽음이 종결화음으로서 찾아올 가능성은 매우 적다. 그러나 만일 우리의 죽음의 성격을, 따라서 우리의 인생의 성격을 결정하는 것이 단지 '운'이라고 한다면, 어떤 멜로디의 종말에 가장 비슷한 죽음이라 해도, 그런 죽음으로서는 기대될 수 없다. 우연이 죽음을 결정함으로써, 그 죽음에서 조화적인 종말이라고 하는 모든 성격이 제거된다. 사실 어떤 멜로디의 종말은, 그 멜로디에 그 의미를 부여하기 위해서는 그 멜로디 자체에서 흘러나오는 것이라야 한다. 그러므로 소포클레스의 경우에 볼 수 있는 죽음은 하나의 종결화음과 '비슷하겠지만', 하나의 종결화음이 '될 수'는 결코 없을 것이다. 예를 들면 겹겹이 쌓인 나무 몇 개가 무너질 때 만들어지는 글자의 집합은 아마도 어떤 낱말과 비슷하겠지만, 하나의 낱말이 되지는 않을 것이다. 그러므로 나의 기도 속에서 끊임없이 나타나는 우연은, '나의' 가능성으로는 파악될 수 없을 것이다. 오히려 그 반대로, 그것은 나의 모든 가능성의 무화로서, '그 자체가 이미 내 가능성의 일부를 이루지 않는' 무화로서 파악된다. 그러므로 죽음은 세계 속에서의 앞서 존재함을 더 이상 실현하지 않는다는 '나의' 가능성이 아니라,

---

*56 소포클레스의 일생은 명성과 행운의 연속이었으며, 90세 나이로 수명을 다할 때 마치 '종결화음'처럼 죽음을 맞이했다고 한다.

오히려 '나의 가능성에 대한, 언제나 가능한 하나의 무화이고, 그런 무화는 나의 가능성 밖에 있다.'

또한 그것은 의미부여에 대한 고찰에서 출발한다면, 어느 정도 다른 방법으로 표현될 수 있다. 인간존재는 우리가 알고 있는 것처럼 '의미를 부여하는' 존재이다. 다시 말해서 인간존재는 자신이 그것으로 있지 않은 것에 의해, 자신이 무엇인지를 자신에게 알려 준다. 또는, 말하자면 인간존재는 자기 자신에 대해 장래적(와야─하는)이다. 그러므로 인간존재는 그 자신의 미래 속에 끊임없이 구속되어 있다. 달리 말하면 인간존재는 이 미래의 확인을 기대하고 있다. 사실 미래로서의 한에서, 장래는 '있게 될' 현재의 예상도이다. 우리는 '있게 될' 현재의 수중에 다시 몸을 두게 된다. 게다가 '있게 될' 현재만이, 현재라는 자격에서 내가 실제로 있는 예상적인 의미부여를 확인 또는 부인할 수 있을 것이다. 있게 될 현재는 그 자신이 하나의 새로운 미래의 빛에 비춰져서 과거를 자유롭게 되찾을 것이기 때문에, 우리는 있게 될 현재를 '결정하지' 못하고, 오히려 단순하게 그것을 기투하고, 그것을 기대할 수 있을 뿐이다. 나의 현재적인 행위의 의미는 나를 몹시 모욕한 이러저러한 사람에 대해, 내가 가하려는 꾸짖음이다. 그러나 이 꾸짖음이 신경질적이고 소심한 웅얼거림으로 바뀌지 않을지 또 나의 현재 행위의 의미가 '과거'로 바뀌지 않을지, 내가 어떻게 알겠는가?

자유는 자유를 한정하고, 과거는 그 의미를 현재에서 이끌어 낸다. 그리하여 우리가 앞에서 제시한 것처럼, 우리의 현재적인 행위는 우리에게 있어서 전면적으로 반투명(반성 이전의 코기토)한 '동시에', 또 우리가 기대해야 하는 하나의 자유로운 결정에 의해 전면적으로 가려져 있다고 하는, 그 패러독스가 밝혀진다. 청년은 자기 행위의 신비로운 의미에 대해 완전히 의식적인 동시에, 그가 현재 사춘기의 한 위기를 거치고 있는 중인지 또는 진심으로 신앙의 길에 자기를 구속하고 있는지를 결정하려면, 자신의 전 미래에 의탁하지 않을 수 없다. 그러므로 우리의 그 이후 자유는, 그것이 우리의 현재적인 가능성인 것이 아니라, 우리가 아직 그것으로 있지 않은 가능성의 근거인 한에서, '완전한 반투명 상태에 있는 하나의 불투명'으로서, 이른바 바레스(Barrès)가 '완전한 광명 속에 있는 신비'라고 부른 무언가를 구성한다. 거기서, '우리를 기대해야 한다'는 우리에게 있어서의 이 필연성이 생기는 것이다.

우리의 인생은 하나의 긴 기대이다. 즉 그것은 먼저 우리 목적의 실현에 대한 기대이고(하나의 기도 속에 구속되어 있다는 것은 그 결과를 기대하는 일이다), 특히 우리 자신에 대한 기대이다(비록 이런 기도가 실현되었다 하더라도, 설령 내가 사람들로부터 사랑을 받을 수 있었다 하더라도, 또 내가 이러저러한 경우에서 이러저러한 평판을 얻을 수 있었다 하더라도, 아직 뒤에 남아 있는 것은, 나의 인생 속에서, 이 기도 자체의 위치와 의미 그리고 가치를 결정하는 일이다). 이것은 인간적인 '본성'의 우연한 결함에서 유래하는 것도 아니고, 우리로 하여금 현재에 자기를 한정하지 못하게 하는 노이로제, 그러나 훈련하기에 따라서는 '교정될' 수 있는 노이로제에서 유래하는 것도 아니며, 오히려 자기를 시간화하는 한에서 '존재하는' 대자의 본성 그 자체에서 유래하는 것이다. 그러므로 우리의 인생은, 단순히 여러 가지 기대만으로 만들어져 있는 것으로서가 아니라, 오히려 그 자신이 여러 가지 기대를 기대하는, 기대의 기대로도 만들어져 있는 것으로 생각되어야 한다. 그것은 바로 자기성(自己性)의 구조 그 자체이다. 다시 말해 자기로 있는 것은 자기에게 오는(venir à soi) 일이다. 그런 기대는 모두 다 분명히, 더 이상 아무것도 기대하지 않고, '기대될' 하나의 궁극적인 항(項)을 향한 하나의 지시를 포함하고 있다. '존재'로 있고, 더 이상 존재의 기대로 있지 않는 하나의 휴식. 모든 계열은 원리상 결코 '주어지지' 않는 이 궁극적인 항에 달려 있다. 이 궁극적인 항은 우리 인생의 가치이며, 다시 말해서 명백하게 하나의 '즉자-대자'라는 형식의 하나의 충실이다. 이 궁극적인 항에 의하면 우리의 과거에 대한 회복은 앞으로도 뒤로도 단 한 번만 이루어질 것이다.

우리는 청춘의 이러저러한 시련이 이로운 것이었는지, 아니면 재앙이었는지, 또 사춘기의 이러저러한 위기가 일시적인 것이었는지, 아니면 나의 그 이후의 자기구속에 대한 참된 조짐이었는지에 대해 영원히 알 수 있을 것이다. 우리 인생의 곡선은 영원히 고정될 것이다. 요컨대 계산은 중지될 것이다. 그리스도교 신자들은 죽음을 이 궁극적인 항으로서 보여 주려고 했다. 나는 전에 부아슬로 신부와 개인적으로 이야기를 나눈 적이 있는데, 그 이야기 속에서 신부님이 나에게 이해시켜 준 바로는, '최후의 심판'이란 바로 이 계산의 중지이며, 그로 인해 우리는 두 번 다시 일을 새로 할 수 없게 되어, 결국 아무것도 돌이키지 못한 채, 우리가 그것으로 '있었던' 것으로 '있게' 된다는 것이다.

그러나 거기에는, 우리가 앞에서 라이프니츠에 대해 지적한 오류와 비슷한 오류가 있다. 하기는 이 오류도 실존의 한쪽 끝에 위치하고 있는 것이다. 라이프니츠에게는, 우리의 모든 행위가 우리의 본질에서 나오기 때문에, 우리는 자유롭다. 그렇다 하더라도, 이 세부적인 모든 자유가 하나의 전면적인 예속을 되찾는 데는, 우리의 본질이 우리에 의해 선택된 것이 아니었다는 것만으로 충분하다. 다시 말하면, 신이 아담의 본질을 선택한 것이다. 반대로, 우리 인생에 그 의미와 가치를 주는 것이 계산의 중지라고 한다면, 자유였다 할지라도 그것은 아무래도 상관없는 것이다. 그러므로 만일 우리가 계산이 중지되는 그 순간을 우리 스스로 선택하는 것이 아니라면, 인생의 의미 자체가 우리에게서 탈출한다. 그것은 디드로*57가 전하고 있는 어떤 일화의, 신앙심이 없는 작자가 벌써 감지한 일이다. 두 형제가 최후의 심판일에 신의 법정에 출두한다. 한 사람은 신에게 이렇게 말한다. "어째서 당신은 나를 이렇게 젊은 나이에 죽게 했는가?" 그러자 신이 대답한다. "너를 구하기 위함이다. 만일 네가 더 오래 살았더라면, 너는 너의 형과 마찬가지로 어떤 죄악을 저질렀을 것이다." 이번에는 다른 형제가 물었다. "어째서 당신은 나를 이렇게 늙어서 죽게 했는가?" 만일 죽음이 우리의 존재가 내리는 자유로운 결정이 아니라면, 죽음은 우리 인생을 '종결시킬' 수 없을 것이다. 1푼이 많은가 1푼이 적은가에 따라 모든 것이 뒤바뀔지도 모른다. 만일 그 1푼이 나의 계산에 더해지거나 빼진다면, 설령 그 1푼을 내가 마음대로 사용할 수 있다 해도, 내 인생의 의미는 나에게서 탈출한다. 그런데 그리스도교 신자의 죽음은 신으로부터 온다. 즉 신이 우리의 시간을 선택하는 것이다. 게다가 일반적으로 말하면, 비록 자기를 시간화함으로써 순간과 시간을 일반적으로 거기에 존재하게 하는 것이 나라고는 해도, 나는 내 죽음의 순간이 나 자신에 의해 정해지는 것이 아니라는 것, 우주의 여러 가지 인과관계가 그것을 결정한다는 것을 분명하게 알고 있다.

그렇다면 우리는, 이제 죽음이 인생의 외부에서 하나의 의미를 지니도록 하는 것이라고 말할 수가 없다. 하나의 의미는 주관성 그 자체에서밖에 찾아올 수 없는 것이다. 죽음은 우리의 자유를 근거로 하여 나타나는 것이 아니기 때문에, 죽음은 '모든 의미를 인생에서 없애버리는' 일밖에 할 수 없다. 만일 내가 기대의 기대라는 의미에서의 기대라면, 게다가 만일 한꺼번에 나의 마지막 기대의 대상과 기대하는 자가 없어진다면, 그 기대는 거기서 회고적으로 '부조리'

---

*57 Diderot(1713~1784) : 《백과전서》 펴낸이.

라는 성격을 받는다. 30년 동안 이 젊은이는 위대한 작가가 되기를 기대하며 살아 왔다. 그러나 그 기대는 그 자신으로서는 스스로 만족하지 못했다. 그 기대는 우쭐거리고 무분별한 고집이 될 수도 있을 것이다. 또는 그 기대는 그가 쓰게 될 책에 의한, 자기 가치에 대한 깊은 양해가 될 수도 있다. 그의 첫 번째 책이 출판되었다. 하지만 그 책 하나만으로는 그것이 무슨 의미를 갖겠는가? 그것은 하나의 처녀작이다. 가령 그 책이 훌륭했다고 하자. 그 작품은 장래에 의해서만 그 의미를 가질 것이다. 만일 그 책이 유일한 것이라면, 그것은 첫 작품인 동시에 마지막 작품이다. 그는 쓸 수 있는 한 권의 책밖에 가지고 있지 않았다. 그는 그 작품에 의해 한정되고 장식된다. 그는 '한 사람의 위대한 작가'는 아닐 것이다. 만일 그 소설이 평범한 계열 속에 자리를 차지한다면, 그것은 하나의 '우연'이다. 만일 그 소설 뒤에 수많은 뛰어난 책이 나온다면, 그 소설은 그 작자를 일류작가로 만들 수 있을 것이다. 그러나 바로 그때, 즉 그가 다른 작품을 쓸 수 있는 '소질이 있는지 어떤지' 알고자, 불안한 마음으로 자기에게 시련을 거는 바로 그때, 그가 자기를 기대하고 있는 바로 그때, 갑자기 죽음이 그 작가를 덮친다. 모든 것을 미결정 상태 속에 밀어넣는 데는 그것으로 충분하다. 죽은 이 작가는 '유일한' 책의 지은이(그가 쓸 수 있는 단 한 권의 책밖에 가지지 못했다는 의미에서)라고 말할 수도 없고 또한 그 작가가 많은 책을 썼다고도 말할 수 없는 것이다(사실, 겨우 한 작품만이 출판되었기 때문이다).

나는 아무것도 말할 수 없다. 발자크가 《올빼미당》*58을 쓰기 전에 죽었다고 가정하자. 그는 형편없는 몇몇 모험소설의 지은이로 남을 것이다. 그러나 마침내 죽은 그 젊은이가 '그것으로 있었던' 기대 자체는, 하나의 위대한 인물이라고 하는 그 기대 자체는, 모든 의미를 잃어버린다. 그 기대는 우쭐하고 고집스런 장님도 아니고, 그 자신의 가치의 진정한 의미도 아니다. 왜냐하면 그 어느 것도 결코 그것을 결정하지 못할 것이기 때문이다. 사실 그가 자기의 예술에 바쳐 온 여러 가지 희생, 그가 받아들인 그늘 속의 견디기 힘든 생활을 고려하여, 그 점을 결정하려고 시도해 보았자 아무 소용도 없을 것이다. 대부분의 평범한 작가들도 비슷한 희생을 치를 인내력을 가지고 있었기 때문이다. 반대로

---

*58 《올빼미당(Les chouans)》(1829) : 발자크가 30세 때 발표한 그의 출세작. 반혁명 왕당파로서 발자크가 쓴 이 소설은, 대혁명에 저항하며 봉기한 브르타뉴 지방의 농민봉기를 주제로 쓴 역사전기소설이다.

그런 행위의 궁극적인 가치는 결정적으로 공중에 뜬 채 머물러 있다. 또는, 말하자면 그런 총체—개개의 행위, 수많은 기대, 수많은 가치—는 단번에 부조리 속에 빠져 버린다. 그러므로 죽음은 결코 그 의미를 인생에 부여하는 것이 아니다. 오히려 그 반대로, 죽음은 원리적으로 인생에서 모든 의미를 없애는 것이다. 만일 우리가 죽어야 한다면 우리의 인생은 의미를 가지지 않는다. 왜냐하면 인생의 문제는 아무런 해결도 얻지 못하고, 그런 문제의 의미 자체가 미결정인 채 머물러 있기 때문이다.

이 필연성에서 벗어나기 위해 자살에 의지하는 것은 헛된 짓이다. 자살은 내가 그것의 근거로 있는 하나의 인생 목적으로는 생각될 수 없다. 사실 자살은 나의 인생 행위이기 때문에, 그 자신의 장래만이 그것에 줄 수 있는 하나의 의미를 필요로 한다. 그러나 자살은 내 인생의 '마지막' 행위이기 때문에 그런 장래를 자신에게 거부한다. 그러므로 자살은 전면적으로 미결정인 채 머무는 것이다. 만일 내가 죽음에서 벗어난다면, 또는 내가 '자살'에 실패한다면, 나는 훗날 나의 자살을 하나의 비겁한 행위로 판단하는 것은 아닐까? 이 사건은 또 다른 해결이 가능했음을 나에게 보여 줄 수 있지 않을까? 하지만 그런 해결은 나 자신의 기도일 뿐이므로, 오로지 내가 살아 있는 한에서만 나타날 수 있다. 자살은 내 인생을 부조리한 것 속에 빠지게 하는 하나의 부조리이다.

이미 눈치챘겠지만, 여기에 지적한 것은 죽음에 대한 고찰에서 이끌어 낸 것이 아니라 오히려 그 반대로 삶에 대한 고찰에서 이끌어 낸 것이다. 대자는 '그것에 있어서는, 그 존재에 있어서 존재가 문제되는 존재'이기 때문에, 또 대자는 '항상 하나의 뒤를 요구하는 존재'이기 때문에, 대자가 대자적으로 그것으로 있는 존재*59 속에는 죽음을 위한 어떤 장소도 존재하지 않는다. 처음부터, 죽음의 기대는, 죽음의 기대 자체를 포함한 모든 기대를 부조리로 돌려버리는 하나의 결정되지 않은 사건의 기대 이외에 무엇을 의미할 수 있겠는가? 죽음의 기대는 스스로 자신을 파괴할 것이다. 왜냐하면 죽음의 기대는 모든 기대의 부정이 될 테니까. '하나의 죽음'을 향한 나의 기투는 이해될 수 있지만(자살, 순교, 영웅적 행위), 세계 속에서의 현전을 더 이상 실현하지 않는, 결정되지 않은 가능성으로서의, '나의 죽음'을 향한 기도는 이해될 수 있는 것이 아니다.

─────────────
*59 대자가 대자로서만 존재하는 대자의 존재라는 뜻.

왜냐하면 그런 기도는 모든 기도의 파괴가 될 것이기 때문이다. 그러므로 죽음은 나 자신의 가능성이 될 수는 없을 것이다. 죽음은 나의 모든 가능성 가운데 하나도 될 수 없을 것이다.

뿐만 아니라 죽음은 그것이 나에게서 나타내 보일 수 있는 한에서, 단순히 나의 가능들의 항상 가능한 무화—나의 가능성 밖에서의 무화—이기만 한 것이 아니다. 죽음은 단지 모든 기도를 파괴하는 기도, 스스로 자신을 파괴하는 기도, 나의 모든 기대의 불가능한 파괴이기만 한 것이 아니다. 그와 아울러, 죽음은 '내가 나 자신에 대해 그것으로 있는' 관점에 대한, 타자 관점의 승리이다. 말할 것도 없이 그것은 말로가 《희망》 속에서 죽음에 대해 '죽음은 삶을 운명으로 바꾼다'*60라고 썼을 때, 그가 의미한 것이다. 사실 죽음은 그 부정적인 면에 의해서만 나의 가능성들의 무화일 수 있다. 사실 나는 내가 그것으로 있어야 하는 즉자존재에 대한 무화에 의해서만 나의 가능성으로 있기 때문에, 하나의 무화에 대한 무화로서의 죽음은, 헤겔에게 있어서 '부정의 부정은 긍정'이라는 의미에서, '즉자'로서의 나의 존재의 정립이다. 대자가 '살아 있는' 한에서 대자는 자신의 과거를 자신의 장래를 향해 뛰어넘는다. 과거는 대자가 그것으로 있어야 하는 그것이다. 대자가 '살아 있기를 그만둘' 때, 이 과거는 그것만으로는 없어지지 않는다. 무화하는 존재의 소멸은, 즉자의 형식에 속하는 이 과거의 존재에는 손가락 하나 건드리지 않는다. 그 과거는 즉자 속에 자기를 묻어 버린다. 나의 인생은 그냥 그대로 '존재한다.' 그렇다고 결코 나의 인생이 하나의 조화적인 전체라는 의미는 아니다. 나의 인생은 자기 자신의 유예가 되는 것을 그만두었다는 의미이며, 나의 인생은 그것이 자기 자신에 대해 가지는 단순한 의식에 의해 자기를 바꾸는 것이 이미 불가능하다는 의미이다. 오히려 정반대로, 이 인생의 어떤 하나의 현상 의미는 그때부터 그 자신에 의해 고정되는 것이 아니라, 중지된 인생이라고 하는 이 열려 있는 전체에 의해 고정된다. 이 의미는 제1의적(第一義的)이고 근본적인 자격에 있어서, 우리가 앞에서 본 것처럼 '의미의 부재'이다. 그러나 제2의적이고 파생적인 자격에 있어서는, 상대적인 의미의 한없이 아롱진 빛깔, 수많은 무지개 빛깔이, 하나의 '죽은' 인생의 이 근본적인 부조리 위에서 희롱거릴 수도 있다. 예를 들면 그 궁극의 허무함이 어떤

---

*60 말로가 《희망》 속에서 쓴 이 말, 즉 '죽음 속에 있는 두려운 사실은, 죽음은 삶을 운명으로 바꾼다는 것이다'라는 구절을 사르트르는 이 책에서 세 번이나 인용했다.

것이었든 소포클레스의 삶이 행복했다는 것, 발자크의 삶이 놀라우리만치 다 사다난했다는 것 등은 여전히 남아 있다. 물론 이런 일반적인 성질부여는 더 상세히 밝혀질 수 있다. 우리는 이 생애에 대한 하나의 이야기와 동시에 하나 의 기술, 하나의 분석을 과감히 실행할 수도 있다. 우리는 더욱 명확한 성격들 을 얻을 수 있을 것이다. 예를 들면, 우리는 이러저러한 여자의 죽음에 대해서 모리아크가 그 소설 주인공의 한 사람에 대해 말한 것처럼, 그녀는 '신중한 절 망' 속에서 살았다고 말할 수도 있을 것이다.

우리는 파스칼의 '영혼'의 의미(즉 그의 내적 '생활'의 의미)를 니체가 서술한 것처럼 '호화롭고도 쓰라린' 것으로서 파악할 수도 있을 것이다.*61 우리는 이러 저러한 에피소드를 '비겁한 것' 또는 '조악한 것'으로 그 성질을 규정하는 데까 지 갈 수는 있지만, 그럼에도 다음과 같은 점을 놓쳐서는 안 된다. 즉 살아 있 는 대자라고 하는 이 '끊임없는-유예상태에 있는-존재'의 우연적인 중지만 이, 근본적인 부조리를 근거로, 문제의 이 에피소드에 상대적인 의미를 부여하 는 것을 허용하는데, 그런 의미는 하나의 '본질적으로 잠정적인' 의의이며, 그 잠정성이 우연히, 결정적인 것으로 옮겨 간 것에 지나지 않는다. 그러나 피에르 의 인생 의미에 대한 이렇게 서로 다른 설명들은, 그의 인생에 대해 설명하는 것이 피에르 자신이었을 때는, 결과적으로 인생의 의미와 방향을 바꾸게 되는 것이었다. 왜냐하면 자기 자신의 인생에 대한 모든 기술은, 그것이 대자에 의해 시도될 때는, 그 인생의 저편을 향한 자기기투이기 때문이다. 또한 변질시키는 기도는 동시에 그것에 의해 변질되는 인생에 축적되므로, 끊임없이 자기를 시 간화함으로써 자기의 의미를 바꾸는 것은 피에르 자신의 인생이다. 그런데 그 가 죽어 버린 지금, 그의 인생이 현재와의 모든 관계를 끊고 그 즉자적인 충실 을 향해 말라비틀어지는 것을 막을 수 있는 것은 오직 '타인의 기억'밖에 없다.

죽은 인생의 특징은 타인이 그것의 감시인이 되는 인생이라는 얘기이다. 이 것은 단순히 타인이 '고인'의 인생을 명백하고 인식적으로 재구성함으로써 인 생을 '고인'에게서 붙잡아 둔다는 것만을 의미하는 것은 아니다. 오히려 그 반 대로, 그런 재구성은 죽은 사람의 인생에 대해 취할 수 있는 타인의 태도 가운 데 하나일 뿐이다. 따라서 '재구성된 인생'(친지들의 추억에 의한 가족적인 환경

---

*61 니체의 유고집 《생성의 무죄》 속에 있는 글.

속에서, 또는 역사적인 환경 속에서)이라는 성격은 다른 많은 인생을 제외하고 어떤 인생을 드러내 보이려고 찾아오는 하나의 특수한 운명이다. 그 결과 필연적으로 '망각의 심연에 가라앉은 인생'이라고 하는 반대의 성격 또한 타인으로부터 출발하여 어떤 인생에 찾아오는 어떤 특수한 그리고 기술될 수 있는 운명을 나타내게 된다.

잊힌다는 것은 타인의 어떤 태도의 대상이 되는 것, 타자의 마음속에서 하나의 분명한 결정 대상이 되는 것이다. 잊힌다는 것은 사실, 결정적으로 영원히 하나의 집단 속에 녹아들어간 요소로서 파악되는 것이다('13세기의 대영주들', 18세기의 '부르주아적인 휘그당원들', '소비에트의 관료들' 등). 그것은 결코 '사라져 없어지지' 않는다. 오히려 그것은 자기의 개인적인 존재를 잃어버리고, 집단적인 존재로 타인들과 함께 구성되는 것이다. 이것이 우리에게 우리가 입증하려고 한 바를 잘 보여 준다. 즉 타인은 죽은 사람들과의 접촉이 없이 '먼저' 존재하고, 그런 다음에 어떤 특수한 죽은 사람들(생전의 모습을 알고 있는 사람들, '위대한 죽은 자들' 등)과의 이러저러한 관계를 갖는 것을 결정하는(또는 주위의 사정이 그와 같이 결정하게 하는) 일은 있을 수 없을 것이다. 사실상 죽은 자들에 대한—'모든' 죽은 자들에 대한—관계는 우리가 앞에서 '대타존재'라고 이름지었던 근본적인 관계의 하나의 본질적인 구조이다. 대자는 그 존재에 대한 나타남에 있어서, 죽은 자들에 대해 입장을 취해야 한다. 대자의 최초의 기도는 죽은 자들을 광범위한 이름 없는 집단으로 또는 확실한 개인으로 조직한다. 게다가 대자는 그런 집단과 개인에 관해 그런 소원(疎遠)함 또는 그런 절대적인 친근함을 결정한다. 대자는 자기를 시간화함으로써 그것들과 자신 사이의 시간적인 거리를 전개하고 또 자기의 환경에서 출발하여 공간적인 거리를 전개한다. 대자는 자기가 무엇인지를 자기의 목적에 의해 자기에게 알려 주는 동시에, 고인이 된 그런 집단 또는 개인에 대해, 각각의 '중요성'을 결정한다.

피에르에게는 어떤 그룹이 전혀 이름이 없고 모양이 없을지라도 나에게는 특수하고 어떤 형태를 가질 수 있다. 나에게는 완전히 똑같은 어느 다른 그룹이, 장(Jean)에게는 그의 개인적인 구성요소의 어떤 것으로 나타날 수 있다. 비잔틴, 로마, 아테네, 제2십자군, 국민회의, 그런 것들은 모두 다 내가 취하는 입장, 내가 그것으로 '있는' 입장에 따라, 내가 멀리서 또는 가까이서, 대략적으로 또는 자세하게 볼 수 있는 한없는 공동묘지이다. 그러므로—내가 하는 말이

제대로 이해되기만 한다—그 사람이 어떤 죽은 자들에게 관심을 가지는가에 따라 그 사람의 '인격'을 규정하는 것도 전혀 불가능하지는 않을 것이다. 다시 말해서 그 사람이 그 공동묘지 안에서 어떤 형태의 개인 및 집단을 형성하기로 결정했는가, 그 사람이 어떤 진로, 어떤 오솔길을 지나갔는가, 그 사람이 어떤 교훈을 스스로 얻으려고 결심했는가, 그 사람이 그곳에 어떻게 '뿌리'를 내렸는가 등에 따라, 그 사람의 인격이 정해진다.

분명히 죽은 자들은 우리를 선택한다. 그러나 맨 먼저 우리가 죽은 자들을 선택했어야만 한다. 우리는 여기서 사실성을 자유에 연결시키는 근원적인 관계를 또다시 발견한다. 우리는 죽은 자들을 향한 우리의 태도를 선택한다. 우리가 어떤 태도도 선택하지 않는다는 것은 있을 수 없는 일이다. 죽은 자들에게 대한 무관심은 충분히 있을 수 있는 하나의 태도이다(그 예로서 우리는 그런 것을 '무국적자들'에게서, 어떤 종류의 혁명가들에게서, 또는 개인주의자들에게서 찾아볼 수 있다). 하지만 이런 무관심—죽은 자들을 '다시 죽게' 하는 데 존재하는 이 무관심—은 죽은 자들에 대한 다른 태도들 가운데 하나이다. 그러므로 자기의 사실성 그 자체에 의해 대자는 죽은 자들에 대한 모든 '책임' 속에 내던져져 있다. 대자는 죽은 자들의 운명을 자유롭게 결정할 것을 강요당하고 있다. 특히 우리를 둘러싸고 있는 죽은 자들이 문제될 때, 우리는—노골적으로든 암묵 속에서든—죽은 자들의 기업의 운명을 결정하지 않는다는 것은 있을 수 없는 일이다. 아들이 아버지의 기업을 이어받을 것인가 아닌가 또는 제자가 스승의 학파나 학설을 이어받을 것인가 아닌가 하는 경우에는 문제가 뚜렷하다. 그러나 많은 경우에 그런 연관관계가 그다지 분명하게 보이지 않는다 하더라도, 그 죽은 자와 산 자가 똑같이 역사적이고 구체적인 집단에 속해 있을 때는 또한 그것이 적용된다. 앞선 세대 사람들의 노력과 기업의 의미를 결정하는 것은 '나'이고, 나와 같은 세대의 사람들이다. 이 경우에 같은 시대의 사람들은 선인들의 사회적, 정치적 시도를 계승하고 속행하는 수도 있고 또 단호하게 하나의 균열을 실현하여, 죽은 자들을 무효가 되게 할 수도 있다.

우리가 앞에서 본 것처럼, 라파예트의 기도의 가치와 의미를 결정하는 것은 1917년의 미국이다. 그리하여 이런 관점에서 보면, 삶과 죽음 사이의 차이가 뚜렷하게 나타난다. 삶은 자기 자신의 의미를 결정한다. 왜냐하면 삶은 항상 유예상태에 있기 때문이다. 삶은 본질적으로 자기비판의 능력, 자기 변신의 능력을 가지고 있고, 이 능력에 의해 삶은 자기를 하나의 '아직—없음(pas-encore)'으로 정한다. 또는, 말하자면 삶은 자신이 그것으로 있는 것의 변화로서 존재한다. 죽은 인생은 그것만으로는 변화하는 것을 그만두지는 않지만, 이 인생은 '이루어져 버렸다.' 다시 말하면, 죽은 인생에 있어서는 도박은 이미 이루어진 것이다(Les jeux sont faits). 죽은 인생은 그 뒤에도 자신 위에 변화를 입겠지만, 그 변화의 책임자는 전혀 아니다. 죽은 인생에 있어서는 단지 임의의 결정적인 하나의 전체화만이 문제가 아니라, 나아가서 철저한 하나의 변모가 문제이다. 내부로부터 죽은 인생에 '닥쳐올' 수 있는 것은 이미 아무것도 없다. 죽은 인생은 완전히 닫혀 있다. 우리는 더 이상 어떤 것도 거기에 들어가게 할 수 없다. 그러나 죽은 인생의 의미는 외부로부터 변경되는 것을 그만두지 않는다.

이 평화의 사도가 죽음에 이르기까지는 그의 기도의 의미(광기 또는 현실에 대한 깊은 사려분별, 성공 또는 실패)는 그의 손안에 있었다. "내가 여기에 있는 한 전쟁은 없을 것이다." 그러나 그 의미가 하나의 단순한 개인의 한계를 넘어선 한에서 또는 인간이 자신이 무엇인지를, 실현되어야 하는 하나의 대상적인 상황(유럽의 평화)에 의해 자신에게 알리는 한에서, 죽음은 하나의 전면적인 '소유권 빼앗음'을 나타내는 것이다. 그 평화의 '사도'로부터 그의 노력의 의미 자체, 따라서 그의 존재 의미 자체를 '빼앗아 버리는' 것은 '타인'이다. 그것은 타인이 자기 자신의 의사와 상관없이 자기의 출현 그 자체에 의해, 인간이 그것을 통해 자기를 알리는 기도, 인간이 자기의 존재에 있어서 그것으로 있는 그 기도 자체를, 실패 또는 성공으로, 광기 또는 천재적 직관으로 변화시키는 것을 떠맡기 때문이다. 그러므로 '죽음'의 존재 자체는 우리 자신의 인생에 있어서 타자의 이익을 위해 우리를 송두리째 타자의 것이 되게 한다.

죽은 자로 있는 것은, 산 자의 희생물이 되는 일이다(Être mort, c'est être en proie aux vivants). 따라서 자기의 미래적인 죽음의 의미를 파악하려는 자는 타자들의 미래적인 희생물로서 자기를 발견해야 한다는 얘기가 된다. 그러므로 앞에서 우리가 대타를 이야기한 부분에서 고려하지 않은 타유화의 또 하나의 경우가 있다. 사실 우리가 앞에서 살펴본 타유화는 우리가 타인을 '초월되는—초월'로 변화시킴으로써 무화할 수 있는 타유화였다. 그것은 우리가 자유의 절대적이고 주관적인 정립에 의해 우리의 '외부'를 무화할 수 있는 것과 마찬가지였다. 내가 살아 있는 한, 나는 내가 타인에게 있어서 그것'으로 있는' 것에서 벗어날 수 있다. 왜냐하면 나는, 내가 아무것도 '아니라는' 것, 내가 나 자신을 내가 '있는' 그대로의 것으로 있게 한다는 것을, 자유롭게 세워진 나의 목적에 의해 나 자신에게 드러내 보이게 하기 때문이다.

내가 살아 있는 한, 나는 타인이 나에 대해 발견하는 것을 부인할 수 있다. 즉 내가 이미 다른 목적을 향해 나를 기투함으로써, 또 어쨌든 내가 나의 대자존재의 차원이 나의 대타존재의 차원과 공통잣대를 갖지 않았다는 것을 발견함으로써, 나는 타인이 나에 대해 발견하는 것을 부인할 수 있다. 그리하여 나는 끊임없이 나의 외부에서 탈출한다. 나는 끊임없이 타인에 의해 잡혀서 돌아오지만, 그렇다고 해서 '이 의심스러운 싸움에 있어서는' 결정적인 승리가 어느 한쪽의 존재방식에 돌아가는 것은 아니다. 그러나 '죽음의 사실'은 그 싸움 자체에서의 적대자들 가운데 어느 한쪽과 동맹을 맺는 일이 없이, 타인의 관점에 궁극적인 승리를 준다. 왜냐하면 죽음의 사실은 싸움과 도박을 다른 영역으로 옮기기 때문이며, 다시 말해서 전투자의 한쪽을 갑자기 말살하기 때문이다. 그런 의미에서 죽는다는 것은, 우리가 '타인'에 대해 쟁취한 한 순간의 승리가 어떤 것이든, 또 설령 '자기 자신의 모습을 조각하기' 위해서 '타인'을 봉사하게 했다 하더라도, 죽는다는 것은 이미 타인에 의해서만 존재하도록 운명이 주어진 것이고(Mourir, c'est être condamné à ne plus exister que par l'Autre), 자신의 의미와 자신의 승리 의미 자체까지 타인에게서 받는 것이다.

사실 만일 우리가 이 책 제3부*62에서 설명한 것 같은 실재론과 견해를 같이 한다면, 우리는 이렇게 인정해야 하겠지만, '사후의 내 존재'는 '타인의 의식 속에서의' 단순한 유령 같은 연명도 아니고 또 나에 관한 단순한 표상(심상, 추억 등)도 아니다. 나의 대타존재는 하나의 실재적인 존재이다. 게다가 나의 대타존재가 나의 사라짐 뒤에 나에게서 타인에게 버려지는 하나의 외투처럼, 타인의 수중에 머물러 있게 된다면, 그것은 나의 존재의 실재적인 차원—현재로서는 나의 유일한 차원이 된 차원—에서이지, 종잡을 수 없는 유령의 차원에서가 아니다.

리슐리외, 루이 15세, 나의 할아버지 등은 결코 내 추억의 총계는 아니다. 또 그들에 대해 이야기를 들은 모든 사람들의 온갖 추억 또는 온갖 인식의 총계

도 아니다. 그들은 대상적이고 불투명한 존재이지만, 다만 그런 존재는 외면성이라고 하는 유일한 차원으로 환원되어 있다. 이 자격에 있어서 그들은 그들의 역사를 인간적인 세계 속에서 추구해 가겠지만, 이미 영원히 세계 한복판에서의 '초월되는–초월'일 뿐일 것이다. 그러므로 죽음은 단순히 '기대'를 결정적으로 없애버림으로써, 또 내가 무엇인지를 나에게 알려 주는 목적들의 실현을 미결정 상태 속에 내버려 둠으로써, 나의 모든 기대를 헛되게 하는 것만이 아니다—게다가 죽음은 내가 주관성에 있어서 살아가는 모든 것에 외부로부터 하나의 의미를 부여한다. 죽음은 주관적인 것이 외면화에 대항하여 '살고 있는' 한에서, 스스로 자기를 보호하고 있던 그 주관적인 것을 모조리 다시 파악한다. 게다가 죽음은 이 주관적인 것에서 모든 주관적인 의미를 빼앗아 버리고, 반대로 타인이 그것에 주고 싶어 하는 모든 '대상적'인 의미부여에 그 주관적인 것을 넘겨준다. 그렇지만 여기서 지적해 두어야 할 것은, 이렇게 하여 '내 인생'에 주어진 그 '운명'은 여전히 허공에 매달린 상태, 유예상태에 머물러 있다는 것이다. 왜냐하면 '로베스피에르의 역사적인 운명은 결국 어떤 것일까?' 하는 질문에 대한 대답은 '맨 처음에 역사에는 하나의 의미가 있는 것인가?' 다시 말하면 '역사는 완성되게 되어 있는 것인가, 아니면 단지 "끝날" 뿐인가?' 하는 이 선결문제에 대한 대답에 달려 있기 때문이다. 이 문제는 아직 해결되지 않았다—아마도 그것은 해결될 수 없는 문제일 것이다. 왜냐하면 그것에 대해 돌아오는 모든 대답은 ('이집트 역사는 이집트학 역사'라고 하는 관념론의 대답도 포함하여) 그 자신이 역사적이기 때문이다.

그러므로 나의 죽음이 내 인생 속에서 모습을 드러내는 일이 있다 하더라도, 우리가 보듯이, 나의 죽음은 단순히 나의 주관성의 중지일 수는 없으며, 그런 중지는 이 주관성의 내적 사건이므로, 결국 주관성에 대해서밖에 관련성을 갖지 않을 것이다. 확실히 독단적인 실재론은 죽음 속에서 '죽음의 상태', 즉 삶에 대해 초월적인 것을 본다는 점에서 잘못되어 있었으나 그럼에도 내가 '나의 것'으로서 발견할 수 있는 죽음은, 필연적으로 나 자신 이외의 다른 것을 구속한다. 사실 나의 죽음이 나의 가능성들의, 언제라도 있을 수 있는 무화인 한에서, 나의 죽음은 나의 가능성들 밖에 있으며, 따라서 나는 그것을 기대할 수 없을 것이다. 다시 말해, 나는 나를 나의 가능성 가운데 하나를 향해 내던지듯이 나의 죽음을 향해 나를 내던질 수는 없을 것이다. 그러므로 나의 죽음은 대자의 존재론적 구조에 속할 수는 없는 일이다.

나의 죽음이 나에 대한 타인의 개선가(凱旋歌)인 한에서, 나의 죽음은 확실히 근본적이지만, 우리가 앞에서 본 것처럼 완전히 우연적인 하나의 사실, 즉 타인의 존재라고 하는 하나의 사실을 가리킨다. 만일 타인이 존재하지 않았더라면 우리는 '이' 죽음을 알지 못했을 것이다. 이 죽음은 우리에게 모습을 드러낼 수 없을 것이고, 특히 이 죽음은 운명으로 바뀌는 우리 존재의 변신으로서 자기를 구성할 수 없을 것이다. 사실 이 죽음은 대자와 세계의, 주관적인 것과 대상적인 것의, 의미를 부여하는 것과 모든 의미와의, 동시적인 사라짐일 것이다. 어떤 한도까지이기는 하지만, 그 죽음이 '나의' 의미가 되는 그런 개별적인 의미의 변신으로서 우리에게 나타내 보일 수 있는 것은, 온갖 의미와 기호의 교대(交代)를 보장하는 한 사람에게 의미를 부여하는, 타인의 존재라는 사실의 결과에 의해서이다.

나의 죽음이 의식과 세계의 사라짐이 되는 대신 주관성이라고 하는 자격으로서 세계 밖으로 향하는 나의 실추인 것은 타인의 탓이다. 따라서 죽음의 경우에도 타자의 존재의 경우와 마찬가지로, '사실'이라는 부정될 수 없는 근본적인 성격이 있다. 다시 말해서, 죽음에 있어서도 타자의 존재의 경우와 마찬가지로 하나의 근원적인 우연성이 있다. 이 우연성은 모든 존재론적 추측에서 미리 죽음을 불러일으킨다. 또 죽음에서 출발하여 나의 인생을 문제삼고, 나의 인생에 대해 사색하는 것은 나의 주관성에 관해 타인의 관점을 채용함으로써, 나의 주관성에 대해 사색할 것이다. 우리가 이미 살펴본 것처럼, 그것은 있을 수 없는 일이다.

그러므로 우리는 하이데거에게 반대하여 다음과 같이 결론을 내려야 한다. 즉 죽음은 나 자신의 가능성이기는커녕 '하나의 우연한 사실'이다. 이 사실은 그런 것인 한에서, 원칙적으로 나에게서 벗어나는 것이며, 근원적으로 나의 사실성에 속하는 것이다. 나는 나의 죽음을 발견하지도 못할 것이고, 나의 죽음을 기대하지도 못할 것이며, 나의 죽음에 대해 하나의 태도를 취하지도 못할 것이다. 왜냐하면 나의 죽음은 발견될 수 없는 것으로서 자기를 드러내 보이는 것이고, 모든 기대를 쓸데없는 것으로 만드는 것이며, 모든 태도 속에, 특히 우리가 자신의 죽음에 대해 취할 태도 속에 잠입하여, 그런 태도를 외면적이고 굳어진 행위로 변화시켜, 그런 행위의 의미가 영원히 우리 자신이 아니라 타인들에게 맡겨지도록 하는 것이기 때문이다. 죽음은 탄생과 마찬가지로 하나의 단순한 사실이다. 죽음은 외부에서 우리에게 찾아와서, 우리를 외부로 변화시킨다. 사실을 말하면, 죽음은 탄생과 전혀 다를 것이 없다. 우리가 사실성이라고 부르는 것은 탄생과 죽음의 이런 동일성이다.

그것은 죽음이 우리 자유의 한계를 정한다는 의미일까? 우리는 하이데거가 말하는 '죽음을 향하는 존재'를 내버렸지만, 그 결과 우리는 우리가 그 책임자인 하나의 의미를 우리의 존재에게 자유롭게 줄 수 있다고 하는 가능성까지 영원히 내버린 것일까?

완전히 그 반대이다. 죽음은 그것이 있는 그대로의 모습을 우리에게 나타냄으로써, 이른바 죽음의 속박에서 우리를 완전히 해방시켜 주는 것처럼 보인다. 이것은 우리가 조금이나마 반성한다면 훨씬 명확히 이해하게 될 것이다.

그러나 무엇보다 먼저, 죽음과 유한성이라고 하는, 보통 하나로 이어져 있는 두 가지 관념을 근본적으로 분리하는 것이 중요하다. 흔히, 우리의 유한성을 구성하고, 우리의 유한성을 우리에게 드러내 보이는 것은 죽음이라고 믿는 것 같다. 이런 혼동의 결과로, 죽음은 존재론적 필연성의 형태를 취하고, 그와 반대로 유한성은 우연성이라고 하는 성격을 죽음에서 빌려오게 된다. 특히 하이데거 같은 사람은, 죽음과 유한성의 완전한 동일시 위에, '죽음을 향하는 존재'에 대한 그의 모든 이론을 구축한 것으로 보인다. 마찬가지로 말로가 죽음은 우리에게 인생의 단일성을 드러내 보여 준다고 말했을 때, 그는 바로 우리가 우리의 인생을 처음부터 다시 시작할 수 없는 것은, 따라서 우리가 유한한 것은, 우리가 죽기 때문이라고 생각한 것 같다.

하지만 사물을 좀더 자세히 살펴본다면, 우리는 그들의 실수를 깨닫게 될 것이다. 죽음은 사실성에 속하는 하나의 우연한 사실이다. 유한성은 자유를 정의하는 대자의 존재론적인 하나의 구조이며, 나의 존재를 나에게 알리는 목적의 자유로운 기도 속에서만, 또 그 기도에 의해서만 존재한다. 달리 말하면, 인간존재는 설령 자신이 죽지 않는다 할지라도 또한 유한할 것이다. 왜냐하면 인간존재는 자기를 인간적인 것으로 선택함으로써 자기를 유한'하게 만들기' 때문이다. 사실 유한하다는 것은 자기를 선택하는 일이다. 다시 말하면 다른 가능들을 물리치고 하나의 가능을 향해 자기를 기투함으로써, 자기가 무엇인지를 자신에게 알려 주는 일이다. 따라서 자유의 행위 자체는 유한성을 떠맡는 것인 동시에, 유한성을 창조하는 일이다.

내가 나를 만든다면 나는 나를 유한하게 한다. 이 사실에서 나의 인생은 유일한 것이다. 따라서 설령 내가 죽지 않는다 할지라도 '처음부터 다시 시작하는' 것은 나에게 금지되어 있다. 나에게 그것을 금지시키는 것은 시간의 비가역성(非可逆性)이며, 이 비가역성은 스스로를 시간화하는 하나의 자유의 성격 그 자체 이외에 아무것도 아니다. 물론 만일 내가 죽지 않는다고 한다면, 가령 내가 '가능 A'를 실현하기 위해 '가능 B'를 물리쳐야만 했다 하더라도, 거부당한 가능을 실현할 기회가 나에게 [나중에] 다시 나타날 것이다. 그러나 이 기회가 먼저 거부된 기회 '뒤에' 나타날 것이라는 단지 그 사실만으로, 이 기회는 같은 것이 아닐 것이다. 그러므로 나는 최초의 기회를 돌이킬 방법도 없이 물리침으로써, 영원히 나를 '유한한 것'으로 만들 것이다. 이런 관점에서 본다면, 죽지 않는 자도 죽는 자도 다수로 태어나 하나로 돌아간다. 비록 시간적으로 무한정, 즉 무제한이라 하더라도, 그럼에도 또한 그 '인생'은 자기를 유일한 것이 되게 하기 때문에, 자기의 존재 자체에 있어서 유한할 것이다.

죽음은 그것과 아무런 관련도 없다. 죽음은 '그 사이에' 우리를 덮친다. 인간 존재는 자기 자신의 유한성을 자기에게 드러내 보였다고 해서, 그것만으로 자기의 죽음에 대한 가능성을 발견되지는 못한다.

그러므로 죽음은 결코 나의 존재의 존재론적 구조가 아니다. 적어도 나의 존재가 '대자'인 한에서 그러하다. 자기 존재에게 있어서 죽음이 가능한 것은 '타인'이다. 대자존재 안에는 죽음에 있어서 어떤 장소도 존재하지 않는다. 대자존재는 죽음을 기대할 수도 없고, 죽음을 실감할 수도 없으며, 죽음을 향해 자기를 기투할 수도 없다. 죽음은 결코 대자의 유한성의 근거가 아니다. 일반적으로 말한다면, 죽음은 근원적인 자유의 기투로서 그 안에서 근거가 주어질 수도 없고 또 대자에 의한 하나의 성질로서 외부로부터 받아들여질 수도 없다. 그렇다면 죽음이란 무엇인가? 그것은 사실성의 어떤 면, 그리고 대타존재의 어떤 면 이외의 아무것도 아니다. 다시 말하면 주어진 것 이외의 아무것도 아니다. 우리가 탄생한다는 것은 부조리이다. 우리가 죽는다는 것도 부조리이다. 또 한편으로 이 부조리는 이미 '나의' 가능성이 아니라 타인의 가능성인, 나의 '가능성—존재'의 끊임없는 타유화로서 나타난다. 그러므로 이것은 나의 주체성의 외적인 하나의 한계, 사실상의 하나의 한계이다.

그러나 여기서 우리가 앞 단락에서 시도한 설명을 인정할 수 있는 것은 아닐까? 이런 사실의 한계는, 한편으로 말하면 우리가 확인해야 한다. 왜냐하면 외부로부터 우리에게 침투하는 것은 아무것도 없기 때문이고 또 적어도 우리가 죽음을 지명할 수 있다면, 어떤 의미에서, 바로 우리가 그 죽음을 '체험해야' 하기 때문이다. 그렇지만 또 한편으로 볼 때, 그 사실의 한계는 대자에 의해 결코 '마주치는' 일이 없다. 그것은, 이 한계가 대자의 대타존재라고 하는 무한정한 항상성(恒常性)을 제쳐두면, '대자에게 속하는' 어떤 것도 아니기 때문이다. 그렇다면 이 사실상의 한계는 분명히 '실감될 수 없는 것들' 중의 하나가 아니고 무엇이겠는가? 그것이 우리의 '이면(裏面)'의 종합적인 일면이 아니고 무엇이겠는가? '죽을 가능성'은 내가 대타적으로 그것으로 있는 현재적인 존재를 나타내는 것이고, '죽음'은 타인을 위한 나의 현재적인 대자의 미래적인 의미를 나타내는 것이다. 따라서 참으로 문제가 되는 것은 나의 기도들의 끊임없는 한계이다. 그리고 그런 것으로서 이 한계는 맡겨져야 한다. 따라서 이 한계는 그것을 실감하기 위한 대자의 시도 안에서도, 또 그 시도에 의해서도 여전히 외면성으로 머무르는 하나의 외면성이다. 이것은 앞에서 우리가 '실감되어야-하는-실감될 수 없는 것'으로 규정한 그것이다.

자유가 자기의 죽음을, 자기 주관성의 파악할 수 없고 생각이 미치지 않는 한계로 받아들일 때의 선택과, 자유가 타인의 자유 사실에 의해 한계가 주어진 자유가 되기를 택할 때의 선택 사이에는 차이가 존재하지 않는다. 그러므로 죽음은 앞에서 규정한 의미에서, '나의' 가능성이 아니다. 죽음은 내 선택의, 선택된 이면, 도피하는 이면으로서, '한계-상황(situation-limite)'이다. 죽음은 그것이 나의 존재를 나에게 알리는 나 자신의 목적이라는 의미에서, '나의' 가능인 것은 아니다. 그러나 죽음은 하나의 외부, 하나의 즉자로서 다른 곳에 존재하는 것의 피할 수 없는 필연성이라는 사실에서, 죽음은 '궁극적인 것'으로서, 다시 말해 계층적인 가능의 범위 밖의 주제적인 의미로서 내면화된다. 그러므로 죽음은 내 기도의 각각의 핵심 자체에 있어서, 그 기도의 피할 길 없는 이면으로서 끊임없이 나를 따라다닌다. 하지만 바로 이 '이면'은 '나의' 가능성으로서가 아니라, 오히려 나에게 더 이상 가능성이 존재하지 않는다는 가능성으로서 받아들여져야 하므로, 죽음은 '나를 손상시키지 않는다.'

'나의 자유'인 자유는 여전히 전면적이고 헤아릴 수 없다. 죽음은 자유에 한계를 부여하는 것이 아니다. 오히려 자유는 이 한계와 결코 마주치지 않기 때문에, 죽음은 절대로 나의 기도들에 대한 하나의 장애가 되지 않는다. 죽음은 단순히 '그런 기도의 다른 곳에서의' 하나의 운명이다. 나는 '죽음을 향하는 자유'인 것이 아니다. 오히려 나는 하나의 자유로운, 죽을 수 있는 사람이다. 죽음은 실감될 수 없는 것이기 때문에 나의 기도에서 탈출한다. 나는 나의 기도 자체에 있어서 나 자신이 죽음에서 탈출한다. 죽음은 항상 나의 주관성 저편에 있는 것이므로, 나의 주관성 속에는 죽음을 위한 어떤 장소도 존재하지 않는다. 게다가 이 주체성은 죽음에 '대항'하여 자기를 긍정하는 것이 아니라, 오히려 이 긍정이 당장 타유화된다 하더라도, 죽음에서 독립적으로 자기를 긍정한다. 그러므로 우리는 죽음을 생각할 수도 없고, 죽음을 기대할 수도 없으며, 죽음에 대항해서 무장할 수도 없을 것이다. 그러나 우리의 기도도 기도인 한에서 —그리스도교 신자가 말하는, 우리의 맹목의 결과로서가 아니라, 원리적으로— 죽음으로부터 독립해 있다. 그리고 '게다가 실감되어야 하는(à réaliser par-dessus le marché)' 이 실감될 수 없는 것에 직면하여, 분명히 가능한 태도가 수없이 존재한다 하더라도, 그 태도를 일부러 본디적인 것(authentique)과 비본디적인 것 (inauthentique)으로 분류할 필요는 없다. 왜냐하면 정녕 우리는 언제나 '게다가' 죽을 것이기 때문이다. 나의 장소, 나의 과거, 나의 환경, 나의 죽음 그리고 나의 이웃에 대한 이상과 같은 여러 가지 기술은 완벽한 기술도 아니고, 더할 수 없이 상세한 기술도 아니다. 이런 기술의 목표는 단순히 하나의 '상황'이 무엇인지에 대해 우리가 더욱 뚜렷이 이해할 수 있게 해 주려는 것뿐이다. 그런 기술들 덕분에 '상황—속—존재(être-en-situation)'를 더욱 명확하게 규정하는 것이, 우리에게 있어서 가능해질 것 같다. 이 '상황—속—존재'는 대자가 자기 존재의 근거가 되는 일이 없이, 자기의 존재방식에 대한 책임자인 한에서, 대자를 특징짓는 것이다.

(1) 나는 다른 존재자들의 '한가운데 있는' 하나의 존재자이다. 그러나 나는 나의 존재 속에서가 아니라, 나의 존재방식에 있어서, 나 스스로 나를 선택하지 않는 한, 나는 다른 존재자들의 한가운데 있는 이 존재를 '실감할' 수 없으며, 나는 나를 에워싸고 있는 존재자들을 '대상'으로 파악할 수도 없고, 나 자신을 '에워싸여 있는' 존재자로서 파악할 수도 없으며, '한가운데'라고 하는 관념에 하나의 의미를 부여할 수도 없다. 이 목적의 선택은 '아직—존재하지—않

는 것'의 선택이다. 세계 한복판에서의 나의 위치는, 나 자신의 사실성에 대해 나를 에워싸고 있는 실재들이 보여 주는 도구관계 또는 역행관계에 의해 규정된다. 다시 말해서 그것은 내가 세계 속에서 무릅쓰는 위험, 내가 세계 속에서 만날지도 모르는 장애, 나에게 제공될지도 모르는 원조 등을, 자유롭게 세워진 하나의 목적의 관점에서 이루어지는 나 자신에 대한 철저한 무화와 즉자에 대한 철저한 내적인 부정(否定)의 빛 속에서 발견하는 일이다. 이것이 바로 우리가 '상황'이라고 부르는 것이다.

(2) 상황은 어떤 목적을 향해 주어진 것을 뛰어넘는 것과 상관적으로밖에 존재하지 않는다. 상황은 내가 그것으로 있는 주어진 것과 내가 그것으로 있지 않은 주어진 것이, '그것으로 있지 않은 존재방식으로 내가 그것으로 있는' 대자에 대해 나타날 때, 그 나타나는 방식이다. 그러므로 우리가 '상황'이라고 말할 때는, 우리는 '상황 속에 있는 대자에 의해 파악된 입장'이라는 의미로 말하고 있는 것이다. 하나의 상황을 외부에서 살피는 것은 불가능하다. 그렇게 되면 상황은 '즉자적인 형태'로 굳어져 버린다. 따라서 상황은 대상적이라고도 할 수 없고, 주관적이라고도 할 수 없을 것이다. 설령 이 상황의 부분적인 구조(내가 사용하고 있는 찻잔, 내가 그 위에 몸을 기대고 있는 탁자 등)는 엄밀하게 대상적일 수 있고, 또 엄밀하게 대상적이어야 한다 해도 마찬가지다.

상황은 '주관적'일 수는 없을 것이다. 왜냐하면 상황은 사물이 우리에게 주는 '인상'의 총계도 아니고 통일도 아니기 때문이다. 상황은 '사물 그 자체'와, 사물들 사이에 있는 나-자신이다. 왜냐하면 존재의 단순한 무화로서의, 세계 속으로의 나의 출현은, 사물을 '거기에 있게' 하는 것 외에 아무런 효과도 가지지 않으며, 사물에 '아무것도' 덧붙이지 않기 때문이다. 이런 면에서 보면, 상황은 뜻하지 않게 나의 '사실성'을 폭로한다. 다시 말해 사물은 그것이 있는 그대로 단순히 거기에 존재하면서, 다르게 존재할 필연성도 가능성도 가지지 않는다. 게다가 나는 그런 사물들 사이에 '거기에 존재한다'는 사실이 폭로된다.

그러나 상황은 또 '대상적'일 수도 없을 것이다. '상황은 하나의 단순하게 주어진 것이고, 주관은 그것을 확인은 하지만, 이렇게 구성된 체계 속에는 결코 구속되지 않는다'는 의미에서는, 상황은 대상적일 수가 없을 것이다. 실제로 상황은, 주어진 것의 의미 자체(그것이 없으면 주어진 것이 '존재하지 않을' 수도 있는 의미)에 의해, 대자에 대해 대자의 자유를 반사한다. 상황이 주관적이지도 않고 대상적이지도 않은 것은, 상황이 하나의 '인식'을 구성하는 것이 아니기 때문이며, 또 상황이 하나의 주관에 의해 세계의 상태에 대한 하나의 감정적인 이해를 구성하는 것도 아니기 때문이다. 오히려 상황은 어떤 대자와 그 대자가 무화하는 즉자 사이의, 하나의 '존재관계'이다. 상황은 그냥 있는 그대로의 주관이고(주관은 그 상황 이외의 '아무것도 아니다'), 그냥 있는 그대로의 '사물'이기도 하다('거기에는' 결코 사물 이외에 아무것도 '존재하지 않는다'). 상황은 이를테면, 자기의 뛰어넘기 자체에 의해 사물을 밝히는 주관이고, 또는 주관 자신의 모습을 주관에 돌려보내는 사물이다. 상황은 전면적인 사실성이고, 세계의, 내 출생의, 내 장소의, 내 과거의, 내 환경의, 내 이웃이라는 사실의, 절대적인 우연성인 동시에, 상황은 하나의 사실성을 나에게 있어서 거기에 존재하게 하는 것으로서, 한계가 없는 나의 자유이다. 상황은 이 먼지 자욱한 언덕길이고, 내가 느끼는 이 타는 듯한 갈증이며, 내가 돈이 없는 까닭에 또는 내가 같은 나라, 같은 인종이 아니기 때문에, 사람들이 나에게 마실 것을 주지 않을 때의 이 거부이다. 상황은 아마도 내가 예정한 목표에 이르는 것을 나에게 허락하지 않을 만큼 지친 몸을 이끌고, 적의를 품고 있는 그런 주민들 한복판에 내버려져 있을 때의 나의 고독이다. 그러나 상황은, 바로 내가 명확하고 뚜렷하게 목표를 말하는 한에서가 아니라, 오히려 목표가 그 모든 사실을 통일하고 설명하는 것으로서, 즉 그것을 무질서한 악몽으로 만드는 것이 아니라, 기술될 수 있는 하나의 전체로 조직하는 것으로서, 거기에, 내 주위에, 곳곳에 존재하는 한에서 그 '목표' 자체이다.

(3) 만일 대자가 자기 상황 이외의 아무것도 아니라면, 그 결과로서 '상황–속–존재'는 인간존재의 '거기–있음(être-là)'을 이해하게 하는 동시에, 인간존재의 '저편에–있음(être-par-delà)'을 이해하게 함으로써, 인간존재를 규정한다. 사실 인간존재는 '항상 자기의 "거기–있음"의 저편에 있는 존재'이다. 그리고 상황은 '저편에–있음' 속에, 또 '저편에–있음'에 의해 해석되고 체험되는 '거기–있음'의 조직적인 전체이다. 그러므로 특권적인 상황은 처음부터 존재하지 않는다. 그것은 곧 이런 의미이다. 주어진 것을 주어진 것으로서 구성하는 자유를, '주어진 것'이 그 무게로 질식시키는 상황은 처음부터 존재하지 않고, 또 반대로 대자가 다른 상황 속에서보다도 '훨씬 자유로운' 상황도 처음부터 존재하지 않는다.

이것은 폴리체르*63가 《철학적 과시의 종말》*64 속에서 비웃은 저 베르그송의 '내적 자유'의 의미로 해석되어서는 안 된다. 그런 내적 자유는 단순히 쇠사슬에 매여 있어도, 노예 속에 내면생활의 독립, 심정의 독립을 인정하는 데 그쳤다. 우리가 노예는 쇠사슬에 매여 있어도 그 주인과 마찬가지로 자유롭다고 말할 때, 우리는 결정되지 않은 채 머물러 있는 하나의 자유에 대해 얘기하려고는 하지 않는다. 쇠사슬에 매여 있는 노예는 '쇠사슬을 끊기 위해서' 자유롭다. 다시 말해 그의 쇠사슬의 의미 자체는, 노예로 머물러 있을 것인지, 아니면 매임으로부터 자기를 해방하기 위해 최악의 위험을 무릅쓸 것인지, 그때 그가 선택하게 될 목적의 빛 아래, 그에게 나타날 것이다. 말할 것도 없이 노예는 주인의 재산이나 생활수준을 차지할 수는 없다. 그러나 그것은 처음부터 그의 기도 대상이 아니다. 그가 할 수 있는 것은 고작 그런 재물의 소유를 꿈꾸는 것뿐이다. 그의 '사실성'에서 보면, 세계는 그에게 다른 하나의 얼굴을 가지고 나타나며, 그는 다른 문제들을 제기하고 다른 문제들을 해결해야 한다. 특히 그에게 있어서는 근본적으로 '노예상태'의 지반 위에서 자기를 선택할 필요가 있으며, 바로 그것에 의해 이 어두운 속박에 하나의 의미를 부여하는 것이 필요하다. 만일 그가 예를 들어 반항을 선택한다면, 노예상태는 그 반항에 대해 '먼저' 장애이기는커녕, 오히려 그 반항에 의해서만 그 의미를 가질 수 있고, 그 역행률을 나타낼 수 있다. 스스로 반항하고, 그 반항 속에서 죽어 가는 노예의 인생은, 바로 하나의 자유로운 인생이기 때문에, 하나의 자유로운 기도에 의해 밝혀진 상황은 틀림없이 충실하고 구체적인 상황이기 때문에, 그 인생의 긴급하고 중요한 문제는 바로 '나는 나의 목표에 도달할 것인가?' 하는 것이기 때문에, 바로 그런 모든 것 때문에 노예의 상황은 주인의 상황과 '비교될 수 없는' 것이다. 사실 그 어느 쪽 상황도, 상황 속에서의 대자에게 있어서만, 또 자기 목적의 자유로운 선택에서 출발함으로써만 그 의미를 가질 수 있다.

비교는 한 사람의 제3자에 의해서만 이루어질 수 있을 것이다. 그러므로 비교는 세계 한복판에서의 두 개의 대상적인 형태 사이에서만 할 수 있다. 나아가서 비교는 이 제3자에 의해 자유롭게 선택된 기투의 빛에 의해 성립될 것이

---

*63 Georges Politzer(1903~1942) : 변증법적 유물론의 입장에서 베르그송 철학을 비판한 철학자. 독일 레지스탕스로 잡혀 총살당한다.

*64 {La fin d'une parade philosopique.}

다. 서로 다른 상황을 비교하기 위해 사람들이 몸을 둘 수 있는 절대적인 관점이라는 것은 처음부터 존재하지 않는다. 각각의 인간은 하나의 상황, 즉 '자기의 상황'밖에 실현하지 않는다.

(4) 상황은 목적에 의해서 비춰지는 것이고, 목적은, 그 자신이 그것이 비추는 '거기-있음'에서 출발해야만 기투되기 때문에, 이 상황은 매우 '구체적인' 것으로 나타난다. 확실히 상황은 추상적이며, 보편적인 구조들을 포함하고 또 지탱하고 있다. 그러나 상황은 세계가 우리 쪽을 향하는 '독특한 얼굴'로, 우리의 유일한 일신상의 기회로 이해되어야 한다.

여기서 카프카의 다음과 같은 우화가 떠오른다.*65 한 상인이 자신의 주장을 제기하기 위해 성으로 찾아온다. 무서운 보초병이 입구를 가로막고 그를 들여보내 주지 않는다. 그는 굳이 억지로 통과하려 하지 않고 기다리는데, 기다리던 중에 죽어 버린다. 죽는 순간 그는 보초병에게 이렇게 묻는다. "무슨 이유로 나 혼자만 기다려야 합니까?" 그러자 보초병이 대답한다. "이 문은 오로지 너를 위해 만들었다." 그런 다음 거기에 '각자가 자기 자신의 문을 자기를 위해 만든다'는 말을 덧붙인다면, 그것이야말로 대자의 경우이다. 상황이 구체적인 것은, 특히 대자는 결코 추상적이고 보편적인 근본 목적을 '지향하는' 일이 없다는 사실에 의해 표현된다. 물론 우리가 다음 장에서 보게 되듯이, 선택의 깊은 의미는 보편적이고 그럼으로써 대자는 인간존재를 종(espèce)으로서 존재하게 한다. 그렇다고 해도 암묵 속에 있는 의미를 '이끌어 내야' 한다. 또 실존적인 정신분석이 우리에게 있어서 도움이 되는 것은 그런 점에 대해서이다. 게다가 한 번만 이끌어 내고 나면, 대자의 최초이자 최후의 의미는 자기를 드러내기 위해 어떤 특수한 구체화를 필요로 하는 하나의 '비독립적인 것'으로서 나타날 것이다.*66 그러나 대자가 실재적인 것을 뛰어넘어 확립할 때의 기도에 있어서 체험되고 추구되는 대로의, 대자의 목적은, 그 구체화에 있어서는 대자에 대해 대자가 살아가는 상황의 어떤 특수한 변화로서 드러내 보여진다(사슬을 끊는다, 프랑크족의 왕이 된다, 폴란드를 해방한다, 프롤레타리아를 위해 투쟁한다). 그렇다고 해도, 우리가 싸우는 것을 기투하는 것은 처음부터 프롤레타리

---

*65 카프카의 단편집 《시골 의사》 속에 있는 〈법칙 앞에서〉라는 상징적인 우화. 이 우화는 나중에 그의 장편소설 《심판》 속에 거의 그대로 인용되었다.

*66 원주. 다음 장 참조.

아 전반을 위해서인 것은 아닐 것이다. 오히려 프롤레타리아 전반은, '당사자'가 속해 있는 어떤 구체적인 노동단체를 통해 지향될 것이다. 그것은, 사실 목적은, 그것이 그 주어진 것의 뛰어넘음으로써 선택되는 한에서만 주어진 것을 밝힐 것이기 때문이다. 대자는 '완전히 그냥 주어진 데 지나지 않는' 하나의 목적을 가지고 나타나는 것은 아니다. 오히려 대자는 상황을 '만듦'으로써 '자기를 만든다.' 그리고 거꾸로—대자는 '자기를 만듦'으로써 상황을 '만든다.'

(5) 상황은 그것이 대상적이지도 않고 주관적이지도 않은 것과 마찬가지로, 하나의 자유의 자유로운 결과로 여겨질 수도 없을 것이고, 내가 당하는 속박의 총체로 여겨질 수도 없을 것이다. 상황은, 속박에 대해 속박이라는 의미를 부여하는 자유가, 속박을 밝히는 데서 생겨난다. 보통의 존재자들 사이에는 연결은 존재할 수 없을 것이다. 존재자들을 '도구—복합'에 통합함으로써 그 연결을 확립하는 것은 자유이고, 그 연결들이 '이유', 즉 자기의 목적을 기투하는 것도 자유이다. 그렇지만 바로 그때부터 나는 그 '연결의' 세계를 통해 하나의 목적을 향해서 나 자신을 기투하기 때문에, 내가 만나는 것은 지금으로서는 온갖 결과이고, 연결된 온갖 계열들이며, 온갖 복합이다. 그리고 나는 법칙에 따라 행동하도록 나를 결정해야 한다. 이런 법칙과 내가 그런 법칙을 사용할 때의 방법이, 나의 시도의 실패 또는 성공을 결정한다. 그러나 법적인 관계가 세계에 찾아오는 것은 자유에 의해서이다. 그리하여 자유는 목적을 향한 자유로운 기도로서 세계 속에 자기를 얽어맨다.

(6) 대자는 시간화이다. 다시 말하면, 대자가 '존재하는' 것이 아니다. 대자는 '자기를 만든다.' 우리가 인간의 경우에 두말 않고 인정하는 '실체적 항상성'('그는 전혀 변하지 않았다', '그는 항상 매한가지다') 그리고 인간이 대부분의 경우에 자신의 일로서 경험적으로 체험하는 실체적 항상성, 이것을 설명해 주는 것은 '상황'이다. 사실 똑같은 기도에 있어서의 자유로운 인내는 어떤 항상성도 포함하지 않는다. 오히려 완전히 그 반대로, 우리가 앞에서 본 것처럼, 그것은 나의 자기구속의 끊임없는 갱신이다. 그러나 자기를 전개하고, 자기를 확인하는 하나의 기도에 의해 감싸이고 비춰지는 실재는, 그것에 비해 즉자의 항상성을 나타낸다. 그리고 그런 실재들이 우리에게 우리의 모습을 돌려보내는 한에서, 그 실재들은 그들의 영속성으로 우리를 지지한다. 우리는 실재의 항상성을 우리의 항상성으로 잘못 아는 일도 종종 있다. 특히 장소의 항상성, 환경의 항상성,

우리에 대한 이웃 사람들 판단의 항상성, 우리 과거의 항상성 등은, 우리 인내의 하나의 낮아진 모습을 '나타낸다.' 내가 나를 시간화하는 동안에도 나는 항상 '타인에 대해서' 프랑스인이고, 관리이고 또는 가난뱅이다. 이 실감될 수 없는 것은, 나의 상황의 변함없는 한계라는 성격을 지니고 있다. 마찬가지로 우리가 어떤 인간의 기질 또는 성격이라고 부르는 것은 '대타적으로 존재하는' 한에서, 그의 자유로운 기도 이외의 다른 것이 아닌데, 대자에게 있어서는 또한 하나의 변함없고 실감될 수 없는 것으로서 나타난다.

알랭*67이 예리하게 통찰한 것처럼, 성격은 '서약'이다. 어떤 사람이 '나는 붙임성이 좋은 사람이 아니다'라고 말할 때, 그가 계약하는 것은 분노에 대한 하나의 자유로운 자기구속인 동시에, 그의 과거의 어떤 애매한 세부에 대한 하나의 자유로운 해석이다. 그런 의미에서 성격이라는 것은 존재하지 않는다—자기 자신의 하나의 기투가 있을 뿐이다. 그러나 그렇다 해도 성격의 '주어진 것'이라고 하는 면을 잊어서는 안 된다. 나를 '대상-타자'로 파악하는 타인에게 있어서는, 나는 화를 잘 내는 자'이고', 위선자 또는 솔직한 인간'이며', 비겁자 또는 용감한 자'이다.' 이런 면은 타자의 시선에 의해 나에게 보내진다. 이 시선의 시련을 통해, 원래 체험된 자기의식적이고 자유로운 기도였던 성격이, 받아들여져야 하는 하나의 '변함없고' 실감될 수 없는 것이 된다. 이 경우에 성격은 단순히 타인에게 의존할 뿐만 아니라, 내가 타인에 대해 취하는 입장에도 의존한다. 또 그 입장을 유지하려고 하는 나의 인내에도 의존한다. 내가 타자의 시선에 의해 꼼짝 못하고 내맡겨져 있는 한, 나의 성격은 나 자신의 눈에 대해 '변함없고' 실감될 수 없는 것으로서 나의 존재의 실체적인 항상성을 모방할 것이다. 이런 점을 깨닫게 해 주는 것으로서 매일처럼 입에 오르내리는 평범한 어구가 있다. "내 나이 마흔다섯. 나 자신을 바꾸려 해도 이제는 너무 늦어 버렸다." 성격은, 흔히 대자가 스스로 그것으로 있고자 하는 '즉자-대자'가 되기 위해, 회복하려고 시도하는 것이기도 하다.

그러나 지적해 두어야 하는 것은, 과거와 환경과 성격의 이런 항상성은 '주어진' 성질들이 아니라는 점이다. 그런 것은 나의 기도의 연속성과 상관관계에 있어서만 사물들 위에 나타난다. 예를 들면 어떤 전쟁 뒤에 또는 어떤 긴 망명 뒤

---

*67 Alain(1868~1951) : 본명은 Emile-Auguste Chartier. 프랑스 철학자·비평가로, 저서 대부분이 프로포(propos, 어록) 형식으로 쓰인 글을 집대성한 것이다.

에 우리가 어떤 산의 경치를 변하지 않는 것으로서 다시 발견하게 될 때, 과거의 재생에 대한 희망을 그런 돌멩이의 외견상의 부동성과 항상성 위에 근거를 부여하려고 생각해도 헛된 일일 것이다. 이 경치는 굳건한 하나의 기도를 통해서만 그 항상성을 나타낸다. 다시 말하면 그런 산은 내 상황의 내부에 있어서만 하나의 '의미'를 지닌다—그런 산은 국제적 서열에서 어떤 지위를 차지하고 있는, 평화롭고 자주적인 한 국민에 내가 속해 있다는 것을 무언가의 방법으로 나타내고 있다. 그런데 어떤 패배 뒤에, 국토의 일부가 점령되어 있는 시기에 내가 그런 산들을 다시 발견한다면, 그 산들은 결코 같은 모습을 나에게 보여 주지는 않을 것이다. 그것은 나 자신이 다른 기투를 지니고 있기 때문이고, 내가 세계 속에 다른 방식으로 나를 구속하고 있기 때문이다.

요컨대 우리가 본 것처럼, 환경의 자율적인 변화에 의한 상황의 내적 변화는 항상 미리 알 수 있는 것이다. 이런 변화는 내 기도의 변화를 결코 '유발시키지' 못하지만, 나의 자유의 근거 위에서 상황의 단순화 또는 복잡화를 일으킬 수는 있다. 바로 그것 때문에 나의 원초적인 기도는 나에 대해 다소나마 단순함을 가지고 나타날 것이다. 왜냐하면 하나의 인간은 결코 단순하지도 복잡하지도 않기 때문이다. 단순하거나 복잡할 수 있는 것은 그의 상황이다. 사실 나는 일정한 상황의 저편으로 나 자신을 내던지는 기도 이외의 아무것도 아니다. 게다가 이 기도는 구체적인 상황에서 출발하여 나를 미리 그려내는 동시에, 나아가서 이 기도는 나의 선택에서 출발하여 상황을 비춰 준다. 따라서 만일 상황이 그 총체에 있어서 단순화되었다고 하면, 설령 낙반이나 붕괴, 침식 때문에, 대조가 매우 심하고 윤곽이 거친 두드러진 모습이 상황 위에 표시되어 있었다 해도, 나 자신은 단순할 것이다. 왜냐하면 나의 선택—내가 그것으로 있는 그 선택—은 '이 현−상황'의 파악이므로 단순할 수밖에 없을 것이기 때문이다. 새로운 복잡화는, 만일 그것이 재생된다면, 그 결과로서 하나의 복잡한 상황을 나에게 제시하게 될 것이다. 그리고 그 상황 저편에 나는 복잡한 나를 다시 발견하게 될 것이다. 이 사실은 만일 전쟁포로들이 그들이 처한 상황의 극단적인 단순화의 결과, 거의 동물적인 어떤 단순함까지 되돌아왔는가를 사람들이 관찰한다면, 저마다가 다 확인할 수 있었던 일이다. 이 단순화는 그들의 기도 자체를 그 의미에 있어서 변경시킬 수 없었던 것이다. 오히려 나의 자유의 그 근거 자체 위에서 그 단순화는, 환경의 이른바 응축과 획일화를 불러일으키는 것이었다. 게다가 이 환경은 사로잡혀 있는 인간의 근본적인 목적에 대한 더욱 뚜렷하고 노골적이고 간결한 파악 속에, 또 그 파악에 의해 구성되어 있었다. 결국 여기서 문제가 되는 것은 내적인 신진대사이지, 상황의 '형태'와도 상관이 있는 전체적인 변형이 아니다. 그렇다 해도 그것은 '내 인생 속의', 다시 말해 똑같은 기도의 통일적인 테두리 안에서의 변화로서, 내가 발견하는 변화이다.

3. 자유와 책임

다음에 말하려고 하는 것은, 굳이 말하자면 도덕주의자들의 흥미를 일으키는 것으로, 이상과 같은 서술과 논의 뒤에 대자의 자유로 되돌아와서, 이 자유의 사실이 인간적인 운명에 있어서 무엇을 표현하고 있는지를 이해하려고 시도하는 것은, 생각건대 반드시 이로운 일일 것이다. 지금까지 우리가 고찰한 본질적인 결론을 살펴보면, 인간은 자유라는 저주를 받고 있는 것이므로, 전 세계의 무게를 자기의 두 어깨 위에 짊어지고 있다. 인간은 세계에 대해서도, 자기 자신에 대해서도, 존재의 방식에 관한 한, 그 책임자이다. 우리는 '책임(responsabilité)'이라는 말을 '어떤 사건 또는 어떤 대상의, 다툴 여지가 없는 작자(作者)로 있는(것에 대한) 의식'이라고 하는, 일반적으로 사용되고 있는 의미로 해석한다. 이런 의미에서, 대자의 책임은 압도적이다. 왜냐하면 대자는 그것에 의해 하나의 세계가 '거기에 존재하게' 되는 것이기 때문이다. 게다가 대자는 자기가 놓여 있는 상황이 어떤 것이든 '자기를 존재하게 하는' 것이기도 하기 때문에, 대자는 이 상황을 그 역행률이 아무리 견디기 힘든 것이라 해도, 그것까지 포함하여 전면적으로 떠맡아야만 한다. 또 대자는 그 상황의 작자라는 자랑스러운 의식을 가지고 상황을 떠맡아야 한다. 나의 신상에 영향을 미칠 우려가 있는 최악의 재앙, 최악의 위협도, 나의 기도에 의해서만 의미를 가진다. 그런 재앙과 위협이 나타나는 것은, 내가 그것으로 있는 자기구속을 바탕으로 해서이다. 그러므로 자기 신상을 한탄하려는 것은 잘못되어도 한참 잘못된 생각이다. 왜냐하면 밖에서 온 것은 그 무엇이든지 우리가 느끼는 것, 우리가 살아가는 것 또는 우리가 그것으로 있는 것을 결정하지는 않았기 때문이다.

나아가서 이 절대적인 책임은 수락이 아니다. 이 절대적인 책임은 우리의 자유의 결론에 대한 단순한 논리적인 요구이다. 나에게 일어나는 일은 나로 인해 나에게 일어나는 것이다. 게다가 나는 그것을 슬퍼할 수도 없고, 그 일에 반항할 수도 없으며, 그 일을 묵묵히 참고 따를 수도 없을 것이다. 나아가서 나에게 일어나는 일은 모두 다 '나의 것'이다. 그것은 무엇보다 먼저, 나는 항상 인간으로서의 한에서, 나에게 일어나는 일을 감당해 낼 수 있다는 말로 해석되어야 한다. 왜냐하면 다른 사람들이나 자기 자신에 의해 어떤 사람에게 일어나는 일은, 인간적일 수밖에 없기 때문이다. 전쟁의 가장 잔학한 상황이나 가장 잔인한 고문도, 비인간적인 사물의 상태를 만들어 내지는 않는다. 비인간적인 상황이라는 것은 존재하지 않는다. 내가 비인간적인 것을 '결정하게 되는' 것은, 단지 공포에 의해서, 도피에 의해서, 마술적인 행위에 의지함에 의해서이다. 그러나 그 결정은 인간적이고, 나는 그 결정에 대해 모든 책임을 질 것이다. 하지만 그뿐만이 아니라, 나아가서 상황이 '내 것'인 것은, 상황이 나 자신을 선택하는 나의 자유로운 선택의 영상이기 때문이고, 상황이 나에게 제시하는 모든 것은, 그것이 나를 표현하고 나를 상징하고 있다는 점에서, '나의 것'이기 때문이다.

나 자신을 결정함으로써, 사물의 역행률과 그 예견불가능까지 결정하는 것은 내가 아닐까? 그러므로 사람의 일생 속에는 '우연히 일어나는 일' 따위는 존재하지 않는다. 갑자기 폭발하여 나를 끌고 들어가는 사회적인 사건도 밖에서 찾아오는 것이 아니다. 만일 내가 어떤 전쟁에 동원된다면, 그 전쟁은 '나의 전쟁'이다. 그 전쟁은 내 모습을 닮았고, 나는 그 전쟁을 치를 만하다. 내가 그 전쟁을 치를 만하다는 것도, 가장 먼저 나는 자살 또는 탈주에 의해, 언제라도 그 전쟁에서 도피할 수 있었다. 이런 궁극적인 가능은 어떤 상황을 직시하는 것이 문제될 때, 우리에게 있어서 언제나 현재적인 것이 될 가능이다. 나는 그 전쟁에서 도피하지 않았다. 나는 그 전쟁을 '선택'했다. 그것은 무기력에서 비롯할 수도 있고, 여론 앞에서의 두려움에서 비롯할 수도 있다. (아니면 또) 내가 전쟁에 나가는 것의 거부 그 자체의 가치보다도, 다른 어떤 종류의 가치를 선택하기 때문일 수도 있다(나의 친지로부터의 존경, 내 가족의 명예 등등). 어쨌든 하나의 선택이 문제가 된다. 이 선택은 그 뒤 전쟁이 끝날 때까지 끊임없이 되풀이될 것이다.

그렇다면 쥘 로맹이 '전쟁에 있어서는 무고한 희생자란 없다'고 한 말*68에 우

---

*68 원주. 쥘 로맹 지음 《선의의 사람들》 중 〈베르됭 서곡〉. 역주 : 로맹의 《선의의 사람들》은 모두 27권의 대작으로 〈베르됭 서곡〉은 제15권이다. 단, 사르트르가 인용한 말은 제16권 〈베르됭〉 안에서 나오는 대화의 1절이다.

리는 동의하지 않을 수 없다. 그러므로 만일 내가 죽음 또는 불명예보다 전쟁을 선택했다면, 모든 것은 마치 내가 그 전쟁의 모든 책임을 짊어지고 있는 것처럼 진행된다. 물론 전쟁을 선언한 것은 타인들이고, 아마도 나는 단순한 공범자로 여겨질지도 모른다. 그러나 이 공범이라고 하는 관념은 법률상의 의미밖에 가지지 않는다. 여기서는 그런 관념은 통용되지 않는다. 왜냐하면 '나에게 있어서, 또 나에 의해서 이 전쟁이 존재하지 않게' 하는 것은 나에게 달려 있기 때문이며, 나는 '이 전쟁이 존재한다'는 것을 결정했기 때문이다. 거기에는 어떤 강제도 없었다. 강제는 하나의 자유에 대해 어떤 지배력도 행사할 수 없을 것이기 때문이다. 나는 어떤 변명도 할 수 없다. 우리가 이 책에서 되풀이해 얘기한 것처럼, 인간존재의 특징은, '인간존재는 변명 없이 존재한다'고 하는 그 때문이다. 그렇다면, 나에게 남아 있는 일은 이 전쟁을 요구하는 것뿐이다.

그러나 그뿐만 아니라 다음과 같은 이유에서도 이 전쟁은 나의 것이다. 이 전쟁은 내가 존재하게 하는 하나의 상황 속에서 나타나며 또한 나는 이 전쟁에 협력하거나 반대하거나 어느 한쪽에 자기를 구속함으로써만 상황 속에서 전쟁을 발견할 수 있다고 하는, 오직 그 사실 때문에, 나는 현재로서는 더 이상 내가 나 자신에 대해 행하는 선택과, 내가 이 전쟁에 대해 행하는 선택을 구분할 수가 없다. 즉 이 전쟁을 살아간다는 것은 이 전쟁에 의해 나를 선택하는 일이고, 나 자신에 대한 나의 선택에 의해 이 전쟁을 선택하는 일이다. 나의 가장 중요한 책임은 다른 곳에, 나의 부부생활, 가정생활, 직업생활 속에 있다는 이유로 이 전쟁을 '4년간 휴가' 또는 '4년간 유예'로 간주하거나, '휴직기간'으로 간주하는 것은 문제가 될 수 없다. 오히려 그 반대로, 내가 선택한 이 전쟁 속에서 나는 날마다 나를 선택한다. 나는 나를 만듦으로써 이 전쟁을 내 것으로 한다. 만일 이 전쟁이 공백의 4년이라고 한다면, 그것에 대한 책임을 짊어지고 있는 것은 나 자신이다. 요컨대 우리가 앞에서 지적한 것처럼, 각각의 인간은 인식과 기술의 세계에서 출발한 하나의 절대적인 자기 선택이며, 이 선택이 세계를 떠맡는 동시에 세계를 비춰 준다. 각각의 인간은 하나의 절대적인 날짜를 누리는 하나의 절대자이고, 다른 날짜에 있어서는 전혀 생각할 수 없는 것이다. 그러므로 만일 이 전쟁이 일어나지 않았더라면 내가 어떻게 되었을까 하고 자문하는 것은 부질없는 짓이다. 왜냐하면 나는 자신도 모르는 사이에 전쟁에 이르게 된 이 시기의 가능한 의미들의 하나로서 나를 선택했기 때문이다. 나는 이 시기 자체와 나를 구분할 수가 없다. 내가 다른 시기로 옮겨지는 것은 모순 없이는 불가능한 일이다. 그러므로 '나는' 전쟁에 앞서는 시대에 선을 긋고 한계를 부여하여 이해하게 해 주는 이 전쟁'이다.'

그런 의미에서, 방금 인용한 '아무 잘못 없는 희생자는 없다'는 표현에 덧붙여서, 대자의 책임을 더욱 확실하게 규정하기 위해 우리는 이렇게 말하지 않으면 안 될 것이다. "사람은 자신에게 걸맞은 전쟁을 갖는다." 그리하여 나는 전면적으로 자유롭고, 그것의 의미가 되는 것을 내가 스스로 선택한 이 시대와 분간할 수 없을 정도이며, 마치 내가 나 자신이 그 전쟁을 선언한 것처럼 깊이, 전쟁에 대한 책임자이고, 또 전쟁을 '나의' 상황에 통합하지 않고는, 전쟁에 송두리째 자기를 구속하지 않고는, 전쟁에 나의 도장을 찍지 않고는 아무것도 살 수 없기 때문에, 나는 내가 변명 없이 존재하는 것과 마찬가지로, 회한도 후회도 없이 존재해야 한다. 왜냐하면 처음에 존재에 대해 내가 출현한 순간부터 나는 오직 나 혼자서 세계의 무게를 감당하고 있으며, 그 어떤 것도 또 그 누구도 그 무게를 덜어 줄 수 없기 때문이다.

그렇지만 이 책임은 매우 특수한 형태의 것이다. 사실 사람들은 나에게 '나는 태어나기를 원하지 않았다'라고 말할 것이다. 이것은 우리의 사실성을 강조하는 하나의 소박한 방식이다. 사실 나는 모든 것에 대한 책임자이다. 그러나 나는 내 책임 자체에 대한 책임자는 아니다. 왜냐하면 나는 내 존재의 근거가 아니기 때문이다. 그러므로 모든 것은 마치 내가 책임자이기를 강요받고 있는 것 같은 느낌을 드러낸다. 나는 세계 속에 '버려져' 있다. 그렇다 해도 나는 물결 사이로 떠다니는 널빤지처럼, 적의(敵意)를 품은 하나의 우주 속에 버려진 채 수동적으로 머물러 있을 것이라는 의미는 아니다. 오히려 나는 그 모든 책임을 지고 있는 하나의 세계 속에서, 오직 혼자서, 도움도 없이 구속되어 있는 나 자신을 갑자기 발견하는 것이며, 내가 무슨 짓을 하든 나는 이 책임에서 한순간도 나를 떼어놓을 수 없다는 의미이다. 왜냐하면 책임에서 벗어나고 싶어 하는 나의 욕구 자체에 대해서도 나는 책임자이기 때문이다. 나를 세계 속에 수동적으로 있게 하는 것, 사물과 타인에 대해 작용하기를 거부하는 것, 그것도 또한 나를 선택하는 일이다.

또 자살은 '세계-속-존재'의 여러 가지 존재방식 가운데 하나이다. 그렇다 하더라도 나는 나의 사실성이, 즉 이 경우에는 나의 출생이라는 사실이, 직접 파악되지 않고 또 생각되지도 않는 것이라는 사실에 대한 절대적인 하나의 책임을 다시 발견한다. 왜냐하면 나의 출생이라는 사실은 결코 있는 그대로의 모습으로 나에게 나타나는 일이 없고, 언제나 내 대자의 기투적인 재건(再建)을 통해 나타나기 때문이다. 나는 태어났다는 것에 대해 부끄러움을 느낀다. 또는 태어났다는 것에 대해 놀라움을 느낀다. 또는 태어났다는 것에 대해 기뻐한다. 또는 나와 나의 생명을 끊어 버리려고 하는 한에서, 나는 내가 살아 있다는 것을 긍정하고, 이 삶을 나쁜 것으로서 받아들인다. 그러므로 어떤 의미에서 나는 태어난 것에 대해 '선택한다.' 이 선택은 그 자체가 총체적으로 사실성을 띠고 있다. 왜냐하면 나는 선택하지 않을 수 없기 때문이다. 그러나 이 사실성은 이번에는 내가 나의 목적을 향해 그 사실성을 뛰어넘는 한에서만 나타날 것이다. 그러므로 사실성은 곳곳에 있지만 파악되지 않는다. 나는 결코 나의 책임밖에 만나지 않는다. 그래서 나는 '어째서 나는 태어났는가' 하고 물을 수도 없고, 내가 태어난 날을 저주할 수 없으며 '나는 태어나기를 원하지 않았다'고 말할 수도 없다. 왜냐하면 나의 출생에 대한, 다시 말해 내가 이 세상에 모습을 드러내고 있다는 '사실'에 대한 그런 다양한 태도들은, 분명히 전적인 책임에 있어서 이 출생을 떠맡고 그것을 '나의 것'으로 만들 때의 다양한 방식 바로 그것이기 때문이다. 여기서도 나는 나 자신과 나의 기도밖에 만나지 않는다. 따라서 결국 나의 버려짐, 다시 말해서 나의 사실성은 단순히 '나는 총체적으로 나 자신의 책임자가 되어야 할 운명에 있다'는 데 존재한다. 나는 '그것의 존재가 그 존재에 있어서 문제가 되는 존재'로서 '있는' 존재이다. 그리고 나의 존재의 이 '있음'은 눈앞에 나타나 있고 게다가 파악될 수 없는 것으로서 '있다.'

그런 조건에 있어서 세계의 모든 사건은, '기회(occasion)'('유리한' 기회, '놓쳐 버린' 기회, 잃어버린 기회 등등)로밖에 나에게 나타나지 않기 때문에, 또는 더 나아가 우리에게 일어나는 모든 것은 하나의 기회로 생각될 수 있는, 다시 말해서 '우리의 존재에 있어서 문제가 되는 이 존재'를 실현하기 위한 수단으로서밖에 우리에게 나타날 수 없기 때문에, 나아가서 '초월되는─초월'로서의 타인들도 또한 '기회와 운(運)'일 뿐이기 때문에, 대자의 책임은 사람이 살고 있는 세계로서의 세계 전체로 퍼져 나간다. 그리하여 진정 대자는 불안 속에서 자기를 파악한다. 다시 말하면 대자는 자기의 존재의 근거도 아니고 타인의 존재의 근거도 아니며, 세계를 형성하는 즉자의 존재의 근거도 아니고, 오히려 자기 속

또는 자기 밖에서, 곳곳에서 존재의 의미를 결정하도록 강요당하고 있는 하나의 존재로서 자기를 파악한다. 자기의 버려짐까지 되돌아볼 정도의 책임 속에 내던져 '있다'고 하는 자기의 조건을, 불안 속에서 실현하는 자는 이미 회한도 후회도 변명도 갖지 않는다. 그는 이미 완전히 스스로 자신을 드러내는 하나의 자유, 그 존재가 이 드러내 보임 자체 속에 존재하는 하나의 자유에 지나지 않는다. 그러나 이 책의 첫머리에서 지적한 것처럼, 대개 어떤 경우에도 우리는 불안을 피해 자기기만에 빠져든다.

제2장
함과 가짐

1. 실존적 정신분석

만일 우리들이 정립하고자 했던 것처럼 정말로 인간존재가, 자기가 추구하는 목적에 의해 자기를 알리고 규정하는 것이라면, 그런 목적에 대한 연구와 분류가 반드시 필요하게 될 것이다. 사실 앞 장(章)에서 우리는 대자(對自)를 자유로운 기도라는 관점, 즉 대자가 그 목적을 향해 자기를 내던질 때의 비약이라고 하는 관점에서밖에 살펴보지 않았다. 이제 그 목적 자체를 검토해 볼 차례이다. 왜냐하면 이 목적은 절대적인 주관성의 '일부를 이루고 있고', 그런 주관성의 초월적이고 대상적인 극한이기 때문이다. 이 점은 개별적인 한 인간이 그 욕망에 의해 규정된다는 것을 인정하는 경험적 심리학이 이미 예감했던 것이다. 그러나 이 경우 우리는 다음과 같은 두 가지 오류를 경계해야 한다.

첫째로 경험적 심리학자는 인간을 그 욕망에 의해 규정할 때 여전히 실재론적인 착각에 사로잡혀 있다. 경험적 심리학자는 욕망을, 욕망적 의식의 '내용'이라는 자격으로 인간 '속에' 존재하는 것으로 여기고, 욕망의 의미가 욕망 자체 안에 속해 있다고 믿고 있다. 그리하여 경험적 심리학자는 초월의 이념을 불러일으킬 우려가 있는 모든 것을 회피한다. 그러나 내가 한 채의 집, 한 잔의 물, 한 여성의 몸을 욕망할 때 그 몸, 그 물, 그 집은 어떻게 나의 욕망 속에 깃들 수 있을 것인가? 또 나의 욕망은 어떻게 바람직한 그 대상들에 대한 의식 이외의 다른 것이 될 수 있을 것인가? 그러므로 우리는 이런 욕망을 '나의 의식 속에 살고 있는 작은 심적 실재'로 여기지 않도록 조심해야 한다. 이런 욕망은 의식이 원리적으로 무언가'에 대한' 의식인 한, 의식의 기투(企投)적이고 초월적인 근원적 구조 안에서의 의식 그 자신이다.

두 번째 오류는 첫 번째 오류와 밀접한 관련이 있는데, 이 오류는 우리가 온갖 경험적 욕망의 구체적인 총체에 이르자마자 심리학적 연구는 끝났다고 생각하는 데 있다. 그리하여 한 인간은 경험적인 관찰을 통해 이루어질 수 있는 경향들의 '다발'에 의해 규정된다. 물론 심리학자는 항상 이와 같은 경향들의 '총계'를 이루는 것으로 만족하지는 않을 것이다. 심리학자는 그런 경향들의 친밀함 및 일치와 조화를 밝히려고 할 것이다. 또 그는 온갖 욕망의 총체를 하나의 종합적인 조직으로 나타내고, 그 조직 속에서 각각의 욕망이 어떻게 다른 욕망에 작용하고 영향을 미치는지를 보여 주려고 할 것이다. 예를 들면 플로베르의 '심리'를 해명하고자 하는 비평가라면 다음과 같이 쓸 것이다. 그는 '자신의 위대한 야심과 억누르기 힘든 힘이라는 이중의 감정에서 비롯되는 끊임없는 북돋움을, 소년 시절부터 이미 자신의 정상적인 상태로 파악하고 있었던 듯하다. ……그의 끓어오르는 젊은 피는 여기서 문학적인 정열로 바뀌었다. 이런 일은 조숙한 영혼을 지닌 사람들의 경우, 18세 전후에 흔히 일어나곤 한다. 그들은 크게 행동하고 세차게 받아들이고픈 욕구(le besoin d'agir beaucoup ou de trop sentir)에 시달리고 있으며, 그것을 가라앉힐 수단을 문장의 힘 또는 허구의 강렬함 속에서 발견한다.'*1

이 한 구절에서는 한 청년의 복잡한 인격을 약간의 원초적인 욕망으로 환원하려는 노력이 엿보인다. 마치 화학자가 복합적인 물체를 단순한 물체의 하나의 조합에 불과한 것으로 환원할 때와 같은 방식이다. 이 경우에 원초적으로 주어진 것은 위대한 야심, '크게 행동하고 세차게 받아들이고픈 욕구'일 것이다. 이런 요소들이 조합될 때, 거기서 하나의 지속적인 북돋움이 생겨난다. 이 북돋움은 잘 선택된 풍부한 독서에 의해—앞에서 인용하지는 않았지만 부르제가 몇 마디 말로 지적한 바와 같이—길러지고, 이윽고 허구 속에 자기를 표현함으로써 자기를 달래려고 한다. 허구는 이런 북돋움을 상징적으로 충족시켜 북돋움의 배출구가 될 것이다. 무릇 이와 같은 것이 문학적 '기질'의 발생이다.

그런데 무엇보다도 그런 심리학적 '분석'은, 어떤 개별적인 사실이 추상적이고 보편적인 법칙들의 교차에 의해서 생긴다는 가정에서 출발하고 있다. 설명되어야 하는 사실—여기서는 젊은 플로베르의 문학적 소질—은 '청년 일반'에게서 볼 수 있는 '전형적'이고 추상적인 욕망들의 한 조합이라는 결론에 이른다. 이 경우에 구체적인 것은 단지 그 욕망들의 조합뿐이다. 그런 욕망들은 그

---

*1 원주. 부르제(Paul Bourget), 《현대 심리학 시론(試論), 플로베르》. 역주 : 프랑스의 소설가·평론가(1852~1935). 《제자》가 가장 유명한 소설이다.

자체만으로는 단순한 도식일 뿐이다. 그러므로 가설에 의해 추상적인 것이 구체적인 것에 앞서고 있으며, 구체적인 것은 추상적인 성질들의 하나의 조직에 지나지 않는다. 개별적인 것은 보편적인 도식들의 교차일 뿐이다. 그러나—이런 가정의 논리적인 부조리는 잠시 제쳐 두더라도—우리가 이 경우의 실례에서 명확하게 본 것처럼, 이런 가정은 바로 그 기도의 개별성을 이루는 것을 도저히 설명할 수가 없다. '세차게 받아들이고픈 욕구'—보편적인 도식—가 저작 욕구로 변함으로써 욕구를 푸는 돌파구를 얻는다는 것, 그것은 플로베르의 '소명(召命)'에 대한 '설명'이 아니다. 다시 말하면, 그것은 그야말로 반대로 설명되어야 할 사항이다. 물론 사람들은 우리가 모르는 세세한 사정들을 이것저것 증거로 내세우고, 그런 사정들이 이 받아들이고픈 욕구를 행동하고픈 욕구로 끌어올린 것이라고 할 수도 있을 것이다. 그러나 그것은 처음부터 설명을 단념하는 행위로, 명백하게 밝혀낼 수 없는 것에 의지하는 일이다.[*2] 그리고 그것은 순수하게 개별적인 것을 포기해 버리는 일이다. 그 순수하게 개별적인 것은 플로베르의 주관성에서, 그의 생애의 여러 가지 외면적인 사정 속으로 내쫓겨 버린 것이 된다. 마지막으로 플로베르의 편지가 입증하는 바로는, 플로베르는 '청년기의 위기'보다 훨씬 전인 아주 어린 시절부터 글을 쓰고자 하는 욕구에 사로잡혀 있었다.

앞에서 인용한 서술의 각 단마다, 우리는 하나의 틈과 마주친다. 야심과 자기 힘의 감정이, 플로베르 속에서 고요한 기대 또는 어두운 초조함을 낳지 않고 오히려 '북돋움'을 낳는 것은 무엇 때문일까? 이 북돋움이 한정되어, 크게 행동하고 세차게 느끼고자 하는 욕구가 되는 것은 무엇 때문일까? 그나저나 이 구절 끝에서 자발적인 발생에 의해 갑자기 나타난 이 욕구는 애당초 무엇을 하려는 것인가? 이 욕구가 난폭한 행위나 방랑이나 사랑의 모험 또는 방탕 속에서 자기를 충족시키려고 하는 대신, 정녕 상징적으로 자기를 만족시키는 길을 선택하는 것은 무엇 때문일까? 또 다른 사람들의 경우에는 예술적인 영역에 속하지 않을 수도 있는데(예를 들면 신비주의로 향하는 수도 있다), 그의 이 상징적인 만족이 그림이나 음악에서보다 문학작품 속에서 목적을 이루는 것은

[*2] 원주. 사실 플로베르의 청년기는 우리가 그것을 알 수 있는 한에서는 그 점에 관해 특수한 것을 아무것도 보여 주지 않았기 때문에, 원리적으로 비평가의 손이 닿지 않는 불가해한 사실들의 작용을 가정하지 않을 수 없다.

무엇 때문일까?

플로베르는 어디에선가 다음과 같이 쓴 적이 있다. '나는 위대한 배우가 될 수 있었을지도 모른다.' 그가 배우가 되고자 시도하지 않았던 것은 무엇 때문일까? 요컨대 우리는 아무것도 이해하지 않았던 것이다. 우리가 본 것은 잇따라 일어나는 우연한 사건과 제각기 완전히 무장하고 나오는 몇몇 욕망으로, 그런 것들의 발생을 포착하는 일은 도저히 가능할 것 같지 않다. 이행·생성·변화는 우리에게는 조심스럽게 가려져 있었다. 우리는 다만, 경험적으로 확인되기는 하지만 (이를테면 청년에게 있어서 저작 욕구에 앞서는 행동의 욕구처럼) 글자 그 대로 이해하기는 어려운 사건의 한 장면 한 장면에 의지하여, 이 잇달아 일어 나는 것 속에 순서를 세우는 일밖에 할 수 없었다. 그러나 일반적으로 심리라 는 이름으로 불리고 있는 것은 바로 그런 것이다.

시험 삼아 손에 잡히는 대로 아무 전기(傳記)나 하나 펼쳐 보라. 당신이 거 기서 발견하는 것은 이런 종류의 서술일 것이다. 이런 서술은 온갖 외면적인 사건들의 열거와 우리 시대의 커다란 설명적 우상(偶像)인 유전·교육·환경·체 질 등에 대한 언급에 의해, 다소나마 토막토막 끊겨 있다. 하지만 가끔 우수한 저작에서는 앞서는 사건과 뒤따르는 사건 사이에 또는 상호작용의 관계에 있 는 두 개의 공존하는 욕망들 사이에 세워진 관계가, 단순히 흔해빠진 한 장면 한 장면의 유형에 따라 구상된 것이 아닌 경우도 있다. 때로는 그 관계가, 야 스퍼스가 《정신병리학 개론》에서 말한 것과 같은 의미에서 '이해될 수 있는 것' 일 수도 있다. 그러나 이런 이해는 여전히 '일반적'인 관계의 파악이다. 예를 들 면 우리는 동정(童貞)과 신비주의 사이에, 허약과 위선 사이에, 어떤 관계가 있 는 것을 파악할 것이다. 하지만 우리는 그럼에도 '이' 동정(이러이러한 여성과의 관계에 있어서의 '이' 금욕, 바로 이러이러한 유혹에 대한 '이' 투쟁)과, 신비주의의 개별적인 내용 사이의 구체적인 관계에 대해서는 알지 못한다. 마찬가지로 정 신병학은 정신착란의 일반적인 구조를 밝힐 수 있으면 그것으로 만족할 뿐 굳 이 그 정신병의 개별적이고 구체적인 내용(이 사람이 자기 자신을 다른 누구도 아닌 이러이러한 역사적 인물로 믿고 있는 것은 무엇 때문일까? 그의 보상망상(報 償妄想)이 뭔가 다른 관념이 아닌 이러저러한 위대함의 관념에 의해 만족을 얻고 있는 것은 무엇 때문일까? 등등)을 이해하려고는 하지 않는다.

그러나 특히 이런 '심리적' 설명은 결국 설명될 수 없는 온갖 원초적인 사실을 우리에게 가리킨다. 그것들은 심리의 원소이다. 예를 들면 플로베르는 '위대한 야심'을 가지고 있었다고 우리는 말한다. 앞에서 인용한 서술은 모두 이 근원적인 야심에 근거를 두고 있다. 물론 그것도 좋을 것이다. 하지만 이 야심은 결코 정신을 만족시키지 않는, 하나의 환원할 수 없는 사실이다. 왜냐하면 이 경우에 환원불가능성은 분석을 더욱 추진하는 것에 대한 거부 이외의 어떤 이유도 갖지 않기 때문이다. 거기까지 가면 심리학자는 걸음을 멈추고 그 사실을 원초적인 것으로서 받아들인다. 그러므로 그런 심리학적 시론(試論)을 읽으면, 우리는 단념인지 불만인지 알 수 없는 혼란된 상태에 빠져든다. 우리는 이렇게 말한다. "플로베르는 그 정도로 야심적이었다. 그는 그런 인물이었던 것이다." 어째서 그가 그런 인물이었는지 자문하는 것은, 어째서 그는 키가 크고 금발이었는지를 알려고 하는 것과 마찬가지로 부질없는 일이다. 우리는 어디선가 멈추어 서야만 한다. 그것이 모든 현실적 존재의 우연성 그것이다. 이 바위는 이끼로 덮여 있는데, 그 옆에 있는 바위에는 이끼가 하나도 없다. 귀스타브 플로베르는 문학적인 야심을 가지고 있었지만, 그의 형 아쉘에게는 그런 야심이 없었다. '결국 그런 것이다.' 마찬가지로 우리는 인(燐)의 특성을 알아내기 위해, 그것의 특성을 인의 구성 요소인 화학분자의 구조로 환원하려고 시도할 것이다. 그러나 어째서 그런 형식의 분자가 존재하는 것인가? '그것은 그런 것이야.' 이것이 우리가 말할 수 있는 전부이다.

플로베르의 심리 설명은, 가능하다면, 그의 모든 행위·감정·취미 등의 복합을 마치 화학분자의 특성에도 비교할 만한 어떤 '특성', 그 이상으로 거슬러 올라가려고 해 봤자 헛수고인 어떤 특성에까지 환원하려는 데 있을 것이다. 그렇다 하더라도 우리는 플로베르가 자기의 야심을 '받아들이지는' 않았다는 것을 어렴풋이 느끼고 있다. 그의 야심은 의미지시적이고, 그러므로 자유롭다. 유전도, 부르주아적인 환경도, 교육도 그의 야심을 설명할 수 없다. 하물며 한때 유행했던 '신경 소질(神經素質)'에 대한 생리학적 고찰 등은 더더욱 그것을 설명할 수 없다. 그것은 그 자체만의 것으로서 설명되어야 하는 하나의 콜로이드[*3]의 실체로서, 이런 실체는 자기가 무엇인지를 다른 실재에 의해 자기에게 알려 주기 위하여 자기를 초월하지는 않는다. 그러므로 신경은 결코 하나의 의미작용

[*3] 교질(膠質)이라고도 한다. 예를 들면 물 속에, 보통 분자보다는 크지만 일반 현미경으로는 볼 수 없을 만큼 작은 알갱이가 떠다니고 있는 상태를 말한다.

에 근거를 주지 못할 것이다.

어떤 점에서 보면, 플로베르의 야심은 그의 모든 우연성이 따르는 하나의 사실이다—분명히 이 사실 저편까지 거슬러 올라가는 것은 불가능하다—그러나 또 다른 관점에서 보면, 그의 야심은 '자기를 만든다.' 그리고 우리의 만족감은 우리가 그 야심 저편에서 그 이상의 뭔가를 파악할 수 있다는 것을 우리에게 보장해 준다. 그것은 이를테면 근본적인 결의 같은 것이며 여전히 우연적인 것이기는 하지만, 정말로 환원불가능한 심적인 것이리라. 그러므로 우리가 요구하는 것은—게다가 사람들이 결코 우리에게 주려 하지 않는 것은—하나의 진정으로 환원불가능한 것이다. 다시 말해서 우리에게 '명증적(明證的)'인 환원불가능성을 지닌 하나의 환원불가능한 것이다. 이런 환원불가능성은 심리학자의 요청이나, 그 이상으로 거슬러 올라가는 것에 대한 심리학자의 거부 또는 무능의 결과로서 제시되는 것이 아니며, 오히려 그 반대로, 그 환원불가능성을 확인하는 일이 우리 안에서 하나의 만족감을 동반하는 것이다.

이 요구가 우리 안에서 일어나는 것은, 종종 합리적인 탐구의 본질을 이루는 것으로 기술되어 온, 따라서 심리학적 연구에만 특유하기는커녕 모든 학문과 모든 문제 속에서 발견될 그런 원인의 끊임없는 추구에서도 아니고, 그런 끝없는 역행(逆行)에서도 아니다. 그것은 어떤 '왜?'도 불러일으키지 않는 하나의 '그러니까'를 구하는 어린아이 같은 탐색이 아니다. 오히려 그것은, 인간에 대한 존재론 이전의 하나의 이해에 의한 요구이며, 또 그와 관련하여 인간을 분석할 수 있는 것으로 여기는 것에 대한 거부, 인간을 원초적으로 주어진 것으로, 즉 대상에 의해 지탱되고 있는 특성과 마찬가지로 주관에 의해 지탱되고 있는 확실한 욕망(또는 '경향')으로 환원될 수 있는 것으로 여기는 것에 대한 거부에 의한 요구이다. 만일 우리가 인간을 그런 것으로 봐야 한다면, 다음 중 어느 하나를 선택해야만 할 것이다.

우리가 사랑할 수도 싫어할 수도 있고, 비난할 수도 칭찬할 수도 있는 '플로베르'라고 하는 인간, 우리에게 있어서 '타인'인 그 인간, 그가 존재했다는 단지 그 사실만으로 우리 자신의 존재를 직접 덮치는 그 인간은, 본디 이런 욕망의 무한정한 하나의 기체(基體), 즉 그런 욕망을 수동적으로 받아들일 불확정적인 일종의 점토와 같은 것일까—아니면 플로베르라고 하는 인간은 그런 환원될 수 없는 경향들의 단순한 묶음으로 환원되는 것일까? 어느 경우를 선택하더라도 그 인간은 사라져 없어진다. 우리는 '그 신상에' 이러저러한 사건이 일어난 '사람(celui)'을 더 이상 찾아내지 못한다. 우리는 '그 사람(personne)'을 구하면서 무익한 모순투성이의 하나의 형이상학적인 실체를 만나게 되거나—또는 우리가 구하는 존재가 외적 관계에 의해 서로 연관된 수많은 현상 속으로 사라져 버리거나, 둘 중의 하나이다. 그런데 우리 각자가 타자를 이해하기 위한 자신의 노력 자체에 대해 요구하고 있는 것은, 무엇보다도 이런 비인간적인 실체관념에 결코 의지해서는 안 된다는 것이다. 왜냐하면 실체관념은 인간적인 것의 이편에 존재하기 때문이다. 다음으로, 그렇다고 해서 그 존재가 가루처럼 부서져서는 안 된다. 우리는 그 존재 속에서 하나의 중심을 발견할 수 있어야 한다—실체는 이런 중심의 하나의 회화(戱畵)에 지나지 않았다—그리고 이 중심은 책임의 중심, 사랑받거나 미움받아야 하는 중심, 비난받거나 칭찬받아야 하는 중심, 요컨대 '인격적'인 중심이 아니면 안 된다. 그 인간의 존재인 이 중심은 '자유로운 통일'이다. 게다가 이 통일은, 그것에 의해 통일되는 다양성 '뒤에' 오는 것일 수는 없다. 오히려 '존재한다'는 것은, 플로베르의 경우에도 다른 어떤 '전기'의 주인공의 경우에도 세계 속에서 자기를 통일하는 것이다.

플로베르'라고 하는', 우리가 만나게 될 환원불가능한 이 통일, 우리가 전기 작가들에게 밝혀 주기를 요구하는 환원불가능한 이 통일은, 그래서 하나의 '근원적인 기도'의 통일이고 '비실체적인' 하나의 '절대자'로서 우리 앞에 모습을 보이게 될 통일이다. 그러므로 우리는 환원불가능한 세부의 하나하나를 단념하지 않으면 안 된다. 우리는 명증성 자체를 기준으로 함으로써, 우리가 더 이상 멀리 나아갈 수도 없고 또 나아가서는 안 된다는 것이 뚜렷해질 때까지는, 우리의 탐구를 멈춰서는 안 된다. 특히 우리는 그 사람의 모든 성향에 의해 한 인물을 재구성하려고 해서는 안 된다. 그것은 스피노자의 말을 빌리면, 모든 상태의 총계에 의해 실체 또는 그 속성들을 재구성하려 해서는 안 되는 것과 마찬가지이다. 환원불가능한 것으로서 제시되는 모든 욕망은 부조리한 우연성에 속하는 것이고, 총체로서 파악된 인간존재를 부조리 속으로 끌어들인다. 이를테면 만일 내가 내 친구 가운데 한 사람에 대해, 그는 '보트 젓기를 좋아한다'고 단언한다면, 나는 짐짓 거기서 탐구를 정지하려는 것이 된다. 그러나 그 반면, 나는 그렇게 하여 그 무엇으로도 설명될 수 없는 하나의 우연적인 '사실'을 구성한다. 이 사실은, 그것이 자유로운 결의의 무상성(無償性)을 지니고 있다 하더라도, 결코 그 자신의 자율성을 지니고 있지는 않다.

사실 나는 보트 젓기라는 성향을 피에르의 근본적인 기도로 볼 수는 없다. 이 성향은 그 자신 속에 부차적이고 파생적인 무언가를 담고 있다. 이렇게 하여 여러 가지 잇달아 일어나는 필치(筆致)에 의해 하나의 성격을 묘사하는 사람들은, 그런 필치 하나하나가—그 욕망 하나하나가—서로 순전히 우연적이고 또 단순히 외면적인 관계로 연관되어 있다는 것을 암시하게 될 것이다. 반면에 이 성향을 설명하고자 시도하는 사람들은 콩트가 이름 지은 의미에서의 '유물론(matérialisme : 素材本位)'의 길, 즉 상위의 것을 하위의 것으로 설명하려는 길로 들어서게 될 것이다. 이를테면 이렇게 말하는 사람도 있을 것이다. "그 인물은 피나는 노력을 즐기는 스포츠맨이고, 특히 야외 스포츠를 즐기는 야인(野人)이다." 이것은 설명되어야 하는 욕망 밑에 훨씬 더 일반적이고, 훨씬 더 무차별적인 경향들을 두는 셈이다. 그 경우에, 그런 경향과 그 욕망의 관계는 단순히 동물학적인 유(類)의, 종(種)에 대한 관계에 지나지 않는다. 그러므로 심리학적인 설명은 그것이 갑자기 멈춰 설 것을 결의하지 않는다면, 단순한 부대적인 관계 또는 끊임없이 잇달아 일어나는 관계를 부각시킬 뿐이거나, 단순한 분류에 그친다.

보트 젓기를 좋아하는 피에르의 성향을 설명하는 것은 그를 야외 스포츠를 좋아하는 성향을 가진 종족의 일원으로 만드는 일이며, 그 종족을 스포츠 전반을 좋아하는 성향을 가진 종족과 연관시키는 일이다. 나아가서 만일 우리가 스포츠 애호를, 모험을 즐기는 것의 하나의 나타남으로 보고 또 이 모험 애호는 승부를 좋아하는 근본적인 경향의 일종으로 본다면, 우리는 훨씬 일반적이고 훨씬 빈약한 항목을 발견할 수 있을 것이다. 분명히 이 자칭 설명적인 분류는, 낡은 식물학 분류와 마찬가지로 가치도 없고 흥미로운 구석도 없다. 이런 분류는 결국 낡은 식물학의 분류와 마찬가지로, 구체적인 것보다 추상적인 것이 존재적으로 우선한다는 것을 전제하고 있다—마치 승부를 즐기는 경향이 먼저 일반적으로 존재하고, 그다음에 그것이 이러저러한 사정의 작용 아래 스포츠 애호로 특수화되며, 나아가서 이 스포츠 애호가 보트 젓기의 성향으로까지 특수화되어, 마지막으로 이 성향이 어디어디의 강에서 이러이러한 상황, 이러이러한 계절에, 보트를 젓고 싶다는 욕망으로까지 특수화된다는 식이다—게다가 이런 분류는 낡은 식물학의 분류와 마찬가지로, 그것이 고찰하는 추상적인 경향이 그때마다 내용적으로 구체화되는데도 그 구체화의 이유를 설명하는 데 실패한다. 그렇다 해도 보트를 젓고 싶다는 욕망은 단순히 보트를 젓고 싶다는 욕망'일 뿐'이라는 것이 어떻게 인정될 수 있을까? 그 욕망은 단순히 그 자신이 있는 그대로의 것으로 환원된다는 것이 정말로 받아들여질 수 있을까? 도덕주의자 중에서도 가장 통찰력이 탁월한 사람들은, 어떻게 욕망이 욕망 그 자신에 의해 드러나는지를 보여 주었다.

파스칼은 이를테면 수렵, 테니스, 그 밖의 다양한 행위 속에서 기분전환의 욕구를 발견할 수 있다고 생각했다—다시 말하면 파스칼은 다만 그것 자체로서만 보면 부조리한 활동 속에, 그 활동을 초월하는 하나의 의미작용이 있다는 것을 밝혔다—즉, 인간존재 일반과 그 조건을 가리키는 하나의 지시가 거기에 있음을 밝힌 것이다. 마찬가지로 스탕달은 관념론자들과의 그 관계에도 불구하고, 또 프루스트는 그 주지주의적이고 분석적인 경향에도 불구하고, '사랑과 질투는 "한 사람"의 여자를 소유하고자 하는, 단지 그뿐인 욕망으로 환원되는 것이 아니라, 그 여자"를 통해" 세계 전체를 독점하려는 것'임을 보여 주지 않았는가? 이것이 스탕달적인 결정작용(結晶作用, cristallisation)의 의미이다. 그리고 바로 이 때문에 스탕달이 서술한 연애는, 세계 속에서의 존재의 하나의 방식으로서, 즉 대자가 이러이러한 개별적인 여성을 통해 세계에 대해 자기 자신(자기성)에 대해서 관계할 때의 하나의 근본적인 관계로서 나타난다. 그 여성은 회로 속에 놓여 있는 하나의 도체(導體) 역할밖에 하지 못한다. 우리는 이런 분석을 정확하다고는 말할 수 없을지 모르고, 완전한 진실이라고도 말할 수 없을지 모른다. 그렇다 해도 역시 이런 분석은, 단순한 분석적 기술(記述) 이외의 또 하나의 방법이 있음을 우리가 추측하게 만든다.

가톨릭 소설가들의 관찰도 그것과 마찬가지이다. 그들은 육체적인 사랑 속에서 곧바로 신에게 향하는 뛰어넘기를 보고, 돈 후안 속에서 '영원한 불만'을, 죄 속에서 '신이 부재하는 장소'를 본다. 그 경우에 문제가 되는 것은 구체적인 것의 배후에서 하나의 추상적인 것을 발견해 내는 일이 아니다. 신에게 향하는 약동은 이러이러한 개별적인 여인을 향하는 약동처럼 '역시 구체적'이다. 오히려 여기서 문제가 되는 것은, 주인공의 부분적이고도 불완전한 모습 밑에서 참된 구체화를 발견해 내는 일이다. 이와 같은 구체화는 존재를 향하는 그의 약동의 전체밖에 될 수 없고, '내적'인 관계와 근본적인 기도의 통일 속에서 그가 자기에 대해, 세계에 대해, '타인'에 대해 관계할 때의 근원적인 관계밖에 될 수 없다. 이 약동은 순전히 개별적이고 독자적인 것일 수밖에 없을 것이다. 이를테면 개별적인 것을 일반적인 원칙의 총계로 구성하는 부르제의 분석과는 달리 이 약동은 우리를 '그 사람(personne)'으로부터 멀리하기는커녕, 글을 쓰고자 하는 욕구—'이러이러한' 책을 쓰고자 하는 욕구—속에서 활동의 욕구 전반을 우리에게 발견하게 하지는 않을 것이다. 그보다는 반대로, '부드러운 점토'의 학설이나 '경향들의 묶음'의 학설을 모두 물리침으로써, 우리는 그 사람을 구성하는 자발적인 기도 속에서 '그 사람'을 발견할 것이다. 도달된 결과의 환원불가능성이 명증적으로 드러나 보이는 것은 그런 이유에 의해서이다. 다시 말하면 도달된 결과가 가장 빈약하고 또 가장 추상적이기 때문이 아니라, 오히려 가장 풍부하기 때문이다. 이 경우에 직관은 개별적인 충실성이 따를 것이다.

그러므로 문제는 대략 다음과 같이 제기될 것이다. 만일 우리가 인격은 하나의 전체라는 것을 인정한다면, 우리는 우리가 그 인격 속에서 경험적으로 발견한 여러 가지 경향의 가산(加算) 또는 조직에 의해 그 인격을 재구성하려 해도 헛된 일이다. 오히려 반대로, 하나하나의 성향, 하나하나의 경향 속에서 다른 관점에서이기는 하지만, 인격은 전체적으로 자기를 표현한다. 말하자면 스피노자적인 실체가 그 속성의 하나하나 속에 전체적으로 자기를 표현하는 것과 조금 비슷하다. 그렇다면 우리는 주인공의 하나하나의 경향, 하나하나의 행동 속에서 그것을 초월하는 하나의 의미작용을 발견해야 한다. 주인공이 어느 한 여자에 대해 자기를 역사화하는 것은 '날짜가 확실하고' 특수한 이러이러한 질투에 의해서인데, 이 질투는 그것을 해독할 수 있는 자에게 있어서는, 그 주인공이 자기를 하나의 자기 자신으로서 구성할 때 세계에 대해 가지는 전체적인 관계를 '의미한다.' 달리 말하면 이 '경험적'인 태도는 그 자신이 '어떤 예지적인 성격을 가진 선택'의 표현이다. 그렇게 말하기는 하지만, 그것은 그다지 신비로운 사항이 아니다—또 거기에는 우리가 단순히 그것을 사고할 수밖에 없는 어떤 예지적인 차원이 있는 것도 아니다. 오히려 우리는 단지 주인공의 경험적인 존재 차원만을 거기서 포착하고 거기서 파악할 것이다. 다시 말해 이 경험적인 태도가 '예지적인 성격을 가진 선택'을 '의미하는' 것은, 이 태도 '자체'가 이 선택'이기' 때문이다.

사실 나중에 보겠지만, 예지적인 선택의 특징은, 이 예지적인 선택이 구체적이고 경험적인 하나하나의 선택의 초월적인 의미작용으로밖에 존재할 수 없다는 것이다. 다시 말하면 이 예지적인 선택은, 먼저 그것이 뭔가 무의식적인 것 속에서 또는 사유적인 차원에서 이루어진 뒤에 '이어서' 관찰될 수 있는 이러이러한 태도 속에 나타나는 것은 아니다. 예지적인 선택은 경험적인 선택에 대해 '존재론적인' 우위를 차지하는 것도 아니다. 오히려 그것은 원리상 경험적인 선택의 '저편'으로서, 그 무한한 초월로서 항상 경험적인 선택에서 나타날 것이다. 그러므로 내가 강에서 보트를 젓고 있을 때, 나는—여기서도, 또 하나의 세계에서도—보트를 젓는다고 하는 그 구체적인 기투(企投) 이외의 아무것도 아니다. 그러나 그 기도 자체는 내 존재의 전체로서의 한에서, 개별적인 여러 가지 사정들 속에서의 나의 근원적인 선택을 표현한다. 그 기도는 그런 사정들 속에서의 전체로서의 나 자신의 선택 이외에 아무것도 아니다. 그러므로 우리는 어떤 특수한 방법에 의해, 이 기도 속에 포함되는 이런 근본적인 의미, 이 기도의 '세계-내-존재'의 개인적인 비밀밖에 될 수 없는 이런 근본적인 의미를 끄집어내도록 유의해야 한다. 따라서 우리가 어떤 주인공의 여러 가지 경험적인 모든 경향에 공통되는 근본적인 기도를 발견하고 이끌어 내려고 하는 것은, 오히려 그런 경향들을 '비교함'에 의한 것이지, 그런 경향들의 단순한 총계 또는 재구성에 의한 것이 아니다. 그런 경향들 하나하나 속에 인격은 전체로서 존재한다.

물론 가능적인 인간이 무한하게 존재하는 것과 마찬가지로 가능적인 기도는 무한하게 존재한다. 그렇다 해도 만일 우리가 그런 기도 사이에 어떤 공통된 특징을 인정하고, 그런 특징을 훨씬 더 넓은 범주로 분류하는 것을 시도해야 한다면, 먼저 우리가 훨씬 연구하기 쉬운 경우들에 대해 개별적으로 조사하는 것이 적당하다. 그런 조사에서 우리는 다음과 같은 원리에 의해 이끌어질 것이다. 즉 우리는 분명한 환원불가능성 앞에서가 아니면 멈춰 서서는 안된다. 다시 말해 계획된 목적이 그 주인공의 '존재 자체'로서 나타나지 않는 한, 결코 우리는 최초의 기도에 이르렀다고 생각해서는 안 된다. 그러므로 우리는 이를테면 하이데거가 수립하고자 하는 분류처럼, '본래적인 자기기투(projet authentique)'와 '비본래적인 자기기투(projet inauthentique de soi-même)'로 나누는 분류 등에 멈춰 설 수는 없을 것이다. 그와 같은 분류는 창시자의 의도에도 불구하고 그 말투 자체에서, 이미 윤리적인 관심에 의해 더럽혀져 있을 뿐만 아니라, 그것은 결국 자기 자신의 죽음에 대한 주인공의 태도를 바탕으로 하는 분류이다. 그러나 "죽음이 불안한 것은, 따라서 우리가 그 불안에서 벗어날 수도 있고 또는 결연히 그 불안에 몸을 내던질 수도 있는 것은, 우리가 삶에 집착하고 있기 때문이다'라고 말하는 것은 뻔한 이치이다. 따라서 죽음 앞에서의 불안, 단호한 결의 또는 비본래성으로의 도피는, 우리 존재의 근본적인 기도라고 볼 수는 없을 것이다. 오히려 그런 것은 '살아간다'는 원초적인 기도, 즉 우리 존재의 근원적인 어떤 선택을 근거로 해서밖에 이해될 수 없을 것이다. 그러므로 본래적인 기투와 비본래적인 기투, 어느 경우에도 하이데거적인 해석학의 결과를, 더욱 근본적인 하나의 기도를 향해 뛰어넘는 것이 중요하다.

이 근본적인 기도는 사실, 다른 어떤 기도도 지시하는 것이어서는 안 되며, 그 자신에 의해 생각되는 것이 아니면 안 된다. 그러므로 이 근본적인 기도는 죽음과도 삶과도, 그 밖에 인간적인 조건의 어떤 특징과도 관련을 맺을 수 없다. 요컨대 한 대자의 근원적인 기도는 그 대자 자신의 존재밖에 지향할 수가 없다. 존재기투 또는 존재욕구 또는 존재하려고 하는 경향은 사실 생리학적 분화(分化) 또는 경험적 우연성에서 유래하는 것은 아니다. 이 존재기투는 사실 대자의 존재와 구별되는 것이 아니다. 대자는 '존재기투라고 하는 형태 밑에서, 그 존재에 있어서 그 존재가 문제인 하나의 존재'이다.

대자로 있다'는 것은, 하나의 가치의 표지(標識) 밑에서의 하나의 가능에 의해, 자신이 무엇인지를 자신에게 알리는 일이다. 가능과 가치는 대자의 존재에 속한다. 왜냐하면 대자는 존재론적으로는 '존재결여(manque d'être)'로서 나타나기 때문이고, 또한 가치가 '결여를 당하는 존재 전체(la totalité d'être manquée)'로서 대자를 따라다니는 것과 마찬가지로, 가능은 '대자에게 결여되어 있는 몫(ce qui lui manque)'으로서 대자에게 속하기 때문이다.

우리가 이 책 제2부에서 결여(manque)라는 말로 표현한 것은 '자유'라는 말로도 충분히 표현될 수 있다. 대자는 자신이 결여이기 때문에 선택한다. 자유는 결여와 한가지일 뿐이다. 자유는 존재결여의 구체적인 존재방식이다. 그러므로 '가치와 가능은 존재결여로서의 한에서밖에 존재할 수 없는 하나의 존재결여의 내적 한계로서 존재한다'는 것도, 또는 '자유는 출현함으로써 자기의 가능을 규정하고, 바로 그것에 의해 "자기의" 가치를 한정한다'는 것도 존재론적으로 보면 결국 같은 것이다. 그러므로 우리는 '존재기투(projet d'être)'에 이를 때 더 이상 거슬러 올라가지 못하고, 명백하게 환원불가능한 것을 만난다. 왜냐하면 명백하게 우리는 존재보다 더 위로 거슬러 올라갈 수 없기 때문이고 존재기투·가능·가치와 '존재'와의 사이에는 아무런 차이도 없기 때문이다. 인간은 근본적으로 '존재욕구(désir d'être)'이며, 이 욕구의 존재는 경험적인 귀납에 의해 확인될 리가 없다. 이 욕구의 존재를 우리는 대자의 존재에 대한 선험적인 기술(記述)에서 끌어낼 수 있다. 왜냐하면 욕구는 결여이기 때문이고, 대자는 자기 자신에 대해 자기 자신의 존재결여인 존재이기 때문이다.

경험적으로 관찰될 수 있는 우리 경향의 하나하나 속에 표현되는 근원적인 기도는, 그래서 존재기투이다. 또는, 말하자면 하나하나의 경험적인 경향은 근원적인 존재기투에 대해, 마치 프로이트의 경우에 의식적인 경향이 콤플렉스나 근원적인 리비도에 대해 갖는 관계와 마찬가지로, 하나의 상징적인 표현관계, 상징적인 충족관계에 있다. 그렇다고 해서 존재욕구가 '먼저' 존재하고, '그 다음에' 여러 가지 후천적(a posteriori) 욕구들에 의해 자기를 표현하게 한다는 의미는 아니다. 오히려 그 반대로 존재욕구가 구체적인 욕구들 속에서 발견하는 상징적인 표현 외에는 아무것도 없다. 가장 먼저 '하나'의 존재욕구가 있고, 그다음에 수많은 개별적인 감정이 있는 것은 아니다. 오히려 그 반대로, 존재욕구는 질투·탐욕·예술애호·비겁함·용기, 그 밖의 우연적이고 경험적인 수많은 표현 속에서만, 또 그것들에 의해서만 존재하며, 자기를 나타내지 않는다. 또 그렇기 때문에 인간존재는 항상 '어느 이러이러한 인간'에 의해, 어느 독자적인 인격에 의해 '드러나는 것'으로서만 우리 앞에 나타난다.

그런데 이 욕구의 대상인 존재에 관해서는, 우리는 그것이 무엇인지를 선험적으로 알고 있다. 대자는 자기 자신에 대해 자기 자신의 존재결여로 있는 존재이다. 또 대자가 결여되어 있는 존재는 즉자이다. 대자는 즉자의 무화로서 드러난다. 그리고 이 무화는 즉자를 향한 기투로 규정된다. 즉 무화된 즉자와 기투된 즉자 사이에서 대자는 무(néant)로 있다. 따라서 내가 그것으로 있는 무화의 목표와 목적은, 그것은 '즉자'이다. 그러므로 인간존재는 즉자로 있고 싶어 하는 욕구이다. 그러나 인간존재가 욕구하는 이 즉자는 그가 만나고 그가 무화하는 즉자와 모든 점에서 비교되는, 우연적이고 부조리한 단순한 즉자로 있을 수는 없을 것이다. 우리가 이미 본 것처럼, 무화는 사실 자기의 우연성을 거스르고 자기를 무화하는 즉자의 반항에 비교될 수 있다. 앞에서 신체에 관한 장*⁴에

---

*4 이 책 제3부 제2장 1. 대자존재로서의 몸—사실성.

서 우리가 본 것처럼, '대자는 자기의 사실성을 존재한다'는 것은, 결국 '무화는 어떤 존재가 자기 자신의 존재에 근거를 부여하려는 헛된 노력이다', 그리고 '근거를 부여하려고 하는 후퇴가 미세한 "어긋남"을 낳고, 이 "어긋남"을 통해 무가 존재 속에 들어간다'고 하는 것과 같다. 대자의 욕구 대상을 이루는 존재는, 그러므로 자기 자신에 대해 자기 자신의 근거가 될 수 있는 하나의 즉자이다. 다시 말하면 그것은 대자가 자기의 동기부여에 대해 가지고 있는 것과 같은 관계를 자기의 사실성에 대해서 가지고 있는 즉자이다. 그 밖에도 대자는 즉자의 부정이므로, 즉자에게 단순한 복귀를 욕구할 수는 없을 것이다.

이 경우에도 헤겔의 경우와 마찬가지로, 부정의 부정은 우리를 우리의 출발점으로 다시 데려올 수 없을 것이다. 오히려 정반대로, 대자가 즉자를 요구하는 이유가 되는 것은 바로 '대자 속에서 무화된 즉자'라고 하는 전체분해적인 전체이다. 달리 말하면, 대자는 '대자로서의 한에서' '있는 그대로의 것으로 있는 하나의 존재'로 '있고자' 기도한다. 대자가 자신이 있는 그대로의 것으로 있고자 기도하는 것은, '있지 않은 그대로의 것으로 있고, 있는 그대로의 것으로 있지 않은 존재'로서의 한에서이다. 대자가, 즉자가 지닌 불삼투성(不滲透性)과 한없는 농도를 자신도 가지고 싶어 하는 것은, 의식으로서의 한에서이다. 대자가 자기 자신의 근거가 되기를 원하는 것은 즉자의 무화로서의 한에서이고, 또 우연성으로부터의 끊임없는 탈출인 한에서이다. 그러므로 가능은 일반적으로 '즉자-대자'가 되기 위해, 대자에게 있어서 결여되어 있는 몫으로서 기투된다. 이 기도를 지배하는 근본적인 가치는 바로 '즉자-대자(l'en-soi-pour-soi)'이다. 다시 말하면 자기 자신에 대해 지니는 단순한 의식에 의해 자기 자신의 즉자 존재의 근거가 될 하나의 의식의 이상이다. 사람들이 신이라고 이름붙일 수 있는 것은 바로 이 이상이다. 그러므로 다음과 같이 말할 수 있을 것이다.

즉 인간존재의 근본적인 기도를 더욱 잘 이해시키는 것은 '인간은 신이 되고자 기도하는 존재'라는 말이다. 그 종교의 신화와 제사가 나중에 어떤 것이 될 수 있든, 신은 먼저 인간을 그 궁극의 기도에 있어서 고지하고 규정하는 자로서, 무엇보다 먼저, 인간의 '심정에 느껴지는 것'[*5]이다. 그리고 만일 인간이 신의 존재에 대한 존재론 이전의 어떤 깨달음을 가지고 있다고 한다면, 그것을

[*5] '심정에 느껴지는 것(sensible au coeur)', 파스칼의 《팡세》에 있는 유명한 말 '심정에 느껴지는 신(Dieu sensible au coeur).'

인간에게 내려 준 것은, 자연의 위대한 광경도 아니고 사회의 힘도 아니다. 오히려 반대로, 신·가치·초월의 최고 목표는 항구적인 한계를 나타내는 것이고, 거기서 출발하여 인간은 자기가 무엇인지를 자기에게 알려 준다. 인간으로 있는 것은 신으로 있고자 하는 것이다. 또는 달리 말해, 인간은 근본적으로 신이고자 하는 욕구이다.

그러나 만일 그렇다고 한다면, 만일 인간이 그 출현 자체에 있어서 마치 자기의 한계를 향하는 것처럼 신에게 향해져 있다면, 또 만일 인간이 신으로 있는 것밖에 선택할 수 없다면, 자유는 어떻게 되는 것인가? 그렇게 반문하는 사람도 있을 것이다. 왜냐하면 자유는 자기 자신의 가능성을 스스로 창조하는 하나의 선택 이외의 아무것도 아닐 텐데도, 여기서는 인간을 '규정하는' 신이 되고자 하는 이 원초적인 기도는, 하나의 인간적인 '본성(nature)' 또는 '본질(essence)'과 상당히 비슷한 것으로 생각되기 때문이다. 그것에 대해 우리는 바로 이렇게 대답할 것이다. 설령 이 욕구의 '의미'가, 마지막 의지처에 있어서, 신이 되고자 하는 기도라 할지라도, 그 욕구는 결코 그 의미에 의해 '구성'되는 것은 아니다. 오히려 그 반대로, 이 욕구는 언제나 자기 목적의 '개별적인 창의품'이다. 사실 그런 목적은 개개의 경험적인 상황에서 출발하여 추구된다. 게다가 환경을 '상황'으로서 구성하는 것은 바로 이 추구이다. 존재욕구는 언제나 존재방식의 욕구로서 실현된다. 또 이와 같은 존재방식의 욕구는, 이번에는 우리의 의식적인 생활의 씨실을 구성하는 수많은 구체적인 욕구의 뜻으로서 표현된다. 그리하여 우리는 매우 복잡하고 상징적인 건축 앞에 서 있는 것이며, 이런 건축은 '적어도' 3단계로 되어 있다.

경험적인 욕구 속에서 나는 하나의 구체적이고 근본적인 욕구의 상징화를 구별할 수 있는데, 그런 구체적이고 근본적인 욕구는 '그 사람 자신'이며, 그 존재에 있어서 존재가 문제인 것을 그 사람 자신이 결정했을 때의 방식을 나타내는 것이다. 게다가 이런 근본적인 욕구는, 이번에는 '존재욕구' 일반이라는 하나의 추상적이고 의미작용적인 구조를, 세계 속에, 그리고 그 인물을 에워싸고 있는 독자적인 상황 속에, 구체적으로 표현한다. 그리고 이 구조는 '그 사람 자신 속에서의 인간존재'로 생각되어야 한다. 그것이 바로 그와 타자의 공통성(communauté)을 이루는 것이고, '단순히 비교될 수 없는 온갖 개별성이 있을 뿐만 아니라, 인간의 하나의 진리가 있다'는 주장을 가능하게 하는 것이다. 절대적인 구체성, 완전성, 전체로서의 현실존재는, 그러므로 자유롭고 근본적인 욕구 또는 그 인물 자신에게 속한다. 경험적인 욕구는 그것의 하나의 상징화일 뿐이다. 경험적인 욕구는 근본적인 욕구를 가리키고, 근본적인 욕구로부터 자기의 의미를 이끌어 내오지만, 그 자신은 여전히 부분적이고 환원가능한 것이다. 왜냐하면 경험적인 욕구는 그것 자신에 의해서는 이해될 수 없는 욕구이기 때문이다.

다른 한편, 존재욕구는 그 추상적인 순수성에 있어서는 근본적이고 구체적인 욕구의 '진리'이지만, 현실로서는 존재하지 않는다. 이리하여 근본적인 기도 또는 그 사람 자신 또는 인간적 진리의 자유로운 실현은 곳곳에서 모든 욕구 속에 존재한다(다만 앞 장에서, 이를테면 '무차별적인 것'에 대해 지적된 점은 별도로 치고). 이 근본적인 기도는 반드시 온갖 욕구를 통해서밖에 파악될 수 없다—마치 공간은 그 자체가 독자적인 실재이고, 단순한 개념이 아니라 하더라도—그것을 알려 주는 물체들을 통해서밖에 파악할 수 없는 것과 마찬가지이다—또 달리 말한다면, 이 근본적인 기도는 후설이 말하는 '대상'이 온갖 '사영(射影)'을 통해서만 주어짐에도 불구하고, 어떤 사영에 의해서도 흡수되지 않는 것과 마찬가지이다. 우리는 그런 점을 마음에 담아둔 뒤에, '존재욕구'라고 하는 추상적인 존재론적 구조가 그 사람 자신의 근본적이고 '인간적인' 구조를 대표하려고 해도 허사라는 것을 이해할 수 있을 것이다. '존재욕구'라고 하는 추상적이고 존재론적인 구조는, 그 사람 자신의 자유에 대한 하나의 방해물이 될 수는 없을 것이다.

우리가 앞 장에서 제시한 것처럼, 자유는 사실 엄밀하게 무화와 동일시될 수 있다. 다시 말하면, 자유롭다고 말할 수 있는 유일한 존재는 자기의 존재를 무화하는 존재이다. 또한 우리가 알고 있듯이, 무화는 '존재결여'이고, 그 밖의 다른 것일 수는 없을 것이다. 자유란 바로 자기를 존재결여로 만드는 존재이다. 그러나 우리가 이미 밝힌 것처럼, 욕구는 존재결여와 같으므로, 자유는 '자기를 존재욕구로 만드는 존재'로밖에, 다시 말해 '즉자-대자'이고자 하는 '대자-기투'로밖에 나타날 수 없을 것이다. 우리는 여기서 하나의 추상적인 구조에 이른 셈인데, 이 구조는 결코 자유의 본성 또는 자유의 본질로 여길 수는 없을 것이다. 왜냐하면 자유는 실존(existence)이고, 실존은 그 자신에 있어서 본질(essence)에 앞서기 때문이다. 자유는 직접적으로 구체적인 출현이며, 자기의 선택과 다른 것이 아니다. 다시 말하면 자유는 '그 사람 자신'과 다른 것이 아니다. 그러나 여기서 얻은 이 구조는 자유의 '진리'라고 불러도 괜찮다. 다시 말해 이 구조는 자유의 인간적인 의미이다.

우리가 시도해 온 것처럼, 그 사람 자신의 인간적 진리는 존재론적 현상학에 의해 수립될 수 있을 것이다─다른 한편으로, 여러 가지 경험적 욕구의 목록은 원래 심리학적 조사의 대상이 되어야 하는 것이다. 그러므로 관찰, 귀납, 또 필요하다면 실험 따위의 수단이 그 목록을 만드는 데 보탬이 될 수 있다. 그런 수단들은 다양한 욕구, 다양한 행동을 서로 연관시키는 데 충분한, 이해될 수 있는 관계들을 철학자에게 지시하는 데 도움이 될 수 있을 것이다. 또 이와 같은 수단은 실험적으로 규정된 온갖 '상황'(다만 이런 상황은, 실제로는 실증성의 이름에 있어서 세계 속에서의 실험대상자의 근본적인 상황에 대해 정해진 제한에서만 오로지 생기는 것인데)과 실험대상자 사이에서의, 어떤 종류의 구체적인 관계를 밝히는 데 도움이 될 것이다. 그러나 근본적인 욕구 또는 '인격(그 사람 자신)'을 확립하고 분류하는 데는 이상의 두 가지 방법은 모두 적당하지 않을 것이다. 사실 어떤 자유로운 행위의 모든 예견불가능성 속에 나타나는 것을 '선험적'으로 또 존재론적으로 규정하는 것은, 이 경우에는 문제되지 않을 것이다. 그러므로 우리는 여기서 그런 조사 가능성과 그 전망을 매우 간략하게 지시하는 데 그칠 것이다. 요컨대 우리는 누구든 한 사람을 그런 조사의 대상이 되게 할 수 있다. 그것은 인간존재 일반에 속하는 일이다. 또는, 말하자면 하나의 존재론에 의해 설 수 있는 일이다. 그러나 그 조사 자체와 그 결과는 원리적으로 완전히 존재론의 가능성 밖에 있다.

한편 단순한 경험적인 기술은 우리에게 몇 종류의 목록밖에 줄 수 없으며, 또 우리를 '의사-환원불가능(擬似還元不可能)한 것'(글을 쓰고자 하는 욕구, 노를 젓는 욕구, 모험애호, 질투 따위) 앞에 둘 수밖에 없다. 사실 온갖 행위와 경향과 성향의 목록을 작성하는 것만이 능사는 아니다. 그보다 더 나아가 그것을 '해독해야' 한다. 다시 말하면 그것을 찾아서 살필 줄 알아야 한다. 이런 조사는 어떤 특수한 방법의 규칙에 의해서만 수행될 수 있다. 우리가 실존적 정신분석이라고 부르는 것이 바로 이 방법이다.

이 실존적 정신분석의 '원리'는 인간은 하나의 전체이지 하나의 집합이 아니라는 것이다. 따라서 인간은 그 가장 무의미하고 가장 피상적인 행위 속에도 있는 그대로 자기를 나타낸다. 달리 말하면 아무것도 드러내 보이지 않는 하나의 취향, 하나의 버릇, 하나의 인간적 행위란 없는 것이다.

실존적 정신분석의 '목표'는 인간의 경험적인 행위를 '해독'하는 것이다. 다시 말해서 경험적인 행위 속에 포함된, 드러내 보이고자 하는 것을 분명하게 밝히고, 그것을 개념적으로 정착시키는 것이다.

이 정신분석의 '출발점'은 '경험'이다. 또 '그 받침대'는 인간이 인간적인 인격에 대해 가지는 존재론 이전의 근본적인 깨달음이다. 사실 대다수 사람들은 하나의 몸짓, 한 마디의 말, 하나의 움직임 속에 포함되어 있는 지시를 무시할지도 모르고, 그것들이 드러내 보이고자 하는 것을 얕볼지도 모르지만, 그렇다 하더라도 각각의 인간적 인격은 여전히 선험적으로 그런 표출이 드러내 보이고자 하는 가치의 '의미'를 소유하고 있으며, 적어도 안내를 받기만 하면, 그는 또한 그런 표출을 해독할 수 있다. 이 경우에도 다른 경우와 마찬가지로 진리는 우연히 만날 수 있는 것이 아니다. 마치 사람들이 나일강이나 나이저(Niger)강의 근원을 찾으러 갈 때와 마찬가지로, 진리는 그것을 조금도 미리 알지 못하고 그것을 탐구해야 하는 영역에 속하는 것이 아니다. 진리는 선험적으로 인간적인 앎에 속해 있으며, 본질적인 작업은 하나의 해석학이다. 즉 해독·정착 그리고 개념적 파악이다.

이 정신분석의 '방법'은 비교적인 방법이다. 사실 각각의 인간적 행위는 밝혀져야 하는 근본적인 선택을 각각의 방법으로 상징화하고 있고 또 그것과 동시에 각각의 인간적 행위는 그 우인적(偶因的)인 성격과 그 역사적인 기회 아래, 이 근본적인 선택을 덮어서 가리고 있으므로, 우리는 그런 행위의 비교를 통해 그와 같은 행위들이 모두 다 각각 다른 방법으로 나타내는 유일한 드러내 보임을 나타낼 것이다. 이 방법의 최초의 묘사는 프로이트와 그 제자들의 정신분석에 의해 우리에게 제공된다. 그러므로 여기서는 실존적 정신분석이 이른바 정신분석으로부터 어떤 점에서 영향을 받고 있고, 어떤 점에서 근본적으로 다른지를 더욱 명확하게 지적하는 것이 적절하다.

그 어느 쪽 정신분석이든 '심적 생활'에 관하여 대상적으로 인지될 수 있는 모든 표출과 바로 '인격'(그 사람 자신)을 구성하는 근본적이고 전체적인 구조 관계를, 상징하는 것과 상징되는 것의 관계로 본다. 그 어느 쪽의 정신분석이든 유전적 성향이나 성격 같은 원초적으로 주어진 것은 없는 것으로 고려한다. 실존적 정신분석은 인간적 자유의 근원적인 출현 '이전'의 것을 인정하지 않는다. 이에 비해, 경험적 정신분석이 주장하는 바에 따르면, 개인의 원초적인 감정은 그 사람의 역사 '이전'의 처녀적인 밀랍이다. 리비도는 그 구체적인 정착 밖에 있어서는 무언가의 방법으로 무언가의 위에 자기가 정착할 수 있는 하나의 끊임없는 가능성 이외의 아무것도 아니다. 그 어느 쪽 정신분석이든, 인간존재를 하나의 끊임없는 역사화로 본다. 그리고 정적이고 고정적으로 주어진 것을 발견하기보다는, 오히려 이 역사의 의미, 방향, 유위전변(有爲轉變)을 밝히려고 노력한다. 이 사실에서 어느 쪽 정신분석이든 인간을 세계 속에서 살펴본다. 그리고 어떤 인간이 무엇인지에 대해, 먼저 그 사람의 상황을 고려하지 않고 그 사람에게 질문할 수 있다고는 생각하지 않는다.

어느 쪽의 정신분석적 연구조사도, 주인공의 생활을 출생에서 치료하는 순간에 이르기까지 재구성하려고 한다. 양자는 모두 발견할 수 있는 한의 모든 객관적 자료, 이를테면 편지, 증언, 내면적인 일기, 모든 종류의 '사회적' 정보를 이용한다. 양자가 복원하고자 하는 것은 단순한 하나의 심적 사건보다는 유년기의 결정적인 사건과 그 사건 주변에서의 심적인 결정작용(結晶作用)이라고 하는, 하나의 쌍을 이룬 것이다. 여기서도 또한 문제가 되는 것은 하나의 '상황'이다. 각각의 '역사적' 사실은 이런 관점에서 본다면, 심적 발전의 요인으로 고려될 수 있는 동시에, 또 이런 심적 발전의 '상징'으로 고려될 수도 있다. 왜냐하면 역사적 사실은 그것만으로는 아무것도 아니기 때문이다. 역사적 사실은 그것이 받아들여질 때의 방식에 따라서만 작용한다. 또 그것을 받아들일 때의 방식 자체는 개인의 내적인 기질을 상징적으로 표현한다.

경험적 정신분석과 실존적 정신분석은 둘 다 상황 속에서의 하나의 근본적인 태도를 탐구한다. 이 태도는 모든 논리에 앞서므로 단순한 논리적인 정의에 의해서는 표현될 수 없을 것이다. 그것은 특수한 종합 법칙에 따라 재구성되어야 한다. 경험적 정신분석은 콤플렉스를 규정하려고 시도하는데, 그것은 그 명칭 자체에서, 그것과 관계 있는 모든 의미지시가 다면적(多面的)임을 가리키고 있다. 실존적 정신분석은 '근원적인 선택'을 규정하려고 한다. 이런 근원적인 선택은 세계를 마주하여 이루어지는 것으로, 세계 속에서의 태도의 선택이므로 콤플렉스와 마찬가지로 전체적이다. 이 근원적인 선택은 콤플렉스와 마찬가지로 논리에 앞선다. 논리와 원리에 직면하여 인격(그 사람 자신)의 태도를 '선택하는' 것은 이 근원적인 선택이다. 그러므로 논리에 따라 이 근원적인 선택에 묻는 것은 문제가 될 수 없다. 이 근원적인 선택은 논리 이전의 종합 속에 실존자 전체를 한데 모으고 있고, 그런 것으로서 그것은 수많은 다면적인 의미의 귀추중심(歸趨中心)이다.

우리의 두 가지 정신분석은 모두 자기 자신에 대한 이런 조사에 착수하기 위해 실험대상자가 특권적인 위치에 있다고는 생각하지 않는다. 이 둘은 모두 반성의 주어진 것과 타자의 증언을 기록으로 다룸으로써 엄밀하게 객관적 방법이고자 한다. 물론 실험대상자는 자기 자신에 대해 정신분석적인 심문을 '할 수 있다.' 그러나 그는 당장 자기의 특수한 위치의 모든 특권을 버려야만 할 것이다. 그리고 그는 마치 자신이 타자인 것처럼 자기에게 물어보아야 할 것이다. 사실 경험적인 정신분석은 원칙적으로 실험대상자의 직관이 이르지 못하는 무의식적인 심적 과정의 존재라는 가설에서 출발한다. 실존적 정신분석은 무의식적인 것이라는 이 가설을 물리친다. 심적 사실은 실존적 정신분석에 있어서는 의식과 그 확대를 함께 하는 것이다. 그러나 만일 근본적인 기도가 실험대상자에 의해 충분히 '체험(vécu)'되고, 그런 것으로서 전적으로 의식적이라 하더라도, 그것은 결코 그 근본적인 기도가 동시에 당사자에 의해 '인식(connu)'되어야 한다는 뜻은 아니다. 오히려 완전히 그 반대이다.

아마도 독자 여러분은 우리가 이 책의 머리글에서 의식과 인식을 구별하는 데 신경을 썼음을 기억하고 있을 것이다. 과연 우리가 보았던 것처럼, 반성은 하나의 준–인식(準認識)으로 생각될 수 있다. 하지만 반성이 각각의 순간에 파악하는 것은, 반성이 포착하는 구체적인 행위에 의해서—흔히 동시에 여러 가지 방법으로—상징적으로 표현되는 대로의, 대자의 기도 자체는 아니다. 반성이 파악하는 것은 구체적인 행위 자체이다. 다시 말해 그것은 개별적인 욕구이며, 그 욕구는 그것의 특징인 복잡하게 엉클어짐 속에 날짜를 지니고 있다. 반성은 상징과 상징화를 동시에 파악한다. 물론 반성은 전면적으로, 근본적인 기도에 대한 존재론 이전의 하나의 앎에 의해 구성된다. 다시 말하면 반성이 반성으로서의 비조정적인 자기의식'이기도' 하다는 조건에서, 반성은 똑같은 기도'인' 동시에 반성과는 거리가 먼 의식'이기도 하다.' 그렇다고 해서 반성이, 상징되는 이 선택을 분리하여 그것을 개념에 의해 정착시키고, 그것만 빛의 한복판에 두기 위해, 필요한 수단과 기술을 뜻대로 할 수 있는 것은 아니다. 반성은 어떤 커다란 빛에 의해 꿰뚫고 있는데, 이 빛이 비추고 있는 것을 표현할 수가 없다.

프로이트학파 사람들이 그렇게 믿고 있는 것과는 달리, 헤아릴 수 없는 하나의 수수께끼가 문제가 되는 것은 아니다. 다시 말해 모든 것은 거기에, 빛에 비쳐지며 존재한다. 반성은 모든 것을 누리고 모든 것을 파악한다. 그러나 이 '완전한 빛 속의 신비'는, 오히려 이 향수(享受)가 일상적으로 '분석'이나 '개념적 파악'을 가능하게 하는 능력을 빼앗긴 데서 온다. 반성은 모든 것을 단번에 파악한다. 그림자도 없고 높낮이도 없고 크고 작음도 없다. 그런 그림자, 그런 명암, 그런 높낮이는 어디엔가 존재하고 있지만, 반성에는 숨겨져 있다는 것이 아니다. 오히려 반대로, 그것들을 내세우는 것은 또 하나의 다른 인간적인 태도에 속하기 때문이며, 그것들은 인식에 '의해서'만, 또 인식을 '위해서'만 존재할 수 있을 것이기 때문이다. 반성은 실존적 정신분석에 기초로서 도움이 될 수 없는 것으로, 단순히 자연 그대로의 재료를 제공할 뿐이며, 그것에 대해 정신분석학자는 객관적인 태도를 취해야 할 것이다.

그러므로 정신분석학자는 그가 '이미 이해하고 있는' 것을 '인식할' 수 있을 뿐이다. 그 결과 무의식의 심층에서 뽑아낸 콤플렉스는 실존적 정신분석에 의해 드러난 기도와 마찬가지로 '타자의 관점에서' 파악될 것이다. 따라서 이렇게 하여 밝은 곳으로 나온 '대상'은 '초월되는-초월'의 구조에 따라 분절(分節)될 것이다. 다시 말하면, 이런 대상의 존재는 대타존재가 될 것이다. 설령 정신분석을 하는 사람과 정신분석의 대상이 되는 사람이 같은 사람이라 하더라도 그 사실에는 변함이 없다. 그러므로 두 가지 정신분석의 어느 하나에 의해 밝은 곳으로 나온 기도는, '대타존재 속에' 나타나는 한에서 인격의 전체, 초월이 가진 환원불가능한 것밖에 될 수 없을 것이다. 이와 같은 탐구방법에서 언제나 벗어나는 것은 대자적으로 있는 그대로의 기도이며, 그 자신의 존재에 있어서의 콤플렉스이다. 이 '대자적-기도'는 '향수될' 수밖에 없다. 대자적 실존과 객관적 실존 사이에는 양립할 수 없는 모순이 있다. 그러나 정신분석의 대상은 양자의 어느 경우에나 '하나의 존재의 실재성'을 지니고 있다. 그뿐만 아니라 당사자에 의한 그 대상의 인식은 반성을 '비추는 데' 이바지할 것이고, 또 이 반성은 그런 경우에 '준-지식(準知識)'이라고 할 수 있는 하나의 향수가 될 수 있다.

두 가지 정신분석 사이에서의 유사성이 보이는 것은 거기까지이다. 요컨대 경험적인 정신분석이 그 환원불가능한 것에 대해 결정을 내리고, 그것을 하나의 분명한 직관 속에서 스스로 자기를 알리는 것을 허용하지 않은 한에서, 그 두 가지의 정신분석은 서로 다르다. 사실 리비도 또는 권력의지는 그 자신에 의해서는 명백하지 않은 하나의 심리—생물학적인 잔재를 구성한다. 게다가 이 것은 탐구의 환원불가능한 맨 마지막이 '되어야 하는 것'으로서 우리에게 나타나지는 않는다. 콤플렉스의 근거가 그 리비도 또는 권력의지라는 점을 인정하게 하는 것은 결국 경험이다. 게다가 경험적 연구조사의 그런 결과는 완전히 우연적인 것이고, 전혀 설득적인 것이 아니다. 다시 말하면 권력의지에 의해서는 표현되지 않는 '인간존재', 그것의 근원적이고 무차별적인 기도가 리비도에 의해서는 구성되지 않는 '인간존재'를, 선험적으로 생각해 보고 싶다면 그렇게 해도 상관없다.

그에 비해 실존적인 정신분석은 선택으로까지 거슬러 올라가는데, 이런 선택은 바로 그것이 선택이므로 그 근원적인 우연성을 이해하게 한다. 왜냐하면 선택의 우연성은 선택의 자유의 뒷면이기 때문이다. 또한 이 선택은 그것이 존재의 근본적인 특징으로 생각된 '존재결여'에 근거를 두고 있는 한, '선택으로서' 승인받는다. 그리고 우리는 거기서 더 이상 밀고 나아가서는 안 된다는 것을 알고 있다. 그러므로 각각의 결과는 완전히 우연적인 동시에 당연히 환원불가능하다. 또한 각각의 결과는 항상 '독자적'일 것이다. 다시 말해서 우리는 탐구의 궁극적 목표로서, 또 모든 행위의 근거로서, 이를테면 리비도 같은 것이 차별지어지고 구체화되어 먼저 콤플렉스가 되고, 이어서 외적인 사실과 실험 대상자의 경력 등의 영향 아래 하나하나의 세세한 행위가 되는, 그런 추상적이고 일반적인 맨 마지막까지는 이르지 않을 것이다.

오히려 반대로 우리는 어디까지나 유일하고 독자적인 것으로, 처음부터 절대적 구체화인 하나의 선택에 이를 것이다. 세세한 행위들은 이 선택을 표현하고 '개별화'할 수는 있지만, 그 선택을 그것이 이미 구체적인 것 이상으로 구체화할 수는 없을 것이다. 왜냐하면 이 선택은 각각의 인간존재의 '존재' 이외에 아무것도 아니기 때문이다. '이러이러한 부분적인 행위가 "존재한다"고 말하는 것도, '이러이러한 부분적인 행위는 그 인간존재의 근원적인 선택을 나타낸다' 고 말하는 것도 결론에 이르는 곳은 같다. 그것은, 인간존재에 있어서 실존한다(exister)는 말과 자기를 선택한다(se choisir)는 말 사이에는 아무런 차이도 없기 때문이다. 이 사실에서 우리가 이해하는 것처럼, 실존적 정신분석은, 다름 아닌 존재 선택 바로 그것인 근본적인 '콤플렉스'로부터, 그것을 설명하는 리비도라는 하나의 추상에까지 거슬러 올라갈 필요는 없다. 콤플렉스는 궁극의 선택이다. 콤플렉스는 존재 선택이며, '자기를 그런 것이 되게 한다.' 그것을 밝음 속에 내놓는다면, 그것은 그때마다 틀림없이 환원불가능한 것으로서 드러내 보일 것이다.

따라서 필연적으로 리비도와 권력의지는, 실존적 정신분석에 있어서는 모든 인간에게 공통되는 일반적인 특징으로도 나타나지 않을 것이고, 또 환원불가능한 것으로도 나타나지 않을 것이다. 고작해야 우리로서는, 연구가 끝난 뒤에 리비도니 권력의지니 하는 것은 개별적인 총체라는 자격으로, 얼마 되지도 않는 실험대상자 속에서, 양자의 어느 쪽으로도 환원될 수 없는 하나의 근본적인 선택을 나타내고 있다는 것을 확인할 수 있을 정도의 것이다. 사실 우리가 앞에서 본 것처럼, 욕망이나 성욕은 일반적으로 말하면, 타자에 의해 타유화된 자기의 존재를 회복하기 위한 대자의 근원적인 하나의 노력을 나타내는 것이다. 권력의지는 역시 근원적으로 대타존재를 전제하는 것이며, 타인에 대한 이해, 타인을 거쳐서 얻고자 하는 자기 구제의 선택을 전제로 한다. 이런 태도의 근거는 '즉자-대자-존재'와 '대타-존재'의 근본적인 동화(同化)를 깨닫게 해주는 하나의 원초적인 선택 속에 있어야만 한다.

이 실존적인 질문의 맨 마지막이 하나의 '선택'이 되어야만 한다는 사실은, 우리가 그 방법과 중요한 특징을 묘사하고 있는 이 정신분석을 훨씬 잘 구별한다. 즉, 이 정신분석은 바로 그것에 의해 당사자에게 가하는 환경의 기계적인 작용을 상정하는 것을 단념한다. 환경은 그 당사자가 이 환경을 정확하게 이해하는 한에서만, 다시 말하면 당사자가 환경을 상황으로 바꾸는 한에서만 당사자에게 작용할 수 있을 것이다. 그러므로 이 환경에 대한 어떤 객관적인 기술도 우리에게는 도움이 되지 않을 것이다. 원래 상황으로 생각된 환경은 선택하는 것으로서의 대자를 가리킨다. 그것은 바로, 대자가 세계 속에서의 자기 존재에 의해 환경을 가리키는 것과 똑같다. 모든 기계적인 원인부여를 단념함으로써 우리는 동시에 그 상징적인 의의의 일반적인 해석을 모두 단념한다. 우리의 목표는 경험적인 계기법칙(繼起法則)을 세우는 일일 수는 없으므로, 우리는 보편적인 상징 해석을 구성할 수 없을 것이다. 오히려 반대로, 우리의 정신분석학자는 자신이 고찰하고 있는 개별적인 경우에 즉시 응하여, 그때마다 하나의 상징 해석을 재발명해야 할 것이다. 만일 존재가 하나의 전체라고 한다면, 사실 '몇몇 기본적인 상징 관계(똥=황금, 바늘꽂이=유방 따위)가 있고, 그것들은 어떤 경우에도 하나의 변하지 않는 의미를 보존하고 있는, 다시 말해서 사람들이 하나의 의미 있는 총체에서 또 하나의 의미 있는 총체로 옮길 때도, 그런 상징 관계는 변하지 않은 채 머무른다'는 것은 도저히 생각할 수 없는 일이다. 또한 우리의 정신분석학자는 선택은 살아 있다는 것, 따라서 선택은 항상 실험대상자에 의해 '취소될' 수 있다는 것을 결코 놓치지 않을 것이다.

우리는 앞 장에서 '순간'의 중요성을 제시했는데, 순간은 돌연한 방향전환을 나타내는 것이며, 어떤 불변의 과거와 직면하여 하나의 새로운 위치를 정하는 것을 나타내는 것이다. 그렇다면 우리는, 상징은 그 의미를 바꾸는 것임을 고려하고, 지금까지 쓰여 온 상징 해석을 버릴 마음의 준비를 항상 게을리해서는 안 된다. 그러므로 실존적 정신분석은 스스로 완전히 유연해야 하며, 실험대상자 속에서 관찰되는 사소한 변화에도 자기를 순응시켜야 할 것이다. 요컨대 여기서 문제가 되는 것은 '개별적인 것'을 이해하는 것이고, 종종 순간적인 것까지 이해하는 것이다. 어떤 한 실험대상자의 경우에 도움이 되었던 방법은, 그 사실 자체에서 다른 실험대상자의 경우에는 쓰일 수 없을 것이다. 또는 똑같은 실험대상자의 경우에도 두 번째에는 쓰일 수 없을 것이다.

그런데 바로 연구의 목표는 하나의 '선택'을 발견하는 데 있어야 하는 것이지, 하나의 '상태'를 발견하는 데 있는 것이 아니므로, 이 연구는 기회 있을 때마다, 자기의 연구 대상이 무의식의 어둠 속에 묻혀 있는 하나의 주어진 것이 아니라, 자유롭고 의식적인 하나의 결정이라는 것을 생각해야 할 것이다—의식적이라고 했지만, 이 결정은 의식 속에 살고 있는 것이 아니다. 그것은 의식 자체와 완전히 하나이다—경험적인 정신분석은 그 방법이 그 원리보다 뛰어난 한에서, 때때로 실존적 발견의 도상에 있다. 그렇지만 경험적 정신분석은 언제나 도중에 정지하는 경향이 있다. 그렇다 해도 경험적인 정신분석이 이렇게 근본적 선택에 가까워질 때, 실험대상자의 저항은 갑자기 무너진다. 그리고 실험대상자는 마치 거울 속의 자기를 보듯이 자기 앞에 제시된 자기의 모습을 갑자기 '인지'한다. 실험대상자가 뜻하지 않게 내보이는 이 증시(證示)는 정신분석학자에게 귀중한 것이다. 정신분석학자는 거기서 자기의 목표에 다다른 증거를 본다. 거기서 그는 이른바 탐구에서 치료로 옮겨 갈 수 있다. 그러나 그의 원리나 그의 최초의 가설 속에 있는 어떤 것도, 이 표시를 이해하거나 이용하는 것을 그에게 허락하지 않는다.

그렇다면 그 권리는 어디서부터 그에게 오는 것인가? 만일 콤플렉스가 무의식적이라면, 다시 말해서 만일 그 증거가 그 증거에 의해 표시되는 것으로부터 하나의 방벽에 의해 분리된다면, 실험대상자는 그것을 어떻게 '인지'할 수 있을 것인가? 자기를 인지하는 것은 무의식적인 콤플렉스일까? 그러나 무의식적인 콤플렉스는 '이해력'을 빼앗기고 있는 것은 아닐까? 만일 무의식적인 콤플렉스에 표시를 이해하는 능력을 허용해야 한다면, 그와 동시에 이 무의식적인 콤플렉스를 의식적인 무의식이 되게 해야 하는 것이 아닐까? 사실 이해한다는 것은 '자신이 이해했다는 것을 의식하는' 것이 아니고 무엇이겠는가? 우리는 오히려 반대로, 드러난 그 모습을 인정하는 것은 의식적인 한에서의 실험대상자라고 말해야 하는 것인가? 하지만 실험대상자는 드러난 그 모습을 자신의 진정한 감정과 어떻게 비교할 수 있단 말인가? 왜냐하면 자신의 진정한 감정은 손이 닿지 않는 곳에 있고, 자신은 그것에 대해 결코 인식한 적이 없기 때문이다. 고작해야 그가 자기의 경우에 대해 정신분석적으로 설명할 수 있다면 그것은 하나의 개연적인 가설이며, 그 가설은 그것에 의해 설명되는 수많은 행위들로부터 그 개연성을 이끌어 낸다고 판단할 수 있는 정도의 것이다. 그러므로 그는 이런 해석에 대해 어떤 제3자의 위치, 즉 정신분석학자 자신의 위치에 있는 것이지, 특권적인 위치를 갖고 있는 것이 아니다. 게다가 만일 그가 정신분석적 가설의 개연성을 '믿는다면' 이 단순한 신뢰는 그의 의식 한계 안에 그대로 머물러 있으면서 무의식적인 경향들을 막고 있는 방벽의 붕괴를 불러일으킬 수 있다. 정신분석학자는 물론 의식적인 것과 무의식적인 것의 갑작스러운 일치에 대해 막연한 관념을 가지고 있다. 그러나 정신분석학자는 이런 일치를 적극적으로 생각해 내는 수단을 스스로 포기했다.

그렇다고 해도 실험대상자가 받은 조명은 하나의 사실이다. 거기에는 명증 (明證)을 수반하는 하나의 직감이 있다. 정신분석학자에 의해 인도된 이 실험대상자는, 하나의 가설에 자기의 동의를 주는 것 이상의 일을 해 준다. 다시 말하면 그는 자신의 있는 그대로의 모습을 접하고, 자신의 있는 그대로의 모습을 본다. 이것은 실험대상자가 자신의 깊은 경향에 대해 의식적으로 있는 것을 결코 그만두지 않은 한에서만 또는 오히려 그런 경향이 자신의 의식과 구별되지 않는 한에서만 오롯이 이해될 수 있다. 그 경우, 정신분석학적 해석은 우리가 앞에서 보았듯이, 실험대상자에게 자신의 있는 그대로의 모습을 '의식하게' 하는 것이 아니다. 오히려 〔지금까지의〕 정신분석학적 해석은, 실험대상자에게 있는 그대로의 모습을 '인식하게' 한다. 그러므로 실험대상자의 최후의 직관을 결정적인 것으로 주장하는 것은, 결국 실존적 정신분석의 문제로 귀착한다.

이상의 비교에서 실존적 정신분석은, 만일 그것이 존재할 수 있는 것이라면 어떤 것이어야 하는지를, 우리는 훨씬 잘 이해할 수 있다. 그것은 각각의 인격이 자기를 인격으로 만들 때의, 다시 말하면 각각의 인격이 자기가 무엇인지를 스스로 자기 자신에게 알려 줄 때의 주관적인 선택을, 엄밀하게 객관적인 형태 아래에서 밝히기 위한 하나의 방법이다. 실존적 정신분석이 탐구하는 것은 하나의 '존재선택'인 동시에 하나의 '존재'이기도 하므로, 실존적 정신분석은 개별적인 행위를 성욕이니 권력의지니 하는 관계로 환원하는 것이 아니라, 그런 행위 속에 나타나는 근본적인 '존재'관계로 환원해야 한다. 그러므로 실존적 정신분석은 처음부터 존재의 깨달음을 향해 나아간다. 실존적 정신분석은 존재를 발견하는 것, 그리고 그 존재와 마주하여 존재의 존재방식을 발견하는 것 이외의 다른 목표를 세워서는 안 된다. 이 목표에 이르기 전에 멈춰 서는 것은 실존적 정신분석에서는 금지되어 있다. 실존적 정신분석은 존재의 이해를 이용하겠지만, 이 깨달음은 연구자 자신이 인간존재인 한에서, 연구자를 특징짓는 것이다. 또 실존적 정신분석은 존재를 그 온갖 상징적 표현에서 끄집어내려고 하므로, 실존적 정신분석은 온갖 행위의 비교연구를 기초로 하여, 그런 행위를 해독하기 위한 하나의 상징 해석을 그때마다 새롭게 재발명해야 할 것이다. 성공의 기준은 실존적 정신분석에 있어서, 그 가설이 설명하고 통일하는 것을 허용해 주는 다수의 사실에 있는 동시에, 또 다다른 맨 마지막의 환원불가능성에 대한 분명한 직관에 있을 것이다. 이 기준 위에서, 나아가서 그것이 가능한 모든 경우에 있어서, 실험대상자의 결정적인 증언을 더할 것이다. 이렇게 하여 얻어 낸 결과—즉 개별자의 마지막 목적—는 그때 비로소 분류의 대상이 될 수 있을 것이다.

자기 자신의 목적의 경험적인 선택인 한에서의 인간존재에 대해 우리가 일반적인 고찰을 내세울 수 있는 것은, 그런 결과의 비교를 바탕으로 해서이다.

이런 실존적 정신분석에 의해 연구되는 행위들은, 단순히 꿈·착오·강박관념·신경증 등일 뿐만 아니라, 동시에 그중에서도 특히 깨어 있을 때의 사고, 성공하고 적응한 행위, 스타일 따위이다. 이 실존적 정신분석의 분야에서는 아직도 그 프로이트에 해당하는 사람이 나오지 않고 있다. 겨우, 특별히 성공한 약간의 전기 작품 속에서 그 전조를 볼 수 있을 정도이다. 우리는 언젠가 플로베르와 도스토옙스키에 관하여, 이 실존적 정신분석의 두 가지 실례를 시도할 수 있게 되기를 희망한다. 그러나 여기서는 실존적 정신분석이 현실적으로 존재한다는 것은 그다지 중요하지 않다. 오히려 우리에게는 실존적 정신분석이 가능하다는 것이 더 중요하다.

2. 함과 가짐-소유

존재론이 모든 행위와 욕구에 대해 획득할 수 있는 정보는 실존적 정신분석에 있어 원리로서 도움을 줄 수 있을 것이다. 그것은 모든 특수화 이전에 모든 인간에게 공통된 추상적인 욕구가 존재한다는 뜻이 아니라, 구체적인 욕구들이 존재론의 연구에 속하는 구조를 가지고 있다는 의미이다. 왜냐하면 각각의 욕구는, 어떤 예술작품을 창작하고자 하는 욕구는 말할 것도 없고, 먹고 싶고, 자고 싶은 욕구도 인간존재 전체를 표현하기 때문이다. 사실 우리가 다른 데서*6 제시한 것처럼, 인간에 대한 인식은 전체적이어야 한다. 경험적이고 부분적인 인식들은 이 영역에서는 의미를 가지지 않는다. 그러므로 만일 우리가 지금까지 획득한 인식을 이용하여 실존적 정신분석의 기초를 다질 수 있다면, 우리의 작업은 성공한 셈이 될 것이다. 사실 존재론이 멈춰 서야 하는 것은 거기서이다. 즉 존재론의 마지막 발견은 실존적 정신분석의 최초의 원리이다. 거기서부터, 대상이 다르기 때문에, 또 하나의 방법을 가지는 것이 필요해진다. 그렇다면 욕구가 인간존재의 존재인 한에서, 존재론은 그 욕구에 대해 우리에게 무엇을 가르칠 것인가?

우리가 앞에서 살펴본 것처럼, 욕구는 존재결여이다. 그런 것인 한에서, 욕구는 자신에게 결여되어 있는 존재 '쪽으로' 직접 '향해져' 있다. 이 존재는 앞에서 본 것처럼 '즉자-대자'이고, '실체가 된 의식'이며, '자기원인이 된 실체'이고, '신-

---

*6 원주. 《정서론》(1939).

인(神人)이다. 그러므로 인간존재의 존재는 근원적으로 하나의 실체가 아니라 하나의 체험되는 관계이다. 이 관계의 두 항 가운데 하나는 근원적인 즉자인데, 그것은 그 우연성과 사실성 속에 굳어져 있으며, 그것의 본질적인 특징은 그것이 '존재한다(il est)'는 것, 그것이 '현실에 존재한다(il existe)'는 것이다. 또 다른 항은 '즉자-대자' 즉 가치로, 우연적인 즉자의 이상으로서 존재하며, 모든 우연성 모든 현실존재의 '저편(par delà)'으로 특징지어진다. 인간은 이런 두 존재의 어느쪽도 아니다. 왜냐하면 인간은 '존재하지 않기' 때문이다. 인간은 그가 있지 않은 것으로 있고, 그가 있는 것으로 있지 않다. 인간은 우연적인 즉자의 무화인데, 그것은 이런 무화의 자기가, 자기 원인인 즉자를 향해 전진적 자기도피로 있는 한에서의 일이다. 인간존재는 신이 되기 위한 단순한 노력이며, 그 노력을 위한 주어진 어떤 기체(基體)가 존재하는 것도 아니고, 그렇게 노력하는 '무언가'가 있는 것도 아니다. 욕구는 이런 노력을 표현하는 것이다.

그런데도 욕구는 단순히 '자기원인인 즉자'에 대한 관계에 의해 규정되는 것만은 아니다. 욕구는 흔히 욕구의 대상으로 불리고 있는 보통의 구체적인 현실존재에 대해서도 관계를 가진다. 이 대상은 때로는 한 조각의 빵이고, 때로는 한 대의 자동차이며, 때로는 한 사람의 여자이고, 때로는 이를테면 예술가가 어떤 예술작품을 창작하고자 할 때처럼, 아직 실현되지 않았지만 한정된 하나의 대상일 것이다. 그러므로 욕구는 그 구조 자체에 의해 인간과 세계 속에 있는 하나의 대상 또는 여러 개의 대상과의 관계를 나타낸다. 욕구는 '세계-속-존재'의 양상의 하나이다. 이러한 관점에서 본다면 무엇보다 먼저 이 관계는 유일한 형식에 속하는 것은 아니라고 생각된다. 우리가 '무언가에 대한 욕구'라고 말하는 것은 생략해서 그렇게 말하는 것에 불과하다. 사실 수많은 실례가 보여 주듯이, 우리는 이러이러한 대상을 '소유하고', 이러이러한 사물을 '하며'(만들며), 또는 이러이러한 자로 '있기'를 원할 것이다. 만일 내가 이 그림을 원한다면 그것은 내가 그 그림을 내 것으로 소유하기 위해 그것을 사고자 한다는 뜻이다. 만일 내가 한 권의 책을 쓰는 것, 산책하는 것을 원한다면, 그것은 내가 그 책을 '만드는' 것, 이 산책을 '하는' 것을 원한다는 뜻이다. 만일 내가 몸치장을 한다면 그것은 내가 아름답게 '있고자' 원하는 것이다. 내가 공부하는 것은 내가 학자가 '되기' 위해서이다. 그리하여 처음부터 구체적인 인간적 실존의 커다란 세 개의 범주, 즉 '함, 가짐, 있음'이 그 근원적인 관계에 있어서 우리에게 나타난다.

그렇다 하더라도 쉽사리 알 수 있는 일이지만, 하는(만드는) 욕구는 환원불가능한 것은 아니다. 우리가 무언가를 만드는 것은 이 대상과 어떤 관계를 유지하기 위해서이다. 이 새로운 관계는 곧 바로 '가짐'으로 환원될 수 있다. 예를 들어 나뭇가지를 깎아 지팡이로 하는(내가 나뭇가지로 지팡이를 '만드는') 것은 그 지팡이를 가지기 위해서이다. '하다' '만들다*⁷'는 가지기 위한 하나의 수단으로 환원된다. 이것은 가장 흔한 경우이다. 그러나 나의 활동이 그대로 즉시 환원가능한 것으로는 보이지 않는 경우도 있을 수 있다. 과학적 연구, 스포츠, 예술적 창작의 경우처럼, 나의 활동이 보상이 없는 것처럼 보이는 수도 있다. 하지만 이런 여러 가지 경우에 있어서 '한다(만든다)'는 것은 역시 환원불가능한 것은 아니다.

내가 한 폭의 그림, 한 편의 드라마, 한 곡의 멜로디를 창작하는 것은 어떤 구체적인 현실존재의 기원에 있어서 내가 존재하기 위해서이다. 게다가 이 현실존재는, 내가 그것과 나 사이에 세우는 창작의 기반이, 이 현실존재에 관해, 나에게 하나의 특수한 소유권을 주는 한에서만 나에게 있어서 흥미가 있다. 문제는 단순히 내가 생각하고 있는 이러이러한 그림이 존재한다는 것만이 아니다. 또한 그 그림이 '나에 의해서' 존재해야만 한다. 확실히 어떤 의미에서는, 내가 일종의 끊임없는 창조에 의해 그 그림을 존재하게 하고 있다는 것, 따라서 끊임없이 갱신되는 하나의 유출로서 '나의 것'으로 있다는 것이 이상(理想)일 것이다. 그러나 또 하나의 의미에서는, 그 그림은, 그것이 '나의 것'으로 있는 것이지 '나'로 있는 것이 아니기 위해서는 근본적으로 나 자신으로부터 구별되어 있지 않으면 안 된다. 이 경우에 데카르트적인 실체론에서 볼 수 있는 것처럼, 이 그림의 존재는 독립성과 객관성이 결여되어 있으므로, 나의 존재에 흡수된다는 위험이 있을 것이다. 그러므로 또한 이 그림은 '그 자체에 있어서' 존재해야 한다. 다시 말하면 이 그림은 끊임없이 '그 자신'으로 그 존재를 갱신해야 한다. 따라서 나의 작품은 끊임없는 창조이지만, 즉자 속에 굳어진 창조로서 나에게 나타난다. 나의 작품은 어딘지 모르게 나의 '표지(標識)'를 맡고 있다. 다시

---

*7 이 부분은 본문에 faire로 표시되어 있는 것으로, 정확하게 표현하면 '만들다' 이외에 '하다' '이룩하다'는 뜻이 있다. 이 faire라는 낱말은 곳곳에, 이 대목 이전에도 또 이후에도 등장하기에 여기서 다시 한 번 밝혀 둔다.

말해서 나의 작품은 '나의' 사상이다. 모든 예술작품은 하나의 사상이고 하나의 '이념'이다.

예술작품의 성격은 그 작품이 하나의 의미지시 이외의 아무것도 아닌 한에서 명백하게 정신적이다. 그러나 그런 반면, 이런 의미, 이런 사상은 어떤 의미에서는 마치 내가 그것을 끊임없이 형성하고 있는 것처럼, 또 마치 하나의 정신—'나의' 정신이라고 하는 하나의 정신—이 끊임없이 그것을 생각하고 있는 것처럼 끊임없이 현세적인데도 불구하고, 이 사상은 자기 홀로 자기를 존재하게 하며, 내가 현재 그것을 생각하지 않고 있을 때도 이 사상은 현세적이기를 그치지 않는다. 그러므로 나는 이런 사상에 대해 그것을 '생각하는' 의식과 그것을 '만나는' 의식의 이중관계에 있다. '이 사상은 내 것이다'라고 말함으로써 내가 표현하는 것은 바로 이 이중 관계이다. 그것이 어떤 뜻인지는, 우리가 '가짐'이라는 범주의 뜻을 명확하게 했을 때 알 수 있을 것이다. 그리고 내가 나의 작품을 '창작하는' 것은 아유화(我有化, appropriation. 가짐·내 소유·소유자)라고 하는 종합에 있어서 이 이중 관계를 유지하기 위해서이다. 사실 내가 노리는 것은, 그리고 그 작품이 바로 나의 소유가 되게 하는 것은, '나'와 '비—아(非我)'(사상의 친밀성, 반투명성 그리고 즉자의 불투명성, 무차별성)의 이 종합이다. 그런 뜻에서 내가 그런 방법으로 나의 것으로 하는 것은, 단순히 이른바 예술작품만은 아니다.

내가 나뭇가지를 깎아서 만든 지팡이도 역시 이중의 방법으로 나에게 소속하게 될 것이다. 우선 첫째로 그것은 내 뜻대로 되는 사용물, 나의 옷 또는 나의 책과 마찬가지로 내가 가지고 있는 사용물로서, 두 번째로는 나의 작품으로서 나에게 소속될 것이다. 그러므로 자기 자신이 만든 공예품을 주변에 놓아두기를 좋아하는 사람들은 아유화에 지나치게 열중해 있는 것이다. 그들은 향수에 의한 아유화와 창작에 의한 아유화를, 단 하나의 대상 위에, 똑같은 통합 속에 연결시키고 있다. 우리는 예술적 창작의 경우에서부터 '자신이 만 담배가 더 맛있다'고 하는 담배의 경우에 이르기까지, 똑같은 기도가 일관하고 있음을 발견한다. 우리는 나중에 소유의 하락이라고도 할 수 있는 '사치'라 불리는 특수한 소유의 형식에 대해 이와 같은 기도를 발견하게 될 것이다. 왜냐하면 뒤에서 보게 되겠지만, 사치란 소유 대상의 어떤 성질을 보여 주는 것이 아니라, 소유의 어떤 성질을 보여 주기 때문이다.

이 책 제4부의 첫머리에서 지적한 것처럼, '인식하는' 것 또한 나의 것으로 만드는 것이다. 그러므로 과학적 탐구는 아유화의 하나의 노력 이외의 아무것도 아니다. 발견된 진리는 예술작품이나 마찬가지로 '나의' 인식이다. 그것은 하나의 사고(思考)의 노에마*8이며, 내가 사고를 형성할 경우에만 발견된다. 그러므로 이 노에마는 어떤 점에서는 나에 의해 존재로 유지되는 것으로서 나타난다. 세계의 일면이 드러내 보여지는 것은 나에 의해서이며, 그것이 드러내 보여지는 것은 나에 대해서이다. 그런 뜻에서 나는 창작자인 동시에 소유자이다. 그렇다고 해서 내가 발견하는 존재의 양상을 단순한 표상으로 생각하는 것은 아니다. 오히려 완전히 그 반대이다. 왜냐하면 존재의 이 모습은 나에 의해서만 발견되는데도, 깊게 현실적으로 '존재'하고 있기 때문이다.

지드가 우리에게 '우리는 항상 펼쳐 보여야 한다'고 말한 의미에서, 나는 내가 그 모습을 '펼쳐 보이'는 것이라고 말할 수 있다. 그러나 나는 내 사고의 '진리'의 성격 속에, 즉 그 진리의 대상성 속에서 예술작품의 독립성과 비슷한 하나의 독립성을 다시 발견한다. 이 사고는 내가 그것을 이루고 나에게서 그 존재를 이끌어 내면서도, 동시에 그것이 '만인의 사고'인 한에서, 그 자신만으로, 자기 존재를 추구한다. 이 사고는 이중적으로 '나'이기 때문이다. 즉 이 사고는 나에 대해 자기를 드러내는 세계이기 때문이고, 또 이 사고는 오직 다른 사람들 사이에서의 나, 타인의 정신과 함께 나의 사고를 이루는 나이기 때문이다. 또 이 사고는 이중적으로 나에게 폐쇄되어 있다. 왜냐하면 이 사고는 내가 그것으로 있지 않은 존재(그 존재가 나에 대해서 드러내 보여지는 한에서)이기 때문이고, 또 이 사고는 원래 처음에 나타날 때부터 만인의 사고이며, 이름 없는 누군가에게 바쳐진 사고이기 때문이다. '나'와 '비—아(非我)'의 이 종합은, 이 경우 또한 '나의 것'이라는 말로 표현될 수 있다. 그러나 또한 발견이라고 하는 관념, 드러내 보인다라고 하는 관념 자체 속에는, 내 것으로 하는 향수(享受)의 관념이 들어 있다. 보는 것은 누리는 일이며, '본다'는 것은 '처녀성을 빼앗는(déflorer)' 일이다. 만일 우리가 인식하는 것과 인식되는 것 사이의 관계를 설명하기 위해 일반적으로 쓰이고 있는 여러 가지 비유를 검토한다면, 우리는 그런 비유 가운데 많은 것이 '보는 것에 의한 일종의 능욕(un certain viol par la vue)'으로 나타나 있

---

*8 noème. 독일어로 노에마(noema). 후설의 현상학에서 노에시스(noesis)에 대립하는 것으로 의식 내면에서의 객관적 측면을 가리키며, 노에마적 내실(內實)이라고 불리기도 한다.

음을 깨닫게 될 것이다.

　미지의 대상은 순백에도 비유할 수 있는 맑고 깨끗한 것, 처녀로서 주어져 있다. 미지의 대상은 아직 그 비밀을 '넘겨주지' 않았다. 인간은 아직 이 대상에서 그 비밀을 '빼앗지' 않고 있다. 모든 비유가 보여 주고 있듯이, 이 대상은 자신이 탐구되고 있는 것에 대해, 또 자기가 어떤 수단으로 노려지고 있는가에 대해 알지 못하는 상태에 있다. 이 대상은 자신이 인식된다는 것을 의식하지 않고 있다. 이 대상은 자신을 엿보고 있는 시선은 눈치채지 못한 채, 자신의 행위에 전념하고 있다. 목욕을 하다가 우연히 길을 지나던 남자의 눈에 띄는 여자와 같은 것이다. 자연의 '아직 침해되지 않은 깊이' 어쩌고 하는, 암묵적이고 틀림없는 비유는, 오히려 뚜렷하게 교접을 떠올리게 한다. 사람은 자연의 베일을 벗겨 낸다(arracher les voiles). 사람은 자연을 개시한다(dévoiler)(실러의 《자이스의 베일을 쓴 여신상》 참조).*9 모든 탐구에는 항상 나체를 가리고 있는 방해물들을 제거하고 나체 그대로의 모습을 드러낸다는 관념이 들어 있다. 악타이온이 목욕하고 있는 디아나(아르테미스)를 더 잘 보기 위해 나뭇가지를 없애는 것과 같은 것이다.*10

　그리고 인식은 하나의 사냥이다. 베이컨은 인식을 판(Pan)의 사냥이라고 불렀다. 과학자는 사냥꾼이다. 그는 순백의 나체를 급습하고 그 나체를 자기의 시선으로 욕보인다. 그러므로 이런 비유는, 총체로서 우리가 '악타이온 콤플렉스(complexe d'Actéon)'라고 부를 만한 무언가를 보여 준다. 또 한편으로 사냥이라고 하는 이 관념을, 길을 이끌어 주는 실로 삼음으로써, 우리는 아유화의 또 하나의 상징, 아마도 그것보다 훨씬 원초적인 상징을 발견할 것이다. 원초적이라고 하는 것은, 우리가 먹기 위해 사냥을 하기 때문이다. 동물 속에 있는 호기심은 언제나 성욕적이거나 또는 식욕적이다. 인식한다는 것은 눈으로 먹는 것이다.*11

　사실 우리는 여기서 지적할 수 있다고 생각하는데, 관능에 의한 인식에 대해

---

*9 독일의 시인·극작가 프리드리히 실러(1759~1805)의 서정시.

*10 그리스 신화. 악타이온은 민첩한 사냥꾼이었으나, 목욕하고 있는 여신 디아나(로마 신화에 나오는 숲의 여신 이름. 그리스 신화에서는 아르테미스)의 알몸을 보았기 때문에 여신의 노여움을 사서 사슴으로 변하여 자신의 사냥개에게 물려 죽었다.

*11 원주. 어린아이에게 있어서 인식한다는 것은 실제로 먹는 것이다. 어린아이는 자기가 보는 것을 '맛보려고' 한다.

서는 예술작품에 관해 드러내 보여진 과정과는 반대의 과정이 인정된다. 예술 작품의 경우에는, 사실 우리는 작품과 정신 사이에 굳어진 유출관계가 있음을 인정했다. 정신은 끊임없이 작품을 생산한다. 하지만 그럼에도 작품은 독립하여 스스로 존재하며, 정신의 이 산출에 대해서 말하자면 무관심하다. 이 관계는 인식 행위의 경우에도 그대로 존재한다. 그러나 인식 행위의 경우에 이 관계는 그 반대의 경우를 배제하지 않는다. 인식할 때 의식은 그 대상을 자기 쪽으로 끌어당겨 그것을 자기에게 합체시킨다. 인식은 동화작용이다. 프랑스어로 쓰인 인식론 서적에는 음식물 섭취의 비유(흡수, 소화, 동화)가 수두룩하다. 그러므로 거기에는 대상에서 인식하는 주관으로 옮겨 가는 하나의 분해운동이 있다. 인식되는 것은 '나'로 변화하여 나의 사고가 된다. 바로 그것에 의해, 인식되는 것은 그 존재를 오직 나에게서만 받아들이는 것을 수락한다. 하지만 이 분해운동은 인식되는 것이 여전히 같은 장소에 머물러 있다는 사실에 의해 굳어진다. 인식되는 것은 흡수되고, 먹혔다고도 할 수 있고, 손을 대지 않은 채 남아 있다고도 할 수 있다. 완전히 소화되면서도 또한 그대로 고스란히 바깥에 돌멩이처럼 소화되지 않고 남아 있다. '타조 위 속의 돌멩이', '큰 물고기 배 속의 요나*12 같은 '소화되지 않는 소화물'의 상징인 이 소박한 상상 속에 중요한 뜻이 있음을 깨달을 것이다. 이 상징은 비파괴적인 동화욕망을 나타내고 있다.

 욕구가 그 대상을 파괴하는 것은—헤겔이 지적한 것처럼—불행한 일이다(그런 뜻에서 욕구란 먹는 욕구라고 그는 말했다). 변증법적 필연성과는 반대로 대자가 어떤 대상을 욕망할 때, 그 대상은 완전히 나에 의해 동화되며, '나'이면서도 자기 자신의 '즉자적'인 구조를 보존함으로써 나에게로 분해되지 않는 것이 될 것이다. 왜냐하면 진정 내가 욕구하는 것은 '이' 대상이기 때문이고, 만일 내가 그것을 먹는다면 나는 더 이상 그것을 소유하지 못하고, 나는 더 이상 나밖에 만나지 못할 것이기 때문이다. '동화작용'과 여전히 원래 그대로의 '동화되는 것'의, 이 불가능한 종합은, 그것의 가장 깊은 근원에서 성욕의 근본적인 경향과 결합되어 있다. 사실 육체적 '소유'라는 말이 우리에게 주는 이미지는 끊임없이 소유되지만, 끊임없이 새로운 하나의 육체의 안타깝고도 매혹적인 이미지이며, 소유는 그 육체 위에 아무런 흔적도 남기지 않는다. '매끄럽다'거나 '싱싱

---

*12 《구약성서》 〈요나〉의 주인공. 지중해에서 폭풍을 만나 바다에 빠졌고 큰 물고기에게 삼켜 졌으나, 사흘 밤낮을 큰 물고기 배 속에서 소화되지 않고 있다가 결국 뭍으로 토해내졌다.

하다'는 성질이 적절하게 상징하고 있는 것이 바로 그것이다. 매끄러운 그 육체는 그것을 붙잡을 수 있고, 그것을 맛볼 수 있다. 그러나 그것은 그대로 침투될수 없는 것이고, 소유하고자 하는 애무 밑에서 물처럼 빠져나가 버리는 것이다. 그런 까닭에 애욕 묘사에서 흔히 여자 나체의 매끄러운 순백이 강조된다. '매끄럽다'고 하는 것은, 물이 돌멩이를 맞아도 곧바로 자기를 다시 이루는 것처럼, 애무를 당하면서도 자기를 다시 이루는 것이다. 게다가 그것과 동시에, 우리가 앞에서 본 것처럼, 사랑하는 쪽의 욕망은 상대편 개성을 그대로 유지하면서 상대편을 자기에게 하나로 만드는 것이다. 다시 말하면 '타자가 타자로 있는 것을 그만두지 않고, 나로 있게' 되는 것이다. 우리가 과학적 탐구에 있어서 경험하는 것이 바로 그것이다.

'인식되는 대상'은 마치 타조 배 속의 돌멩이처럼 고스란히 내 안에 있고, 나자신에게 동화되어, 나 자신으로 변화한다. 이 대상은 고스란히 그대로 '나' 자신이다. 그러나 그와 동시에 그 대상은 침투될 수 없고, 변화될 수 없으며, 헛되이 애무받는 상대의 육체의 무관심한 나체 그대로 완전히 매끄럽다. 이 대상은 그대로 바깥에 머물러 있다. 인식한다는 것은 소비하지 않고 밖에서 먹는 것이다. 그리하여 성욕적인 경과와 식욕적인 경과는 서로 녹아들어가고 침투하며, 그 결과 악타이온 콤플렉스와 요나 콤플렉스를 구성한다. 소화적(消化的)인 뿌리와 성욕적인 뿌리는 하나로 결합하여 인식 욕구를 만들어 낸다. 인식은 '침투'인 동시에 '표면적인' 애무이다. 그리고 인식은 소화인 동시에 변형되지 않는 대상을 떨어져서 바라보는 것이다. 인식은 끊임없는 창조에 의해 하나의 사상을 생산해 내는 것인 동시에, 그 사상의 대상적인 완전 독립을 확인하는 것이다.

인식되는 대상은 '사물로서의 나의 사상'이다. 게다가 내가 탐구에 착수할 때, 내가 근본적으로 욕구하는 것은 바로 이것이다. 즉 나의 사상을 사물로 파악하는 것이고, 사물을 나의 사상으로 파악하는 것이다. 이처럼 여러 가지로 다른 경향들을 함께 녹이는 이 혼합적인 관계는, 하나의 '아유화'라고 하는 관계밖에 될 수 없을 것이다. 그것이 바로, 인식의 욕구가 아무리 무사무욕(無私無慾)으로 보인다 하더라도 또 하나의 아유화적 관계라고 하는 까닭이다. '인식하다'는 '가지다'가 취할 수 있는 형식의 하나이다.

그런데 우리가 '완전히 동기가 없는 것'으로서 즐겨 제시하는 어떤 형식의 활동이 남아 있다. '유희활동'과 그것과 관계가 있는 '경향들'이 문제이다. 사람들은 스포츠에서 아유화적인 경향을 발견할 수 있을 것인가? 물론 맨 먼저 지적해야 하겠지만, 유희는 고지식한 정신(esprit de sérieux)과는 반대로, 가장 소유적이지 않은 태도인 것으로 생각된다. 유희는 현실적인 것으로부터 그 현실성을 없앤다. 우리가 세계에서 출발할 때, 또 우리가 자기 자신에 대해서보다 세계에 대해 더 많은 현실성을 부여할 때, 또는 적어도 우리가 세계에 속하는 정도에 따라, 자기에게 현실성을 부여할 때, 거기에 고지식한 정신이 태어난다. 유물론이 고지식한 것은 결코 우연이 아니다. 또 유물론이 혁명가의 어용학설로서 언제 어디서나 발견되는 것 또한 우연이 아니다. 그것은 혁명가들이 고지식하기 때문이다. 먼저 그들은 자신들을 짓밟는 이 세계에서 출발하여 자기를 인식한다. 그들은 자신들을 짓밟는 이 세계를 바꾸려고 한다. 이 점에서 혁명가들은 원래의 적대자들, 즉 소유자들과 일치하고 있다. 소유자들 또한 세계 속에서의 자신들 지위에서 출발하여 자기를 인식하고 자기를 평가하기 때문이다.

그러므로 고지식한 사상은 모두 세계에 의해 농도가 짙어져 있다. 그것은 응고시킨다. 고지식한 사상은 세계를 위해 인간존재를 부정하는 것이다. 고지식한 인간은 '세계에 속해' 있으며, 더 이상 자기 안에 어떤 의지처도 지니지 않는다. 그는 이제 세계에서 '탈출할' 가능성조차 생각하지 않는다. 왜냐하면 그는 스스로 자기에 대해 바위의 존재유형, 견고함, 타성, '세계-한복판-에서의-존재'의 불투명성을 지니도록 했기 때문이다. 따라서 말할 것도 없는 일이지만, 고지식한 인간은 자신의 자유 의식을 자기 자신의 가장 깊은 내부에 묻어 버리고 있다. 그는 '자기기만' 속에 있다. 그의 자기기만은 자기를 자기 자신의 눈에 하나의 결과로서 보여 주는 것을 지향하고 있다. 그에게 있어서는 모든 것이 결과이고, 원리(시초)는 결코 존재하지 않는다. 그런 까닭으로 그는 자기 행위의 결과에 대해 매우 주의를 기울인다. 마르크스는 자신이 주관에 대한 객관의 우위를 주장했을 때, '고지식한 인간'의 최초의 도그마를 세운 것이다. 인간은 자기를 하나의 대상으로 생각할 때 고지식한 것이다.

사실 유희는 키르케고르의 아이러니*13와 마찬가지로 주관성을 해방한다.

---

*13 키르케고르는 소크라테스의 방법과 정신 속에서 아이러니의 본질을 파악했다. 키르케고르에 의하면, 아이러니는 한없는 부정성(否定性)이라고 할 수 있는 주관성의 발동, 바로 그것이다. "아이러니는 하나의 새로운 관점이며, 고대 그리스 정신에 대해 철두철미하게 논쟁적

사실, 인간이 그 최초의 기원인 어떤 하나의 활동, 인간이 자기 자신을 그것의 원리로서 내세우는 하나의 활동, 내세워진 원리에 의해서만 결과를 가질 수 있는 하나의 활동이 아니면, 도대체 이 유희는 무엇이란 말인가? 한 인간이 자기를 자유로운 것으로서 파악하자마자, 또 그가 자기의 자유를 행사하기를 원하자마자, 그의 불안이 그 밖의 면에서 어떤 것일 수 있든, 그의 활동은 유희적이다. 다시 말하면 그는 그 활동의 최초 원리이다. 그는 소산적 자연(所産的自然)*14에서 벗어난다. 그는 자기 스스로 자신의 행위의 가치와 규칙을 세운다. 그는 자기 스스로 세우고, 자기 스스로 정한 규칙에 의해서만 지불하는 데 동의한다. 거기서 어떤 뜻에서는 세계의 '실재성의 결핍(peu de réalité)'이 유래한다. 그러므로 유희하는 인간은 자신의 행동 자체 속에서, 자기를 자유로운 것으로서 발견하고자 하면서도, 세계의 하나의 존재를 '소유하는 것'은 결코 원할 수 없을 것이다. 그의 목표는 그가 그것을 스포츠를 통해서 지향하든, 연기를 통해서 지향하든 또는 이른바 승부를 통해서 지향하든, 일종의 존재로서의 자기, 즉 바로 자기 존재에 있어서 문제가 되는 존재로서의 자기에게 스스로 이르는 것이다. 그러나 그렇다고 해서 '하는(faire)' 욕구가 유희의 경우에 환원불가능한 것을 제시하려는 것은 아니다. 오히려 그와는 반대로, 이것은 하는 욕구가 거기서는 일종의 존재 욕구로 환원된다는 것을 우리에게 가르쳐 준다.

행위는 그 자신에 대해 그 자신의 목표가 아니다. 또한 행위는 그 목표와 그 깊은 의미를 대표하는 분명한 목적인 것도 아니다. 오히려 그 반대로, 행위의 역할은 그 사람의 존재 자체인 절대적인 자유를, 그 사람 자신에 대해 나타내는 것, 앞서 존재하게 하는 것이다. 이 특수한 형식의 기도는, 자유를 근거로서, 목표로서 가지고 있는 것으로, 하나의 특수한 연구가치가 있다. 사실 이 기도는 그것이 근본적으로 다른 하나의 존재유형을 지향하고 있다는 점에서, 다른

인 동시에 스스로 자기를 뛰어넘는 관점이다. 아이러니는 모든 것을 먹어치우는 무(無)이고, 사람이 결코 그곳에서 자기의 위치를 차지할 수 없는 그 무엇이며, '있는' 동시에 '있지 않은' 그 무엇이다."

*14 소산적 자연(nature naturée, natura naturata)이란 능산적(能産的) 자연(nature naturante, natura naturans)에 대비되는 말이다. 이 용어는 아라비아 철학자 아베로에스(1126~1198)에게서 비롯된 것으로, 창조자인 한에서의 신이 natura naturans라고 불리는 데 비해, 신에 의해 창조된 존재의 총체가 natura naturata라고 불린다. 사르트르의 경우에는, 이 소산적 자연을 즉자적 자연이라고 바꾸어 표현해도 괜찮을 것이다.

모든 기도와 근본적으로 다르다. 사실 이 기도가 인간존재의 심오한 구조로서 우리에게 나타난 '신(神)이고자 하는 기도'와 어떤 관계에 있는지 매우 상세하게 설명할 필요가 있다. 그러나 이런 연구는 지금 여기서 할 수 없다. 사실 이런 연구는 윤리학 영역에 속하는 것이며, 정화적(淨化的)인 반성(réflexion purifante)의 본성과 역할을 미리 규정하지 않고는 시작할 수 없다(우리의 기술은 지금까지는 '공범적인' 반성(réflexion 〈complice〉)밖에 지향하지 않았다). 나아가서 이런 연구는 대자를 따라다니는 여러 가치에 대해 '도덕적'일 수밖에 없는 관점을 취할 것을 전제로 한다. 그래도 역시 유희욕구는 근본적으로 존재욕구이다. 그러므로 '있음(être)', '함(faire)', '가짐(avoir)'이라는 세 개의 범주는 여기서도 다른 경우와 마찬가지로 두 가지로 환원된다. '함'은 순전히 타동적이다. 하나의 욕구는 그 근원에 있어서는 존재욕구 또는 가지는 욕구밖에는 되지 않는다. 또 한편으로 유희가 모든 아유화적인 경향으로부터 정화되어 있는 일은 매우 드물다.

나는 여기서 좋은 성적을 내고 싶다거나 기록을 깨고 싶다고 하는, 스포츠맨에게 자극으로 작용할 수 있는 욕구를 잠깐 제쳐두기로 하겠다. 또 훌륭한 신체와 균형잡힌 두 팔과 두 다리를 '갖고 싶다'고 하는, 자기 자신의 '대타-존재'를 대상적으로 내 것으로 삼고자 하는 욕구에 속하는 욕구에 대해서도 다루지 않기로 하자. 이런 욕구는 항상 개입하는 것은 아니고, 또 근본적인 욕구도 아니다. 그러나 스포츠라고 하는 행위 자체 속에는 하나의 아유화적인 성분이 있다. 사실 스포츠는 세계의 환경을 행동의 유지요소(維持要素)에까지 자유롭게 변화시키는 것이다. 그러므로 예술이나 마찬가지로 스포츠는 창작적이다. 이를테면 눈 덮인 고원, 알프스고원이 있다고 하자. 그것을 본다는 것은 벌써 그것을 갖는 것이다. 이 설원은 그 자체에 있어서 이미, 보는 것에 의해 존재의 상징으로서 파악되고 있다.*15 이 설원은 단순한 외면성과 철저한 공간성을 나타내고 있다. 그 무차별, 그 단조로움, 그 순백성이 실체의 절대적인 알몸을 나타낸다. 그것은 단순히 즉자일 뿐인 즉자이며, 모든 현상의 외부에 갑자기 자기를 나타내는 '현상의 존재'이다. 그와 동시에 그 '견고한' 부동성은 즉자의 항상성과 대상적인 저항을 나타내고 있으며, 즉자의 불투명성과 침투불가능성을 나타내고 있다. 그렇다 해도 이 최초의 직관적인 향수(享受)는 나를 만족시킬

---

*15 원주. 이 장의 3을 참조.

수 없을 것이다.

이 단순한 즉자, 데카르트가 말하는 '확대'의 절대적이고 예지적인 '충실'에 비할 수 있는 이 즉자는, '비–아(非我)'의 단순한 출현으로서 나를 황홀하게 한다. 그때 내가 원하는 것은 바로, 이 즉자가 완전히 그 자신 속에 머무르면서 나에 대해 나로부터의 유출관계에 있는 것이다. 그것은 이미 아이들이 만드는 눈사람이나 눈뭉치가 뜻하는 것이다. 그 목표는 '이 눈으로 무언가를 만드는 것'이며, 다시 말해 소재가 형상을 위해서만 존재하는 것처럼 보일 만큼, 깊이 소재에 밀착해 있는 하나의 형상을 그 눈(雪)에 강요하는 일이다. 그러나 만일 내가 다가가서, 이 설원에 대해 아유화적인 접촉을 시작하려고 한다면, 모든 것은 확 달라진다. 그 설원의 존재기준이 바뀌는 것이다. 그 설원은 드넓은 공간에 존재하는 것을 그만두고, 작은 조각으로 존재하게 된다. 오점과 작은 나뭇가지와 균열이 1평방센티마다 개별화하기 위해 다가온다. 그와 동시에 이 설원의 굳고 단단함은 녹아서 물이 된다. 나는 무릎까지 눈 속에 파묻힌다. 내가 손으로 눈을 잡으려고 하면, 눈은 내 손가락 사이에서 녹아 흘러 버린다. 이제 눈의 흔적조차 남지 않는다. 즉자가 무로 변한다. 그와 동시에 눈을 내 것으로 하려는 나의 욕망도 사라져 버린다. 그뿐만 아니라, 나는 가까이 다가가서 더 자세히 보려고 한 그 눈을 이제는 '어떻게 해야 할지 알지 못한다.' 나는 그 설원을 내 것으로 할 수도 없다. 나는 그 설원을 실체적인 전체로서 재구성할 수도 없다. 이런 실체적인 전체는 조금 전까지도 내 시선에 제시되어 있었지만, 갑자기 이중 의미에서 무너져 버렸기 때문이다. 스키의 의미는 단지 급속한 이동을 할 수 있다는 것과, 기술적인 기묘함을 얻는 데 있는 것은 아니다. 그것은 또 단순히 나의 속도와 코스의 어려움을 내 마음대로 올리면서 '노는' 데 있는 것도 아니다. 스키의 의미는 이 설원을 '소유하는' 것을 나에게 허용해 준다는 점에도 있다.

지금은 '나는 이 설원을 그 어떤 것이 되게 한다.' 다시 말하면, 스키 타는 사람으로서의 나의 행동 자체에 의해서 나는 이 설원의 소재와 의미를 싹 바꾼다. 이 설원이 지금은 나의 코스 그 자체 속에서, 내가 미끄러져 내려가야 하는 비탈면으로서 나에게 나타난다는 사실에서, 이 설원은 앞에서 잃어버린 연속과 통일을 다시 발견한다. 이 설원은 지금은 결합조직이다. 그것은 두 개의 극(極) 사이에 들어 있고, 출발점과 도착점을 하나로 연결하고 있다. 게다가 미끄러져 내려갈 때, 나는 이 설원을 그것만으로서 작은 조각으로 생각하는 것이 아니라, 내가 차지하는 위치 저편에 언제나 이르러야 하는 하나의 지점을 정하고 있기 때문에, 이 설원은 어떤 한없고 개별적인 작은 조각이 되어 무너져 버리는 일이 없다. 이 설원은 내가 나에게 지정하는 그 지점을 '향해 통과된다.' 이 통과는 단순히 하나의 이동활동인 것은 아니다. 그것은 또한 특히 하나의 종합적인 조직활동이고 연결활동이기도 하다. 나는 칸트가 '기하학자는 직선을 그어 봐야만 직선을 파악할 수 있다'고 말한 것과 똑같은 방법으로 내 앞에 스키장을 펼친다. 나아가서 이 조직은 주변적이지 초점적인 것이 아니다. 설원이 통일되는 것은, 그 자신에 대해서도 아니고, 그 자신에게 있어서도 아니다.

세워진 목표, 분명하게 파악된 목표, 즉 나의 주의(注意) 대상은 도착점이다. 눈(雪)의 공간은 모르는 사이에 아래쪽에 밀집한다. 그 응집은 이를테면 내가 원의 검은 주변에 시선을 고정하고, 원의 표면에 확실하게 주의를 기울이지 않을 때, 원둘레의 내부에 포함되는 하얀 공간의 응집과 같다. 게다가 바로 내가 그 설원을 주변적인 것, 모르는 사이에 포함되어 있는 것으로서 보존하므로, 이 설원은 나에게 순응하고, 나는 이 설원을 익숙한 것으로 하며, 그것을 그 종점을 향해 뛰어넘는다. 마치 그것은 실내장식가가 벽걸이를 벽에 건다고 하는 그 목적을 향해 자신이 쓰는 망치를 뛰어넘는 것과 같은 것이다. 어떤 아유화도 이 도구처럼 쓰일 수 있는 아유화보다 완전한 것은 없다. 종합적인 아유화 활동은 여기서는 하나의 기술적인 이용활동이다.

망치의 출현이 망치질의 단순한 수행인 것처럼, 눈은 내 행위의 소재로서 출현한다. 그와 동시에 나는 그 눈 덮인 비탈면을 파악하기 위해 어떤 종류의 관점을 선택했다. 이 관점은 나에게서 유출하는 일정한 '속도'이고, 나는 마음대로 그것을 증감할 수 있다. 그 속도는 통과되는 설원을 하나의 한정된 대상으로 구성한다. 그것은 다른 속력일 때, 이 설원이 구성되는 것과는 완전히 다른 대상이다. 속도는 자신의 뜻대로 각각의 총체를 조직한다. 내가 이러이러한 속도를 채택했는가 아닌가에 따라, 어떤 대상은 특정한 한 무리에 속할 수도 있고, 속하지 않을 수도 있다(예를 들면 '걸어서' 구경한 프로방스, '자동차로' '기차로' '자전거로' 구경한 프로방스를 생각해 보자. 나르본에서 베지까지 한 시간 만에 가는가, 한나절에 가는가, 아니면 이틀 걸려 가는가에 따라, 다시 말해 나르본이 그 근방과 함께 그것만으로 고립하는가, 또는 나르본이 이를테면 베지에나 세트와 함께 밀접하게 연결된 한 무리를 구성하는가에 따라, 프로방스는 여러 가지 다른 모습을 드러낸다.*16 이 후자의 경우에는, '바다에 대한' 나르본의 '관계는' 직접 직관될 수 있는 것이 된다. 그러나 전자의 경우에는 그 관계는 '부정되고', 단순한 개념의 대상밖에 될 수 없다).

그러므로 나는 내가 나에게 부여하는 자유로운 속도에 의해 그 설원에 '형태를 부여하는' 자이다. 그러나 그와 동시에 나는 나의 '소재' 위에 작용한다. 속도는 원래 주어져 있는 어떤 소재에 하나의 형상을 강요하는 데 그치는 것은 아니다. 속도는 하나의 소재를 '창작한다.' 내가 걸었을 때는 나의 몸무게 아래 움푹 패어 버리고, 내가 손으로 잡으려 했을 때는 녹아서 물이 된 그 눈이, 이번에는 갑자기 나의 속도행동 아래 고체로 된다. 눈은 나를 지탱한다. 그것은 내가 눈의 가벼움, 그 비−실재성, 눈의 끊임없는 소멸을 보지 못했기 때문이 아니다. 오히려 그것과 정반대이다. 바로 그 가벼움, 그 사라짐, 그 은밀한 유동성이야말로 나를 지탱해 주는 것이다. 다시 말하면 그런 것들이 바로 나를 지탱하기 위해 응축되고 융해되는 것이다. 그것은 내가 눈에 대해 '활주'라고 하는 하나의 특수한 아유화 관계를 가지기 때문이다. 이 관계는 뒤에서 더 자세히 연구할 것이다. 우선 우리는 이 관계의 의미를 파악할 수 있다. 활주를 할 때도 나는 여전히 표면적으로 있다고 말하는 사람이 있다. 그러나 그것은 정확하지 않다. 물론 나는 단지 표면을 가볍게 스칠 뿐이고, 그 가벼운 접촉은 그것만으로 충분히 연구할 가치가 있다. 그럼에도 나는 하나의 깊은 종합을 실현한다. 나는 눈이 쌓인 층들이 나를 지탱하기 위해 그 가장 깊은 곳에 이르기까지 스스로 자기를 조직하는 것을 실감한다. 활주는 '거리를 지니는 행동(action à distance)'이다. 나는 그 소재에 대한 나의 솜씨를 확인하는데, 그때 나는 이 소재를 정복하기 위해 그 소재 속에 빠지거나 끼어들 필요는 없다.

미끄러진다는 것은 뿌리를 내리는 것의 반대이다. 뿌리는 이미 그것을 키우는 흙에 반쯤 동화되어 있다. 뿌리는 말하자면 땅의 살아 있는 응결이다. 뿌리는 자기를 흙이 되게 함으로써만 흙을 이용할 수 있다. 다시 말하면, 어떤 의미에서 뿌리는 자신이 이용하려고 하는 소재에 스스로 복종함으로써만 흙을 이용할 수 있다. 그것과는 반대로, 활주는 깊은 소재적인 통일을 실현하면서도 표면보다 더 깊이 들어가지는 않는다. 활주는 복종을 이끌어 내기 위해 강

---

*16 나르본(Narbonne), 베지에(Béziers), 세트(Sète)는 모두 지중해 연안에 있는 남프랑스의 작은 도시이다.

조하거나 목소리를 높일 필요가 없는 무서운 주인과 같다. 권력의 놀라운 닮은꼴이 거기에 있다. 거기서 '미끄러져 가라, 인간이여, 엉거주춤 서 있지 말고 (Glissez, mortels, n'appuyez pas)'라는 유명한 충고*17가 유래한 것이다. 이 충고의 뜻은 '어디까지나 표면적으로 있어라. 깊이 들어가서는 안 된다'는 것이 아니라, 오히려 그 반대로 '깊은 종합을 실현하라. 그러나 휩쓸려 들어가서는 안 된다'는 것이다. 게다가 활주는 바로 아유화이다. 왜냐하면 속도에 의해 실현되는 지지(支持)와 종합은 활주하는 당사자에 의해서만, 또 그가 활주하는 바로 그 시간에 있어서만 유효하기 때문이다. 눈의 견고함은 나에게 있어서만 유효하고, 나에 대해서만 느낄 수 있다. 이 견고함은 눈이 나에게만 털어놓는 하나의 비밀이며, 이 비밀은 '나의 배후에서는' 이미 진실이 아니다.

그러므로 이 활주가 실현하는 것은 소재와의 엄밀하게 개인적인 관계이고, 하나의 역사적인 관계이다. 눈은 나를 지탱하기 위해 집합하고 고체화하지만, 나의 배후에서는 기운을 잃고 또다시 그 흩어져 어지러운 상태에 빠진다. 그리하여 나는 나의 통과에 의해서 '나에게 있어서' 독자적인 것을 실현했다. 그러므로 활주의 이상은 흔적을 남기지 않는 활주일 것이다. 즉 물 위를 미끄러져 달리는 것이 그것이다(보트, 모터보트, 특히 수상스키. 이 수상스키는 극히 최근에 시작된 것이지만, 이상의 관점에서 볼 때 수상스포츠의 이상적인 한계를 보여 주는 것이다). 그 점에서 이미 눈 위의 활주는 그다지 완벽한 활주는 아니다. 내 뒤에는 흔적이 남는다. 그것이 아무리 대수롭지 않다 하더라도 나는 그것에 말려든다. 얼음 위의 활주는, 얼음에 자국을 남기고, 이미 완전히 조직된 소재를 발견하는 활주이므로 매우 열등한 성질의 것이다. 그런데도 여전히 얼음 위의 활주가 행해지고 있는 것은 또 다른 이유 때문이다. 바로 거기서부터,

---

*17 라르메생(Nicolas de Larmessin Ⅱ, 1684~1755)이 당시의 새 풍속을 그린 판화 〈스케이트를 타는 사람들〉 밑에, 같은 시대의 시인 로이(Pierre-Charles Roy, 1683~1764)가 쓴 4행시가 새겨져 있다.

　　엷은 결정 위에 겨울이 오면 그들의 길이 생긴다.
　　얼음 아래는 깊은 못,
　　당신들의 쾌락의 표면도 그와 같다.
　　미끄러져 가라, 인간이여, 엉거주춤 서 있지 말고.

이 마지막 행이 사람들 입에 오르내리게 된 것이다.

눈 위에 우리의 스키가 남긴 흔적을 우리가 우리의 뒤로 바라볼 때, 언제나 우리를 엄습하는 가벼운 실망, '우리가 지나간 뒤에 눈이 원래의 모습대로 돌아가 준다면 얼마나 좋을까!' 하는 실망이 오는 것이다. 또한 우리가 비탈면을 미끄러져 내려갈 때, 우리는 아무런 표시도 남기지 않는다는 착각에 사로잡힌다. 우리는 눈에 대해, 은연중에 그 눈이 물과 같았으면 하고 바라게 된다.

그러므로 활주는 하나의 끊임없는 창작과 비슷한 것으로 나타난다. 속도는 의식과 비교할 수 있는 것으로, 여기서는 의식을 상징하고 있는데,[18] 이 속도는 그것이 계속되는 한에서만, 소재 속에 속도가 존재하는 한에서만, 머물러 있는 하나의 깊은 성질을 낳는다. 이 성질은 자기의 무차별적인 외면성을 극복하는 일종의 집합이며, 미끄러지는 동체 뒤에 무너져 버리는 마른풀 더미와도 같은 집합이다. 그것은 도구처럼 쓰이는 조직으로서 집합하는 설원, 망치와 모루처럼 '이용되는' 설원, 그리고 행동에 대해 순순히 따르고, 암암리에 행동을 예상하고 행동을 수행하게 하는 설원, 이런 설원의 형성적 통일과 종합적 응결. 눈의 '소재' 자체에 대한 연속적이고 창작적인 행동. 활주에 의한 '눈덩이'의 고체화. 지탱해 주고 순종하지만 흔적도 없는 물에 대한 눈의 동화(同化). 또는 애무에 의해 가장 깊은 데까지 뒤흔들리면서, 조금도 애무의 흔적을 간직하지 않는 여자의 나체에 대한 눈의 동화. 이와 같은 것이 스키 타는 사람의 행동의 참모습이다. 그러나 그와 동시에 눈은 스며들지 않은 채 손이 닿지 않는 곳에 여전히 머물러 있다. 어떤 의미에서 스키 타는 사람의 행동은 눈의 '잠세(潛勢, 겉으로 드러나지 않은 세력)'를 전개시키는 일밖에 하지 않는다. 스키 타는 사람은, 눈으로 하여금 눈이 스스로 만들어 낼 수 있는 것을 '만들어 내게' 하는 데 지나지 않는다. 질이 같고 단단한 소재가 견고함과 등질성(等質性)을 스키 타는 사람에게 넘겨주는 것은 스포츠 행위를 통해서만 가능하다. 그러나 이 견고함과 이 등질성은 여전히 소재 속에 나타나는 특성이다. 스포츠적인 행동으로 여기에 실현되는 '나'와 '비-아(非我)'의 이 종합은 관상적(觀想的)인 인식과 예술작품의 경우와 마찬가지로, 눈에 대한 스키 타는 사람의 권리 확인에 의해 표현된다. 그것은 '나의' 설원이다. 나는 그곳을 백 번이나 통과했다. 나는 백 번이나 나의 속도에 의해 그 응결력과 그 지지력을 설원 안에 만들어 냈다. 그 설

---

*18 원주. 제3부에서 우리는 '대자'와 운동의 관계를 살펴보았다.

원은 '나의 것이다(il est à moi).'

　스포츠적인 아유화의 이 양상에 또 하나의 양상, 즉 극복된 어려움을 덧붙이지 않으면 안 될 것이다. 이 양상은 일반적으로 잘 이해되고 있어서, 우리가 새삼스레 그것을 강조할 필요는 없을 것이다. 이 눈 덮인 슬로프를 미끄러져 내려가기 전에 나는 그 슬로프를 기어올라 가야 했다. 게다가 이 등반은 눈의 또 하나의 면, 즉 저항을 나에게 제시한다. 나는 나의 피로에 의해 그 저항을 느낀다. 나는 순간마다 나의 승리의 진행을 가늠할 수 있다. 이 경우에 눈은 '타인'과 같은 것이 된다. 그리고 '정복하다' '극복하다' '지배하다' 등, 일반적으로 쓰이고 있는 표현이 충분히 보여 주고 있듯이, 나와 눈 사이에 주인과 노예의 관계를 세우는 것이 문제이다.

　우리는 등반, 수영, 장애물경주 등에서 이 아유화의 양상을 다시 발견한다. 우리가 깃발을 꽂은 산꼭대기는 우리가 '내 것으로 만든' 산꼭대기이다. 그러므로 스포츠 활동—특히 야외 스포츠—의 하나의 중요한 양상은, 선험적으로는 정복할 수도 이용할 수도 없는 것처럼 보이는 그런 물과 흙과 공기의 거대한 덩어리를 정복하는 것이다. 어떤 경우에도 문제가 되는 것은 원소를 그것만으로서 소유하는 것이 아니라, 이 원소에 의해 표현되는 즉자적인 존재 유형을 소유하는 것이다. 우리가 눈이라는 형질 아래 소유하고자 하는 것은 실체의 동질성이다. 우리가 흙 또는 바위 등의 형질 아래 내 것으로 만들고자 하는 것은, 즉자의 스며들 수 없는 성질과 그 무시간적인 항상성이다. 예술·과학·유희는 전체적이든 부분적이든 아유화 활동이다. 게다가 그것들이 각각의 구체적인 추구대상 저편에서 내 것으로 삼고자 하는 것은, 존재 그 자체이고, 즉자의 절대적인 존재이다.

　그리하여 존재론이 우리에게 가르쳐 주듯이, 우리의 욕구는 근원적으로 '존재' 욕구이고, 욕구는 자유로운 존재결여로서 특징지어진다. 그러나 존재론이 우리에게 가르쳐 주듯이, 욕구는 세계 한복판에서의 어떤 구체적인 존재자와의 관계이며, 이 존재자는 즉자의 유형에 속하는 것으로 생각된다. 요컨대 존재론이 우리에게 가르쳐 주는 바에 따르면, 욕구되는 이 즉자에 대한 대자의 관계가 아유화이다. 그러므로 우리는 욕구에 대한 이중의 규정과 직면해 있다. 한편으로 욕구는 "즉자-대자"인 어떤 하나의 존재, 그것의 현실존재가 이상적인 어떤 하나의 존재'이고자 하는 존재욕구로서 규정된다. 또 한편으로 욕구는 한없이 많은 경우에*19 욕구가 아유화하려고 기도하는 하나의 우연적이고 구체적인 즉자와의 관계로 규정된다. 거기에 덧붙이는 규정*20이 있을까? 이 두 가지 특징들은 양립할 수 있을 것인가? 실존적 정신분석은 존재론이 다음과 같은 두 가지 존재 관계를 미리 규정해 주지 않으면, 즉 '구체적이고 우연적인 즉자 또는 욕구의 대상'과 '즉자—대자, 또는 욕구의 이상' 사이의 관계를 미리 규정해 주지 않으면, 자기의 원리에 대해 확신을 가질 수 없을 것이다. 또 실존적 정신분석은 존재론이 '즉자, 즉 존재 그 자체에 대한 관계유형으로서의 아유화'와 '즉자—대자에 대한 관계유형으로서의 아유화'를 통일하는 관계를 확실하게 해 주지 않고는 자기의 원리에 대해 확신을 가질 수 없을 것이다. 우선 우리가 시도해야 하는 것은 바로 그것이다.

'내 것으로 한다(s'approprier)'는 것은 어떤 뜻일까? 바꾸어 말해서 일반적으로 어떤 대상을 소유한다(posséder un objet)는 것은 어떤 뜻일까? 우리는 '하다(faire)'라고 하는 범주가 환원가능한 것을 보았는데, 이 '하다'는 때로는 '있다'를, 때로는 '가지다'를 미리 알 수 있게 해 주었다. 그런데 '가지다'라는 범주에 대해서도 마찬가지일까?

알고 있겠지만, 대부분의 경우, 어떤 대상을 가진다는 것은 그것을 '써 버릴' 수 있다는 것이다. 그렇다 하더라도 '나는 이 카페에서 이 접시와 이 컵을 닳도록 쓰고 있다. 그러나 그것들은 나의 것이 아니다'라는 표현에는 나는 만족할 수 없다. 나는 내 방의 벽에 걸려 있는 이 그림을 '써 버릴(user)' 수는 없겠지만, 그럼에도 이 그림은 '나의 것이다(il est à moi).' '어떤 경우에 나는 내가 가지고 있는 것을 파괴할 권리를 가지고 있다'는 것 또한 아무래도 상관없는 것이다. 소유를 그런 권리로 규정하는 것은 매우 추상적인 일이 될 것이다. 그뿐만 아니라 '계획경제' 아래 있는 어떤 회사에서는 사장은 그 공장을 가질 수는 있지만, 그 공장을 폐쇄할 수 있는 권한은 없다. 제정 로마시대에 주인은 노예를 소유했지만, 그 노예를 죽일 권한은 갖고 있지 않았다. 나아가서 파괴할 '권리', 써 없앨 권리라는 것은 여기서는 무엇을 의미하는 것일까? 이 권리는 나를 사

---

*19 원주. 그러나 욕구가 단순히 '존재욕구'인 바로 다음과 같은 경우, 즉 행복해지고 싶은 욕구, 군세어지고자 하는 욕구 같은 경우는 제외한다.

*20 부가적 규정(surdétermination)이란 프로이트식 용어로는 다원적 결정의 의미이지만, 여기서는 언어심리학에서 사용되는 부가적 규정의 의미로 해석하는 것이 좋다.

회로 지향시키는 것이라고 나는 본다. 또 소유는 사회생활의 테두리 안에서 규정되는 것이라고 나는 본다. 하지만 동시에 또한 그 권리는 순전히 부정적인 것이고, 나에게 속하는 것을 파괴하거나 써 없애는 것을 타자가 하지 못하게 하는 데 그친다. 물론 소유를 하나의 사회적인 기능으로 규정하려고 시도하는 사람도 있을 것이다. 그러나 무엇보다, 사회가 어떤 종류의 원리에 따라 소유권을 부여한다는 사실에서, 즉시 사회가 아유화 관계를 만들어 내는 것은 아니다. 고작해야 사회는 이 관계를 '합법적인' 것으로 만들 뿐이다. 오히려 정반대로, 소유가 '신성한' 서열에까지 높아질 수 있기 위해서는 무엇보다 먼저 소유가 대자와 구체적인 즉자 사이에 자발적으로 세워진 관계로서 존재해야 한다.

우리는 장래에 있어서, 개인적인 소유가—적어도 어떤 한계 안에서—보호받거나 신성시되는 일이 사라지게 될 더욱 올바른 집단적 조직을 미리 생각하고 기다릴 수 있다 해도, 그것은 그것만으로는 아유화의 유대가 곧 존재하지 않게 되리라는 것을 의미하는 것은 아니다. 사실은 이런 유대가 적어도 사물에 대한 인간의 사적(私的)인 관계라는 자격으로 잔존하는 일은 있을 수 있다. 그러므로 혼인의 유대가 아직도 합법화되지 않고 또 신분 상속이 아직도 모계중심인 원시 사회에서도, 이 성적(性的)인 유대는 적어도 일종의 내연관계로서 존재한다. 그렇다면 소유와 소유권은 구별되어야 한다.

같은 이유에서, 나는 '소유는 도둑질이다'고 말한 프루동(Proudhon)의 정의(定義)와 비슷한 모든 정의를 물리쳐야 한다. 왜냐하면 그런 정의는 문제에서 벗어나 있기 때문이다. 사실 사적인 소유가 도둑질의 '소산'일 수도 있고, 이 소유의 유지가 '결과적으로' 타자로부터의 약탈일 수도 있다. 그러나 그 기원이나 결과가 어떤 것이든, 소유 또한 그것만으로서 설명되고 정의될 수 있는 것이다. 도둑은 자신을, 자신이 훔친 재물의 소유자라고 생각하고 있다. 그러므로 문제는, 도둑맞은 재물에 대한 도둑의 진정한 관계와, '정직한 방법으로 얻은' 소유에 대한 합법적인 소유자 관계를 아울러 기술하는 것이다.

내가, 내가 소유한 대상을 살펴보면 확실히 알 수 있는 일이지만, '소유당하고 있다(possédé)'는 성질은, 나에 대한 그 대상의 외면적인 관계를 표시하는 하나의 단순한 외적 명칭으로서, 그 대상을 지시하는 것은 아니다. 오히려 정반대로, 이 성질은 그 대상을 깊이 규정하고 있다. 이 성질은 나의 눈에도, 타인들의 눈에도, 그 대상의 존재의 일부를 이루는 것으로서 나타난다. 원시 사회에서 '그것은 소유되고 있는 자다'라는 말로 어떤 사람들을 규정할 수 있는 것도 이런 관점에서이다. 그들은 그들 자신, '……에 속하는 것'으로서 주어져 있다. 원시적인 장례에서는, 죽은 사람을 그에게 속하는 대상물과 함께 묻는 관습이 있는데, 이런 원시적인 장례식이 보여 주는 것도 그것이다. '죽은 자가 그 물건을 쓸 수 있도록 하기 위해서'라는 합리적인 설명은 명백하게 나중에 추가된 것이다. 그런 관습이 자발적으로 나타나게 된 시대에 있어서는, 이 문제에 대해서 의문을 가질 필요가 없었을 것으로 보인다. 그런 대상물은 '죽은 자들의 것이라고 하는' 특수한 성질을 가지고 있었다. 그것은 죽은 자와 함께 하나의 전체를 이루고 있었다. 다시 말해서 고인을 그 일용품이 없이 묻는 것은, 이를테면 고인을 그 한쪽 다리가 없이 묻는 것과 마찬가지여서, 고인을 그 일용품과 함께 묻는 것은 문제가 되지 않았다. 주검, 그가 평소에 술을 부어 마시던 술잔, 그가 쓰던 칼은 '다만 한 사람의 죽은 자를 이루고 있다.'

과부를 불태우는 말라바르 사람들의 관습도 그 원리에 비춰 보면 쉽게 이해할 수 있다. 즉 여자는 소유'되고' 있었던 것이다. 그러므로 죽은 자는 자신의 죽음 속에 여자를 끌어들인다. 그녀는 권리상의 죽은 자이다. 남은 것은 오직, 그녀를 도와서 이 권리상의 죽은 자에서 사실상의 죽은 자로 이행시키는 것뿐이다. 함께 묻힐 수 없는 대상은 귀신이 붙어다닌다. 유령은 집과 가구가 '소유되어–있다(être-possédé)'는 것의 구체적인 물질화 이외의 아무것도 아니다. 어떤 집에 귀신이 붙어 있다는 말은, 돈이나 수고로도, 최초의 점유자가 '이 집을 소유하고 있다'는 절대적인 형이상학적 사실을 지워 버릴 수 없을 거라는 말이다. 사실은, 오래된 저택에 사는 유령은 격이 내려간 라레스(lares)[집의 수호신]이다. 그러나 이 라레스 자신은 집의 벽이나 가구 위에 조금씩 쌓인 소유의 찌꺼기가 아니고 무엇이겠는가? 물체와 그 소유자의 관계를 가리키는 다음과 같은 표현 자체가 아유화의 심오한 침투를 충분히 얘기하고 있다. '소유된다는 것은, ……의 것이 되는 것이다(être possédé c'est être à……).' 다시 말하면, 소유되어 있는 대상이 침해당하는 것은 '그 존재에 있어서'이다. 또한, 우리가 이미 살펴본 것처럼, 소유하는 자의 파괴는 소유되고 있는 것의 권리의 파괴를 불러일으키고, 또 거꾸로 소유되고 있는 것의 잔존은 소유하는 자의 권리의 잔존을 불러일으킨다. 소유의 유대는 '존재의' 내적인 유대이다. 나는 소유자가 소유하고 있는 대상 속에서, 또 이 대상을 통해서 소유자를 만난다.

그것이 바로 '유물'들의 중요성의 원인이다. 그러나 우리는 단순히 종교적인 유물만 말하는 것이 아니라, 특히 어떤 저명한 인물의 소유물의 총체까지 의미하는 것이다(빅토르 위고 기념관, 발자크의 '유품', 플로베르의 '유품' 등등). 우리는 그런 소유물 속에서 그들을 재발견하려고 시도한다. 사랑하는 고인(故人)의 여러 가지 기념품은 그 사람에 대한 기억을 '오래 계속시켜 주는' 것으로 생각된다.

소유되고 있는 것과 소유하는 자의 이 존재론적이고 내적인 유대는(낙인 같은 관습이 흔히 이런 유대를 구체화하려고 한 것이다), 아유화에 대한 '실재론적'인 이론으로는 설명될 수 없을 것이다. 실재론은 '주관과 대상을 각각 그 자신에 의한 그 자신만으로서의 존재를 지닌 두 개의 독립된 실체라고 보는 학설'로서 규정되는데, 만일 이 규정이 진실이라면 우리는 아유화도, 그 하나의 형태인 인식도, 이해할 수 없을 것이다. 둘은 모두 주관과 대상을 일시적으로 연관시키는 외적인 관계에 머무를 것이다. 그러나 우리가 이미 앞에서 본 것처럼 실체적인 존재는 인식되는 대상에 속하지 않으면 안 된다. 일반적으로 말하는 소유에 대해서도 마찬가지이다. 즉 그것 자체에 있어서 즉자적으로 존재하는 것은 소유되고 있는 대상이다. 이 대상은 항상성에 의해, 일반적인 무시간성에 의해, 존재충족에 의해, 즉 실체성에 의해 규정된다. 그러므로 소유하는 주관 쪽에 비독립성을 두어야 한다. 하나의 실체는 또 하나의 실체를 내 것으로 만들 수 없다. 게다가 우리가 사물에 대해 '소유되고 있는' 것으로서의 어느 한 성질을 파악한다면, 원래 대자와 그 소유인 즉자의 내적인 관계가, 대자의 존재부족에서 비롯하기 때문이다. 명백하게, 소유되고 있는 대상은 '실재적으로는' 아유화적인 행위에 의해 아무런 영향도 받지 않는다. 인식되는 대상이 인식에 의해 영향을 받지 않는 것과 마찬가지이다. 다시 말하면, 소유되고 있는 대상은 손도 스치지 않은 채 그대로 머물러 있다(단, 그 소유되고 있는 것이 하나의 인간존재, 한 사람의 노예, 한 사람의 창녀 등등인 경우는 제외된다). 그러나 소유되고 있다는 이 성질은, 그럼에도 '관념적으로는' 여전히 그 대상의 의미작용에 영향을 끼치지 않을 수 없다. 요컨대 대상의 뜻은 이 소유를 대자에게 반사한다는 것이다.

만일 소유하는 자와 소유되고 있는 것이 대자의 존재결여에 근거하는 내적 관계에 의해 연관되어 있다면, 당면한 문제는 양자가 이루는 이 한 쌍의 본성과 의미를 결정하는 것이다. 사실, 내적인 관계는 종합적인 관계이기 때문에, 소유하는 자와 소유되고 있는 것의 합일을 가져온다. 다시 말하면 소유하는 자와 소유되고 있는 것은 이상적으로 유일한 실재를 구성한다. 소유한다는 것은 아유화의 표지 아래, 소유되고 있는 대상과 합일하는 것이다. 소유하고자 하는 것은, 이런 관계에 의해 어떤 대상과 합일하고자 하는 것이다. 그러므로 어떤 개별적인 대상을 욕구하는 것은 단순히 그 대상에 대한 욕구가 아니다. 그것은 어떤 내적인 관계에 의해, 다시 말하면 그 대상과 함께 '소유하는 것, 소유되는 것'이라고 하는 일체를 구성하는 방식으로, 그 대상과 합일하고자 하는 욕구이다. '가지고자 하는' 욕구는 사실상 어떤 대상에 대해 일종의 '존재관계'에 있고자 하는 욕구, 즉 존재욕구로 환원된다.

이 관계를 규정하는 데는 과학자·예술가·스포츠맨 등 각각의 행위에 대한 앞에서의 고찰이 우리들에게 크게 도움이 될 것이다. 우리는 그런 행위의 하나하나에서 일종의 아유화적인 태도를 발견했다. 게다가 각각의 경우에 있어서의 아유화는, 대상이 우리 자신의 주관적인 유출로서 우리에게 나타나는 동시에, 또 우리에 대해 무관심한 외면성의 관계에 있는 것으로서 우리에게 나타난다는 사실에 의해 특징이 주어진다. 그러므로 '나의 것'은 '자아'의 절대적인 내면성과 '비아(非我)'의 절대적인 외면성 사이에 있는 하나의 매개적 존재관계로서 우리에게 나타났다. 그것은 똑같은 혼합에 있어서 '비—아가 되는 나'이며, '내가 되는 비—아'이다. 그러나 이 관계는 더욱 상세하게 설명되어야 한다. 소유하고자 하는 기도에 있어서 우리는, 대자가 그것으로 있는 가능성으로부터 무에 의해 떨어져 있는 하나의 '비독립적인' 대자를 만난다. 이 가능성은 '대상'을 내 것으로 할 수 있다고 하는 가능성이다. 그 밖에도 우리는 대자를 따라다니는 하나의 '가치'와 마주친다. 이런 가치는 가능과 자기의 가능인 대자가, 동일성에 있어서 결합함으로써 실현될 전체적인 존재의 이상적인 지시로서 존재한다. 즉 여기서는 만일 내가 동일물의 분해할 수 없는 통일에 있어서 나 자신인 동시에 나의 소유일 수도 있다면, 실현될 존재의 이상적인 지시로서 존재한다. 그러므로 아유화는 하나의 대자와 하나의 구체적인 즉자 사이에 있는 존재관계가 될 것이다. 게다가 이 관계는 이 대자와 소유되는 즉자 사이의 동일화를 나타내는 이상적인 지시와 함께 붙어다닐 것이다.

소유한다는 것은 '나에게 가지는 것(avoir à moi)'이다. 다시 말하면, 〔내가〕 대상 존재의 본래 목적이 되는 것이다. 소유가 완전한 형태로, 구체적으로 주어져 있는 경우에는, 소유하는 자는 소유되는 대상의 '존재이유'이다. '나는 이 만년필을 소유하고 있다'는 것은 이 만년필은 '나를 위해' 존재하고, '나를 위해' 만들어졌다는 뜻이다. 나아가서 근본적으로 내가 가지고자 하는 대상을, 나를 위해 만드는 것은 나 자신이다. '나의 활, 나의 화살'이라는 것은 내가 나를 위해 만든 대상이라는 뜻이다. 분업은 이 최초의 관계를 퇴색시키기는 하지만 그것을 없애버리지는 않는다. '사치'는 이 최초의 관계가 낮아진 것이다. 사치의 원시적인 형태에서는, 나는 내가 나를 위해 '나에게 속하는' 사람들(노예, 대대로 내려오는 하인)을 시켜서 '만들게 한' 대상을 소유한다. 그러므로 사치는 원시적인 소유와 가장 가까운 소유형식이다. 소유 다음에 원래 아유화를 구성하는 '창작' 관계를 가장 잘 밝혀 주는 것이 '사치'이다. 분업이 극도로 발달한 사회에서 이 창작관계는 가려져 있는 것이지 없어진 것은 아니다. 내가 소유하는 대상은 나에 의해 '구입'된 것이다.

돈은 나의 힘을 나타낸다. 돈은 그 자신이 하나의 소유가 아니라 오히려 소유하기 위한 하나의 수단이다. 그런 까닭에 수전노라고 하는 매우 특수한 경우를 제외하고는, 돈이란 그 구매가능성 앞에서 사라진다. 돈은 사라지는 것이다. 그것은 대상을, 구체적인 사물을, 드러내 보이기 위한 것이다. 그것은 하나의 타동적인 존재밖에 갖지 않는다. 그러나 '나에게 있어서는' 돈은 창작적인 힘으로 나타난다. 어떤 대상을 산다는 것은 그 대상을 창작하는 것에 맞서는 하나의 상징적인 행위이다. 그런 까닭에 돈은 힘과 같은 뜻이다. 왜냐하면 돈은, 다만 우리가 원하는 것을 우리가 얻게 해 줄 수 있을 뿐만 아니라, 특히 욕구에 한하여 내 욕구의 효력을 나타내고 있기 때문이다. 돈은 바로 사물을 향해 초월되고 단순히 휩쓸려 들어가기 때문에, 대상에 대한 나의 마술적인 유대를 나타낸다. 대상에 대한 주관의 기술적인 유대를 없애버리고, 욕구를 마치 동화 속의 소원처럼 당장 작용하는 것으로 만든다. 주머니에 돈을 넣고 진열장 앞에 서 보라. 진열되어 있는 물건은 벌써 반 이상은 당신의 것이다. 그러므로 아유화의 유대는, 대자와 세계의 대상들의 전체적 집합 사이에, 돈에 의해 수립된다. 돈에 의한 욕구에 한해서의 욕구는, 이미 형성하는 자, 창작하는 자이다. 이렇게 끊임없는 낮아짐을 통해 창작의 유대가 주관과 대상 사이에 유지된다.

가진다는 것은 우선 '창작하는' 것이다. 이 경우에 세워지는 소유의 유대는 끊임없는 창작이라는 유대이다. 소유되는 대상은 나에 의해 '나의' 환경이라고 하는 전체적인 형태 속에 삽입된다. 소유되는 대상의 존재는 나의 상황에 의해 그리고 그런 상황 자체 속에서의 대상의 통합에 의해 규정된다. '나의 전기 스탠드'는 단순히 이 전구, 이 전등갓, 이 받침대를 말하는 것이 아니다. 그것은 이 책상, 이 책들, 이 탁자를 비추는 일종의 능력이다. 말하자면 그것은 내가 밤에 하는 일의 밝은 뉘앙스이며, 밤늦게 책을 읽고 글을 쓰는 나의 습관과 이어져 있다. 그것은 내가 그것을 사용함으로써 생기를 띠고, 색채를 띠고, 한정된다. '나의 전기스탠드'는 이런 사용'이고', 그것에 의해서밖에 존재하지 않는다. 나의 책상, 나의 작업에서 격리되어 매장 판매대 위에 있는 한 무더기 물건들 속에 놓인다면, 그것은 근본적으로 '사라진' 것이고, 더 이상 '나의 전기스탠드'가 아니다. 하물며 일반 전기스탠드도 아니다. 그것은 근원적인 소재의 상태로 돌아간 것이다. 그리하여 나는 나의 모든 소유물이 인간적인 질서에 있어서 존재하는 것의 책임자이다.

사유(私有)함으로써 나는 그런 소유물을 일종의 기능존재로까지 높인다. 게다가 나의 '생활' 자체가 창작하는 자로서 나에게 나타난다. 왜냐하면 바로 나의 생활이 그 연속성에 의해 나의 소유 대상의 하나하나에 '소유되고 있다'는 성질을 존속시키기 때문이다. 나는 나의 주변이라는 집합물을 나와 함께 존재에게 가져간다. 만일 그런 대상이 나로부터 격리된다면 그것들은 죽는 것이다. 나의 팔이 나에게서 떨어져 나간다면, 팔은 죽게 되는 것과 마찬가지이다.

그러나 근원적이고 근본적인 창작관계는 하나의 유출관계이다. 실체에 대한 데카르트적인 학설이 부딪친 어려움은, 이 경우에 우리에게 이런 관계를 발견하게 하는 데 도움이 된다. 내가 창작하는 것은—이 '창작한다'는 말을 '소재와 형상을 존재에게 이르게 한다'는 뜻으로 해석한다—'나' 자신이다. 만일 절대적인 창조자가 존재한다면, 그 절대적인 창조자의 비극은 그가 자기로부터 밖으로 나갈 수 없다는 것이다. 왜냐하면 그에 의해 창조된 것은 그 자신밖에 될 수 없을 것이기 때문이다. 사실 그런 피조물은 어디서 그 대상성과 그 독립성을 끄집어낼 수 있을 것인가? 그것은, 그 형상과 그 소재가 '나에게서' 나온 것이기 때문이다. 다만, 일종의 타성만이 내 눈앞에서 그것을 다시 닫을 수 있을 것이다. 그러나 이런 타성 자체가 작용할 수 있기 위해서는 내가 끊임없는 창작에 의해 그 타성을 존재에까지 지탱하고 있어야 한다.

그러므로 내가 '아유화' 관계라고 하는 단지 그것만의 관계에 의해 대상을 '창작하는 자'로서, 나 자신에게 나타나는 한에서, 그 대상은 '나' 자신이다. 이 만년필, 이 파이프, 이 의복, 이 책상, 이 집, '이것'은 바로 '나'이다. 나의 소유물 전체는 나의 존재 전체를 반영한다. 나는 내가 '가진' 것이다'(je suis ce que j'ai). 나는 이 찻잔, 이 애완물 위에서 '나를 접하는 것이다.' 내가 기어오르는 이 산은 내가 정복할 수 있는 한 '나' 자신이다. 내가 그 꼭대기에 섰을 때, 내가 그런 노력 끝에 주위의 골짜기와 봉우리를 바라보는 이 드넓은 관점을 '얻었을' 때, 나는 그 관점'이다.' 그 파노라마는 지평선까지 펼쳐진 '나'이다. 왜냐하면 그 파노라마는 나에 의해서만 그리고 나에게 있어서만 존재하기 때문이다.

그러나 창작은 그 운동에 의해서밖에 존재할 수 없는 하나의 사라진 개념이다. 만일 우리가 그것을 그만둔다면 창작이라는 개념은 사라져 버린다. 그 의미의 극한에 있어서 이 개념은 사라진다. 그러므로 나는 나의 단순한 주관성을 다시 발견하거나, 아니면 이미 나와 아무런 관계도 없는 알몸의 무차별적인 소재성을 다시 만나거나 둘 중의 하나이다. '창작'은 하나의 항(項)에서 다른 항으로의 연속적인 이행으로서만 고려될 수 있고, 유지될 수 있다. 똑같은 출현에 있어서, 대상은 전면적으로 나인 동시에 전면적으로 나에게서 독립해 '있어야 한다.' 그것이 바로 우리가 소유에 있어서 실현된다고 믿는 것이다. 소유되는 대상은 소유되고 있는 한 연속적인 창작이다. 하지만 그럼에도 이 대상은 여전히 거기에 머물러 있다. 그것은 그 자체에 의해 존재한다. 그것은 그 자체에 있어서 (즉자적으로) 존재한다. 이를테면 내가 그것에서 멀어지더라도, 그렇다고 해서 그것은 존재하기를 멈추지는 않는다. 만일 내가 떠나버린다면, 그것은 세계의 그 장소에서, 나의 방에서, 나의 책상에서 나를 '재현한다.' 원래 이 대상은 스며들 수 없는 것이다. 이 만년필은 내가 더 이상 그것을 '나의' 행위인, 글을 쓴다는 행위로부터 구분하지 않는 이상, 그냥 그대로 나이다. 그러나 그런 반면, 이 만년필은 누구의 손도 닿지 않은 상태로 머물러 있다. 나의 소유는 이 만년필을 변화시키지 않는다. 소유는 나와 그것 사이의 관념적인 관계에 불과하다. 내가 나의 소유물 사용을 향해 뛰어넘을 때는, 어떤 의미에서 나는 나의 소유를 누리지만, 내가 그것을 단순히 바라보려고 한다면, 소유의 유대는 사라지고, 나는 더 이상 소유한다는 것이 어떤 뜻인지 이해하지 못한다.

파이프는 거기에, 탁자 위에 독립적인 것, 무관심한 것으로서 존재한다. 나는 그것을 손으로 잡는다. 나는 그것을 만져 본다. 나는 이 아유화를 실감하기 '위해' 그 파이프를 바라본다. 그러나 이 행위는 바로 이 아유화의 '향수(享受, 혜택을 받아 누림)'를 나에게 맛보게 하기 위한 것이므로, 이 행위는 그 목표를 결여하고 있다. 나는 손가락 사이로 무력한 하나의 나무토막을 가질 뿐이다. 내가 그런 대상의 소유를 누릴 수 있다는 것은, 단지 내가 '나의' 대상을 하나의 목표를 향해 뛰어넘을 때뿐이고, 내가 그것들을 이용할 때뿐이다. 그러므로 연속적 창작이라고 하는 이 관계는 그 자체 속에 그 암묵적인 모순으로서, 창작되는 대상의 절대적이고 즉자적인 독립성을 품고 있다.

소유는 하나의 마술적인 관계이다. 나는 내가 소유하는 이런 대상'이기는' 하지만, 바깥에서 나와 마주하고 있다. 나는 그것을 나로부터 독립되어 있는 것으로서 창작한다. 내가 소유하는 것은 내 밖의 '나', 모든 주관성 밖의 '나'이며, 말하자면 하나의 즉자이다. 이 즉자는 순간마다 나에게서 탈출하지만, 나는 매 순간마다 그것을 계속 창작한다. 그러나 나는 항상 내 밖에, 다른 곳에서 '자기가 그것으로 있지 않은 것에 의해, 자기의 존재를 자기에게 알려 주는, 하나의 불완전한 것'으로서 존재하므로, 내가 소유할 때 나는 소유되는 대상에 대해 나를 타유화한다. 소유관계에 있어서 유력한 항(項)은 소유되는 사물 쪽이다. 나는 소유되는 사물의 밖에서는 소유하는 하나의 무(無) 이외의 아무것도 아니다. 나는 그저 단순한 소유 이외에 아무것도 아니다. 나는 하나의 불완전한 것, 하나의 불충분한 것에 지나지 않으며, 그것의 충족과 충실은, 저편에, 그 대상 속에 있다. 소유에 있어서는 나는 내가 즉자적으로 존재하는 한에서 나자신의 근거이다. 사실 소유가 연속적인 창작인 한에서, 나는 소유되는 대상을 그 존재에 있어서 나에 의해 근거가 부여되는 것으로서 파악한다. 그러나 한편으로, 창작이 밖으로 내보냄인 한에서, 이 대상은 내 속에 흡수되는 '나'일 뿐이지 않지만, 다른 한편으로 이 대상이 근원적으로 즉자인 한에서, 그것은 '비-아(非我)'이며, 나를 마주하고 있는 나, 대상적인 나, 즉자적인 나, 항상적이고 스며들 수 없는 나, 나에 대해 외면적이고 무관심한 관계 속에 존재하는 나이다.

그러므로 나는, 내가 나에 대해 무관심한 것, 즉자적인 것으로서 존재하는 한에서 나의 근거이다. 그런데 그것이 바로 '즉자-대자'의 기도 그 자체이다. 왜냐하면 이 이상적인 존재는 '대자로서의 한에서 자기 자신의 근거인 하나의 즉자'로서 또는 '자기의 근원적인 기도가 하나의 존재방식이 아니라, 하나의 존재일 것인, 그러니까 있는 그대로의 것으로 있는 즉자존재일 것인, 하나의 대자'로 규정되기 때문이다. 그렇다면 아유화는 대자 이상의 상징 또는 가치 이외의 아무것도 아니다. 소유하는 대자와 소유되는 즉자의 이 한 쌍은, '스스로 자기를 소유하기 위해 존재하는 존재', '그것의 소유가 자기 자신의 창작인 존재', 다시 말해 바로 '신(神)'에 해당한다. 그러므로 소유하는 자는 자기의 즉자존재, 자기의 외부존재를 누리는 것을 지향한다. 소유에 의해 나는 나의 대타존재와 비교되는 하나의 '대상-존재'를 회복한다. 바로 그것에 의해 타자는 나를 기습하지 못할 것이다. 그러므로 타자가 나타내고자 하는 존재, '대타-아(對他我)'인 존재, 이런 존재를 나는 이미 가지고 있고, 나는 그것을 누리고 있다. 그러므로 소유는, 다시 말하면 '타인에 대한' 하나의 '방어'이다. '내 것'이란 내가 그것의 자유로운 근거인 한에서의, '비-주관(非主觀)'으로서의 '나'이다.

그러나 사람들은 이 관계가 '상징적'인 것이고 '이상적(관념적)'인 것이라는 사실에 대해 아무리 강조해도 지나치지 않을 것이다. 나는 나 자신에 대해 나 자신의 근거이고자 하는 나의 근원적인 욕구를, 아유화를 통해서는 만족시킬 수가 없다. 그것은 마치 프로이트의 환자가, 한 병사가 차르(Tsar)(즉 그의 아버지)를 죽이는 꿈을 꾼다 해서 그의 오이디푸스 콤플렉스를 만족시킬 수 있는 것이 아닌 것과 마찬가지이다. 그런 까닭으로 '소유'는 소유자에게 단번에 영원 속에 주어진 것으로서 나타나는 동시에, 실현되기 위해서는 무한한 시간이 필요한 것으로서 나타난다. '이용(利用)'이라는 행위는 어떤 경우에도 아유화적인 향수를 진정으로 실현하지는 않는다. 오히려 그 반대로, 하나의 이용행위는 다른 모든 아유화적 행위를 지시하지만, 그 하나하나의 행위는 단순히 하나의 주문적인 가치밖에 가지지 않는다. 자전거를 가진다는 것은 먼저 그것을 바라볼 수 있다는 것이고, 그다음에 그것을 만져 볼 수 있다는 것이다. 그러나 만지는 것은 불충분하다는 것이 저절로 드러난다. 필요한 것은 그것을 타고 산책로로 나갈 수 있는 것이다. 하지만 불확실한 이 산책로는 그 자체가 불충분하다. 자전거를 이용하여 소풍을 나가는 것이 필요해질 것이다. 그리고 이것은 우리를 더욱 길고 더욱 완전한 이용, 프랑스를 가로지르는 긴 여행을 지향하게 한다. 그러나 그런 여행 자체가 수많은 아유화적인 태도로 분해되고 그 하나하나가 다른 것을 지시한다. 결국 앞을 미리 알 수 있는 일이지만, 자전거를 나에게 소속시키기 위해서는 한 장의 지폐를 건네는 것만으로 충분하지만, 그 소유를 실현하기 위해서는 나의 전 생애가 필요해질 것이다.

　대상을 얻을 때 내가 느끼는 것은 바로 그것이다. 다시 말하면, 소유는 항상 죽음이 미완으로 끝나게 하는 하나의 기도라는 것이다. 이제 우리는 그 뜻을 파악할 수 있다. 왜냐하면 상징적인 관계를 아유화를 통해 실현하는 것이 불가능하기 때문이다. 사실 그것만으로 보면, 아유화는 구체적인 것을 아무것도 갖지 않는다. 그것은 하나의 현실적인(이를테면 먹고 마시고 잠자는 것 등) 활동이 아니다. 게다가 개별적인 욕구에 대해 상징적으로 소용되는 하나의 현실적인 활동은 아니다. 오히려 반대로, 아유화는 상징이라고 하는 자격으로밖에 존재하지 않는다. 아유화에 대해서 그 의미, 그 응집, 그 존재를 부여하는 것은 그 상징성이다. 따라서 우리는 아유화 속에 그 상징적인 가치 이외의 적극적인 향수(享受)를 발견할 수 없을 것이다. 아유화는 지극히 높은 향수(자기 자신의 근거인 존재 향수)를 지시하는 것에 지나지 않는다. 이런 지극히 높은 향수는 언제나 그것을 실현하기 위한 모든 아유화적인 태도 저편에 존재한다. 그것은 바로 하나의 대상을 '소유하는 것이' 처음부터 불가능하다는 것의 인지이며, 그 결과, 대자에 대해서는 오히려 그 대상을 파괴해 버리고 싶다는 강렬한 욕망이 생기게 된다. 파괴한다는 것은 내 안에 흡수하는 것이며, 파괴된 대상의 즉자존재에 대해, 창작에 있어서와 마찬가지로 하나의 깊은 관계를 유지하는 것이다.

　내가 농장에 불을 질렀다고 하자. 농장을 불사르는 불길은 그 농장과 나 자신의 융합을 점차 실현해 간다. 그 농장이 없어짐으로써 '나'에게로 변화한다. 갑자기 나는 창작의 경우에 볼 수 있는 존재관계, 게다가 그 반대의 존재관계를 발견한다. 나는 불타는 곡물창고의 근거'이다.' 나는 그 곡물창고의 존재를 파괴하므로 나는 그 곡물창고'로 있다.' 파괴는—아마 창작보다 더 훌륭하게—아유화를 실제로 이룬다. 왜냐하면 파괴된 대상은 더 이상 자기를 스며들 수 없는 것으로 보여 주기 위해 거기에 존재하지는 않기 때문이다. 파괴된 대상은 이전에 자기가 그것으로 '있었던' 즉자의 침투불가능성과 존재충족을 가지고 있다. 그러나 그와 동시에 파괴된 이 대상은 내가 그것으로 있는 무의 불가시성과 반투명성을 가지고 있다. 왜냐하면 그 대상은 '이미 존재하지' 않기 때문이다.

내가 깨뜨린 이 '컵', 이 탁자 위에 '있었던' 이 컵은 아직도 거기에 있다. 그러나 그것은 절대적인 투명성으로서 있는 것이다. 나는 모든 존재를 그 컵을 거쳐서 본다. 영화제작자들이 이중인화에 의해 얻고자 하는 효과도 그것이다. 파괴된 대상은 즉자의 회복불가능성을 지니고 있다 해도, 하나의 의식과 비슷하다. 그와 동시에 이 대상은 적극적으로 나의 것이다. 왜냐하면 '나는 내가 있었던 그대로의 것으로 있어야 한다'는, 단지 그 사실만이 파괴된 대상의 사라짐을 막고 있기 때문이다. 나는 나를 다시 창작함으로써 그 대상을 다시 창작한다. 그러므로 파괴한다는 것은, 존재하고 있었던 것의 존재의 유일한 책임자로서, '모든 사람을 대신하여' 자기를 떠맡음으로써 다시 창작하는 것이다. 그러므로 파괴는 아유화적인 태도 가운데 하나로 다루는 것이 마땅하다.

또한 대부분의 아유화적인 행위는 특히 파괴가능성이라는 하나의 구조를 가지고 있다. 즉, 이용한다는 것은 다 써 버리는 것이다(Utiliser, c'est user). 나의 자전거를 '사용함으로써' 나는 그것을 '써 버린다.' 다시 말해서 아유화적인 연속적 창작은 부분적인 파괴라고 하는 특징을 지니고 있다. 이 손모(損耗, usure. 소모. 써 버림)는 엄밀하게 공리적인 이유에서 보면 어려운 일일지도 모르지만, 대부분의 경우에 그것은 거의 향수에 가까운 일종의 은밀한 기쁨을 일으킨다. 그것은 그 손모가 '우리로부터 오기' 때문이다. 우리는 '소비한다.' 이미 알고 있겠지만, '소비'라고 하는 이 표현은 아유화적인 파괴를 가리키는 동시에 식생활의 향수를 가리킨다. 소비한다는 것은 없애버리는 것이고 먹는 것이다. 그것은 자기에게 하나로 만듦으로써 파괴하는 것이다. 내가 나의 자전거를 타고 다닐 때, 나는 예비 타이어가 없다는 이유로 타이어를 써서 닳는 것에 안타까워할 수도 있다. 그러나 내가 나의 신체로 즐기고 있는 향수의 모습은 파괴적인 아유화의 모습이며, 하나의 '파괴―창작'의 모습이다. 이 자전거는 미끄러지듯이 나를 싣고 가면서, 그 운동 자체에 의해 창작되어 나의 것이 된다. 그러나 이 창작은 그것이 대상에게 전달하는 연속적인 가벼운 손모에 의해 대상 속에 깊이 각인된다. 손모는 마치 노예의 낙인과 같은 것이다. 이 대상은 나의 것이다. 왜냐하면 그것을 써 버린 것은 나이기 때문이다. '내 것'의 손모는 내 생활의 이면(裏面)이다.[*21]

[*21] 원주. 브럼멜(Brummell)은 이미 어느 정도 입어서 해진 옷만 입는 것을 스스로 멋이라고 생각했다. 그는 새것을 싫어했다. 새것은 '나들이옷을 입는 것 같은 느낌을 불러일으킨다.' 왜

위와 같은 고찰에 의해 우리는, 보통 환원할 수 없는 것으로 여기고 있는 어떤 종류의 감정이나 태도, 예를 들면 '후한 인심'이 어떤 뜻인지를 더욱 잘 이해할 수 있을 것이다. 사실 '증여'는 하나의 원초적인 파괴형식이다. 알다시피, 이를테면 포틀래치(Potlatch)*²²는 막대한 양의 물품 파괴가 뒤따른다. 이런 파괴는 타인에 대한 도전으로, 타인을 속박한다. 이런 수준에서는 대상물이 파괴되거나 그것이 타인에게 주어지는 것은 아무래도 상관없는 일이다. 어차피 포틀래치는 파괴이며, 타인에 대한 속박이다. 나는 대상물을 없애버리는 경우와 똑같이 그 대상물을 증여함으로써 그것을 파괴한다. 나는 그 존재에게 있어서 대상물을 구성하고 있던 '나의 것'이라는 성질을 그 대상물에서 아주 없애버린다. 나는 대상물을 내 눈에서 제거한다. 나는 그것을—나의 탁자에 대해서, 나의 방에 대해서—'있지 않은 것'으로서 구성한다. '과거의' 대상물의 투명하고 유령적인 존재를, 그것에 보존시켜 두는 것은 오직 나뿐이다. 왜냐하면 그런 대상물이 없어진 뒤의 명예로운 존재를 추구하는 것은 나에 의해서이기 때문이다. 그리하여 후한 인심은 무엇보다도 파괴적인 작용이다.

때때로 어떤 사람들을 사로잡는 증여열(贈與熱)은 무엇보다도 파괴열이다. 그것은 광기어린 태도, 대상물의 부스러짐이 일어나는 '사랑'에 적용된다. 그러나 '후한 인심'의 밑바닥에 숨어 있는 이 파괴열은 하나의 소유열 이외의 아무것도 아니다. 내가 버리는 모든 것, 내가 주는 모든 것을, 나는 바로 그것을 줌으로써, 최고의 방법으로 누린다. 증여는 강렬하고 짧은, 거의 성적(性的)인 하나의 향수이다. 준다는 것은 자기가 주는 대상물을 소유적으로 누리는 것으로, 아유화적—파괴적인 하나의 접촉이다. 그러나 그와 동시에 증여는 증여받는 상대를 꼼짝 못하게 얽어맨다. 증여는 상대로 하여금, 내가 이제 필요로 하지 않는 이 나(의 한 조각), 내가 방금 없어질 때까지 소유하던 이 나(의 한 조각), 마침내 하나의 모습밖에는 남지 않은 이 나(의 한 조각)를 다시 창작하고, 연속적인 창작에 의해 존재로 유지하도록 강제한다. 준다는 것은 굴종시키는 것이다. 증여의 이 양상은 여기서는 우리에게 문젯거리가 되지 않는다. 왜냐하

<hr>

나하면 새것은 누구의 것도 아니기 때문이다. 역주 : 브럼멜(1778~1840)은 영국의 유명한 멋쟁이로 19세기에 유행한 '댄디즘'이 그에게서 비롯되었다.

*22 미국의 북서 해안 지방에 있는 인디언들 사이에서 행해지는 축제로, 제주(祭主)는 엄청난 선물을 나눠준다.

면 그것은 특히 타인과의 관계에 대한 것이기 때문이다. 우리가 지적하고 싶은 것은 '후한 인심'이 환원불가능한 것은 아니라는 점이다. 다시 말해 '주는' 것이란, 파괴를 이용하여 타인을 자기에게 굴종시키는 동시에, 그 파괴를 통해 '내 것으로 만드는 것'이다.

그러므로 '후한 인심'은 타자의 존재에 의해 구조가 부여되는 하나의 감정이며, 이 감정은 '파괴에 의한 아유화를' 향하는 기호(嗜好)를 나타낸다. 따라서 '후한 인심'은 우리를 즉자 쪽으로 향하게 하기보다는, 오히려 무(無) 쪽으로 향하게 한다(여기서 문제는 '즉자의 무'이지만, 이 즉자는 무로 있는 한에서 '자기 자신의 무로 있는 존재'와 꼭 들어맞을 수 있는 즉자이다). 그러므로 만일 실존적 정신분석이 어떤 실험대상자의 '후한 인심'의 증거를 만난다면, 실존적 정신분석은 훨씬 멀리 피실험자의 근원적인 기도를 탐색하고, 그가 창작보다 파괴에 의해 '내 것으로 만드는 것'을 선택한 것은 무엇 때문인지 자문해 보아야 한다. 이 물음에 대한 대답은, 그 '인물'을 구성하는 '존재에 대한 근원적인 관계'를 발견하게 해 줄 것이다.

이와 같은 고찰을 통해 우리가 지향한 것은, 다른 게 아니라 아유화적인 유대의 '이상적인' 성격과, 아유화적인 모든 행위의 상징적인 작용을 밝히는 것이다. 여기서 덧붙여 두어야 할 것은, 상징은 실험대상자 자신에 의해 해독되는 것이 아니라는 사실이다. 그것은, 상징화가 어떤 무의식적인 것 속에서 준비된다고 하는 데서 비롯하는 것이 아니라, '세계-속-존재'의 구조 자체에서 비롯한다. 사실 우리가 앞에서 초월에 대해 설명한 장에서 본 것처럼 세계 속에서의 도구들의 질서는 나의 가능성이, 즉 내가 그것으로 있는 것이 즉자 속에 투영되었을 때의 영상이다. 그러나 나는 이 세계적인 영상을 절대로 해독할 수가 없다. 그것은, 내가 대상의 묘사로서 나 자신에게 있어서 존재할 수 있으려면, 그야말로 반성적인 분열이 없어서는 안 되기 때문이다. 그리하여 자기성(自己性)의 회로는 비조정적인 것이고, 따라서 내가 무엇인가 하는 것에 대한 고지(告知)는 여전히 비주체적인 채 머물러 있으므로, 세계가 나에게 가리키는 나 자신의 이 '즉자존재'는 나의 '인식'에 대해서는 가려진 채 있을 수밖에 없다. 나는 그 영상을 생기게 하는 비슷한 행동에 있어서 또 그런 비슷한 행동에 의해서, 나를 그 영상에 들어맞게 하는 수밖에 없다. 그러므로 소유한다는 것은 결코 우리가 소유되는 대상에 대해 '파괴-창작'이라고 하는 동일화적인 관계

속에 있음을 아는 것을 뜻하는 것이 아니다. 오히려 소유한다는 것은 바로 그 '관계 속에 있는 것이고', 더욱 적절히 말하자면 '그 관계로 있는' 것이다. 게다가 소유되는 대상은 우리에게 있어서 직접적으로 파악될 수 있는 하나의 성질―'내 것'이라고 하는 성질―을 가지고 있으며, 그 성질은 그 대상을 전면적으로 변화시킨다. 그러나 그 성질은 그 자체가 그야말로 해독할 수 없는 것으로, 행동에 있어서, 또 행동에 의해서 자기를 드러낸다. 그 성질은 하나의 특수한 의미를 가지고 있지만, 우리가 대상에 대해 한 걸음 물러나서 그것을 바라보려고 하는 순간, 그 깊은 구조와 그 의미작용을 드러내지 않고 사라져 버린다. 사실 이런 후퇴는 그것만으로 이미 아유화적인 유대를 파괴하는 것이다. 앞의 순간에는 나는 하나의 이상적인 전체 속에 구속되어 있었다. 게다가 바로 내가 나의 존재 속에 구속되어 있었으므로 나는 나의 존재를 인식할 수가 없었다. 그런데 다음 순간에는 이 전체가 무너졌다.

나는 나의 존재를 구성하고 있었던 흐트러진 조각들을 근거로 해서는 나의 존재의 의미를 발견할 수가 없다. 그것은 마치 어떤 종류의 정신병 환자가 본의 아니게 경험하는, 데페르소날리자시옹*23이라고 하는 반성체험 속에서 볼 수 있는 것과 같은 것이다. 그러므로 우리는 방금 아유화적인 종합의 일반적이고도 추상적인 의미를 존재론에 의해서 규정했는데, 이 아유화적인 종합의 의미를 개개의 경우에 있어서 밝히려면, 아무래도 실존적인 정신분석에 의존하지 않을 수 없다.

이제 남은 문제는, 소유되고 있는 대상의 의미를 일반적으로 규정하는 것이다. 이 연구를 통해서 비로소 아유화적인 기도에 관한 우리의 인식은 완료될 것이다. 그렇다면 우리가 우리에게 아유화시키려 하는 것은 무엇일까?

쉽게 알 수 있는 것이지만, 우선 추상적으로 말하면, 우리는 원래 대상의 존재방식을 소유하는 것보다도 오히려 그 대상의 존재 자체를 소유하는 것을 지향한다. 사실 우리가 대상을 우리의 것으로 아유화하고자 하는 것은, 다시 말해서 대상이 이상적으로 우리 자신인 한에서, 우리가 우리를 그 대상의 존재

---

*23 dépersonnnalisation은 인격감 상실(人格感喪失) 또는 이인증(離人症)이라고 하는 정신병적 징후로, 그 당사자만이 느끼는 일종의 착각이다. 이 경우 자기의 사고, 감정, 신체적 감각, 행위, 언어 같은 것들이 자기와는 거리가 먼 것, 즉 마치 다른 사람 일인 것처럼, 또는 자신의 것이 아닌 것처럼 느껴진다.

의 근거로서 파악하고자 하는 것은, 즉자존재의 구체적인 대표자라고 하는 자격에 있어서이다. 또 경험적으로 보면, 아유화된 대상은 결코 '단지 그것만의 것으로서' 가치를 가지는 것도 아니고, 그 개별적인 사용으로서 가치를 가지는 것도 아니다. 아무리 특수한 아유화라도 그 끝없는 확대를 떠나서는 아무런 의미가 없다.

내가 소유하고 있는 만년필은 모든 만년필에 대해 적용된다. 내가 이 만년필 속에서 소유하고 있는 것은 만년필이라고 하는 종류이다. 그러나 나아가서 내가 이 만년필 속에서 소유하고 있는 것은 글을 쓸 수 있는 가능성이며, 어떤 형태와 어떤 색깔의 선을 그을 수 있는 가능성이다(왜냐하면 나는 이 용구와 내가 사용하고 있는 잉크를 함께 뭉뚱그려서*24 생각하고 있기 때문이다). 그런 선, 그 색깔, 그 의미는 종이, 그 특수한 저항, 그 냄새 따위와 함께 이 만년필 속에 응축되어 있다. '모든' 소유에 관해, 스탕달이 사랑의 경우에 대해서만 말했던 결정작용적(結晶作用的) 종합이 이루어진다. 소유되고 있는 대상은 각각 세계라고 하는 배경 위에 떠오름으로써 세계 전체를 드러낸다. 그것은 마치, 사랑하는 여자가 모습을 나타낼 때, 그녀는 그 주위의 하늘과 해변과 바다를 나타내는 것과 같다. 그러므로 그 대상을 내 것으로 한다는 것은 세계를 상징적으로 내 것으로 하는 것이다. 누구든지 자신의 경험에 비추어 보면 그것을 이해할 수 있을 것이다. 나는 그것을 입증하기 위해서가 아니라, 단지 독자의 연구를 이끌기 위해서 나의 개인적인 예를 여기에 인용할 것이다.

몇 해 전에 나는 담배를 끊으려고 결심한 적이 있었다. 마음속의 싸움은 몹시 심했다. 사실은 그런 결심을 하기 전까지는, 나는 잃어가고 있던 담배의 '맛'에 대해서도, 흡연이라고 하는 '행위'의 의미에 대해서도 신경을 쓰지 않았다. 하나의 완전한 결정작용이 이루어져 있었던 것이다. 나는 연극을 관람하면서, 아침에는 일을 하면서, 저녁에는 식사한 뒤에 담배를 피우곤 했다. 담배를 끊으면 연극에서 그 흥미가 사라지고, 저녁식사에서는 입맛이 사라지며, 아침의 일에서는 그 신선한 생기가 사라질 것 같았다. 아무리 내 눈길을 사로잡는 사건이 갑자기 일어난다 해도, 더 이상 담배를 피우면서 그것을 받아들일 수 없게 되었을 때부터, 그 사건은 근본적으로 시시한 것처럼 여겨졌다. '담배를 피우

---

*24 이 부분의 원문은 je contamine로 되어 있으나 아마도 je combine을 잘못 쓴 것 같아서, 그런 뜻으로 번역했다. 영문 번역도 같은 의미로 옮겨져 있다.

는—나에—의해—마주칠 수—있는 것', 이런 것이 모든 사물들 위에 보편적으로 펼쳐져 있는 구체적인 성질이었다. 나는 그런 사물에서 그 성질을 빼앗아 버리려 하고 있는 것처럼 여겨졌다. 이 보편적인 시시함 속에서는, 산다는 것도 그다지 가치가 없는 것만 같았다. 그런데 담배를 피운다는 것은 하나의 파괴적이고 아유화적인 반응이다. 담배는 '아유화되는' 존재의 하나의 상징이다. 왜냐하면 담배는 내 호흡의 리듬 위에서 '연속적인 파괴'라는 방식으로 파괴되기 때문이고, 담배는 내 속을 통과하여, 나 자신 속에서의 그 변화가 타버리는 고체에서 연기로의 변화에 의해 상징적으로 드러나기 때문이다. 담배를 피우면서 바라보는 풍경과 이 조촐한 희생제의 제물 사이의 관계는, 우리가 방금 본 것처럼, 후자[제물—담배]가 전자[풍경]의 상징으로서 존재한다는 것이다. 그러므로 담배의 파괴적 아유화라고 하는 반응은, 세계 전체의 아유화적인 파괴로서, 상징적인 가치를 가지고 있었다는 것을 뜻한다. 내가 피우는 담배를 통해, 불타서 연기가 되는 것, 기체가 되어 내 안에 흡수되는 것은 세계였던 것이다.

담배를 끊는다는 나의 결심을 지탱하기 위해서는, 나는 일종의 결정분해(結晶分解)를 실현하지 않으면 안 되었다. 다시 말하면, 나는 나 자신에게도 확실히 그렇다고 말하지 않고, 담배를 더 이상 그것 자체, 즉 '태우는 풀' 이외의 아무것도 아닌 것으로 환원시켰다. 나는 세계에 대한 담배의 상징적인 유대를 끊었다. 나는, 내가 파이프에서 떼어 내어 연극과 풍경과 책을 생각하고 있었더라면, 다시 말해서 내가 이 희생적인 의식과는 다른 방식으로 그런 대상을 소유하는 것에 만족하고 있었더라면, 연극과 풍경과 내가 읽는 책에서는 아무것도 없애는 일이 없으리라는 것을 새삼스럽게 깨닫는 것이었다. 그것을 깨닫는 순간부터 나의 후회는 아주 하찮은 일로 되돌아갔다. 나는 담배 연기 냄새, 내 손가락 사이에 남아 있는 파이프 꼭지의 열을 다시는 느끼지 못하게 되는 것을 아쉬워했다. 그러나 갑자기 나의 후회는 무장 해제되어 매우 견디기 쉬운 것이 되었다.

그리하여 어떤 하나의 대상에 있어서, 근본적으로, 우리가 아유화하고자 하는 것은 그 대상의 존재이며, 또 세계이다. 아유화의 이런 두 가지 목적은 실제로는 하나에 불과한 것이다. 나는 소유되어야 하는 현상의 배후에서 현상의 존재를 구한다. 하지만 우리가 앞에서 본 것처럼, 존재현상과는 완전히 다른 이 존재는 즉자존재이며, 단순히 개별적인 이러이러한 사물의 존재가 아니다. 왜냐하면 여기서 볼 수 있는 것은 보편적인 것으로의 이행이 아니라, 오히려 그 반대로, 존재는 그것이 구체적인 나형(裸形)에서 살펴볼 때, 갑자기 전체의 존재가 되는 것이기 때문이다. 그러므로 소유 관계는 명백하게 다음과 같은 형태로 우리에게 나타난다. '소유한다는 것은 어떤 개별적인 대상을 통해 세계를 소유하고자 하는 것이다.' 그리고 소유는 '어떤 존재가 이상적으로 우리 자신에 한하여, 자기를 이 존재의 근거로서 파악하기 위한 노력'으로 규정되므로, 모든 소유적인 기도는 대자를 세계의 근거로서 또는 즉자의 구체적인 전체로서 구성하는 것을 지향하고 있다. 게다가 그것은, 그 전체가 전체인 채, 그 자신이 즉자의 방식으로 존재하는 대자인 경우에 한에서이다. '세계-속-존재'는 세계를 소유하고자 하는 기도이며, 다시 말해서 전체적인 세계를 대자가 '즉자-대자'가 되기 위해 대자에게 '결여되어 있는 부분'으로서 파악하는 일이다. 그것은 바로 이상이나 가치 또는 전체적인 전체인, 하나의 전체 속에 자기를 구속하는 일이다. 게다가 이런 전체는, 자기가 있는 그대로의 것으로 있어야 하는 전체분해적인 전체로서의 대자와, 자기가 있는 그대로의 것으로 있는 즉자 전체로서의 '세계'의 융합에 의해 이상적으로 구성될 것이다.

사실 충분히 이해해야 하는 것이지만, 대자는 근거적인 존재에 근거 부여를 기도할 수 없다. 다시 말해서 대자는 자신이 먼저 어떤 존재를 생각해 두고—이를테면 형상과 소재—그다음에 그것에 현실존재를 부여하는 것을 기도할 수가 없다. 사실 이런 존재는 완전한 추상이고 하나의 보편일 것이다. 이런 존재의 고안은 '세계-속-존재'에 앞서는 것이 될 수는 없을 것이다. 오히려 그 반대로 그런 고안은 '세계-속-존재'를 전제로 할 것이다. 이를테면 그런 고안은, 대자의 최초의 '현존재〔거기에-있는〕(être-là)'에서 '거기(là)'가 되는, 뛰어나게 구체적이고 무엇보다 앞서 나타난 하나의 존재, 즉 세계의 존재에 대한 존재론 이전의 깨달음을 전제로 할 것이다. 대자는 결코, 먼저 보편적인 것을 사고하고, 그다음에 개념의 함수로서 자기를 규정하기 위해 존재하는 것이 아니다. 그러므로 대자는 자기의 선택이고, 대자의 선택은 대자의 존재 자체가 추상적이지 않은 한, 추상적일 수 없을 것이다. 대자의 존재는 개별적인 모험이며, 선택은 구체적인 존재의 개별적인 선택이어야 한다. 그것은 우리가 이미 앞에서 본 것처럼, '상황' 일반에 대해 타당성을 가진다. 대자의 선택은 언제나 그 비할 데 없는 독자성에 있어서의 구체적인 상황의 선택이다. 그렇지만 그것은 이 선택의 존재론적 의미에 대해서도 마찬가지로 타당하다.

우리가 대자는 '존재' 기투라고 말할 때, 대자는 어떤 유형의 모든 존재자에게 공통된 하나의 구조로서, 자신이 그것으로 있고자 기도하는 즉자존재를 고안하는 것은 아니다. 우리가 이미 살펴본 것처럼, 대자의 기도는 결코 하나의 고안이 아니다. 대자가 그것으로 있고자 기도하는 것은, 대자에게 있어서 매우 구체적인 하나의 전체로서 나타난다. 그것은 '이' 존재이다. 물론 우리는 이 기도 속에서 보편적인 발전 가능성을 미리 알 수 있다. 그러나 그것은 한 여자를 사랑하는 남자에 대해서, 우리가 '그는 한 여자 속에서 모든 여자 또는 여성 전체를 사랑한다'고 말하는 것과 같은 뜻에서이다. 대자가 그것의 근거이고자 기도하는 이 구체적인 존재는, 우리가 방금 본 것처럼, 구체적이므로 '고찰될' 수 없는 것이지만, 마찬가지로 그것은 '상상될' 수도 없는 일이다. 왜냐하면 상상적인 것은 무(無)이지만, 이 존재는 어엿한 존재로 있기 때문이다. 이 존재는 '현실적으로 존재하지(exister)' 않으면 안 된다. 다시 말하면 그 존재는 '만나지는' 것이 아니면 안 된다. 그러나 그 만남은 대자가 하는 선택과 한가지일 뿐이다. 대자는 하나의 '선택─만남(rencontre-choix)'이다. 다시 말해서 대자는, 대자가 그것의 만남인 존재에 근거를 부여하는 선택으로서 규정된다.

요컨대 개별적인 기도로서의 대자는, 개별적인 존재 전체로서의 '이 세계'의 선택이다. 대자는 그 존재를 논리적인 보편성을 향해 뛰어넘는 것이 아니라, 오히려 반대로 그 똑같은 세계의 하나의 새롭고 구체적인 '상태'를 향해, 즉 거기서는 존재가 대자에 의해 근거가 부여되는 즉자인 상태를 향해, 이 세계를 뛰어넘는 것이다. 다시 말해서 대자는 현실에 존재하는─구체적인─존재의─저편에─있는─하나의─구체적인─존재(un être-concret-par-delà-l'être-concret-existant)를 향해 이 세계를 뛰어넘는다. 그러므로 '세계─속─존재'는 그 세계를 소유하고자 하는 기도이며, 대자를 따라다니는 가치는 '이' 대자와 '이' 세계의 종합작용에 의해 구성되는 하나의 개별적인 존재의 구체적인 지시이다. 존재는 사실 그것이 어디에 있든, 그것이 어디서 오든, 그것을 사람들이 어떤 방법으로 생각하든, 그것이 즉자이든 대자이든 또는 '즉자─대자'의 불가능한 이상이든, 그 원초적인 우연성에 있어서는 하나의 개별적인 모험이다.

그리하여 우리는 '있다'고 하는 범주와 '가진다'고 하는 범주를 하나로 잇는 관계를 규정할 수 있다. 우리가 보아 온 것처럼, 욕구는 근원적으로 존재욕구

〔있고자 하는 욕구〕 또는 가지는 욕구(가지고자 하는 욕구)일 수 있다. 그러나 '가지는 욕구'는 되돌아갈 수 없는 것은 아니다. '존재욕구'가 직접 대자를 목표로 하고, 대자에 대해 중개가 없이 '즉자-대자'의 존엄을 부여하려 하는 데 비해, '가지는 욕구'는 세계 위에, 세계 속에, 세계를 통해 대자를 지향한다. '가지는 기도'가 '존재욕구'와 같은 가치를 실현하고자 지향하는 것은 세계의 아유화를 통해서이다. 그러므로 이런 두 가지 욕구는 분석에 의해 구별될 수 있다 해도 실제상으로는 분리될 수 없는 것이다.

'가지는 욕구'가 일어나지 않는 '존재욕구'는 없다. 또 반대로 '존재욕구'가 일어나지 않는 '가지는 욕구'도 없다. 사실 문제가 되는 것은 똑같은 목표에 관한 주의(注意)의 두 가지 방향으로, 말하자면 똑같은 근본적 상황에 대한 두 가지 해석이다. 한쪽은 대자에 대해 단적으로 존재를 부여하려고 한다. 다른 쪽은 자기성(自己性)의 회로를 세운다. 다시 말해서 대자와 그 존재 사이에 세계를 삽입한다. 근원적인 상황에 관해서 말하자면, 욕구는 내가 그것으로 있는 존재의 결여, 다시 말해 내가 나를 그것으로 있게 하는 존재결여이다. 그러나 바로 내가 나 자신에 대해 나를 존재결여가 되게 할 때의 이 존재는, 완전히 개별적이고 구체적이다. 그것은 '이미 현실에 존재하는' 존재이며, 나는 그런 존재의 한복판에 '그것이' 결여된 자로서 드러난다. 그러므로 내가 그것으로 있는 무(無) 자체는 바로 '이' 무화(無化)이지 다른 무화가 아닌 것으로서, 개별적이고 구체적이다.

모든 대자는 자유로운 선택이다. 그런 행위 하나하나는 가장 하찮은 것에서부터 가장 중요한 것에 이르기까지, 그 선택을 나타내고 있고 또 그 선택에서 나온다. 그것은 우리가 우리의 자유라고 이름붙인 것이다. 우리는 이제야 선택의 '의미'를 파악한 셈이다. 즉 선택은 직접적이든 세계의 아유화를 통해서이든 또는 오히려 동시에 양자에 의한 것이든 존재선택이다. 그리하여 나의 자유는 신(神)이고자 하는 선택이고, 나의 모든 행위와 나의 모든 기도는 무수한 방법으로 이 선택을 표현하고, 그것을 반영하고 있다. 왜냐하면 존재의 방식과 가진다는 방식은 한없기 때문이다. 실존적 정신분석은 각자가 자기의 존재를 선택할 때의 근원적인 방식을, 경험적이고 구체적인 이 기도들을 통해 다시 발견하는 것을 지향하고 있다. 이제 남은 것은, 내가 개별적인 이러이러한 '이것'을 통해서 세계 소유를 선택하는 것은 무엇 때문인지를 설명하는 일이라고 말하는 사람도 있을 것이다. 우리는 그것이 바로 자유의 특질이라고 대답할 수 있다. 그렇다고 하더라도 대상 자체는 되돌아갈 수 없는 것이 아니다. 우리는 대상의 존재방식 또는 성질을 통해, 이 대상 속에서 그 '존재'를 지향한다. 게다가 성질—특히 물질적인 성질, 물의 유동성, 돌의 치밀성 등등—은 존재방식이고, 어떤 방식으로 존재를 눈앞에 나타나게 하는 일밖에 하지 않는다. 그러므로 우리가 선택하는 것은, 존재가 자기를 드러내고 자기를 소유하게 할 때의 하나의 방식이다. 토마토의 노란색과 빨간색, 그 맛, 또는 꼬투리를 깐 완두콩이 까칠까칠한 것과 매끄러운 것은 우리에게 주어진 것이나 결코 되돌아갈 수 없는 성질은 아니다. 그것은 존재가 자기를 내줄 때의 어떤 방식을 우리의 눈에 대해 상징적으로 표현하고 있다. 우리는 존재가 그런 것들의 표면에 어떤 방식 또는 다른 방식으로 드러내는 것을 보고 싫어하거나 좋아하는 반응을 나타낸다.

실존적 정신분석은 그런 성질들의 '존재론적인 의미'를 꺼내 와야 한다. 그렇게 함으로써만—게다가 결코 성욕에 대해 고찰함으로써가 아니라—우리는 이를테면 시적(詩的)인 '상상' 속에서의 어떤 종류의 변하지 않는 것(랭보에게 있어서의 '지질학적인 것', 포(E.A. Poe)에게 있어서의 '물의 유동성') 또는 단순히 각자의 '취미(goûts)'인 것을 설명할 수 있을 것이다. 사람들이 알고 있는 그런 취향은 거론할 여지조차 없는 것으로 되어 있지만, 그런 취향이 각각의 방식으로 하나의 완전한 '세계관', 하나의 완전한 '존재선택'을 상징하고 있다는 것, 따라서 그런 취향을 자신의 것으로 만든 자의 눈에는 그것들이 '자명한 것'이라는 사실은 이해되지 않고 있다. 그러므로 여기서 뒤에 있을 연구를 위한 귀띔으로서, 실존적 정신분석의 이런 특수한 임무를 대강 살펴보는 것이 좋을 듯하다. 왜냐하면 자유로운 선택이 환원불가능한 것은, 단것 또는 쓴 것에 대한 취향의 수준에서가 아니라, 오히려 단것과 쓴 것 등을 '통해서' 또 그런 것들을 '개입시켜서' 자기를 드러내 보이는 존재 모습의 선택이라는 수준에서 그렇기 때문이다.

3. 존재를 드러내 보이는 것으로서의 성질에 대하여

여기서는 단순히 '사물'에 관한 하나의 정신분석을 시도하는 것이 문제이다. 이것은 바슐라르가 최근 저작 《물과 꿈》*25에서 뛰어난 재능으로 시도한 것이

---

*25 바슐라르(Bachelard)의 《물과 꿈》. 바슐라르는 인간의 상상력에 관한 문학적이고 철학적인 저작들로 유명하다.

다. 이 저작에는 커다란 장래성이 있다. 특히 '물질적인 상상력'이라는 발견은, 확실히 발견이라고 하기에 손색이 없다. 그러나 솔직히 '상상력'이라는 용어는 우리에게는 적당하지 않은 것 같다. 또 사물과 그 소재(젤라틴상(狀), 고체상, 유동상 등)의 배후에서, 우리가 거기에 투영할 '심상'을 찾으려는 이 시도 또한 적당하지 않은 것으로 생각된다. 우리가 다른 데서*26 제시한 것처럼, 지각은 상상력과 공통되는 것을 전혀 갖지 않는다. 반대로 지각은 엄밀하게 상상력을 물리친다. 또 그와 반대로 상상력도 엄밀하게 지각을 물리친다. 지각하는 것은 여러 종류의 감각으로 여러 심상을 주워 모으는 것이 결코 아니다. 그런 주장은 관념연합설에서 비롯되는 것으로, 완전히 배척돼야만 한다. 그러므로 정신분석은 심상을 추구해서는 안 된다. 오히려 그야말로 현실적으로 사물에 속하는 '의미'를 밝혀야 한다. 물론 분명히, '끈적끈적한 것(poisseux)', '미끈미끈한 것(visqueux)' 등등의 '인간적'인 의미는 즉자에 속하지 않는다.

그런데 우리가 앞에서 본 것처럼, 잠재성*27 또한 마찬가지로 즉자에 속하는 것이 아니다. 게다가 세계를 구성하고 있는 것은 이런 잠재성들이다. 바늘, 눈(雪), 알갱이로 되어 있는 것, 꽉 채워진 것, 들러붙는 것 등의 '물질적인 의미작용', 그것들의 인간적인 의미는 세계와 마찬가지로 '현실적'이며, 그 이상도 그 이하도 아니다. 게다가 세계에 찾아온다는 것은 그런 의미작용의 한복판에 나타나는 것이다. 그러나 우리가 여기서 문제 삼고 있는 것은, 물론 용어법의 단순한 차이에 대한 것이다. 바슐라르가 그 강의 속에서 식물을 정신분석하는 것에 대해 말했을 때 또는 그가 그 저작 가운데 하나에 《불의 정신분석》이라는 제목을 붙였을 때, 그는 그의 사상의 밑바탕을 훨씬 대담하게 내비치고 있는 것으로 보인다. 사실 거기서 문제가 되고 있는 것은, 주관에 대한 예비적인 지시를 전혀 전제하지 않는 대상적인 하나의 해독방법을, '주관에 대해서가 아니라' 사물에 대해 적용하는 것이다.

예를 들면 내가 눈(雪)의 대상적인 의미작용을 규정하려고 할 때, 나는 이를테면 눈이 어떤 온도에서 녹는 것, 그리고 이러한 눈의 녹음이 곧 눈의 죽음이라는 것을 본다. 그 경우에 문제가 되는 것은 단순히 대상적인 하나의 확인이다. 또 내가 이런 녹음의 의미작용을 규정하고자 한다면, 다른 존재 영역에 놓

---

*26 원주. 《상상적인 것(L'Imaginaire)》 1940년 N.R.F. 참조.
*27 잠재성, 제2부 제3장 3 참조.

여 있기는 해도 똑같이 대상적이고 똑같이 초월적인 다른 대상들, 이를테면 관념, 우정, 개인 등 내가 '그것들은 녹는다(ils *fondent*)'고 말할 수 있는 대상들과 눈이 녹는 것을 비교하지 않으면 안 된다('돈이 내 손안에서 녹아 없어진다〔낭비를 한다〕'〔L'argent *fond* dans mes mains〕. '나는 헤엄치고 있다, 나는 물에 녹아든다'〔Je suis en nage, je *fonds* en eau〕. 어떤 관념들―대상적인 사회적 의미작용으로서의 관념들―은 '눈사람'을 이루지만, 다른 관념은 '녹아 버린다'〔Certaines idées font 'boule de neige' et d'autres *fondent*〕.*²⁸ 얼마나 그는 말랐는가! 얼마나 그는 '녹아 버렸는가'〔Comme il a *fondu*〕!〕 그리하여 나는 분명히 존재의 어떤 형태와 또 다른 어떤 형태를 연결하는 어떤 종류의 관계를 얻게 될 것이다.

녹는 눈을 더욱 신비로운 어떤 종류의 다른 녹음(예를 들어 어떤 옛날이야기에 나오는 녹음. 그림동화에서 한 재단사는 손에 치즈덩어리를 쥐고 그것을 돌멩이라고 믿게 한다. 그가 그것을 강하게 쥐어짜자 유즙이 배어 나왔다. 그 자리에 있던 사람들은 그가 돌멩이에서 액체를 짜낸 것이라고 믿는다)과 비교한다면, 우리는 고체가 가진 은밀한 액체성에 대해 배움을 얻을 것이다. 이것은 오디베르티*²⁹가 매우 영감적으로, 젖이 가진 은밀한 검은빛에 대해 이야기한 것과 같은 의미에서이다. 이런 액체성은 그 자체가 과일즙이나 인간의 피와 비교되어야할 것이다―인간의 피 자체도 우리의 은밀하고도 생명적인 액체성에 비할 수 있는 어떤 것이기도 하다―이 액체성이 우리에게 가리키는 것은, '알갱이로 된 치밀한 것(이것은 단순한 즉자의 어떤 하나의 존재성질을 지시한다)'이 '등질적(等質的)이고 무차별적인 유동상(流動狀, 단순한 즉자의 또 하나의 존재성질)'으로 변화할 수 있는 끊임없는 가능성이다.

그리고 여기에서 우리는 세계의 시초부터 세계의 존재론적인 모든 의미작용과 함께, 세계가 지니는 연속과 비연속, 음극과 양극이라는 이율배반을 파악한다. 이와 같은 이율배반은 우리가 다음에 볼 수 있겠지만, 변증법적인 발전을 거쳐서 양자론과 파동역학에까지 미치고 있다. 이로써 우리는 하나의 존재론적인 의미로서의 눈(雪)이 지닌 은밀한 의미를 순조롭게 해독할 수 있을 것이다. 그러나 그런 모든 사항에 있어서 주관적인 것에 대한 관계, 상상력에 대한 관계는 도대체 어디에 있을까? 우리는 엄밀하게 대상적인 구조들밖에 비교하

---

*28 원주. 달라디에(Daladier)가 말한 '녹는 돈'이란 말이 생각난다.

*29 Jacques Audiberti(1899~1965) : 환상적인 시인.

지 않았다. 그리고 그런 구조들을 통일하고 정리하는 가설을 이룩했을 뿐이다. 그러므로 이 경우의 정신분석은 사물 그 자체를 지향하는 것이지 인간을 지향하는 것이 아니다. 또 그런 이유로, 나는 이 수준에 있어서는 설령 상대가 로트레아몽(Lautréamont)이든 랭보(Rimbaud)든 또는 포(Poe)든 간에, 시인들의 물질적인 상상력이라는 것에 의존하는 것을 바슐라르 이상으로 경계할 것이다. 물론 로트레아몽의 '동물애호'*³⁰를 탐구하는 것은 감흥을 불러일으키는 일이긴 하다.

그러나 사실, 만일 우리가 이 탐구에 있어서 주관적인 것으로 돌아왔다면, 우리가 로트레아몽을 동물성*³¹에 대한 근원적이고 순수한 취향(préférence)으로 보고 '무엇보다도 먼저' 동물성의 대상적인 의미를 규정하고 난 뒤가 아니면, 우리는 참으로 의미 있는 결과를 얻어내지는 못할 것이다. 사실, 만일에 로트레아몽이 '자기가 좋아하는 것으로 있다'면, 가장 먼저 우리는 그가 좋아하는 것의 본성을 알아야 한다. 물론 그가 동물성 속에 '두려고' 하는 것은, 내가 거기에 놓는 것과는 다른 것이고, 그 이상의 것임을 우리는 잘 알고 있다. 그러나 우리에게 로트레아몽에 대한 지식을 주는 그런 주관적인 풍부화는, 동물성의 대상적인 구조에 의해 한쪽으로 치우쳐 있다. 그런 까닭으로 로트레아몽에 대한 실존적 정신분석은, 먼저 '동물'의 대상적인 의미의 해독을 전제로 한다. 마찬가지로 나는 오래전부터 랭보의 '보석애호'를 밝히고 싶어 했다.

하지만 만일에 우리가 미리 지질학적인 것 전반의 의미작용을 밝힌 뒤가 아니면, 보석애호라는 것이 어떤 의미를 지니겠는가? 그러나 하나의 의미작용은 인간을 전제로 한다고 말하는 사람도 있을 것이다. 우리는 굳이 그것을 부정하지는 않는다. 다만, 인간은 초월이기 때문에, 자기 모습을 드러내는 것에 의해 의미 있는 것을 세운다. 게다가 초월의 구조 자체에 의해 의미 있는 것은, 그것을 이루어 낸 주관성에 의존하지 않고 해독될 수 있는 다른 초월적인 것들에 대한 하나의 지시이다. 어떤 물체의 잠재적인 에너지는 그 물체의 대상적인 한

---

*30 le bestiaire(동물애호) 및 le lapidaire(보석애호)는 본디 13세기 무렵에 나돌던 박물시(博物詩)풍의 교훈시로, 편의상 그리고 여기서 사용된 뉘앙스로 보아 가장 적당한 표현으로 생각되어 이렇게 썼다. 사실 로트레아몽의 작품에는 동물이 많이 나오고, 랭보의 작품에는 광물과 지질에 대한 것이 많이 나온다.
*31 원주. 어떤 종류의 동물성은 바로 셸러(Scheler)가 '생명의 가치'라고 부른 것이다.

성질이며, 그 성질은 오로지 대상적인 사정들만 고려함으로써 대상적으로 계산 되어야 한다. 그러나 그렇다 하더라도 이 에너지는 하나의 세계 속에서만 어떤 물체에 정착하러 올 수 있는데, 이 세계의 나타남은 대자의 나타남과 상관적이 다. 마찬가지로 엄밀하게 대상적인 정신분석에 의해, 우리는 사물의 소재 안에 서 훨씬 더 깊이 구속된 다른 잠재성들을 발견할 것이다. 게다가 그런 잠재성 은 그것들이 인간존재의 더한층 근본적인 하나의 선택, 즉 '존재'의 선택에 대 응하고 있는 것이라 해도, 여전히 그대로 초월적이다.

거기서 우리는, 우리가 바슐라르와 양립할 수 없는 제2의 사실을 확실하게 밝힐 수 있다. 어떤 정신분석도 자기의 선험적인 원리를 가지고 있어야 하는 것 은 분명 사실이다. 특히 정신분석은 '자기가 무엇을 탐구하는지'를 알고 있어야 한다. 그렇지 않다면 정신분석은 그것을 발견해 낼 수 없을 것이다. 그러나 자 신의 탐구 목표는 그 자신이 정신분석에 의해 순환론에 빠지지 않고는 성립될 수 없을 테니까, 이 목표는 하나의 요청 대상이 되어야만 한다—우리가 경험에 비추어 그것을 요구하거나 또는 그 밖의 다른 어떤 학문을 수단으로 그것을 수립하거나, 어느 한쪽이 아니면 안 된다. 프로이트가 말하는 리비도(Libido, 성 충동)는 분명히 하나의 단순한 요청이다. 아들러가 말하는 권력의지는, 온갖 경 험적으로 주어진 것의, 방법이 결여된 일반화인 것 같다—게다가 이 권력의지 가 방법을 결여하고 있는 것은 당연한 일이다. 왜냐하면 하나의 정신분석적 방 법의 기초를 둘 수 있게 하는 것은 이 권력의지이기 때문이다.

바슐라르는 이와 같은 앞 시대 사람들을 믿고 있는 것으로 보인다. 성욕이 라는 요청이 그의 탐구에서 지배적인 것으로 인정된다. 그러나 또 어떤 때는, 우리는 죽음에, 출생의 외상(外傷, trauma)에, 권력의지에 돌려보내지기도 한다. 요컨대 그의 정신분석은 그 원리보다 그 방법에 관해 훨씬 확실해 보인다. 그 리고 물론 프로이트의 정신분석은 자기 탐구의 명확한 목표에 관해 자신을 조 명하기 위해 자신의 결과를 기대한다. 하지만 그것은 소 앞에 쟁기를 놓는 것 처럼 순서가 뒤바뀐 것이다. 한계가 있는 모양이나 상태들의 총계를 가지고 실체를 파악할 수 없는 것과 마찬가지로, 얻어진 결과를 가지고는 결코 원리 를 세울 수 없을 것이다. 그러므로 우리의 관점에서 보면, 이 경우에 인간을 '선 험적'으로 하나의 성욕 또는 하나의 권력의지로 만드는, 그런 경험적인 원리 또 는 요청을 버려야만 한다. 그리고 존재론에서 출발하여 정신분석의 목표를 엄밀하게 세워야 할 것으로 생각된다. 그것이 바로 우리가 앞 절에서 시도한 것이다. 우리가 살펴본 것처럼, 인간존재는 리비도 또는 권력의지로서 기술되기 훨씬 전부터, 직접적으로든 세계의 아유화를 통해서이든 '존재선택(choix d'être)'이다. 또 우리가 살펴보았듯이—선택이 아유화로 향해질 때는—각각의 '사물'은 맨 마지막 분석에서 선택된다. 게다가 그것은 그 사물의 성적 잠세력에 의해서가 아니라, 사물이 존재를 '넘겨줄' 때의 방식, 존재가 사물의 표면에 이를 때의 방식에 의해서 이루어진다.

그러므로 '사물'과 그것의 '소재'에 대한 정신분석은 무엇보다 먼저, 어떤 방식으로 각 사물이 존재에 관한, 그리고 그 존재에 관한 인간존재의 관계에 관한 '대상적인' 상징인지를 밝히도록 노력해야 한다. 우리가 나중에 자연 속에서 모든 성적인 상징성을 발견해 낼 필요가 있다는 것을, 우리는 꼭 부정하지는 않는다. 오히려 그것은 성(性) 이전의 구조에 대한 정신분석을 전제로 하는, 2차적이고 되돌아갈 수 있는 층이다. 그러므로 물에 대한 바슐라르의 연구는 독창적이고 깊은 통찰로 가득 찬 것이기는 하지만, 우리가 볼 때는 암시의 집대성 또는 재료의 귀중한 수집이라고 할 수 있는 것으로, 그 재료는 자기 원리에 대한 의식적인 정신분석에 의해 당분간 이용되어야 할 것이다.

사실 존재론이 정신분석에 가르칠 수 있는 것은, 첫째로 사물의 의미작용의 '참된' 기원과, 인간존재에 대한 의미작용의 '참된' 관계이다. 사실 존재론만이 초월의 차원에 몸을 둘 수 있으며, '세계-속-존재'를 그 두 항목을 포함하여 한눈에 파악할 수 있다. 왜냐하면 오직 존재론만이 근원적으로 '코기토(Cogito, 데카르트의 '나는 존재한다')'의 시야에 몸을 두고 있기 때문이다. 또한 사물의 실존적인 상징성을 우리가 이해할 수 있게 해 주는 것은 사실성과 상황이라는 관념이다. 사실 우리가 앞에서 본 것처럼, 사실성과 이 사실성을 상황으로 구성하는 기도를 구별하는 것은 이론상으로는 가능하지만 실제상으로는 불가능하다. 이 확인은 여기서 우리에게 도움이 될 것이다. 사실 우리가 이미 살펴본 것처럼, 우리는 '이것'이 그 존재의 무차별적인 외면성에 있어서, 어떤 대자의 나타남과는 독립적으로 어떤 하나의 의미작용을 가진다고 생각해서는 안 될 것이다.

물론 우리가 앞에서 보았듯이, '이것'의 '성질'은 '이것'의 존재 이외의 아무것도 아니다. 그때도 말했지만 레몬의 노란색은 레몬을 파악할 때의 하나의 주관적인 방식이 아니다. 레몬의 노란색은 '레몬이다.' 또 우리가 보여 준 것처럼*32 레몬은 그 성질을 통해 그대로 송두리째 퍼져 있으며, 그 성질의 하나하나는 나머지 성질들을 통해 퍼져 있다. 그것이 바로 우리가 '이것'이라고 이름붙인 것이다. 존재의 모든 성질은 그대로 존재이다. 존재의 모든 성질은 그 존재의 절대적인 우연성이 우리 눈앞에 나타난 것이며, 그 존재의 무차별적인 환원불가능성이다. 그러나 이 책 제2부부터 우리는 성질 그 자체 속에서 기도와 사실성의 불가분리성(不可分離性)을 강조했다. 사실 우리는 이렇게 말했다. "성질이 거기에 존재하기 위해서는, 원래 존재로 있지 않은 하나의 무에 있어서, 존재가 '거기에 존재해야'만 한다. ······성질이란 '거기에 있음'의 범위 안에서 자기를 드러내 보이는 그 존재 전체이다."

그러므로 우리는 처음부터 성질의 의미작용을 '즉자' 존재 탓으로 돌릴 수는 없다. 성질이 거기에 존재하기 위해서는 이미 그 '거기에 있음'이 있어야 하기 때문이다. 다시 말하면 대자의 무화적인 중개가 있어야 하기 때문이다. 그런데 이런 고찰에서 출발하여, 우리는 쉽게 이해할 수 있는데, 성질의 의미작용은 이번에는 '거기에 있음'의 뒷받침이 될 뭔가를 가리킨다. 그것은 바로, 우리는 절대적이고 즉자적으로 있는 그대로의 존재를 향해 '거기에 있음'을 뛰어넘기 위해, 성질을 근거로 삼기 때문이다. 그런 의미에서 성질을 파악할 때는, 그때마다 우리의 조건에서 탈출하기 위한, '거기에 있음'이라는 무(無)라는 겉껍질을 꿰뚫기 위한, 그리고 순전한 즉자에까지 침입하기 위한, 형이상학적인 하나의 노력이 있다. 그러나 분명히 우리는 '전체적으로 그곳에, 우리 앞에 있으면서도, 전체적으로 우리에게서 벗어나는 하나의 존재'의 상징으로서 그 성질을 파악할 수밖에 없다.

다시 말하면, 우리는 즉자존재의 상징으로서 드러내 보여진 존재를 작용시키는 일밖에 하지 않는다. 이것은 바로 '거기에 있음'의 하나의 새로운 구조가 구성됨을 의미한다. 이 구조는 의미지시적인 층인데, 그렇다 해도 이 층은 똑같은 근본적 기도의 절대적인 통일 속에 드러내 보여진다. 그것이야말로 우리가 존재의 모든 직관적인 계시의 형이상학적 함유도(la teneur métaphysique)라고 부르게 될 것이다. 또 바로 그것이, 우리가 정신분석에 의해 다다르고 드러내 보

---

*32 원주. 제2부 제3장 3 참조.

여야 하는 것이다. 노란색, 붉은색, 매끈매끈한 것, 꺼칠꺼칠한 것 등의 형이상학적인 함유도란 무엇일까?—이런 기본적인 질문 '뒤에' 제기될 질문이지만—레몬·물·기름 등의 형이상학적 계수(le coefficient métaphysique)는 무엇일까? '어째서 피에르는 오렌지를 좋아하고 물을 싫어하는가? 어째서 그는 토마토를 즐겨 먹고 누에콩은 먹지 않으려 하는가? 그가 굴이나 날달걀을 억지로 먹고 나면 토하는 것은 무엇 때문인가?' 하는 이유를 정신분석이 언젠가 이해하고자 할 때는, 정신분석은 아마 이상과 같은 문제들을 스스로 해결하지 않으면 안 될 것이다.

그러나 앞에서 지적한 대로, 이를테면 우리가 사물을 밝히고 그것을 색칠하기 위해 사물 '위에' 우리의 기분 성향을 '투영한다'고 믿는 것에 들어 있는 잘못도 있다. 사실 무엇보다 먼저 우리가 오래전부터 보아 온 것처럼, 하나의 감정은 결코 내적인 성향이니 하는 것이 아니며, 오히려 자신이 무엇인지를 자신의 대상에 의해 자신에게 알리는 대상화적이고 초월적인 하나의 관계이다. 하지만 단순히 그것만이 아니다. '투영'에 의한 설명('하나의 풍경은 하나의 심경이다'라는 너무나 유명한 말의 취지가 거기에 있다)이 논점선취(論點先取)의 허위란 점은 다음과 같은 한 예에 의해서도 나타날 것이다. 이를테면 우리가 '끈적끈적한 것'이라고 이름붙이는 이 특수한 성질을 들어 보자. 확실히 그 성질은 성인 유럽인에게 있어서 여러 가지 '인간적'이고 '도덕적'인 성격을 의미하고 있는데, 그런 성격은 존재관계로 쉽게 환원될 수 있다. 어떤 악수는 끈적끈적하다. 어떤 미소는 끈적끈적하다. 어떤 사상, 어떤 감정은 끈적끈적한 것일 수 있다. 일반적인 생각에 의하면, 먼저 한편으로 나는, 나에게 있어서 불쾌하고 용납할 수 없는 어떤 종류의 행위와 어떤 종류의 도덕적 태도를 경험했다. 또 다른 한편으로는, 나는 끈적끈적한 것에 대한 감각적인 직관을 가지고 있다.

나는 나중에 그런 감정(경험)과 끈적끈적한 성질(직관) 사이에 하나의 관계를 세울 것이다. 그러면 끈적끈적한 것은 그런 감정과 그런 인간적 태도의 부류 전반의 상징으로 작용할 것이다. 따라서 나는 이 인간적인 범주의 행위에 대한 나의 지식을 끈적끈적한 것 위에 투영함으로써 끈적끈적한 것을 풍부해지게 할 수 있을 것이다. 그러나 투영에 의한 이 설명을 어떻게 받아들일 것인가? 만일 우리가 먼저 그런 감정들을 단순한 심적 성질로서 파악했다면, 그런 감정과 끈적끈적한 것의 관계를 어떻게 파악할 수 있을까? 그 질적 순수성 그대로 파악된 감정은, 어떤 종류의 가치와 어떤 종류의 결과에 대해 비난받아야 하는, 전혀 확대성을 가지지 않은 어떤 종류의 성향으로서밖에 자기를 나타낼 수 없을 것이다. 어떤 경우에도 맨 먼저 심상(이미지)이 주어져 있지 않은 한, 감정은 '심상을 만들지' 않을 것이다. 또 한편으로는 끈적끈적한 것이 본디 감정적인 의미를 띠고 있지 않은 한, 다시 말해 끈적끈적한 것이 어떤 종류의 물질적 성질로서밖에 자기를 부여하지 않는 한, 그 끈적끈적한 것이 어떤 종류의 심적 단위들의 상징적인 대표로서 가정적으로라도 선택된다는 것은 도저히 생각할 수 없는 일이다. 요컨대 '끈적거림(viscosité)'과, 어떤 종류의 개인의 끈적끈적한 '불쾌감(bassesse poisseuse)' 사이에 하나의 상징적인 관계를 의식적으로 분명하게 세우기 위해서는, 우리는 이미 끈적거림 속에서 불쾌감을, 어떤 종류의 불쾌감 속에서 끈적거림을 파악하고 있지 않으면 안 될 것이다.

따라서 투영에 의한 설명은 아무것도 설명해 주지 않는다. 그것은 그 자신이 설명해야 하는 사항을 전제로 하고 있기 때문이다. 또한 투영에 의한 설명은 설령 이런 원칙적인 이론(異論)에서부터 벗어날 수 있다 해도, 경험에서 나오는 상당히 중대한 또 하나의 이론을 만나게 될 것이다. 사실 투영에 의한 설명이 의미하는 바에 의하면, 투영하는 주관은 경험과 분석에 의해 '끈적끈적한 것'이라고 스스로 이름붙이는 여러 가지 태도의 구조와 결과에 대한 어떤 종류의 인식에 이른 셈이 된다. 이와 같은 사고방식으로 간다면, 사실 끈적끈적한 것에 대한 '근거함'은 인간적인 불쾌감에 대한 우리의 경험을, 결코 하나의 '인식'으로서 풍부하게 해 주는 것이 아니다.

그러므로 투영에 의한 설명은 이미 얻은 인식들에 대해, 고작해야 주제적인 통일, 비유적인 제목으로서 쓰이는 정도의 것이다. 또 한편으로 그만한 상태에 있어서 고려된 이른바 '끈적거림'은 우리에게 실제로는 해로운 것으로 나타날 수 있을 테지만(왜냐하면 끈적끈적한 실체는 손이나 옷에 들러붙어 그것을 더럽히기 때문이다), 그것이 '혐오를 일으키는 것'으로서 나타나기란 불가능할 것이다. 사실 우리는 끈적거림이라는 이 물리적인 성질과 어떤 종류의 도덕적 성질을 뒤섞지 않으면, 끈적거림이 불어넣는 혐오를 설명할 수 없을 것이다. 따라서 끈적끈적한 것의 상징적인 가치를 알아내기 위한 이른바 수업 같은 것이, 거기에 있어야 할 것이다.

그러나 관찰이 우리에게 가르쳐 주는 바로는, 매우 어린아이들도 끈적끈적한 것 앞에서, 마치 그것이 '이미' 심적인 것에 의해 오염되어 있는 것처럼 반발을 나타낸다. 또한 그 관찰이 우리에게 가르쳐 주는 바로는, 어린아이들은 말을 배우자마자 '부드럽다'나 '낮다' 등의 말이 감정의 기술에 적용된 경우의 가치를 '이해한다.' 마치 우리가 존재하고 있는 이 우주에서는 감정과 행위가 모두 물질성을 지니고 있고, 실체적인 소재를 가지고 있으며, 글자 그대로 부드럽다, 평평하다, 끈적끈적하다, 낮다, 높다 등등인 것처럼 보인다. 또 거기서는 마치 모든 물질적인 실체가 본디 하나의 심적인 의미작용을 가지고 있고, 그 의미작용이 그런 실체로 하여금 '혐오를 일으키게 하는 것', '공포를 일으키게 하는 것', '마음을 빼앗는 것'이 되게 하는 것 같다.

투영 또는 유추에 의한 어떤 설명도 여기서는 받아들여질 수 없다. 요컨대 우리는 끈적끈적한 것이 가진 심적 상징으로서의 가치를 '이것'의 있는 그대로의 성질에서 이끌어 낼 수가 없으며, 또 마찬가지로 우리는 이러이러한 심적인 태도에 대한 어떤 '인식'에서 출발하여 '이것' 위에 그런 의미작용을 투영할 수도 없다. 대상의 물질성이 원리상 여전히 의미작용을 가지지 않는데도, 그런 대상에 대한 우리의 혐오, 우리의 미움, 우리의 공감, 우리의 매혹에 의해 표현되는 이 헤아릴 수 없는 보편적인 상징체계를 우리는 어떻게 생각해야 하는 것일까? 이 연구에서 전진하기 위해서는 어떤 약간의 요청을 포기하지 않으면 안 된다. 특히 '끈적거림을 이러이러한 감정에 돌리는 것은 단순히 하나의 심상이지, 하나의 인식이 아니라는' 것을 우리는 더 이상 선험적으로 요청해서는 안 된다─또 더욱 상세한 지식을 얻기 전에는 '물리적인 소재의 상징적 활용을 허용하는 것은 심적인 것이다'라느니 '인간적인 불쾌감에 대한 우리의 경험은 "끈적끈적한 것"을 의미지시적으로 파악하는 것보다 먼저다'라고 하는 것을 인정하기를 우리는 거부해야 한다.

근원적인 기도로 되돌아가 보자. 그것은 아유화의 기도이다. 그러므로 근원적인 기도는 끈적끈적한 것에게 억지로 그 존재를 드러내 보이게 한다. 존재에 대한 대자의 나타남은 아유화적인 나타남이므로, 지각되고 있는 끈적끈적한 것은 '소유되어야 하는 끈적끈적한 것'이다. 다시 말하면 나와 끈적끈적한 것의 근원적인 유대는, '끈적끈적한 것이 이상적으로 나 자신인 한에서, 나는 끈적끈적한 것의 존재의 근거이고자 기도한다'는 것이다. 그러므로 처음부터 끈적끈적한 것은 근거가 부여되어야 하는 하나의 가능한 나 자신으로서 나타난다. 처음부터 끈적끈적한 것은 '심적'인 것으로 되어 있다. 그렇다고 해서 결코 원시적인 애니미즘 같은 방법으로 내가 그것에 하나의 영혼을 부여한다는 의미도 아니고, 또 내가 그것에 형이상학적인 효력을 부여한다는 의미도 아니다. 오히려다만 그것의 물질성 자체가 하나의 심적인 의미작용을 가지는 것으로서 나에게 나타난다는 의미이다—게다가 이 심적인 의미작용은, 끈적끈적한 것이 즉자존재에 대해 가지는 상징적인 가치와 한가지일 뿐이다. 끈적끈적한 것으로하여금 그런 '모든 의미작용을 되찾게 하는' 이 아유화적인 방식은, 물론 그것이 자유로운 기도라 할지라도, 또 그것이 대자 자체의 존재와 동일시된다 할지라도, 하나의 본격적인 '선험(아프리오리)'으로 간주될 수 있다. 왜냐하면 사실이 아유화적인 방식이 근원적으로 끈적끈적한 것의 존재방식에 의존하는 것이아니라, 오히려 다만 그 끈적끈적한 것의 본래의 '거기에−있음'에만 의존하기때문이고, 그것의 단순히 '만나게 된 현실존재'에게만 의존하기 때문이다. 이런아유화적인 방식은 그것이 아유화의 단순한 기도인 한, 또 그것이 어떤 점에서도 단순한 '거기에 있음'과 구별되지 않는 한, 그리고 또 어느 방면에서 고찰되느냐에 따라서, 그것이 단순한 자유 또는 단순한 무인 한에서, 다른 모든 만남의 경우와 마찬가지일 것이다.

그런데 끈적끈적한 것이 나타나 그 끈적함을 펼치는 것은, 바로 이 아유화적인 기도의 범위 안에서이다. 그러므로 이 끈적거림은—끈적거리는 것의 최초의 나타남 이래—'이미' 하나의 요구에 대한 대답이며, 이미 '자기증여'이다. 끈적끈적한 것은 이미 세계와 나의 어떤 융합의 소묘로서 나타난다. 끈적끈적한것이 세계에 대해서 나에게 가르쳐 주는 것, 즉 '나를 빨아들이는 빨판'이라고하는 그 성격은, 이미 하나의 구체적인 질문에 대한 하나의 응답이다. 그 끈적끈적한 것은 자신의 존재 자체로서, 자신의 존재방식으로서, 자신의 모든 소재로서 대답한다. 게다가 끈적끈적한 것이 주는 대답은 질문에 대해 완전히 적응하고 있는 동시에 불투명하고 해독이 불가능하다. 왜냐하면 이 대답은, 말로다 할 수 없는 그 모든 물질성을 풍부하게 갖추고 있기 때문이다. 이 대답은 그것이 그야말로 대답에 들어맞는 한에서 분명한 것이다. 다시 말하면 끈적끈적한 것은 내가 결여하고 있는 몫[나의 결여분]으로 파악되는 그대로 된다. 끈적끈적한 것은 어떤 아유화적인 요청에 의해 만져지는 대로 있다.

끈적끈적한 것이 그 끈적거림을 드러내는 것은 이런 아유화적인 소묘에 대해서이다. 또 한편으로, 이 대답은 불투명하다. 왜냐하면 의미 있는 형태가 대자에 의해 끈적끈적한 것 속에서 눈뜨게 될 때, 끈적끈적한 것이 그 형태를 채우기 위해 찾아오는 것은, 그 모든 끈적거림에 의해서이기 때문이다. 그러므로 끈적끈적한 것은 충실하고 촘촘한 하나의 의미작용을 우리에게 보내 준다. 게다가 그 의미작용은 끈적끈적한 것이 현재 세계를 나타내는 것인 한에서 '즉자존재'를 우리에게 넘겨주며, 또 아유화가 끈적끈적한 것에 근거를 부여하는 하나의 행위라고도 할 수 있는 무언가를 소묘하는 한에서 '우리 자신의 소묘'를 우리에게 넘겨준다. 그때 하나의 대상적인 성질로서 우리 쪽으로 돌아오는 것은 물질적(물리적)인 것도 심적인 것도 아니고, 심적인 것과 물리적인 것의 대립을 초월하는 하나의 새로운 '본성'이다. 왜냐하면 이 새로운 본성은, 있는 그대로의 세계의 존재론적인 표현으로서 우리에게 나타나기 때문이다. 다시 말하면 이 새로운 본성은 가령 물질적인 조직 또는 '초월되는 초월'이 문제라 하더라도, 세계의 모든 '이것'들을 분류하기 위한 제목으로서 자기를 제공한다.

요컨대 끈적끈적한 것을 끈적끈적한 것으로서 파악하는 것은, 동시에 세계의 즉자에 있어서 자기를 제공할 때의 어떤 특수한 방식을 만들어 낸 셈이 된다. 이 파악은 독자적인 방식으로 존재를 상징한다. 다시 말하면 끈적끈적한 것과의 접촉이 계속되는 한, 그것은 우리에게 마치 끈적끈적함이 있는 그대로의 세계의 의미이고, 즉자존재의 하나뿐인 존재방식인 것 같은 느낌을 준다. 마치 도마뱀붙이 같은 원시적인 것들에게 있어서는 모든 대상이 도마뱀'인' 것과 같다. 그러면 여기에 선택된 예에서 끈적끈적한 것에 의해 상징되는 '존재방식'은 어떤 '존재방식'이 될 수 있을까? 나는 먼저 그것이 등질성(等質性)이고 또 유동성의 모방임을 본다. 어떤 끈적끈적한 실체는 송진처럼 변칙적인 유동체이다. 그것은 먼저 모든 곳에서 도피하고, 모든 곳에서 그 자체와 비슷한 존재를 우리에게 드러내는 것처럼 보인다. 이 존재는 모든 면에서 자기를 벗어나지만 또한 그 위에 우리가 떠오를 수 있는 존재이다. 그것은 위험도 없고 기억도 없는 존재이며, 영원히 변화하여 그 자체가 된다. 우리는 그 위에 어떤 표시도 남기지 않고, 그것은 우리 위에 어떤 표시도 남길 수 없을 것이다. 그것은 미끄러진다. 그리고 우리는 그 위를 미끄러진다. 그것은 미끄러져 내달림에 의해(보트·모터보트·수상스키 등) 소유될 수 있지만 결코 소유하지는 않는다. 왜냐하면 그것은 당신들 위로 넘어지기 때문이다. 그것은 영원성인 동시에 끝없는 시간성이다. 그것은 변화하는 어떤 것도 지니지 않는 끊임없는 변화이기 때문이다. 그것은 영원성과 시간성의 이런 종합에 의해, 단순한 시간성으로서의 대자와 단순한 영원성으로서의 즉자의, 하나의 가능한 융합을 가장 잘 상징하고 있다. 그러나 그와 동시에 끈적끈적한 것은 본질적으로 뚜렷하지 않은 것으로서 자기를 드러내 보인다. 끈적끈적한 것에 있어서는 유동성은 완만하게 존재하기 때문이다. 끈적끈적한 것은 액체성의 끈적거림이다. 다시 말하면 끈적끈적한 것은 그 자체에 있어서 액체에 대한 고체의 승리 징후를 나타내는 것으로, 단순한 고체가 나타내는 무차별적인 즉자가 액체성을 굳히려 하는 하나의 경향, 즉 이런 무차별적인 즉자가 이 즉자에게 근거를 부여하게 될 대자를 흡수하려고 하는 하나의 경향을 나타내는 것이다.

끈적끈적한 것은 물의 고민이다. 그것은 스스로, 생겨나는 과정에 있는 하나의 현상으로서 자기를 준다. 그것은 물의 변화 속에서 볼 수 있는 항상성을 지니지 않는다. 오히려 그것은 이른바 상태의 어떤 변화에서 생긴 하나의 상처를 드러내는 것이다. 끈적끈적한 것이 지니는 이 굳어진 불안정은 소유의 용기를 꺾는다. 물론 물은 한층 더 도피적이다. 그러나 물이 도피적인 한에서, 우리는 물의 도피 그 자체 속에서 물을 소유할 수 있다.

끈적끈적한 것은 둔하고 느린 도피에 의해 도피한다. 그런 도피가 물의 도피와 비슷하다는 것은, 마치 땅을 스치며 서투르게 나는 암탉의 불안한 날아오름이, 날아오름이라는 점에서 새매와 비슷하다는 것과 같다. 게다가 이 도피 자체는 소유될 수 없다. 왜냐하면 이 도피는 도피로서인 한에서 자기를 부정하기 때문이다. 이 도피는 이미 거의 하나의 고체적인 항상성이다. '두 가지 상태 사이의 실체'의 이 애매한 성격을 입증하는 가장 좋은 증거는, 끈적끈적한 것이 자기 자신과 함께 녹아들 경우의 지연(遲延)이다.

물 한 방울은 수면에 닿는 순간, 즉시 바뀌어 수면이 된다. 우리는 이 작용을, 마치 수면이 물방울을 입으로 빨아들이는 듯한 상태로 파악하는 것은 아니다. 오히려 개별적인 존재가 자신이 나온 원래의 커다란 전체 속에 스스로 사라질 때의 하나의 정령화(精靈化), 하나의 비개별화로 파악하는 것이다. 수면의 상징은 이 범신론적인 도식의 구성에서 매우 중요한 역할을 하고 있는 것으로 여겨진다. 이 상징은 존재에 대한 존재의 어떤 특수한 형식의 관계를 보여준다. 그런데 만일 우리가 끈적끈적한 것을 살펴본다면(물론 끈적끈적한 것은 완만한 정도이기는 하지만 '전(全)'유동성을 신비적으로 유지하고 있었다. 그것을 퓌레*33 같은 것과 혼동해서는 안 된다. 퓌레(purée)의 경우에는 유동성이 소요되어 있을 뿐으로, 갑자기 거기에 주름이 생기거나 뭉치는 현상이 일어나기도 한다. 또 그것을 쏟으려고 하면 갑자기 그 실체가 뒤집혀서 굴러떨어진다), 거기서 우리가 인정하지 않으면 안 되듯이, 끈적끈적한 것은 그 자체에 대한 변화 현상에서 끊임없는 히스테리시스(hystérésis, 이력현상)*34를 나타낸다.

내 손가락에서 항아리 속의 꿀 위로 흘러내리는 꿀은 처음에는 표면을 도드라지게 새긴다. 그것은 돋을새김처럼 표면에 솟아오른다. 본디 전체에 대한 그것의 융합은 하나의 침하, 하나의 저하로서 나타난다. 이 침하와 저하는 하나의 수축으로(이를테면 유리처럼 '입김을 불어넣었다'가 놓으면 애처로운 신음소리를 내면서 오므라드는 풍선인형이, 어린아이의 감수성에 대해서 얼마나 중요한 것인지를 생각해 보라) 나타나는 동시에, 팽창으로 나타난다. 그것은 말하자면, 똑바로 누워 있는 여인의 완전히 성숙한 두 개의 유방이 평평하게 퍼지는 것과 같은 상태이다. 사실 그것 자체와 융합하는 이 끈적끈적한 것 속에는, 존재의 전체 속으로 없어지기를 원하지 않는 개별자의 거부라고도 할 수 있는 하나의 분명한 저항이 존재하는 동시에, 그 궁극의 결과에까지 떠밀려 가는 하나의 부드러움이 존재한다. 왜냐하면 '부드러운 것'은 도중에 정지해 있는 하나의 소멸 이외의 다른 것이 아니기 때문이다.

부드러운 것은, 우리에게 무엇보다도 우리 자신의 파괴적인 능력과 그 한계를 생생하게 보여 준다. 전체의 품 안에서 끈적끈적한 방울이 사라져 가는 느린 속도는, 먼저 '부드러움'에 있어서 파악된다. 왜냐하면 부드러움은 말하자면 지연된 하나의 사라짐이고, 그 사라짐은 시간을 벌려고 하는 것처럼 보이기 때문이다. 그런데 이 부드러움은 끝까지 계속된다. 즉, 그 방울져 떨어진 것은 끈적끈적한 것의 확대 속에 파묻혀 버린다. 이 현상에서 끈적끈적한 것의 여러 가지 성격들이 생겨난다. 첫째로 끈적끈적한 것은 접촉에 대해 '부드럽다'는 것이다.

물을 아래로 던져 보라. 물은 '흐른다.' 끈적끈적한 어떤 실체를 던져 보라. 그

---

*33 채소 따위를 갈아서 만든 음식.

*34 물리에서의 이력현상(履歷現象). 물질의 상태변화로, 이전에 그 물질이 경과해 온 상태변화에 의존하는 현상. 즉 자기·전기·탄성 등의 이력현상이 있다.

실체는 늘어나고, 퍼지고, 평평해진다. 그 실체는 부드럽다. 끈적끈적한 것을 만져 보라. 그것은 달아나서 사라지지 않는다. 그것은 물러난다. 물의 포착하기 어려움 자체 속에는, 물에 '금속적'인 은밀한 의미를 부여하는 하나의 비정한 견고함이 있다. 요컨대 물은 강철과 마찬가지로 압축되지 않는다. 끈적끈적한 것은 압축될 수 있다. 그러므로 끈적끈적한 것은 먼저 우리가 '소유할' 수 있는 하나의 존재라는 인상을 준다. 그것은 이중의 의미로 그런 인상을 준다. 즉 그 끈적거림, 그 자체에 대한 그 점착성은 그것의 도피를 방해한다. 그러므로 나는 손으로 그것을 잡을 수 있다. 나는 약간의 꿀이나 송진을 항아리 속의 나머지로부터 분리시킬 수 있고, 따라서 끊임없는 창작에 의해 하나의 개별적인 대상을 '만들어 낼' 수 있다. 그러나 그와 동시에 내 손안에서 뭉그러지는 그 실체의 부드러움은 끊임없이 내가 '파괴하고 있다'는 인상을 나에게 준다. 거기에는 분명히 하나의 '창작—파괴'의 모습이 있다. 끈적끈적한 것은 '순종적'이다. 하지만 내가 그것을 소유하고 있다고 생각하고 있는 바로 그 순간에, 기묘한 전환에 의해 이번에는 끈적끈적한 것이 오히려 나를 소유한다. 끈적끈적한 것의 본질적인 성격이 나타나는 것은 그때다. 그것의 부드러움은 빨판 작용을 한다.

내가 내 손안에 잡고 있는 대상이 만일 고체라면, 나는 내가 원하는 때 그것을 놓을 수 있다. 이 대상의 타성은 나에게 있어서 나의 전능함을 상징한다. 나는 그 대상에 근거를 주지만, 그 대상은 결코 나에게 근거를 주지 않는다. 대자는 즉자를 그 자체 안에 집약시키고, 자신을 위험에 빠뜨리는 일이 없이 즉자를 즉자로서의 존엄함까지 높이며, 스스로 여전히 동화적(同化的)이고 창작적인 능력으로 머물러 있다. 대자는 즉자를 흡수한다. 달리 표현하면, 소유는 '즉자—대자'라고 하는 종합적 존재 속에서의 대자의 우위를 긍정한다. 그러나 여기서 볼 수 있듯이, 끈적끈적한 것은 이 두 개의 항목을 역전시킨다. 대자는 갑자기 '위험에' 빠진다. 나는 손을 펼친다. 나는 끈적끈적한 것을 놓으려고 한다. 그런데 그것은 나에게 들러붙어 나를 빨아올리고 나를 빨아들인다. 끈적끈적한 것의 존재방식은 안심할 수 있는 고체의 타성도 아니고, 어디까지나 나에게서 달아나는 물의 움직임 같은 움직임도 아니다. 그 존재방식은 빨아들인다고 하는 부드럽고 미끈미끈한, 여성적인 하나의 작용이다. 끈적끈적한 것은 내 손가락 밑에서 애매하게 살아 있다. 나는 현기증 비슷한 것을 느낀다. 심연의 바닥이 나를 끌어당길 때처럼, 그것은 나를 그 자체 속으로 끌어당긴다. 거기에는 끈적끈적한 것이 지닌 촉각적인 매혹과도 같은 것이 있다. 나는 이미 아유화의 과정을 마음대로 '정지시킬' 수가 없다. 이 과정은 지속된다. 어떤 의미에서 이것은 소유되는 것의 최상의 순종이라고도 할 수 있고, 우리가 이제는 그만 사양하고 싶은데도 '따라오는' 개의 충성심과도 같다.

그러나 다른 의미에서는, 그 순종 뒤에, 소유되는 것이 소유하는 자를 아유화하려고 하는 음흉한 속셈이 있다. 여기서 우리는 갑자기 드러나는 상징을 본다. 즉 거기에 있는 것은 독을 지닌 소유이다. 거기에는 즉자가 대자를 흡수해 버릴지도 모르는 가능성이 숨어 있다. 다시 말하면 '즉자─대자'에 반하여 어떤 존재가 구성되며, 그 존재에 있어서는 즉자가 그 우연성 속에, 그 무차별적인 외면성 속에, 그 근거 없는 현실존재 속에, 대자를 끌어들일지도 모른다는 가능성이 거기에 숨어 있다. 그 순간에 나는 갑자기 끈적끈적한 것의 함정을 파악한다. 그것은 나를 붙잡아 두고 나를 끌어넣는 유동성이다. 나는 이 끈적끈적한 것 위를 미끄러져 갈 수가 없다. 그 모든 빨판이 나를 붙잡는다. 끈적끈적한 것은 내 위에서 미끄러질 수가 없다. 그것은 거머리처럼 들러붙는다. 그렇다 해도 이 활주는, 고체에 의한 경우처럼 단순히 '부정되는' 것은 아니다. 활주는 '정도가 하락하는' 것이다.

끈적끈적한 것은 활주에 동의하는 것처럼 보인다. 그것은 나에게 활주를 재촉한다. 왜냐하면 정지 상태에 있는 끈적끈적한 것의 확대는 매우 진한 액체의 확대와 그다지 다르게 보이지 않기 때문이다. 단지 그것은 하나의 속임수일 뿐이다. 활주는 미끄러지는 실체에 의해 빨려들어간다. 게다가 활주는 내 위에 흔적을 남긴다. 끈적끈적한 것은 악몽 속에서 나오는 어떤 액체 같은 것으로, 그 모든 특성이 일종의 생명을 지니고 있어서 나에게 대항하며 덤벼드는 것 같다. 끈적끈적한 것은 즉자의 복수이다. 그것은 다른 차원에서는 '달다는' 성질로 상징되는, 여성적인 달콤한 복수이다. 그런 까닭에 '맛의 달콤함으로서'의 달콤한 것─삼킨 뒤에도 입 안에 언제까지나 그대로 남아 있어서 지워지지 않는 달콤함─은, 끈적끈적한 것의 본질을 완전히 완성한다. 달콤하고 끈적끈적한 것은 끈적끈적한 것의 이상이다. 그것은 대자의 달콤한 죽음을 상징한다(마치 잼 속에 빠져서 죽어가는 말벌처럼). 그러나 그와 동시에, 내가 끈적끈적한 실체의 한 아유화를 그려냈다는 오직 그 사실에서, 끈적끈적한 것은 실은 '나' 자신이다. 내가 내 손 위에 느끼고 있는 끈적끈적한 것의 이 빨아들임은, 나 자신에 대한 끈적끈적한 실체의 일종의 '연속성'을 그려내고 있다. 나에게서 아래의 끈적끈적한 확대에까지 떨어지는 이 길고 부드러운 기둥(이를테면 내가 끈적끈적한 것 속에 손을 집어넣은 뒤, 거기서 손을 뺄 때 볼 수 있는 것)은, 말하자면 끈적끈적한 것을 향한 나 자신의 일종의 유출을 상징한다. 게다가 이런 기둥의 밑둥과 그 아래에 있는 확대의 융합 속에서 내가 인지하는 히스테리시스(이력현상)는 이를테면 즉자의 흡수작용에 대한 나의 존재의 저항 같은 것을 상징한다. 만일 내가 물속에 뛰어들어 그 물속에 잠겨 물의 흐름에 몸을 맡긴다면, 나는 아무런 거북함도 느끼지 않는다. 왜냐하면 나는 내가 물에 녹아 버리지나 않을까 하는 두려움을 전혀 느끼지 않을 것이기 때문이다. 즉, 나는 물의 유동성 속에서 여전히 하나의 고체로 머무는 것이다. 반대로 만일 내가 끈적끈적한 것 속에 뛰어든다면, 나는 자신이 그 속으로 사라져 가는 것을 느낀다. 다시 말하면 내가 끈적끈적한 것 속에 녹아드는 것을 느낀다. 왜냐하면 그 끈적끈적한 것은 고체화하려 하고 있기 때문이다. 이런 관점에서 보면, '걸쭉한 것(pâteux)'도 끈적끈적한 것과 똑같은 양상을 띨 것이다. 그러나 걸쭉한 것은 나를 매혹하지 않는다. 그것은 나를 위험 속으로 끌어들이지 않는다. 왜냐하면 그것은 무기력하기 때문이다. 그런데 끈적끈적한 것을 파악하는 것 그 자체 속에는, 마치 '변신'의 망상과 비슷하게 들러붙어 떨어지지 않는 실체, 위험 속으로 끌어들이는 실체, 균형이 없는 실체가 있다. 끈적끈적한 것에 접촉하는 것은 끈적거림 속에 녹아드는 위험을 저지르는 것이다.

그런데 이 용해는 그 자체만으로 이미 무서운 것이다. 왜냐하면 이 용해는 흡수지가 잉크를 거두어들이듯이 즉자가 대자를 거두어들이는 것이기 때문이다. '또한' 어차피 사물로 변신해야 한다 해도, 그것이 다름 아닌 끈적끈적한 것으로의 변신이라는 것은 무서운 일이다. 가령 내가 나 자신의 액체화를, 즉 내 존재가 물로 변화하는 것을 떠올릴 수 있다 해도, 나는 그 일로 지나치게 걱정하지는 않을 것이다. 왜냐하면 물은 의식의 상징이기 때문이다. 그 운동, 그 유동성, 그 존재의 연대적이지 않은 이 연대성, 그 끊임없는 도피 등등, 물속에서 볼 수 있는 모든 것은 나에게 대자를 생각하게 한다.

의식의 '지속'적인 성격을 지적한 최초의 심리학자들(제임스, 베르그송)은 의식을 자주 하나의 강물에 비유했을 정도이다. 물론 강물은 하나의 전체에 의한 여러 부분의 끊임없는 상호 침투, 그런 여러 부분의 끊임없는 분리, 융통 등에 대한 모습을 가장 잘 환기시켜 준다. 그러나 끈적끈적한 것은 어떤 꺼림칙한 모습을 보여 준다. 하나의 의식에 있어서 '끈적끈적한 것이 된다'는 것은 그것만으로 꺼림칙한 일이다. 왜냐하면 끈적끈적한 것의 존재는 부드러운 점착이며, 게다가 그 모든 부분의 빨판에 의해, 각 부분과의 음흉한 연대성과 공범성이고, 자기를 개별화하기 위한 각 부분의 부드럽고 막연한 노력에도 불구하고 결과적으로는 다시 낙하하여 납작해져서, 개별성을 잃고 모든 곳에서 실체에 빨려들어가 버리기 때문이다. 그러므로 하나의 의식이 '끈적끈적한 것이 되려고할' 때는, 이 의식은 자기 관념들의 점착에 의해 변형될 것이다. 우리는 세계 속에 우리가 모습을 드러낸 이래, 하나의 의식의 이와 같은 집착을 지니고 있다.

우리의 의식은 미래를 향해, 어떤 자기기투를 향해 돌진하려고 하지만, 자신이 그곳에 이르는 것을 의식하게 되는 바로 그 순간, 자기도 모르는 사이에 은밀하게 자신이 과거의 빨아들임에 의해 붙잡혀 있음을 느낄 것이다. 게다가 의식은 자신이 벗어나는 이 과거 속으로 자신이 서서히 녹아드는 자리에 함께 있지 않으면 안 될 것이다. 의식은 자기의 기도가 수많은 기생충에 의해 점점 줄어들어, 마침내 의식이 스스로 완전히 자기를 잃게 되는 자리에 함께 있지 않으면 안 될 것이다. 이 꺼림칙한 조건에 대해 우리에게 가장 좋은 비유를 제공하는 것은, 영향망상(影響妄想)[35]에서 볼 수 있는 '누군가가 내 사상을 훔친다'고 하는 두려움이다. 그런데 이런 두려움은 존재론적인 차원에서는 그야말로 사실성의 즉자 앞에서의 대자의 도피, 즉 바로 시간화를 나타내는 것이 아니고 무엇이겠는가? 끈적끈적한 것에 대한 두려움은, 시간이 끈적끈적한 것이 되지나 않을까 하는 공포이며, 사실성이 모르는 사이에 끊임없이 진행되어 '사실성을 존재하는' 대자를 빨아들이지나 않을까 하는 공포이다. 그것은 죽음에 대한 두려움도 아니고 단순한 즉자에 대한 두려움도 아니며, 무에 대한 두려움도 아니다. 오히려 그것은 어떤 특수한 형식의 존재에 대한 두려움, 즉 '즉자-대자'가 현실적으로 존재하지 않는 것과 마찬가지로 현실적으로 존재하지 않는 존재, 오로지 끈적끈적한 것에 의해 '대표될' 뿐인 존재에 대한 두려움이다. 그것은 내가 전력을 다해 물리치려고 해도, 마치 '가치'가 나의 존재에 있어서 나에게 따라다니듯이, 나에게 따라다니는 하나의 이상적인 존재이다. 거기서는

---

[35] 정신병의 일종. 환자가 자신의 사상이나 행위가 어떤 미지의 힘에 의해 희생되었다고 생각하는 망상에 빠지는 병.

근거가 부여될 수 없는 즉자가 대자에 대해 우선권을 가지고 있는, 하나의 이상적인 존재이다. 우리는 이런 존재를 반가치(反價値, Antivaleur)라고 이름붙일 것이다.

그리하여 끈적끈적한 것을 아유화하려는 기도에 있어서 끈적거림은 갑자기 하나의 반가치의 상징으로 드러난다. 다시 말해서 결코 실현되지 않지만 위협적인 어떤 형식의 존재의 상징으로 드러내 보여진다. 이와 같은 반가치는 의식이 거기서 도피하는 한결같은 위험으로서 끊임없이 그 의식에 따라다니며, 이 사실에서 아유화의 기도를 갑자기 도피의 기도로 변형시키려 한다. 앞서는 어떤 경험에서도 비롯하지 않고, 오히려 단지 즉자와 대자에 대한 존재론 이전의 이해에서만 비롯하는 무언가가 여기에 나타났다. 게다가 바로 그 무언가가 끈적끈적한 것의 '의미'이다. 한편으로 보면 그것은 하나의 경험이다. 끈적거림은 하나의 직관적인 발견이기 때문이다. 또 다른 의미로 보면, 그것은 존재의 어떤 모험에 의한 발안이라고도 할 수 있다. 거기서 출발하여 대자에게 있어서 어떤 종류의 새로운 위험, 우리가 피해야만 하는 위협적인 하나의 존재방식, 대자가 곳곳에서 다시 만나게 될 하나의 구체적인 범주가 나타난다. 끈적끈적한 것은 결코 어떤 선험적인 심적 태도를 상징하는 것이 아니다. 끈적끈적한 것은 존재의 존재 자신에 대한 하나의 관계를 드러낸다. 더욱이 그 관계는 원래부터 '심적인 채로 있다.' 왜냐하면 내가 아유화의 소묘 속에서 그 관계를 발견했기 때문이고, 끈적거림은 나에게 내 모습을 돌려보냈기 때문이다. 그리하여 끈적끈적한 것과 내 최초의 접촉 이래, 나는 심적인 것과 심적이지 않은 것의 구별 저편에 있어서, 모든 존재자들의 존재 의미를 어떤 종류의 범주에서 해석하는 데 효과가 있는, 하나의 존재론적 도식에 의해 풍요로워진다. 게다가 이 범주는 여러 종류의 끈적끈적한 것에 대한 경험 '이전에' 하나의 공허한 틀로서 나타나는 것이다.

나는 끈적끈적한 것과 마주한 나의 근원적인 기도에 의해, 세계 속에 그 범주를 던져넣은 것이다. 이 범주는 세계의 대상적인 하나의 구조인 동시에 하나의 반가치이다. 다시 말해서 이 범주는 끈적끈적한 대상들이 찾아와서 줄지어 설 하나의 범위를 결정한다. 그때부터 문제는 악수든, 미소든, 사상이든, 어떤 대상이 나에 대해 그런 존재관계를 드러낼 때마다, 그 대상은 정의상(定義上) 끈적끈적한 것으로서 파악될 것이다. 바꿔 말해 이 대상의 현상적인 조직 저편에서 그 대상은 송진·풀·벌꿀 등과 하나가 되어, 끈적거림의 드넓은 존재론적 범위를 이루는 것으로서 나에게 나타날 것이다. 또 거꾸로, 내가 내 것으로 하고자 하는 '이것'이 세계 전체를 나타내는 한에서, 끈적끈적한 것은 나의 최초의 직관적인 접촉 이래, 그 끈적끈적한 것을 뛰어넘는 다수의 애매한 의미작용과 지시를 풍부히 지닌 것으로서 나에게 나타난다. 끈적끈적한 것은 그 자신이 '끈적끈적한 것보다 훨씬 많은 것'으로서 자기를 나타낸다. 끈적끈적한 것은 첫 출현 이래, 심적인 것과 물리적인 것의 구별, 보통의 존재자와 세계의 의미작용의 구별을 넘어서고 있다. 요컨대 끈적끈적한 것은 존재의 가능적인 하나의 의미이다. 그래서 어린아이가 끈적끈적한 것에 대해서 할 수 있는 최초의 경험은, 심리적으로나 도덕적으로나 어린아이를 풍요롭게 한다.

사람들이 비유적으로 '끈적끈적한 것'이라고 이름붙이는 '끈끈하게 달라붙는 불쾌감'을 발견하기 위해, 어린아이가 굳이 어른이 될 때까지 기다릴 필요는 없다. '끈끈하게 달라붙는 불쾌감'은 거기에, 어린아이 곁에, 벌꿀이나 끈끈이의 끈적거림 속에 존재하고 있다. 우리가 끈적끈적한 것에 대해 말할 수 있는 것은, 어린아이를 에워싸고 있는 모든 대상에 적용된다. 그저 그 대상들의 소재를 드러내 보이는 것도 어린아이의 시야를 존재의 한계까지 넓히며, 그와 동시에 모든 인간적 사실의 존재를 해독하기 위한 열쇠 일체를 어린아이에게 준다. 그렇다고 해서 어린아이가 처음부터 인생의 '추함'과 '성격', 또는 그 반대로 인생의 '아름다움'을 인식하고 있는 것은 아니다. 다만, 어린아이는 모든 '존재 의미'를 소유하고 있을 뿐이다. 추함과 아름다움, 심적인 태도와 특징, 성적 관계 등은, 단순히 이런 존재 의미의 개별적인 사례일 뿐인 것이다. 들러붙는 것·걸쭉한 것·몽롱한 것 등, 모래구멍·흙구멍·동굴·광명·밤 등, 이런 모든 것은 심적인 것 이전, 성적인 것 이전의 존재방식을 어린아이에게 드러내 보여 준다. 어린아이는 그 뒤에 자신의 일생을 통해 그것들의 존재방식을 하나하나 밝혀 나갈 것이다.

'무구한' 어린아이라는 것은 처음부터 존재하지 않는다. 특히 우리는 프로이트주의자들과 함께, 어린아이를 에워싸고 있는 약간의 소재와 약간의 형태가 성욕과의 사이에 유지하고 있는 수많은 관계를 기꺼이 승인할 것이다. 그러나 우리는 그것에 의해, 이미 구성되어 있는 하나의 성적 본능이 그런 소재와 형태에 성적인 의미작용을 부과했다는 식으로는 생각하지 않는다. 오히려 우리에게는 그 반대로, 그런 소재와 형태는 그 자체만의 것으로서 파악되는 것으로 생각된다. 그것은 어린아이에 대해 대자의 존재방식과 대자의 대존재관계(對存在關係)를 나타내는 것이며, 대자의 이 존재방식과 대존재관계가 어린아이의 성욕을 밝히고 완성해 나갈 것으로 여겨진다. 하나만 예를 든다면, 많은 정신분석학자들은 온갖 종류의 구멍(모래산 속의 구멍, 흙 속의 구멍, 움막, 동굴, 움푹 패인 곳)이 어린아이에게 주는 매력에 대해 크게 놀랐다. 그리고 그들은 이 매력을 설명하는 데, 어린아이의 성욕의 항문적인 성격이나 출생 이전의 쇼크를 이용하거나, 때로는 본래의 성행위에 대한 예감을 끌어대기도 했다.

우리는 그런 설명 중 그 무엇도 용인할 수 없을 것이다. '출생의 트라우마'에 의한 설명은 어이가 없을 만큼 공상적이다. 구멍을 여성의 성적 기관과 똑같은 것으로 보는 설명은, 어린아이가 가질 수 없는 어떤 경험 또는 우리가 해명할 수 없는 어떤 예감을 어린아이 속에 전제하고 있다. 어린아이의 '항문적인' 성욕에 대해서는 우리도 부정할 생각은 없지만, 이 항문적인 성욕이 지각의 장에서 어린아이가 만나는 구멍을 비추고 또 그 구멍에 상징을 부여하기 위해서는, 어린아이는 자기의 항문을 구멍으로서 파악하고 있어야 할 것이다. 그뿐만 아니라 구멍과 굴의 본질에 대한 파악이, 자신의 항문에 대해 어린아이가 가지는 감각과 대응하고 있어야 할 것이다.

그러나 우리는 앞에서 '대아(對我)−신체'의 주관적인 성격을 충분히 보여 주었다. 그러므로 자기 신체의 어떤 부분을 우주의 대상적인 구조로서 파악하는 것은, 어린아이에게는 불가능한 일임을 누구나 이해할 수 있을 것으로 생각한다. 항문이 구멍으로 나타나는 것은 타자에게 있어서이다. (어린아이에게 있어서) 항문이 구멍으로서 체험되는 것은 있을 수 없는 일이다. 어머니가 어린아이에게 해 주는 기저귀 시중도 항문을 그런 모습으로 발견시킬 수는 없을 것이다. 왜냐하면 성감대, 고통대(苦痛帶)로서의 항문에는 촉각적 신경말단이 주어져 있지 않기 때문이다. 그와 반대로 자신의 항문이 하나의 '구멍'임을 어린아이가 알게 되는 것은 타자에 의해서—그 어머니가 어린아이의 신체를 지시하기 위해 사용하는 말에 의해서이다. 그러므로 어린아이에게 항문대의 대상적인 구조와 의미를 밝히게 되는 것은, 세계 속에서 지각된 구멍의 대상적인 본성이다.

지금까지는 그저 단순히 어린아이가 그것을 '존재하는' 데 머물러 있었던 그 성욕 자극 감각에 하나의 초월적인 의미를 부여하게 되는 것은, 지각된 구멍의 대상적인 본성이다. 그런데 구멍은, 그 자체로는 하나의 존재방식의 상징이며, 실존적인 정신분석은 이 존재방식을 밝혀 주는 것이라야 한다. 우리는 여기서 그것에 대해 한없이 말을 늘어놓을 수는 없다. 그렇다 해도 금방 알게 되겠지만, 구멍은 본디 나 자신의 육체로 '메워져야 하는' 하나의 무로서 나타난다. 어린아이는 자신의 손가락 또는 자신의 팔 전체를 구멍 속에 넣어 보지 않고는 못 견딘다. 그러므로 구멍은 나 자신에 대한 공허한 모습을 나에게 보여 준다. 나는 나를 기다리고 있는 세계 속에 나를 존재하게 하기 위해 그곳으로 숨어들지 않으면 안 된다. 그러므로 이상적인 구멍은 정성 들여 내 육체에 자기 형태를 맞추는 구멍이다. 구멍은 나를 조이고 나를 거기에 꼭 맞게 끼워 줌으로써 내가 세계 속에 존재 충실을 존재하게 하는 데 이바지할 수 있게 되는 것이다. 그러므로 구멍을 막는 것은 본디, 존재 충실을 존재하게 하기 위해 나의 신체를 희생하는 일이다. 다시 말하면 대자의 수난을 참고 견딤으로써, 즉자 전체를 만들어 내고 완성하고 구원하는 것이다.[36]

　우리는 인간존재의 가장 근본적인 경향 가운데 하나, 즉 '채우고자 하는' 경향을 그 기원에서 파악한다. 우리는 이 경향을 청년 속에서 그리고 성인 속에서 다시 발견하게 될 것이다. 우리 인생의 상당한 부분은, 여러 가지 구멍을 틀어막고, 여러 가지 공허를 채우고, 상징적으로 충실을 실현하고 확립하는 데 쓰인다. 어린아이는 자기의 최초 경험에서 출발하여 자기 자신에게 구멍이 뚫려 있는 것을 알게 된다. 어린아이가 손가락을 입속에 넣을 때, 그는 자기 얼굴의 구멍을 틀어막으려는 것이며, 그는 마치 우리가 벽의 갈라진 틈을 시멘트로 메우는 것처럼 손가락이 입술이나 입천장과 융합하여 입 구멍을 막아 주기를 기대하는 것이다. 그는 밀도를 구하고 있는 것이고, 파르메니데스적인 존재의 한결같은 구적(球的) 충실을 구하고 있는 것이다. 또 어린아이가 손가락을 빠는 것은, 바로 그 손가락을 녹이기 위해서이며, 손가락을 변형시켜서 자신의 입 구멍을 막아 주는 끈적끈적한 반죽이 되게 하기 위해서이다. 확실히 이 경향은 먹는다는 행위에 있어서 기초로 소용되는 경향 중에서도 가장 기본적인 경향의 하나이다. 음식물은 입을 틀어막아 주는 '충전물'이다. 먹는다는 것은 특히

---

[36] 원주. 또한 마찬가지로 그 반대의 경향, 즉 구멍을 뚫는 경향의 중요성도 지적해야 할 것이다. 이 경향은 단지 그것만으로 실존적인 분석을 요구한다.

자기의 입을 막는 일이다. 그 점에서 출발해야만, 우리는 성욕의 문제로 옮겨 갈 수 있다.

　여자의 성기의 음란성은 모두 입을 벌린 것의 음란성이다. 그것은 다른 경우에 모든 구멍이 그러하듯이, 하나의 '존재-부름'이다. 그 자신에게 있어서 여자는 침입과 용해에 의해 자신을 존재 충실로 변화시켜 줄, 외부에서 찾아오는 하나의 육체를 부른다. 또 반대로, 여자는 자기 조건을 하나의 부름으로 느낀다. 왜냐하면 바로 여자에게는 '구멍이 뚫려' 있기 때문이다. 그것은 바로 아들러가 말하는 콤플렉스의 진정한 기원이다. 말할 것도 없이 여자의 성기는 입이다. 그것도 음경을 삼키는 탐욕스러운 입이다―여기서 거세(去勢)라는 관념이 나온다. 즉 사랑의 행위는 남자의 거세이다―그런데 그것은 모든 것에 앞서 여자의 성기가 구멍이기 때문이다. 그러므로 여기서 문제가 되는 것은, 이윽고 경험적이고 복합적인 인간적 태도로서 성욕을 이루는 하나의 요소가 될 '성 이전(以前)의' 요인이다. 이 요인은 그 기원을 '성별-존재'에서 이끌어 내기는커녕, 이 책 제3부에서 우리가 그 본성을 설명한 근본적인 성욕과는 아무런 공통점도 없다. 그러나 그럼에도 또한 어린아이가 실재를 볼 때의 구멍의 경험 속에는, 성적 경험 일반에 대한 존재론적인 예감이 내포되어 있다. 어린아이는 자신의 육체로 구멍을 막는다. 게다가 구멍은 모든 성적 특수화 이전에 하나의 외설적인 기대이고, 하나의 '육체-부름'이다.

　누구나 알고 있겠지만, 직접적이고 구체적인 이런 실존적 범주의 해명은 실존적 정신분석에서 더욱 중요성을 띠게 될 것이다. 우리는 거기서 출발하여 인간존재의 극히 일반적인 기도를 파악할 수 있다. 그러나 정신분석학자에게 가장 흥미로운 것은, 개인을 이런 여러 가지 존재 상징과 연관시키는 개별적인 관계에서 출발하여, 독자적인 개인의 자유로운 기도를 결정하는 것이다. 나는 끈적끈적한 접촉을 좋아할 수도 있고, 구멍을 싫어할 수도 있다 등등. 그렇다고 해서 끈적끈적한 것, 들러붙는 것, 구멍 등등이 나에게 있어서 그 일반적인 존재론적 의미작용을 잃었다는 뜻은 결코 아니다. 오히려 바로 그 의미작용 '때문에' 나는 그것에 대해 이러저러한 방식으로 나를 결정한다는 뜻이다. 만일 끈적끈적한 것이 정말 거기에 있어서는 대자가 즉자에게 삼켜지는 하나의 존재의 상징이라면, 내가 다른 사람들과 반대로 끈적끈적한 것을 좋아할 때, 이 나는 어떤 인간인 것일까? 만일 내가 사람을 파묻는 애매한 하나의 즉자에 대한 이 애호를 나타내고자 한다면, 나는 나 자신에 대한 어떤 근본적인 기도를 향하게 될 것인가?

그러므로 모든 '취미(goûts)'는 환원불가능한 주어진 것으로서 머물러 있지는 않는다. 만일 우리가 그런 취미에 대해 질문할 수 있다면, 그런 취미는, 당사자의 근본적인 기도를 우리에게 보여 줄 것이다. 음식물의 기호에 이르기까지, 무언가 의미를 갖지 않는 것은 없다. 스스로 잘 반성해 본다면 알 수 있는 일이지만, 각각의 취미는 자신이 변명해야 하는 부조리한 하나의 '주어진 것'으로서 나타나는 것이 아니라, 오히려 분명한 하나의 가치로서 나타난다. 만일 내가 마늘 맛을 좋아한다면, 다른 사람이 그것을 좋아하지 않는 것은 나에게는 불합리하게 생각된다. 사실 먹는다는 것은 파괴에 의해 내 것으로 만드는 일이고, 그와 동시에 어떤 종류의 존재로 자신의 입을 '막는' 일이다. 게다가 이 존재는 온도와 밀도와 이른바 풍미의 하나의 종합으로서 주어진다. 한마디로 말해서 이런 종합은 '어떤 종류의 존재'를 의미한다. 우리가 먹을 때, 우리는 맛에 의해서 이 존재의 성질을 일부 '인식하는' 데만 그치는 것이 아니다. 그런 성질을 맛봄으로써 우리는 그것들을 내 것으로 만든다.

맛보는 것은 동화작용이다. 이는 씹는다는 행위 자체에 의해 물체의 밀도를 드러내 보이고, 그것을 음식물 덩어리로 바꾼다. 그러므로 음식물에 대한 종합적인 직관은 그 자체에 있어서 동화작용적인 파괴이다. 이 직관은 내가 어떤 존재로써 나의 육체를 만들고자 하는지를 나에게 드러내 보여 준다. 그때부터 내가 받아들이는 것 또는 내가 싫어하며 물리치는 것은 이 존재자의 존재 그 자체이다. 말하자면 음식물 전체는 내가 받아들이는 존재 또는 내가 거부하는 존재의 어떤 종류의 존재방식을 나에게 제시한다. 이 전체는 하나의 형태로 조직되는데 그런 형태 속에서는, 밀도나 온도 같은 그다지 눈에 띄지 않는 성질은, 그런 성질을 '표현하는' 본디의 풍미 뒤로 자취를 감춘다. 예를 들면 우리가 한 숟가락의 꿀 또는 당밀(糖蜜)을 먹을 때, 그 '달콤함'은 끈적끈적한 것을 '표현'한다. 그것은 하나의 해석함수가 하나의 기하학적 곡선을 표현하는 것과 같다. 즉 본디의 풍미에 속하지 않는 모든 성질은 풍미 속에 집약되고, 융합되고, 가라앉아서, 말하자면 풍미의 '소재'를 대표한다(이 초콜릿 비스킷은 처음에는 우리의 이 사이에서 저항하지만 다음 순간 갑자기 굴복하고 무너진다. 그 저항, 이어서 그 붕괴가 초콜릿'이다'). 게다가 그와 같은 성질은 풍미가 가진 어떤 시간적인 특징, 즉 풍미의 시간화 방식과 하나로 결합한다. 어떤 맛은 단번에 자기를 내준다. 어떤 맛은 마치 시한폭탄과 비슷하다. 어떤 맛은 서서히 단계적으로 자기를 맡긴다. 어떤 맛은 점점 희미해져서 사라진다. 어떤 맛은 우리가 정말로 붙잡았다고 생각하는 순간에 사라져 버린다. 그런 성질들은 밀도와 온도와 함께 조직되어 있다. 더 나아가 그것들은 다른 차원에서 음식물의 시각적인 면을 표현한다. 만일 내가 장밋빛 과자를 먹는다면 그 맛은 장밋빛이다. 달콤하고 은은한 향기와 버터 크림의 식감은 장밋빛'이다.' 그리하여 나는 장밋빛을 먹고 단맛을 본다. 이 사실에서 우리는 풍미가 복잡한 건축구조와 미분적(微分的)인 소재를 가지고 있음을 알 수 있다.

우리가 우리의 근원적인 기도에 순응하여 동화시킬 수도 있고 또는 구토로 물리칠 수도 있는 것은, 이런 구조적인 소재—이것은 어떤 독자적인 형식의 존재를 우리에게 제시한다—이다. 그러므로 굴 또는 대합을 좋아한다거나 달팽이나 작은새우를 좋아한다고 하는 것은, 우리가 이런 음식물의 실존적인 의미작용을 구별할 수만 있다면, 결코 아무래도 상관없는 일이 아니다. 일반적으로 말하면, 환원될 수 없는 취미 또는 경향이라는 것은 처음부터 존재하지 않는다. 그것은 모두 다 존재의 아유화적인 어떤 선택을 나타내고 있다. 그것을 비교하고 분류하는 것은 실존적인 정신분석에 속하는 일이다. 존재론은 여기서 우리를 버린다. 존재론은 단순히 인간존재의 궁극적인 목적, 인간존재의 근본적인 가능성과 인간존재를 따라다니는 가치를 우리가 결정할 수 있게 해 주었을 뿐이다. 각각의 인간존재는 자기 자신의 대자를 '즉자–대자'로 변신시키고자 하는 직접적인 기도인 동시에, 하나의 근본적인 성질이라는 모습 아래, 즉 자존재의 전체로서의 세계를 내 것으로 하고자 하는 기도이다.

모든 인간존재는 그가 존재에 근거를 부여하기 위해, 또 동시에 그 자신의 근거로 있음으로써 우연성에서 벗어난 '즉자', 즉 종교에서는 신이라는 이름으로 불리고 있는 '자기원인자(自己原因者)'를 구성하기 위해, 굳이 자기를 잃어버리기를 기도한다는 점에서 하나의 수난이다. 그러므로 인간의 수난은 그리스도 수난과는 반대이다. 왜냐하면 인간은 신을 탄생시키기 위해, 인간으로서의 한에서는 자기를 잃어버리기 때문이다. 그러나 신의 관념은 모순되어 있다. 우리는 헛되이 자기를 잃어버린다. 인간은 하나의 무익한 수난이다(L'homme est une passion inutile).

결론

결론

1. 즉자와 대자—형이상학적 개관

이제 우리는 결론을 내릴 수 있게 되었다. 우리는 이미 이 책의 머리글 이래, 의식을 하나의 '존재-부름'으로서 발견했다. 또 우리가 이미 보여 준 것처럼, 코기토는 의식의 '대상'인 하나의 즉자존재를 직접 가리킨다. 그런데 즉자와 대자에 대해 기술한 뒤, 그 둘 사이에 하나의 유대를 수립하는 것은 우리에게는 곤란한 일로 생각되었다. 그리고 우리는 극복할 수 없는 이원론에 빠지지는 않을까 하고 걱정했다. 이 이원론은 또 하나의 다른 방식으로 우리를 위협했다. 사실 우리가 대자에 대해 '그것은 존재한다'고 말할 수 있는 한에서, 우리는 근원적으로 다른 두 개의 존재양상[존재방식]에 직면했다. 한쪽은 '그것이 있는 그대로의 것으로 있어야 하는' 대자의 존재방식, 다시 말해 '그것이 있지 않은 것으로 있고, 그것이 있는 것으로 있지 않은' 대자의 존재방식이다. 다른 한쪽은 '그것이 있는 것으로 있는' 즉자의 존재방식이다. 그래서 우리는 이 두 개의 존재유형의 발견이 결국, 모든 존재자에게 속하는 전반적인 범주로서의 '존재'를 서로 소통이 불가능한 두 개의 영역으로 분할하는, 하나의 간격을 확립하게 되고, 그 두 개의 영역 각각에서 '존재'라고 하는 관념이 저마다 독자적인 별개의 의미로 받아들여지게 되지는 않을까 하고 자문했던 것이다.

우리의 연구는 이런 문제들 가운데 최초의 것에 대해 다음과 같이 대답할 수 있게 해 주었다. 즉 대자와 즉자는, 대자 그 자신 외의 다른 것이 아닌 하나의 종합적인 관계에 의해 결합된다. 사실 대자는 즉자의 단순한 무화(無化) 이외의 아무것도 아니다. 대자는 존재의 하나의 구멍으로서 '존재' 한복판에 존재한다. 아는 바와 같이, 어떤 통속적인 해설자들은 에너지 보존 법칙을 알기 쉽게 설명할 때 흔히 다음과 같은 우스쌍스러운 비유를 쓴다. 만일 우주를 구성하고 있는 모든 아톰 가운데 단 하나만이라도 사라진다면, 그 결과 하나의 카타스트로프(catastrophe, 재변)가 우주 전체에 퍼져서 특히 지구의 종말과 천

체의 종말을 부르게 될 것이라는 얘기이다. 이 비유는 이 경우에 우리에게 쓸
모가 있다. 대자는 '존재' 한복판에 자기의 기원을 가진 하나의 하찮은 무화(無
化)로서 나타난다. 게다가 즉자 위에 전면적인 변동이 '일어나는' 데는 이 무화
만으로도 충분하다. 이 변동은 세계이다. 대자는 그 자신이 존재의 무화라고
하는 것에 의해서밖에 실재성을 가지지 않는다. 대자의 유일한 특징은, 대자가
존재 전반의 무화가 아니라 개별적이고 특수한 즉자의 무화라는 데서 발생한
다. 대자는 무(無) 전반인 것이 아니라 하나의 특수한 결여이다. 대자는 '이러이
러한 이 존재'의 결여로서 자기를 이룬다. 그러므로 우리는 대자가 어떤 식으로
즉자에 결합할 수 있는지 스스로 물어볼 필요가 없다. 왜냐하면 대자는 결코
하나의 자율적인 실체가 아니기 때문이다. 무화인 한에서 대자는 즉자에 의해
'존재된다.' 또 내적 부정인 한에서 대자는 '자기가 그것으로 있지 않은 것'을,
따라서 '자기가 그것으로 있어야 하는 것'을 즉자에 의해 자기에게 알려 준다.

코기토는 필연적으로 자기 밖으로 향하게 하는 것이고 의식은 말하자면 하
나의 미끄러운 비탈이어서, 우리는 그 위에서는 당장 외부로, 즉 즉자존재 쪽으
로 기울어지지 않고는 서 있을 수 없다. 왜냐하면 의식은 그 자신이 절대적인
주관성으로서 어떤 존재 충족도 가지지 않기 때문이고, 의식은 또 무엇보다 먼
저 사물을 지시하기 때문이다. 의식에 있어서는, 무언가에 대한 드러내 보여지
는 직관이라는 바로 그 의무 이외에는 어떤 '있음'도 존재하지 않는다. 이것은 바
로, 의식이 플라톤적인 '타(他, L'Autre)*¹라는 의미가 아니고 무엇이겠는가? 이미
알고 있는 것처럼, 《소피스테스》에 나오는 '외지인'은 이 '타'에 대해 아름다운 기
술(記述)을 제공하고 있다. 이 타는 '마치 꿈속에서 보고 있는 것처럼' 파악될 수
밖에 없다. 타는 그 '타―로 있음'에 의해서밖에 '있음'을 가지지 않는다. 다시 말
하면 이 타는 빌린 존재밖에 가지지 못한다. '타'는 그것만으로서 고찰된다면 사
라진다. '타'는 우리가 우리의 시선을 존재 위에 정착시키는 경우에만 하나의 틀
밖의 존재를 얻는다. 요컨대 '타'는 그 자신에 대해서 타이며, 존재에 대해서 타
일 뿐이다.

---

*1 여기서 말하는 L'Autre는 대타존재의 경우의 '타인' 또는 '타자'와 같은 것이 아니다. 플라톤
의 《소피스테스》에서는 엘레아의 외지인이 테아이테토스를 상대로 '존재, 운동, 정지, 동(同),
타(他)'라고 하는 다섯 가지 기본 개념에 대해 변증을 진행시켜 가는데, 거기서 그는 '타'를
비존재로 규정하고, 파르메니데스에 반하여 '비존재도 또한 존재한다'는 결론에 이른다.

플라톤은 타가 그 자신에 대해서 타라고 하는 이 타성(他性, altérité)에 의해 표시되는 동적인 성격을 이미 알아차렸던 것으로 보인다. 그것은 원문의 어떤 한 구절에서 그가, 타성 속에서 운동의 기원을 발견하고 있기 때문이다. 그런데 플라톤은 훨씬 더 멀리까지 밀고 나아갈 수 있었을 것이다. 그랬다면 그는, '타' 또는 상대적인 '비–존재'가 어떤 외관상의 존재를 가질 수 있는 것은 오로지 의식이라는 자격에 있어서뿐이라는 점을 알아챘을 것이다. '존재에 대해 타로 있다'는 것은 시간화적인 세 가지 탈자(脫自)의 통일에 있어서 자기(에 대한) 의식으로 있는 일이다. 그리고 사실 이 '타성'은 대자 한복판에서의, 우리가 이미 앞에서 기술한 것처럼, 반영되는 것과 반영하는 것의 샤세 크루아제(교착 댄스)가 아니고 무엇이겠는가? 왜냐하면 타가 타로서 존재할 수 있는 유일한 방식은, 타로 있는 (것에 대한) 의식으로 있는 것이기 때문이다.

사실 '타성'은 내적 부정이며, 오직 의식만이 자기를 내적 부정으로 구성할 수 있다. '타성'에 대한 그 밖의 모든 사고방식은 '타성'을 하나의 즉자로서 내세우는 것에, 다시 말해서 '타성'과 존재 사이에 하나의 외적 관계를 두는 것에 귀착할 것이다. 그렇게 되면 '타'가 즉자에 대해 타라는 것을 확인하기 위해 한 사람의 증인이 나타나야 할 것이다. 또 한편 '타'는 존재에서 유출되지 않고서는 타로 있을 수 없을 것이다. 그 점에서 '타'는 즉자에 대해 상관적이다. 그러나 '타'라 할지라도 '자기를 타로 만들지' 않고서는 또한 타로 있을 수 없을 것이다. 그렇지 않다면 그 '타성'은 하나의 주어진 것이 되고, 따라서 즉자적으로 고찰될 수 있는 하나의 존재가 될 것이다. '타'가 즉자에 대해 상관적인 한에서, '타'는 사실성을 띠고 있다. '타'가 스스로 자기를 타로 만드는 한에서, '타'는 하나의 절대자이다. 앞에서 우리가 그것을 지적하면서 말했듯이, 대자는 자기의 '존재의–무–로서의–존재'에 대한 근거가 되는 것이 아니라, 오히려 대자는 끊임없이 자기의 '존재의–무'에 근거를 부여한다.

그러므로 대자는 하나의 '비독립적인' 절대자이자, 우리가 하나의 비실체적 절대자라고 불렀던 바로 그것이다. 대자의 실재성은 단순히 '질문적인' 실재성이다. 대자가 여러 가지 질문을 제기할 수 있는 것은 그 자신이 항상 '질문 속에' 있기 때문이다. 대자의 존재는 결코 '주어진 존재'가 아니라 '질문되는' 존재이다. 왜냐하면 대자는 항상 '타성'의 무에 의해 그 자신으로부터 분리되어 있기 때문이다. 대자는 항상 공중에 떠 있다. 그것은 대자의 존재가 끊임없는 유예이기 때문이다. 만일 대자가 언젠가 자기의 존재와 일치하는 일이 있다면, '타성'은 그와 동시에 사라질 것이고, '타성'과 함께 모든 가능과 인식, 세계도 사라질 것이다. 그러므로 인식에 대한 '존재론적인' 문제는 대자에 대한 즉자의 존재론적 우위를 긍정함으로써 해결된다. 그러나 그것은 당장 하나의 형이상학적인 질문을 낳는다. 사실 즉자에서 출발한 대자의 나타남은, 결코 존재에서 출발한 플라톤적인 '타'의 '변증법적' 생성과 견줄 수 있는 것이 아니다. 사실 '존재'와 '타'는 플라톤에 있어서는 '유개념(類概念)'이다. 그러나 우리가 이미 본 것처럼, 존재는 그 반대로 하나의 개별적인 모험이다. 또 마찬가지로 대자의 나타남은 존재에게 찾아오는 절대적인 사건이다. 따라서 여기에는 '대자가 존재에서 출발하여 나타나는 것은 무엇 때문인가?' 하는 형태로 표현될 수 있는 하나의 형이상학적인 문제에 대한 장소가 있다. 사실 우리는 구체적이고 독자적인 전체로서, 바로 '이' 세계를 탄생시킨 개별적인 과정들에 대한 연구를 형이상학이라고 부른다. 그런 의미에서 형이상학과 존재론의 관계는 역사학과 사회학의 관계와 비슷하다.

우리가 앞에서 보았듯이, '존재가 타인 것은 무엇 때문인가?' 하고 자문하는 것은 부조리일 것이다. 이 질문은 하나의 대자의 한계 안에서만 의미를 가질 수 있다. 또 이 질문은 우리가 앞에서, 무에 대한 존재의 우위를 증명했음에도, 반대로 존재에 대한 무의 존재론적인 우위를 전제하게 되기도 한다. 그런 질문은 겉모양으로는 비슷하지만 사실은 매우 다른 또 하나의 질문, 즉 '어째서 존재는 그곳에 있는가'라는 질문과 혼합된 결과로서만 제기될 수 있을 것이다. 그러나 우리는 이제 이 두 가지의 질문이 주의 깊게 구별되어야만 한다는 것을 알고 있다.

첫 번째 질문은 아무런 의미도 없다. 사실 모든 '어째서'는 존재에 대해 '뒤'에 있으며 존재를 전제로 한다. 존재는 이유 없이, 원인 없이 또 필연성도 없이 존재한다. 존재의 정의 자체가 우리에게 존재의 근원적인 우연성을 털어놓는다.

두 번째 질문에 대해서는 우리는 이미 대답했다. 왜냐하면 그 질문은 형이상학적인 영역에서 제기되는 것이 아니라 존재론적인 영역에서 제기되기 때문이다. 존재가 '거기에 존재하는' 것은, 대자가 존재로 하여금 거기에 존재하게 하는 것이기 때문이다.

'현상(現象)'이라고 하는 성격은 대자에 의해 존재에게 찾아온다. 그러나 존재의 기원에 관한 질문이나 세계의 기원에 관한 질문이 아무런 의미를 갖지 않는다 하더라도, 또는 바로 존재론의 구역 안에서 대답이 주어진다 하더라도, 대자의 기원에 대해서는 그것과 똑같은 것이 아니다. 사실 대자는 자기 자신의 기원을 돌아볼 권리를 가지고 있다. 존재 속에 '어째서'를 생기게 하는 존재는 자기 자신의 '어째서'를 제기할 권리를 가지고 있다. 왜냐하면 그런 존재는 그 자체가 하나의 질문이고 하나의 '어째서'이기 때문이다. 대자의 기원에 대한 이 질문에 존재론은 대답할 수 없을 것이다. 왜냐하면 이 질문에서 문제가 되는 것은, 하나의 사건을 설명하는 것이지, 하나의 존재의 구조를 설명하는 것은 아니기 때문이다. 고작해야 존재론은, 즉자에 의해 '존재되는' 무(無)가 아무런 의미작용도 가지지 않는 하나의 단순한 공허가 아니라는 것을 지적할 수 있는 정도이다. 무화(無化)라고 할 때 무의 의미는, 존재에 근거를 부여하기 위해 '존재된다'는 것이다.

존재론은 형이상학의 기초로 쓰일 수 있는 두 가지 지시를 우리에게 제공해 준다. 첫째로 자기에게 근거를 부여하는 모든 과정은, 즉자의 '똑같은―존재'의 파괴이고 존재의 존재 자신에 대한 후퇴이며, 자기를 앞에 내세워서 보이는 것, 다시 말하면 의식이 나타나는 것이다. 존재가 자기원인이 되기를 원할 수 있는 것은 오직 자기를 대자가 되게 함으로써이다. 그러므로 존재의 무화로서의 의식은 인과관계의 내재성을 향한 전진, 다시 말하면 자기원인인 존재를 향한 전진의 한 단계로서 나타난다. 단지 이 전진은 대자의 존재 불충분의 결과, 거기서 그친다. 의식의 시간화는 '자기원인'의 존엄을 향한 상승적인 전진이 아니라 하나의 표면적인 유출이고, 그 유출의 기원은 오히려 자기원인이 될 수 없는 것이다. 그러므로 '자기원인적인 존재자'는 '결여를 입는 것*2과 마찬가지로, 어디까지나 불가능한 '수직적' 뛰어넘기의 지시로 머물며, 이 수직적 뛰어넘기는 그 비존재 자체에 의해 의식의 수평 운동에 조건을 부여한다. 마치 바다 위에 미치는 달의 수직적인 견인력이, 결과적으로 조류(潮流)라고 하는 수평 이동을 불러일으키는 것과 같다.

형이상학이 존재론에서 이끌어 낼 수 있는 두 번째 지시는, 대자가 사실상 존재인 한에서 스스로 자기에게 근거를 부여하는 끊임없는 기도이고, 또 이 기

---

*2 '결여를 입는 것'에 대해서는 이 책 제2부 제1장의 3. 대자와 가치 존재 참조.

도의 끊임없는 좌절이라는 사실이다. 온갖 다른 방향을 향하는 무화(시간적인 3차원의 탈자적인 무화, '반사되는 것—반사하는 것'이라는 한 쌍의 쌍둥이 같은 무화)를 수반한 '자기를 앞에 내세워서 보이는 것'은 이 기도(企圖)의 최초의 출현을 나타낸다. 반성은, 적어도 기도인 한에서 자기에게 근거를 부여하기 위해 자기 자신을 향하는 이 기도의 이중화를 나타내는 동시에, 이 기도 자체의 좌절에 의한 무화적인 빈틈의 확대를 나타낸다. 인간존재의 기본적 범주인 '함'과 '가짐'은 직접적으로든 간접적으로든 존재기투로 환원된다. 결국 이 '함'과 '가짐'의 다양성은 자기에게 근거를 부여하기 위한 마지막 시도로 해석될 '수 있지만', 이 시도는 존재와 존재의식 사이의 근본적인 분리로 끝난다.

그러므로 존재론은 우리에게 두 가지를 가르쳐 준다.

(1) '설령' 즉자가 자기에게 근거를 부여해야 한다 해도, 즉자는 자기를 의식이 되게 함으로써만, 자기에게 근거를 부여하려고 시도할 수 있을 것이다. 다시 말하면 '자기원인'이라는 개념은, 당연히 '자기를 앞에 내세워서 보이는 것'이라는 개념, 즉 무화적인 존재 감압(減壓)이라는 개념을 내포한다.

(2) 의식은 '사실상' 자기에게 근거를 부여하고자 하는 기도, 다시 말하면 '즉자—대자' 또는 '자기원인—즉자'의 존엄에까지 이르고자 하는 기도이다.

그러나 우리는 존재론에서 그 이상의 것을 이끌어 낼 수는 없을 것이다. "대자에 대한 즉자의 무화가 처음부터 바로 즉자의 중심에서 의의로서 지니고 있는 것은 자기원인이고자 하는 기도이다"라고 단정하는 것은, 존재론적인 차원에서는 도저히 용납되지 않는다. 오히려 존재론은 여기서 하나의 깊은 모순에 부딪친다. 근거의 가능성이 세계에 찾아오는 것은 대자에 의해서이기 때문이다. '자기'에게 근거를 부여하려는 기도가 되기 위해서는, 즉자는 근원적으로 '자기를 앞에 내세워서 보이는 것'이 아니면 안 될 것이다. 다시 말해 즉자는 이미 의식이 아니면 안 될 것이다. 따라서 존재론은 다음과 같이 언명하는 데 그칠 것이다. '모든 것은 마치', 즉자가 스스로 자기에게 근거를 부여하려고 하는 기도에 있어서, 자기에게 대자의 변모를 주는 것'처럼 경과한다.' 이 과정을 절대적인 사건으로 생각하는 것을 허용해 주는 온갖 '가설'을 형성하는 것은 형이상학에 속하는 일이다. 게다가 이 절대적인 사건은, 존재의 현실존재라는 개별적인 모험에 관을 씌워 주러 오는 것이다. 말할 필요도 없이 그런 가설은 어디까지나 가설로 머무를 것이다. 왜냐하면 우리는 그 뒤의 확인도 부인도 기대할 수 없을 것이기 때문이다. 그런 가설의 '유효성'을 이룰 수 있는 것은, 단순히 그 가설이 우리에게 존재론으로서 주어진 온갖 것들을 통일할 수 있게 해 주리라는 가능성이다. 물론 이런 통일은 역사적인 생성의 전망에 있어서 자기를 구성해서는 안 될 것이다. 시간성은 대자에 의해 존재에게 찾아오기 때문이다. 그러므로 대자의 출현 '이전에' 존재가 무엇이었는지를 자문하는 것은 아무런 의미가 없다. 그럼에도 형이상학은, 이 역사 이전의 과정이 지닌 본성과 의미를 결정하고, 개별적인 사건(즉자의 현실존재)과 절대적인 사건(대자의 나타남)의 관절(關節)인 모든 역사의 원천을 결정하고자 시도하지 않을 수 없다. 특히 운동은 자기에게 근거를 부여하기 위한 즉자의 최초의 '시도'인지 아닌지, '존재의 질병'으로서의 운동과, 무화에까지 강행된 더욱 깊은 질병으로서의 대자의 관계는 어떤 관계인지, 하는 것을 결정하는 일은 결국 형이상학에 돌아간다.

남은 것은 우리가 이 결론의 실마리로 내세웠던 두 번째 문제를 고찰하는 것이다. 만일 즉자와 대자가 '존재'의 두 가지 양상이라면, 바로 존재의 관념 속에 하나의 빈틈이 있게 되는 것이 아닐까? 또 존재라는 관념에 대한 이해는, 존재라는 이 관념의 외연(外延)이 근본적으로 이질적인 두 종류에 의해 구성되어 있다는 사실에서, 서로 소통이 불가능한 두 개의 부분으로 분할되는 것은 아닐까? 사실 '그것이 있는 그대로의 것으로 있는 존재'와 '그것이 있지 않은 것으로 있고, 그것이 있는 것으로 있지 않은 존재' 사이에 어떤 공통점이 있는 것일까? 그렇다 해도 이 경우 우리에게 도움이 될 수 있는 것은, 우리의 탐구에서 나온 이상과 같은 결론이다. 사실 우리가 방금 제시한 것처럼, 즉자와 대자는 나란히 존재할 수 있는 것이 아니다. 오히려 그 반대로, 즉자 없는 대자는 말하자면 하나의 추상적인 어떤 사물이다.

형태가 없는 색채 또는 높이가 없고 울림이 없는 소리 따위가 사실상 존재하지 않는 것과 마찬가지로, 즉자 없는 대자 또한 현실적으로 존재하지 않는다. 무언가'에 대한' 의식도 아닌 하나의 의식은 하나의 절대적인 무일 것이다. 그런데 만일 의식이 하나의 '내적인' 관계에 의해 즉자와 결부되어 있다면, 그것은 의식이 하나의 전체를 구성하기 위해 즉자와 연결되어 있다는 것을 의미하는 것이 아닐까? 또 '존재'니 '실재'니 하는 명칭이 귀착하는 것은, 이 전체에 대한 것이 아닐까? 물론 대자는 무화(無化)이다. 그러나 무화라는 자격에 있어서 대자는 '존재'한다. 게다가 대자는 '선험적'으로 즉자와의 통일에 있어서 존재한다.

그러므로 그리스인들은 그들이 토판(τὸ πᾶν)이라고 명명한 우주적인 실재와, 이 토판 및 그것을 에워싸고 있는 무한한 공허에 의해 구성되어 있는 전체—즉 그들이 토홀론(τὸ ὅλον)이라고 명명한 전체—를 일반적으로 구별했다. 물론 분명히 우리는 대자를 하나의 무(un rien)(아무것도 아닌 것)라고 명명할 수 있었다. 또 분명히 우리는 "즉자 밖에서는 '아무것도' 존재하지 '않는다.' 있는 것은 다만, 이 '아무것도 아닌 것'의 반영뿐이다. 게다가 이 '아무것도 아닌 것'은, 그것이 바로 '즉자'의 무(無)인 한에서, 그 자신이 이 즉자에 의해 한계가 부여되고 한정되어 있다"고 말할 수 있었다. 그러나 그리스 철학에서와 마찬가지로, 여기서도 다음과 같은 질문이 제기된다. 우리는 어느 것을 '실재적'이라고 부를 것인가? 우리는 어느 것에 '존재'를 귀속시킬 것인가? 우주(코스모스)에 대해서인가, 아니면 우리가 방금 앞에서 토홀론이라고 명명한 것에 대해서인가? 단순한 즉자에 대해서인가, 또는 우리가 대자의 이름으로 지시했던 '무의 머프(外皮)'로 에워싸여 있는 즉자에 대해서인가? 그런데 만일 우리가 전체적인 존재를 즉자와 대자의 종합적인 조직에 의해 구성된 것이라고 생각해야 한다면, 우리는 우리가 피하려 했던 어려움에 다시 부딪치게 되는 것은 아닐까? 우리가 존재라는 개념 속에서 발견한 이 빈틈을, 우리는 이제 존재자 자체 안에서 만나는 것은 아닐까? 사실 즉자인 한에서는 그것이 있는 그대로의 것으로 있고, 대자인 한에서는 그것이 있지 않은 것으로 있을 존재자에 대해, 우리는 어떤 정의를 내려야 할 것인가?

만일 이런 어려움을 해결하고자 한다면, 우리는 어떤 존재자를 하나의 전체로 생각하기 위해 우리가 이 존재자에 대해 무엇을 요구하고 있는지를 충분히 이해해야 한다. 이 존재자의 구조의 다양함은 통일적인 종합 속에 보존되어 있어야 한다. 따라서 그런 구조 하나하나는 그것만으로서 고찰된다면 하나의 추상에 지나지 않는다. 게다가 물론 그것만으로서 고찰된 의식은 하나의 추상화밖에 되지 않지만, 즉자 자체는 존재하기 위해 대자를 필요로 하지 않는다. 대자의 '수난'은 단순히 즉자를 '거기에 존재하게' 할 뿐이다. 즉자라는 '현상'은 의식 없이는 하나의 추상이지만, 즉자의 '존재'는 추상이 아니다.

만일 우리가 '대자는 즉자로부터 분리될 수 없는 것이고, 또 반대로 즉자는 대자와 떼어놓을 수 없도록 결부되어 있다'는 식의 하나의 종합적인 조직을 생각하려 한다면, 우리는 이 종합적인 조직을 '즉자는 자기의 현실존재를, 즉자에 대해 의식하게 하는 무화로부터 받는다'는 방법으로 생각해야 할 것이다. 이 것은 '즉자와 대자의 분리될 수 없는 전체는 "자기원인"적인 존재라는 형태 아래에서만 생각될 수 있다'는 것을 의미하는 것이 아니고 무엇이겠는가? 우리가 방금 말한 홀론으로서 절대적으로 타당할 수 있는 것은 바로 그런 존재이고, 그 밖의 어떤 존재도 아니다. 우리가 즉자와 연결한 대자의 존재에 대해 질문을 제기할 수 있는 것은, 우리가 '자기원인적인 존재자(ens causa sui)'에 대한 존재론 이전의 어떤 깨달음에 의해, 선험적으로 우리 자신을 규정하기 때문이다. 물론 이 '자기원인적인 존재자'는 '불가능'하며, 그 개념은 우리가 앞에서 본 것처럼 하나의 모순을 내포하고 있다. 그러나 그럼에도 우리는 '자기원인적인 존재자'의 관점에 몸을 둠으로써 홀론의 존재에 대해 질문을 제기하는 것이므로, 이 홀론의 신임장을 검토하려면 역시 이와 같은 관점에 몸을 두지 않으면 안 된다. 사실 자기원인적인 존재자는 대자의 출현이라고 하는 단지 그 사실에서 나타난 것이 아닐까? 또 대자는 본디 자기원인이고자 하는 기도인 것은 아닐까? 이렇게 우리는 전체적 실재의 본성을 파악하기 시작한다. 전체적 존재, 즉 그 개념이 하나의 빈틈에 의해 분할되지 않는 전체적 존재, 게다가 그러면서도 대자의 '무화하고−무화되는 존재'를 배제하지 않는 전체적 존재, 그 현실존재가 즉자와 의식의 통일적 종합이 되는 전체적 존재, 이런 이상적인 존재는 대자에 의해 근거가 부여되는 즉자이며, 이 즉자에 근거를 부여하는 대자와 똑같을 것이다. 다시 말하면 '자기원인적인 존재자'일 것이다.

그런데 분명히 우리는 이 이상적인 존재의 관점에 몸을 두고, 우리가 홀론이라고 부르는 '실재적'인 존재를 판단하는 것이므로, 우리는 이 실재가 자기원인의 존엄에 도달하려다가 유산(流産)으로 끝난 하나의 노력이라는 것을 확인해야 한다. 모든 것은 마치 세계, 인간, '세계−속−인간'이, 결여를 입는 신(神)밖에 실현할 수 없었던 것과 같다. 그러므로 모든 것은 마치 즉자와 대자가 하나의 이상적인 종합에 대해 '통합해소(統合解消)'의 상태에서 나타나는 것 같다. 그렇다고 해서 통합이 이전에 '일어나지' 않았다는 것은 아니다. 오히려 정반대로, 통합은 항상 지시되고 있으면서도 항상 불가능한 것이다. 즉자와 대자의 불가분을 설명하는 동시에 그것들의 상대적인 독립을 설명해 주는 것은, 끊임없는 좌절이다. 그것은 마치 뇌기능의 통일이 파괴될 때, 상대적인 자율을 보여 주면서도, 동시에 한 전체의 분해를 바탕으로 해서만 나타날 수 있는 온갖 현상들이 일어나는 것과 마찬가지이다. 존재의 개념에 있어서도 존재자에 있어서도 우리가 만나는 빈틈을 설명해 주는 것은 바로 이 좌절이다. 즉자존재라는 관념에서 대자존재라는 관념으로 옮아가는 것도, 또 양자를 하나의 공통되는 종류 속에 통합하는 것도 불가능한 까닭은, 한쪽에서 다른 쪽으로의 '사실상의 이행'과 양자의 통합이 일어날 수 없기 때문이다.

알다시피, 예를 들면 스피노자나 헤겔의 경우에도, 완전한 종합화 바로 앞에 머물러 있는 하나의 종합은 대립하는 두 항목을 상대적인 의존 속에 응고시키는 동시에 상대적인 독립 속에 응고시키기 때문에 당장 오류가 되고 만다. 이를테면 스피노자의 경우, 직경을 축으로 하는 반원의 회전이 그 정당화와 그 의미를 발견하는 것은 구(球)라는 관념 안에서이다. 그러나 만일 우리가 구라는 관념은 원리적으로 손이 닿지 않는 곳에 있다고 상상한다면, 반원의 회전이라는 현상은 '거짓' 현상이 된다. 이 현상은 목을 잃어버린 것이 된다. 회전이라는 관념과 원이라는 관념은 양자를 뛰어넘고 양자를 정당화해 주는 하나의 종합 속에 통일되지 못한 채 서로 몸을 조심하고 있다. 즉 한쪽은 다른 한쪽으로 환원되지 못한 채 머문다. 지금의 경우에도 사정은 똑같다. 그러므로 그 홀론은 목을 잃은 관념으로서 끊임없는 통합해소의 상태에 있다고 우리는 말할 것이다. 게다가 홀론이 우리에게 그 양의성(兩義性)에 있어서 나타나는 것은 통합해소적인 총체라는 자격으로서이다. 다시 말하면 우리는 '마음대로' 즉자와 대자라는 두 존재의 의존을 강조할 수도 있고, 또 양자의 독립을 강조할 수도 있다. 거기에는 끝나지 않는 하나의 이행이 있고, 말하자면 하나의 쇼트서킷(短絡, court-circuit, 단락)이 있다.

우리는 이 차원에서 다시 전체분해적인 전체라는 관념을 발견한다. 우리는 이것을 이미 대자 자체에 관해서, 또 타자라는 의식개체에 관해서 만난 적이 있다. 그러나 이 경우의 그것은 제3의 종류의 전체분해이다. 반성이라고 하는 단순한 전체분해적인 전체에 있어서는, 반성하는 것은 반성되는 '것으로 있어야 했고', 반성되는 것은 반성하는 것으로 있어야 했다. 이중의 부정은 점차 사라지는 상태로 머물러 있었다. 대타의 경우 반사되는 '반사—반사하는 것'과 반사하는 '반사—반사하는 것'은, 각각이 다른 쪽으로 '있어서는 안 된다는 점'에서 구별되는 것이었다. 그러므로 어떤 대자와 타자의 대자는, 각각이 자기를 타가 되게 함으로써 다른 쪽에 '타—존재'를 부여하는, 하나의 존재를 구성한다.

대자와 즉자의 전체에 관해서 말하자면, 이 전체는 다음과 같은 특징을 가지고 있다. 대자는 즉자에 대해 자기를 '타'가 되게 하지만, 즉자는 결코 그 존재라는 점에서는 대자와 다른 것이 아니다. 즉자는 그저 그냥 존재한다. 만일 대자에 대한 즉자의 관계가 즉자에 대한 대자의 관계와 반대되는 것이라면, 우리는 다시 대타존재의 경우로 돌아가게 되었을 것이다. 그러나 분명히 이 관계는 그런 것이 아니다. 우리가 방금 말한 '홀론'을 특징짓는 것은 그런 상호관계의 부재이다. 그 범위 안에서 전체에 대한 질문을 세우는 것은 이치에 어긋나는 일이 아니다. 사실 앞에서 대타를 연구했을 때 우리가 확인한 것처럼, 대타의 반성적인 분열이어야 하는 '타자-아(我)'라는 하나의 존재가 있어야 한다. 하지만 동시에 이 '타자-아'라는 존재는, 그것이 외면성이라는 하나의 파악할 수 없는 비존재를 내포하는 한에서만 현실에 존재할 수 있는 것으로서 우리에게 나타나는 것이었다. 그래서 우리는, 전체가 가진 이율배반적인 성격이 그 자신에게 있어서 환원할 수 없는 것인지 아닌지, 또 있는 동시에 있지 않은 존재로서 정신을 우리가 세워야 하는지 어떤지를 자문한 것이다. 그러나 의식의 종합적인 통일에 관한 물음은 무의미한 것처럼 생각되었다. 왜냐하면 그런 물음은 우리가 전체에 관해 하나의 관점을 취할 수 있다는 것을 전제로 했기 때문이다. 그런데 우리는 이 전체의 근거 위에, 이 전체 속에 구속된 것으로서 현실에 존재한다.

우리가 '전체에 관해 관점을 취할 수' 없는 것은, 원리적으로 타자가 나에 대해 자기를 부정하고, 내가 타자에 대해 나를 부정하기 때문이다. 관계를 그 통합적인 전체에 있어서 파악하는 일이 나에게 영원히 금지되어 있는 것은 이 관계의 상호성 때문이다. 그런데 그것과는 반대로 '즉자-대자'라고 하는 내적 부정의 경우에는 관계가 상호적이지 않다. 나는 관계의 한쪽 항목인 동시에 이 관계 자체이다. 나는 존재를 파악한다. 나는 존재의 파악'이다.' 나는 존재의 파악'일 뿐이다.' 내가 파악하는 존재는, 이번에는 나를 파악하기 위해 나에 '대항하여' 자기를 세우지 않는다. 그것은 파악되는 그대로의 것이다. 다만, 그것의 '존재'는 그것의 '파악된-존재'와 절대로 합치하지 않는다. 그러므로 어떤 의미에서, 나는 전체에 대한 물음을 제기할 수 있다. 물론 나는 여기에, 이 전체 속에 '구속된 것'으로서 존재한다. 그러나 나는 그것에 대해 '남김 없는 의식'이 될 수 있다. 왜냐하면 나는 존재'에 대한' 의식인 동시에 나(에 대한) 의식이기 때문이다. 그렇다 해도 전체에 대한 이 물음은 존재론의 분야에 속하는 것은 아니다. 존재론에 있어서 밝혀질 수 있는 유일한 존재영역은 즉자의 영역, 대자의 영역, 그리고 '자기원인'이라는 이상적인 영역이다. 존재론에 있어서 즉자와 연결된 대자를 뚜렷한 '이원성(二元性)'으로서 고찰하느냐 또는 통합해소적인 한 존재로서 고찰하느냐는 아무래도 상관없는 일이다.

이를테면 아인슈타인의 물리학에서 어떤 '사건'을 공간적인 차원과 시간적인 차원을 지닌 것으로, 그리고 하나의 '공간─시간' 속에 자기의 위치를 결정하는 것으로 생각하고, 그런 사건에 대해 말하는 것이 훨씬 유리하다는 사실이 발견된 것과 마찬가지로, 우리가 '현상'이라고 이름붙인 하나의 존재, 게다가 두 개의 존재 차원, 즉 즉자적인 차원과 대자적인 차원을 지닌 그런 한 존재에 대해 논하는 것이(이 관점에서 본다면 세계라고 하는 '하나'의 현상'밖에' 존재하지 않을 것이다) 인식(특히 현상학적 심리학, 인간학 등등)에 있어서 훨씬 더 유리할 것인가, 아니면 '의식─존재'라고 하는 전통적인 이원성을 보존하는 것이 가장 바람직할 것인가, 그것을 결정하는 것은 형이상학이 할 일이다. 여기서 존재론이 감히 주의할 수 있는 유일한 것은, 통합해소적인 전체로서의 '현상'이라는 새로운 관념을 사용하는 것이 유익하다고 생각되는 경우에, 우리는 내재적인 어투로 얘기하는 '동시에' 초월적인 어투로 얘기해야 한다는 것이다. 사실 암초는 순수한 내재론(후설의 관념론) 속에 빠지거나, '현상'을 새로운 종류의 '대상'으로서 간주하는 순수한 초월론에 빠지는 데 있다. 그러나 내재는 항상 현상의 즉자적인 차원에 의해 한정될 것이고, 초월은 현상의 대자적인 차원에 의해 한정될 것이다.

형이상학이 매우 중요한 여러 가지 문제들, 특히 행동의 문제에 착수할 수 있는 것은, 대자의 기원에 대한 물음, 세계라고 하는 현상의 본성에 대한 물음에 결론을 낸 뒤의 일이다. 사실 행동은, 대자의 차원에서와 '동시에' 즉자의 차원에서 고찰되어야 한다. 왜냐하면 이 경우 문제가 되는 것은 내재적인 기원을 가진 하나의 기도이며, 이 기도가 초월적인 것의 존재에 있어서 하나의 변양(變樣)을 결정하기 때문이다. 사실 행동은 단지 사물의 현상적인 나타남을 변양시킬 뿐이라고 말해 보았자 아무런 소용도 없을 것이다. 만일 한 찻잔의 현상적인 나타남이 찻잔인 한에서의 찻잔의 절멸로까지 변양될 수 있다면, 게다가 찻잔의 존재가 찻잔이라는 '성질' 그 자체라면, 그 행동은 찻잔의 존재 자체를 변양시킬 수 있어야 한다. 그러므로 행동의 문제는 의식의 초월적인 효력에 대한 해명을 전제로 하는 것이고, 존재에 대한 의식의 참된 존재관계의 길로 우리를 이끌어 준다. 또한 행동의 문제는, 세계 속에서의 행위가 미치는 영향의 결과에 의해 존재에 대한 존재의 관계까지 우리에게 드러내 보여 준다. 이 관계는 물리학자 쪽에서는 외면성으로서 파악된다 하더라도, 결코 단순한 외면성도 내재도 아니며, 오히려 게슈탈트(형태주의) 심리학의 '형태'라는 관념을 우리에게 가리킨다. 그러므로 우리가 자연의 형이상학을 시도할 수 있는 것은 바로 거기서 출발했을 때이다.

2. 도덕적 전망

존재론은 자신만으로는 도덕적인 율법을 확립할 수 없을 것이다. 존재론은 오로지 존재하는 것에 대해서만 관련을 가진다. 존재론이 보여 주는 직설법에서 명령법을 이끌어 내는 것은 불가능하다. 그런데도 존재론은, '상황 속의 인간존재'에 대해 자기 책임을 지는 하나의 윤리가 어떤 것인지를 예견하게 해 준다. 사실 존재론은 우리에게 '가치'의 기원과 본성을 귀뜸해 주었다. 우리가 살펴본 것처럼, 가치는 그것에 대해 대자가 자기 존재에게 있어서 자기를 '결여'로서 규정하는 경우의 그 결여이다. 우리가 앞에서 본 것처럼, 대자가 '실존한다'는 사실로부터 가치는 자기의 대자존재를 따라다니기 위해 나타난다. 따라서 대자의 여러 가지 행위는 실존적인 정신분석의 대상이 될 수 있다. 왜냐하면 그런 행위는 모두 가치 또는 자기원인이라고 하는 표지 아래, 의식과 존재의 결여적 종합(缺如的綜合)을 만들어 내는 것을 지향하고 있기 때문이다. 따라서 실존적 정신분석은 하나의 '도덕적 기술(記述)'이다. 왜냐하면 실존적 정신분석은 여러 가지 인간적인 기도의 윤리적 의미를 우리에게 보여 주기 때문이다. 실존적 정신분석은 관심 심리학도 인간적 행위에 대한 모든 공리적(功利的)인 해석과 마찬가지로 단념하지 않으면 안 된다는 것을 우리에게 지시하고, 인간의 모든 태도의 '이상적인' 의미작용을 우리에게 시사해 준다. 이런 의미작용은 에고이즘(자기중심주의)과 앨트루이즘(altruism, 이타주의)의 저편에 있고, 이른바 '무사무욕(無私無慾)'의 태도보다 더욱 저편에 있다. '인간은 스스로 신이 되기 위해서 자기를 인간으로 만든다'고 말하는 사람도 있을지 모른다. 그런 관점에서 고찰한다면 자기성(自己性)은 하나의 에고이즘으로 보일지도 모른다. 그러나 바로 인간존재와, 그 인간존재가 그것으로 있고자 하는 자기원인자 (自己原因者) 사이에는 공통된 척도가 아무것도 존재하지 않기 때문에, 마찬가지로 '인간은 자기원인자가 존재하기 위해서 자기를 잃는다'고도 말할 수 있다. 이 경우 모든 인간적인 실존은 하나의 수난으로서 생각될 것이다. 그것은 유명한 '자애심(amour-propre)*³이, 이런 수난을 실현하기 위해 다른 수단 가운데 자유롭게 선택된 하나의 수단일 뿐이기 때문이다.

그런데 실존적 정신분석의 주요 결과는 우리로 하여금 '고지식한 정신'을 단념하도록 하는 데 있어야 한다. 사실 '고지식한 정신'이 지닌 이중적인 특징은, 가치를 인간적인 주관성에서 독립한 초월적인 주어진 것으로 보는 것, 그리고 '바람직하다'는 성격을 사물의 존재론적 구조에서 사물의 단순한 물질적 구성으로 옮기는 것이다. 사실 '고지식한 정신'에 있어서, 이를테면 '빵'이 바람직한 것은 '살아가야 하기'(예지적인 하늘에 새겨진 가치) 때문이고, 빵이 영양물'이기' 때문이다. 알다시피 세계를 지배하는 '고지식한 정신'의 결과는, 사물의 경험적인 특성에 의해 사물의 상징적인 가치를 마치 흡수지처럼 빨아들이게 하는 것이다. 그것은 바람직한 대상의 불투명성을 정면에 내놓고, 이 대상을 그 자신에게 있어서 환원될 수 없는 바람직한 것으로서 내세운다. 그러므로 우리는 이미 도덕의 차원에 서 있지만, 그것과 동시에 자기기만의 차원에 서 있다. 왜냐하면 이 자기기만은 자기 자신을 부끄러워하여 감히 자기 이름을 대지 않는 하나의 도덕이기 때문이다. 이 도덕은 자기를 불안에서 해방시키기 위해 자기의 모든 목표를 모호하게 만들었다. 인간은 손을 더듬거리며 존재를 탐구하고 있고, 이 탐구가 자유로운 기도라는 것을 자기에게 숨기고 있다. 인간은 자기를, 마치 길 위에 놓여 있는 온갖 임무에 의해 자신이 '기다림을 요구받고' 있는 것처럼 만들고 있다. 온갖 대상은 무언(無言)의 요구이고, 인간은 그 자신에게 있어서는 이런 요구에 대한 수동적인 복종 이외의 아무것도 아니다.

실존적 정신분석은 인간에 대해 그의 탐구의 참된 목표, 즉 즉자와 대자의 종합적인 융합으로서의 존재를 드러내 보일 것이다. 실존적 정신분석은 인간에게 그의 수난을 가르쳐 줄 것이다. 실은 많은 사람들이 자기 자신에 관해 이

---

*3 amour-propre : 파스칼의 《팡세》 492에 있는 말. 즉 '자기의 자애심, 자기를 촉구하여 신이 되고 싶어 하게 만드는 이 본능을 마음속으로 미워하지 않는 사람은 완전히 맹목이다'라는 구절이 있다.

정신분석을 실행했는데, 그들은 그것을 해방과 구원의 한 수단으로서 유용한 것이 되게 하기 위해 이 정신분석의 원리를 인식할 때까지 기다릴 수가 없었다. 사실 많은 사람들은 자기의 탐구 목표가 존재라는 것을 알고 있다. 게다가 그들이 이 인식을 소유하는 한에서, 그들은 사물을 단순히 사물로서 내 것으로 하는 일을 소홀히 하고, 그 사물의 즉자존재를 상징적으로 내 것으로 하는 일을 실현하려고 한다. 그러나 이 시도가 아직도 '고지식한 정신'의 자취를 간직하고 있는 한, 또 '즉자─대자'를 존재하게 하려는 그들의 사명이 사물 속에 새겨져 있다고 그들이 아직도 믿고 있는 한, 그들은 절망에 이를 운명에 있다. 왜냐하면 그들은 인간적인 활동이 모두 등가(等價)라는 것—인간적인 활동은 모두 자기원인자를 출현시키기 위해 인간을 희생물로 삼으려 하기 때문이다— 을 발견하는 동시에, 인간적인 활동이 모두 원리적으로 좌절에 이르도록 정해져 있음을 발견하기 때문이다. 그러므로 홀로 고독에 도취하는 것이나 민중을 지도하는 것이나 결국은 마찬가지가 되고 만다. 그런 활동 중 한쪽이 다른 한쪽보다 뛰어난 것은, 그 현실적인 목표 때문이 아니라, 한쪽이 자기의 이상적인 목표에 대해 지니는 의식의 정도 때문일 것이다. 그리고 때와 경우에 따라서는, 고독한 도취의 정적주의(靜寂主義)가 민중 지도자의 헛된 소동보다 뛰어날 수도 있다.

그런데 존재론과 실존적 정신분석(또는 사람들이 항상 이런 학문에서 시도해 온 자발적이고 경험적인 응용)은 도덕적인 행위자에 대해 그가 '가치를 현실에 존재하게 하는 존재'라는 것을 드러내 보여야 한다. 그때야말로 그의 자유는 그 자신을 의식하고, 가치의 유일한 원천으로서 불안 속에서 자기를 발견하며 또한 '세계'를 현실에 존재하게 하는 무(無)를 발견할 것이다. 존재의 탐구, 즉자의 아유화(我有化)가 그의 자유에 대해 '그 가능성'으로서 발견되자마자, 그의 자유는 불안에 의해 또 불안 속에서, 그런 가능이 가능으로 있는 것은 다른 가능의 가능성을 배경으로 할 때뿐이라는 것을 파악할 것이다. 그런데 그때까지는 설령 가능이 '마음대로' 선택되거나 취소될 수 있다 하더라도, 가능에 대한 모든 선택의 통일을 이루는 주제는 가치이고 '자기원인적인 존재자'의 이상적인 현전이었다. 만일 자유가 이 가치 쪽을 되돌아본다면 자유는 어떻게 될 것인가? 자유는 자기가 무엇을 하든, 설령 자기가 '즉자─대자'를 돌아볼 때조차 자기와 함께 이 가치를 지니고 갈 것인가? 자유는 자기가 바라보고자 하는 가치에 의해 배후에서 다시 파악될 것인가? 아니면 자유가 자기를 자기 자신에 대한 자유로서 파악한다는 오직 그 사실만으로, 자유는 가치의 지배에 마침표를 찍을 수 있을 것인가? 특히 자유는 모든 가치의 원천인 한에서, 스스로 자기를 가치로 볼 수 있을 것인가? 아니면 자유는 자기를 따라다니는 하나의 초월적인 가치와의 관계에 있어서, 필연적으로 자기를 규정해야 할 것인가? 또 자유가 자기를 자기 자신의 가능으로서, 자기의 결정적인 가치로서 스스로 원할 수 있다고 한다면, 그것은 무엇을 의미해야 하는 것일까? 자기를 자유로서 원하는 자유란, 요컨대 '그것이-있는-것으로-있지 않고' '그것이-있지 않은-것으로-있는' 하나의 존재이고, 이런 존재는 존재 이상(理想)으로서, '그것이-있지 않은-것으로-있고', '그것이-있는-것으로-있지 않은' 것을 선택하는 것이다.

그러므로 이런 존재는 자기를 '되찾는' 일을 선택하는 것이 아니라 자기를 도피하는 일을 선택하는 것이며, 자기와 합치하는 일을 선택하는 것이 아니라 언제나 자기로부터 거리를 두고 존재하는 일을 선택하는 것이다. 자기와 친해지지 않기를 원하는 이 존재, 자기로부터 거리를 두고 존재하기를 원하는 이 존재, 우리는 그것을 어떻게 해석해야 할 것인가? 이 경우 문제인 것은 자기기만일까, 아니면 또 다른 하나의 근본적인 태도일까? 나아가서 우리는 존재의 이 새로운 양상을 '살아갈' 수 있을 것인가? 특히 자유는 스스로 자기를 목적이 되게 함으로써, 모든 '상황'에서 벗어나게 될 것인가? 아니면 반대로, 자유는 상황이 부여된 채 머무를 것인가? 또는 자유가 조건부 자유로서 불안 속에 더욱더 자기를 기투하며, 세계를 존재에 이르게 하는 존재자라는 자격으로 자기의 책임을 더욱더 떠맡게 되는 만큼, 자유는 더욱 명확하고 더욱 개별적으로 자기에게 상황을 부여할 것인가? 우리를 공범적(共犯的)이지 않은 순수한 반성으로 향하게 하는 이 모든 물음은, 도덕적인 영역에서만 그 해답을 발견할 수 있다. 우리는 이 책에 이어지는 다음 저작을 이 문제에 바칠 것이다.

사르트르 생애와 사상

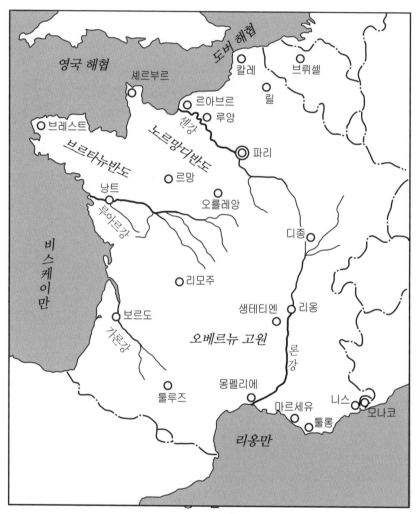

프랑스 전도

사르트르 생애

젊은 시절

사르트르(Jean-Paul Sartre)는 1905년 6월 21일 파리에서 태어나 15개월 때 해군 기술장교였던 아버지를 여의었다. 그 뒤 어머니와 함께 외조부모 밑에서 자란다. 외할아버지는 우수한 독일어 교사였고, 알베르트 슈바이처는 외할아버지의 조카였다. 외할아버지는 독서가이자 엄청난 장서가였으므로 어린 사르트르는 자연히 책을 가까이하게 되었으며, 어려서 아버지를 잃고 어머니가 재혼했다는 점에서 시인 보들레르와 같은 경험을 했다. 뒷날에 사르트르가 보들레르론을 쓰면서, 그의 유년기 체험이 시인 보들레르관(觀)을 이루는 데 큰 역할을 했다는 점을 강조한 이유를 여기서 찾을 수 있다.

1915년, 앙리 4세 중등학교(리세)에 입학했다. 급우 중에 뒷날의 공산주의 작가 폴 니장이 있었는데 그에게 정신적으로 큰 영향을 받았다. 의붓아버지의 근무처가 바뀌면서 라로셸(La Rochelle)로 이사하고 그곳의 중등학교로 전학했다. 1924년 파리의 고등사범학교*¹에 입학했다. 프랑스에서 가장 우수한 문과계 학교로, 외교관·지식인 중에 뛰어난 선배가 많다. 로맹 롤랑도 그 학교 졸업생이다. 또 사르트르의 동기생 중에도 우수한 인재가 많다. 폴 니장,*² 레몽 아롱,*³ 모리스 메를로퐁티,*⁴ 조르주 폴리처,*⁵ 시몬 드 보부아르*⁶ 등이 있다.

사르트르는 19세 때, 세 살 연상의 신비로운 미녀 카미유와 일대 연애극을

---

*1 에콜 노르말 쉬페리외르(École normale supérieure).

*2 Paul Nizan(1905~1940). 프랑스 소설가·철학자.

*3 Raymond Aron(1905~1983). 프랑스 사회학자·언론인.

*4 Maurice Merleau-Ponty(1908~1961). 현대 프랑스를 대표하는 철학자. 소르본대학, 콜레주 드 프랑스의 교수. 사르트르와 함께 잡지 《현대》 창간. 후에 사르트르와 논쟁.

*5 Georges Politzer(1903~1942). 헝가리계 유대인 출신 프랑스 철학자, 마르크스주의 이론가. 나치스 점령 아래 지식인 저항조직을 만들었으나, 게슈타포에 붙잡혀 총살됨.

*6 Simone de Beauvoir(1908~1986). 프랑스 소설가·평론가로, 사르트르와 계약결혼.

벌인다. 사실 연애라기보다 그 혼자 깊이 빠져 있었다고 할 수 있다. 세상에는 문학소녀인지 문학적 대천재인지 알 수 없는 정체불명의 여성이 존재한다. 카미유도 그런 부류의 사람이었을 것이다. '풍성한 금발, 푸른 옷, 매끄러운 피부, 매력적인 몸매, 나무랄 데 없이 완벽한 복사뼈와 손목'을 지닌 미녀. 성관계를 아무나와 가지며, 긴 머리를 풀고 알몸으로 스토브 앞에 서서 니체를 읽는다. 카미유도 언제까지나 그럴 생각은 없었지만, 그렇다고 몸가짐이 얌전한 가정주부가 될 생각도 없었다. 그때 19세의 사르트르가 등장한다. 사르트르는 "자신만이 그녀를 시골의 평범한 생활에서 구출할 수 있다고 설득했는데, 카미유가 자신의 지성에 모든 것을 걸어 교양을 높이고 글을 써서 스스로 길을 여는 데 도움이 되어 주겠다고 말했던 것이다"(보부아르 《여자 한창때》). 젊은 기사의 아주 굉장한 열정이었다. 사르트르는 때때로 카미유를 찾아갔고, 눈을 뜨면 그녀는 니체의 《차라투스트라》의 한 구절을 큰 소리로 읽고 있었다. 그러나 카미유는 "조르주 상드처럼 될 날을 기다리면서도 이제까지의 생활방식을 조금도 바꾸려 하지 않았다"(보부아르 《여자 한창때》). 사르트르는 아마도 색다른 것을 좋아하고, 구세주인 척하는 여성해방론자이다. 하지만 카미유가 연출가 뒬랭과 결혼하면서 그들의 관계는 어쨌거나 일단락되었다.

보부아르와의 사랑

사르트르는 정말로 우수한 여성, 자신과 어깨를 나란히 하는 지성과 자신에게 어울리는 정념을 가진 여성을 보부아르에게서 찾았다. 그들은 같은 고등사범학교에서 철학을 배우는 동급생으로 친하게 어울렸다. 사르트르는 니장, 마외[7]와 특히 친했고, 거기에 보부아르가 끼게 되자 모두가 보부아르에게 친절했다. 물론 니장도 마외도 이미 결혼한 상태였으므로, 결국 사르트르가 전적으로 보부아르의 상대를 해야 했다. 그러나 보부아르에게 '카스토르(Castor)'라는 별명을 붙여 준 사람은 마외였다. 보부아르를 영어식으로 옮기면 비버(Beaver)가 되는데, 이 비버를 다시 프랑스어로 바꾸면 '카스토르'가 된다. 사르트르는 평생 보부아르를 '카스토르'라 불렀으며, 첫 작품 《구토》에 '카스토르에게 바친다'고 헌사를 썼을 정도였다.

---

*7 René Maheu(1905~1975). 프랑스 철학자, 유네스코 6대 사무총장. 보부아르의 회고록에서는 앙드레 에르보(André Herbaud)라는 이름으로 등장한다.

보부아르는 자신의 작품《제2의
성》에서 그녀가 스스로의 근거로 삼
는 연애의 자세를 논하고 있는데, 그
모든 것은 그녀와 사르트르 사이
의 애정생활을 이론화한 것이다. 그
녀 연애론의 이상적인 모습은《제2
의 성》에서 스탕달이 로마네스크를
논한 부분에 집약되어 나타난다. 보
부아르가 스탕달을 높이 평가하는
이유는, 스탕달이 정열에서는 남녀
가 평등하다는 견해를 실천했기 때
문이다. 보부아르는 말한다. "여자를
가장 성실하게 생각한 시대는, 남자
가 여자를 동등한 존재로 여겼던 시

1924년(19세) 고등사범학교 시절의 사르트르

대이다. 여자를 하나의 인간적 존재로 인정한다고 하여 남자의 생활경험이 빈
약해지는 것은 아니다. 그것이 주체와 주체의 상호관계로 이루어진다면, 풍요로
움도 강함도 결코 잃지 않을 것이다." 또한 보부아르는 참된 정열을 개인의 자
유 한가운데에서 찾아야 한다고 주장했는데, 그 정열이 진정으로 자유로울 때
에만 자신을 높이고, 상대의 정열을 자유로운 것으로 높일 수 있다고 강조한다.
정열은 자유와 일치해야 비로소 본디의 것이 될 수 있다. "나의 자유를 순수하
게 보존하던 여성들이 일단 자신에게 어울리는 대상을 만나면 그 열정에 의하
여 영웅적으로까지 드높아진다."

또 한 가지 덧붙이자면, 보부아르의 자유에 대한 기투는 매우 정열적인 행위
였으므로, 자유란 단순히 이성적 인격의 만족에 지나지 않으며, 언제나 행복과
의 일치를 이상으로 여겼다는 점이다.

보부아르는《여자 한창때》에서, "나는 일생 나만큼 행복을 경험한 사람을 만
난 적이 없으며, 나만큼 완강하게 앞뒤 가리지 않고 행복을 향해 돌진해 간 사
람도 알지 못한다…… 만일 누군가 내게 영광을 제시했다고 해도 그것이 행복
을 희생시키는 일이라면, 나는 그 영광을 거부했으리라"고 했다. 이 보부아르의
자부심은, 지상에서 살아가는 자는 생명이 있는 한 지상의 모든 기쁨을 맛보

며, 내세의 행복 따위는 거들떠보지 않고 지상을 화려하게 장식하며 죽어 가는, 현세와 인간을 찬미하는 마음의 나타남이다. 한편 명예보다 행복을 중시하는 생각은, 보부아르 특유의 집착심과 여자의 솔직한 마음을 엿보게 한다.

보부아르는 문학적 명성을 얻었을 때 그 명예로 인한 기쁨보다, 그것이 계기가 되어 평상시에는 도저히 얻을 수 없는 교우관계를 얻은 기쁨이 더 컸다고 했다. 한편 사르트르는 보부아르와 조금 뉘앙스가 달랐다. 그는 일단 문학적 야심에 불탔고, 자신의 작품을 마음속으로 은밀히 미래의 문학사 속에 자리매김하고 있었던 것이다. 뛰어난 작품일수록 생전에는 크게 평가받지 못하다가 죽은 다음에야 비로소 명성을 얻는 것이라고 굳게 믿고 있던 사르트르는, 생각지도 못하게 빨리 찾아온 명성이 오히려 당황스럽고 불안했다. 명성을 얻었다는 것은 작품이 저속하다는 증거라고 생각했다. "단숨에 유명인, 그것도 파렴치한이 되어 버린 사르트르는 그동안 갖고 있던 야심을 뛰어넘고, 동시에 그것과 모순된 명성을 얻은 것에 불안을 품지 않을 수 없었다"고 보부아르는 말했다. 뜻밖에 찾아온 행운 덕분에 '죽음의 침상에서 영광에 둘러싸인 저주받은 시인' 이미지를 잃은 사르트르는 그 상실을 전환시켜 '일시적인 것 속에 절대성을 두자'고 결심한다. '자신의 시대에 갇힌 그는 영원을 물리치고 이 시대를 선택하여 시대와 함께 깨끗이 사라지는 길을 받아들였던' 것이다. 이 보부아르와 사르트르의 공통적인 태도는, 단순히 세속적인 영광과 명예에 머무르는 것이 아니라 그것을 언제나 인간적 충실로 뒷받침하고, 그 인간적 충실로 인해 지상과 현재를 긍정한다는 현세주의자의 자세이다.

그러나 자유로운 남녀의 두 주체가 때때로 일어나는 정열의 기투에서 애정의 나타남을 찾는다는 사르트르와 보부아르의 연애론은, 정념의 영속적인 공동체로서의 결혼이라는 형태를 거부하는 결과가 된다. 그들의 애정론은 이른바 영원한 연인을 추구하는 것이다. 자유로운 두 주체의 정열적인 기투가 이어지지 않으면 애정관계는 존재하지 않는다. 연애와 결혼의 양립은 불가능하다고 결론지은 그들의 애정론은 거짓으로 가득한 부르주아적 결혼제도에 대한 비판에서 시작되었다고는 하지만, 또한 그 점이 최대의 유일한 결점이다. 양성이 자유롭고 평등한 채로 하나의 공동체를 이루는 것은 정말로 불가능할까? 마르크스는 '개인적 현존(現存)에 있어서 인간이 동시에 공동적 존재가 되는' 관계를 남녀관계에서 인정했다. 결혼이라는 공동체가 그대로 각 개인의 독자성과 자유를 충족시킨다.

사르트르와 보부아르는 인간적으로도 학문적으로도 서로 친애의 정을 더욱 깊게 유지했다. 역 플랫폼에서 만나면 사르트르는 곧바로 보부아르의 손을 잡고, "나는 새로운 이론을 세웠어"라고 말했다.

1929년 어느 날, 그들은 영화를 보고 정원을 걷다가 루브르 박물관 한쪽에 있는 돌벤치에 앉았다. 사르트르는 "우리 2년 동안 계약결혼을 하자"고 제안했다. 2년 동안 파리에서 함께 살다가, 그 뒤에는 외국에서 직업을 구하든가 하여, 세계 어딘가에서 다시 만나서 한동안 공동생활을 한다. 보부아르는 이 제안

파리 발자크 동상 앞에서 보부아르와 사르트르 두 사람의 '2년간 계약결혼'은 평생 이어졌다.

에 찬성했다. 그리고 '만일 그가 22개월 뒤 정확하게 아테네의 아크로폴리스 위에서 오후 5시에 만나자고 했으면 정확히 22개월 뒤 오후 5시에 아크로폴리스 위에서 다시 만날 확신이 있다'고 생각했다. 보부아르는 '사르트르가 나보다 먼저 죽지 않는 한, 그에게서 내게로 어떤 불행도 올 리가 없다'고 생각했다. 이 계약결혼은 부르주아법의 관점에서는 정식 결혼으로 인정받지 못하는 것이었다.

1931년, 보부아르가 교직을 결정해야 할 때가 왔다. 근무지는 마르세유였다. 파리에서 800킬로미터나 떨어진 곳! 보부아르는 깜짝 놀랐다. 사르트르와의 이별을 각오해야 했다. 보부아르의 탄식과 매우 당황한 모습을 보고, 사르트르는 그들의 계획을 다시 한 번 검토하여 정식으로 결혼하자고 했다. 확실히 결혼은

그들의 주의에 반하는 것이었다. 그러나 사르트르는 마르세유행이 불안을 가져온 이런 상황에서 "주의를 위해 희생하는 것은 한심한 짓이다"라고 덧붙였다. 보부아르는 깊이 생각한 끝에 사르트르의 제안을 거절하고 계약관계를 계속 유지하기로 했다. 사르트르는 같은 해 북프랑스의 항구 마을 르아브르의 중등학교에 철학교사로 부임했다. 르아브르와 마르세유로 각각 임지는 다르지만 자주 만나서 함께 여행을 갈 수도 있을 것이다. 이렇게 그들의 '계약결혼'은 계속되었다. 사르트르가 세상을 떠날 때까지 50년이라는 오랜 세월 동안 이어졌다.

보부아르는 사르트르의 결혼 제안을 받아들이지 않은 이유에 대하여 다음과 같이 말한다. 주의와 뜻에 어긋날 뿐 아니라, "우리의 아나키즘은 낡은 절대주의자들의 것과 마찬가지로 견고했으며, 사회가 사생활에 개입하는(부르주아적 결혼제도에 속박된다는 의미) 것을 거부했다…… 독신은 우리에게 자연스러운 일이었다. 웬만큼 중요한 이유가 없으면 혐오스러운 사회의 여러 관습에 양보할 결심은 하지 않았으리라." 또한 "우리는 공동 습관으로 서로를 속박할 생각도 없었다"고 덧붙였다. 결혼에는 '가정적 의무, 사회의 보잘것없는 볼일'에 속박이 따른다. 그러나 보부아르에게 있어 그녀 자신의 자유를 지키려는 마음은 그다지 크지 않았다. 그것보다 보부아르는 사르트르가 여행·자유·청춘을 버리고 가장의 의무에 사로잡힌 생활을 할 수 있는 사람이 아니라고 생각했다. 사르트르가 '결혼한 남자들 속으로 편입되는 것은 포기를 의미하기' 때문이다.

사르트르의 발자취

1933년, 사르트르는 독일 베를린에 유학하면서 후설과 하이데거 철학을 공부했다. 특히 후설의 현상학을 공부하고 그 영향을 받으면서도 상상력에 관한 독자적인 연구를 진행했다. 1934년 유학을 마치고 르아브르로 돌아왔으며, 1937년 논문 〈자아의 초월성〉을 발표했다.

1938년에 소설 《구토》를 펴냈다. 이 소설의 출판 결정은 보부아르를 '기뻐서 펄쩍 뛰어오르게 한' 큰 뉴스였다. 1939년 제2차 세계대전이 시작되자 사르트르는 포병대 기상반으로 동원되었다. 1943년 대저(大著) 《존재와 무》를 펴냈다.

1944년 파리 해방. 1945년 교직에서 물러났다. 잡지 《현대》를 메를로퐁티, 장 폴랑, 레몽 아롱 등과 함께 펴냈다. 〈실존주의는 휴머니즘이다〉라는 제목으로 강연을 했다. 1946년 《유물론과 혁명》, 1947년 《문학이란 무엇인가》, 1948년 희곡《더러운 손》 등을 발표했다. 본디 1951년 무렵까지 사르트르는 유물론이나 마르크스주의 정당과는 선을 긋고, 그것과 다른 입장에서 비난하는 경향이 강했다. 개인적 자유와 역사적 현실이라는 이원론적 분열로 번민했다.

1952년 앙리 마르탱 석방운동, 유엔군사령관 리지웨이에 대한 반대시위, 공산당 부서기장 뒤클로 체포에 대한 항의운동, 이런 사건들을 통해 사르트르와 마르크스주의와의 관계는 조금씩 깊어져 갔다(앙리 마르탱 사건은 해군수병 앙리 마르탱이 인도네시아 전쟁을 반대하는 전단을 뿌려서

모리스 메를로퐁티(1908~1961) 프랑스의 철학자

금고 5년형을 받은 것이 발단이었다. 그 석방운동을 통해 사르트르는 공산주의에 접근하게 된다. 이 운동으로 마르탱은 특별사면을 받았다). 같은 해에 오랜 벗 알베르 카뮈와 논쟁했다. 여기서 그는 어디까지나 역사에 의하여 역사 속에서 투쟁하는 자세를 고수했다. 1953년 좌파 입장에서 우파를 공격하기 위해《공산주의자와 평화》를 쓰면서 마르크스주의에 더욱 깊이 접근하게 되었다.

1957년《현대》지에 헝가리 혁명 특집으로〈스탈린의 망령〉을 발표했다. 스탈린의 잘못을 지적하면서도 그로 인해 일어나야만 할 사회적 사정을 설명하며, "스탈린이 태어난 것은 나라의 내외적 정황의 요청에 의한 것으로, 사회주의의 편향이 아니라 어쩔 수 없는 우회이다"라고 맺었다. 이런 사르트르의 태도는 공산주의운동에 분명한 협력·참가의 자세를 보이며, 그 자세를 전제로 비판하는 입장을 취한 것이다.

알제리 독립전쟁에 대한 프랑스 정부의 탄압정책을 줄곧 반대해 온 사르트르는 1959년에 희곡《알토나의 유폐자들》을 발표하여, 관헌에 대한 항의와 동시에, 역사적 사건에 대한 개인의 책임 문제를 추궁했다.

1960년에는 《존재와 무》에 이은 두 번째 대저 《변증법적 이성비판》을 펴냈다. 1957년에 발표한 《방법의 문제》는 대저의 서설(序說) 형태로 책머리에 포함되었다. 사르트르는 이 서설에서 "마르크스주의는 우리 시대 철학이다. 그것을 낳은 정황을 여전히 뛰어넘지 못하고 있으므로, 마르크스주의를 뛰어넘을 수 없다"고 확실히 밝혔고, 오히려 "실존주의는 지(知)의 여백을 채우는 보조이며, 지의 밖으로 흘러나온 체계의 일부분으로 나타난다"고 규정했다. 단, 사르트르가 생각하는 의미에서의 "마르크스주의자의 지성이 스스로의 빈혈증을 인식하지 못하고, 그 지를 인간의 이해에 의거하지 않고 독단적 형이상학 위에 쌓아올리는 한, 실존주의의 탐구는 계속될 것이다"라고 했다. 그러나 반대로 "마르크스주의적 탐구가 인간학적 지(知)의 기초로서 인간적 차원(실존적 기투)을 채택하는 날부터, 실존주의는 더 이상 그 실존이유를 갖지 못하게 될 것이다"라고 단정했다. 그런 의미에서 《변증법적 이성비판》은 실존주의자 사르트르가 '시대의 철학' 마르크스주의와의 결합을 꾀한, 일생을 건 이론적 결산서라고 할 수 있다. '변증법적 이성'은 독단을 배제한 '전체화된 전체지(全體知)' 성립을 목표로 한다. 이는 동시에 사회와 개인 사이의 모순을 해소하고, 하나의 '전체화된 전체성'에 이르려는 시도이기도 했다.

물론 이 사르트르의 방대한 저서도 마르크스주의와 실존주의 각각의 입장에서 비판 대상이 되었다. 그렇지만 실존주의는 처음에 통일된 하나의 진리체계를 목표로 하지 않으므로, 이것 또한 하나의 실존주의라고 각각의 실존주의자가 자기 체계와의 구별을 명확히 하면 그것으로 끝나는 일이다. 그러나 하나의 과학적 진리라는 관점에 선 마르크스주의에서는, 처음에 사르트르의 마르크스주의 이해 자체가 정당한지 아닌지부터 먼저 검토해야 했다. 하지만 사회주의 사회의 발전 및 세계의 민주적 자세 증대라는 현 상황에서는 집중적 민주주의의 고도 발전 성장이 시대의 과제가 되고 있다. 매우 고도로 발전한 민주주의의 존립이 혁신 진영 내부에도 강하게 바라게 되었다. 조직의 집중화된 발전이 동시에 조직에 속한 개개인의 능력을 전면적으로 꽃피우고, 공유된 사회의 부가 개인의 전면적 발달이라는 형태로 분할 소유되어야 한다는 점, 과학적 진리의 판단을 둘러싼 활발한 토론의 자유가 보증되어야 한다는 점이 시대의 요구가 되었다. 이런 단계에서 사르트르가 내세운 개인과 집단론은 각각의 비판을 전제로 한 다음에 올바르게 검토되어야 한다.

1964년 노벨문학상 수상자로 사르트르가 선정되었으나 그는 이를 거부했다. 거부 이유는 다양하게 해석할 수 있다. 만일 알제리 전쟁에 반대하는 공동 노력에 대한 평화상이었으면 받았을지도 모른다. 그러나 개인에게 주는 문학상의 성격도 그렇지만, 노벨상 자체가 이미 서유럽 일변도로 공평성을 잃어버렸기 때문이다. 사르트르는 사실 노벨문학상이 서유럽 작가를 우선하는 것을 비난하며 스웨덴의 기자에게 분명하게 "더욱 좋은 것의 승리, 즉 사회주의의 승리를 기대합니다"라고 대답했다. 또한 사르트르가 몰두하던 일의 특성상, 더 이상 노벨상이 대수롭지 않게 보였을 수도 있다. 그러나 무엇보다 사르트르의 참뜻은 세상의 영광보다 개인적인 충족을 중요시하는 사르트르=보부아르적 생활태도를 밝혔다고 생각한다. '노벨문학상 수상자 사르트르'보다 '그냥 사르트르' 쪽이 자신에게 어울린다고 생각했을 것이다.

1966년, 사르트르는 버트런드 러셀이 제창한 베트남 전쟁범죄 국제법정에 참여하여 대표로 비판했다. 그리고 한평생 평화와 사회주의 입장을 끝까지 밀고 나갔다.

사르트르와 보부아르의 생활은 금욕적 극기주의와는 거리가 먼 간소한 것이었다. 현세주의자의 인생에 대한 기대가 가장 본질적인 인간적 충실이라는 점에 집중되면, 현세를 외면적으로 장식하는 재산이나 영광은 무용지물이 된다. 개체의 충실과 행복을 중시하는 모차르트적인 현세 긍정의 생활이 여기에 있다. 나의 자유를 보장하는 주거와 약간의 여행. 물론 사르트르·보부아르의 사상이 개체적 기투에 거는 기대가 지나치게 컸다고 평가되는 것도 사실이다. 그러나 마르크스주의가 어떻고 실존주의가 어떻고 하는 논의는 일단 제쳐두고, 노년에 이르기까지 끊임없이 개체로서의 자기 개발에 힘쓴 그들의 생활방식은 한 개인이 쌓아올리는 생애의 한 전형을 제시하고도 남는다. 1980년 4월 15일 75세 나이로 그는 파리에서 세상을 떠났다. 뒤이어 1986년 4월 14일 보부아르도 파리에서 세상을 떠났다.

사르트르 사상

명석한 무상성

철학적 사생아

죽은 자의 아들

1905년에 태어난 사르트르는 태어난 지 15개월 만에 아버지를 여의었다. 해군 기술장교였던 아버지는 아들에게 "해군은 되지 말라"는 유언을 남겼을 뿐이다. 따라서 사르트르는 아버지에 대하여 아무것도 모른다. 사르트르는 태어날 때부터 이미 '죽은 자의 아들'이었던 것이다.

사르트르는 자신의 출생을 비평하며, 자신을 '죽은 자의 아들'보다는 오히려 '기적의 아이'라 부르는 쪽이 더 알맞다고 말했다. 아버지의 죽음, 그리고 아버지 없이 유년기가 형성된 남자에게 대체 무엇이 '기적'이었단 말인가. 아버지의 죽음은 그를 지배하고, 그에게 명령을 내리는 절대적 질서나 권위에서 그를 해방하여 '어머니를 쇠사슬로 묶고 나(사르트르)에게 자유를 주었던' 것이다. 아버지가 죽자 어머니 안마리(Anne-Marie)는 친정으로 돌아가 가정부·간호사·요리사 같은 일을 옮겨다녀야 했다. 한편 외할아버지에게 맡겨진 사르트르의 역할은 '자유'였다. 어떤 것에도 직접적으로 지배받지 않아도 된다는 '기적'은 사르트르의 아버지가 일찍 세상을 떠났기 때문이다. 세상의 아버지들은 사회의 질서와 권위를 가르치고, 그 질서와 권위에 복종하는 것으로 아들의 인생 수업을 시작한다. 그리고 아들은 아버지와 그가 속한 사회에 반항하며 스스로 입법하는 세대가 되어 비로소 '남자가 되는' 것이다. 그러나 사르트르에게 이런 복잡한 단계론이 필요없었다. 기적적으로 사르트르는 자유와 함께 태어났던 것이다.

"나는 초자아(프로이트의 정신분석학 용어로 개인을 규제하는 사회의 명령 규범을 말한다. 유년 시절 부모를 통해 이루어진다)를 갖고 있지 않다"고 사르트르는 말했다.

믿기 어려울 정도의 나의 가벼움은 틀림없이 기적적인 출생에서 비롯한다. 나는 복종이라는 것을 배우지 않았으므로, 웃거나 웃기며 명령을 내린 적밖에 없다.

명령과 복종은 하나다. 어떤 것에도 복종할 줄 몰랐던 사르트르는 남에게 명령하는 것에도 관심이 없다. "나는 지도자가 아니며, 지도자가 되기를 바라지도 않는다." 복종에서도 명령에서도 자유로운 신비한 '가벼움', 여기서 성인이 된 사상가 사르트르의 한 원형을 찾을 수 있다.

저주받은 자유

어린 사르트르는 자유였다. 그러나 이 기적적인 자유는 뼈아픈 대가 위에 이루어진 것이었다. 아버지를 여읜 아이는 가정부로 전락한 어머니와 함께 남의 집에 맡겨졌다. 확실히 사르트르는 자유롭게 마음대로 할 수 있었다. 하지만 그 자유는 얹혀사는 집, 자신을 받쳐 주는 장소를 갖지 못했다. 사르트르와 그의 어머니는 '한 번도 자신들의 집을 가져본 적이 없었다.' 60세를 넘긴 사르트르는 어느 날 레스토랑에서 주인의 일곱 살 아들이 출납 담당 직원에게 "아버지가 없을 때는 내가 주인이야!" 외치는 소리를 들었다. 사르트르는 자서전에서 그때의 감상을 아주 간절하게 회고했다. "그야말로 어엿한 남자였다. 그만한 나이에 나는 누군가의 주인이지도 않았고, 내 것을 가져본 적도 없었다. 내가 가끔 신이 나서 떠들면 어머니는 '조심하렴. 여긴 우리 집이 아니란다'라고 속삭였다."

사르트르의 자유는 태어날 때부터 저주받은 것이었다. 어린 사르트르는 마음대로 다닐 수 있지만 돌아갈 항구가 없는 유령선과 닮았다. 누구나 모두 이 세상에 저마다의 장소를 갖고 있는데, 자신만이 '외톨이'가 되어 자신의 존재 이유를 잃고 말았다. 사르트르는 '질서 잡힌 이 세상과 다른 이상한 자신의 존재를 부끄럽게' 생각했다. 만일 아버지가 살아 있었으면 어린 아들은 스스로 이 '질서 잡힌 세상'의 일원으로서의 존재권을 몸에 익히고, 질서는 그의 안에 깃들었을 것이다. 아버지의 사상을 자기 사상으로 삼고, '그의 무지(無知)까지도 자신의 지(知)로 여기며' 순수한 한때를 보낼 수 있었을 것이다. "아버지가 살아 있었으면, 나에게 지속적인 집착심을 심어 주었을 것이다." 사르트르는 회상한다. 확실히 어린 사르트르는 물질적으로도 아무런 불편 없이 자랐다. 그러나 무엇 하나 '자신의 것'이라고 할 수 있는 것은 없었다. 원하는 것은 무엇이든 '빌려야' 했다. 그는 '아버지의 직업을 이어받은 후계자'도 아니며, '재산을 맡은 사람'도 아니었다. 일반적으로 세상의 재산은 소유자에게 '그가 어떤 사람인가'를 나타낸다. 하지만 아버지도 없고 재산도 없고, 일상품 소유에서도 단절된 존재는 '아무도 아닌 존재'에 지나지 않았다. 어린 사르트르의 자유는 텅 빈 자유일 뿐이었다. 사르트르는 자신을 세상의 질서에서 볼 때 '외톨이'로 느끼고, 자신의 자유를 돌이켜보며 '추상적 존재'에 지나지 않다고 느꼈다. 어린 사르트르는 자유로 가득 찼지만, 그 자유는 존재를 갖지 않았다. 자유는 존재에서 소외되어 있었다.

자유와 존재

어떤 것에도 구속받지 않는 것은 어떤 것에도 소속하지 않는다. 그 자유는 존재를 갖지 못하며 실속 없이 헛된 것이다. 사르트르는 1941년에 자신의 이 체험을 희곡《파리 떼》의 주인공 오레스테스의 성격으로 그려냈다. 사르트르와 마찬가지로 어려서 아버지를 여읜 오레스테스는 모국에서 멀리 떨어진 곳에서 성장한다. 그의 하인이자 가정교사는 그를 무엇에도 얽매이지 않는 자유인으로서 인생을 즐길 수 있도록 가르쳤다. 가정교사는 오레스테스를 "훌륭한 청년, 부자에 아름답고, 노인처럼 사려 깊고, 온갖 얽매임과 신앙에서 벗어나서, 집도 없고, 조국도 없고, 종교도 없고, 직업도 없고, 모든 숙명에서 자유로우며, 결코 스스로를 구속하지 말아야 한다는 것을 알고 있는 출중하신 분이다"라고 평가한다. 그러나 오레스테스는 자신의 상태에 만족하지 못한다. 자신의 자유는 '바닥에서 3미터 위에 떠 있는 거미줄 같은 자유'에 지나지 않는다. '나는 한 가닥 줄의 무게밖에 없으며, 허공 속에 살고 있다. 나는 자유다. 그러나 나의 영혼처럼 완벽한 부재가 또 어디 있을까' 하고 생각했던 것이다.

나는 존재하지 않는다. 나는 봄 안개 같은 망설임 속에 드물게 망령 같은 사랑을 경험했으나, 살아 있는 인간의 정열은 모른다. 나는 남에 대해서도, 나 자신에 대해서도 이방인으로서 마을과 마을을 떠돈다. 그리고 마을은 나의 뒤에서 조용한 물처럼 다시 닫힌다.

오레스테스는 자신의 자유를 결코 '한탄하지는 않지만', 한편으로는 텅 빈 자유에서 벗어나 비록 구속되고 신변에 위기가 닥치더라도, 자신의 '자유'와 '존재'의 단층을 메우고 사회에서 '없어서는 안 될 존재'가 되기를 원한다.

만일 설령 죄악을 범한다 하더라도 그들과 같은 시민의 권리를 얻을 수 있는 행위가 있다면……

자유와 존재의 어긋난 현상을 메우는 일, 그것은 오레스테스의 바람이자 어린 사르트르의 바람이었을 뿐 아니라, 사상가 사르트르의 일생을 건 최대의 주제이기도 했다. 사르트르는 자유와 존재라는 주제를 추구하며 고군분투하고 다양하게 변모하여, 그 둘의 통일을 찾아 마르크스주의에까지 접근한다. 사르트르의 생애는 '자유와 존재' 사이의 대립과 통일의 역사다.

연극
그럼 어린 사르트르가 할 수 있었던 가장 큰 행동은 무엇이었을까? 그것은 존재와 자유가 일치한 척을 하는 일, 연극 같은 연기로 거짓 존재극을 열렬히 연기하는 것이었다. 존재의 세계에서 쫓겨난 아이는 존재의 세계에 사는 어른들이 시선을 뗄 수 없는 대상이 되고자 생각했다. 언제나 어른들 시선의 대상이 되어, 관심을 쏟아부을 수 있는 역할을 연기하는 것이었다. "맡겨진 유일한 일은 남의 마음에 드는 것이었으며, 남들이 나를 보게 하기 위한 연기를 계속하는 것이었다. 행동은 연극 동작으로 바뀌었다." 고독하고 텅 빈 영혼은 그의 익살맞고 재미있는 연기 덕분에 인기인이 되었고, 언제나 무대의 가운데에 있었다. 완벽하게 시선의 대상이 됨으로써 그 대상이 가리키는 인간상, 영리하거나 착한 아이라는 인물의 존재와 하나가 될 수 있다. 배우는 자신의 자유를 버리고 완전히 햄릿에 몰입하면, 햄릿으로 존재하게 된다. 또한 어른들의 시선을 통해 어른들의 세계에도 소속될 수 있다. 어른들의 시선 앞에서 사르트르는

'모범적인 손자'라는 역할을 연기했고, 이 '가짜 역할'의 열연을 통해 어른들의
세계에 소속될 수 있었다.

나의 진실, 나의 성격, 나의 이름도 어른들의 손안에 있었다. 나는 그들의
눈을 통해 자신을 보는 법을 배웠다. 나는 어린아이였지만, 어른들이 그들의
시선으로 만들어 낸 괴물이었다. 어른들은 그 자리에 없을 때조차도 빛과
같은 시선을 남겨 두었다. 나는 이 시선을 통해 달리고 뛰어다녔다…….

사생아

아버지 없는 아이의 가짜 연기, 어른들과 어린 사르트르의 이 '신성한 계약'
은 사실 언제 무너질지 모르는 불안정한 것이었다. '가장 나쁘지만 어른들이
서툰 연극을 하고 있는 것은 아닐까?' 하고 어린 사르트르는 의심했다. 어른들
은 다만 장단만 맞춰 주고 있는 것이 아닐까? 사실 어른들은 진짜 목소리로
돌아가면 "꼬마야, 할 이야기가 있으니 저쪽에 가서 놀려무나"라고 간단히 연
기를 그만두었다. 또한 사르트르의 마음속에 '나는 사기꾼이다'라는 확신이 나
타나기 시작했고, 이 '투명한 확신'이 '모든 것을 망치고' 말았다. 결국 어린 사
르트르는 존재에서 추방되었다. 존재에 적(籍)을 두지 못하는 아이는 이른바
철학적 의미의 '사생아'였다.

'사생아'는 존재와의 단절과, 자기 연기의 무익함과 사기성을 충분히 이해하
면서도 그 무익한 연기를 계속할 수밖에 없다. 사르트르는 재미있는 예를 들어
이 관계를 설명했다. 부정 승차한 남자에게 검표하던 차장이 "표는 어딨소?"라
고 묻는다. 자신에게 표는 없다. 즉 정당한 존재증명서를 갖고 있지 않다. 그러
나 남자는 순간 개인의 자유와 상상력을 모조리 발휘하여 어떤 연기를 생각해
낸다. "사실은 국가의 중요한 극비 용건으로 여기 있소. 다시 생각해 보시오. 나
를 내리게 하면 국가의 질서를 혼란에 빠뜨릴지도 모르오." 차장은 침묵한다.
차장은 그 남자의 설명을 믿지 않을 것이다. 그 또한 자신의 거짓말을 믿지 않
는다. 그러나 자신이 이야기를 계속하는 한, 차장은 자신을 내리게 하지는 않
을 것이라는 확신이 있을 뿐이다. 존재의 정당한 존재 이유에 맞서는 이 상상
력과 자유의 오만함을 보면 자만심이 매우 강하다고 생각할지도 모른다. 사르
트르는 말한다.

그렇지 않다. 내게는 아버지가 없었다. 아비 없는 아이로서의 나는 오만함과 비참함으로 가득했다.

나는 일찍이 학생시절에 가짜 학생과 친구를 사귄 적이 있다. 그 남자는 학생이라 속이고 아르바이트를 하면서 생계를 꾸려나갔고, 학생운동이나 학교 축제 같은 요소요소에는 반드시 참석했다. 누구보다도 유창하게 논쟁하고, 누구보다도 흥미로운 화제가 풍부했다. 모두가 싫어하는 허드렛일을 떠맡았고 우정을 소중히 했다. 그러나 어느 날 그는 어느 학부 어느 학과의 명부에도 있지 않은 인물임이 밝혀졌다. 우리는 모두 평소의 그를 떠올리며 굳이 말을 꺼내지 않고 그대로 생활했다. 하지만 언제부턴가 그가 논쟁과 활동을 하면 할수록 우리는 그의 웅변과 활발함을 가만히 바라보게 되었다. 우리 시선이 하나로 뭉친 것을 누구보다도 빨리 알아챈 것은 아마도 그 자신이었을 것이다. 어느 날을 경계로 그의 존재는 홀연히 사라졌다. 그리고 아무도 두 번 다시 그를 보지 못했다. 아마도 그는 어딘가 다른 대학으로 옮겨 갔을지도 모른다. 그러나 몇 번씩 대학을 옮겨 다녀도 그의 존재는 결코 학생증과 일치할 수 없다. 그의 웅변도 그의 활발함도 영원히 그곳에는 있지 않은 상태다. 우리는 왠지 모를 씁쓸함을 느꼈고, 동시에 그에 대하여 일시적으로나마 품었던 우리의 우정을 떠올리면 그가 가엾고 비참하게만 생각되었다. 그는 아마도 학문에 대한 의욕과 동경을 가졌다기보다, 학생이라는 존재에 이르고 그 존재끼리의 참된 사귐을 나누고 싶다는 바람에 불탔을 것이다. 하지만 그의 웅변도 기지도, 우정도 그에게 정식 자격을 주지 못했다. 그의 자유는 연기를 위한 자유이며, 그의 연기도 그에게 존재를 부여하지 못했다.

이 적(籍) 없는 자유로운 존재자, 어린 사르트르는 자라서 지식인이 되었다. 이 존재자는 현존하는 부르주아 사회에 속하면서 그 사회의 가치를 인정하지 않는다. 대립계급 프롤레타리아트의 관점에서 보려 하지만 그 계급의 일체감에도 어울리지 못한다. 양쪽에 속하지만 그 어디에도 소속함이 없다. 이 이상한 형태로 자유로운 존재는 자신의 존재에서 분리되어 있다. 그가 존재의 적(籍)을 잃은 '사생아'라는 것은 단순히 호적상의 문제가 아니라, 반(半)부르주아에 반(半)혁명가라는 이 괴물의 존재양식에 관한 문제인 것이다.

여기서 사르트르 철학의 최대 문제인 자유와 존재의 불일치, 의식은 자기 자신과 일치하지 않는다(의식은 그것이 없는 것이지, 그것이 있는 것이 아니다)는 문제와 어떻게 대결하는가라는 과제가 생겨난다. 의식은 언제나 자기 자신의 존재에서 흘러내린다. 개인은 먼저 자기 자신의 존재를 분명히 해야 한다. 따라서 사르트르 철학은, 끊임없는 자기 분단으로서 자신의 사생아성 조건을 도피하지 않고 직시하는 것부터 시작한다. 게다가 어떻게 하면 자유를 잃지 않고, 자유를 유지하면서 동시에 자기 자신의 존재를 얻을 수 있을 것인가. 사르트르 철학은 제기된 두 개의 상—자유와 존재, 사실성(거기에 있는 것)과 초월성(무언가 되기 위해 자신을 만드는 능력)의 짜맞춤을 얻으려는, 성공을 기대하기 어려운 헛된 기투로 결실을 맺는다.

무신론적 실존주의

사르트르의 세대

로맹 롤랑이 다가오는 파시즘의 위협에 대항해서, "우리는 평화를 바란다. 참된 평화는 사회조직의 변혁 없이는 이루어질 수 없으며, 안정될 수도 없다. 혁명으로 평화를 얻자!"라는 감동적인 호소를 발표한 것은 1935년이었다. 히틀러의 군대가 폴란드 침입을 시작한 것은 1939년 9월 1일이었다.

사르트르가 문필활동을 시작한 것은 대략 1935년 전쟁 후였다. 그리고 얼마 지나지 않아 제2차 세계대전에 휘말렸다. 사르트르는 스스로를 주로 전후 작가로 자리매김하고 있지만, 실제로는 전쟁 전부터 글을 쓰기 시작했고, 전쟁 체험으로 인해 커다란 사상적 변화를 경험한 세대였다. 사르트르가 최초의 소설 《구토》를 완성한 것은 1936년이었다. 그러므로 정확히 말하자면 사르트르는 전쟁 전에 성인이 된 마지막 세대이자 전쟁과 전후를 경험한 첫 세대였다고 해야 할 것이다.

그럼 사르트르에게 '전쟁 전의 세대'란 어떤 세대였던 것일까? 사르트르는 《문학이란 무엇인가》의 마지막 장에서 제2차 세계대전 이전에 글을 쓰기 시작한 세대를 초현실주의의 주된 구성원으로 내세우고 있다. 물론, 전쟁 전 작가와 초현실주의를 똑같이 다룰 수는 없지만, 어떤 공통성을 인정할 수는 있다. 사르트르에 따르면 제1차 세계대전과 제2차 세계대전의 사이에 위치하는 이 세대는 사회 질서에 대한 반항과 부정의 정신을 기본으로 하고 있다. 제1차 세계대전이 갖는 부조리를 경험한 그들은 부르주아 사회의 공리주의적 사회 질서에 반항하는 것만이 아니라, 부르주아적인 자아, 공리적인 기획을 행하려는 의식까지도 부정하고 부수려 했다. 초현실주의는 이렇게 해서 객관적인 질서를 부수고, 그 질서에 따르는 의식도 부수고, 그 부숴진 주관 속에서 무의식의 충동을 발견하려고 했다.

이런 초현실주의적 주장은 보통의 공리적인 유대, 이미 이루어진 습관을 거부하는 것만이 아니라, 일반적인 보통의 사고방식과 일상 의식

로맹 롤랑(1866~1944) 프랑스의 소설가·극작가·평론가. 《장 크리스토프》(1915)로 노벨문학상 수상.

의 자세를 부정하는 두 가지 자세로 일관하고 있었다. 이런 두 가지 자세에서 사르트르와 공통된 경향을 느끼는 것은 분명히 가능하다. 하지만 사르트르와 초현실주의는 다음과 같은 점이 서로 다르다. 초현실주의는 다만 부정만 할 뿐, 건설할 만한 적극적인 제안을 무엇 하나 가지고 있지 않았다. 주관과 객관 둘 다를 부정하며 그 두 가지를 교차시켜 '혼합'시킬 뿐, 조금도 '종합'하려 하지 않는다. 그러므로 초현실주의자의 부정은 아무것도 낳지 않는다. 사르트르는 초현실주의를 비판하며, 그저 '불가능'을 꾀하는 데 지나지 않는다고 말하고 있다. 그들은 '실현 불가능한 탐구로 인해 일어나는 짜증과 긴장'에 취해 있을 뿐이었다.

무상성(無償性)

그러므로 전쟁 전의 작가 사르트르는 의외로 초현실주의와는 거리가 멀고, 오히려 제1차 세계대전 이전의 작가(상징주의에서 '지드'까지)에 가깝다. 초현실

주의와 일치하는 것은 그 파괴성의 측면뿐이고, 적극적인 면은 오히려 제1차 세계대전 전의 작가에 가깝다. 사르트르는 "상징주의 이후 20년 동안, 작가는 예술의 절대적 무상성(無償性)에 관한 의식을 잃어버린 적은 없다"고 말한다. 곧 제1차 세계대전 작가의 주요한 테마는 '예술의 무상성' 또는 '아무 보상 없는 자유'(지드)였다.

일부러 파괴할 것까지도 없이 출생에서부터 일반적인 유대가 모자란 '아버지 없는 아이'로 태어난 사르트르는 무엇을 위해서도 아니고, 특별한 이유도 없이 늘 붙어다니는 '자유'와 함께 성장했다. 반면 19세기 말 인상파 예술가, 상징주의 시인들은 현존하는 사회 질서로부터 도망쳐 자기 생존의 안정을 걸고서라도 사회 바깥의 경지에 자유롭게 자족하는 개인생활을 세우려고 했다. 발광과 퇴폐의 아슬아슬한 경지에 쌓은 개인주의는 자유롭다 해도 그 자유에는 아무 이유도 없고, 무엇을 위한 자유인가라는 질문에 대답도 없는, 아무 보상 없는 자유였다. 이런 예술가들은 타히티섬으로 도망치거나 아프리카에서 객사하고, 어떤 이는 알코올 의존증으로 매춘부의 집에서 숨졌다.

그런데 이 세기말적 시인의 전통을 이어받은 그다음 세대, 즉 제1차 세계대전 전에 글을 쓰기 시작한 세대의 특징으로, '저술을 판 것과는 완전히 별개로 자신의 재산 대부분을 끌어냈다'는 점에서 찾을 수 있다. "앙드레 지드와 프랑수아 모리아크는 땅을 갖고 있었고, 마르셀 프루스트는 이자생활자였다. 앙드레 모루아는 실업가 집안 출신이었다. 조르주 뒤아멜은 의사였고, 쥘 로맹은 대학교수, 폴 클로델은 외교관이었다." 그들은 일상생활에서는 훌륭한 부르주아적 공리주의 세계에서 생활한 반면, 예술세계에서는 이 위대한 여가생활이 가지는 예술적 무상성을 충분히 만끽했다. 그러나 언제부터인가 철학적 사생아라는 숙명을 가진 사르트르와, 미친 듯이 날뛰며 자유를 추구했던 인상파 시인, 이자생활자 등 매일의 조건을 가지고 아무 보상 없는 예술성을 추구하는 제1차 세계대전 이전 작가들은 형태는 달라도 어떤 공통된 점, 의미도 목적도 없는 자유를 추구하는 그 무상성에 있어서 공통적으로 일치하는 부분이 있었다.

사르트르의 문학적 출발점은 이렇게 갖추어졌다. 남아도는 자유를 가지고 무엇에도 속박받지 않는, 그러나 전심전력을 다할 만한 무언가도 갖지 않은 불안과 권태로 가득 찬 존재. 로맹 롤랑이 파시즘과의 싸움을 시작한 뒤 15년간 자기 자신과 마르크스주의 사이에서 격투만을 경험한 것과 같은 시기에, 사르트르는 "무엇을 위해서도 아닌 자유를 지긋지긋해 하며 무의미한 것의 존재 이유는 무엇인가?"라고 묻고 있었다. 그러나 얼마 지나지 않아 파시즘의 돌풍은 사르트르에게도 다가왔고, 개인의 가치는 잠시도 지탱할 수 없게 만드는 전쟁이 바로 코앞에 다가와 있었다. 그때가 되자 훌륭한 무상의 자유는 한순간에 쓰고 떫은 것으로 변했고, 속박의 의미를 흠씬 맛보고 있었다. 물론

앙드레 지드(1869~1951)　프랑스의 소설가. 노벨문학상(1947) 수상.

사르트르는 이렇게 추격해 오는 속박의 발소리를 불안한 예감으로서 알고는 있었다. 1937년에 발표된 단편 《벽》에서 사르트르는 붙잡힌 자들에게도 다시 자유가 있을까, 극한의 상황 속에서 인간의 자유 본디의 모습이란 어떤 것인가를 자문하고 있다.

　사르트르의 문학적 출발은 불안으로 가득 차 있었다. 우선 의미도 없는 우연한 존재인 자기 자신의 존립 자체가 불안했다. 다음으로 불안한 자유를 만끽하면서도 언제 사회의 압력이 침입해 올지 알 수 없어, 그 침입에 자신은 어떻게 대처할 것인가, 그 태도 자체가 아직 아무것도 결정되어 있지 않았다. 마침내 오는 어떤 속박(전쟁)과 다시는 잃어버릴 수 없는 자유 사이에서, 지금 당장 정할 필요 없는 태도를 보류한 채 여전히 그저 자유스럽기도 했고, 따분하기도 했으며, 불안하기도 했다. 그 훌륭한 지드 같은 무상의 자유도 지금은 그 빛을 꽤나 잃어버려서 우물쭈물 결정할 것처럼 하면서 결정하지도 않고, 자유로우면서도 권태감에 젖어 있었다. 그리하여 아무런 보상이 없으면서도 위기감에 떨고 있는 무위와 결단 없는 자유로 변해 버렸다. 다만 한 가지 사르트르에겐 어떤 강한 태도가 전제되어 있었다. 자신의 자유를 있는 그대로 바라보며

〈멜랑콜리아〉 알프레드 뒤러의 동판화, 1914.

그 상태를 명석하게 의식하고 의식의 출발점이 되는 확실한 것을 탐색하려는 의지가 바로 그것이다. 근대의 철학은 "나는 생각한다. 그러므로 나는 존재한다"라는 데카르트의 자아, 사유하는 주관이라고 하는 의심할 수 없는 확실한 것을 탐색하는 것에서부터 시작되었다. 사르트르는 이 프랑스 철학의 전통을 이어받으면서 데카르트적 자아 자신도 비판·음미하며, 반성이란 형태를 취한 데카르트적 자아상보다는 좀더 확실한 존재로서 '비반성적 의식'이라는 원칙을 이끌어 내고 있다. 사르트르 문학의 출발점을 한마디로 표현한다면 명석한 무상성이라고 할 수 있다.

금리생활자

사르트르는 1938년에 첫 출판 작품으로 소설 《구토》를 펴낸다. 이 작품은 주인공이 자기 존재의 무상성(無償性)을 깨달아 가는 과정을 일기체 수기 형식으로 추적한 것이다.

주인공 앙투안 로캉탱은 올해 30세로 1만 4400프랑의 연금을 가지고 매일 1200프랑의 이자를 받으며 정해진 직업 없이 드 롤르봉이라는 18세기 음모가에 관한 역사연구로 시간을 보내고 있다. 이 젊은 이자생활자 로캉탱은 정신적 자유의 무상성과 의식의 명석함을 차고 넘칠 정도로 가지고 있으나, 이는 과잉 속에서 지겨움을 느끼던 사르트르 자신의 자아상이기도 하다. 로캉탱은 이렇게 쓰고 있다.

나는 자유롭다. 왜냐하면 어떤 살아갈 이유도 내게는 이미 남아 있지 않기 때문이다. 내가 모색했던, 삶을 위한 이유는 이미 모조리 내다버렸다. 그리고 이제는 다른 이유를 상상할 수 없다. 나는 아직 젊고, 다시 시작할 수 있는 힘도 충분하다. 하지만 무엇을 다시 시작하면 좋을지 모르는 것일까?

나는 지루해하고 있다. 그것뿐이다. 때때로 눈물이 뺨을 흐를 정도로 크게 하품한다. 그것은 매우 깊은 권태감이다.

로캉탱은 '혼자여서 자유롭다. 하지만 이 자유는 죽음과 조금 닮아 있다'고 생각한다. 이 이유도 없는 자유 과잉은 죽음과 조금 닮아 있다고 해도, 로캉탱은 이 자유를 버리고 직업을 가져서 일에 속박당하는 것을 거부한다.

나는 아무것도 하고 싶지 않다.

날마다 자본주의 사회의 일에 쫓겨, 남이 정해 놓은 스케줄, 정해진 코스를 가지 않으면 안 되는 직업인의 생활은 분명 비참하다. 만일 이 공리주의적 윤리로 굳어진 생활에 만족하고 습관이 바뀌지 않는다고 믿으며 자연이 변하지 않는다고 생각해서 사무실에서의 출세만을 바라는 인종이 있다면, 그들은 확실히 '밥벌레'에 지나지 않는다. 그러나 자본주의적인 직업의 '밥벌레'의 성격을 충분히 알면서도, 일하지도 않고 생계를 설계하는 것도 불가능한 사람들의 존재를 어떻게 생각해야 할까? 게다가 이자생활자 로캉탱에게 있어서 일하는 사람들의 생활은 '수도꼭지 안을 흐르는 길들여진 물, 스위치를 누르면 전구에서 용솟음치는 빛'처럼 '하루에 백 번 이상을 정해진 부동의 법칙을 따르고 있는' 존재로밖에 보이지 않았다. 어느 날 로캉탱은 언덕 위에서 자신이 사는 상업도시를 내려다보다가 '나는 그들로부터 얼마나 멀리 있는가!' 느끼게 된다.

로캉탱에게 있어서 일상의 일이나 세계는 아무런 가치도 없는 사물들의 세계로밖에 보이지 않았다. 무가치, 즉 인간 주체의 자유에 상관없는 (로캉탱은 그렇게 생각했다) 사물들의 공리적·도구적 관계가 일상생활을 뒤덮고 있다. 일상의 우리들은 사물의 참된 존재는 무엇일까를 생각하지 않고, 다만 그것이 무엇에 쓰는 것인지 그 사물의 용도, 그 사물의 유효성만을 생각한다.

사물을 바라볼 때조차 이것이 존재하고 있는 것이라고는 생각하지 못했다.

로캉탱에게 있어서 "사물은 장치처럼 보였다. 사물을 손에 쥐면 그것은 도구의 역할을 다했다." 사물 세계를 모두 이런 도구적인 수단 관계로 생각해 버리는 로캉탱은 이미 사물 세계의 합리적인 관계의 가치를 믿지 않고 있었다. 로캉탱은 이 공리주의를 싫어하여 사물 세계의 습관으로부터 자유의 몸이 되어 무위 무상의 생활 속에 틀어박히려 했다.

여기에 '이자생활자' 로캉탱의 실태가 있다. 그의 무상성을 지탱하는 것은 매일 지불되는 금리밖에 없었다. 결국 이자생활이 보장했던 매력은 마법의 매력이나 다름없다. 생활에서의 창조, 일 속에서 자유를 확립하지 못하는 한 영원히 계속되는 매력은 얻을 수 없다.

《구토》

"무언가가 내 안에서 일어났다"는 말로 소설 《구토》는 시작된다. '변한 것은 나'일까, 그렇지 않으면 변한 것은 '이 방, 이 거리, 이 자연'인 것일까? 아니, '변한 것은 나 자신이다'라고 그는 생각한다. 세상에서 '변한 것은 아무것도 없다'고 주인공은 계속한다. 이 주인공에게는 닥쳐오는 전쟁의 불안함도 없고, 국제 정세의 변화도 눈에 들어오지 않는다. 세상에는 무엇 하나 변한 것이 없고, 변한 것은 나뿐이다. 그리고 이 변화는 뭐랄까 "병든 것 같은 상태에서 찾아왔다." ……

세상은 아무것도 변하지 않았는데 나는 변했다. 내 의식이 변하였다. 서서히 조금씩…… 그러자 의식의 변화에 따라 세상의 모습도 조금씩 미끌미끌하게 변하여 간다. 예를 들어 손에 있는 컵을 바라보라. 물을 마시는 도구로서 몇 년이나 별로 신경 쓰지 않고 사용해 왔던 컵. 그러나 로캉탱의 의식이 '병든 것처럼' 바뀌어 가자, 전체가 물 밑으로 서서히 떨어져 가는 것 같다고 느낀다. 30분이나 컵을 바라보던 로캉탱의 눈은 '물고기 같은 눈'으로 바뀌어 간다. 마침내 이 투명한 물체는 무엇인가, 의미도 없는 요철, 표면의 흠, 반사하는 빛과 그림자, 어렴풋해지는 내부…… 이 오브제는 무엇일까?

사르트르는 1933년 베를린에 가서 후설의 철학을 연구했다. 후설의 철학은

'현상학'이라고도 불리며 그 기본적인 명제로서 "의식이란 무언가의 의식이다"라는 의식의 구조를 토대로 하고 있다. 또는 "의식은 무언가를 지향한다"고 말할 수 있다. 후설에 의하면 "의식이란 것은 결코 그 자신만으로 이루어진 것이 아니라 어떤 대상을 찾고 지향하고, 무언가를 향하려고 하지 않고는 존재할 수 없는 것이다. 의식이란 그 본성에서 대상을 지향하는 것이다"라는 것이 '현상학'의 기본명제이다. 로캉탱의 의식은 지금, 30분 전부터 컵을 지향하고 있었다.

그러나 만일 사물이 의식의 지향대상이라면, 사물은 의식이 지향하는 한계 안에서만 나타난다.

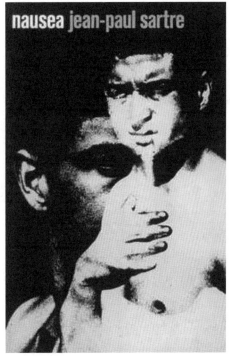

《구토》(1938) 표지 1964년 제7판. 이 책은 보부아르에게 헌정되었다.

사물이란 것은 의식의 현상이다. 그러므로 만일 의식의 올바른 자세, 의식의 성질이 변하여 간다면 사물의 모습도 변화할 것이 틀림없다.

우리들은 일상적으로 "컵은 물을 마시는 도구이다"라며 컵의 모습이나 형태, 존재에 신경 쓰지 않는다. 그러나 어쩌다 한 번, 물을 마시려는 일상이 필요로부터 멀어져서 컵 자체를 바라보았을 때—곧 컵을 지향하는 자세로 바뀌었을 때 보통 '컵'이라고 불리는 물체도 사실은 이상한 형태를 하고 있는 것을 알아차릴 수 있을 것이다. "기묘한 노릇이다"라고 로캉탱은 계속한다. 방금 "변한 것은 아무것도 없다"고 썼을 터인데, 무언가 세계의 모습이 변화한 것이 아닌가. 분명 아까 "변한 것은 아무것도 없다고 썼던 것은 내 의식이 충분히 명료하지 않았기 때문이다"라고 로캉탱은 반성한다. 만일 자신의 의식이 분명한 상태로 변한다면, 그에 따라 세상의 모습도 변하리라. 사실 지금 로캉탱의 손 아래에서 세상 물체의 모습이 변한 것이다. 지금까지의 물체가 무언가 불길한 얼굴로 변했다. 이 모습의 변화에 맞서 로캉탱은 갑자기 정체 모를 '나른한 메스꺼움 같은 것'을 느끼는 것이다. 로캉탱은 이 체험을 엷은 회상에 맡기면서 생각한다. '······언젠가 이와 같은 경험을 한 적이 있다······ 바닷가이다. 나는 손에 돌을 쥐고 있다. 그 돌을 쥐고 그것을 바라보고 있는데······ 똑같은 메스꺼움이 확실히 손안의 돌 때문에 일어났다······ 분명히 그렇다.'

　　손안에 있던 메스꺼움이······.

　그러던 어느 날, 좀더 확실한 형태로 로캉탱에게 어떤 하나의 계시와 같은 체험이 찾아온다. 공원에 있는 마로니에 나무의 뿌리가 울퉁불퉁하게 튀어나와 있는 모습을 바라보던 로캉탱은 문득 어떤 계시의 습격을 받아, 확실하게 '존재'를 보게 된다. 처음엔 "그것이 뿌리라는 것을 생각하지 못했다. 말은 사라졌고, 말과 함께 사물의 의미도 그 사용법도, 또 사물 위에 인간이 기록한 부호도 모두 사라졌다." 오직 로캉탱 혼자만이 "검고 울퉁불퉁하게 솟은, 본바탕 그대로의 덩어리와 마주했다." 평소 일상의 의식에서 사물은 각자 이름을 가진 도구로서, 세상에서는 이들 사물을 유효한 장치로서의 관계밖에 비추지 않는다. 그러나 지금 로캉탱의 의식에는 사물은 '괴물처럼 보이는 부드러운 무질서한 덩어리, 두렵고도 외설스런 벌거벗은 덩어리'의 모습을 취한 '존재'로서 나타나고 있다. "평소 존재는 숨어 있다." 그 존재가 나타나 로캉탱과 대면하는 것이다. 그때 로캉탱은 '구토'를 느낀 것이다.
　'구토'라는 것은 의식이 '존재' 그 자체와 대면한 때 반응하는 것이다. '구토'라는 것은 의식에 있어서 '존재' 자체가 나타난 때 체험하는 것이다. 그러니까 '존재' 자체만 나타나는 것이 아니라, '존재'의 출현을 향하는 어떤 의식 상태에도 나타나지 않으면 안 된다. '존재'의 출현은 동시에 어느 특정한 '의식'이 출현하는 것이었다. 왜냐하면 현상학에서 '의식이라는 것은 무언가의 의식'이어야 하기 때문에 '존재'가 있는 한 '존재'를 지향하는 의식이기도 하며, 반대로 의식의 지향대상 이외의 '의식'은 있을 수 없는 것이다. '구토'라는 것은 '존재의 출현'과 '존재를 지향하는 의식의 출현' 두 가지가 서로 겹쳐진 체험이다.

　　나는 마로니에 뿌리였다. 아니, 그보다는 뿌리의 존재의식 그 자체였다.

르아브르 1920년대의 사우샘프턴 부두 광경, 우편엽서. 소설 속 부빌은 1930년대 사르트르의 첫 부임지 르아브르의 허구적 묘사로 추측된다.

의식의 초월적인 지향대상

카페의 종업원이 입은 푸른 무명 셔츠 또한 메스꺼움을 일으킨다. 어쩌면 오히려 그 셔츠 자체가 메스꺼움일지도 모른다. 메스꺼움은 나의 내부에는 없다. 나는 저기에서, 벽의 위나 바지 멜빵에서, 내 둘레에 있는 모든 것에서 메스꺼움을 느낀다. 메스꺼움은 카페와 한 몸이다. 그 속에 있는 것이 나이다……

'존재'는 의식의 대상으로서 나타난다. 현상학에 있어서 '존재'는 의식의 지향 대상이므로, 의식 없이는 대상은 존재하지 않는다. 그러나 사르트르에게 이 '지향대상' 자체는 결코 의식 내부에 실재하는 것은 아니었다. '존재'는 의식에 의해 실재하는 것이지만, 어디까지나 '의식이 아닌 것'으로서 실재하는 것이다. 이렇듯 의식의 지향대상이 있으면 동시에 '의식이 아닌 것', 의식을 초월해서 실재하는 것, 자기 외에 존재하는 것, 의식이 그것을 향해 뜨겁게 타오르는 것—한마디로 말해 의식의 초월적 대상이 '존재'인 것이다. 의식은 자기 바깥에 존재하는 대상을 향하고 있다. 자기 바깥의 것을 기반으로 자기 자신이 있고, 오히려 바깥 것들을 향해 한 몸이 되어 바깥의 물건들 속에 의식이 있다.

현상학과 유물론

현상학의 철학에 의하면 대상적 존재라는 것은 우리들 의식의 대상으로, 의식이 지향하는 무언가가 바로 그것이다. 따라서 의식이 없으면 대상적 존재는 실재하지 않는 것이 된다. 또, 의식 본디의 자세가 바뀌면 대상도 변화한다는 의미로, 대상이 의식 밖에 있는 초월적인 지향대상이라고 해도, 어디까지나 의식과의 관계라는 틀 속에서만 실재하는 것이다.

그러나 유물론 입장에서는 물질이란 것은 우리들 의식으로부터 독립해서 객관적으로 실재하는 것이라고 생각한다. 유물론 입장에서는 대상적 사물은 그것이 존재하기 위해 의식의 도움을 받을 필요가 없다고 생각한다. 다만 그 존재를 인식하기 위해 의식을 필요로 하는 데 지나지 않는 것이다.

하지만 현상학에서는 사물을 인식하기 위해 의식을 필요로 하는 것뿐만 아니라 그 사물이 존재하기 위해서도 의식을 필요로 한다. 사르트르의 '존재'도 의식이 있고 나서야 '의식이 아닌 것'으로 출현이 가능했던 것이다. '존재'가 의식의 외부에 있는, 자기외적 존재라고 생각하는 한 사르트르는 실재론적인 입장과 닮았다고 생각되지만, 의식이 있고 나서 '의식이 아닌 것'도 분명히 나타날 수 있다고 생각하는 한 관념론적 주장에 다가서고 있다.

유물론에서 주장하듯 존재가 우리 의식으로부터 독립해서 실재하는 것이라면, 우리의 의식은 그 존재를 여러 가지 의식의 사회적 실천이라든가 과학적 실험을 통해 우리가 의식적으로 파악한 것이 그 실재와 일치하는지 어떤지 몇 번이고 검증해서 확인하며 파악할 수 있다. 그러나 사르트르=현상학처럼 존재자신이 객관성에 의지하는 것은 어려워진다. 그래서 의식이 먼저 순수한 상태에 이를 필요가 있다. 이 의식의 순수상태에서 지향하는 대상이야말로 '존재'라는 주장이 나타나게 된다. 후설의 현상학에서는 일상적인 의식 상태를 '묶음표'에 넣어서 제거해 버리고, '본질적인 직관'을 떠오르게 하려고 한다. 사르트르의 현상학에서는 일상에서 불순한 의식을 정화해서 '정화된 반성'이라는 상태를 이끌어 내고, 여기서부터 재출발해 존재를 바라볼 필요가 있다고 주장한다.

후설과 사르트르

사르트르의 현상학은 후설의 생각에 빚진 바가 매우 많지만, 사르트르 사상이 후설과 완전히 같은 것에 머무르는 것은 불가능했다. 의식의 순수상태에서 대상을 지향한다는 기본 자세에서는 공통된 경향을 지니고 있었지만, 사르트르와 후설이 다른 점은 바로 다음과 같다. 후설의 지향대상은 의식에 의해 파악되는 것으로 한정되어 있었다. 의식의 내용도 의식 내부에 있는 것, 의식에 내재하는 것뿐이었다.

후설(1859~1938) 독일의 철학자. 《순수현상학 및 현상학적 철학을 위한 여러 고안》(1913).

그러나 사르트르는 이 생각에 반대하며, 설령 대상이 의식에 의해 지탱되는 것이라고 하더라도, 그 자체는 어디까지나 의식 바깥에 있는 것이라고 생각했다. 사르트르는 대상의 존재에 관한 의식 내재설에 반대했다. 후설의 말처럼 대상이 의식에 내재하는 것이라면, 대상은 의식에 의해 의식화되는 것이리라. 의식의 순수상태가 '본질을 직관하는' 입장에 있다고 하면, 대상은 그 의식에 의해 본질성이 변화될 것이다. 의식에 의해 변화된 대상은 의식의 노예이지 대상 그 자체가 아니다. 의식의 본질이라는 것은 무언가를 멋대로 결정하고, 그것에 맞추어 대상의 본질에 결정을 부여하게 된다고 하면, 대상은 스스로 자신의 본질을 결정할 기회를 잃어버리게 된다.

사르트르는 오히려 대상이란 의식의 바깥에 있는 것이므로 의식으로부터 불거져 나온 쓸모없는 것, 따라서 무언가 의식의 본질에 규정되지 않은 우연·무상인 것이라고 생각했다. 사르트르는 타인이 멋대로 이것이 본질이라고 결정한 것에 따르는 본질주의에 반발하며, 누가 결정했든지 간에 (신이든 인간이든)

어떻게 어떤 일이든 먼저 일반적인 본질이 있고, 거기에 맞추어 삶의 방법을 생각하는 본질주의 그 자체를 거부하고 있다.

존재의 우연성

약간 움직임도 없이 얼어붙은 듯한 황홀한 기쁨에 취하면서, 로캉탱은 '욕지기를 이해하고 그것에 정통'하게 되었다. 그 욕지기라는 것은 의식으로 파악할 수 없고, 의식 바깥에 머무르는 '쓸모없는 것'과의 만남이었을 뿐만 아니라, 그 만남을 명확하게 의식하고 명석하게 체험하는 것이었다.

중요한 건 존재는 우연이라는 것이다. 존재라는 것은 필연이 아니다.
우연이라는 것은 지울 수 있는 외관이나 주관적 환상이 아니다. 그것은 절대적이고, 게다가 완전하게 무상인 것이다……

마로니에 뿌리는 우리들 의식 바깥에 있고, 의식에 의한 합리화의 손에 닿지 않는 저편에, 아무런 이유도 없이 그 자신으로 있다. 마로니에 뿌리는 우리들 의식에서는 완전히 '쓸모없는 것'이다. 마로니에 뿌리는 무언가 필연적인 존재법칙에 따라서 있는 것이 아닌, 완전히 무의미한 채인 우연이고 무상(無償)이다.

그러나 반면 이 마로니에 뿌리를 지향하는 의식 자체는 어떻게 된 것일까? 로캉탱은 마로니에 뿌리의 의식 그 자체이다. 존재는 우리들 의식의 바깥에 있다는 것은 아무리 열심히 존재를 지향하려 해도 우리의 의식도 여전히 존재 바깥에 있다는 뜻이다. 존재를 상실하고 존재로부터 방치되어, 무의미하고 무상으로 '쓸모없는 것'과 마찬가지로 존재하고 있는 것일 뿐이다. 이렇게 해서 의식이 존재를 지향하려고 하는 한, 무의미하고 우연한 것에 얽매이게 되는 것이다. 한결같이 대상을 지향해 온 의식이 대상의 존재 그 자체, 즉 외피의 합리성 안쪽을 대하는 우연성·무상성과 함께한 때 느낄 수 있는 것이 구토였던 것이다. 구토라는 것은 존재의 우연성을 분명히 나타내고 있다.

실존은 본질에 앞선다

인간은 우연 그 자체인 어떤 존재와 만나고, 인간은 한결같이 우연을 지향하는 의식 그것으로 있으며, 따라서 인간도 또 우연으로 무상인 것이 된다……
"모든 것이 무상이다. 이 공원도, 이 거리도, 그리고 나 자신도." 여기서 우리들
은 바뀌는 사르트르의 제1원형을 확인할 수 있다. 여기서는 의식이 한결같이
존재를 지향하며, 지금까지의 존재를 부정하거나 무화(無化)하려 들지 않는다.
따라서 의식은 자기 자신에게 책임을 가질 필요도 없고, 자기 자신에게 의미를
전할 필요도 없다. 존재도 자신도 모두가 무의미하고 무상이다.

존재는 필연이 아니라 무상이다. 존재한다는 것은 그저 단순히 '거기에
있다'는 것이다. 존재하는 것이 나타나서, 만나도록 내버려 둔다. 그러나 결
코 존재하는 것을 연역(演繹)할 수는 없다.

로캉탱의 이 체험은 무엇을 의미하는 것일까? 존재에는 원인과 결과의 인과
관계가 없고, 존재는 서로 관계도 없이 그때그때 '다만 있는' 것이다. 무언가의
원인으로 무언가를 향해서 또는 무언가를 위해 존재하는 것이 아닌, 원인도
없으며 동시에 목적도 없다. 변화도 없고 움직임도 없다. 사물의 현재의 모습을
무언가 과거의 원인으로부터 설명할 수도 없고, 또 이 사물은 무언가의 목적을
위해 존재한다고 설명하는 것도 불가능하다. 그 사람의 현재의 모습을 과거의
경력이나 행동의 결과로서 설명하는 것은 불가능하고, 장래 어떤 것을 지망하
고 어떤 인물이 될지를 평가하는 것도 불가능하다. 인간은 그때그때 과거나 미
래와의 인과관계나 목적의식으로부터 풀려나, 거기에 '다만 있는' 것일 뿐이고,
우리는 거기서 그저 '만난' 채로 있게 될 뿐이다. 이런 사르트르의 발상은 존재
를 필연관계로서 포착하여 법칙을 확인하고 그 법칙을 인식하려는 과학을 인
정하지 않고 있다. 그러므로 사물의 존재를 무언가 그 존재로부터 '연역'해서
설명하는 것은 불가능하다.
사르트르는 이런 로캉탱의 체험을 더욱더 확실한 형태로 "실존은 본질에 앞
선다"라고 표현했다(《실존주의는 휴머니즘이다》, 1946). 인간은 이미 있는 개념이
나 본질에 따라 만들어진 것이 아니다. 그러나 페이퍼 나이프를 만들 때, 장인
은 페이퍼 나이프의 본질을 머릿속에 그리고 나서 이 기획에 따라 제품을 만
든다. 이런 경우 페이퍼 나이프의 본질은 이것의 실존에 우선한다고 말할 수
있다. 만일 우리 인간이라는 존재가 신에 의해 창조된 것이라고 한다면, 유능

한 장인인 신이 인간의 본질을 머릿속에서 그리고 그 본질에 따라 인간을 존재하게 만들었다는 것이 된다.

결국 신의 머릿속에 있는 인간이라는 개념은 장인의 머릿속에 있는 페이퍼 나이프의 개념과 똑같다고 생각해도 좋다. 장인이 하나의 정의, 하나의 기술에 따라 페이퍼 나이프를 만드는 것과 똑같이, 신은 여러 가지 기술로 하나의 개념에 따라 인간을 만들었다.

무신론의 관점이라 해도 이 본질주의가 없어졌을 리는 없다. 인간을 그 인간성이라는 본질에서 규정하고, 이와 같은 '인간성, 곧 인간이라는 것의 개념'에서 출발해 '개개인의 인간을 규정하는 경향은 여전히 본질이 실존에 우선한다'라는 사상에 따르고 있다. 사르트르는 신에 의한 창조를 인정하지 않는 무신론자의 관점에서뿐만 아니라, 인간을 그 본질성에서부터 설명하는 사상 모두에 대해 반대하는 입장을 취하고 있다.

사르트르는 자신이 지향하는 입장을 '신이 존재하지 않아도 실존이 본질에 우선하는 부분의 존재, 어떤 개념에 의해 정의할 수 있기 전에 실재하고 있는 존재'에서 근거를 구하는 '무신론적 실존주의'임을 선언한다.

"실존이 본질에 앞선다"는 말은 무슨 뜻일까? 그것은 "인간은 먼저 실존하고, 세계 안에서 만나게 되어 갑작스럽게 모습을 나타내서, 그 뒤에 정의된 것을 의미한다." 로캉탱은 불현듯 모습을 드러낸 마로니에 뿌리의 존재와 '만나', 지금까지 무언가 정의되지 않는 불안하고 무의미한 존재로서 '그곳에 있다.' "인간은 최초에 아무것도 아니었고 나중에서야 처음으로 인간이 된다." "인간의 본성은 존재하지 않는다. 그 본성을 생각하는 신은 존재하지 않는다."

여기에 계속해서 사르트르는 "인간은 스스로 만들어진다"라고 주장했다. 이 사르트르의 명제는, 나중에는 사르트르의 자유관과도 관련되는 중요한 주제이다. 인간은 최초에 '아무것도 아닌' 무상의 존재였다. 다음으로 인간은 자신의 의지로 '스스로 바라는 부분의 것'을 선택해, 그것을 목표로 자신을 만들어간다.

도스토옙스키는 "만일 신이 존재하지 않는다면, 모든 것이 허락될 수 있을 것이다"라고 했다. 만일 신이 존재한다면, 인간은 신의 뜻에 따라 살 수밖에 없다. 그러나 만일 신이 존재하지 않는다면 모든 것이 허락된다. 그러면 인간은 멋대로 삶의 방식을 선택할 수 있다. 만일 신이 아닌 "실존이 본질을 앞선다면 주어지고 고정된 인간성을 의지해서 설명하는 것은 절대로 불가능하다. 다시 말해서 결정론은 존재하지 않는다. 인간은 자유롭다." "만일 신이 존재하지 않는다면, 우리 자신의 행위를 정당화하는 가치나 명령을 눈앞에서 찾아낼 수 없다. 우리는 우리 뒤쪽이든 앞쪽이든, 분명한 가치의 영역에 정당화하기 위한 이유도 핑계도 가지고 있지 않다. 우리는 핑계도 없이 고독하다. 인간은 자유라는 형벌에 처해져 있다. 인간은 어딘가 의지할 곳도 없이, 무언가 도움도 없이 각각의 인간을 만들어 내야 하는 형벌에 처해져 있다. 인간은 인간의 미래이다."

《구토》의 위치
그런데 《구토》의 주인공 로캉탱은 무엇을 바라고 있었던 것일까? 이때까지의 로캉탱은 '무언가 되겠지'라며 무언가를 희망하고 있지 않다. "다시 시작할 수 있는 힘도 충분하다. 하지만 무엇을 다시 시작하면 좋을지" 모른 채로, 다만 '나는 자유다'라는 생각 속에 머무르고 있다. 로캉탱은 지금까지는 '아무것도 아닌' 것이다. 지금까지 '선택의 자유'라는 계단에 이르지 못하고, '처음에는 아무것도 아니다'라는 무상성의 자유라는 계단에 머무르고 있다. 로캉탱은 무상성에 살아가는 인물의 전형이다. 로캉탱은 아무것에도 속박당하지 않았지만, 반면 지금까지 아무것도 결단을 내린 적이 없다.

의식의 명석함
아무 일도 하지 않고 아무 대가도 없는 생활을 하고 있던 로캉탱에게도 단한 가지, 적극적인 요구가 있었다. 그것은 자신의 의식에 관해 비정상적일 정도의 명석함을 얻고 싶어 하는 아주 격렬한 요구였다.

'어느 순간에는 나의 생활이 아주 드문 귀중한 특성을 가지는 것이 가능하다면' 하고 상상했다. 그것은 비정상적인 환경을 구하는 것은 아니었다. 나는 아주 조금만 더 엄밀함을 요구했다.

저 《구토》의 체험, 그것은 '즉자존재(即自存在)'와의 만남이었다. 그러나 동시에 그것은 존재와의 만남이라는 의식의 출현이기도 했다. 그 의식이란 무엇인가? 그것은 '나의 의식'이라고 불러도 좋은 것일까? 또는 '자아', '자기의식' 등으로 불리는 것일까?

사르트르는 데카르트 이래 "나는 생각한다. 그러므로 나는 존재한다"라고 늘 말해지던 이 '나'란 것의 원리에 근본적 비판을 가했다. 근대 철학은 가장 확실한 것에서부터 출발해서 '나', '자아' 등등이라는 예전부터 말했던 원리를 세웠다. 그러나 '자아'라는 형태로 파악된 의식 본연의 자세야말로 가장 명석한 것이라고 말할 수 있는 게 아닐까? 사르트르에 따르면 '자아'는 결코 가장 순수하고 정화된 의식 본연의 자세가 아니었다. 이는 의식의 일정한 태도에 의해 이루어진 '반성작용'의 산물이다. 사르트르에 의하면 '자아'라는 형태로 무언가 부동의 실체처럼 굳어진 존재는, 사실 의식이 자기 자신을 반성하고 자기가 자기를 바라보는 때에 나타나는 '대상물'이다. '자아'라고 하면 가장 주체적인 의식 본연의 자세를 가리키는 것처럼 생각되지만, 사르트르는 의식을 '자아'라는 형태로 고정시켜 버리면 오히려 '의식의 죽음'과 마찬가지가 되어 버린다고 생각했던 것이다. 발견된 반성의 대상에게 지적당한 의식은 오히려 사물과 같다.

그렇다면 의식의 본디 상태라는 것은 무엇일까? 사르트르는 어떻게 생각했을까? 사르트르는 의식이란 가장 명석한 상태에서는 아무런 반성도 자의식도 없이, 한결같이 대상적 존재를 추구하는 것이라고 한다. 타려고 생각했던 전차를 쫓는 인간의 의식은, 한결같이 전차를 지향하고 있다. 여기에는 전차를 쫓는 의식이 있지만, 전차를 쫓고 있는 '나'의 의식이 아니다. 한결같이 독서에 빠져 있을 때에는 의식이 책 위에만 기울여지고 있다. 그러나 전차를 쫓는 나는 어떤 모습일까? 멋진 모습으로 전차를 쫓고 있는지 어떤지, 또는 책을 읽는 나는 어떤 모습일지에 대해서 자신의 의식을 타인의 눈으로 반성하기 시작했을 때, '전차를 쫓는 나', '책을 읽는 나' 등등 '자아'라는 현상이 나타나게 된다. '전차를 쫓는 의식'의 의식, 그것이 자아이다.

나는 마로니에 나무뿌리에 '있었다.' 오히려 나는 뿌리 존재의 의식 그 자체였다.

또한 로캉탱은 다음처럼도 말한다.

　지금, 내가 '나'라고 말할 때 공허하다고 생각한다. 내 안에서 여전한 현실감을 가지고 있는 것, 그것은 존재한다는 것을 의식하는 존재이다. ……이제 의식 속에 사는 이는 몇 명도 남아 있지 않다. 익명의 의식이다. 여기에 있는 것은 비인칭의 투명함뿐이다.

　그것은 '자기를 잃은 의식인 채로 있으려는 의식이므로', 도리어 본디의 주체성을 잃지 않고 보전할 수 있게 되어, '절대적으로 자기를 잃지 않는' 존재이다.

완벽한 순간
　그러나 세상 사람들은 정말로 명석한 의식 본연의 자세를 존중하지 않고, 오히려 반성된 자아의 '멋진 모습'을 추구한다. 왜냐하면 자신의 눈에 의해 '멋진' 모습이란 상태는, 동시에 세상 사람들의 눈에도 '멋진' 모습으로 비치기 때문이다. 그 결과, 세상 사람들은 자신의 눈에 비치는, 가장 '멋진 모습'의 자아극을 연기하게 된다. 자신을 관객이라 여김과 동시에 자신을 주연으로 세워 이 고독한 자아극을 연기할 수 있는 것은, 이랬으면 하고 바라는 완벽한 자아상이기 때문이다. 그것은 이미 현실의 내가 아니다. 가공의 연기이며, 가공의 나이다.
　소설 《구토》에 등장하는 여주인공 '안니'는 자신을 관객으로 한 완벽한 자아극의 주인공이 되려는 이상한 요구를 가진 인물이다. 삶은 그녀의 생명을 위해 있는 것이 아닌, 그녀가 연기하는 '완벽한 순간'을 위해 있는 것이다. 안니에게 있어서 자아극이 어느 완벽한 상태에 이르기 위해서는 어느 '특권상태'가 필요하다. 예를 들어 해야만 하는 행동이 의식화되어 늘 모든 사람의 시선 앞에서 생활하는 왕은 언제나 특권상태에 있는 것이다. 또는 임종 장면 같은 죽음이라는 상황에서 인간을 연기해야 한다는 등 여러 가지 연기의 가능성이 있다. 살아 있는 동안 임종 때에나 남길 만한 명언을 이것저것 생각해 내려는 인물은 자신의 죽음을 어떤 완벽하고 '멋진 모습' 속에서 장식하려고, 자신의 죽음을 겨냥하고 있는 것이다. "희극은 끝났다. 박수쳐라"(베토벤)라든가, "좀 더 빛을!"(괴테)이라든가, 멋진 명언을 연구해서 자신의 죽음 연기를 더욱 완벽하게 꾸미려는 생각을 하는 인물에게는, 살붙이의 죽음도 자신의 명연기의 무대에 지나지 않는다. 안니의 아버지가 죽었을 때, 안니는 죽음의 특권상태가 만들어지리라고 생각하고 있었다.

　아버지가 돌아가셨을 때, 마지막으로 아버지의 얼굴을 보기 위해 나를 그 방으로 데리고 갔어. 계단을 올라갈 때 기분은 이제까지 느껴보지 못했던 것이었어. 그렇지만 또 황홀한 느낌이라고 말해도 좋을 만한 것에 취해 있는 것 같았지. 나는 마침내 특권적 상태 속에 발을 내딛었어. 나는 벽에 기대어 하지 않으면 안 되는 동작을 하려고 시도했어. 하지만 작은어머니와 어머니가 침대 가장자리에 무릎을 꿇고 흐느끼는 바람에 모두 엉망이 되고 말았지.

'완벽한 순간'의 성립을 위해 '하지 않으면 안 되는 특정한 행위, 취하지 않으면 안 되는 태도, 말하지 않으면 안 되는 말'이 있다. 그리고 '다른 행위나 다른 말은 엄하게 금지되어 있는' 것이다. 이런 특정한 동작이 조금이라도 무너지면, 더 이상 이상적인 자아극은 성립하지 못하고, '모든 것이 엉망이 되어 버리는' 것이다. 이 자기반성에 앞서는 만들어진 대상이나 사물의 완벽함에 대등하게 다루어지는 자아, 이것은 '일종의 예술작품'이었던 것이다.
　안니에게 삶은 이 만들어진 인공적인 자아상을 위한 '재료'에 지나지 않았다. 사르트르는 이 반성하는 의식 앞에서 연기된 자아, 시선의 대상에 지나지 않게 되어 버린 자아는 설령 빈틈없이 완벽한 무대장치로 장식되었다고 해도, '모두 본디의 자신을 잃어버린다. 만들어진 허위의 자신에 지나지 않는다'고 생각했다. 몇 년 만에 안니와 다시 만난 로캉탱은 안니도 이 허식을 깨닫고 '완벽한 연기'에 질려 버렸다는 것을 알았다. 그렇지만 안니가 자기 행위의 허위성을 알아챘다고 해서 지금까지 의식 본연의 자세를 발견한 것은 아니었다. 어느 쪽도 아닌 '날마다 목숨을 겨우 이어가고 있는' 것이다. 그러나 로캉탱에게는 '구토'의 체험이 있었다. 여기서 로캉탱은 의식의 순수한 지향성을 발견하고 있었다. 반성하는 것과 반성된 것이라는 의식의 이중화된 분열, '자아'라는 고정화된 실체로부터의 도망, 이런 황폐한 상태를 정화하고 의식의 순수로, 가장 똑똑한 상태를 찾아가고 있었다. 로캉탱의 길었던 '고독의 자아극'도 끝날 무렵이 다가왔던 것이다. 그리고 내일은 파리에 돌아가려고 결심한다.

상상력

명석한 의식을 껴안은 로캉탱은 그 명석함을 모두 다해서, 도대체 무엇을 의식한 것인가? '우연히 무의미한 존재를'이다. 그러면 우리가 생존에 의미를 부여하는 것은 불가능한가?

로캉탱은 파리로 출발하기 전날, 단골 바에서 "당신이 좋아하는 레코드, 마지막으로 한 번 더 듣겠어요?"라는 권유에 따라 강철로 된 침이 회전판 위를 달리도록 한다. 로캉탱은 레코드에서 나오는 쉰

'전차를 쫓는 의식'의 의식 그것이 곧 '자아' 소설 《구토》에서.

목소리를 들으면서, 생각을 시작한다⋯⋯ 이 소리는 무엇일까? 이 소리의 존재에는 레코드판과 강철의 침이 배후에 있다. 이 소리가 연기하는 '괴로움'은 술집이나 레코드 등의 존재에게는 배경이 되고, 잡으려 해도 잡기 어려운 '절대로 가까이 갈 수 없는 별세계'로부터 살며시 다가오는 것처럼 생각된다. 이 존재의 세계로부터 구별된 비현실적인 세계란 무엇일까?

"다시 한 번 레코드를 들려주지 않겠소? 떠나기 전에 한 번만 더⋯⋯" 다시 로캉탱은 생각을 계속한다. 자신은 존재하는 것을 잡으려고 했지만 헛일이 아니었는가. '존재하는 것은 다른 존재를 절대적으로 정당화할 수 없다.' 그는 드 롤르봉이라는 존재했던 인물을 부활시키려고 하는 이롭지 못한 노력을 반복하고 말았다. 필요한 것은 '존재하지 않으려는 무언가, 존재의 위에 있는 무언가를 사람이 꿰뚫어 보지 않으면 안 되는 것', 요컨대 비존재의 것, 존재하지 않는 것을 파악하는 것은 아닌가? 오히려 비존재에 의해 존재를 초월하는 것에 의해, 반대로 존재에 의미를 부여할 수 있는 것은 아닌가? '예를 들어 한 편의

이야기, 일어날 리 없는 한 편의 모험.' 이 존재에게 반역하는 예술창조나 모험이 오히려 비존재를 향해 우리들의 의식을 걸고 있는 것이다……

로캉탱, 바로 사르트르 최초의 변신이 시작되었다…… 사르트르는 존재를 초월했기에 존재에 의미를 부여하는 인간의 능력을 '상상력'이라고 불렀다. 예술이란 상상력을 구체적으로 나타낸 것일 뿐만 아니라 예술이 존재를, 레코드 소리가 '그 사람을 정당화하는 것이 가능하다.' 로캉탱은 생각했다.

나에게 시험해 보는 것은 불가능할까? 악곡이 아니라도 좋다…… 다른 장르의 예술로…… 내가 할 수 있는 것이라면 책이다. 한 권의 책. 한 편의 소설. 강철처럼 아름답고 단단한, 사람들로 하여금 그들의 존재에 대해 부끄러움을 느끼게 하는 한 편의 소설. 물론 그것은 지루하고 피곤한 일일 수밖에 없겠지. 하지만 책을 다 쓰면 그것이 내 배후에 남는 때가 분명 올 것이다. 이 책의 작은 빛이 나의 과거 위에 떨어질 테고, 그때에는 이 책을 통해 나는 자신의 생활을 아무런 혐오감 없이 생각해 내는 것이 가능할지도 모른다. 그리고 다음과 같이 일인칭 시점으로 쓰자. 모든 것이 시작된 것은 저 날 저 때부터다라고. 그리고 나는 과거의 자신을 허용할 수 있을지도 모른다.

이로써 사르트르의 첫 출판 작품이자 로캉탱 이야기, 강철처럼 아름답고 단단한 한 편의 소설 《구토》가 끝났다. 한편으로는 의식이 한결같이 존재를 향하고, 다른 한편으로는 그 존재를 부정하여 이것을 초월하려고 한다. 사르트르의 자유 철학은 서서히 존재의 공무화(空無化)를 꾀하는 상상력의 철학을 향해 변화하고 있다. 사르트르는 인간 의식이 존재를 부정하고, 자기 자신의 의식적인 계획을 존재의 배후에 있는 상상력의 힘을 가지고 그려가며 그 능동적인 힘에서 의식을 인정하려고 했다. 로캉탱의 예술에 대한 반응이야말로 그 단서임에 틀림없다. 하지만 존재를 공무화하는 형태의 계획은 그 자신이 어떤 내용을 가질 수 있는 것인가? 또 존재의 내용을 반영한다는 리얼리즘의 예술관에 정면으로 반항하는 사르트르의 반존재적 상상력에 의한 예술창조의 윤리는, 결국 결실을 맺어 풍성한 예술론이 될 수 있을 것인가?

유보된 자유

즉자존재와 대자존재

의식의 이중성

의식은 처음에는 그저 한결같이 존재를 지향하는 비반성적인 의식이었다.

의식은 우선, 그 모두를 무상성(無償性)에 두고 자신을 파악한다. 바깥에는 이유도 없고 목적도 없다. 그것은 창조되지도 않고, 이유도 붙지 않는다. 그것은 이미 존재하고 있다는 단순한 사실 이외에는 어떤 존재의 자격도 갖고 있지 않다.

이 비반성적인 의식이 지향하는 대상으로서 파악한 것을 사르트르는 '즉자존재(卽自存在)'라 부르고 있다.

그러나 의식은 언제까지나 '즉자존재'만을 지향하진 않는다. 의식은 다른 태도를 취하는 것이 가능했다. 로캉탱의 상상력은 바로 그것이 구현된 단서였다. 이와 또 다른 태도는 의식이 존재를 부정하는 태도이다. '즉자존재'는 '의식이 아닌 것'으로서 초월적인 대상이었지만, 의식 또한 반대로 '존재하지 않는 것'으로서 존재를 부정하고 공무화해서 스스로 능동성을 발휘할 수 있다. '즉자존재'가 거기에 있는 것으로서 존재 자체라고 한다면, 의식은 그 존재를 부정하고 '무(無)'를 사물에 오게 하려는 존재'가 되는 것이 가능하다. 의식이란 늘 자신의 존재로부터 자신을 분리시켜, '어느 부분의 것이 아니다'라는 가능성으로 살아가는 존재이다. 이 의식 본연의 자세를 사르트르는 '대자존재(對自存在)'라고 일컫고 있다. '대자존재'라는 것은, '자기를 존재 바깥에 두는' 존재를 말한다.

이렇게 해서 의식에는 이중의 형상이 있다는 것을 알 수 있다. 의식이란 단순히 무상인 존재를 향한 지향성, 이 지향하는 의식 자체의 명석한 자각이 모두였다. 그러나 다른 한편으로 이번에는 의식은 존재에게 대항하고 존재를 부정하며 존재에게 의미를 지니게 하는 주체가 될 수 있었다.

사르트르는 1937년 〈자아의 초월성〉이라는 제목으로 논문을 발표했는데, 그것에는 전적으로 대상을 지향하는 비반성적인 의식의 설명이 담겨 있었다. 그러나 이것과 때를 같이해서 존재를 공무화하는 의식의 능력으로서의 상상력에 관한 연구도 진행하고 있었고, 1936년에 이미 〈상상력〉이란 제목의 논문을 발표했다. 이 존재지향적 의식과 존재공무화적 의식의 두 가지 측면은, 대표작 《존재와 무》에서 처음으로 통합되어, '즉자존재'와 '대자존재'라는 형식으로 정식화(定式化)되었다. ('즉자존재'는 그 자체로 존재하는 것이지만, 어디까지나 의식의 지향대상이다.)

대자(對自)의 사실성

인간의 의식은 자기 자신 외에 존재하는 '즉자존재'로 둘러싸인 존재이다. '즉자존재'는 의식을 초월한 존재이기 때문에, 의식은 그것을 초월할 수도, 다른 것과 바꿀 수도, 피하거나 도망칠 수도 없다. 이는 자신의 의도대로 '즉자존재'를 바꾸는 것은 불가능하다는 의미이다. 의식이란 존재는 우연에 둘러싸여 있다.

그러나 '대자존재'라는 것은 그 존재를 부정하거나 거부해서 존재성을 잃어버리고 자신을 공무화시켜도, 자신에게 근거를 붙이거나 의미를 붙이려는 시도와 다름없다. 대자(對自)는 '자기를 의식해서 근거를 찾아내기 위해 즉자로서의 자신을 잃는' 존재이다.

그렇다고 해도 의식은 자신을 공무화시키고 자신에게 의미를 부여하는 반면, 의식으로서 존재하지 않으면 안 된다. 그러므로 의식은 자신의 존재를 계속 거부하는 반면 존재를 계속하지 않으면 안 된다는 모순적인 이중성이 생겨나게 된다. 대자는 존재의 우연을 동화시키지만, 그렇다고 해서 이것을 모두 없애버리는 것은 불가능하다. "즉자는 또한 대자의 깊은 곳에서 그 근원적인 우연성으로서 머물러 있다." "즉자의 멈추지 않고 엷어지는 우연성은, 대자에게 늘 붙어다닌다." 이런 우연성을 사르트르는 '대자적 사실성'이라고 불렀다.

초월과 자유

인간은 즉자와 대자라는 서로 다른 두 가지 성질을 지니고 있다. 둘 중 어느 쪽이든 인간은 선택할 수 있다. 로캉탱처럼 즉자의 무상성을 취한 채로 아무 일도 하지 않고 무책임하게 자유로이 살아갈 수도 있다. 그러나 반면 인간은 즉자존재의 우연성에 도전하여 이 우연에 대한 인간의 책임을 마주 놓고, 자신의 의미를 만들어 스스로 입법하고, 자기가 자기를 만들어 갈 수도 있다. 그러므로 우리는 선택하지 않으면 안 된다.

사르트르는 드디어 즉자와 일체화한 무상인 자유와 결별하고, 자기를 즉자존재로부터 해방할 필요성에 쫓기게 되었다. "인간은 끊임없이 자기 자신의 밖에 있으면서, 인간이 인간을 존재시키는 것은 자기 자신을 기투(企投)하고, 자신을 자신의 밖에서 잃어버리는 데 이르게 된다." 인간과 즉자와 일체화해서 자기 자신의 존재 안에 있는 한, 세계에는 의미도 책임도 생기지 않는다. 사르트르는 이것이 자유라고 생각했다. 또 이런 노력도 '대자의 사실성'에 둘러싸여 있는 이상 '끊임없이' 반복해서 끊임없이 기투하지 않으면 안 되었다.

"인간이 존재할 수 있는 것은 초월적인 목적을 추구하는 것에 의해서이다. 인간은 이 초월이며, 이 초월에 연관되었을 뿐인 대상을 촉진하기 때문이다. 그러므로 이 초월의 한가운데에 핵심이 있다." 사르트르에 따르면 대상계(對象界)는 확실히 존재하고는 있지만, 그것 자체로는 아무런 의미도 갖고 있지 않다. 인간의 선택, 이 대상에 대한 인간의 일정한 의도에 의해 대처관계(對處關係)가 생기기 시작하므로, 대상에도 의미가 생겨난다.

예를 들어 여기에 산이 있다. 산은 그 자체로는 아무런 의미도 없다. 그것을 등산이라는 의도로부터 바라보았을 때, 같은 산도 오르기 쉬운 산, 오르기 알맞은 산, 오르기 즐거운 산 등의 의미를 가진다. 이것을 산림업자들의 기투 대상이라 한다면, 벌이가 되는 산, 벌이가 되지 않는 산 등 가치를 가진다. 인간이 일정한 의도를 가지고 대상물에 도전하여, 이 대상에는 의도에 따른 계획이 생기기 시작하고, 대상에도 하나의 방향이 되는 가치 있는 의미가 생긴다. 사르트르는 존재의 가치를 인정하지 않았다.

"인간적 세계, 인간적 주체성의 세계 이외의 세계는 없다." 또한 우리는 인간에 대해 '그 자신 외에 입법자는 없다는 것, 인간이 그 자신을 결정하는 것은 고독 안에 있는 것'을 상기시킨다. 사르트르는 인간의 자유라는 것은 인간이 인간에 대한 유일한 입법자라는 것과, 인간은 늘 현재의 자신을 넘어서며 살아가며 자신을 둘러싼 대상을 넘어가는 것, 이 두 가지의 요소가 결합하여 성립된다고 생각했다.

인간을 이루는 것으로서 초월(넘어서는 것으로서)과, 인간적 세계 속에 현존하는 주체성(그 자신이 자신에 대한 입법자이다), 이 두 가지의 결합이야말로 실존주의적 휴머니즘이라고 부르는 것이다.

결여와 가능성

그럼 '초월'(넘어섬)이라고 불렸던 사항의 내용은 어떤 것일까? '초월'이란 자신이 현재 관계하고 있는 대상을 넘어섬과 동시에 그 대상과 관계된 현재의 자신도 넘어서서 미래의 새로운 자기 자신을 추구하고, 지금까지 존재하지 않았던 미래의 자신, 미래의 목적을 향해 자신을 내던지는 것이다. 그렇다면 어째서 현재의 자신, 그 자신이 관계되어 있는 대상을 넘어서는 것이 자유이며 의미 있는 행위가 되는 것인가?

사르트르에 따르면 지금까지 없었던 미래의 이상에야말로 자유의 의미가 있으며, 현재의 자신이나 사물에 묶이지 않고 살아가는 삶의 방법은 능동성을 결여한 삶의 방법이다. 현재에 불만을 느끼고, 미래보다 이상적인 상태를 상정(想定)한다. 이것이 가치이고, 이 가치로부터 출발한 현재를 넘어섬으로써 처음으로 인간 행위에 의미가 생기기 시작한다고 생각했다.

이와 같이 사르트르는 우리의 '대자(對自)'는 현재의 존재에 만족하지 않고 이제까지 없었던 자신을 늘 상정하지 않으면 안 된다고 주장했다. '대자'는 자신이 그렇지 않게 (미래의 자신으로) 규정된 존재인 한, 자신 안에 늘 '결여'된 부분을 가진 존재이다.

사르트르는 이 '결여'의 상태를 다음과 같이 분석했다. 달에 비유하면 지금은 초승달이 걸려 있는 상태이다. 이때 초승달의 이지러진 검은 부분이 '결여분'이고, 현재 보이는 초승달이 '결여자', 즉 현재 존재하는 모습 그대로의 달이야말로 현재 있는 그대로의 자신, '현실존재자'이다. 그러나 우리는 이 초승달이 마침내는 보름달이 되기를 바란다. 보름달은 지금은 존재하지 않는 미래 상정의 대상에 지나지 않지만, 우리는 이 미래의 상태를 노리고 현재를 뛰어넘는다면, 이런 있어야 할 것이지만 지금은 없는 보름달의 입장에서 볼 때에 전체는 '결여를 받은 것'이 된다. 이런 경우 보름달이 현재의 초승달을 규정하고 있는 것이다. 초승달은 보름달로서는 전체적으로 보았을 때 '뜻하지 않은 부분'이 된다.

우리들 인간은 이런 '결여'를 낳고, 전체를 회복하려 한다. 이 '결여를 받고 있는' 전체가 지금까지의 가치가 된다. 따라서 가치는 '결여분'에 의해서 현재로부터 억지로 떼어 놓은 것이다. 가치는 존재해야 할 것이지만 지금까지 존재하고 있지 않다. 가치는 어느 '부재(不在)'에 의해 지금 떨어져 있다. 그러나 대자와 이 대상의 '부재'를 대신 채우는 것을 계획하는 존재이다. 이 '결여분'은 우리들에게 메우기 위해 대상으로서 보았을 때, '결여분'을 메울 가능성이 생긴다. '대자'는 늘 '결여자'이며, 동시에 늘 '가능성'과 짝이 되어 존재하고 있다. '뜻한 것이 아니라 뜻하지 않은' 존재. 사르트르는 이 '대자'의 구조를 '자기성(自己性)의 회로'라고 일컬었다. 사르트르가 인간을 '끊임없이 자기 자신의 바깥에 있는' 존재로 부른 의미는, 인간이 늘 가능성으로 살아가는 존재라는 것을 의미한다.

이로움 없는 수난

인간은 현재 있는 그대로의 존재에 만족하지 못한다. 인간은 현재의 존재에 가치를 느낄 수 없다. 인간은 이 현재를 뛰어넘어, 이제까지 없었던 미래의 가능성을 실현하는 데 가치를 느낀다. 인간이란 끊임없는 기투이며, 끊임없이 다음 계획에 따라 살아가는 동안에만 자유를 느낀다. 이 계획이 한 번 실현되었을 때, 인간은 그 실현에 환멸을 느끼고 더 이상 가치를 느끼지 않는다. 인간은 다시 다음 계획에 몰두한다.

그러나 반면 계획 그 자체로는 이제까지 없었던 것이며 단순한 가능성에 지나지 않는다. 이 가능성이 현실화되었을 때 거기에는 벌써 대자의 기투는 없고, 가치 없는 즉자존재(卽自存在)가 있을 뿐이다. 그러므로 인간은 절대 대자의 가능성을 잃어서는 안 된다.

그렇다면 인간은 스스로 가치를 느끼고 자유를 실감하기 위해서는 이제까지 없었던 가능성의 허무에 머무르지 않으면 안 되는 것일까? 결코 실현하지 못할 바람을 꺼안고 있는 것만이 인간의 모두인 것인가?

아니, 사르트르는 초현실주의처럼 '실현 불가능성'을 열렬히 숭배하는 부류에 속하지 않는다. 그저 사르트르는 대자의 가능성을 잃는 법 없이, 동시에 즉자의 존재성과 일치하는 상태, '대자—즉자'의 상태를 바랐다. 이것은 사실 대자의 이상이다.

사르트르는 개개의 행위가 실현 불가능함을 강조하지는 않는다. 기투는 반드시 현실화된다. 그러나 현실이 된 기투는 즉자태(卽自態)가 되었고, 그렇게 되면 더 이상 가치는 존재하지 않는다는 난점이 있다. 그러므로 가치를 얻기 위해서는 다시 그 실현물을 넘어서 새로운 기투 속에서 살아가지 않으면 안 된다. 즉 대자는 자신을 잃는 법 없이는 존재(즉자)에 이를 수 없다. 대자 스스로가 대자로 있는 한, 즉자는 지금까지 없었던 가능성의 이상에 지나지 않는다. 그러므로 기투는 실현되었다고 해도 실현과 동시에 가치를 잃는 것이다. 따라서 대자인 채로 즉자인 것, 가치를 보존하면서 실현을 쟁취한다는 것은 절대로 불가능하다. 실현의 어느 부분에는 가치가 없고, 가치의 어느 부분에는 실현이 없다.

예로부터 존재와 가치가 일치된 것을 신이라 불렀다. 사르트르에게 있어서 가치를 부여하는 것은 신이 아니라 인간이었다. 인간은 사물에 가치를 부여해야만 하는 '자유라는 형벌에 처해진' 존재이다. 그러나 가치는 가능성에 지나지 않기 때문에 동시에 존재를 손에 넣어 가치로서 존재하지 않으면 안 된다. 그렇지만 대자—즉자의 양립은 불가능하다. 불가능이라는 것을 알면서도 인간은 자유를 향한 기투를 멈출 수 없고, 가치의 존재성을 바라는 것을 그칠 수 없다. 사르트르는 실현을 기대하지 않는 이 이로움이 없는 노력을 다음과 같이 비평했다.

인간은 신을 탄생시키기 위해 인간으로서의 한계를 짓고 공허하게 자신을 잃어버린다. 인간은 하나의 이롭지 못한 수난이다.

개개의 행위는 계속해서 실현되지만, 때때로 대자는 자기를 잃어버리지 않으면 안 된다. 대자인 채로 존재에 이르고 싶다는 이상적인 실현은 결코 실현될 수 없다. 그러나 인간은 이 실현 불가능한 이상을 추구하지 않을 리 없다. 인간은 끊임없이, 좌절에 자신을 내건다는 형벌에 처해져 있기 때문이다.

대기

마르크스주의 관점에서
사르트르의 철학(《존재와 무》까지)은 앞에서 보았던 것처럼 풀기 어려운 문제를 안고 있다. 실현물에는 가치가 없고, 이것은 단순한 사물의 세계에 지나지 않는다. 반면 가치 있는 영역은 대자의 가능성에 지나지 않는다. 사물 영역과 대자의 가능성 영역과는 결코 양립할 수 없는, 서로 결합될 수 없는 모순을 가지고 있다. 이 두 가지 영역은 최후까지 이원론적으로 대립하고, 일원론으로 통일하지 않으면 안 되는 사이이다.

사르트르는 존재란 그 자신에게 무언가 의미를 가지지 않고, '필연이 아닌 우연'한 것이라고 생각하고 있다. 마르크스주의에서 존재라는 것은 필연성에 기반을 두고 발전을 이룩하는 것이라고 생각한다. 게다가 그 필연성에 기반을 둔 발전이란 단순한 운동이 아닌 진보를 동반하는 것이며, 존재 자체가 가치를 가지고 가치를 실현해 가는 것이라고 생각하고 있다. 그렇게 존재 자체가 가치를 가지는 것이라면, 인간 의식(대자), 사르트르라는 인간의 자유의 행방은 어떻게 되는 것인가?

마르크스주의 자유관은 사르트르의 그것과는 달라서 인간 의식이 존재에 반항해서 자신을 공무화해 가는 점에서 특색을 구하지 않는다. 대신 존재의 필연성을 의식이 통찰·인식하고 이 이해 위에 선 존재의 운행을 인간의 통제 아래 복종시키는 것을 목표로 하고 있다. "필연성의 통찰이 자유이다"(엥겔스). 인간의 주체는 존재에 반역하는 것이 아니고, 오히려 존재의 필연성을 따라 그 법칙을 인식하고 그 위에서 그 필연성을 운용하는 힘이 된다. 이것이 바로 인간의 자유이다.

마르크스와 엥겔스가 '필연의 왕국에서 자유의 왕국으로 향하는 인류의 비약'이라고 부른 사항은 필연의 측면을 없애고 존재를 공무화하는 왕국을 상정하는 것이 아니다. 존재의 필연성을 계속 실재하는 것이라고 여기면서, 이 필연성을 인류의 계획적 관리 아래에 둔다는 것을 의미하고 있다. 그를 위해서는 생산수단을 사회적으로 공유화해서, 생산의 계획화를 가능하게 하는 사회관계를 만들어 내지 않으면 안 된다고 생각했다.

필연의 통찰과 선택의 자유

우리들이 필연성을 인간의 통제에 복종시킨다고 해도, 형편에 맞춰 필연성을 고안하거나 상황이 나쁜 필연성을 없애라고 명령할 수 있는 것은 아니다. 다만 필연성이라도 몇 개의 측면이 서로 모순되어 싸우고 있는 것이므로, 그 어느 쪽의 측면이 존재 전체를 보다 발전시킬 수 있는 것인가를 통찰한 데에다가 그 측면을 의식적으로 커지게 만들면 당연히 싸우게 되는 다른 측면을 그 필연성 자신의 힘으로 없애버릴 수 있다. 필연성의 어느 쪽 측면이든 힘을 넣어야 하지만, 그것은 어디까지나 인간의 선택이다. 그러므로 필연성을 통찰한다는 것은 선택의 자유를 물리치는 것이 아니다.

사르트르의 입장에서 자유관의 중심을 이루는 것은 선택과 결단의 자유였다. 가능성을 향해 결단하고 많은 가능성 안에서 대자의 이상이라고 할 만한 기획을 선택한다.

하지만 사르트르의 결단·선택은 필연성을 꿰뚫어보는 데서 떨어져 나온 부분에서 성립된다. 어느 철학자가 "나는 결단했다. 그러나 무엇을 결단했는지는 지금까지 생각하지 않았다"고 말했다. 사르트르의 입장도 의외로 이것에 가까운 부분에서 결단의 철학을 이야기하고 있다. 아무 하는 일 없고 무책임한 무상성에 머무르는 생활을 계속할 것인가, 무언가를 결단하는 태도를 기본으로 하는 생활에 들어갈 것인가를 선택하려 한다. 무엇을 결단하는가, 무엇에 대해 무엇을 선택하는 것이 아닌, 결단인가 부결단인가를 선택하려 한다. 결단의 대상이 되는 가능성을 필연성의 인식이라고 하는 입장에서 과학적으로 검토하려고 하지 않는다. 무엇이든 결단할 것인가 하지 않을 것인가가 소중한 것이다.

《자유의 길》의 주인공 마티외는 결정적인 결단에 쫓기고 있는 상태에 놓이지 않으려는 듯, 무엇에 대해서도 진심이 아니고 무엇이든 피하려 한다. 마르셀을 사랑하지만 정식으로 결혼하려고 하지 않는다. 아이가 태어나게 되었지만 아이를 낙태시킬까 어쩔까 망설인다. 에스파냐 내전에 의용병으로 참가할까 하고 생각하지만 그것도 그만둔다. 벗 브뤼네가 공산당에 입당할 것을 권하지만, 곧 정식으로 결단하지 않으면 안 되는 때가 온다 해도, 지금은 아직 좀더 잘 생각하고 싶다는 이유로 거절한다. 정말로 도전할 만한 기회가 올 때까지 선택을 미룬다. '최후의 기회'를 노리고 잘 음미하고서도 그때까지 선택을 하지 않는다. 많은 가능성 속에서 하나를 선택하지 않으면 안 된다면 현재 자신에게 있어 가장 이상적인 기획을 선택해 그것에 걸고 싶다. 여기에는 가능성이 충만해 있다. 선택의 자유가 한창인 것이다.

그러나 도대체 무엇이 가장 이상적인 기획·가능성이며 그 이상적인 상태를 결정하는 객관적 기준은 무엇인가? 선택을 행하는 때의 판단 기준은 무엇인가? 그런 점에 있어서 사르트르의 철학은 사실 애매하다. 그러므로 주인공 마

마르크스·엥겔스 '생산수단을 사회적으로 공유화해서 생산의 계획화를 가능하게 하는 사회관계를 만들어야 한다.'

티외는 언제나 헤매지 않을 수 없다. 하지만 모든 가능성 속에서 이것이 존재의 미래 발전을 비추는 가장 필연적인 것, 곧 '실재적 가능성'과 단순한 공상적 가능성으로서의 '추상적 가능성'을 구별하지 않으면 안 된다.

마르크스주의 입장에서도 선택의 자유를 확인하고, 그 선택 기준이 되는 원칙은 보다 '추상적인 가능성'을 버리고, 보다 '실재적인 가능성'을 선택하게 된다. 이 가능성이 지녀야 하는 '실재성'의 기준을 '존재의 필연성과 꿰뚫어봄'에서 구하고 있다. 즉 과학적 진리에 비추어 선택하는 것이다. 연인을 선택하는 데도 인식에 바탕을 두고 선택한다. 그러므로 연애론 그 자신이 하나의 과학이 되고, 정열론이 그 자신의 학문이 되지 않으면 안 된다.

마르크스주의 입장에는 존재를 인식한다는 것과 정열적 기투라는 것이 일치하고 있다. 그러나 사르트르에게서는 결여된 것이라는 형태를 취한 가능성 속에서의 추상적·공상적인 가능성도 공존하고 있다. 그 속에서 어느 것이 가장 이상적인 것인가? 현재 하는 것이 아닌 무언가로서 '결여분'이 '전체'에 규제된다고 해도, 그 '전체' 그것 자체가 완전히 주관적인 바람에 지나지 않는 것이 아닌가? 결국 사르트르는 가능성의 객관적인 기준이 매우 모호하기 때문에 당연히 선택의 기준도 명확함이 결여되어 있다는 결점을 지니게 되었다.

《자유의 길》

사르트르는 1943년 대표작 《존재와 무》를 펴낸다. 이 저서에서 사르트르는 소설 《구토》의 무상성 입장에서 벗어나서, 결단을 초월하고 사물에 이유와 의미를 부여해 세계에 책임을 갖는 주체로 바뀐다.

우리들은 무의미하고 하는 일 없고 무상성인 채로 자신을 놔두는 것도 가능하다. 결단을 하지 않는 것도 가능하다. 그러나 이런 것은 결단을 하지 않는 입장에 머무르는 것을 선택했다는 의미이다. 우리들이 어떤 입장에 쫓기듯, 결단하는 자유로부터는 도망칠 수 없다. 우리들은 '자유라는 형벌에 처해져 있다.' 우리들은 사물의 의미를 부여할 수 있도록 운명지워졌다.

이 자유의 발견은 사르트르를 확 바꿔버렸다. 하지만 사르트르가 확실히 하고 있는 점은 인간은 자유롭도록 운명지워진 존재이며 그 중심이라 할 만한 것은 '결단'과 '선택'의 자유라는 사실이다. 따라서 자유를 선택하는 것도 어디까지나 자유로운 선택에 의한 것이다.

만일 우리들이 인간의 본성을 배반하고 선택하고 결단하는 능력을 잠재워서 결단을 미루어 둔다면 어떻게 될까? 로캉탱은 지금까지 인간 본성에 결단하고 선택하는 자유가 있는 것을 몰랐다. 그러나 선택도 자유이고, 선택하지 않는 것도 자유라는 것을 충분히 알고도 그 결단을 미루고, 결단을 앞두고 자신을 대기시키는 인물이 나타난다면? 선택한 것에 결단을 내리지도 않고 결단하지 않는 것을 선택하는 것도 아니다. 결단하는 것을 조금 기다리며 망설이고 있다. 자유의 운명을 알면서도 이 운명을 미루는 것. 결단까지의 길은 멀다. 알고 있으면서 우리들은 다시 머뭇거리며 최후의 순간 자신을 결정적인 순간으로 쫓아낼 시점을 조금 연장시키는 것이 가능하다. 숨김없이 이야기하지 않으면 안 되는 것을 오늘 하루 연장하고, 하지 않으면 안 되는 일을 내일로 연장하고……

사르트르는 《존재와 무》를 전후로 해서 《자유의 길》을 써 나갔다. 여기서는 자유에 대해 명석한 분별을 가지고 있으면서도 이 자유의 발동을 미루는 인물이 나타난다. 이 인물이 어떻게 해서 자신의 '대기' 상태를 빠져나가 '결단'에 이르는가, 이것이 3부작 장편소설 《자유의 길》의 커다란 주제이다.

전쟁 전야 파리에 있었던 사르트르－"흥겨운…카페" 1947년 7월 13일자 〈뉴욕타임스〉에서 소개한
《자유의 길》첫 번째 소설 〈철들 무렵＝이성의 시대〉 서평과 함께 실린 판화.

　세상 사람들은 자주 자신이 지금 결단하지 않는 것은 결단하려고 하는 내
용이 충분히 가치를 갖지 않기 때문이고, 게다가 좀더 좋은 기회가 올지도 모
르기 때문에 충분히 신중하게 검토해서 결단하기 위해 상태를 보고 있다고 분
명히 한다. 결코 결단하는 것이 싫어서도, 두려워하는 것도 아니라고 주장한다.

　3부작 첫 번째 소설 〈철들 무렵＝이성의 시대〉(1945)에서 브뤼네는 마티외에
게 공산당 입당을 권한다. 마티외는 그것을 거절한다. 브뤼네는 마티외에게 말
한다.

　"누구도 자네를 비난하진 않아. 최상의 기회를 위해 지금은 미루어 둔다
는 것은 자네의 권리니까. 하지만 그 최상의 기회가 될 수 있는 한 빨리 오
는 것을 기대하겠네."
　"나도 마찬가지로 그것을 기대하고 있네."

　브뤼네는 이상하다는 듯이 마티외의 얼굴을 바라본다.

　"정말로 기대하고 있는가?"

"아, 그래……"

"정말 그렇다면 그걸로 다행이군. 다만 그 기회가 빨리 오지 않는 건 아닌가 했네."

"나도 그렇게 생각하고 있네. 어쩌면 절대로 오지 않는 건 아닐까, 아니면 너무 늦었을까, 그렇지 않으면 그런 기회는 '없을지도 몰라'라고."

"그래서?"

"그럴 경우에는 내가 한심한 놈이 되겠지. 그것뿐이야."

이렇게 해서 세상 사람들은 기다린다…… '최상의 기회'를. 그 사이에서 결단을 대기시키고 보류시킨다. 인간의 자유는 이렇게 해서 '기다리는 자유'로 바뀐다. 기다리다 지친 마티외는 어느 날 이렇게 말한다.

"나는 그저 기다리기 위한 공허이며, 불모지가 되어 버렸다……"

그러나 정말로 '최상의 기회'를 기다리기 때문에 인간은 결단을 피하고 있는 것일까? '최상의 기회'가 오지 않는 것은 오히려 핑계이고, 실제로는 무언가에 대해서 자기가 결단하고, 결단했던 사항에 책임을 지고, 자기의 자유가 구속되는 것을 두려워하며 그것을 피하고 있는 것은 아닌가? 인간은 오히려 결단해야 할 때가 오는 것을 알고 있다. 하지만 자기 자신을 속이고 '결단의 시간을 될 수 있는 한 멀리 물러나기'를 바란다. 그리고 자신에게 이렇게 말한다. "이건 아직 '최상의 기회'가 아니다"라고. 이것은 자기를 속이는 일이다. 누구나 히틀러가 가진 침략의 의도를 알고 있다. 지금 결단한 것에 반대하지 않으면 안 되는 것도. 그러나 뮌헨 회담에서 체코를 독일에 넘겨주고 전쟁을 일시적으로 미루는 동시에 히틀러에 대한 대책을 생각하는 것을 일시적으로 미뤘다.

《자유의 길》 두 번째 소설 〈유예〉에서는 세계 전체가 '자기기만'에 취한 모습이, 뮌헨 회담을 둘러싼 몇 주간에 초점을 맞추어 그려지고 있다.

'절대로 오지 않는 것인가', 온다고 해도 '너무 늦는 건 아닐까.' 때로는 애초부터 '없는' 것일지도 모르는 '기회'를 위해, 마티외는 자유를 보류시키고 쓰지 않은 채 하루하루를 중지시켜 버렸다. 마티외는 자신을 바라보며 '난 쓸모없는 사람이다'라고 생각한다. 이 '쓸모없는 사람'은 결단한 사항에 구속되어 자신의 자유를 잃는 것을 두려워하며 자신의 자유를 사용하려고 하지 않는다. 충분히 '분별'이나 능력도 가지고 있는데 이 힘을 쓰는 것을 아까워하여 공허한 가능성에 파묻힌다.

반면 결단을 내리고 자신을 구속한 인물, 예를 들어 브뤼네를 보며 마티외는 초조를 느낀다. 마티외는 생각한다.

> 브뤼네는 공산당에 입당했다. 자기의 자유를 단념했다. 이젠 보잘것없는 한낱 병사에 지나지 않는다. 그러나 바로 그때, 그에게는 모두가 돌아왔다. 그 자유까지도. 브뤼네는 나보다 더 자유롭다. 그는 자기 자신과도, 또 당과도 일치하고 있다. 그는 거기에 있다. 확실히 실재하고 있다.

연기

시선

마티외는 결단을 보류했다. 언젠가 '최상의 기회'가 올 때까지라는 이유를 붙이면서. 그렇지만 언제가 될지, 결단하는 것은 그 누구도 아닌 자기 자신이다. 결단을 타인이 대신할 수 없다는 것만은 확실하다. 그러나 다시 생각해 보자. 어떤 누군가가 타인에게 결단을 시키고 자신은 그 사람의 그림자에 숨어서, 무언가 잘해 나갈 수 있는 방법은 없는 것인가? 만일 이것이 가능하다면 책임 회피의 새로운 양식을 발견하게 된다.

그렇다면 새로운 문제가 나타나게 된다. 타인이란 무엇인가? 타인이란 역시 자기와 똑같은 개체로 자유로운 주체이다. 사물을 뛰어넘어 책임을 지거나 책임을 지는 것에서 도피하거나 하는 똑같은 한낱 자유로운 인간 주체임이 틀림없다. 그러나 타인은 결코 타자(他者) 자체로서 떨어져 나간 존재는 아니다. '타자'라는 것은 '나'와의 관계 속에서 이루어진 인간존재로서, '타자'의 출현을 새롭게 느낄 수 있는, 일상체험을 몇 가지를 떠올려 보자.

나는 지금 방 안에서 벌어지는 흥미로운 일을 보고 싶다는 유혹에 져서, 열쇠구멍으로 안을 들여다본다. 그 행위가 무엇인지는 상상에 맡기겠다. 어쨌든 나는 열중해 있었고 만족스러웠다. 그런데 갑자기 복도에서 소리가 들려와서 무의식적으로 고개를 들자 누군가가 서서 나에게 '시선'을 주며 가만히 내려다

보고 있는 것이 아닌가. 나는 순간적으로 온몸이 부끄러움 덩어리로 바뀐 것을 발견했다. 여기에는 '타자'가 서 있었다.

지금까지 나는 방 안으로 '시선'을 주고 방 안에서 일어난 일을 지배하는 것이 가능했다. 그러나 나의 앞을 가로막은 '타자'는 내게 '시선'을 주고, 나는 그저 일방적으로 시선을 받는 존재로 달라졌다. 나의 가능성은 순간 고형화되고, '시선을 받고 있는 것'으로 변화한 나는 시선을 되받아치는 것도 하지 못하고, 타인이 바라보고 있는 대상으로 변화해 버렸다. 나의 가능성은 타인의 의지에 맡겨져 타인은 그 가능성의 자유를 일방적으로 소유하게 되었고, 나의 가능성은 그 타인에게 빼앗겨 버렸다. '나의 가능성의 타유화'인 것이다. 시선을 받고 있는 나는, 단순한 '시선'의 대상으로서 사물과 똑같은 것이 되어 버렸다.

이렇게 해서 각각 자유로운 가능성을 가진 주체 두 개의 출현은, '시선'을 주는 것과 '시선'을 받는 것의 대립이라는 형태를 취하고 있다. 《존재와 무》를 쓰던 무렵의 사르트르에게 있어서 일방적인 인물이 자유롭다면 다른 한쪽의 인물은 '시선'의 대상이 되어 '물화(物化)'되고, 사물과 같은 것으로 바뀌지 않으면 안 되는 것이다. 두 가지의 자유가 공존할 수는 없다. 한쪽은 자유로운 상대편의 물건이다. 가령 남성이 '시선'을 독점하고, 자유를 독차지한다면, 여성은 '물(物)'이 되지 않으면 안 된다. 마치 '지옥이란 바로 타인을 일컫는 것'이다!

이렇듯이 타자란 나를 '초월'하는 주체이다. 그런데 나는 사물화되었다고는 하지만, '초월'하는 주체로서 자유의 능력을 잃어버린 것은 아니다. 다음 순간, 내가 상대를 돌아보고, 상대를 다시 노려보는 순간, 상대에게 '시선'을 주는 것도 가능하다. 지금까지의 나는 '시선을 받는 시선'이었다. 그러나 이번 순간, 나는 '시선을 주는 시선'으로 바뀐다. 이번에는 타자의 '초월'하는 주체는 나를 바라보고 나를 '초월'하는 주체로서는 사라지고, 나에 의해 '초월된 초월'이 되어 버린다. 결국 내가 자유로운 때에는 상대가 물(物)이 되어 상대가 자유로운 때는 내가 물(物)이 되지 않으면 안 된다. 이것이 타자의 실상이다. 사르트르에게 있어서 두 가지 자유가 공존하고 서로 자유를 인정하는 상태는 성립하기 어려웠다. 만일 남성과 여성의 연애라는 관계를 보아도, 사르트르에게 있어서는 또한 한쪽이 자유롭다면 다른 한쪽은 물(物)이 된다는 두 가지 자유의 상극이다.

마르크스의 연애론

그렇다면 어째서 두 가지 자유는 공존하는 것이 불가능한가? 자신이 자유롭게 있으려면 타인이나 대상을 부정하거나, 상대를 초월한다면 가능하다라는 사르트르의 자유관이 원인이 되어 있다. 상대를 긍정하는 것과 동시에 자신도 긍정한다는 입장은 어떻게 해도 취할 수 없는 것일까? 사르트르의 자유관은 또한 "만인은 만인에게 있어 늑대이다"(홉스)라는 부르주아적 개인주의를 이어받은 것이었다(물론 사르트르의 사상은 나중에 보이듯 변화하고 발전해서 그 나름대로의 공동체 이론을 이루게 된다). 그러면 이 문제를 어떻게 해야 해결할 수 있을까? 여기서 마르크스의 연애론에 대해 조금만 살펴보자.

마르크스는 장래의 사회에서는 생산수단의 공유라는 조건 아래서 인간과 외계의 자연 사이에 일정한 조화가 성립하고, 인간은 외계를 통제하고 지배할 수 있게 되었다고 생각했다. 그러나 이것은 외계의 자연에 한정된 것이 아닌, 우리 인간의 몸 안에 있는 자연(감정이나 욕망 등)과의 조화통일 또한 가능하게 된다. 젊을 때 마르크스는 이 이상을 '인간주의·자연주의'라고 표현했다. 마르크스는 남성과 여성과의 연애관계는 "남성 대 여성의 관계는 인간 대 인간의 좀더 자연적인 관계이다"라고 말하며, 여기서는 "어느 정도까지 인간의 자연적 행동이 인간적이 될 수 있는가, 또는 어느 정도까지 인간적 존재가 인간에게 있어서 자연적 존재가 될 수 있는가?"가 지적되고 있다. 남성 대 여성의 관계는 인간이 어느 정도까지 몸 안의 자연과 일치통일에 이르렀는지의 기준이 된다고 한다. 마르크스는 인간은 단순히 이성적·인격적인 자유에 머무르지 않고, 동시에 그 인간이 정열적인 존재가 되지 않으면 안 된다, '인간에게 있어서 인간 본질이 자연이 되어' 있지 않으면 안 된다고 생각했다. 또 반대로 '인간의 욕망을 인간적인 욕망'까지 드높이지 않으면 안 된다. 마르크스는 인간의 욕망이 '인간적인 욕망'이 됨으로써 처음으로 '인간에게 있어, 인간으로서 다른 인간이 욕망하는 대상이 된다'는 것이 가능하다고 주장했다.

인간의 욕망이 자연적인 욕망으로 있으면서 이 욕망의 대상이 된 타인은, 사르트르의 경우처럼 단순한 사물로 변해 버린다. 욕망이 인간적인 욕망이 되기 시작했을 때 인간은 인격으로서 타인을 욕망의 대상으로 추구하는 것이 가능하다.

마르크스는 그 결론을 개인 욕망이 어느 정도까지 인간적인 욕망이 될 수 있는지 정도에 따라서 "가장 개인적인 현존(現存; Dasein : 본질적 존재에 대립하는 구체적·개별적 존재)이 어느 정도냐에 따라서 인간이 동시에 공통적인 존재가 될 수 있는지가 결정된다"라고 맺고 있다. '개인적인 현존에 있어서 인간이 동시적인 공통존재'라는 규정은 훌륭하다. 이것은 개인적 욕망을 지닌 내가 그 욕망을 대상으로 삼아, 인격적인 존재로서의 타인을 지향할 수 있다는 것이다. 마르크스의 연애론은 단순한 양성 상호 간의 이성(理性)끼리의 승낙이라는 인격주의에 의한 해결에만 머무르지 않고, '인간적인 욕망'이라는 자연을 그 중간에 두어, 서로 간에 상대편을 인간적인 인격으로서 추구하려는 욕구로서 성립하는 관계이다. 여기에서는 인간주의·자연주의라는 관계가 인격과 정열이 통일된 미적 관계를 만들어 낸다. 마르크스가 말하는 연애란 것은 양성이 만들어 낸 미적 관계(인간적·자연적 관계) 속에서 상호 간에 상대편을 인격으로서 이성적으로 승낙함과 동시에 정열적으로 구하는 관계이다.

이렇게 해서 마르크스는 부르주아적인 개인이 갖는 '만인의 만인에 대한 투쟁'(홉스)을 한 번에 해결해 버렸다. 여기서는 사르트르의 경우와 같이, 서로를 치유하려는 욕망으로 물(物)로 만나는 관계도 아닌, 상대편을 물(物)로서 자신의 자유를 증명해 보이려는 노력도 불필요하다.

보들레르

타인의 결단에 의해 자신은 억지로 '물(物)'이 되어도, 그 타인의 주체의 그림자 속에 숨어서 최후까지 책임회피를 하려는 인간이 있다. 사르트르는 그런 유형의 인물을 격렬하게 공격했다. 그 본보기로 사르트르가 든 인물은,《악의 꽃》의 시인 보들레르였다.

사르트르는 1947년에 《보들레르론》을 펴냈다. 이 저작은 실존주의자 사르트르 입장에서 '보인' 보들레르상(像)을 내용으로 한 것이다. 사르트르의 철학을 이해하는 데에는 매우 흥미로운 작품이지만, 단순히 그것에만 머무르지 않고 보들레르 연구의 입장에서 보아도 실제로 독특한 보들레르 모습이 여기에 제시되어 있다고 할 수 있다.

사르트르는 한 개인의 유년기 체험을 매우 중시했다. 보들레르의 유년기도 어느 의미로는 사르트르 자신과 닮은 측면이 많다. '아버지가 사망했을 때 보들레르는 여섯 살'이었다. 그 대신 보들레르는 '어머니를 존경하면서' 살았다.

'어머니는 우상이었고, 아이는 어머니 애정에 의해 성스럽게 되어' 있다. 그는 '언제나 어머니 속에서 살아가고' 있었다. 마침 '성당 안에 숨겨져 있는' 것처럼. 유년 시절이란 자기가 자신의 가치를 선택하고 그 가치에 대해 자신이 결단을 내리는 시기가 아니다. 이 시절의 가치나 진리는 부모에게 부여받아, 그 타자인 부모의 가치를 기반으로 하고 스스로는 '물(物)'이 되어, 부모의 '시선' 아래에서 생활하는 시기이다. 부여받은 것 속에서 자신을 풍요롭게 만들어 줄 수 있는 낙원이다. 그렇

보들레르(1821~1867) 프랑스의 시인.《악의 꽃》(1857). 사르트르는 자신의 유년 시절과 닮은 보들레르를 연구한다.

다고 해도 모든 것을 일하지 않고 받을 수 있기 때문에 낙원인 것이 아니라, 타자의 가치 앞에 '물(物)'이 된다는 것에 모순을 느끼지 못하는 유일한 시기라는 의미로서의 낙원이다. 이 낙원의 주인은 그의 어머니였다.

그러나 이 '열렬히 사랑하고 있었던 어머니'가 어느 군인과 재혼한다. 보들레르는 당장 기숙사에 집어넣어지고, 이 시기부터 그의 유명한 '나날'이 시작된 것이다. 이 '갑작스런 이별'은 그를 깊은 고뇌 속에 떨어뜨렸다. 그는 '홀로 남겨진' 자신을 발견했다. 지금까지는 '어머니와 아들이 둘이서 만들어 온 종교적인 일체생활'에 빠져 있었는데, 그는 자기에게 부여해 준 중심에게 버림받아 무의미하고 고독한 타자로서 벌거벗겨졌다는 것을 알게 된다. 자신은 어머니로부터 '버려진 아이'가 되었던 것이다. 자신은 어머니에게 있어서 연고가 없는 타자이자 '버려진 아이'가 되었다.

여기서 보들레르가 선택할 수 있는 삶의 방법은 크게 나눠 두 가지로 생각할 수 있다. 그 첫 번째는 어머니를 중심으로 한 생활에 마침표를 찍고 어머니

가 부여해 준 가치관과 이별을 고하고 자기가 자신의 가치를 찾아, 자기 자신을 만들어 가는 결단의 길을 선택하는 것이다. 다른 한 가지는 어디까지나 어머니 중심(또는 타인이 부여해 준 가치를 중심으로 하는)의 생활을 버리지 않는 것이다. 다만 그 어머니와 일체화하는 것이 불가능한 이상 언제까지나 그에 대한 반역아, 타인이 되어서 그 가치로부터 버려진 타자로서의 태도를 관철하는 것이다. 사회나 타인에게 반항하고 의식적으로 그들 앞에서 '물(物)'이 되는 자세를 계속 취하는 등 결국은 사회나 타인(어머니)에게 의존해서 더부살이하는 삶의 방식이다.

보들레르가 선택한 길은 후자였다. 보들레르는 타인의 앞에서 물화(物化)되어 타자성(他自性)에 살아가려 했다. 언제든지 자신의 타자성을 버릴 수 있는 성인이 되어서도, 이 태도는 평생 동안 버리려 하지 않았다.

악마주의

보들레르는 자신이 어머니에게 있어서 타자임을 발견했다. 자신은 어머니로부터 '버려진 아이'로 보이는 존재라고 생각했다. 보들레르는 정말로 고독한 길, '자신을 걸지 않는 인간이 되는 것을, 자신 안에서 찾아내는' 방향을 택하지 않고, 타인의 '시선'에 '더할 나위 없이 소중한 사람'이 되려고 했다. '시선'의 대상이라고 하는 것은, 자신을 '물(物)'에 동일시한 것으로 바꾸는 것을 의미한다.

그렇다면 타인의 '시선'에 있어서 늘 '더할 나위 없이 소중한' 물(物)이 되려면 어떻게 해야 할까? 일반적으로 말해 스스로 자신의 가치를 가지지 않고 타인으로부터 부여받은 가치에 따라 살아가는 이들에게도 크게 두 종류가 있었다. 첫째는 우등생이나 수재가 되어 신이나 교사의 가치에 일체화해서 그 이상적인 모습을 연기하고, 그것과 일체되는 형태로 '타인 앞에서 물화(物化)'하는 방법이다. 그러나 타인의 가치와 일체화되는 것은 보들레르의 경우 어머니의 재혼으로 그 가능성이 끊어져, 우등생, 수재로 산다는 가능성을 빼앗기고 말았다. 남은 길은 단 한 가지, 타인의 가치를 어기는 것에 의해 타인의 관심을 자아내는 방법 이외에는 생각할 수 없다.

불량학생이 교사에게 반항해서 학급의 관심을 자아내려고 한다거나 교사가 감당하지 못하게 해서 반대로 교사에게 관심을 받는 등의 방법과 마찬가지로, 보들레르는 어머니에게, 의붓아버지에게, 세간에, 신에게 반역하는 '악'의 화신이 되는 자세를 통해, 그들의 관심을 부르고, 자신에게 '시선'을 주도록 했다. 수고를 끼치는 아이들만큼 반대로 부모는 가엾다고도 세간에서 말하지만, 보들레르 쪽이 그 나름대로 타인의 도덕에 반역하여 그 타인으로부터 도덕적으로 질타당해, 심판받는 것에 도리어 쾌락까지 느끼게 되었다. 보들레르가 연기했던 악역은 오히려 편리했고, 신의 애정을 얻기 위해 계획적으로 사람을 속이는 거짓 행동에 지나지 않았다. 시집 《악의 꽃》은 악을 대상으로 해서 악의 창조를 노래한 것이다. 그런데 '악이라고 부르지만 그 창조는 상대적이고 파생적이며, 선이 없다면 존재하지 않는' 성격을 지닌 것이다. 그러므로 악을 칭송하면서 '멀리 돌아 규율을 칭송하고' 있는 것이다. 보들레르는 자신을 '아버지가 언제라도 돌아오길 기다리고 있는 탕자'로 꾸미고 있었다. 표면적으로는 신에 대한 반역이지만, 실제로 그의 '악마주의'라는 것은 '그리스도교의 뒷문으로 들어가려는 시도'(엘리엇)에 지나지 않았다.

타자성

보들레르는 반역하기 위해 늘 타인을 필요로 했다. 악을 이룩하기 위해 늘 선을 필요로 했던 것이다. 그는 늘 타인의 '시선'을 필요로 했고, 자신은 늘 타인에게 보이는 타자로서 살아갔다. 《자유의 길》에는 보들레르를 모델로 했다고 하는 인물이 많이 나온다. 남색가 다니엘도 그 분신 중 한 명으로, 다니엘은 마티외에게 쓴 편지에서 이렇게 자신을 이야기하고 있다.

　　때때로 저 시선이란 칼에 찔려, 나는 눈을 뜨고 일어난다. "나는 관찰되고 있다. 그렇기에 내가 있다"고 나는 말하고 싶다. 나를 보고 있는 것이, 나를 존재하게 만든다. 나는 그가 나를 보고 있듯이 존재한다. 나는 죄인이다. 그렇지만 나는 존재한다. 나는 존재한다. 신 앞에서 사람들 앞에서 나는 존재한다. 이 사람을 보라.

보들레르의 생활은 모두 '감시당하고' 있었다. 그 결과 '어른들에게 감시당하면서 노는 아이들처럼 자연스러움을 잃게' 되었다. '모든 것이 가장된 것'처럼 되었다. 마침내 보들레르는 이 타인의 '시선'을 바탕으로 해서 '사물존재'라는 자신을, 이 객관성을 인공적으로 만들어 내려고 했다. 최초에 이 객관적인 자신은 어머니의 재혼에 의해 만들어진 것이었고, 보들레르가 만든 것이 아니었다. 그러나 이번에는 "타인에게 있어서 물(物)인 나를, 나 자신을 자유롭게 계획하는 것을 통해 내면화하자"라고 하게 되었다. 즉 이번에는 자기가 자신의 의지로 객체로서 자신을 창조하려고 하며, 자신이 자신을 객체로 만드는 것을 선택한 것이다.

여기서 자유의지를 소재로 한 기묘한 괴물, '자유=물(物)'이 태어났다. 참된 자유라는 것은 자신이 가치를 만들어 가는 것인데, 여기서는 확실히 '자기를 창조하려고 하는 것은 틀림없지만, 타인이 바라보고 있는 대로의 자신을 창조하려고 하는 것'이다. 보들레르는 '타인이 보는 대로'이다. 보들레르에게는 '그의 타자성을 확인해 주는 사람이 필요'했다. 그는 그 사람들 앞에서 계속해서 '물(物)'로 있는 것을 선택하고, '물(物)'로서 자신을 끊임없이 창조했다. 이것은 타인이 '시선' 앞에서의 끊임없는 연기였다. 연기하는 것을 선택한 것은 확실히 그의 자유의지였다. 그러나 이 '물(物)'을 위한 의지는, 결국 스스로 '물(物)'이 되는 것을 선택한 의지와 마찬가지로, '자신의 선(善)을 선택하지 않을 것을 선택했다'는 의미이다.

보들레르는 이렇게 해서 '보여지는 존재'로 변신했다. 하지만 보들레르에게도 여전히 무언가를 보는 자유는 남아 있었을 터이다. 타인을 뒤돌아보는 것도 가능했다. 그러나 보들레르는 타인을 적으로 만들 용기가 없었다. 타자성이라는 형태로 타인과 밀착하는 삶의 방식은 그가 선택한 길이었다. 그것에서 그의 눈은 타인과 동화되어 타인과 똑같은 시선으로 자기와 자기 자신의 몸을 바라보기 시작했다. 보들레르는 반성하는 의식이 되어 타인으로부터 보이는 자신을 타인의 눈이 되어 보고 있다. "그는 스스로 처형자, 즉 '나와 내 몸을 벌하는 자'가 되려고 했다."

> 우리는 상처 입은 짧은 칼,
> 희생자이며 처형자가 되리.

여기서 보들레르는 '반성하는 의식을 짧은 칼로, 반성된 의식을 상처로 바꾸려고' 노력하고 있다. 보들레르는 '자신을 보고 싶어' 했다. 사실 보들레르는 자신의 손이나 팔을 바라보았다. 특히 그의 손은 자랑스러운 객체로 그는 이따금

'가만히 손을 보며' 살았다. 사르트르는 요약적으로 다음과 같이 말하고 있다.

> 보들레르는 자신을 타자인 것처럼 자신을 보는 것을 선택한 인간이다. 그의 생애는 이 실패의 역사에 지나지 않는다.

속박의 문학

전쟁 체험

사르트르가 결단을 미루고 있을 때, 전쟁이 먼저 결단 나고 말았다. 1939년 9월 2일, 프랑스와 영국은 독일에 선전포고를 한다. 사르트르는 곧바로 소집되어, 포병대 소속 기상반으로 알자스 지방에 배치되었다. 사르트르가 자신의 자유기질을 주체하지 못해 진저리를 칠 무렵, 전쟁이 사르트르의 미래를 결정짓고는 그를 붙잡아 갔다. 전쟁은 피할 수 없는 '상황'이 되어 사르트르의 개인적 자유를 '속박'했고, 사르트르는 자신의 자유가 하나의 '상황'에 맞닥뜨린 것을 깨닫는다.

물론 사르트르는 운 좋게도 평온하고 태평한 군대 생활을 보냈다. 독일과 프랑스군은 마지노선에서 한동안 대치 중이었기 때문에, 군복무 틈틈이 소설을 쓸 수 있었다.

> 여기서 제 임무는 하늘에 기구(氣球)를 띄우고 망원경으로 바라보는 것입니다. 그것이 끝나면 포대에 있는 포병대 장교에게 바람의 방향을 전화로 알립니다. 그 정보를 어떻게 이용하는가는 그들에게 달려 있습니다. 소장파는 통보를 활용합니다만, 노장파는 휴지통에 던져 넣습니다. 이런 두 가지 태도에 잘잘못은 없습니다. 어차피 대포는 쏘지 않으니까요. 더없이 평화로운 이런 일 덕분에 여가 시간이 잔뜩 생겨서 그 틈을 타 소설을 쓰고 있습니다.

정말 '기묘한' 전쟁이었다. 그러나 아무리 '기묘'했을지언정, 전쟁은 전쟁이었다. 사르트르는 난생처음으로 자신의 의지에 따른 결정이 아니라, '상황'에 따라 결정된 자신을 발견한다. 이제 자유는 '속박'의 테두리 안에서만 존재했다. 이윽고 이어진 독일군의 총공격에 프랑스는 다음 달 6월 순순히 항복하고 만다. 사르트르는 포로가 되었으나, 요령 있게 위생병이라고 하여 병동으로 옮겨 난방이 잘되는 방에 머물렀고, 나아가 선천적인 사시를 '평형장애'라고 하여 민간인과 함께 풀려나 파리로 돌아온다. 파리는 나치의 점령 아래 있었고, 이제는 자유라고 해 봤자 반항하는 자유밖에 없었다. 이런 전쟁체험은 사르트르에게 결정적인 영향을 끼쳤다. 인간의 자유는 어떤 '상황'에 '속박'당한 것 이외에는 존재할 수 없다는 것이다. 아무리 '요령껏' 행동해 봤자 결국 그 '재간'도 전쟁=군대라는 테두리 안에서 벌어지는 일일 뿐이고, 전쟁을 부정할 수도, 초월할 수도 없다. 인간은 여전히 자유로운 상태지만 이제는 주어진 일정한 '상황' 안에서만 자유로울 수 있는 것이다.

상황 속에서의 결단

사르트르는 《문학이란 무엇인가》라는 저서에서 전쟁 당시 독일에 대항하던 레지스탕스 시대를 회상하며 다음과 같이 말했다.

이번에야말로 갑작스런 '상황'이 우리를 '휘두르고 있음'을 깨달았다. 우리의 선구자들이 그토록 좋아했던 상공비행이 불가능해졌다.

시대는 이미 지드의 무상성(無償性), 보들레르의 자기기만의 시대가 아니다. 더 이상 미룰 수 없다. 지금 당장 결단을 내리거나, 상황에 휘말리거나 둘 중 하나인 것이다.

우리는 그 시대 상황에 대하여 책임이 있다. 어떤 태도를 취하든 책임을 피할 수 없다. 우리는 파시즘의 진행에 대한 책임이 있다. 왜냐하면 파시즘이 고개를 쳐드는 것을 뻔히 보고도 막지 못했기 때문이다. 만일 당시에 결단을 미루고 침묵을 지켰다면, 책임을 져야 할 때 책임을 지지 않은 것에 대한 책임이 있다. "비록 바위처럼 입을 다물고 가만히 있어도 수동적인 태도 자체가 이미 하나의 행동이다." 플로베르와 공쿠르는 계속된 파리코뮌 탄압에 대한 책임이 있다. 그 이유는 탄압을 막기 위한 글 한 줄조차 쓰지 않고 침묵을 지켰기 때문에 침묵에 대한 책임을 져야 한다. 또한 파시즘의 진행에 대해 침묵하는 것은, 파시즘이라는 상황이 진전되는 것을 내버려두는 것을 의미한다. "독일군의 점령은 우리에게 책임을 가르쳐 준 계기가 되었다." 점령을 거부하는 '의지 있는 행동'을 하지 않는 것은, 점령에 협력한 것과 같다. 결단을 미루는 것은 그 시간만큼은 점령을 긍정한 것이 되기 때문이다. 결단을 내리지 않는 것도 하나의 행위이다. 점령이라는 상황에 반대한다면 지금 당장 이 상황을 거부하고 결단을 내리는 것이 필요하다.

사르트르는 이렇게 말했다. "우리 입장의 독자성(패전 후 또는 2차 대전보다 조금 앞서 쓰기 시작한 작가 입장)을 이루는 것은, 전쟁과 점령이 우리를 강제로 만든 세계 속에 억지로 던져 넣어 상대성의 한

군복무 시절의 사르트르 사르트르는 이때 '상황'에 따라 결정된 '자신'을 발견한다.

복판에서 절대를 발견하게 했다는 것이다…… 우리는 이 전쟁, 어쩌면 이 혁명의 한가운데서 살아가는 수밖에 없다." 그는 이어서 다음과 같이 말했다. "더 나은 시대가 있을지도 모르지만 이것이 우리의 시대이다…… 인간은 그 시대와 환경, 그들이 살아가는 이곳에선 절대자이다." 그것 말고는 있을 수 없다. 절대로 사라지지 않는 것은 '이 상황에 대해 내가 지금 이 시간에 얻은 돌이킬 수 없는 이 결의'는 무엇인가라는 사실이다. 사르트르의 말처럼 "우리는 우리 시대에 있어 치열하게 싸우고, 우리 시대와 함께 쓰러지기 때문에 절대자가 된다." 우리는 불멸의 신이 되어 절대에 이르는 것이 아니라, 이런 상황에서 이런 결의를 했다는 지워지지 않는 행동에 의해 절대자가 되는 것이다.

《벽》

"우리는 독일의 점령 시대만큼 자유로운 적이 없었다"고 사르트르는 말한다. 이 말은 나치 점령이라는, 비인간성이 지배하는 그 상황만큼 우리에게 인간적이고 자유에 대한 결단을 요구한 시대는 없었다는 의미이다. 반면에 이 시대는 "만일 자신이 고문당한다면 어떻게 할 것인가?"라고 자문하지 않는 날이 없었던 시대였다. 이 시기에 사람들은 인간의 본성이 인정받지 못하는 무인지경(無人之境)과 인간성이 태어나고 창조되는 불모의 사막 사이에서 흔들리고 있었다.

사르트르는 독일에 대항한 레지스탕스에 참가하기 전인 1937년에 《벽》이라는 제목의 단편소설을 썼다. 에스파냐 내전이라는 역사적 경험과, 인간이 총살용 벽 앞에 세워졌을 때 어떻게 행동하느냐 하는 실존주의가 주장하는 '한계상황'의 이론이 결합된 형태로 만들어진 것이다.

주인공 파블로는 인민전선군에 참가하여 싸웠으나 체포되어 내일 아침에 총살을 당할 것이라고 전해 듣는다. 이윽고 날이 밝자, 대장이 있는 곳을 알려 주면 목숨을 살려 주겠다는 제안을 받는다. 파블로는 대장이 사촌의 집에 숨어 있다는 것을 알고 있다. 그러나 파블로는 '대장 그리스를 놈들에게 넘기느니 차라리 죽는 편이 낫다'고 생각한다. 그것은 왜였을까?

나는 이제 그리스를 좋아하지 않는다. 그리스와의 의리는 날이 밝기 조금 전에 살고자 하는 희망과 함께 죽어 버렸다. 물론 나는 아직 그를 존경하고 있다. 그 녀석은 끝까지 잘 버틸 것이다. 하지만 내가 대신해서 죽으려는 것은 그런 이유 때문은 아니다. 그의 목숨이 내 목숨보다 더 가치가 있을 리가 없다. 누구의 것이 됐든 목숨에 가치는 없다. 사람을 벽 앞에 세워 놓고 죽을 때까지 총을 쏜다는 것은 잘 알고 있다. 하지만 나에게는 에스파냐도 무정부주의도 돼먹지 못하긴 마찬가지이다. 모든 것이 하찮게 느껴질 뿐이다. 그런데도 나는 이곳에 살아 있다. 그리스를 넘겨주면 살 수 있는데도 그러기를 거부하고 있다. 그것은 오히려 해학이라고 생각한다. 그것은 내 의지다. '나도 꽤나 고집불통이군.' 그렇게 생각하자 이상하게도 유쾌한 기분에 가슴이 후련해졌다.

다시 불려갔을 때 한 방 먹여 줄 생각으로, "그리스는 묘지에 숨어 있다"고 말했다. 그런데 절묘하게도 마침 그리스는 사촌과 싸우고 묘지에 있었던 것이다. 그리스는 우연히 찾아간 묘지에서 당해 버려 '털썩' 쓰러진다. 덕분에 파블로는 총살을 모면한다.

주위가 빙글빙글 돌기 시작했다. 정신이 들자 나는 땅바닥에 주저앉아 있었다. 나는 눈물이 나올 정도로 웃고, 또 웃고, 자지러지게 웃었다.

단편 모음집 《벽》(초판 1939) 표지 1965년판. 5개의 단편으로 구성되어 있다.

사르트르의 《벽》에서, 우리는 그의 인간을 보는 시각의 본모습을 볼 수 있다. 파블로에게는 조국 에스파냐의 해방도, 동지도, 조직도, 이념도, 이제는 어찌 되든 상관없는 것으로 바뀌어 버렸다. 적어도 자신의 생명을 걸 가치는 없었다. 그러나 강압에 대하여 자신의 자유를 넘겨주기 싫다는 자존심과 자신에 대한 존엄, 즉 '고집'이 마지막 버팀목이 되었다. 조직도 사회도 이념도 믿지 않는, 고독하고 자부심으로 가득 찬 한 사람의 자유, 그것이 '한계 상황' 속에서 추려내고 마지막까지 남는 이유라고 사르트르는 말한다.

우리는 상황에 사로잡혔다. 따라서 "인간은 이미 고립된 개인이 아니다. 인간은 본의 아니게 집단생활에 구속되어 있다. 그는 그것에 의존하고, 그것은 그에게 의존하고 있다고 한다면 본디 사르트르의 도덕 근본을 이루고 있던 책임은 불가피하며, 사실에 의해 부과된 것이기 때문에, 이미 도덕적 가치가 아니다"(알베니스). 즉 그때의 사르트르가 경험한 '연대책임'이란, 아무런 가치도 없이 단순하게 하나의 사실로서 존재할 뿐이다. 이 점이 당시 사르트르의 가장 큰 단점이자 약점이었다. 그는 사회와 조직, 동지의 연대성과 집단, 조국의 해방과 계급투쟁을 승리도 믿지 않고 바라지도 않았다. 다만 강압에 굽히지 않는 자유로운 주체가 되라고 말한다. 〈침묵의 공화국〉이라는 제목의 논문에서 "시민 한 사람 한 사람이 스스로 모두에게 의무가 있으며, 또한 자기 자신밖에 믿을 수는 없다는 것을 알고 있었다. 그들 개개인이 당연히 온몸을 던지는 가운데 그 역사적 역할을 실현하고 있었다. 개개인이 탄압자에 저항하여 그 무엇도 구할 수 없는 가운데서도 자기 자신으로 있으려고 시도했고, 자신의 자유 안에서 스스로를 선택함으로써 모든 사람의 자유를 선택했다"고 말하고 있다.

이런 사르트르의 사상은, 사르트르의 장점과 약점 모두를 잘 나타내고 있다. 개개인이 고독한 자유를 지키는 것으로, 한 걸음이라도 인류를 자유를 향해 이끌 수 있다는 사상은, 고독한 결단을 모든 사람에게 권하고 모두가 자신과 같은 것을 하기를 바라며 자신만은 배신하지 않는다는 자신에 대한 존엄을 각자가 고독 안에서 지키도록 권장하는 것을 의미한다. 이 사상의 단점은 개인을 속박하고 있는 상황의 사회적 필연성과 그 필연성이 낡은 것과 싸워 발전해가는 역사적 가치를 믿지 않는다는 것이다. 그 결과 조직적 연대와 운동의 필연성, 집단의 가치 등을 부인해 버리게 된다. 남은 것은 고독한 자신이 '자기 자신으로 있으려는 시도'뿐이다. 모두가 이렇게 자기 자신으로 있도록, 우선 자신이 자신을 선택하는 자기실현 운동에 계급투쟁을 되돌리려고 해 보아도 아무 소용이 없다. 집단을 향한 방향을 갖지 못한 고독한 개인을, 설령 몇만 명을 모아도 그것은 집단이 되기 어렵기 때문이다.

반면 인간으로서 존엄을 지키고자 하는 사르트르의 자유관은, 하나의 측면으로서 깊은 의미를 갖고 있다. 모든 사람의 허위에 대해 한 사람의 진실을 넘겨주지 않으려는 로맹 롤랑의 '클레랑보 증후군'은 때때로 '만인에게 저항하는 한 사람'의 존엄을 지켰다. 어떤 강압에 대해서도 개인의 인간적 존엄을 넘겨주어서는 안 된다. 우리는 이런 인간적 존엄이 올바른 역사관·사회관과 연관되어야 한다는 조건을 그 위에 부여하여 높이 평가해야 할 것이다.

《무덤 없는 주검》

사르트르는 1946년, 파리가 해방되고 2년 뒤, 《벽》에서 펼쳤던 주제를 다시 주제로 삼아 희곡 《무덤 없는 주검》을 발표한다. 여기서는 단순히 실존주의적

'한계상황'에 대한 극화라는 시점에 머무르지 않고, 사르트르가 전쟁을 헤쳐 나온 경험으로 인해 구성이 더욱 다양해졌다. 그러나 강압 앞에서 개인의 인간적 존엄의 문제라는 주제는 여전히 같았다.

독일에 대항하던 레지스탕스의 게릴라 단원이 잡혔다. 그들은 그들에게 다가올 고문을 견딜 수 있을까 불안해한다. 이윽고 대장인 장이 단순히 마을의 청년으로 오인받아 들어온다. 장은 동료와의 연락이라고 하는 중요한 임무를 맡고 있다. 무슨 일이 있어도 장을 탈출시키지 않으면 동료 60명의 목숨이 위험하다. 고문 전에 입을 열면 안 된다는 의의에 대해 그들은 저마다 생각한다. 그중 한 가지로 동료를 위해, 조직을 위해서 비밀을 지킨다. 그리고 자신은 조직에 의해 '없어서는 안 될 인물이 되고 싶다'라는 요구가 있다. 한쪽은 조직과 동료를 위해 다른 쪽은 자신의 자존심을 위해.

그러나 15세 소년 프랑수아가 동요하기 시작한다. 프랑수아가 말해 버리면, 지금까지 침묵을 지켜온 두 가지 이유가 무효가 된다. 앙리는 아무리 해도 좋은 생각이 떠오르지 않아 프랑수아를 죽이고 만다. "너는 자존심 때문에 꼬마를 죽였다"라며 장은 울부짖는다. 자존심 따위 가지고 있지 않다고 말한 그리스인 카노리스는 "꼬마는 죽어야 했다"라고 말한다. 잠시 후 앙리는 갑자기 "그것은 자존심 때문이었다"고 중얼거린다.

앙리는 침묵을 지키고 그 대신 자존심을 지켜 죽기로 결심한다. 카노리스는 일단 장소를 거짓으로 대고 도망친 후 다음 행동에 참가하자고 주장한다. 그에 대해 앙리가 말한다. "우리가 이긴 것이다. 내가 모처럼 스스로도 납득하고 죽으려고 하는데, 무엇 때문에 다시 한 번 살라고 말하는 건가?" 카노리스는 "우리에겐 구해야만 하는 동료가 있다"라고 대답하지만 그는 오히려 목적을 위해 수단을 가리지 않는 유형이어서 독단적으로 적에게 말해 버리고 만다. 그들은 탈출할 수 있어 보였지만, 적은 대장인 장만 탈출에 성공했다는 것을 숨긴 채 모두 사살해 버린다.

《무덤 없는 주검》은 전작 《벽》과 비교했을 때, 동료에 의해 없어서는 안 될 인물이 되고 싶다는 연대의식이 생기게 된 심경의 발전이 보인다. 레지스탕스로서 독일에 대항했던 사르트르의 체험이 살아 있다고 말할 수 있다. 그런데 이 연대감은 15세 소년 프랑수아를 살해하는 것으로 지켜졌다. 그리고 이 살해는 적에게 굴복하는 인간을 동료로서 인정하기 싫고, 또 적에게 승리하고 싶은 자존심을 위해 행동했다. 이렇게 보면 사르트르의 연대감도 의외로 개개인의 자존심에 의해 받들어진 것임을 알 수 있다. '그들 하나하나가 탄압자에 반항하여 어떤 도움도 없이 자기 자신으로 있으려는' 시도가 여기에 있다. 연대감이 사회적으로 가치 있는 질서에 의해 만들어지는 것이 아니라, 개개인의 책임에 받들어진 것에 지나지 않는다는 점에 당당한 사르트르의 한계가 느껴진다. 즉 연대책임은 한편으로는 단순히 상황에 의해 강요당한 사실에 지나지 않는다. 이와 같은 사실에는 가치도 없고, 사회발전의 필연성을 실천하려는 태도도 포함되어 있지 않다. 다만 이 사실을 개인이 떠맡는 것을 선택할지 말지, 선택한 뒤에도 책임을 질지 말지, 이 하나의 점의 유무에 의해 가치가 정해지는 것이다. 가치가 있기 때문에 선택하는 것이 아니라, 선택한 책임이 있기 때문에 가치가 생긴다는 주관주의가 갖는 기본적인 자세가 여기에서도 일관되게 유지되고 있다.

《파리 떼》

우리를 속박하고 둘러싼 상황은 무의미하며 무가치하다. 그러나 그것은 사실로서 존재한다. 인간적 가치는 이 사실로서의 상황을 뛰어넘는 행위에 의해 생긴다. 인간의 연대감은 사회적 필연성에 따르지 않고, 초월한 모든 개인의 공동행동으로만 성립될 수 있다. 이것이 당시 사르트르 사상의 모든 것이었다. 초월한 행동을 하는 개인의 이상을 사르트르는 희곡 《파리 떼》에서 나타낸다. 1943년, 나치 점령하의 파리에서 상연된 이 희곡은 소재를 그리스 신화에서 따왔으나 실제로는 점령 상황에 저항하는 개인을 주인공으로 등장시켰다.

주인공은 오레스테스, 20세 전후이다. 국왕 아가멤논과 클리타임네스트라의 아들로 3년 전 클리타임네스트라의 애인 아이기스토스가 국왕 아가멤논을 암살하여 이후 왕위에 올랐다. 오레스테스는 그때 나라에서 추방당해 그 후 아테네의 부호에게 길러져 만권의 책을 통해 구속받지 않는 자유로운 하루하루를 보내고 있었다. 이런 오레스테스의 모습은 자유롭기는 해도 '나의 집'을 갖지 못한 젊은 사르트르의 자화상이기도 했다. 이런 오레스테스가 3년 만에 조국에 돌아왔다. 그러나 오레스테스에게 자신의 조국이어야 할 도시가 타인의 나라처럼 보여 자신은 조국의 시민권을 갖지 못한 이방인처럼 느껴졌다.

그런데 오레스테스의 조국 아르고스 시내에는 끝없는 파리가 모여들고 있었

연극 〈파리 떼〉 공연 장면 파리, 1943.

다. 파리는 아르고스인의 참회 상징이며, 참회하는 것으로 찬탈자의 행위를 시인하고 찬탈자의 지배에 협력한 증거였다. 찬탈자가 자신의 암살행위를 후회하고 있을까? "당치도 않다. 도시 전체가 대신 후회하고 있다. 후회는 양으로 재는 것이다." 찬탈자는 타인의 후회에 더하여 살고 자신은 후회로부터 해방되어 후회하는 타인 위에 군림하고 있다. 자기 대신에 타인을 후회하게 만들어 그 후회를 짜내고 있다.

이런 아르고스의 상황은 독일 점령에 협력했던 비시(Vichy) 정권의 '총참회 정책'에 빗댄 것이다. 오레스테스는 자신이 태어난 도시의 이방인으로 남는 것을 그만두고, 이 도시의 정당한 시민이 되기 위해 시내를 향해 내려간다.

인간의 영혼 안에 한 번이라도 자유가 폭발해 버린다면 이미 신조차도 그 남자에 대해서 손쓸 수 없다.

오레스테스는 빼앗은 자를 죽이고 친어머니에게도 천벌을 내리고 만다.

그러나 오레스테스는 조금도 후회하지 않는다. 자신의 자유로 선택한 행위에 대해, 신조차도 평가할 수 없다.

오레스테스 : 암살자 중에 가장 비열한 자는 살인을 후회하는 놈이다.
제우스 : 오레스테스! 이 몸은 너를 만들었도다. 나는 만물을 만들었도다.
오레스테스 : 네놈이 모든 우주를 가졌다고 나의 잘못을 지적할 수 있겠는 가? 네놈은 신들의 왕이기는 하나 인간들의 왕은 아니다. 나는 스스로의 자유다. 네놈이 나를 창조했든 아니든, 나는 네놈의 소유가 아니게 된 것 이다⋯⋯.

오레스테스는 아르고스의 국민을 향해 말한다. "아르고스의 국민들이여. 너희들은 나의 죄가 완전히 나만의 것이라는 사실을 알았을 것이다. 나는 나의 죄를 받아들인다. 그 죄야말로 나의 생존 이유이며 나의 자존심인 것이다." 오레스테스는 자유를 선택하여 행동했다. 그러나 오레스테스의 자유는 아르고스 국민과 관계없다. 국민의 자유는 국민 자신의 행동으로 정할 일이며 오레스테스의 행위로 변화할 수 없다. 아르고스 사람 대신 오레스테스가 행동을 해도 국민이 행동을 한 것으로 되지 않는다. 오레스테스가 자유의 왕으로서 국정에 머물러도 국민이 스스로 행동하지 않고 왕의 자유에 봉사할 뿐이라면 자유는 하나하나의 자유에 의해 깨지지 않고, 단순히 그것이 강요된 자유에 지나지 않고 지배당하는 자유에 봉사할 뿐이라면 그 순간 자유가 아닌 것으로 변질된다. 오레스테스는 왕으로서 아르고스에 머무는 것을 거부한다.

나는 땅도 없다. 신하도 없이 왕이 되고 싶다. 작별이다, 제군. 살려고 발버둥쳐 보도록.

《유물론과 혁명》
1944년 8월 24일, 마침내 파리가 해방된다. 다음 해 1945년, 사르트르는 콩도르세(Condorcet) 중등학교를 그만두고 왕성한 집필활동에 들어간다. 같은 해 오랫동안 계획했던 잡지 《현대》가 발행된다. 창간호에 〈창간의 말〉을 발표한다.

또한 〈실존주의는 휴머니즘이다〉라는 제목의 강연을 한다. 이 두 개의 발언을 통해 사르트르는 자신의 생각을 요약한 형태로 밝혔다. 여기에는 '전적으로 속박당했음에도 전적으로 자유로운 인간'의 모습이 제시되어 있다. 〈창간의 말〉에서는 다음과 같이 주장하고 있다.

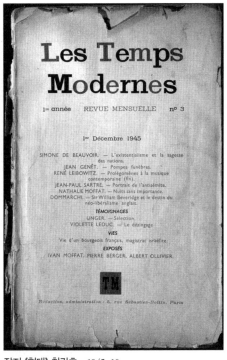

잡지 《현대》 창간호   1945. 10.

　인간은 그 상황에 의해 전적으로 조건지을 수 있음에도 다른 되돌릴 수 없는 불확정의 중심에 있을 수 있다.
　상황이라는 것은 인간의 자유가 이것에 어떤 의미를 짊어지지 않는 한 그 자체로는 어떤 것도 아니고 불가한 것도 아니다.

반면 이렇게도 말했다

　이 자유로운 것을 인간본성의 형이상적 힘으로 봐서는 안 된다. 그것은 아직 좋아하는 것을 해도 좋다는 허락이 아니라, 쇠사슬에 연결되어도 또한 우리에게 남은 무언가가 마음속의 숨은 집과 같은 것도 아니다. 인간은 제멋대로 되는 것이 아니다. 인간은 자신이 있을 곳에 대해 책임이 있다. 이것이 사실이다.

또한 〈실존주의는 휴머니즘이다〉에서는 다음과 같이 말한다.

　나의 선택은 변덕과는 전혀 연관이 없다. 혹시 이것을 지드의 무상행위에 관한 이론 그대로라고 생각한다면 그것은 지드의 주의와의 큰 차이를 보지 않았기 때문이다. 지드는 상황이라는 것이 어떻게 존재하는지 모른다. 그는 단순히 변덕에 의해 행동한 것이다. 그것과 반대로 우리에게 인간은 조직화된 상황 안에 있고, 그 자신 안에 속박당해 자기 자신의 선택에 의해 인류 전체를 얽어맨다.

1946년, 상황 안에 있던 것의 초월이라는 주제를 중심으로 《유물론과 혁명》을 발표한다. 여기서 사르트르는 피지배자인 노동자야말로 상황 아래 있는 존재라고 규정하고 지배계급의 '선(善)'이라고 하는 가치에 저항하기 위해 '존재하는 권리를 잃고 존재하고 있다'라는 '자연물'과 일체화하려고 하는 주장을 한다.

자신을 자연물이라고 알고 있는 인간은 이미 절대로 선천적인 도덕에 의해 속여질 수 없다. 그때 유물론이 도움의 손을 내민다.
장래의 질서는 하나의 가치로서 움직이고 있다. 그 자신은 이 장래의 법칙을 누리는 것은 불가능하나, 그럼에도 이 장래의 질서는 그의 모든 행위를 정당하게 만든다. 실제로 가치라는 것은 아직 존재하지 않는 것의 호소가 아니라면 대체 무엇인가?

사르트르에게 있어서 가치 있는 인간적 질서의 세계는 사회의 자연법칙을 부정하고 그것을 초월하는 인간 주체에 의해 주어지는 것이다. 게다가 '아직 존재하지 않은 것의 호소'라고 하는 형태를 취했다. 이 시대 사르트르의 마르크스주의 이해는 대략적인 것이었다. 유물론 입장으로는 사회에도 자연과 비슷한 법칙이 지배하고 있다는 생각이다. 이 사회법칙의 모순을 밝혀 내다보고 그것을 해결해 가는 것에 인간의 자유가 있다고 생각했다. 이 행위는 인간의 의식적 능동적 실천에 의해 완수되는 것이지만, 절대로 '반자연적' 기투가 아니라 자연법칙의 통찰에 바탕을 두고 이 자연법칙에 의거한, 자연법칙의 발전에 의한 자연법칙의 지배가 자유의 내용이다. '아직 존재하지 않는 것에 호소'라는 것은 절대로 '반자연적' 의미의 기획이 아니라 사회 필요적 자연법칙의 장래의 발전을 향한 과학적 예견에 바탕을 둔 것이다. 사르트르의 《유물론과 혁명》이 출판 당시 마르크스주의자들로부터 심하게 공격받은 것은 말할 것도 없다. 사르트르의 마르크스주의 이해는 더할 나위 없이 편파적이며 자신의 혁명관으로부터 멋대로 만들어진 것에 지나지 않았다.

《더러운 손》

이렇듯 사르트르의 유물론 이해가 한쪽으로 치우치는 것이었다고 해도 사르트르는 매우 적극적으로 정치 활동에 몰두하기 시작한다. 1947년 《문학이란 무엇인가》를 발표하고 '속박당한 문학'의 입장을 확립하여 다음 해인 1948년 혁명가를 주인공으로 한 희곡 《더러운 손》을 발표한다.

인간적 질서를 '반자연적'으로 만들어 내야 한다. 그렇다고 해도 "사람이 이런 질서를 만들려고 하는 것은 우선 자연의 명령에 따르는 것에 의해서일 뿐이라는 점을 이해해야 한다." 사르트르적 혁명가는 상황을 넘어설지라도 그 상황 인식을 어떻게 할 것인가, 이것에 의해 그 혁명가의 기투의 내용도 크게 변해 간다.

여기서 상황인식을 둘러싼 것을 크게 두 가지로 나누어 생각해 볼 수 있다. 하나는 개인이 속해 있는 매우 좁은 범위의 개인 환경을 문제삼는 경우이다. 다른 하나는 집단과 계급투쟁이 발전하고 사회 전체가 진행하는 정세를 문제삼는 경우이다. 사르트르에게 있어 '상황'이라는 것은 개인을 둘러싼 흐트러진 개개인의 사회 환경에 지나지 않기 때문에 사회의 필연 법칙을 가진 객관적으로 존재하는 것이 아니라, 저마다 서로 우연히 일관성이 없는 것으로 생각되고 있다. 따라서 마르크스주의에서 말하는 객관 정세는, 그 무렵 사르트르에게 있어서는 존재하지 않는 것이었으므로 인식이 불가능하다고 생각되었다. 사르트르는 말한다.

전쟁은 그곳에 있다. 있어야 할 곳에 있다. 그러나 그 총체를 계산하는 사람은 아무도 없다. 그것이 가능한 사람은 신이겠지만 신은 존재하지 않는다.

사르트르는 여기저기서 그때그때 '갑자기 전쟁을 슬쩍 볼' 수 있는 것만으로 전쟁이라는 사회 필연적 사건의 총체를 누구도 인식할 수 없다고 생각했다. 마르크스주의에서는 객관적 정체의 존재를 전제하고 그에 더하여 그것의 인식이 가능하다고 생각했다. 정체의 객관적 통찰을 시작으로 인간의 사회적 행동이 행해진다. 그러나 객관적 정체가 인식 불가능으로 오직 개개인의 상황의 인지만 수행하여 상황을 넘어서고자 하는 사르트르에게 있어 실천행동은 결국 흩어진 개개인의 우연한 동작 이상의 것이 되고 싶다고 하는 단점을 갖게 된다.

사르트르는《더러운 손》에서 정세 분석에 대처하는 세 가지 유형의 인물을 등장시키고 있다.

(1) 사회 조건을 잘 보려고 하지 않고, 자신의 주관적 이상에 따라서만 행동하려는 인물. 주관적 원칙에 고집하는 인텔리 기질의 공상주의자 위고. 주관을 믿는 궁극적 목표를 조건 여하에 관계없이 주장한다.

(2) 개개인 그때그때의 '상황'을 느끼고 그때 그 장소에서밖에 형편이 좋은 정책을 이용하는 유형. 사르트르의 '상황' 개념에 의하면 개인이 그때그때 환경에의 대처가 모든 것이기 때문에, 상황을 꿰뚫는 일관성, 객관적 필연성에 바탕을 둔 원칙 따위는 무릇 생각할 수 없다. 따라서 저마다의 정책 사이의 관계는 우연이다. 그때그때 현실 정책을 위해서는 원칙 위반도 사양하지 않는 편리주의자 루이. 권모술수·임기응변·비원칙적인 타협, 목적을 위해서는 수단을 따지지 않는 태도를 가지고 있다.

(3) 원칙 관철의 입장에 서 있으면서도, 그때그때의 정치적 타협을 유연하게 포괄하며 또한 타협을 통해서라도 원칙을 이루려는 외데레르.

사르트르는 이《더러운 손》을 쓴 당시 철학적으로는 주관적 원칙주의 위고에 가까웠다고 해도, 오히려 이런 입장에 불만을 느끼고 있고 이런 입장으로부터 벗어나려고 했다고 생각된다.《더러운 손》은 주관주의자가 손을 더럽혀야만 하는 현실정책 속에서 좌절하는 모습을 그리는 것이 목표였다고 한다. 그 점은 《파리 떼》의 오레스테스가 좌절하는 혁명가 위고로 바뀌어 있다. 위고와 서로 마주 대하는 극에 사르트르가 이상적이라고 생각한 것이 외데레르인 것이다.

무대는 동유럽에 위치한 가상국가 일리리(Illyrie)의 공산당 내 정책결정을 놓고 벌어지는 대립으로 사건이 시작된다. 독일군은 모든 선로를 건너 퇴각을 계속했고, 소련군은 일리리 국경 40킬로미터 지점까지 와 있었다. 외데레르는 소런군의 접근을 쉽게 하기 위해서, 또한 소련에 의한 일리리의 해방 후 정권을 유지하기 위해서 일시적으로 반대당과 정책적 협력이 필요하며 이것에 의해 오히려 사회주의 국가 일리리의 건설을 위한 유리한 조건을 만들 수 있다고 생각한다. 위고는 정책적 협력 자체에 반대한다. 루이는 현재 당내(黨內) 자신을 따르는 무리(루이파)에 맞서 외데레르파가 진출한 것에 불만을 품고 있다. 그것이 외데레르를 반대하는 하나의 커다란 동기가 된다. 루이는 암살이라고 하는 무정부주의적 수단을 쓰면서까지 자신의 입장을 지키려고 하며 그 사명을 위고에게

희곡 《더러운 손》(초판 1948) 표지

맡긴다. 위고는 외데레르와 접촉하나 외데레르의 사상적 깊이에 감화되어 외데레르가 오히려 정당하다고 생각하게 된다.

> 외데레르 : 너희 인텔리는 순수함을 구실로 아무것도 하지 않는다. 아무것도 하지 않고 가만히 장갑을 끼고 있는 것, 이것이 너희 이상이다. 나는 손을 더럽혔다. 팔꿈치까지 말이다. 나는 양손을 똥과 피 속에 넣은 것이다. 그래서 깨끗하게 정치를 할 수 있다고 생각하는가? 너희는 인간을 사랑하지 않는다. 원칙밖에는 사랑하지 않는 것이다.
>
> 위고 : 제가 당에 들어온 것은 그 주장이 옳기 때문입니다. 그것이 옳지 않게 될 때 저는 당을 나가겠습니다. 있는 그대로의 인간에게는 관심이 없습니다. 저는 장차 있을 법한 인간에게밖에 관심이 없습니다.
>
> 외데레르 : 나는 있는 그대로의 인간을 사랑한다.

주관적 원칙과 있는 그대로의 현실. 본디의 원칙과 있는 그대로의 현실 통찰로부터 만들어져야 하지만 위고에게 있어 자신을 지키는 사상적 신조 이외의 원칙은 인정하지 못한다. 위고는 외데레르가 말한 현실의 힘에 눈뜨기 시작하나 우연히 외데레르가 위고의 아내와 친근하게 있는 장면을 보고 둘의 관계를 오해하고는 무심코 방아쇠를 당겨 외데레르를 쏴 버린다.

이윽고 소련과의 연합이 성사될 듯 보이자 소련군은 군사적 이유로 오히려 외데레르가 주장한 반대당과의 정치적 협력을 바랐던 것을 이해하게 되었다. 협력이 성립되면 소련군은 반대당의 군대와 싸울 필요가 없어진다. 적어도 10만 명의 생명을 잃지 않아도 되기 때문이다. 루이가 지도하게 된 당은 '정책'을 바꾼다. 외데레르는 이번에는 옳은 예견을 가진 지도자로 재평가된다. 그러나 정책전환을 앞두고 위고는 자신의 '암살행위'가 '여자 문제로 살해당한 남자' 외데레르를 만들어 낼 뿐이기 때문에 '더욱 창피'를 주는 꼴이 된다는 것을 깨닫는다. 외데레르 같은 인간은 우연에 의해 죽지 않는다. 그는 사상을 위해, 정책을 위해 죽은 것이다. 자신의 죽음에 책임을 져야 할 인간이다. 그런데 소련과의 연합이 성사되지 않았다든가, 여성관계로 인한 오해 등의 이유로 그는 죽음을 맞이했다.

위고는 외데레르를 존경하며 옳음을 마음속으로부터 믿기 시작했다. 그런데 외데레르를 믿지도 존경하지도 않는 인물이 각각의 정책상의 이유 때문에 그를 암살하려 했다고 생각하다가도 변심하여 영웅으로 떠받들려고 한다. 위고는 외데레르를 통해 알게 된 현실적 원칙을 지키려고 한다. 동시에 외데레르라는 인격의 명예를 지키려고 한다. 외데레르의 진짜 권위를 지키는 것은, 루이로 대표되는 그때그때의 이해득실에 살아 있는 편리주의를 비판하는 것이 될 것이다. 루이는 외데레르 암살이라는 사실을 숨기고, 외데레르를 '우연에 의해 살해당한 사람'으로 떠받들려고 한다. 그러나 위고는 외데레르를 우연히 죽은 사람으로서 사인을 흐지부지한 채 영웅을 떠받들기보다 그 사인을 명확하게 하여 정책상 대립으로 희생되었다고 하는 편이 훨씬 외데레르에게 어울린다고 생각한다. 위고는 외친다.

만일 내가 모두의 앞에서 그것은 나의 범죄였다고 주장하고 죄를 보상하는 것을 안다면 그때 그는 그에게 어울리는 죽는 방법을 취한 것이 된다. 나는 아직 외데레르를 죽이지 않았다. 아직이다. 아니 지금이야말로 나는 그를 죽인 것이다. 나와 함께.

올가 : 돌아와요, 돌아와!
위고 : 이제는 돌이킬 수 없어.(막이 내려간다)

행동가와 투사

사르트르는 《더러운 손》을 발표한 1948년, 공산당으로부터 분명히 구별된 좌익조직인 민주혁명연합에 참가한다. 그러나 이 조직은 어느 사이에 공산당 비판 조직에서 우익으로 기울어 버렸다. 1947년에 열린 '조직과 전쟁에 대한 항의 대회'에서 사르트르는 메를로퐁티와 함께 우익으로 기운 당에 가망이 없다고 판단하여 참석을 거부했다. 이 때문에 민주혁명연합은 사실상 붕괴되어 6월에 해산됐다. 1950년에 사르트르는 〈모험가의 초상〉이라는 제목의 머리말을 발표하여 정치에 대한 자신의 생각을 집약한 형태로 태도를 밝힌다.

여기서 사르트르는 처음으로 상황을 그저 주체적으로 넘어서려는 유형의 인물 오레스테스―위고에 더하여, 상황이 갖는 객관적 필연성, 조직이 갖는 정치목표를 따라 행동하려는 인물상(루이를 비롯한 외데레르)을 이론화한 형태로 제시하기에 이른다. 그리고 자신의 주관적 의도만 따라 행동하는 인물을 '행동가'라고 부르고, 사회나 조직의 운행의 필연성이나 정치적 목적에 따라 행동하는 인물을 '투사'라고 불렀다. 사르트르에 의하면 "투사란 어떤 목적을 자신에게 할당하여 그것을 철저하게 하고자 하는 마음이 필요하다. 그러나 그즈음 본질적인 것은 목적이지 행위가 아니다. 행위는 목적에 이르기 위한 단순한 수단에 불과하다. 그의 여러 가지 욕구는 사회주의 사회가 도래해야만 채워질 수 있다는 것을 이해했다. 그리고 목적과 동시에 그 자신도 바뀐다. 그의 내부에서 다시 그를 통해 '당'이 이런 절대목표를 실현하고자 노력한다. 사람이 그의 내부에 인정하는 독자성이란 것은 목표를 실현하기 위해 최선을 다한다고 하는 독자적인 의지와 다름없다. 그것은 사업이라 이름 붙여야 한다. 이 작업은 부정의 측면을 포함한다. 왜냐하면 그것은 싸움을 걸어 구사회를 뒤엎어 방해를 쳐부수고 걸림돌을 없애야 하기 때문이다."

이와 반대로 행동가에게 있어서는 '목적은 행동 그 자체'가 된다. "행동가는 자신을 구하기 위해 행동하고, 행동을 위해 목적을 선택한다. 목적은 그의 행동을 정당화하기만 하면 되는 것이다. 다만 그의 근본적 기투(企投)는 부정적이다." 여기서 부정적이라는 것은 현존하는 질서에 동화되는 것에 의한 게 아니라 '독자성이라는 점에 있어 자신을 사람으로 인식'하게 하려는 것이다.

물론 사르트르는 "행동가인가 투사인가, 나는 이 딜레마를 믿지 않는다. 하나의 행동이 두 개의 면, 즉 모험적(행동적)인 부정성과 규율 그 자체인 건설성을 갖춘 것을 나는 지나칠 만큼 잘 알고 있다. 필요한 것은 부정성과 자기비판을 규율 안에서 회복하는 일이다"라고 말하고 있다. 즉 행동가와 투사는 통일적으로 파악되어야 한다. 다음으로 투사는 동시에 행동가의 측면도 몸에 지녀야 한다. 사르트르는 여기서 행동가 쪽에 애착을 갖고 있는 것이 확실하나, 한편 투사의 올바름도 긍정하며 이것이 승리하기를 원했다.

나는 행동가의 참된 패배를, 바꾸어 말하면 투사의 승리를 마음으로부터 바라는 사람이다. 투사가 승리를 얻는 것이야말로 도덕적일 뿐만 아니라 역사과정에 꼭 일치한다. 그는 어떤 점에 있어서도 올바르다. 그는 자신을 돌아보는 일 없이 '당'에 몸을 바쳐 주어진 일을 실수 없이 수행하며 동료 모두를 사랑했다. 그리고 동료 가운데 한 사람이 과실을 범하여 '당'으로부터 추방당했을 때는 더 이상 동료가 아니기 때문에 그에 대한 사랑을 당장 그만두었다. 그가 건설하길 원했던 사회야말로 정의에 꼭 맞는 유일한 사회이다. 행동가는 실패했다. 이기주의·자부심·자기기만·부르주아 계급이 지닌 모든 악덕을 그는 갖추고 있었다.

그런데 사르트르는 "그렇지만 투사의 승리에 박수를 보내기 전에, 내가 뒤쫓는 것은 행동가의 고독한 길이다"라고 말을 이었다. 어쨌든 사르트르가 객관적 기준을 따라 행동한 인간상을 처음으로 여기에서 이론화한 것은 두드러진 특징이라 할 만하다. 그러나 양자를 너무 극단적으로 유형화하여 각각의 유형을 희망 없는 것으로 만들어 버린 경향이 있다. 조직의 규율에 사는 '투사'에 있어서도 조직 안에서의 민주적 토의의 자유, 조직결정 선택의 자유, 조직적 집단 안에서의 개인적 자유 등을 부인하고 모조리 자기 부정적인 규율에 일체화하는 것으로 생각해 버렸다. 개인의 자유, 개인적 목적이라 하면, 조직의 밖에서부터의 '부정 작업' 이외에는 없다고 생각해 버린다. 조직의 전진은 사회주의 사회의 건설인 것임은 분명하지만, 동시에 민주주의 최대한의 개화에 따라서, 개인적 목적 실현의 장을 최대한 확대하는 사회 건설과 같다고 생각해야 한다. 사르트르처럼 조직적 행동과 비조직적 행동을 처음부터 구별하여 "행동가인가 투사인가, 나는 이 딜레마를 믿지 않는다"라고 말한 순간, 이원론적 분열은 없어지지 않는다.

《더러운 손》이 발표 당시 공산주의자들로부터 악평을 받았던 것도, 조직인과 행동가(위고)를 기계적으로 분리하여 인간 부재의 조직결정과 테러리즘을 갖고 마치 유일한 조직적 해결인 듯이 문제설정을 한 것이 원인이라고 생각된다. 물론 조직 안에서 행동가의 요소를 어떻게 바르게 계승해 가야 하는가라는 점에 관해서는 필연성의 인식을 순환하는 모든 개인의 판단의 자유, 민주적 토론과 논쟁의 활성화를 전제로 한 개인적 선택 등의 측면을 어떻게 위치시킬 것인가, 어떻게 조직적 제도의 문제로서 보증해야 하는가라는 형태로, 현대를 사는 우리의 과제가 되었다. 그러나 사르트르처럼, 조직이라고 하면 개인을 돌아보지 않는 어두운 것이라고 정해 버려 개인이라고 하면 조직의 밖에서부터 부정 작업이라고 생각해 버리는 것은 편파적이다. 조직 자신을 밝은 것으로 만들어 가는 것, 민주적 토론과 개인의 기본적인 사람에 대한 가치관을 존중하는 집단, '개체와 무리의 투쟁의 참된 해결'(마르크스)이라는 공동체 성립, 이것이 바로 우리의 희망이다.

객체화된 자유

변모하는 사르트르

카뮈·사르트르 논쟁

그렇지만 1949~1950년이라면 세계정세에서도 상당한 암흑 시대였음은 분명하다. 1950년 6월 한국전쟁이 일어나고, 스탈린(1879~1953)이 살았던 이른바 스탈린 시대 후반기, 민주주의로부터의 벗어남이라는 점에서 뒷날 비판 대상이 되는 사태가 존재했던 시기였다. 사르트르도 그 시대의 영향을 받아 어두운 상황인식으로 기울어지는 경향이 있었다. 프랑스에서는 소련의 강제수용소 존재 유무를 둘러싼 논쟁이 일어났다. 로맹 롤랑은 살아 있는 동안에 혁명세력 안에서의 인간적 도덕의 존중을 끊임없이 주장하면서, 어떤 일이 있어도 혁명 조국 소련을 옹호하는 입장을 관철했다. 파시즘과의 항쟁이라는 정세가 그 태도를 뒷받침하고 있었다. 그럼 한국전쟁이라는 현실 속에서 사르트르는 어떤 태도를 취했는가? 사르트르가 주관한 잡지 《현대》 1950년 1월호에 〈소련과 수용소〉라는 제목의 논문이 발표되었다. 여기서, 한편으로는 만일 "스무 명에 한 명의 비율로 시민이 수용소에 있다면 사회주의는 존재하지 않는다"고 경고를 하면서 다른 한편으로는 "소련 사회는 현재 힘의 관계 안에서 착취 형태에 저항하여 싸우는 쪽에 위치한다"며 나치 수용소와 구별해야 한다고 설득하였다.

그러나 이 사르트르의 발언은 그다지 설득력을 가지지 못한 것 같다. 파시즘의 닥침을 앞두고 단결을 호소하는 로맹 롤랑의 외침과는 어딘가 그 반응이 달랐다. 이미 시대가 달라졌다고 할 수 있다. 이미 잠재적으로 '스탈린 비판'은 사회적 요구가 되어 있었다. 1953년 스탈린이 죽자, 얼마 뒤 강제수용소는 폐지되고, 1956년 소련 공산당 제20차 대회에서 정식으로 스탈린의 몇 번의 벗어남이 비판당했다.

하지만 1952년을 경계로 사르트르의 역사 참여는 더욱 적극적인 것이 된다. 지금까지 역사 밖의 우주에 붕 떠서 자유롭게 살아온 인간이 어떻게 역사에 속박되었는가 하는 주제 속에서 생활하고 있었다. 그러나 바야흐로 사르트르에게 있어서는 역사에 깊이 몰두하고 있다는 사실이 출발점이다. 이 역사적 현실 속에서 역사적이고 현실적인 수단을 사용하여 어떻게 진보와 반동의 투쟁을 진전시킬 것인가가 주요 주제가 된 것이다. 지금은 자유가 역사적 현실에 대한 참여가 아닌 역사적 현실 안에서 어떤 정치적 입장에 서는가가 문제가 된 것이다.

이런 사르트르의 태도를 더욱 굳건히 하는 계기가 된 것으로서 오랫동안 벗이었던 알베르 카뮈와의 논쟁을 예로 들지 않을 수 없다. 카뮈와의 논쟁은 1952년에 《현대》지 지면에서 주고받았던 것으로, 그 주제는 역사적 현실과 그것에 대한 참여를 둘러싼 문제였다.

전쟁이 일어나고, 카뮈도 과감하고 용감하게 저항운동에 가담했다. 이 경험에 대해 카뮈 자신은, "우리는 역사 속으로 들어가 버리고 말았다. 그리고 5년 동안 더 이상 작은 새의 울음소리도 즐길 수 없었다"라고 했다. 이런 카뮈의 태도는 지금까지 역사 밖에 살고 있던 인간이 나치의 접근으로 인해 어쩔 수 없이 역사에 개입한 것처럼 보인다고 사르트르는 말한다. 여기서 카뮈의 비역사적 태도를 엿볼 수 있다. 스스로 역사의 밖에 있으면서 역사의 악에 저항하는 도덕주의자의 태도가 엿보인다고 사르트르는 카뮈를 비판한다. 역사 속에서 진보적인 것과 반동적인 것이 투쟁하고,

알베르 카뮈(1913~1960) 프랑스의 소설가·극작가. 《이방인》 (1942). 노벨문학상(1957).

주인에 대해 노예가 반항하는 것이 아니라, 주인 대 노예라는 현실 그 자체에 대한 관념적 모럴을 내세워 반항하는 자세가 여기에 있다. 사르트르는 "현재의 투쟁을 어느 쪽이건 비열한 두 마리 괴물의 어리석은 결투로밖에 보지 못하는 인간은 이미 우리를 버린 것이다"라고 격한 말투로 공격한다. 물론 카뮈도 역사에서 도피하고자 한 것은 아니다. 카뮈는 끊임없이 '역사적 저항'을 문제로 삼고 있다. 그러나 그 저항은 정치적 저항을 물리치고 오히려 그 정치 자체에 반역하여 '인간의 관념을 구하기 위해' 싸우는 것이다.

사르트르는 주장한다.

'먼저 낙원적 자유를 주고 그리고 나서 감옥에 떨어뜨린다'는 것이 아니다. 그러기는커녕, 처음부터 복종적이고 타고난 노예상태에서 벗어나려고 애쓰고 있는 자유밖에 주위에서 찾아볼 수 없다. 오늘날 우리의 자유란 자유로워지기 위해 투쟁하는 자유로운 선택 이외에 아무것도 아니다. 나의 동

시대인을 감옥에 넣는 것이 아니라, 그들은 이미 그 안에 갇혀 있는 것이고, 거꾸로 힘을 합쳐 그 창살을 부수는 것이 문제이다.

카뮈는 '역사에 의미가 있는가, 없는가' 하고 망설인다. '의미가 있다면 여기에 머물 것이다. 만일 없다면……'이라고 생각한다. 사르트르는 이런 카뮈에 대해 "이자는 밖에 있다고 생각하는 자이니 안에 들어가기 전에 조건을 여러 개내는 것도 당연하다. 발가락을 뜨거운 물에 넣으면서 '뜨거울까?'라고 말하는 계집아이처럼 겁을 내면서 '역사'를 보고, 손가락을 집어넣은 다음, 얼른 다시빼고 '의미가 있으려나?' 하고 생각하고 있다"고 비판했다. "역사가 피와 진흙이라면 나 또한 거기에 뛰어들기 전에 하나하나 찬찬히 둘러볼 것이다. 그러나 내가 이미 그 안에 있다고 한다면 어찌 될 것인가?"

"역사에는 의미가 있는가?" 하고 그대는 묻는다. 나에게 있어 이런 질문은 무의미하다. 왜냐하면 역사는 그것을 만드는 인간의 외부에 서는 추상적인 개념에 지나지 않으며 문제는 역사에 의미를 부여하는 것이다.

사르트르는 이렇게 여겼다. 우리는 이미 역사 속에 있다. 그러므로 역사 안에서 우리의 '역사적 조건'을 선택하는 수밖에 없다. 사르트르는 벗 카뮈에게 "자네가 자네 자신이길 원한다면 자네가 변하지 않으면 안 되네. 그런데 자네는 변하기를 두려워했네"라며 비판한다. 그리고 신랄한 말투로 "1944년에 자네의 인격은 미래였다. 1952년에 그것은 과거가 되었다"고 논하여 단정한 것이다.

이처럼 사르트르는 카뮈와의 논쟁을 거치며 그 자신 또한 바뀌어 간 것이다. 비현실적인 자유와 역사적 현실이라는 테마 공원에서 벗어나, 역사적 현실 속에서의 '역사적인 인간적 행동'을 가능하다고 보는 입장을 선택하는 것으로 변화하고 있었다. 역사적 현실 속에서 하나의 입장을 선택한다는 것은 사르트르에게 역사 속에서의 '계층투쟁'을 역사적 발전의 운동력으로 승인하게 하는 일이 되었다.

《킨》

1952년 이후 몇 년 동안 사르트르에게 있어 탐구해야 할 과제는 다음 두 가지로 요약할 수 있다.

(1) 계층투쟁이라는 역사적 행동을 어떻게 파악할 것인가.

(2) 역사과정 속에서의 개인적 기투(企投)의 위치를 어떻게 파악할 것인가.

1960년에 사르트르는 《변증법적 이성비판》을 발표하는데, 여기서 처음으로 역사과정 속에서의 집단적 기투의 작용에 대한 논술을 펴기에 이른다.

우선, 역사과정 속에서의 개인적 기투의 위치를 둘러싸고 주체와 객체, 행위와 존재, 서로의 '회전 장치'의 구조가 연구된다. 이 주제는 《악마와 선신》(1951), 《성자 주네, 배우와 순교자》(1952), 《킨》(1953), 《네크라소프》(1955),

희곡 《킨》(1953) 표지 알렉상드르 뒤마 작품, 사르트르 각색.

《알토나의 유폐자들》(1959)이라는 작품들로 한 걸음, 한 걸음 깊어져 간다. 여기서는 개인적 주체성이라는 형태의 자유가 한 번 행동을 일으킨 것에 의해 (일어나야 할 때에 일어나지 않았다는 이유도 포함하여), 이미 개인적 주체성이라는 형태를 유지하는 것은 불가능해지고, 조직의 필연적 결과나 사회적 역할 등 객체화된 결과로서 평가의 대상이 되지 않을 수 없게 되는 사정이 연구되고 있다. 주체적 자유는 객체화되어, 객체화된 존재로 변질한다.

우리는 이전에 다른 사람의 '시선' 속에서 자신의 자유가 '물화(物化)'되는 경위에 대해 살폈다. 이런 타자(他者)＝물(物)의 테마는, 이번에는 더욱 발전하고 변질된 형태로 재현된다. 이번의 객체＝물(物)은, 한 사람 한 사람의 개인인 타자의 '시선'에 의해 만들어진 것, 즉 '타자 안에서의 물화'는 있을 수 없다. 이번의 객체＝물(物)은 개인의 주체적 자유도 조직 안에서 별개의 의도를 향해 초월되어 어느덧 처음에는 생각지도 못했던 일정한 사회적 역할과 지위를 가진 것으로 변질되는 그 사정을 중심으로 삼고 있다. 물론 이 사회화된 객체=물(物)도 많은 개인의 '시선'에 지탱되어 비로소 존재하는 것이기는 하다. 그러나 이미 많은 '시선'이 이 객체를 만든 것이 아니라, 이 객체가 존재하는 것에서 거꾸로 많은 '시선'이 부름을 받아 조직되었던 것이다. 여기서는 '시선' 또한 뛰어넘고 있다.

킨(Kean)은 배우이다. 배우로 있는 한 자신을 햄릿이든 오셀로든 객체에서 소외하지 않으면 안 되는 숙명이다. 관객은 킨을 보러 오는 것이 아닌 킨이 연기하는 햄릿과 오셀로를 보러 온다. 관객의 '시선'이 킨의 햄릿을 만들고 있는 것처럼 보이나 실제로는 극장이라고 하는 투자된 곳이 킨을 햄릿으로 변하게 하고, 관객을 극장에 동원한 것이다. 자유로운 시민이어야 하는 관객은 어느새 '관객'이라는 사회적 역할을 연기하고 있었던 것이다. 관객은 끊임없이 자유로운 주체로서의 자신을 잃어버리고 연극 상연과 일체화하지 않으면 안 된다. 킨과 관객의 공동 행위는 끊임없이 객체로서의 상연에 의해 초월되어 버린다.

연극 공연 중 킨은 화가 치미는 일이 생기자 불현듯 정색을 하고 자아를 잃은 채 객석을 향해 "입 다물어. 머저리들아!" 하고 소리쳤다. '자아를 잃었다'고 표현했지만 실제로는 이것이 인간 킨의 진짜 목소리였다. 그런데 관객은 이 목소리가 참이면 참일수록 껄껄거리며 웃어댄다. 진짜 킨은 이미 죽어 버린 것이다. 존재하는 것은 '오셀로의 역할로 킨을 연기하고 있는 한 사람의 배우'뿐이고, 실제의 킨은 실존하지 않으며 '존재하는 척할 뿐'이다. 진짜 킨이 보이지 않는 것은 관객이 참된 주체를 극장에 두고 와 버렸기 때문이고 극장이 관객의 자유를 끊임없이 뛰어넘어 버리기 때문이다.

이 객체=타자는, 타인 앞에서의, 시선=타자가 아니다. 이 괴물은 타인 앞의 물화로서 나타난 것이 아니다. 이것은 사회가 만든 괴물이다. 우리는 이 객체=물(物)을 '타인 앞에서의 물화'에 대해, '사회 속에서의 물화'라고 부르고자 한다.

킨도 관객도, 연기하고 바라보는 등등의 인간적 행위의 자유를 유지하고, 오히려 그것을 완전하게 발휘하면서, 결과적으로 이런 행위는 전체를 떠안는 형태로 극장에 흡수되어 버렸다. 극장이라는 물질적 객관적인 존재가 킨과 관객의 자유를 흡수해 버린 것이다. 킨은 분노하고 슬퍼할 수 있는 자유로운 주체임에 틀림없지만 지금은 연기를 계속하면서 극장을 존속시키는 것을 통해서만 생존할 수 있게 된 것이다.

자유의 화석

초월된 초월

인간 행위의 자유로운 기투가 결과적으로 물질 대상의 여러 가지 모습을 변질시키지만, 이 변질된 물질 대상이 어느덧 하나의 체계였던 힘을 가지게 되어, 이번에는 반대로 인간 행위의 자유를 흡수하고, '물(物)이 인간 활동을 완전히 흡수하고, 그것을 물화하는' 상태를 만들게 된다. 사르트르는 인간에 의해 가공된 물 관계가, 거꾸로 인간 활동을 흡수해 버리는 힘을 '필연성'이라고 이름짓는다. 이 '필연성'은 '우리 노동을 받은 물(物)이 우리에게서 우리의 행동을 빼앗을 때' 나타나는 것이나, 그렇다고 해서 이 필연성이 우리의 실천 없이 존재할 수 있는 것은 아니며 '물(物)이 물화된 실천'이라는 형태를 취할 때 비로소 나타나는 것이다.

사르트르는 하나의 예를 들어 이 관계를 설명하고 있다. 예컨대 개개인으로서의 농민이 대평원에 도전하며 한 그루의 나무를 뽑아낸다. 이것은 '벌채'이다. 고립한 모든 사람들이 차례로 자유로운 인간 행위에 의해 대지의 나무를 남김없이 다 '벌채'한다. 이것은 대지라는 물질적 객체에 맞서는 인간 주체의 '초월' 행위이다. 그런데 변화되어 버린 이 대지의 조건이 개개인의 인간을 '공통의 통일' 상태로 던져 넣은 '홍수'라는 무서운 운명을 만들어 낸 것이다. '홍수'라는 하나의 운명은, 변화된 물적 상태에서 생겨난 것으로 이번에는 이 운명이 개개인의 자유로운 존재를 삼켜 버렸다. 본디 이 '홍수'는 '벌채'라는 자유 행위가 낳은 것이기는 하나, 한 차례 '홍수'가 일어나자마자 이미 개개인의 자유는 사라지고, '홍수'라는 운명 속에서 몸을 떨고 있을 수밖에 없으며, 이전의 실천은 '홍수'라는 형태로 '물화'되어 버렸다.

이 개개인의 '분리 상태를 폐지하는 물질적 전체성'을 가리켜 '필연성'이라 부른다. 여기서는 '홍수'가 개인을 쫓아내는 주인이 되어, '물(物)에 대한 인간의 요구(벌채)가, 인간에 대한 물(物)의 요구(홍수)로 끊임없이 변화해 가고, '물(物) 그 자체가 본질인 것이 되어 여러 개인은 비본질 속에 사라져 가는' 것이 되어 버렸다. '벌채'라는 인간의 '초월'이 다음에 '홍수'라는 '필연성'에 '초월되어' 버렸다. '초월된 초월'이라는 관계가 여기에 있다.

가령 노동자는 매일, 노동을 통해 기계와 맞서고 도구적 기계를 초월한다.

그러나 도구를 초월하여, 생산 활동을 행하는 것은 동시에 기업을 발전시키고 자본주의적 생산관계를 만들어 내는 것이다. 자본주의적 생산관계를 만든다는 것은 반대로 무일물(無一物)의 존재로서의 노동자를 재생산하는 것이다. 노동자는 노동으로 인해 자기의 노동자로서의 상태를 재생산하고 있는 것이다. 실천은 의연하게 생산관계의 확대를 계획하는 '초월'이다. 그러나 확대한 자본주의적 생산관계는, '초월'의 실천 주체로서의 노동자를 '무일물의 존재'라는 상태로 고정하는 관계를 실현한다. 실천 주체는 자본주의적 생산관계에 초월되어 버린 것이다.

사르트르는 '함정'이라는 개념으로 이 관계를 설명했다. 만일 적이 계략을 꾸미며 안전하게 보이나 완전히 지뢰가 설치되어 있는 지점을 향해 우리를 꾀어내려 한다고 하자. 우리는 기세당당하게 적지에 쳐들어간다. 우리는 함정을 알지 못한다. 적의 상태를 초월하고자 하는 우리는 자유롭다. 그러나 우리의 '실천적 자유'는 이미 적의 자유에 의해 지목되어, '강력한 물질적 수단에 의해 지탱된, 초월 불가능한 미래'에 의해 이미 초월되어 있다. 우리의 '실천적 자유'가 차츰 기세당당히 전진하면 할수록 더욱 빨리 우리 자신의 파괴라는 미래에 다가서게 된다. 적은 우리를 감쪽같이 자기 것으로 만들고자 한다. 대포로 진을 치고 지뢰 설치에 이르기까지 사용된 물질수단이, 이미 우리의 자유를 초월하고 있어, 우리의 실천적 자유는 지뢰의 폭발을 이루게 하고 우리 자신의 파멸을 이루는 수단에 지나지 않는다. 우리 자유는 자유의 외관을 취하고 있지만 사실 설치된 물질적 수단의 실현을 위한 자유, 자신을 물(物)이 되게 하기 위한 자유, 즉 '자유의 화석'에 지나지 않는다.

물질성의 일원론
《존재와 무》(1943)에서 사르트르는 어디까지나 객관적 사태를 초월해 가는 실천 주체를 고집했다. 미래성을 가진 것은 오직 실천 주체밖에 없었다. 객관적 사태는 주체를 속박할 뿐, 이를 지배하거나 미래를 가리키거나 하는 것은 아니었다. 그러나 사르트르의 사상은 차츰 변화하여 객관성의 주장을 강하게 내세우게 되었다. 그 사상은 《변증법적 이성비판》(1960)에 이르러서는 보다 확실한 형태를 띠게 된다. 여기서는 객관적 사태가 인간 대신 미래를 지시하고, 우리는 반대로 이에 따라야 하는 상태가 설명되고 있다.

기계가 그 구조와 기능에 의해, 미결정된 모든 개인에게 주어지는 굳건한 미래로서, 기계의 봉사자들의 형태를 결정하고 이로써 인간들을 창조한다.

　이 타성적인 미래의 한가운데에서 우리는 우리 자신의 미래를 결정해야 한다. 미래는 인간에 의해 물질에 주어지는 한도만큼, 거꾸로 물질에 의해 인간에게 주어지는 것이다.

　여기서는 타성태(惰性態, 객관적 사태)의 수동적 의미(인간적인 자유가 물화한 화석)가 미래를 가지게 되고, 인간의 대리인이 되었다. 이런 상태의 성립은 《존재와 무》 단계와는 달리, 주체와 객관적 사태의 상호 부정적인 매개가 성립된 결과이다. 이 매개 성립을 통해 사르트르는, 객관적 사태와 주체의 이원론을 지양하고 '인간세계에서 출발하면서 또한 인간을 자연 속에서 결정짓는 유일한 일원론'이라는 입장을 취했다. 그는 이것을 '물질성의 일원론'이라고 말했다.

　그렇다면 사르트르는 여기서 유물론을 인정한 것일까? 그렇지는 않다. 사르트르에 따르면 이 객관적 사태＝물질성은 인간 주체의 의식 및 의지로부터 독립되어 이를 규제하는 객관적인 실재가 아니라, 인간 주체의 소외태(疎外態)에 지나지 않는다. 즉 그것은 인간 주체가 어떤 형태로 굳어지고 화석화된 결과 성립된 것에 불과하다. 사르트르는 이렇게 말했다. "소외가 존재할 수 있는 것도 오직 인간이 먼저 행동하는 경우뿐이다. 예속을 기초하는 것은 자유이며, 외면성의 인간관계를 기초하는 것은 모든 인간관계의 근원적 형태로서의 내면성의 직접적 관계이다."

　그러나 사적 유물론의 입장에서는 분명 역사는 인간의 주체적 실천을 통해서만 존립할 수 있으나, 이 실천 주체는 의지로부터 독립된 모든 물질적 관계(생산력과 생산관계의 모순)를 통해, 이것으로 규정된 관계를 통해서만 작용할 수 있다고 보고 있다. 인간 주체 안에서도 물질적 존재의 법칙이 관철되고 있다고 생각하는 것이다. 역사적인 현실에 있어 물질적 존재란 인간 주체의 소외물이 아니라, 객관적 실재(그 존립은 의지에 따르지 않는다. 그러나 그 존재의 운동에는 인간의 의지력이 필요하다. 인간 의지는 이 물질 존재와 그 법칙에 따라서 작용을 일으킨다)라고 여겨지고 있다.

　사르트르의 '함정'의 개념도 매우 흥미롭다. 과거에 헤겔은 《역사철학》에서 '이성의 간계(奸計)'라는 개념을 제시했다. 하나하나의 개인은 각각 자신의 이해

(利害)와 열정에 따라 행동하고 있지만 그것이 모르는 사이 역사 전체를 움직이게 되며, 역사를 지배하고 있는 이성은 그런 개인들의 정열을 이용해서 자신의 이념을 실현하고 있다는 것이다. 물론 사르트르의 '함정' 개념은 이와는 좀 다르다. 그러나 개인 의지와 역사 전체의 이념 사이에 존재하는 차이를 주제로 다룬다는 점에서 비슷한 구석이 있다.

역사 현상에서 개인의 예측과 의욕에 반하는 결과가 생겨나는 일은 흔하다. 엥겔스도 《포이어바흐론》에서 다음과 같이 말했다.

> 인간은 그 역사가 어떤 것이 되든지 간에, 각자가 저마다 의식적으로 원하고 있는 목적을 추구함에 따라 그 역사를 이룩한다. 그리고 이렇게 여러 방향으로 작용하는 많은 의지의 외계(外界)에 대한, 이 의지들의 다종다양한 작용의 합성 결과가 바로 역사다. 역사 속에서 작용하는 많은 개별적인 의지는 대개 원하는 결과와는 전혀 다른 결과를—흔히 그것과는 정반대되는 결과를 낳는다. 따라서 모든 개별적 의지의 동기는, 거기서 생겨난 결과 전체에 대한 부차적인 의의만을 가진다.

하지만 엥겔스는 여기서 사르트르처럼 '함정'의 개념을 제시하지는 않았다. 또한 사르트르의 경우에도 '함정'이 성립되기 위한 조건으로, 개개인이 자기 행위의 결과 전체에 대해 무지해야 한다는 전제가 존재한다. 개인은 벌채가 결과적으로 무엇을 낳을지 모르는 채로 행동한다. 그래서 인식되고 있지 않은 필연성은 맹목적인 운명처럼 작용한다. 만일 이 조건이 충족되지 않고 행위의 결과 전체가 사전에 인식되어 있다면 어떨까? 이 경우 '함정'은 성립되지 않는다. 이때는 필연성의 통찰에 따른 필연성의 운용이 가능해질 것이다.

엥겔스는 "역사상 행동하고 있는 인간의 외견상의, 또한 현실에도 작용하고 있는 여러 동기가 결코 역사적인 현상의 궁극적 원인인 것은 아니다"라고 말했다. 그는 이런 개인들의 동기가 아니라 "배후에 다른 원동력이 존재하고 있으므로 우리는 이를 탐구해야 한다"고 했다. 그리고 역사를 움직이는 원동력을 개인의 동기에서 찾을 것이 아니라 '대중, 즉 민족 전체, 각 민족에서는 그 계급 전체를 움직이고 있는 동기'에서 찾아야 한다고 주장했다. 엥겔스는 생산력과 생산관계의 모순에 바탕을 둔 계급투쟁에서, 역사를 움직이는 원동력을 찾으

연극 〈네크라소
프〉 공연 포스
터(1956)

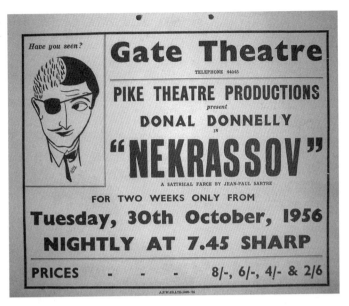

려 했다. 그러므로 개인이 이 역사의 원동력을 통찰하여 그것과 일치하는 형태
로 개인의 의욕을 이루고 행동했을 경우, 개개인의 예측·의도·의욕과 역사 전
체의 진행 결과 사이에 불일치란 원칙적으로 있을 수 없다. 이때 우리는 비로
소 "자유란 필연성의 인식이며, 필연성이 맹목적인 것은 그것이 이해되어 있지
않을 때뿐이다"(엥겔스)라는 말의 의미를 알게 된다.

《네크라소프》

사르트르가 1955년에 발표한 희극《네크라소프》는 '객체화된 자유'를 주제로
동서 냉전과 매스컴을 풍자한 작품이다. 네크라소프는 소련의 내무장관이다.
그런 그가 갑자기 정계의 표면에 나타나지 않게 된다. 서유럽의 서방세계 신문
들은 마음대로 기사를 써서, 네크라소프가 서유럽으로 망명했다고 보도했다.

그런데 여기서 사기꾼 조르주가 등장한다. 조르주는 이 보도를 읽고 네크라
소프로 변장해서 한몫 잡기로 결심했다. 조르주를 만난 사람들은 모두 그를
네크라소프로 착각했다. 결국 이 가짜 네크라소프의 실체며 또 그 연기의 개
인적인 의도가 뭐였든 간에, 네크라소프라는 인물이 객관적으로 존재하는 상
황이 되어 버린다. 가짜 네크라소프는 이미 보도 및 정치의 객관적인 관계 속

에 편입되고 말았다. 이제 조르주가 연기를 그만두든 진짜 네크라소프를 아는 인물이 등장하든 소용없을 정도였다. 아니, 진짜 네크라소프 본인이 등장한다 해도, 오히려 그가 가짜로 몰릴 판이었다. 네크라소프는 더 이상 조르주가 아니었다. 그는 객관적인 존재가 되었다.

> 조르주 : 자네, 이 전보 좀 읽어 보라고. 이건 매카시가 보낸 전보야. 그는 나한테 증인으로서 법정에 서 주길 부탁하고 있지. 이건 프랑코 장군이 보낸 인사 편지야. 이건 미국 과일회사에서 온 거고, 아데나워한테서도 정중한 편지가 하나 왔지. 이것은 보르조 상원의원의 자필 편지야. 뉴욕에서는 내 발표가 주식시장을 상승시켰지. 전 지역에서 군수산업이 붐을 일으키고 있어. 아무튼 난리도 아니라니까. 네크라소프는 더 이상 내가 아니야. 그것은 병기공장 주주의 배당을 낳는 이름이 되어 버렸다고. 이게 객관적인 사실이야. 이것이 현실이야. 자네라면 이 흐름을 거스를 수 있을 것 같나? 물론 기계를 처음으로 움직인 건 자네지. 하지만 자네가 이 기계의 운전을 멈추려고 한다면, 자네는 아마 산산조각 나 버릴 거야……

최초의 의도가 뭐였든지 그 행위의 결과가 단순히 한 개인의 동작에 그치지 않고, 어떤 객관적인 연쇄반응을 일으켜서 차츰 객관적인 사건을 낳아 하나의 '역사적 과정'을 이루어 버렸을 때, 개인은 오히려 이 결과에 규제되는 처지가 되어 버린다. 사르트르는 매스컴이라는 장치를 통해, 이 객체화된 존재의 신화를 풍자한 것이다. 이 네크라소프라는 '객관적 존재'는 조르주 본인에 대해 객관적인 것에 그치지 않는다. 그것은 네크라소프를 만나고 그를 의식하는 모든 사람에 대해서도 객관적이다. 네크라소프는 더 이상 그와 만난 많은 인간들 의식의 지지를 받아 존재하는, 단순한 시선(視線)의 대상이 아니다.

이미 네크라소프는 타인의 시선의 대상에 불과했던 시인 보들레르와는 다르다. 네크라소프는 타인이 의식하든 안 하든 간에 이미 정치적인 존재이며, '병기공장 주주의 배당을 낳는 이름'이 되어 버렸다. 네크라소프가 타인의 의식에 의지해서 존재하는 것이 아니라, 오히려 네크라소프의 객관적 존재가 타인의 의식을 결정짓는 것이다. 즉 네크라소프와 한번 만나면 누구나 그를 네크라소프라고 생각하지 않을 수 없게 된다. 네크라소프가 태도를 바꾸면 타인의 '시선'은 낭패를 보게 된다. 이 '객관적 존재'는 이미 '시선'의 대상이 아니라, 수많은 '시선'을 조직하고 지배하는 물체적 힘이다. 이것은 사물이 가하는 '시선'에 대한 반역이다. 사물의 객관적인 연관이 네크라소프=조르주라는 괴물을 창조했고, 그 괴물을 뒤쫓아 바라보는 타인의 '시선'을 만들어 냈다. '시선'을 바라보는 만능의 주체에서 관객의 연기(演技)로 전락시켜 버렸다. 여기서 타인의 '시선'은 주체=자유가 아닌, 카메라맨의 카메라 렌즈 역할밖에 할 수 없게 되었다. 그야말로 "역사 과정 만세!"이다.

〈스탈린의 망령〉

1956년 가을에 헝가리 혁명이 일어났다. 사르트르는 소련군의 군사개입을 비난하고, 이 개입을 지지했던 프랑스 공산당의 태도를 비난했다. 그렇다면 사르트르는 사회주의 그 자체, 소련 그 자체, 프랑스 공산당 전체를 비난한 것일까? 아니, 사실은 그 반대이다. 사르트르의 입장은 오히려 이들 모두를 지지하는 쪽이었다. 그는 자신을 그들의 아군으로 보면서, 아군의 결점을 비난한다는 태도를 한결같이 유지했다. 사르트르에 따르면 소련군 개입은 사회주의가 가져온 필연적인 결과가 아니다. 그것은 소련과, 헝가리 지도자층에 남아 있는 스탈린주의의 찌꺼기가 드러난 것일 뿐이다. 1957년 1월에 사르트르는 《현대》지에 〈스탈린의 망령〉이라는 논문을 발표해서 자신의 견해를 드러냈다. 소련의 군사개입, 이른바 스탈린적 망령의 출현은 어떤 사회적 필연성의 결과인가? 또 스탈린주의란 무엇인가?

헝가리 혁명은 결코 파시스트의 외부에서 가해진 도발 때문에 일어난 것이 아니라, 헝가리 사회에 존재하는 내적 모순 때문에 일어났다고 사르트르는 주장했다. 그 내적 모순이란 바로 헝가리 지도자층과 노동자층 사이의 모순이다. 그렇다면 어째서 이런 모순이 발생한 걸까? 그 원인은 '공장제 공업화와 빠른 속도로 진행된 농업집단화'가 가져온 지나친 사회적 긴장으로서의 관료주의에서 찾아볼 수 있다. 이 지나친 사회적 긴장의 화신이 스탈린이었다. 따라서 헝가리 혁명은 결국 스탈린주의를 간접적인 원인으로 삼고 있으며, 그 망령과도 같은 존재가 군사개입의 형태로 나타났다는 것이 사르트르의 견해이다. 그럼 사르트르는 스탈린주의를 어떻게 파악하고 있었을까?

자본주의가 본바탕으로부터 쌓여서 발생한 소련의 공업화는 '포위되고, 거의 완전히 농업국이었던 저개발국'에서 일어난 일인 만큼 '시곗바늘과 반대 방향으로 나아가는 것'과도 같았다. 이 '포위된 요새'에서 이루어진 공업화에는 '노동자라는 신분과 거리가 먼' 지도자의 존재와, 공업화를 추진하는 '합리적 계산'이라는 이름의 계획이 필요했다. 이 지도자와 계획의 일체화가 진행됨에 따라, 그 반대쪽에는 '수동적이고 의식이 없는 객체'로서의 대중이 이루어지게 되었다.

같은 시기에 "공업화는 인구의 대변동을 일으켰고 그것이 농업 생산력의 증대를 필요로 했다." 정부는 농장집단화를 이룩해야만 했다. 이것이 부농 계층의 반발을 불러일으켰다. "1930년 이래 소련의 지도자는 프롤레타리아트라는 이름으로, 적의를 가진 농민층을 상대로 철혈 독재를 펼쳐야 했다."

스탈린주의는 이 두 가지 조건 아래 태어났다. 먼저 계획이 그 자체의 기관을 만들어 낸다. 그것은 '전문가와 기술가와 행정가로 이루어진 관료제도'이다. 관료는 계획과 일체화된다. 관료의 물질적·도덕적 이익은 계획의 실천에 의존한다. "그들의 개인적인 야심은, 그들의 사회주의에 대한 헌신과 구별이 되지 않는다." 관료가 계속 존재하려면 자신의 인간적인 존재를, 계획 그 자체로 향해 '자기소외'해야만 한다. 각 개인이 어디까지나 인격적 '통일체'로서 계속 존재한다면 집단과의 완전한 동화를 막게 된다. 각 사람은 개인적 존재라는 이유만으로도 불신의 대상이 되고 의심스런 눈초리를 받게 된다. 그러므로 누구나 자신의 개인성을 숨기려 한다. "야심이니 자기주장이니 하는 것은 결코 드러나지 않고 암묵적인 수준에 머무른다. 계획이 그것을 뒤덮어 숨기고 또 흡수해 버린다." "투쟁은 설령 그것이 아무리 격렬하다 해도, 객관성이라는 지반 위에서 벌어질 뿐이다."

여기서 '집단 통일을 위해 나 자신을 근본적으로 부정하고 있는 자를 발견할' 필요가 생겨난다. 이 사회 통합의 화신, 그것이 바로 스탈린이다. 스탈린이라는 인물은 이미 인격자가 아니다. 스탈린이 대표하는 것은 '인격의 존엄이 아니라 극한까지 진행된 사회 통합'이다. '스탈린만이 완전한 통일'이다. 스탈린 개인숭배는, 그가 가진 개인적인 '특별한 장점'에 대해 이루어진 것이 아니다. 그것은 '통일하는 힘으로의, 현실 통일을 숭배한' 것이었다. 각 개인은 집단 통일의 대표로서 스탈린을 지향한다. 따라서 '스탈린을 향해 오르는 운동은 개인성의 전면적 붕괴'를 뜻한다. 하지만 그 어떤 개인도 각자의 개인성을 스탈린 수준으로 집단과 일체화시키는 일은 불가능하다. 이 다수성(多數性)이 '불신'을 낳는다. 스탈린은 끊임없이 "우리가 다수성을 복종시키려고 노력하지 않으면 다수를 이길 수 없다"라고 말하게 된다. 이것이 '숙청'이란 형태의 '공포정치'를 낳고, 스탈린은 오늘날 '집단적 불신의 화신'이 되고 말았다.

이처럼 사르트르는 스탈린주의를 단순히 스탈린 개인이 저지른 실수로 파악하지 않고, 저개발국에서 거대 공업국으로 급격히 변화하던 당시 상황이 낳은 필연적 결과라고 생각했다.

스스로 자신의 몸을 물어뜯는 저 피투성이 괴물, 그것을 사회주의라고 불러야 할까? 나는 솔직히 '그렇다'고 대답하고 싶다. 그것은 초기 단계 사회주의의 모습 그 자체다. 하지만 플라톤의 천계(天界)의 경우를 제외한다면, 그런 형태가 아닌 사회주의는 존재하지 않았다. 즉 우리로서는 그런 사회주의를 원하든지, 아니면 그 어떤 사회주의도 원하지 말든지 둘 중 하나이다.

그는 이렇게 말하고는 다음과 같이 결론지었다.

일국사회주의[1] 또는 스탈린주의는 사회주의의 편향이 아니었다. 그것은 환경에 의해 강제된 우회(迂廻)였다.

제2차 세계대전 이후 소련은 국제적 고립에서 벗어나 동유럽의 동맹국을 얻게 되었다. 그런데 '모든 것을 바꾸어 버린 것은 마셜플랜'이었다. 미국은 곧 경제 원조 정책을 내놓았다. 그런데 소련에는 경제적으로 그럴 만한 여유가 없었다. 소련이 동맹국을 붙들어 두려면 지배력을 강화하는 방법을 쓸 수밖에 없었다. 동유럽 국가의 사회주의 건설에는 '생산계획의 공동 입안'이 꼭 필요했으나, 소련은 자국과 같은 중공업 우선의 '일국사회주의' 건설과 지도자에 의한 강력한 지배 체제를 각국에 요구했다. "승리한 것은 불신이라는 편견이었다. 이 국가들을 서유럽의 압력에서 벗어나게 하는 것만으로는 불충분했다. 소련은 그 국가들을 고립시키고, 지배하기 위해 분할해야만 했다." 스탈린은 '동맹국을 자

---

[1] 1924년에 스탈린이 트로츠키의 영구 혁명론에 반대하여, 서유럽 혁명 운동의 지원 없이 소련만으로도 혁명 정권을 유지하고 사회주의를 건설할 수 있다고 주장한 이론.

국과 적극적인 연대성으로써 참되게 연결짓는 대신, 소련은 소련 없이는 존립할 수 없는 괴물을 창조하는 길을 선택한' 것이다. 이리하여 인민민주주의 혁명은 일종의 '수입품' 형태로 이루어지게 됐다. 그러므로 헝가리 혁명도 어떤 의미로는, 소련에서 스탈린주의가 지녔던 내재적인 모순의 '수입'에 의해 발생한 것이라고 사르트르는 주장했다.

그러나 비스탈린화 운동은 사회적 필연성에 따라 당연히 일어나야 했기에 일어났다. 신중국의 성립과, 공장제 공업의 필연적 결과인 대량 기술자 계층의 발생이라는 조건이 사정을 바꿔 버렸다. 특히 "기술자 역할은 관료를 물리치는 것이었다." 불신에 바탕을 둔 '화신(化身)이 된 통일이라는 낭만적인 신화'는 더이상 필요치 않게 됐다. 사르트르는 이런 식으로 스탈린주의의 요인을 분석하고 그 결점 제거의 필연성을 바라면서 "공산주의야말로, 이러쿵저러쿵 논란은 많지만, 사회주의의 가능성을 여전히 그 안에 품고 있는 유일한 운동이라 생각한다"고 말했다.

객체에의 책임

《휴머니즘과 테러》와 사르트르

1947년, 메를로퐁티는 《휴머니즘과 테러》라는 책을 펴냈다. 그 안에서 메를로퐁티는 부하린의 모스크바 재판의 유래를 분석했다. 부하린은 정책상의 실패로부터 논의되어 사회주의의 발전을 막고 혁명을 배반한 사회주의 반대자로서 단죄되었다. 그러나 메를로퐁티에 따르면, 부하린은 결코 혁명을 배반하려고 의도한 것이 아니고 자본주의를 다시 일으키려고 계획한 것도 아니다. 주관적으로는 사회주의를 위하여, 사회주의 발전을 위하여 좋을 것이라고 생각한 정책을 내세운 것이다. 그러나 '주관적 결백'에 기초하여 내세워진 정책도 객관적으로는 좋은 결과를 가져오지 못하고 결론적으로는 사회주의에 해를 끼친 것이되었다. 이 경우 혁명가란, 그 주관적 의도에 책임을 져야 할까? 그 정책의 객관적 결과에 책임을 져야 할까? 부하린은 오히려 이 객관적 결과의 책임을 추궁당하여 주관적으로는 결백하면서도 그 정책상의 실패 때문에 '객관적 배반'으로서 책임을 추궁당하는 처지가 되었던 것이다. 부하린은 이 정책상 실패를 자신의 책임으로서 받아들이고 자신은 혁명을 배반했다고 인정해야 할까? 그렇지 않으면 분명히 정책을 내세운 것까지는 자신의 책임이지만 그 결과에 대해서는 정책의 책임이며 자신은 아는 바가 없다고 해야 할까?

헤겔의 《법철학》(1821) 안에는 방화범의 주장을 둘러싼 재미있는 논술이 쓰여 있다. 방화범은 분명히 불을 지른 사실을 인정한다. 그런데 자신이 불을 붙인 것은 30센티미터 크기의 판자조각으로, 이 판자를 불 태운 책임은 충분히 느끼지만, 이 판자가 타는 면적이 넓어져 집 전체를 태운 것은 판자가 멋대로 불탄 자연현상이며 자신의 책임이 아니라는 것이다.

그러나 우리가 아이들에게 '성냥 하나가 화재의 원인'이라고 가르칠 때는 불이 번질 자연필연성에 대한 통찰을 전제로 한, 객체의 운행 전체에 대한 책임을 묻고 있는 것이다. 혁명가의 태도 또한, 사회의 운행 전체에 대한 책임이 중점이 되어야 하며 객관적 결과를 인간적 책임의 이름에서 받아들임으로써만 자연필연적인 운행을 행하는 객체도 인간의 자유에 의하여 떠맡게 된 객체가 되는 것이다. 그런 의미에서 부하린은 주관적으로는 배반할 의도가 없었으나 혁명가로서의 책임에서 자신을 배신자로서 인정한 것이다.

사르트르는 메를로퐁티의 사상에 강하게 영향을 받았다. 사르트르에게 있어 객체에 대한 책임을 진다는 것은 객체를 인간에게 있어서의 객체로 할 것, 객체를 관계없는 것으로서가 아니라 이것을 주체화하고, 이것을 자유의 이름에서 받아들여 떠맡을 것을 의미했다. 단, 부하린 재판은 또한 스탈린 시대 역사의 어두움을 느끼게 한다고 생각한다. 객관적 결과에 대한 책임이라는 점에 있어서는 찬성하지만 그 책임을 지는 방법이 문제이다. 이 책임은 객관적 필연성 운행의 과학적 통찰에 기초하는 것인 이상, 정책결정을 둘러싼 민주적 논쟁이 전제가 되어야 한다. 이 경우 달라질 수 있는 정치적 견해들 간의 상호 존중 안에서 정책결정이 이루어져야 하므로, 설령 하나의 정책이 실패를 부르는 결과를 가져와도, 대립하는 견해를 가진 사람에게 단죄되거나 처형되어야 할 성격의 것은 아니다. 그 토론이 민주적인 것이라면, 하나의 정책결정에 관하여 그 토론에 참가한 전원(반대자 포함)의 넓은 의미에서의 공동책임이어야 한다. 과학적 토론에 의하여 실패 원인을 밝히는 것이 먼저이다. 실패한 정책을 내세운 사람에게는 자기비판을 전제로 한 뒤에, 다음 정책에 대한 참가를 요청해야 할 것이다.

반면, 메를로퐁티나 사르트르가 책임을 지는 방법에 관해서는 여전히 명확함이 빠져 있음을 느낀다. 객체가 가져온 결과가 생각지 못한 방향으로 발전한 것이었다 해도 어쨌든 자신이 동기가 된 일에 대해서는 책임을 진다는 자세에는, 과학적 통찰에 기초하는 결과에 대한 책임이라는 것 외의 요소가 더해진 것으로 생각된다. 니체의 '운명애'가 그러했던 것처럼 통찰의 유무에 관계없이 그것이 맹목적인 결말이라 해도 어쨌든 주체가 이것을 짊어진다는 자유의 능동적 수용 쪽에 지나치게 역점이 기울어 있다고 생각한다. 이 주체적 태도의 범위가 주관 내부에 그치지 않고 객체에까지 미쳤다고 하더라도 객체의 합법칙적 발전에 의거함이 없이 무턱대고 결과에 대한 책임만 지고 받아들인다는 것은 또한 니힐리즘이라는 데 변함이 없으며, 다만 그 니힐리즘이 '능동적 니힐리즘'으로 변한 것뿐이지 않을까?

《알토나의 유폐자들》

사르트르는 1959년에 희곡 《알토나의 유폐자들》을 발표한다. 이 작품은 메를로퐁티의 사상을 더욱 심화하여, 눈에 띄게 큰 결정권을 갖는 사람이 아니라 오히려 조직의 일원으로서 명령에 복종해야 하는 입장의 사람이, 조직(이 경우 군대)의 이름으로 이루어질 수밖에 없었던 행위에 책임이 있다는 주제를 다룬 것이다. 이 작품의 계기가 된 것은 알제리 전쟁에서 프랑스군이 행한 고문과, 이 고문의 시행을 강요당한 소집병의 고뇌 때문이다. 명령에 의해 고문을 할 수밖에 없었던 병사는 프랑스에 돌아와서도 심한 충격 때문에 일종의 치매상태에 빠져, 자신의 체험을 아무것도 말하지 않는 '돌아온 침묵의 병사'가 되고 말았다. 사르트르는 《알토나의 유폐자들》을 씀으로써 프랑스 청년의 고뇌에 답하고, 동시에 프랑스 정부의 침략전쟁 정책에 대하여 심한 항의를 하려 한 것이다.

서독의 선박왕 게를라흐 집안의 장남 프란츠는 세간에서는 죽은 것으로 되어 있으나, 실은 이제까지 13년 동안 스스로를 한 방에 가두고 '유폐자'가 되었던 것이다. 프란츠는 어린 시절, 아버지가 나치에 협력한 것에 반항하여 유대인을 도와주려고 했다. 그러나 나치 친위대원에게 발견되어 자신의 손발이 억눌린 앞에서 유대인이 참살을 당했다. 자신은 어떻게도 할 수가 없었다.

이윽고 제2차 세계대전이 일어나 프란츠는 소련군과 싸우는 전쟁터로 보내진다. 그리고 파르티잔의 고문을 명받는다. 설령 프란츠가 개인적으로 그 명령을 거부하더라도 그의 부하가 그것을 행하면 그뿐이었다. 프란츠는 군대라는 객체에 자기를 맡기고 이 객체가 자기를 침범하는 대로 몸을 맡기는 것을 택하여 자진해서 고문을 맡는다. 그러나 결과는 참담했다. 파르티잔은 목숨을 걸고 자백을 거부했다. 프란츠는 군대라는 객체와 일체화하는 것을 택한 자신을 비참하게 생각하고, 자신을 비난했다.

전쟁이 끝난 뒤, 살아남아 조국으로 돌아간 프란츠는 이런 참살행위를 계속한 군대와 조국인 독일이 책임을 져야 한다고 생각한다. 독일 민족은 멸망하여 사라지리라. 프란츠는 조국의 멸망에 참여하지 않기 위해, 또한 무의미한 부흥에 참여하지 않기 위해, 한 방에 틀어박혀 자신을 '유폐자'로 만든 것이다.

프란츠는 이른바 전쟁을 일으킨 장본인, 전쟁 책임자가 아니다. 하지만 그렇다고 해서 전쟁을 일으킨 자가 나쁘다, 군대가 나쁘다, 나는 그저 하라는 대로 한 것이니 죄가 없다고는 생각하지 않는다. 비록 피결정자의 지위에 있어도 결정체 전체는, 이 객체에 대한 책임으로부터 벗어날 수 없다. 행위의 동기가 무엇이든, 주관적으로는 반대를 했든 아니든, 객관적으로는 직접 고문을 했다. 이에 대하여 책임을 져야 하며, 이 책임에 있어서 객체를 떠맡아야 하는 것이다.

프란츠는 계속 외친다.

나는 살았다, 살았다! 나, 프란츠 폰 게를라흐는 여기서, 이 방 안에서, 20세기를 두 어깨에 짊어지고 이렇게 말한다. 나는 20세기의 책임을 질 것이다. 지금 이날도, 또한 앞으로도 영원히.

집단이 된 자유

《변증법적 이성비판》

전체화된 전체성

《존재와 무》(1943)에 이은 제2의 대표작 《변증법적 이성비판》(1960)에서 사르트르는 자유가 객체화할 수밖에 없는 필연성을 표현함과 동시에, 이 객체화를 뛰어넘어 다시 인간 주체의 자유를 회복하는 길을 보이려 했다. 《존재와 무》에 설명된 자유관과 두드러지게 변한 점이라면,《존재와 무》에서는 개인적 기투(企投)로 시종일관하고 있는 것에 반해, 이번에는 여러 개인의 집단적 기투라는 형태를 취하기에 이르렀다는 것을 들 수 있다. 게다가 인간의 자유로운 실천과 객체화된 필연성 영역과의 상호 부정적 상호 매개라는 측면이 더해진 점에서도 특색을 발견할 수 있을 것이다.

《변증법적 이성비판》은 세 가지 측면의 체계적 구성에 따라 이루어져 있다.

(1) 구성하는 변증법(개인적 실천)

(2) 반변증법(소외된 실천과 노동에 의해 가공된 타성〔惰性〕상태=실천적 타성 상태)

(3) 구성된 변증법(실천적 타성태의 무력함에 대립하는 공동 행동)

즉 처음에 개인적 행위 그 자체의 변증법이 있고, 이어서 그 개인성의 부정이 되어 타성화한 집단이 있다. 이것이 반변증법의 단계이다. 다음으로 이 반변증법의 단계를 더욱 부정함으로써 개인성을, 이번에는 여러 개인의 공동적 실천에 의해 회복한다는 체계이다. 개인적 실천 → 반개인적 집단 → 여러 개인에 의해 구성된 집단.

여기에 성립해 구성된 집단은 하나의 전체성을 이루게 된다. 그런데 철학사상 '진리는 전체'라며 전체성의 입장을 강조한 것은 헤겔이다. 이에 비해 '개별성이 진리'라고 주장한 것이 키르케고르이며, 이 사상이 실존주의의 원천을 이루는 것이라고 한다. 그렇다면 실존주의자 사르트르는 개별자로서의 관점에서 벗어나 헤겔과 같은 전체주의로 되돌아간 것일까? 여기서 사르트르는 '전체성'이라는 것과 '전체화'라는 것을 구별한다. 사르트르에 따르면 '전체성'이란, '하나의 과거 행동의 유적일 뿐'이고, 행위 결과 남은 타성체(惰性體)의 전체상에 지나지 않는 것이다. 이것은 '수동적인 전체성'으로, 상처 없이 보존되었지만 사는 사람이 없는 유령마을과 같은 것이다. 사르트르는 이런 추상적인 전체성이 실천행위가 화석화한 결과 생긴 것이고, 이것은 변증법적 운동에 반하는 영역이라며 받아들이지 않는다. 그런 의미에서 사르트르는 헤겔처럼 역사 속에서 언제나 변함없이 확실하게 있는 이념의 전체성을 인정하는 것에 반대한다. 그러므로 사르트르는 헤겔로 되돌아갔다고 하기 힘들다.

그 대신 사르트르가 제시한 것이 '전체화'라는 개념이다. '전체화'란 현재 '진행 중인 통일작용'으로, 예를 들면 주거(住居)라는 통일된 사물을 생산할 뿐만 아니라, 동시에 '거기에 사는 행동'이기도 한 것이다. '전체화'란 현재 '진행 중'인 다양한 작업 속에서 만들어지는 '종합작업'이다. 여러 개인의 다양한 공동 작업에 의해 만들어지는 전체성. 이 전체화된 전체성의 개념은 실존주의자 키르케고르와 헤겔, 마르크스의 대결 속에서 생겨난 하나의 해답이다.

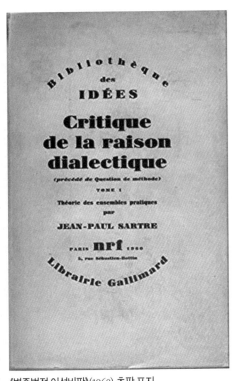

《변증법적 이성비판》(1960) 초판 표지

단, 사르트르의 주제는 전체성과 다양한 개별자와의 상극이라는 영역에 제한되어 있다는 결점이 있다. 마르크스주의 입장에서 비평하면, 전체성이 굳어져 버리는 상태를 깨야 하는 것은 개별자 쪽에서 반격이라고는 생각하지 않는다. 전체성의 경우, 하나의 변하지 않는 전체가 존재하는 것처럼 생각하지 않고, 서로 대립하는 측면의 어느 한쪽이 지배적 지위에서 전체를 종합하고 있는 것처럼 생각한다. 그러므로 현재 지배적인 전체성에 대해 장래에 지배적 지위를 얻으려는 세력이 새로운 전체성을 노리는 힘으로서 항상 맞서 싸우고 있다. 따라서 현실적으로는 하나의 전체성이 존재하고 있어도, 그 전체성은 머지않아 승리를 차지하는 잠재적인 전체성과의 싸움을 앞두고 있는 것이다. 따라서 낡은 전체성이 굳어져 버려 화석처럼 되는 상태를 깨부수려면 새로운 전체성의 실현을 꾀할 수밖에 없다. 발전하는 전체성의 이 법칙이야말로 전체성이 화석같이 굳어지는 것을 부수는 유일한 힘이다.

그래서 만일 사회주의 사회처럼 전체성을 노리는 두 세력이 적대적 계급투쟁 상태에 있는 일이 없어진다면, 새로운 것과 낡은 것의 투쟁도 서로의 발전을 바라는, 보다 우호적인 것으로 변화해 간다. 하지만 착취계급이 사라졌다

해도 아직 노동자계급과 농민계급이 존재하고 서로 성격이 다른 요구를 가지고 있는 상태에서는 전체를 종합하고 지도하는 힘으로서의 당과 국가가 필요하다. 마침내 장래의 무계급사회에 이른다면, 사회적 불일치의 기초 자체가 사라지므로 이미 국가는 불필요해져 없어져 버린다. 여기에서는 전체성 쪽에서의 강제는 필요가 없고, 사회적 불일치의 소멸에 따라 일치로 이끄는 당의 지도도 쓸모가 없어진다. 아울러 여러 개인의 자치라는 형태에서의 전체성과 개인의 동질화가 이루어진다.

하지만 장래의 어떤 사회든 모순이 사회를 발전시킨다는 원칙에 변함은 없다. 보다 높은 발전을 노린다는 의미에서의 낡은 것(현존하는 전체성)과 새로운 것(장래의 지배적 지위를 노리는 전체성)의 투쟁은 영원히 사라지지 않는다. 단, 두 전체성(현존 대 잠재)의 모순은 이 단계에서 아주 사이가 좋고, 두 가지 입장은 서로를 존중하며, 토론과 상호 승인 속에서 공통의 전체성이 결정된다. 결정의 기준이 되는 것은 판단의 과학성 이외의 무엇도 아니다. 이 판단의 과학성이라는 기준 이외에 그 개인이 지배적 전체를 둘러싼 어떤 입장에 있든 전체 쪽에서의 개인에 대한 억압은 생각할 수 없고, 옳다고 생각된 입장을 다시 선택하는 것도 개인의 자유이다. 여기에서는 활발한 토론만이 중심이 된다. 전체성과 개별성(개인)의 동질적 일치, 발전하는 전체성(활발한 과학적 토론의 존재가 전제된다)과 개인 선택의 양립, 이것이 마르크스주의 해답이다. 국가가 있는 한 상대적으로 필요했던 '권력으로부터 개인의 자유', '전체성에 맞서는 개인의 자유' 등은 불필요해져, 서서히 사라진다. 남는 것은 여러 개인의 자치와(과학 판단을 둘러싼 개인 자유를 전제로 한) 전체성과 개인의 동질화다. 발전하는 두 전체성을 둘러싼 서로의 입장 존중과 선택의 자유다.

더욱이 사르트르는 소외론 입장에 서 있음에 유의해야 한다. 소외론이란 사물을 끊임없는 발전으로 보는 입장이 아니라 어떤 원형이 되는 '처음'이 전제되고, 그것이 다음에 소외, 상실되며 계속해서 이 소외 상태가 지양되어 전제된 '처음'으로 되돌아간다는, 같은 것의 되돌아감, 불변 동일의 입장에 따르고 있는 것이다. 물론 되돌아감으로써 질적으로 더욱더 풍부해지지만, 여기에서는 변화 발전의 입장을 끊임없이 잃어버린다. 사르트르에게는 개인적 실천(원형) → 반변증법(원형의 소외 형태) → 여러 개인에 의해 구성된 변증법(집단화한 형태에서의 원형 회복)이라는 체계가 된다. 원형 → 소외 → 원형의 재현이라는 체계에서 전제되는 것은 개인적 실천으로, 한 차례 원형 재현의 입장에 이르거나, 체계로서는 어떤 발전도 없는 상태에 빠져 버린다. 이것은 소외론에서 공통의 결점이다. 멀리는 헤겔의 체계가 천상 이념 → 역사적 현실(자연과 사회) → 천상으로 되돌아감(절대적 자기의식, 다른 존재를 포함한 자기 동일, 실현한 이념)이라는 닫힌 체계에 머물러, 끊임없는 발전을 본성으로 하는 변증법과 모순하기에 이른 사정과 닮은 현상이 여기에 있다. 그런데 마르크스주의는 끊임없이 발전하는 전체성의 입장에 서 있다. 요컨대, 사르트르는 개인, 여러 개인에서 출발해 전체로 다가서는 데 반해, 마르크스주의에서는 전체를 끊임없이 발전하는 전체성으로 보고 이 전체성의 성장과 풍부화 정도에 응해 여러 개인의 자유도 확대한다고 생각하는 것이다.

개인적 실천

사르트르는 《변증법적 이성비판》의 출발점이라고 할 수 있는 개인적 실천을, 욕구하는 주체로서 파악했다. 욕구란 유기체를 기르는 무기물의 부족으로 느껴지는 '하나의 결여'이다. 욕구는 '물질적 주변을 욕구충족 가능성의 전체적 장(場)으로 열어 보이는' 전체성이다. 하지만 결여를 극복하려는 요구가 유기체로 하여금 무기물을 초월하게 한다. 결여는 하나의 부정이지만, 욕구는 동시에 그 부족의 부정으로, 부정의 부정으로서 유기체의 적극적 긍정이다. 유기체의 초월은 부족이라는 유기체의 '죽음의 위험'에 대한 부정이지만, 이 욕구야말로 '전체성으로서 그 자신을 드러내어 살았던 전체성'이다. 인간이 욕구적 인간으로서의 전체성을 얻음으로써 전체성의 대상이 '수동적 통일'을 받아들인다. 사르트르는 이것이 '자연'이라고 말한다.

> 물질 속에서 그 존재를 찾아내는 역할을 하는 유기적 존재에 의해 물질이 수동적인 전체로서 열어 보일 때, 거기에 최초의 형태에 있어서의 '자연'이라는 것이 나타난다.

여기서 사르트르는 《존재와 무》에 있어서의 '대자(對自)'라는 말은 사용하지 않았지만, 인간적 기투의 전체성에서 인간의 원형을 구하고 있다는 점에서 어떤 똑같은 사상 위에 서 있다고 할 수 있겠다. 다만 《존재와 무》에서 '대자'는 부정하는 능동성 이외에는 가지고 있지 않았지만, '욕구하는 인간'에게서는 스스로를 유기체로서 적극적으로 긍정하는 한편 스스로 전체성에 대응하는 '즉자(卽自)'를 '자연'이라는 형태의 통일 상태로 대치시켜, 그 위에 '대자(對自)' 즉자(卽自)'의 상관을 생각한 점에서 하나의 진전을 보이고 있다. 사르트르는 '여러 사물이 인간에 의해 매개가 되는 것과 같은 정도로 인간이 여러 사물에 의해 매개가 되는' 이 관계를 '변증법적 순환성'이라 부르고 있다.

사르트르의 '욕구하는 인간'에 대한 비평인데, 먼저 인간을 소비적 욕망의 존재로 파악하고 생산적 욕망의 존재로 파악하지 않는 점이 문제이다. 개인의 소비적 욕망은 오히려 생산에 규정된 욕망일 것이다. 생산적 욕구는 사회적 욕구이고, 개인이 본디 갖추고 있던 생물적 욕구에 한정되지 않는다. 개인은 이 사회적 욕구를 이루기 위해 노동과정에 들어가는 것이지 생물적 욕구의 기투를 위해서 노동과정에 들어가는 것이 아니다. 노동과정에서는 객관적인 법칙에 따라 의지를 제한하고, 이 법칙의 통찰에 바탕을 두고 사태의 진전을 밀고 나아가는 작업이 필요하므로, 인간이 주체적으로 그리는 결핍의 변화 전망이 노동의 목적이 되는 것이 아니다. 객관적인 생산 법칙의 통찰에 바탕을 둔 목적의식이 여기에서는 필요한데, 사르트르에게는 반대로 객관적인 것을 뛰어넘은 주체적 전망이 일방적으로 강조되어 있다. 조르면 주어지는 소비의 낙원이라면 어떨지 모르지만, 다만 뛰어넘기만 하는 노동으로 물자는 손에 들어오지 않는다.

게다가 욕구하는 인간이 주체적 행위로서 전체성을 얻은 결과 '자연'이 '수동적 통일'의 형태로 나타난다는 사르트르의 견해는, 인류가 지구상에 살기 전에도 자연은 객관적으로 존재하는 한편, 통일된 구성을 유지하고 있었다는 유물론의 견해에 분명히 모순된다. 인류가 달에 이르기 전에도 달은 존재했고, 달 존재의 법칙성은 인간 욕구의 '수동적 통일'로서 나타난 것이 아니다. 자연은 인간 욕구의 유무에 관계없이 독립해 존재한다. 결국, 사르트르는 자연변증법을 인정하지 않는 것이다.

사르트르는 "만일 변증법적 유물론 같은 것이 존재한다면 그것은 사적 유물론이어야만 한다"고 분명히 말하며, 자신이 인정하는 유물론을 '내부로부터의 유물론'이라 부른다. 사르트르의 이 주장은 자연변증법의 존립을 독단론으로 보아 부인하고, 인간과 자연의 상관관계 속에서만 변증법을 인정하는 사적 유물론의 입장에 서 있다고 할 수 있다. 문제가 되는 것은, 사르트르는 사적 유물론을 어떻게 보고 있는가 하는 점이다. 먼저 사르트르는 역사를 꿰뚫어 보는 변증법을 '전체화하고 있는 다수의 개별자에 의해 이루어지는 구체적인 전체화 작용'이라고 생각한다. 단, 그것에서 '유물변증법'이 의미를 가지는 것은 '인간의 실천에 의해 발견되어 몸에 입혀지는 물질적 여러 조건의 우위성을 인간 역사의 내부에서 확립하는 경우뿐'이라고 한다. 즉 사르트르에 따르면 역사는 인간의 실천에 의해서만 성립되는데, 이 인간 행위가 만들어진 힘의 반작용을 '몸에 입는' 한, '유물론'은 성립하게 된다. 요컨대, 사르트르에게 역사 그 자체는 물질 법칙에 바탕을 두고 발전하는 것이 아니다. 또한 이 법칙에 따르고, 이것의 통찰에 입각하는 인간적 실천이 역사를 발전시키는 것도 아니다. 인간 주체의 실천적 기투가 소외되고 화석처럼 굳어져, 주체가 그 반격을 '몸에 입는' 한에서만 '유물론'이 존재하는 것이다. 사르트르의 '유물사관'은 결국, 여러 개인의 주체성론에 소외론을 접합시킨 것에 불과하다.

한편 마르크스는 《정치경제학 비판》 서문에서 유물사관을 다음과 같이 규정하고 있다. "인간은 그들 생활의 사회적 생산에 있어서 일정하고 필연적인 그들의 의지에서 독립한 여러 관계에, 즉 그들의 여러 물질적 생산력의 발전단계에 서로 대응하는 생산관계에 깊숙이 들어간다." 여기서 '의지에서 독립'했다는 규정이 중요하다. 소외된 결과 의지를 몸에 입는 물질성을 경험하는 것이 아니라, 역사에는 물질적 규칙이 처음부터 끝까지 한결같다는 것이다. 인간의 의지는 이 필연성의 통찰에 입각하여 필연성의 운용이라는 형태로 드러난다. 역사의 변증법은 여러 개인의 자유의지에 의해 구성된 것이 아니다. 그런 의미에서 사르트르는 역사를 꿰뚫는 유물사관을 승인했다고 하기 어렵다.

희소성과 반변증법

그렇다면 어떤 이유로 자유로운 여러 개인의 실천은 소외되고, 물화(物化)되어야만 할까? 사르트르는 여기서 희소성이라는 개념을 제시한다. 희소성이란 인류에 대한 식량 부족을 가리킨다. 식량 부족은 욕구하는 인간에 대한 위협이 존재함을 뜻한다. '각자의 단순한 생존이 희소성으로 인해 다른 사람 또는 모든 사람의 비생존의 항상적인 위험으로' 나타난다.

순수한 상호성에 있어서는 나와는 다른 사람 또한 나와 같다. 그런데 희소성에 의해 변화된 상호성에 있어서는 같은 인간이 근본적으로 다른 것(즉, 우리에게는 죽음의 협박 보유자)으로서 나타난다는 의미에 있어서, 그 같은 것이 우리에게 반인간(反人間)으로 나타난다.

희소성이라는 조건 아래에서, "물질로부터 인간에게 가져오는 한에서 그와 다른 사람의 관계는 외면성의 관계이다." 희소성이라는 물질적 사회구조는 각 개인을 '희소성의 요인으로 삼는 한편 희생자(너 때문에 부족한 것이다. 네가 죽으면 부족하지 않다)로서 제시하기에 이른다.

그런데 사르트르의 이 희소성 이론도 하나의 결점을 가지고 있다. 그것은 생산물의 희소성이라는 것과 생산수단의 사사로운 독점을 구별하고 있지 않다는 점이다. 현대 자본주의 사회에서는 오히려 생산물이 남아도는데도 모든 사람이 그것을 얻을 수 없는 모순으로 고민하고 있다. 이 모순 발생의 기초는 생산수단의 사사로운 독점에 원인이 있다. 그런데 사르트르는 계급발생의 원인을 생산수단의 사사로운 독점에서 찾지 않고 생산물의 잉여 발생을 둘러싼 쟁탈에서 찾고 있다. "모두에게 부족한 생존 필수량을 아주 조금 넘는 정도의 수확밖에 공급할 수 없는 동안은, 그 사회는 반드시 여러 계급으로 분열한다"는 엥겔스의 말을 인용해, 생산물의 희소성이 계급적 분열을 낳은 것이지 생산수단의 소유가 계급적 분열을 낳은 것이 아니라고 주장한다.

구성된 변증법

이 '반변증법'의 상태, 이 '반인간'의 상태에서 탈출할 방법은 없을까? 사르트르는 타성화한 반인간 집단을 '집열체(集列體)'라고 불렀는데, 이 타성상태를 물리치고 타성상태의 전체에 반항하는 것으로서 새로이 인간의 '집단적 기투'의 길을 설명하고 있다.

집단이란, 희소성의 테두리 안에서 주변 물질을 지배하기 위해 가장 효과적인 수단임과 동시에 인간을 타자성에서 해방하는 순수한 자유로서의 절대적 목적이기도 하다.

'집열체'는 '반인간'의 집합이었지만 '집단'은 자유로운 인간의 '전체화'로서의 '구성된' 전체에 다름없다. 그러므로 '집단'은 한편으로는 타성태의 전체성과 싸우는 '효과적인 수단'으로서의 '전체성'이지만, 다른 한편으로는 동시에 자유로운 주체의 집합적 전체화로서의 '자유로서의 절대적 목적'일 수 있는 것이다.

필연성은 희소성에 의한 인간적 상호성의 파탄, 타자적 적대화에 의해 일어나는 것으로 물질적 타성에 의해 비인간화되는 것이었다. 이 필연성으로부터의 탈출은 당연히 잃어버린 인간적 상호성 회복이라는 형태를 취한다. 그런데 사르트르에게 상호성 회복은 희소성과의 싸움이라는 형태를 취할 뿐만 아니라 희소성이 이끄는 필연성에의 반역이라는 반자연성의 성격을 지니기에 이른다. 사르트르가 자유로운 인간 집단을 반필연적·반자연적 기투로서밖에 파악할 수 없었다는 것은 중요하다. 《변증법적 이성비판》의 사르트르를 《존재와 무》의 그것에서 구별하는 점은 확실히 '필연성'의 불가변성이라는 주제를 도입한 것에 있다. 하지만 '필연성'과 인간의 연관도 결국은 서로 부정적인 것에 불과하고, 인간 집단이 성립할 때 '필연성'은 거부되고 부정되어야만 하는 것이다. 반자연적·반필연적 자유관이라는 점에서, 사르트르는 《유물론과 혁명》(1946)의 시대에서 전혀 변하지 않은 것이다. '필연성'이란 '자유의 부정'을 말하고, 자유의 회복은 '반자연·반필연'적 행동이 된다. 여기에는 '필연성의 통찰이 자유'라는, 필연성과 자유의 일치라는 시점은 없다.

융합집단

희소성의 필연성과 싸우는 최초의 반자연적 집단은 '융합집단'이다. '융합집단'이란 순전히 자유의지로 참가하는 의용군의 일치된 우정이 만들어 내는 집단을 말한다. 여러 개인을 통제하는 실체적인 집단 규율이 있는 것이 아니라 개개인의 실천적 자유로만 유지되는 한편, 전원의 자유로운 우정으로 가득 찬 '합의'만이 집단을 이루는 유동적인 집합 형태이다. '우정의 묵시록'이라 해도 좋다. 여기에는 순수하게 자발적인 발상에 의한 집단에의 참가가 있고, 하나의 집단이 시작되는 창설기의 감동이 있다.

하지만 여기에서 유의해야 할 것은, 이 집단 형성도 결코 순수하게 대인 관계로서의 영역에서 이루어진 것이 아니라는 점이다. 이 집단은 '단 하나의 것으로 모아지는 여러 목표를 바탕으로 이루어진' 것으로, 이 집단 형성의 동기가 된 것은 희소성에 대한 '두려움'이었다. 즉 이 집단의 '합의'를 이룬 동일성은 자연적 필연성에 대한 '두려움'에서 나온 방위 행위의 동등성이고, 그들을 동일성에 연관시킨 것은 오히려 타성적 필연성이며, 반자연성이라는 형태에서의 똑같은 필연성에 대한 대결이었던 것이다.

서약집단-조직집단-제도집단

한편, 융합집단이 타성과 싸우기 위해서는 전원 합의가 '동시'에 있어야 했는데, 이 '동시'라는 조건을 유지하기 위해서 집단은 어떤 약속이나 규율로 계약을 해야만 한다. 가장 먼저 일어나는 것은 '서약'이다. 어떤 일이 있어도 '합의'를 배신하지 않으며, 자신은 절대 '집열체'의 다른 사람으로 타락하지 않는다는 것을 서로 맹세하는 의식이 필요하다. 순전히 자유의지의 동시적 합의를 유지하기 위해서 자유의지 속에 개입해 온 이 의식은, 이미 자유의지의 발로라기보다 의지에 대한 규제를 만드는 것이다. 하지만 이것은 의지의 합의를 지키기 위한, 어쩔 수 없는 '인공적 타성태'다. 이 '인공적 타성태'는 물질적 타성태와 싸우기 위한, 각자의 자유를 지키기 위한 제약이다. 이 '서약집단'에 의해 배신자의 존재는 허용되기 어려워진다. 배신자는 심판을 받고 숙청되어야만 한다. 숙청이란 개인 의지에 대한 폭력이기는 하지만, 여기에서는 합의라는 우정만이 본질적인 것이고 그 합의에 동의하고 서약한 사람이 나중에 배신할 경우, 우정의 이름으로 이것을 용서할 수 없다.

예를 들면 배신을 벌하는 사법권이 독립해 전업(專業)이 되는 형태로, 집단이 자신의 집단을 유지하기 위해 전문화한 분업을 없어서는 안 될 요소로 여기게 되면 집단은 '조직집단'으로 변질한다. 머지않아 집단은 전체의 통일을 유지하기 위해 각각의 개인적 실천을 미리 각각의 역할로서 고정화하고, 전체에 대해 위계제도를 펴, 개인을 그 틀에 밀어 넣게 된다. 그때 집단은 '제도적 집단'이 되고, 개인은 이미 공동체에 자발적으로 참여하는 개인이 아니라 '제도적 개인'으로 바뀐다. 제도 메커니즘이 각각의 역할에 응해 모든 일을 결정하고, 인간은 오히려 제도의 결정에 종속되어 언제든 교환이 가능한 상태가 된다. 인간과 인간의 상호성은 오히려 타자적(他者的)이 되고, 불신이 상호성의 원칙이 된다. 불신 체계의 맨 꼭대기에 집단적 불신의 화신인 스탈린이 선다.

이렇게 융합집단에서 출발한 집단은 타성태와 싸우는 자유 규율을 너무 지킨 나머지 자신도 타성화해, '화석과 싸우기 위해 자신도 자유의 화석이 된다'는 숙명적 순환을 경험할 수밖에 없었다. 사르트르에 의한 조직이 가지는 타성화는 필연성에 대항하기 위한 '자유의 필연성'이다. '내면성의 근거를 마련해 주는 외면성'으로서의 이 집단의 필연성은 '정확히 실천적 타성태의 내면'이다. 물질적 타성태를 '수동적 활동태'로 부를 수 있다면, 이 '자유의 필연성'은 '활동적 수동태'라고도 불러야 할 것이다. 사르트르는, 이 타성태는 타성인 한, 물질적 타성과 똑같은 것이지만, 자유 활동을 보증하기 위한 타성태이므로 자유와 동질이라고 말한다. 여기에서는 필연성이 자유와 동질인 것이다. 하지만 여기에서의 동질은 과거 '합의' 때의 자유에 대한 동질로, 현재 지배하고 군림하고 있는 필연성은 현재의 개인에 끊임없는 희생을 요구한다. 개인은 과거의 자유를 위해 현재의 자유를 끊임없이 희생해야만 한다. 결국 현재를 지배하는 한편 계속 증대해 가는 것은 자유라는 이름을 빌린 필연성이다. 따라서 제도적 집단은 물질적 타성태와 싸우면서 차츰 자신을 물질적 타성태에 접근시키는 것이다.

> 필연성의 지배는 자유에 의해 극복되면서도 자유 속에 보전되어 있어 음흉한 석화작용으로서, 즉 집열체(集列體)라는 타성 속으로 다시 굴러떨어질 위험이 끊이지 않는다.

집단의 집열체로 다시 굴러떨어지는 것을 막고 자유로운 주체의 우정을 회복하는 길은, 다시 한 번 융합집단을 재현하고 현재의 제도를 깨부수는 것밖에는 없다. 집단이란 희소성과 싸우는 것이었다. 또 제도란 희소성의 정확한 내면이므로, 타성화는 희소성이 있는 한 피하기 힘든 숙명이다. '자유의 필연성'에 복종하거나 제도를 깨버릴 수밖에 없다—사르트르의 논리는 하나의 숙명적 악순환에 부딪혀 버렸다. 융합집단 → 제도집단, 다시 융합집단 → 제도집단, 나아가 다시 깨부수는 일, 다시 제도…… 만들고는 부수고, 최초의 우정에 대한 잠깐 동안의 격렬한 회상에 운다.

사르트르의 집단론에는 크게 나누어 세 가지 결점이 있다고 생각한다.

그 하나는, 집단이나 서로의 합의라는 것은 어디까지나 희소성이라는 외적 운명에 대항하기 위한 일치에 지나지 않았다는 점이다. 그러므로 그것에는 뜻밖에도 내면적 통일 원칙은 없고 단순한 대항집단으로 처음부터 끝까지 한결 같다는 것이다.

다음으로, 사르트르는 희소성과 끊임없이 싸우고 있지만, 원리적으로 희소성 그 자체를 없애버린다는 전망이 없는 점이다. 사르트르의 집단은 반자연적 기투의 집단이므로, 다만 자연을 거부할 뿐, 자연에 입각해 이것을 개혁하는 방법을 얻지 못했다. 대립물의 통일이란, 대립하는 것을 포괄해 지배하는 것이다. 그런데 사르트르의 변증법은 단순히 서로의 부정에 머물러, 대립물의 통일 법칙이 없다. 따라서 희소성이라는 조건 그 자체를 단순히 거부하는 것이 아니라, 이것을 없애버리고 희소성과 싸울 필요성 자체를 없애버린다는 전망을 완전히 놓쳐버린다. 희소성이 있는 한, 몇 번이고 제도를 깨부수어도 자유가 돌처럼 굳어 버리는 것을 피할 수 없다.

마지막으로, 사르트르는 집단의 제도화=화석화라는 견해를 숙명적으로 고집하고 있다. 이것은 사르트르가 변증법을 자연과 인간의 사이에만 작용하는 것으로 생각해, 제도 자체에 들어 있는 모순의 법칙을 인정하지 않는 데에 결점이 있는 것이다. 설령 집단이 제도화된다고 해도 그 제도 자체, 제도에 담겨 있는 모순에 의해 발전하고 대립하는 측면의 상호 투쟁에 의해 낡은 것에서 새로운 것으로 끊임없이 발전하는 것이다. 제도=모순이 없음, 하나뿐인 화석이라는 견해는 틀렸다. 또한 사회주의란 모순 해결의 적시성을 그 사회의 본질로 하고 있다. 모순 해결의 알맞은 시기의 원칙이 지켜지고 있는 한 사회주의에 있어서 관료주의 발생은 숙명적이지 않다. 반대로 이 원칙이 지켜지지 않는 상태에서는 사회주의에서도 관료주의 발생은 일어날 수 없다고는 할 수 없지만, 이것은 사회주의에 있어 오히려 비원칙의 사건인 것이다. 민주주의적 토의에 의해 사회 모순이 해결되는 부분에서는 관료주의 발생이 있을 수 없고, 동시에 사르트르가 말하는 제도를 깨부수는 일도 필요 없다.

사르트르의 실존주의

《존재와 무》 무렵
사르트르의 실존주의는 그 변화를 크게 두 단계로, 즉 《존재와 무》의 단계와 《변증법적 이성비판》의 단계로 나눌 수 있다.

《존재와 무》까지 실존주의로서의 사르트르 사상은 개인적 기투에 의한 대상의 초월에서 특색을 찾을 수 있다. 대자(對自)라는 형태로 제시된 의식 분열도 결국, 과거의 자신을 극복하는 현재의 자신, 미래의 자신 제시이다. 그런데 사르트르의 실존주의 특색은 개인적·개별적 기투의 동력을 표면에 떠올려 개인적 존재가 가지는 독자성과 책임성, 즉 개별자의 자유를 표면에 떠올린 점에 특색이 있다고 할 수 있다. 하지만 이것은 반대로 말하면, 존재로서의 개별자와 의식으로서의 개별자의 구별과 연관을 문제로 제시한 것이라고 할 수 있다. 사르트르의 실존주의는 존재로서의 개별자와 이 개별적 존재를 향한 명증적(明證的)인 의식의 통일성에 특색이 있다.

사르트르 현상학은 '현상학적 존재론'이라 불리는데, 개별적 존재를 개별성 그대로 파악하는 의식은 왜 성립하는가 하는 것이 그 주제였다고 할 수 있다. 인식이란 일반화인 것이 많은데, 사르트르는 오히려 이것을 반성지(反省知)로서 멀리하고, 그 고정화에서 '정화'해 대상을 지향하는 상태의 있는 그대로의 의식, 개별자가 품는 개별적 의식을 있는 그대로 파악하려는 것이 그 의도였다. 의식의 반성적 파악을 '정화'해 의식에 밀착한 '요해(了解, 깨달아 알아냄)'라는 일종의 '자각'에 가까운 태도가 여기에 있다.

물론 사르트르의 의식은 단순히 대상 지향이 아니라, 대상에 '없는' 것으로서의 부정, '무(無)'를 존재로 가져오는 것으로, 존재와 의식의 통일은 매우 어려운 일로서 성공하지 못하고 '허무한 수난'으로 시종일관하는 것이었다. 하지만 일반적으로 존재로서의 개별성을 추구하는 실존주의가, 동시에 그 개별성의 명증적인 의식이기도 하다는 이 개별성에 있어서 존재와 의식의 병립을 완성한 점에 실존주의 속에서 사르트르의 독자성이 있다고 생각한다. 또한 이 의식과 존재의 병립을 바라면서도 이룩되지 않는 것은, 사르트르의 의식이 존재를 허무하게 만드는 자유 의식이라는 점에 원인이 있다. '존재와 무'란, 존재와 의식의 사이에서 둘의 통합을 바라면서도 그것이 이룩될 수 없는, 자유와 좌절의 드라마였던 것이다.

이어서 사르트르가 제시한 또 하나의 주제는 한 사람의 자유가 다른 사람 앞에서 '물(物)'이 된다는 '타자성'의 테마이다. 《존재와 무》의 단계에서는 오로지 어떤 개인 앞에서 '물화(物化)'라는 형태로, 개인 대 개인의 드라마로서 파악되는 일이 많았다.

《변증법적 이성비판》에 이르러

그런데 《변증법적 이성비판》에 이르면 이 '타자성'의 주제가 변화하게 된다. 여기서는 개인 대 개인으로서의 '타자 앞에서의 물화(物化)'라는 형태는 사라지고 개인의 존재가 사회 구조 속에 집어넣어져, 사회적 필연성이라는 타성으로 극복되고 '객관화'되는 형태로 바뀌는 것이다. 이것은 동시에 《존재와 무》에서는 단순히 극복의 대상에 불과했던 대상적 존재가 인간을 이해하고 반대로 인간을 지배하는 물질적 필연성으로서 파악되게 되는 것이다. 《존재와 무》에서 존재와 인간은 서로 좌절하는 것으로 여겨졌던 반면에, 《변증법적 이성비판》에서는 존재와 인간은 서로 부정적으로 매개하는 것으로 여겨져, 매개의 전체성이 '전체화'되기에 이르는 것이다.

이렇게 해서 《변증법적 이성비판》에 이르러 실존주의자 사르트르가 이룬 가장 큰 변화는, 어디까지나 여러 개인의 실천에서 출발하는 점에서는 《존재와 무》의 자세를 유지하고 있지만, 이런 여러 개인이 '전체화'되어 하나의 '집단'을 형성하는 것임을 적극적으로 설명하기 시작한다는 점이다.

> 변증법은 전체화하고 있는 다수의 개별자에 의해 이루어지는 구체적인 전체화 작용에만 있을 수 있다.
> 변증법은 몇백만의 개인적 행위에 의해 펼쳐져야만 한다.

이 '전체화'는 동시에 하나의 '전체지(全體知)'의 성립이다. 큰 정세를 알 수 없었던(누구도 '전쟁' 그 자체는 알 수 없다 등등) 사르트르도 여기에 이르러 '전체화'된 지성에 의한 전체성 파악이 가능했다. 전체성을 파악하는 지성이 '지해(知解)'이다. 이 '전체성'을 몇백만의 개별자가 '전체화'해 갈 때, 전체성의 '지해'는 개개인의 '요해(了解)'에 의해 극복되고, 이것에 의해 '지해'된 것의 의미가 '요해'되어 '안 것을 요해하는' 것이 가능해진다. 전체성이 파악된 전체성 의미의 요해, 이것이 '전체지'이다. 이렇게 사르트르는 《존재와 무》에서 파악된 의미의 명증성으로서의 '요해'에서 똑같이 출발하면서, 전체성과 잘 매개하고 여러 개인의 '요해'를 '전체화시켜 '전체지'를 성립시키는 순서를 밝힐 수 있었다. 이 '전체지'는 '물질성의 일원론'의 파악일 뿐만 아니라 개인적 실천이 어떤 순서로 스스로 이 소외를 받아야만 했는지, 그 구조의 '요해'이기도 하다. 이렇게 '지해'와

거리활동을 하는 사르트르와 보부아르

'요해'의 종합이란 결국, 《존재와 무》의 개인의식에 소외 의식을 접합시킨 것이라 할 수 있겠다.

단, 사르트르의 '전체지'도 인식론·의식론 입장에서 볼 때, 문제가 없는 것은 아니다. 먼저 '요해' 자체는 인식이라기보다 직관과 비슷하다. 사르트르는 '자기 인식'을 인정하지 않는다. 의식을 과학적으로 파악하는 것에 반대하고 이것을 직관적으로 '요해'해야 한다고 주장한다. 인식은 모두 반성이므로 순수하지 않다고 생각하는 것이다. 반성되면 대상은 변질해 버려 있는 그대로의 대상이 되지 않는다는 것이다. 하지만 반영론 입장에서 볼 때, 대상을 반성하는 것이 아니라 대상에 대해 의식을 향하게 함으로써 있는 그대로의 형태로 대상을 파악할 수 있다고 생각한다. 유물론 입장에서는 의식에 의한 의식의 인식(자기 인식)은 가능하며, 직관주의에 의하지 않고 과학적으로 의식에 의한 의식의 인식은 가능하다고 생각한다.

또한 사르트르의 '전체지'는 소외 구조의 '요해'에 역점을 두고 있어 존재의 객관적 구조 파악에는 그다지 유의하지 않는 경향이 있다. 뿐만 아니라 개인의 굴절 과정을 '요해'하는 것을 정말로 가능하게 하기 위해서도 오히려 객관적 구조의 파악이 전제되어야 하지 않을까? 사르트르는 개인은 전체에서 '비지(非知)'로서 발견된다고 한다. 하지만 전체로부터의 '나머지'로서 발견되어도, 지(知)가 아닌 '비지'로서 드러내 보여져도, 그 '비지'의 의미가 '요해'되었다고 해도 그다지 기쁘지는 않다. 왜 개인이 '발견'되는 '비지'여야만 하는가? '지해'로 파악되지 않는, 요해되어야 할 '비지'란 대체 무엇인가? 사르트르는 여기에서 '자기 인식'이라는 형태의 지(知)에서 떨어져 '비지'의 지(知)로서의 '직관'='요해'로 벗어나는 것이다. 이래서는 영원히 '요해' 그 자체는 인식할 수 없다. 할 수 있는 것이라고는 '요해'에 대해 평가를 하는 것뿐이다. 하지만 정말 필요한 일은 평가하는 것이 아니라 본체와 관계를 인식하는 것이다. 여기에서 필요한 것은 오히려 객관적 구조 파악과 그 구조 속 개인의 위치 파악, 개인에 의한 그 개인 위치의 '자기 인식'이라는 방법이 아닐까? 인식을 물리친 직관에 의한 전체상 파악이란 결국, 체험감각의 '전체화'에 불과하지 않을까?

사르트르 연보

1905년   6월 21일 파리에서 태어나다. 아버지는 이공과대학교 출신의 해군 기술장교. 어머니는 독일어 교사의 딸로, 노벨 평화상을 받은 알베르트 슈바이처는 어머니의 사촌이다. 생후 15개월 때 아버지가 열병으로 사망하자 어머니와 함께 외조부가 사는 파리 근교 남서부 뫼동으로 이사하여 그곳에서 자라다.

1911년(6세)   외조부모를 따라 사르트르와 그 어머니도 파리로 이사하다. 이때부터 독서와 글쓰기를 시작하다.

1915년(10세)   앙리 4세 중등학교에 입학하여 폴 니장을 알게 되다.

1917년(12세)   어머니가 아버지와 같은 학교 출신의 조선기사와 재혼하다. 의붓아버지의 근무지인 라로셸로 전학하다.

1920년(15세)   파리로 돌아가다.

1922년(17세)   6월, 제1차 대학입학자격시험에 합격하다.

1923년(18세)   6월, 제2차 대학입학자격시험에 합격하다. 처음으로 단편 《병자의 천사》를 발표하다.

1924년(19세)   6월, 파리 고등사범학교(에콜 노르말 쉬페리외르) 입학하다.

1928년(23세)   교수자격시험에 불합격하다.

1929년(24세)   시몬 드 보부아르를 알게 되다. 7월, 교수자격시험에 1등으로 합격하다. 보부아르와 2년간 계약결혼을 하다. 10월, 병역에 복무하다.

1930년(25세)   톨스토이의 《참회록》, 생텍쥐페리의 《야간비행》, 클로델의 《비단의 구두》 등을 읽다.

1931년(26세)   병역을 마치다. 지난해부터 쓰기 시작했던 《진리와 실존》의 일부를 발표하다. 프랑스 북부의 항구 마을 르아브르 중등학교에 철학교사로 부임하다.

1933년(28세)   베를린에 유학해서 후설과 하이데거를 알게 되다.

1934년(29세) 유학을 마치고 다시 르아브르 중등학교로 돌아오다.

1935년(30세) 보부아르와 함께 이탈리아, 스위스 등을 여행. 포크너의 《8월의 빛》 등을 읽다.

1936년(31세) 랑(Laon)의 중등학교로 옮기다. 최초의 철학논문 〈자아의 초월성〉을 《철학연구》지에 발표하다. 《상상력》을 P.U.F.사에서 펴내다. 단편 《헤로스트라토스》를 쓰다.

1937년(32세) 논문 〈자아의 초월성〉을 발표하다. 파리의 파스퇴르 중등학교로 옮기다. 《신프랑스평론》지에 단편소설 《벽》을 발표하다.

1938년(33세) 소설 《구토》 펴내다. 《방》, 《지도자의 유년 시절》, 《자유의 길》을 쓰기 시작하다.

1939년(34세) 〈후설 현상학의 기본 이념―지향성〉, 〈프랑수아 모리아크와 자유〉, 〈"음향과 분노"에 대하여―포크너의 시간성〉 등의 글을 발표하다. 제2차 세계대전이 일어나고, 사르트르도 동원되어 포병대에 배속받아 알자스에 주둔하다.

1940년(35세) 〈장 지로두와 아리스토텔레스 철학―'선민들의 선택'에 대하여〉를 발표하다. 6월 1일 프랑스군이 항복하고, 사르트르도 포로가 되다.

1941년(36세) 3월, 석방되어 파리로 돌아와서 파스퇴르 중등학교에 복직하다. 희곡 《파리 떼》를 쓰다. 레지스탕스에 참가하다. 9월, 콩도르세 중등학교로 옮겨가다.

1942년(37세) 《자유의 길》 제1부 〈철들 무렵〉을 탈고하다.

1943년(38세) 카뮈를 알게 되어 《이방인》에 해설을 쓰다. 《닫힌 방》 발표, 시나리오 《내기는 끝났다》를 쓰다. 대표작 《존재와 무》를 펴내다.

1944년(39세) 장 주네를 알게 되다. 〈침묵의 공화국〉을 쓰다.

1945년(40세) 콩도르세 중등학교를 휴직하다. 《피가로》지 특파원으로서 미국에 건너가 〈미국의 개인주의와 순응주의〉, 〈미국의 도시들〉을 쓰다. 메를로퐁티와 함께 잡지 《현대》를 펴내고 창간호에 창간사를 쓰다. 〈데카르트적 자유〉를 쓰고, 〈실존주의는 휴머니즘이다〉라는 제목으로 강연을 하다. 《자유의 길》 제1부 〈철들 무렵〉, 제2부 〈유예〉를 펴내다.

1946년(41세) 《실존주의는 휴머니즘이다》, 《유물론과 혁명》을 발표하다. 다시 미국에 건너가 미국에 관한 몇 개의 논문을 발표하다. 희곡 《무덤 없는 주검》, 《공손한 창부》가 초연되다. 시나리오 《톱니바퀴》를 쓰다.

1947년(42세) 《문학이란 무엇인가》를 발표하다. 《보들레르론》, 평론집 《상황》을 펴내다.

1948년(43세) 희곡 《더러운 손》이 초연되다. 《절대의 탐구(자코메티론)》를 발표하다. '민주혁명연합'이란 단체를 몇몇 지성인과 함께 결성. 《상황 Ⅱ》, 《톱니바퀴》를 펴내다.

1949년(44세) 《자유의 길》 제3부 〈영혼 속의 죽음〉 간행. 제4부 〈최후의 기회〉는 예고만 해놓고 그 일부를 〈기묘한 우정〉이라는 제목으로 《현대》지에 발표, 오늘날까지 미완성으로 남아 있다. 《상황 Ⅲ》를 펴내다. 루세, 로젠탈과의 공저(共著) 《정치에 관한 대담》을 펴내다. 공산당으로부터 비난받다. 사르트르도 일시적으로 참가했던 민주혁명연합이 해산하다.

1950년(45세) 기고문 〈모험가의 초상〉을 쓰다.

1951년(46세) 희곡 《악마와 선신》이 초연되다. 《더러운 손》이 영화화되다.

1952년(47세) 〈공산주의자와 평화〉를 발표하다. 알베르 카뮈와 논쟁하다. 빈 평화회의에 출석하다. 《성자 주네, 배우와 순교자》를 발표하다. 《공손한 창부》가 영화화되다.

유엔군사령관 리지웨이에 대한 반대시위로 지도자 뒤클로 공산당 부서기장이 체포되고 항의 총파업이 행해지다. 앙리 마르탱 사건이 일어나다.

1953년(48세) 〈공산주의자와 평화〉를 둘러싸고 르포르와 논쟁하다. 희곡 《킨》을 발표하다. 《앙리 마르탱 사건》을 펴내다.

1954년(49세) 베를린 평화회의에 참석하다. 《닫힌 방》이 영화화되다. 보부아르와 소련 여행을 하고 〈소련 예술론〉을 쓰다. 〈자코메티의 그림〉을 발표하다.

1955년(50세) 희곡 《네크라소프》가 초연되다. 보부아르와 함께 소련과 중국을 방문하고 〈중국인상기〉를 쓰다.

1956년(51세) 베네치아의 유럽 문화회의에 참석하다. 헝가리 사태에 대한 소련군의 개입에 반대하는 항의성명을 지식인들과 공동으로 발표하다.

1957년(52세) 기고문 〈스탈린의 망령〉, 《방법의 문제》를 쓰다.

1958년(53세) 알제리 현지 주둔군의 쿠데타에 항의. 동시에 드골 정권의 위험성을 경고하다. 알제리의 독립운동 지원하다.

1959년(54세) 희곡 《알토나의 유폐자들》이 초연되다.

1960년(55세) 카뮈가 급사하여 추도문을 보내다. 《변증법적 이성비판》을 펴내다.

1961년(56세) 〈메를로퐁티〉를 쓰다. 이폴리트, 가로디와 토론하다. 우익 테러의 표적이 되다. 알제리 독립운동의 이론적 지도자 프란츠 파농의 저서 《이 땅의 저주받은 사람들》에 서문을 써주고 알제리민족해방전선의 현지 관계자들과 접촉하다.

1962년(57세) 보부아르와 모스크바 평화대회에 참석하여, 우익의 플라스틱 폭탄에 의해 방을 파괴당하다. 폴란드의 주간지에 지식인의 임무에 대해 이야기하다.

1963년(58세) 《말》, 《상황 V》, 《상황 VI》를 펴내다.

1964년(59세) 노벨문학상 수상을 거부하다.

1965년(60세) 《상황 VII》을 펴내다.

1966년(61세) 보부아르와 함께 일본을 방문하다. 러셀의 제안을 받아들여 베트남 전쟁범죄 국제법정 재판장이 되다.

1968년(63세) 인터뷰 〈학생의 폭력과 체제의 부인〉, 〈'5월 혁명'의 상상〉, 〈이탈리아 학생과의 대화〉, 〈프라하 사건에 대한 인터뷰〉, 〈체코슬로바키아 문제와 유럽 좌익〉을 발표하다.

1969년(64세) 인터뷰 〈덫에 걸린 청춘〉을 발표하다.

1970년(65세) 노벨문학상 수상작가 솔제니친에 대한 소련 정부의 탄압에 항의하여 전 세계 지성인들에게 호소하다. 프라하 2천어선언(二千語宣言)에 적극 동조함으로써 소련 정부로부터 입국을 거절당하다. 《인민의 소리》를 직접 발간하여 저소득층의 권익옹호에 적극 행동으로 나서다.

1971년(66세) 《집안의 천치》 제1·2권을 펴내다.

1972년(67세) 《상황 VIII》, 《상황 IX》, 《집안의 천치》 제3권을 펴내다.

1974년(69세) 《반항에 이유 있다》를 펴내다.

1975년(70세) 담화 〈70세의 자화상〉 펴내다.
1980년(75세) 대담 〈이제는 희망을〉을 발표하다.
            4월 15일 사르트르, 파리에서 세상을 떠나다.
1986년   4월 14일 보부아르(1908년 1월 9일생), 파리에서 세상을 떠나다.

정소성(鄭昭盛)

서울대학교동대학원불문학과졸업. 프랑스 그르노블3대학 문학박사. 전남대학교 단국대학
교불문학과 교수 역임. 현 단국대학교대학원 명예교수. 1977년 단편 〈질주(疾走)〉《현대문
학》추천 등단. 1985년 중편 〈아테네 가는 배〉동인문학상, 1985년 중편 〈뜨거운 강〉윤동
주문학상, 1988년 중편 〈말〉박영준문학상, 1995년 대하소설 《소설 대동여지도》월탄문학
상. 창작집 《아테네 가는 배(1986)》《뜨거운 강(1988)》《혼혈의 땅(1990)》, 옮긴책 《누보로망
의 이론(1976)》《생텍쥐페리의 편지(1977)》프루스트 《잃어버린 시간을 찾아서(1999)》뒤가
르 《티보가의 사람들》

세계사상전집044
Jean Paul Sartre
L'ÊTRE ET LE NÉANT
존재와 무Ⅱ
사르트르/정소성 옮김
동서문화창업60주년특별출판
1판 1쇄 발행/1994. 8. 8
2판 1쇄 발행/2009. 5. 20
3판 1쇄 발행/2016. 9. 9
3판 3쇄 발행/2022. 5. 1
발행인 고윤주
발행처 동서문화사
창업 1956. 12. 12. 등록 16-3799
서울 중구 마른내로 144(쌍림동)
☎ 546-0331~3 Fax. 545-0331
www.dongsuhbook.com

*

사업자등록번호 211-87-75330
ISBN 978-89-497-1452-3 04080
ISBN 978-89-497-1408-0 (세트)